村镇干部法律工作手册（上）

CUNZHENGANBUFALV GONGZUOSHOUCE

张志杰　主编

山西出版集团
山西人民出版社

《村镇干部法律工作手册》编辑委员会

主　　编　张志杰

副 主 编　向　前　赵庆国　夏建伟

撰 稿 人　张志杰　李　刚　刘愈宏

　　　　　黄俞之　夏建伟　郝振明

编委会主任　刘永平

编委会副主任　秦文峰　郝枝峰　任文华

　　　　　尚舍华

编委会委员　魏福林　宋先丽　陈大龙

　　　　　向　前　赵庆国　贺为民

　　　　　易忠平　陈　森　侯瑞海

　　　　　李小琴　袁　起

的政策规定，予以明确指导。

第二，主编张志杰主任律师，系中国最高法律学府—— 中国政法大学行政法学专业博士证书获得者，《法与民》编辑部主编、副社长，先后担任山西日报、山西电视台、山西人民出版社、汾酒股份集团有限公司以及北京国昊房地产开发公司等京、晋两地近百家单位的法律顾问以及北京众智汇才法律咨询有限公司总经理，亲办案件近千件，具有深厚的法学理论功底与极为丰富的法律实践经验，这为本书的科学性、理论性与实用性，提供了最好的保障！

许浩明

2011 年 6 月于北京

（许浩明，中国政法大学国际法学院教授、博士生导师，中国政法大学欧盟法研究中心主任；德国弗莱堡大学、明斯特大学暨法兰克福大学法学院客座教授，德国明斯特大学法学院国际法专业博士学位获得者；欧盟法学会暨德国法学会外籍正式会员；德国暨欧盟民法（典）改革的全程亲历及参与人；德国DFG基金项目高级访问学者；中国法学会北京国际经济法研究会副会长；国家社科基金项目暨司法部、教育部基金项目专家评议组成员；中国大百科全书出版社“外国法律文库编委会”编委。）

序 言

2011年2月举行的省部级主要领导干部社会管理及其创新专题研讨班开班仪式上
共中央总书记、国家主席、中央军委主席胡锦涛发表了重要讲话，并强调指出：加强
社会管理，紧紧围绕全面建设小康社会的总目标，牢牢把握最大限度激发社会活力、最
度增加和谐因素、最大限度减少不和谐因素的总要求，以解决影响社会和谐稳定突出问
突破口，提高社会管理科学化水平，完善党委领导、政府负责、社会协同、公众参与的
管理格局，加强社会管理法律、体制、能力建设，建设中国特色社会主义社会管理体
保社会既充满活力又和谐稳定。《村镇干部法律工作手册（上、下）》的编撰与出版，正
在普及法律、指导工作、化解矛盾、避免纠纷、提高基层干部特别是村镇干部社会管理
化水平，并最终达到“确保社会既充满活力又和谐稳定”的宏伟目标。

《村镇干部法律工作手册（上、下）》由三部分构成：第一部分是经典案例选编，
决生效的典型案例为切入点，对于集体企业的权属、矿产资源、农村集体土地、宅基地
包土地和房屋、继承、婚姻等民事、刑事、行政案件的适用法律问题，进行了详尽实用
俗易懂的解析；第二部分则以简洁明了的问答方式，针对村镇干部日常所面临的指导和
农村事务、集体企业、集体土地、宅基地、村民矛盾等突出矛盾，进行了解答，并用以
基层干部和农村干部处理问题、化解矛盾、解决纠纷；第三部分汇集了农民、农业、农
环境、生产、生活以及财产权归属和人身关系等所涉法律、法规。

必须指出的是：

第一，该书是我国第一部较为完整的，针对村、镇(乡)、县三级干部所需而精心编
法律法规书籍与工具书；它直面上访和诉讼中所突出的社会问题，用准确的法律条文和

农业、农产品、畜牧业篇　目录

经典案例选编

相关法律问答

附：相关法律法规

农业资源与农村环境保护篇　目录

经典案例选编

相关法律问答

附：相关法律法规

01

NONGYE
NONGCHANPIN
XUMUYE PIAN

农业、农产品、畜牧业篇

经典案例选编

1. 出借车辆发生的事故，所有权人是否承担责任

案情：2010年7月农忙时节，宋某想借王某自购的联合收割机来帮亲戚杨某收割玉米，王某知道宋某有驾驶证，且多年来一直进行农机作业，就借给宋某使用。收割那天中午吃饭时，宋某喝了点酒，饭后觉得没多喝也不碍事就继续收割。亲戚杨某看到收割机脱粒不净，无视机器标示的“严禁无关人员登机”的警告，自行上车,在脱粒入口处用手拨弄。宋某没看到杨某在车上，以致没有制止杨某的行为。最后，杨某的左手被机器绞断。试析，对于杨某的损害，谁应该承担责任？

分析：该案中，对于杨某的损害，宋某应当承担赔偿责任，但杨某存在重大过失，可以减轻宋某的赔偿责任；联合收割机所有人王某则不承担任何责任。理由如下：

根据民法通则、最高法院相关司法解释及农机管理办法和联合收割机驾驶人安全监理规定等规定，联合收割机驾驶人不得饮酒后驾驶收割机，违规作业造成他人伤亡的，应当承担相应的法律责任，农机监理机构应当及时处理。受害人对损害的发生有重大过失的，可以减轻侵权人的赔偿责任。本案侵权人宋某虽然是帮工，帮助亲戚杨某收割玉米，但其违反规定酒后作业，注意力不集中，导致杨某左手被机器绞断，应当承担赔偿责任。但是，受害人杨某无视机器标示的“严禁无关人员登机”的警告，自行上车，对于事故的发生存在重大过失。因此，可以减轻宋某的赔偿责任。

对于联合收割机所有人是否承担责任，在2010年7月1日侵权责任法生效之前，车辆所有权人（包括农机所有权人）将车辆出借给他人使用，造成事故的，所有人和驾驶人应当承担连带责任。侵权责任法生效后，对出借车辆发生的事故，如果所有权人对出借行为不存在过错，例如未出借给不符合驾车资质的驾驶员、未借给酒后或长时间未休息的驾驶员等过错行为，则所有权人不承担赔偿责任。因此，在本案中，根据新的规定，联合收割机所有人王某对于杨某的损害不承担责任。

2. 农业机械维修质量争议案

案情：陕西省李某通过网购从江苏省某农机厂购买了两台收割机，一共花了3万多元。厂商承诺三包，出现问题全国范围内及时上门免费服务。可是收割机使用一个多月就出现故障，李某多次打电话要求农机厂进行维修，可是厂商一拖再拖，答应上门服务。一个多月后，维修人员才上门维修。修理后使用不到三个月，机器再次出现故障，厂商一直没有给予维修，李某要求退货，商家也不管。

分析：依据我国《农业机械化促进法》、《农业机械产品修理、更换、退货责任规定》及《农业机械维修管理规定》等相关规定，农业机械生产者、销售者应当对其生产、销售的农业机械产品质量负责，并按照国家有关规定承担零配件供应和培训等售后服务责任。农业机械产品不符合质量要求的，农业机械生产者、销售者应当负责修理、更换、退货；给农业机械使用者造成农业生产损失或者其他损失的，应当依法赔偿损失。农业机械使用者有权要求农业机械销售者先予赔偿。农业机械销售者赔偿后，属于生产者责任的，销售者有权向农业机械生产者追偿。

三包有效期自开具发票之日起计算，扣除因承担三包业务的维修者修理占用和无配件待修的时间。三包有效期内，产品出现故障，农民凭发票及三包凭证办理修理、更换、退货。

农业机械维修者应当及时排除产品故障，积极开展上门修理和电话咨询服务，妥善处理农民的投诉和修理质量的查询，应当保证维修质量，维修质量不合格的，维修者应当免费重新修理。

农业机械维修当事人因维修质量发生争议，可以向农业机械化主管部门投诉，或者向工商行政管理部门投诉，农业机械化和工商行政管理部门应当受理，调解质量纠纷。调解不成的，应当告知当事人向人民法院提起诉讼或者向仲裁机构申请仲裁。

本案中，李某可以与厂商协商，要求农机厂及时给予维修，或者换货、退货，厂商应当负责为李某及时修理、免费换同型号同种类收割机或者免费退货。李某还可以要求厂商赔偿由于收割机出现故障并不能及时修理而造成的可得利益的损失；协商不成的，可向农业机械化主管部门投诉，或者向工商行政管理部门投诉，要求给予调解；调解不成的，向法院提起诉讼或者向仲裁机构申请仲裁。

3. 未注册登记的拖拉机离开本辖区引发争议案

案情：2008 年 3 月，田某购买一台农用手扶式拖拉机，之后也没有办理注册登记、号牌、行驶证等手续、证件。2010 年 2 月，田某驾驶手扶式拖拉机到另一县城准备帮助朋友耕地，行驶途中因没有任何手续，拖拉机被交警扣留。

分析：根据农业部发布的《拖拉机登记规定》，拖拉机所有人应当向住所地的农机监理机构申请注册登记，填写《拖拉机注册登记 / 转入申请表》，提交法定证明、凭证，并交验拖拉机。农机监理机构应当审查提交的证明、凭证，对符合条件的，核发拖拉机登记证书、号牌、行驶证和检验合格标志。拖拉机登记后，对拖拉机来历证明、出厂合格证明应签注已登记标志，收存来历证明和身份证明复印件。

未注册登记的拖拉机需要驶出本行政辖区的，拖拉机所有人应当到农机监理机构申请拖拉机临时行驶号牌，提交以下证明、凭证：

（1）拖拉机所有人的身份证明；

（2）拖拉机来历证明；

（3）拖拉机整机出厂合格证明；

（4）拖拉机第三者责任强制保险凭证。

农机监理机构应当自受理之日起1日内，核发拖拉机临时行驶号牌。

本案中，田某购买农用拖拉机之后，一直没有办理注册登记，是违反以上规定的。对于田某驾驶没有号牌、无行驶证的拖拉机上路行驶，公安交通部门有权对其作出处罚，田某应当承担该责任并及时办理相关的注册登记等手续。

4.哄抬农产品价格承担赔偿责任案

案情：2009年11月，北京市某农贸市场小商贩王某见大蒜价格上涨较快，于是从山东大蒜产区各农户手中低价收购20000余斤优质大蒜囤积。12月初王某看各农贸市场大蒜基本断货，然后宣传自己有渠道进货，扬言大蒜价格还会猛涨。最后王某以每斤4.6元的价格批发给各农贸市场商贩，并且要求商贩零售价格不得低于5元。

分析：依据我国《价格法》及《价格违法行为行政处罚规定》的相关内容，经营者不得有下列不正当价格行为：

（1）相互串通，操纵市场价格，损害其他经营者或者消费者的合法权益；

（2）在依法降价处理鲜活商品、季节性商品、积压商品等商品外，为了排挤竞争对手或者独占市场，以低于成本的价格倾销，扰乱正常的生产经营秩序，损害国家利益或者其他经营者的合法权益；

（3）捏造、散布涨价信息，哄抬价格，推动商品价格过高上涨的；

（4）利用虚假的或者使人误解的价格手段，诱骗消费者或者其他经营者与其进行交易；

（5）提供相同商品或者服务，对具有同等交易条件的其他经营者实行价格歧视；

（6）采取抬高等级或者压低等级等手段收购、销售商品或者提供服务，变相提高或者压低价格；

（7）违反法律、法规的规定牟取暴利；

（8）法律、行政法规禁止的其他不正当价格行为。

本案例中，王某趁物价上涨之机，大量收购、恶意囤积大蒜，然后散播、哄抬大蒜价格上涨的消息，并给批发商限定最低出售价格，王某这一系列的投机行为扰乱市场经济秩序，严重违反法律法规。县级以上各级人民政府价格主管部门，应依法对王某的价格违法行为实施行政处罚，责令其改正，没收违法所得，可以并处违法所得五倍以下的罚款；甚至责令停业整顿，或者由工商行政管理机关吊销其营业执照。王某还应当退还消费者多支付部分价款；造成其他损害的，应当依法承担赔偿责任。

5. 瓜农为防止他人偷瓜，违规使用农药造成他人中毒案

案情：黄河涯乡瓜农蔡某发现瓜地西瓜经常被偷，于是在瓜地周边立牌警告：西瓜已喷洒农药请勿擅自采摘。后西瓜还是被偷，蔡某便真的在西瓜喷洒高毒农药。一天邻村夏某路过蔡某瓜地，看到西瓜个大喜人，也不把警示牌放在心上，就顺手摘了两个，回到家中将西瓜放入冰箱冷藏。第二天家中来客人，妻子王某便把西瓜切了给客人食用。半小时后客人呕吐不止，急忙送往医院抢救，花费医疗费近万元。请问蔡某、夏某、王某分别要承担什么责任。

分析：在本案中，瓜农蔡某应当承担赔偿责任，受到行政处罚；夏某应受到治安管理处罚；王某则不承担任何责任。

根据我国农药管理条例及其实施办法和农药安全使用规定，使用农药应当遵守国家有关农药安全、合理使用、农药防毒规程，正确配药、施药，做好安全防护工作，防止污染农副产品，造成农药中毒事故。对于高毒农药，不准用于蔬菜、茶叶、果树、中药材等作物，不准用于防治卫生害虫与人、畜皮肤病。除杀鼠剂外，也不准用于毒鼠。氟乙酰胺禁止在农作物上使用，不准做杀鼠剂。“3911”乳油只准用于拌种，严禁喷雾使用。呋喃丹颗粒剂只准用于拌种、用工具沟施或戴手套撒毒土，不准浸水后喷雾。而高残留农药：六六六、滴滴涕、氯丹，不准在果树、蔬菜、茶树、中药材、烟草、咖啡、胡椒、香茅等作物上使用。氯丹只准用于拌种，防治地下害虫。

违反规定使用农药，造成农药中毒、环境污染、药害等事故或者其他经济损失的，应当依法赔偿；发生重大事故的，对直接责任人，依照刑法关于危险物品肇事罪的规定，依法追究刑事责任；尚不够刑事处罚的，依法给予行政处分。

瓜农蔡某为防止他人偷瓜，违规使用农药造成他人中毒。虽然夏某未经蔡某同意采摘西瓜并带回家，但夏某行为仅仅是违反了治安管理处罚条例，而对于该事故，蔡某必须依法赔偿，接受行政处分。

6. 农药质量问题引发争议案

案情：西明村花生种植户李某、王某、韩某三人同时购买了某牌毒死蜱，发现用了这个品牌的药后，把花生种烧了。用别的品牌药的其他种植户都没出现问题。起初，产商承认他们的药由于技术原因确实存在问题，但现在又说他们的药没有任何质量问题，烧种是由于种植户使用不当造成的。

分析：本案例是因产品质量问题产生的侵权纠纷，根据《产品质量法》第四十一条的规

定，李某、王某、韩某可以向人民法院提起诉讼请求赔偿。

7. 假种子引发争议案

案情：陕西农民王某反映：在当地有一经销商卖种子并且负责耕种，王某在经销商处购买的玉米种子出芽率只有50%～60%左右，找经销商，经销商不管，说“我们的种子质量没有任何问题，耕种的人应该负责，你们去找耕种的人”。

分析：本案例中，经销商向王某承诺负责耕种，应该属于经销商一种赠送的服务，经销商应该为服务负责。王某可与经销商协商解决，如协商不成，可以通过消协仲裁或者通过法律途径解决。

8. 农民可参加农业保险

案情：山东省黄某承包土地60多亩，全部种上了小麦。2006年5月份连降大雨，小麦几乎绝产。2007年，黄某听说可以进行农业投保。

分析：农业保险是指专为农业生产者在从事种植业和养殖业生产过程中，对遭受自然灾害和意外事故所造成的经济损失提供保障的一种保险。农业商业性保险可直接找保险公司办理，如果黄某所在地属于农业政策保险试点县的话，可通过当地农业局委托保险公司办理。农业保险按农业种类不同分为种植业保险、养殖业保险；按危险性质分为自然灾害损失保险、病虫害损失保险、疾病死亡保险、意外事故损失保险；按保险责任范围不同，可分为基本责任险、综合责任险和一切险；按赔付办法可分为种植业损失险和收获险。我国开办的农业保险主要险种有：农产品保险，生猪保险，牲畜保险，奶牛保险，耕牛保险，山羊保险，养鱼保险，养鹿、养鸭、养鸡等保险，对虾、蚌珍珠等保险，家禽综合保险，水稻、蔬菜保险，稻麦场、森林火灾保险，烤烟种植、西瓜雹灾、香梨收获、小麦冻害、棉花种植、棉田地膜覆盖雹灾等保险，苹果、鸭梨、烤烟保险等等。

9. 使用农药造成农产品发育不良如何主张权利案

案情：2008年，姜某种植的15亩红提葡萄在6月份使用了海南某厂生产的农药后，发现葡萄粒比往年出奇的小。经过青岛农业大学两位教授出具的分析意见，姜某所使用的海南该厂的农药主要成分是丙环唑，葡萄粒小的原因是所使用的农药起了抑制生长的作用。药厂认为：厂方生产的该种药物质量合格，符合国家标准，姜某葡萄粒小不是使用我厂农药造成的，而且所谓青岛农业大学教授出具的分析意见也无说服力，要求重新做鉴定。于是药厂在张家口科技事务司法鉴定中心做了一份鉴定报告，证明：农药质量完全达标，正常使用无副作用，葡萄粒小非使用该药物所致。试问，姜某该如何主张自己的权利。

分析：本案例中，两位教授的意见不属于正规的鉴定报告。对于此争议姜某需要委托法院来指定有资质的鉴定机构进行鉴定，鉴定费用由姜某先行垫付。

10. 镇政府与农民签订经济合同引发争议案

案情：2003年2月，大学毕业的胡某决定利用本村的气候条件搞蔬菜反季节种植基地。胡某与镇领导商议有关事宜。县、镇有关领导对其计划高度重视，将其作为一项重要的引资项目对待。镇政府于3月召开乡镇各村干部会议，镇长辛某向各村村长、书记介绍了大面积种植包菜的项目，称这是富民的好项目，要求干部带头，搞新农业，推动乡村经济的发展，十天之内各村上报种植面积。在镇、村各干部积极调动并采取措施后，项目正式启动。2003年4月，镇政府就包菜反季节种植一事分别与胡某和各村签订合同。与各村约定：农户使用的包菜种子必须由镇政府提供，并按其技术指导种植反季豆角，如有损失，由镇政府负责赔偿，以每亩4000斤、每斤0.5元计算。与胡某则约定：反季包菜种子和技术指导完全由胡某提供，收获后，包菜由胡某收购。看到有如此丰厚的利润，在外地打工的部分村民纷纷回家种植反季包菜。2003年7月，长在地里的包菜溃烂，几乎全部绝收。村民认为是种子有问题，镇政府应当按合同约定进行赔偿。而镇政府认为绝收的原因是气温过低、雨水过多等自然灾害造成的，政府不应当承担责任。

分析：本案例中，镇政府是不能与农民签订这样的经济合同的。如果认定合同是无效合同的话，双方都要承担责任。不论合同是否违法，镇政府都有不可推卸的责任。包菜几乎全部绝收，自然原因是主要的，但是农民没有积极想办法排水，进行有效管理；同时镇政府也没有积极发动农民排水救菜。镇政府和农民签订的合同是导致农民消极对待的重要原因，正是因为“包赚不赔”的合同，农民才无动于衷，反正每亩怎么样也有2000元的赔偿。如果没有这样的合同，农民就是半夜也会起来排水，想方设法保住包菜。

11. 鱼塘租赁引发争议案

案情：2007年3月10日，夏某与王某签订了一份鱼塘租赁合同，双方约定：夏某将开发好的面积为168亩的鱼塘租赁给王某从事水产养殖，租金为每年每亩300元，双方在结算鱼塘租金时，实际按照鱼塘面积140亩结算。当日，王某交纳了部分租金，尚欠夏某租金15000元，立欠据给夏某，约定在2007年鱼塘捕捞时结清。捕捞结束后，夏某向王某索要所欠租金时，王某以鱼塘面积有误为由而拒付。2008年2月2日，王某单方委托测绘公司对其承包的鱼塘面积进行勘测，实测面积为122. 37亩（内径以坎上计算）。市公证处对此进行了公证。对此勘测结果，夏某认为这是王某的单方行为，而且其租赁给王某的鱼塘面积是指塘口全部面积，而不仅仅是鱼塘的内径面积。在多次索要拖欠租金未果后，夏某将王某起诉到法院，要求其支付15000元欠款及利息。

分析：夏某和王某双方签订的鱼塘租赁合同合法有效。双方应按协议约定各自履行自己的义务。双方在结算租金时，王某同意按鱼塘租赁面积140亩结算，应视为对原合同面积的变更。王某未能及时履行该债务，对纠纷形成应负全部责任。依照《合同法》有关条款的规定，王某应按塘口全部面积给付夏某鱼塘租金15000元，并承付该款从2007年3月10日起至履行之日止，按银行同期流动资金贷款利率计算利息。

12. 农民转包鱼塘引发争议案

案情：2006年3月，韩某与徐某协商购买徐某承包的养殖场50亩鱼塘的设施，包括鱼塘内的蟹苗、围网、地笼若干只、网箱2个、水泥船2条、水泵和柴油机各2台等，价款由韩某一次性支付给徐某。同年4月10日，韩某向养殖场交纳了2006年度的鱼塘承包金10000元。后韩某与杜某约定，双方分别使用50亩鱼塘的一半进行养殖，杜某向韩某支付2006年度5000元承包金，韩某将600斤水泥船一条、围网、地笼7只交于杜某使用。2007年4月3日，韩某向养殖场交纳了2007年度的鱼塘承包金10000元。同期，韩某欲收回杜某经营的鱼塘，但杜某不同意。杜某称，2006年3月，他和韩某商量以韩某的名义承包经营水厂养殖场50亩鱼塘进行水产养殖，然后双方各分一半经营，承包金也对半出，且2007年3月我已对鱼塘进行了大量投入，2007年的承包金也已经交给韩某，韩某不应因获利而要求我退出承包。

分析：本案例中，韩某和杜某口头约定养殖场有偿使用合同，系双方当事人真实意思表示，并不违反法律规定，且出包方徐某对韩某和杜某转包一事予以认可，故该转包合同合法有效。杜某在转包到期后，未按约定返还该塘面及附属设施，属违约行为，杜某应予以返还并赔偿韩某因其为违约而造成的损失。

13. 补偿款是否应归村委会引发争议案

案情：2006年4月，项某和石某与神木村签订80多亩林木的承包合同，年限为五年，承包金为20000元。合同订立后，项某、石某向神木村缴纳50%的订金10000元。2008年2月，国家建设高速公路，需征用项某和石某的承包林木36亩，国土局以每亩林地2000元的标准赔偿青苗款共计72000元，后将款项全部汇入神木村的账户。事后，项某和石某与神木村村委会多次协商，要求把青苗补偿款归还，但村委会认为该款项应该属于集体所有，拒绝交给项某和石某。

分析：本案中项某、石某和神木村签订的林木承包合同是有效的。在合同履行其间，因国家建设高速公路需要，承包林木被征用，征用后按有关标准给予赔偿。考虑该林木属于长期性再生长植物，国家征用使两被告所受损失较大，青苗赔偿费应多数分给项某和石某，村委会不应当全部占有。

14. 村民诈骗补偿款引发争议案

案情：2006年4月，沧平市某村村民张某乘市供排水集团引水工程输水管线占用村里土地之机，持已失效的沧平市水资源管理办公室颁发的《中华人民共和国取水许可证》（凿井施工时限为2002年10月17日至2002年11月25日），私自在其租种的农田打农灌机电井5眼。当市供水工程有限责任公司在村里进行占地登记时，要求张某提供打井证明。张某遂持自己在2002年办理的沧平市水资源管理办公室颁发的《中华人民共和国取水许可证》（凿井施工时限为2002年10月17日至2002年11月25日），以他和哥哥的名义伪造并复印了5张《中华人民共和国取水许可证》。张某将伪造的《中华人民共和国取水许可证》，交给市供水工程有限责任公司负责征地工作的工作人员。工作人员发现所复印的打井许可证均是一个号，要求张某提供打井许可证原件，张某说原件不知放哪里了，当时以防万一多复印了几份。张某的行为引起了工作人员的怀疑，认为打井许可证是假的，给予补偿款依据不充分。后经沧平市供水工程有限责任公司负责征用土地的几名工作人员研究，认为工程紧，怕耽误工期使损失加大，便用工作人员书写的一份村中水井情况的证明材料、该村村长贺某签字的水井证明材料和一份打井证明，与该村签署了征用土地补偿协议书。协议书确定参照沧平市统一征地规定，给予机电井补偿，以每眼井4万元标准进行补偿，5眼井共计20万元，此补偿款直接支付给村里，由村委会将补偿款转发给张某。其他村民认为张某的行为已经违法，于是向公安机关举报。

分析：被告人张某构成诈骗罪，判处有期徒刑并处罚金。

15. 销售假化肥承担刑事责任案

案情：2008年初，李翔采取以次充好的方式，将42吨伪劣“红康阿”复合化肥销售给县化肥经销商克某等人。后克某等人将该批复合肥卖给当地农户。农户使用该复合肥后，发现玉米、西瓜等农作物大量减产，造成经济损失约21.6万元。事后，农户要求克某等经销商进行赔偿。经销商在发现自己所销售的复合肥确系假冒伪劣商品后，积极赔偿农户147853元。但当克某等人向李翔索赔时，李翔拒绝赔偿。

分析：李翔构成销售伪劣化肥罪，判处李翔有期徒刑，并处罚金人民币21.6万元。

16. 农户合同纠纷案

案情：2008年3月10日，宁德县蔬菜大棚种植大户冉某，与化远市某蔬菜批发市场个体经营者陈某签订一份25000公斤西红柿购销合同。合同约定了品种、质量、单价、验收标准及交货时间及其违约责任。此后，冉某按合同约定供货，陈某亦按约定价格付款。5月份后，因大棚外的西红柿大量上市，销售价格急剧下跌出现滞销现象。陈某通过特快专递和手机短信告知冉某，剩余的8000公斤西红柿停止供货，自行处理。冉某接到快递信函及手机短信后认为，双方之间已经订立合同，不怕陈某反悔不要，仍然将剩余的西红柿送到了菜场陈某的经营部，陈某拒绝接收，双方为此僵持不下。最终天气炎热，致使西红柿发生腐烂，造成经济损失6000余元。冉某觉得陈某不讲信用，违背道德，所以将陈某告上法庭，要求陈某赔偿损失并承担违约责任。

分析：根据我国《合同法》第119条规定："当事人一方违约后，对方应当采取适当措施防止损失的扩大；没有采取适当措施致使损失扩大的，不得就扩大的损失要求赔偿。当事人因防止扩大损失而支出的合理费用，由违约方担。"本案例中，陈某停止要货属于违约行为，但6000余元损失是由于冉某未及时采取措施造成的，属于扩大的损失，应对此负责。

17. 出售假冒疫苗纠纷案

案情：2009年3月12日，某市养猪大户胡师傅到该市"畜禽疫苗供应中心"购买了口蹄疫疫苗。胡师傅给猪注射疫苗后，当天300头肉猪均出现燥热发烧的症状。胡师傅随即采取紧急措施，但肉猪全部死亡。经查实，该"畜禽疫苗供应中心"其实是一个体户，真实身份是"河南省旺禽生物科技股份有限公司"，其出售疫苗超出了公司的经营范围，没有兽药经营许可证，而且疫苗进货渠道不明，疫苗运输、冷藏、储存等环节也不符合法律规定，疫苗质量存在重大瑕疵。事发后经有关兽药行政管理部门验实，河南省旺禽生物科技股份有限公司超经营范围出售的疫苗属伪劣兽药。

分析：本案中，河南省旺禽生物科技股份有限公司为达到销售兽药的目的，冒充市畜禽疫苗供应中心，无证经营劣兽药的行为是违法的，应当对胡师傅的损失承担赔偿责任。因为：我国《兽药管理条例》规定,经营兽药的企业，应当具备以下条件：

（1）与所经营的兽药相适应的兽药技术人员；

（2）与所经营的兽药相适应的营业场所、设备、仓库设施；

（3）与所经营的兽药相适应的质量管理机构或者人员；

（4）兽药经营质量管理规范规定的其他经营条件。

兽药经营许可证应当载明经营范围、经营地点、有效期和法定代表人姓名、住址等事项。兽药经营企业购进兽药，应当将兽药产品与产品标签或者说明书、产品质量合格证核对无误。

禁止兽药经营企业经营销售假、劣兽药。

兽药经营企业，应当建立兽药保管制度，采取必要的冷藏、防冻、防潮、防虫、防鼠等措施，保持所经营兽药的质量。

无兽药经营许可证经营兽药的，或者虽有兽药经营许可证，经营假、劣兽药的，或者兽药经营企业经营人用药品的，责令其停止经营，没收违法所得，并处违法经营的兽药（包括已出售的和未出售的兽药，下同）货值金额2倍以上5倍以下罚款，货值金额无法查证核实的，处1 0万元以上2 0万元以下罚款；经营假、劣兽药，情节严重的，吊销兽药经营许可证；构成犯罪的，依法追究刑事责任；给他人造成损失的，依法承担赔偿责任。经营企业的主要负责人和直接负责的主管人员终身不得从事兽药的经营活动。

18. 非法占用农用地获刑2年

案情：2001年2月初，王某承包砖厂的设备及厂地用于个人经营，并于2001年3月4日签订了砖厂租赁设备合同。后王某在未取得合法占地手续的情况下，私自占用耕地取土。当地国土部门先后下发责令停止土地违法行为通知和行政处罚决定，但王某不予理睬。截止2001年7月底，王某已非法占用基本农田18.8亩，一般耕地10.725亩，致使所占耕地遭到不同程度破坏。后检察机关以非法占用农用地罪对王某提起公诉。被告人王某违反土地管理法规，非法占用耕地改作他用，数量较大，并造成耕地大量毁坏，其行为已构成非法占用农用地罪。判处王某有期徒刑2年，并处罚金20000元。

评析：耕地是人类重要的生存资源，保护耕地是我国的基本国策。然而，现实中仍有少数人无视国家政策法规，非法占有耕地最终受到法律制裁。

《中华人民共和国土地管理法》第74条规定，占用耕地建窑、建坟或者擅自在耕地上建房、挖砂、采石、采矿、取土等，破坏种植条件的，或者因开发土地造成土地荒漠化、盐渍化的，由县级以上人民政府土地行政主管部门责令限期改正或者治理，可以并处罚款；构成犯罪的，依法追究刑事责任。《中华人民共和国刑法》第342条规定，违反土地管理法规，非法占用耕地改作他用，数量较大，造成耕地大量毁坏的，处五年以下有期徒刑或者拘役，并处或者单处罚金。根据《最高人民法院关于审理破坏土地资源刑事案件具体应用法律若干问题的解释》，非法占用耕地“数量较大”，是指非法占用基本农田5亩以上或者非法占用基本农田以外的耕地10亩以上。（基本农田是指按照一定时期人口和社会经济发展对农产品的需求，依据土地利用总体规划确定的不得占用的耕地。）本案中，王某违法占用耕地取土，且经相关部门责令，拒不改正，造成耕地大量破坏，其行为构成非法占用农用地罪，依法应受刑事处罚。

19. 酒精中毒致死，劝酒者亦承担责任

案情：1998年12月10日，张某的丈夫赵某为乔其捕鱼。捕完鱼的当晚，乔某在家招待

赵某等饮酒，并请于某、丁某、蔡某等作陪。席间，乔某等4人轮番向赵某敬酒，致使赵某饮酒过量，导致酒精中毒，经抢救无效死亡。经当地派出所调解，乔某等4人各赔偿原告抢救费、丧葬费、死亡补偿费2000元，乔某另外多赔500元。乔某等4人均只给付部分，尚有4400元未赔偿到位，赵某的妻子张某索要未果，诉至法院。法院审理认为，乔某等4被告作为正常成年人，应预料到饮酒过量会损害身体健康，以致危及生命安全，仍轮番向原告丈夫劝酒，造成其丈夫饮酒过量，酒精中毒死亡，对此后果，4被告有过错，应当承担民事赔偿责任。原告丈夫作为正常成年人，也应预料到这一后果，仍然贪杯饮酒过量导致死亡，其本身亦有一定过错，也应承担一部分责任。故依《民法通则》规定，原告丈夫及4被告均应承担责任。审理中原告与4被告再次达成调解协议：乔某赔偿原告抢救费、丧葬费、死亡补偿金计2500元，其余3被告各赔偿2000元，并于2000年元月21日全部付清。该调解协议符合法律规定，法院予以确认。

评析：饮酒过量，伤脾伤胃伤性命。在有些地方，酒风不正，盛行劝酒，常有因饮酒而致人死亡的事故发生。向他人敬酒本无恶意，但强劝他人饮酒致人死亡，依《中华人民共和国民法通则》第106条规定，其过难免，其责难逃。然而贪杯逞能，伤及性命，依《民法通则》第131条规定，自身也有过错，也要负一定责任。此案再次警告人们敬酒要适可而止，饮酒要量力而行。否则，伤及健康及生命，责任难逃，悔之不及。

20. 工商局吊销屠宰场营业执照案

案情：某县原有甲、乙、丙、丁四家定点屠宰场，营业执照、卫生许可证、屠宰许可证等证照齐全。1997年国务院发布《生猪屠宰管理条例》，该市政府根据其中确认并颁发定点屠宰标志牌的规定发出通告，确定只给甲发放定点标志牌。据此，市工商局将乙、丙、丁三家屠宰场营业执照吊销，卫生局也将卫生许可证吊销。乙、丙、丁三家屠宰场对此不服，找到市政府，市政府称通告属于抽象行政行为，需遵守执行。三家屠宰场遂提起行政诉讼。

评析：（1）市政府的通告属于具体行政行为。本案中市政府发布的通告，明确确定只给甲发放定点标志牌，而该市原仅有甲、乙、丙、丁四家定点屠宰场，这就意味着剥夺了乙、丙、丁三家屠宰场的屠宰资格。可见，该通告是针对定点屠宰这一特定的事和甲、乙、丙、丁这一特定的人作出的，侵害了乙、丙、丁三家屠宰场的公平竞争权，属于典型的具体行政行为。

（2）市政府、市工商局、市卫生局均可成为本案的被告。依《最高人民法院关于<行政诉讼法>若干问题的解释》第13条第（一）项可知，公民、法人或其他组织可以对涉及其相邻权或者公平竞争权的具体行政行为提出行政诉讼，由于市政府的行为是具体行政行为且直接侵犯了乙、丙、丁的利益，故乙、丙、丁均可依据《行政诉讼法》第25条第1款的规定，以市政府为被告提起行政诉讼。

依《行政诉讼法》第11条第1款第（一）项规定，乙、丙、丁可以市工商局、市卫生局为被告提起行政诉讼。

（3）乙、丙、丁可以提起行政诉讼。理由如（2）所述。

（4）颁发定点屠宰标志牌是行政许可行为，具体而言是属于资格许可行为，即赋予行政相对人从事某种活动的资格的许可。既然颁发定点屠宰标志牌的行为是资格许可行为，未获得该牌的企业就不得从事生猪屠宰的经营活动，市工商局、市卫生局就有权据此吊销其执照与许可证。但本案中，由于市政府的行为违法，所以，工商局、卫生局就不得据此吊销乙、丙、丁的执照与许可证。

21. 出售未经有关部门检验的自制蛋糕要受到处罚

案情：李某系从事饮食业的个体工商户，出售自制的蛋糕，李某蛋糕未经有关部门进行检验。这一行为被某工商所查获。根据《个体饮食业监督管理办法（试行）》的规定，对此类违法行为，应予以警告、没收违禁区食品和违法所得，并处以违法所得一倍以上五倍以下罚款；没有违法所得的，处以1万元以下罚款；情节严重的，可责令停业整顿或者吊销其营业执照。在工商所查获前李某出售蛋糕共获利1000元。根据上述有关规定，工商所没收了李某尚未出售的蛋糕，没收其违法所得1000元，并且工商所认为李某曾因伤害罪而被判刑1年，一年前刚出狱，因此要重罚，又处以李某2000元的罚款。

评析：工商所的行政处罚行为是合法的，但不合理，违背了行政合理性的原则。主要表现在对李某的罚款行为上。本案中，根据法定的罚款幅度的规定，工商所对李某处以1500元的罚款属于法定的幅度内，其行为没有超越法律，不与法律相抵触，是合法的。但工商所在法定幅度内的自由裁量权行使的不恰当，对李某进行2000元的罚款，除以其违法事实情节等为依据外，于一种不正当的考虑而作出的行政处罚行为，违背了行政合理性原则的要求，属不合理的行为。

22. 一个苹果引发的诉讼

案情：某区工商局干部任某下班路经集贸市场，从个体摊贩汪某处买了1箱苹果，回到家中发现有几个苹果是烂的。则返回市场找到汪某要求换，汪某以苹果是降价出售为由不给换，两个人吵了起来。这时，任某向汪某表明自己是工商局干部，如果不给换，以后就别想再在此卖东西，汪某对任某的话未加理睬，仍然大吵。任某恼怒，上前与汪某厮打起来。汪某用拳猛击任某的头部、脸部，致使任某腮颊明显青肿，嘴角流血。此事件被闻讯赶来的公安人员制止。事后经医院诊断，任某属轻微脑震荡。对此事件，区公安局认为，汪某属于妨碍执行公务的违法行为，根据《治安管理处罚条例》第19条的规定，作出拘留10天的处罚决定，并责令汪某赔偿任某的全部医药费200元。汪某不服向市公安局申请复议，市公安局经查认为，汪某的行为性质属于侵犯他人人身权利，根据《治安管理处罚条例》第22条的规定，仍然处以汪某10天的拘留，赔偿任某200元的医药费。汪某仍不服向人民法院提起诉讼。

评析:（1)区公安局所在地的基层人民法院和市公安局所在地的基层人民法院都有管辖权。本案的问题关键是确定市公安局的复议决定是否改变了区公安局的具体行政行为。市公安局的复议决定虽然在处罚结果上同区公安局一样,但对汪某违法行为的性质认定上作了改变，并且在适用《治安管理处罚条例》的条款上不同，因此市公安局的复议决定改变了原具体行政行为，且这一案件根据《行政诉讼法》第13条的规定，应由基层人民法院管辖。所以，本案区公安局和市公安局所在地的基层人民法院都有管辖权。

（2）被告是复议机关市公安局。根据《行政诉讼法》第25条第2款的规定，复议机关改变原具体行政行为的，复议机关作为被告。本案复议机关市公安局改变了原具体行政行为，所以被告应是市公安局。

（3）有第三人，第三人是任某。《行政诉讼法》第27条规定："同提起诉讼的具体行政行为有利害关系的其他公民、法人或者其他组织，可以作为第三人申请参加。"任某是治安违法行为的被害人,公安机关能否公正地处理汪某的违法行为,直接涉及其合法权益能否得到保护，人民法院对案件的判决结果也就直接影响其权利义务。因此，任某与被诉的具体行政行为有利害关系，可以作为第三人参加诉讼。

23. 无证经营陈醋和酱油

案情：李某于2009年在未取得食品经营法定资格的条件下，从沈阳多次购入陈醋和酱油在市场销售。李某不按照法定条件、要求办理合法经营手续，其行为违反了《国务院关于加强食品等产品安全监督管理的特别规定》相关规定，构成了不按照法定条件、要求经营调味品的行为，市工商局依法对李某处以50000元的罚款处罚。

评析:《国务院关于加强食品等产品安全监督管理的特别规定》第三条：生产经营者应当对其生产、销售的产品安全负责，不得生产、销售不符合法定要求的产品。

依照法律、行政法规规定生产、销售产品需要取得许可证照或者需要经过认证的，应当按照法定条件、要求从事生产经营活动。不按照法定条件、要求从事生产经营活动或者生产、销售不符合法定要求产品的，由农业、卫生、质检、商务、工商、药品等监督管理部门依据各自职责，没收违法所得、产品和用于违法生产的工具、设备、原材料等物品，货值金额不足5000元的，并处5万元罚款；货值金额5000元以上不足1万元的，并处10万元罚款；货值金额1万元以上的，并处货值金额10倍以上20倍以下的罚款；造成严重后果的，由原发证部门吊销许可证照；构成非法经营罪或者生产、销售伪劣商品罪等犯罪的，依法追究刑事责任。

生产经营者不符合法定条件、要求，继续从事生产经营活动的，由原发证部门吊销许可证照，并在当地主要媒体上公告被吊销许可证照的生产经营者名单；构成非法经营罪或者生产、销售伪劣商品罪等犯罪的，依法追究刑事责任。

依法应当取得许可证照而未取得许可证照从事生产经营活动的，由农业、卫生、质检、商务、工商、药品等监督管理部门依据各自职责，没收违法所得、产品和用于违法生产的工具、设备、原材料等物品，货值金额不足1万元的，并处10万元罚款；货值金额1万元以上的，并处货值金额10倍以上20倍以下的罚款；构成非法经营罪的，依法追究刑事责任。

24. 销售不合格调味品

案情：某区某批发部于2009年从外地购进"旺百年"牌酱油、醋产品进行销售，经当地市产品质量检验所抽查检验为不合格产品，构成了销售不合格产品行为，依据《中华人民共和国产品质量法》对其处以2000元的罚款。

评析：《中华人民共和国产品质量法》第二十七条　产品或者其包装上的标识必须真实，并符合下列要求：

（1）有产品质量检验合格证明；

（2）有中文标明的产品名称、生产厂厂名和厂址；

（3）根据产品的特点和使用要求，需要标明产品规格、等级、所含主要成份的名称和含量的，用中文相应予以标明；需要事先让消费者知晓的，应当在外包装上标明，或者预先向消费者提供有关资料；

（4）限期使用的产品，应当在显著位置清晰地标明生产日期和安全使用期或者失效日期；

（5）使用不当，容易造成产品本身损坏或者可能危及人身、财产安全的产品，应当有警示标志或者中文警示说明。

裸装的食品和其他根据产品的特点难以附加标识的裸装产品，可以不附加产品标识。

第三十三条　销售者应当建立并执行进货检查验收制度，验明产品合格证明和其他标识。

第三十六条　销售者销售的产品的标识应当符合本法第二十七条的规定。

第三十九条　销售者销售产品，不得掺杂、掺假，不得以假充真、以次充好，不得以不合格产品冒充合格产品。

第五十条　在产品中掺杂、掺假，以假充真，以次充好，或者以不合格产品冒充合格产品的，责令停止生产、销售，没收违法生产、销售的产品，并处违法生产、销售产品货值金额百分之五十以上三倍以下的罚款；有违法所得的，并处没收违法所得；情节严重的，吊销营业执照；构成犯罪的，依法追究刑事责任。

25. 硫黄熏制生姜案

案情：某市的工商部门在对一家大型蔬菜副食交易中心检查时，发现生姜交易区许多商贩在摊位前摆的生姜和摊位里面放的生姜都有明显的不同，显眼处摆放的，颜色都比较亮，而商贩身后放的生姜看起来颜色要暗一些。商贩们为了让生姜看起来颜色都比较好看，也更容易卖上价钱，就对差一些的生姜使用硫黄熏制。一斤硫黄差不多可以熏制一千斤左右的生姜。熏制过的生姜比没有熏制的生姜，每斤相差四毛钱左右。一千斤下来就是400块钱，而商贩只需要付出三四块钱的硫黄钱。硫黄熏制食品会发生一系列化学反应，容易对人的肠胃造成刺激。如果食用的是被工业硫黄熏过的食品，还会对人的神经系统造成损害，轻者会出现头昏、眼花、全身乏力等症状。长期食用，则会导致眼结膜炎、皮肤湿疹等，严重的还会影响人的肝肾功能。市工商部门对此进行查处。

评析：《农产品质量安全条例》第三十三条规定，有下列情形之一的农产品，不得销售：

（1）含有国家禁止使用的农药、兽药或者其他化学物质的；

（2）农药兽药等化学物质残留或者含有的重金属等有毒有害物质不符合农产品质量安全标准的；

（3）含有的致病性寄生虫、微生物或者生物毒素不符合农产品质量安全标准的；

（4）使用的保鲜剂、防腐剂、添加剂等材料不符合国家有关强制性的技术规范的；

（5）其他不符合农产品质量安全标准的。

第四十九条　有本法第三十三条第四项规定情形，使用的保鲜剂、防腐剂、添加剂等材料不符合国家有关强制性的技术规范的，责令停止销售，对被污染的农产品进行无害化处理，对不能进行无害化处理的予以监督销毁；没收违法所得，并处二千元以上二万元以下罚款。

26. 违法使用食品添加剂加工大青枣案件

案情：某市食品安全委员会办公室接到市工商局的报告，某小区发生一起违法使用食品添加剂将大青枣加工成红枣的案件。现场查明李某用糖精钠、甜蜜素等添加剂加工新鲜大青枣。其加工过程是将新鲜青枣用开水浸泡后使其表皮变红，然后放入加有糖精钠和甜蜜素的水池内，浸泡一段时间后捞出放入冷库保鲜销售。现场查封成品、半成品及原料共计7000多公斤。过量食用会造成血小板减少，酿成急性大出血等直接身体危害。

评析：鉴于本案加工的成品枣仍以鲜果形式销售，其违法添加糖精钠、甜蜜素的行为违反了《食品添加剂使用卫生规范》；同时该经营户涉嫌无工商营业执照从事经营活动，应由市农业和工商两部门依据《农产品质量安全法》以及工商管理的相关法规予以处理。市农委依据《农产品质量安全法》第四十九条规定：责令李某停止加工、销售该产品，并予以销毁，没收违法所得9200元，罚款2000元的行政处罚。市工商局对当事人无照经营以及擅自动用、转移被查封财物的违法行为予以罚款人民币1000元。

27. 销售、运输病死猪肉案

案情：甲县动物卫生监督所接到该县派出所电话通报，叶某轻型货车上装有疑似病死猪肉及其产品，准备送到乙县陈某家出售。该县动物卫生监督所立即赶往现场进行勘验和询问，车上装有47头病死猪肉和8编织袋内脏及头蹄，共计1615公斤，均无检疫合格验讫印章。县食品安全委员会接报后立即组织县农委、县卫生局、县商务局、县畜牧局等部门赶赴现场，对叶某违法事实进行了认定并由县动物卫生监督所根据《中华人民共和国动物防疫法》予以没收所有病死猪肉及其产品，并作无害化处理和处以16000元罚款的行政处罚。

评析：《食品安全法》第二十八条第五、第六款规定，禁止生产经营下列食品：

……

（5）病死、毒死或者死因不明的禽、畜、兽、水产动物肉类及其制品；

（6）未经动物卫生监督机构检疫或者检疫不合格的肉类，或者未经检验或者检验不合格的肉类制品；

第八十五条　违反本法规定，有下列情形之一的由有关主管部门按照各自职责分工；没收违法所得、违法生产经营的食品和用于违法生产经营的工具、设备、原料等物品；违法生产经营的食品货值金额不足一万元的，并处二千元以上五万元以下罚款；货值金额一万元以上的，并处货值金额五倍以上十倍以下罚款；情节严重的，吊销许可证。

《中华人民共和国动物防疫法》第二十五条：禁止屠宰、经营、运输下列动物和生产、经营、加工、贮藏、运输下列动物产品：

（1）封锁疫区内与所发生动物疫病有关的；

（2）疫区内易感染的；

（3）依法应当检疫而未经检疫或者检疫不合格的；

（4）染疫或者疑似染疫的；

（5）病死或者死因不明的；

（6）其他不符合国务院兽医主管部门有关动物防疫规定的。

第七十六条　违反本法第二十五条规定，屠宰、经营、运输动物或者生产、经营、加工、贮藏、运输动物产品的，由动物卫生监督机构责令改正、采取补救措施，没收违法所得和动物、动物产品，并处同类检疫合格动物、动物产品货值金额一倍以上五倍以下罚款；其中依法应当检疫而未检疫的，依照本法第七十八条的规定处罚。

第七十八条 违反本法规定，屠宰、经营、运输的动物未附有检疫证明，经营和运输的动物产品未附有检疫证明、检疫标志的，由动物卫生监督机构责令改正，处同类检疫合格动物、动物产品货值金额百分之十以上百分之五十以下罚款；对货主以外的承运人处运输费用一倍以上三倍以下罚款。

28. 农产品《购销合同》纠纷

案情：2007年11月1日，刘某与兰某签订了一份《购销合同》。合同中约定：由刘某从该月起连续8个月、于每月5日前分别向兰某出售价值5万元的指定农产品，兰某则必须在每月8日前向刘某付清当月的货款；如果一方违约，每次必须向对方支付1万元违约金，对方还有权决定是否解除合同。2008年元月，兰某因一时资金周转困难，直到28日仍未付清当月的货款。恰逢该类农产品的销售价格有上升的趋势，刘某遂要求兰某依约支付违约金，并提出解除与兰某的《购销合同》，可兰某不同意，刘某只好诉至法院。

评析：（1）我国实行的是补偿性违约金，违约金是对违约造成损失的提前确定。理论上认为，违约金有补偿性、惩罚性两种，补偿性违约金是对违约行为造成损失的弥补，解除合同与支付违约金在这里是不可以同时适用的；惩罚性违约金是对违约方违约行为的惩戒，不以损失是否存在为依据，也只有在惩罚性违约金中，才存在惩罚违约行为与解除合同并存。我国《合同法》规定，当事人可以在合同中约定一定数额的违约金或违约金计算方法，但如约定违约金低于造成的损失，一方可以请求人民法院或仲裁机构予以增加；如约定违约金过高于造成损失，当事人可以请求人民法院或仲裁机构予以适当减少。其中说明，当事人对违约金的处分权虽应受到尊重，但并非没有度，而是不能“过高”或“低于”，即违约金只是当事人对违约行为可能造成损失的事前预定，我国所实行的是补偿性违约金，而不是惩罚性违约金。

（2）要想获得全部补偿性违约金必须以继续履行合同为前提。补偿性违约金包括了因违约行为而造成直接损失及可得性利益损失，可得性利益只有在合同履行完毕时才能产生。如果刘某选择解除合同，合同将不再履行，作为补偿性违约金损失之一的可得性利益便不复存在，也就不能得到合同履行完毕时才能产生的可得性利益。兰某则不应赔偿刘某的该可得性利益的损失。也就是说，刘某要想获得全部的违约金，就必须履行合同。

（3）解除合同不是承担违约责任的方式。《合同法》第九十七条规定“合同解除后，尚未履行的，终止履行，已经履行的，根据履行情况和合同性质，当事人可以请求恢复原状、采取其他补救措施，并有权要求赔偿损失。”其中表明，解除合同的法律后果是一种包括返还不当得利和赔偿损失在内的民事责任，损失也仅仅是指直接损失并不包括可得性利益损失。即解除合同的法律后果不包括支付违约金在内的违约责任。也就是说，刘某要想解除合同，就不能获得全部的违约金。

29. 对产品未及时提出质量异议应视为认可

案情：2005年3月10日，王某与一家农产品销售公司订立了一份脐橙购销合同。约定：由公司在一个月内分两次向王某提供30万斤脐橙，王某在收到全部脐橙后20天内付清全部货款。公司按约定时间发来了第一批脐橙后，王某发现有许多脐橙的大小不符合规格，但认为可以先卖卖再说，遂收下了。公司发来第二批脐橙时，王某看到仍有相当部分脐橙同样不符合合同的规定，心中虽有不快，但认为合同并没有约定检验期限，如果拒收，显然会为难送货员，也解决不了实际问题，不如日后与公司另行理论，只要脐橙还在，公司该会认账也无法赖账。遂在收货单上签了字。过了20天，公司派人催款，王某以有大量脐橙不合格为由拒绝支付30万元货款，至少得减免30%。因公司否认并拒绝接受，王某告上法庭。

评析：这里涉及一个检验期间的问题。检验是买卖合同中买受人在收货后对合同的品名、规格、数量、质量等的核定，它既是买受人的权利，也是买受人的义务，还是当事人履行合同的重要程序。《合同法》第一百五十七条规定：“买受人收到标的物时应当在约定的检验期内检验。没有约定检验期间的，应当及时检验。”第一百五十八条第二款规定；“当事人没有约定检验期间的，买受人应当在发现或者应当发现标的物数量或者质量不符合约定的合理期间内通知出卖人。买受人在合理期间内未通知或者自标的物收到之日起两年内未通知出卖人的，视为标的物的数量或者质量符合约定。”由于本案中的双方并没有约定检验期限，而王某在收货时已经知道有相当部分脐橙不符合合同约定，故本案的处理，应当适用“及时”和“合理期间”的规定。这里的“及时”是指买受人收到标的物后，应即时进行检验。“合理期间”则是指买受人对出卖人交付的标的物进行的检验以及能够通知到出卖人所需的时间。

对公司发来的两批脐橙，王某都已看过并实际收下，表明王某已经进行了检验。至于脐橙存在大小不一的不符合合同要求之情形，只能表明存在质量问题，不能否定确已检验的事实。王某在当时完全有条件当即将异议告知送货员或将情况在收货单中写明，但王某没有这样做，直到公司催要货款时才提出，应该视为已经超过提出异议的合理期间。

王某在明知脐橙不符合约定的情况下，无论是出于“可以先卖卖再说”或其他目的，毕竟有条件、时间提出异议而没有通过语言、文字提出，且已签收或出卖，应视为王某已默认了公司产品的质量。退一步说，由于事后公司已对脐橙规格存在问题一事明确否认，而脐橙是一种种类物，不仅仅是公司有销售，其他人也有销售，王某虽仍然有大量不合格的脐橙，但并不能说明有且仅有是来自公司，不符合民事诉讼中的证据要求。

30. 出售注水猪肉要受法律严惩

案情：某县质监部门接到举报，王某所开的肉食门市里销售注水猪肉。该县质监部门人员立即赶往现场进行检查和询问，发现王某店中确有注水猪肉共计600公斤，均无检疫合格验讫印章。县食品安全委员会接报后立即组织县农委、县卫生局、县商务局、县畜牧局等部门赶赴现场，相关部门对此作出处理，王某也受到了吊销营业执照和一万元罚金的处罚。

评析：《生猪屠宰管理条例》第二十九条规定“从事生猪产品销售、肉食品生产加工的单位和个人以及餐饮服务经营者、集体伙食单位，销售、使用非生猪定点屠宰厂（场）屠宰的生猪产品、未经肉品品质检验或者经肉品品质检验不合格的生猪产品以及注水或者注入其他物质的生猪产品的，由工商、卫生、质检部门依据各自职责，没收尚未销售、使用的相关生猪产品以及违法所得，并处货值金额3倍以上5倍以下的罚款；货值金额难以确定的，对单位处5万元以上10万元以下的罚款，对个人处1万元以上2万元以下的罚款；情节严重的，由原发证（照）机关吊销有关证照；构成犯罪的，依法追究刑事责任。”对于销售注水猪肉有了明确的处罚依据。

31. 出售注水牛肉案

案情：某市A区居民反映，在该区XX超市购买的牛肉为注水牛肉。相关部门得知这一消息后马上赶到现场进行检验查处。发现该超市内所售牛肉均为注水牛肉。工商管理部门立即吊销该超市营业执照，卫生监管部门吊销了该超市的卫生许可证，没收全部注水肉、并处罚金1万元。

评析：注水牛肉是指在市场或固定门店销售的屠宰后被人为注入水分的鲜牛肉或冷冻牛肉。《农产品质量安全法》第二条第一款规定“本法所称农产品，是指来源于农业的初级产品，即在农业活动中获得的植物、动物、微生物及其产品。”《农产品质量安全法》释义更是明确指出“通过对畜禽类动物宰杀、去头、去蹄、去皮、去内脏、分割、切块或切片、冷藏或冷冻等加工处理，制成的分割肉、保鲜肉、冷藏肉、冷冻肉、冷却肉、盐渍肉，绞肉、肉块、肉片、肉丁等”属于农产品中的肉类产品。

《农产品质量安全法》第八条规定“……禁止生产、销售不符合国家规定的农产品质量安全标准的农产品。”第十一条明确指出“……农产品质量安全标准是强制性的技术规范。”和“农产品质量安全标准的制定和发布，依照有关法律、行政法规的规定执行。”《畜禽肉水分限量》（GB18394-2001）规定牛肉含水量应≤77%。该标准为国家强制性标准。

《农产品质量安全法》第三十三条第一款规定“有下列情形之一的农产品，不得销售：……（五）其他不符合农产品质量安全标准的。”该法第五十条规定“农产品生产企业、农民专业合作经济组织销售的农产品有本法第三十三条第一项至第三项或者第五项所列情形之一的，责令停止销售，追回已经销售的农产品，对违法销售的农产品进行无害化处理或者予以监督销毁；没收违法所得，并处二千元以上二万元以下罚款。”该条第二款规定“农产品销售企业销售的农产品有前款所列情形的，依照前款规定处理、处罚。”该条第三款规定“农产品批发市场中销售的农产品有第一款所列情形的，对违法销售的农产品依照第一款规定处理，对农产品销售者依照第一款规定处罚。”

《消费者权益保护法》第五十条规定“经营者有下列情形之一，《中华人民共和国产品质量法》和其他有关法律、法规对处罚机关和处罚方式有规定的，依照法律、法规的规定执行；法律、法规未作规定的，由工商行政管理部门责令改正，可以根据情节单处或者并处警告、没收违法所得、处以违法所得一倍以上五倍以下的罚款，没有违法所得的，处以一万元以下的罚款；情节严重的，责令停业整顿、吊销营业执照：……（二）在商品中掺杂、掺假，以假充真，以次充好，或者以不合格商品冒充合格商品的；……”。

32. 多宝鱼药物超标事件

案情：2006年11月，上海市食品药品监督管理局公布了对多宝鱼的一次抽检结果，发现采集的30个样品全部检出了硝基呋喃类代谢物。有渔药经销商爆出了一个“潜规则”：不少多宝鱼养殖户都在用呋喃西林。如果长期食用抗生素残留的食品，会增加人体内细菌的耐药性，导致降低或完全抵消抗生素类药物的疗效。

评析：《食品安全法》要求卫生行政部门将“农产品质量安全标准”等现有的几个食品强制性标准整合统一为食品安全国家标准，将管理的链条大大向前阶段延长。

第二十条食品安全标准应当包括下列内容：

（1）食品、食品相关产品中的致病性微生物、农药残留、兽药残留、重金属、污染物质以及其他危害人体健康物质的限量规定；

（2）食品添加剂的品种、使用范围、用量；

（3）专供婴幼儿和其他特定人群的主辅食品的营养成分要求；

（4）对与食品安全、营养有关的标签、标识、说明书的要求；

（5）食品生产经营过程的卫生要求；

（6）与食品安全有关的质量要求；

（7）食品检验方法与规程；

（8）其他需要制定为食品安全标准的内容。

第二十八条禁止生产经营下列食品：

……（2）致病性微生物、农药残留、兽药残留、重金属、污染物质以及其他危害人体健康的物质含量超过食品安全标准限量的食品；……

第八十五条　违反本法规定，有下列情形之一的，由有关主管部门按照各自职责分工，没收违法所得、违法生产经营的食品和用于违法生产经营的工具、设备、原料等物品；违法生产经营的食品货值金额不足一万元的，并处二千元以上五万元以下罚款；货值金额一万元以上的，并处货值金额五倍以上十倍以下罚款；情节严重的，吊销许可证：

（1）用非食品原料生产食品或者在食品中添加食品添加剂以外的化学物质和其他可能危害人体健康的物质，或者用回收食品作为原料生产食品；

（2）生产经营致病性微生物、农药残留、兽药残留、重金属、污染物质以及其他危害人体健康的物质含量超过食品安全标准限量的食品；

（3）生产经营营养成分不符合食品安全标准的专供婴幼儿和其他特定人群的主辅食品；

（4）经营腐败变质、油脂酸败、霉变生虫、污秽不洁、混有异物、掺假掺杂或者感官性状异常的食品；

（5）经营病死、毒死或者死因不明的禽、畜、兽、水产动物肉类，或者生产经营病死、毒死或者死因不明的禽、畜、兽、水产动物肉类的制品；

（6）经营未经动物卫生监督机构检疫或者检疫不合格的肉类，或者生产经营未经检验或者检验不合格的肉类制品；

（7）经营超过保质期的食品；

（8）生产经营国家为防病等特殊需要明令禁止生产经营的食品；

（9）利用新的食品原料从事食品生产或者从事食品添加剂新品种、食品相关产品新品种生产，未经过安全性评估；

（10）食品生产经营者在有关主管部门责令其召回或者停止经营不符合食品安全标准的食品后，仍拒不召回或者停止经营的。

33. 捕捞中华鲟遭法律严惩

案情：中华鲟在海洋中生长发育，在江河中产卵繁殖，江河产卵孵化的幼鲟和产后亲鲟又洄游至海洋栖息和肥育，是一种典型的溯河产卵洄游鱼类。目前野生中华鲟是国家一级重点保护野生动物。

2010年8月，长江中游地区某市市民王某为谋取暴利，于夜间驾驶自家渔船在长江上捕捞中华鲟被相关部门发现，当场抓获。并追究王某的刑事责任。

评析：非法捕杀国家重点保护的水生野生动物的，依照全国人民代表大会常务委员会关于惩治捕杀国家重点保护的珍贵、濒危野生动物犯罪的补充规定追究刑事责任；情节显著轻微危害不大的，或者犯罪情节轻微不需要判处刑罚的，由渔业行政主管部门没收捕获物、捕捉工具和违法所得，吊销特许捕捉证，并处以相当于捕获物价值十倍以下的罚款，没有捕获物的处以一万元以下的罚款。

违反野生动物保护法律、法规，在水生野生动物自然保护区破坏国家重点保护的或者地方重点保护的水生野生动物主要生息繁衍场所，依照《野生动物保护法》第三十四条的规定处以罚款的，罚款幅度为恢复原状所需费用的三倍以下。

违反野生动物保护法律、法规，出售、收购、运输、携带国家重点保护的或者地方重点保护的水生野生动物或者其产品的，由工商行政管理部门或者其授权的渔业行政主管部门没收实物和违法所得，可以并处相当于实物价值十倍以下的罚款。

34. 假种子纠纷

案情：2007年初，李某等六户农民被一种业公司的广告所吸引。这份种子广告宣称：某品牌的“香蕉”番茄和“紫洋梨”番茄均引自美国，该番茄果甜耐贮、抗寒耐病，市场销路广阔，每$667m^2$产4000～5000kg。广告上的图案漂亮诱人。李某等人第二天就来到了种业公司，购买了该品牌的番茄种子。回家后，李某等人便在自己的大棚里种植了该番茄。2007年5月，番茄进入成熟期，别人的番茄长势良好，而李某等人的番茄果实则与种业公司广告完全不符。“香蕉”番茄果实多种多样，且果实里面是空的；“紫洋梨”番茄根本没有紫颜色，又酸又涩。

事情发生后，李某等六户农民在多次与种业公司联系要求赔偿未果的情况下，将种业公司推上了被告席。

评析：禁止生产、经营假、劣种子。

下列种子为假种子：

（1）以非种子冒充种子或者以此种品种种子冒充他种品种种子的；

（2）种子种类、品种、产地与标签标注的内容不符的。

下列种子为劣种子：

（1）质量低于国家规定的种用标准的；

（2）质量低于标签标注指标的；

（3）因变质不能作种子使用的；

（4）杂草种子的比率超过规定的；

（5）带有国家规定检疫对象的有害生物的。

违反本法规定，生产、经营假、劣种子的，由县级以上人民政府农业、林业行政主管部门或者工商行政管理机关责令停止生产、经营，没收种子和违法所得，吊销种子生产许可证、种子经营许可证或者营业执照，并处以罚款；有违法所得的，处以违法所得五倍以上十倍以下罚款；没有违法所得的，处以二千元以上五万元以下罚款；构成犯罪的，依法追究刑事责任。

35. “非典”时期粮店店主囤积粮食哄抬粮价应受处罚

案情：2003年非典型肺炎蔓延我国多个城市，突发性疫情引起了群众抢购粮油的混乱。多数粮油经营者借此机会囤积粮油哄抬粮价，牟取暴利。尤其在中西部欠发达地区，抢粮现象严重，粮油投机经营者更是借此机会狠捞一把。国家粮油监管部门、工商管理部门立即出击，对不法商贩予以严厉打击。对各粮油门市、商场下达稳定粮油价格文件，对严重扰乱粮食市场价格、哄抬粮价的不法经营者采取罚款、责令停业等行政处罚。

评析：《粮食流通管理条例》第十八条“销售粮食应当严格执行国家有关粮食质量、卫生标准，不得短斤少两、掺杂使假、以次充好，不得囤积居奇、垄断或者操纵粮食价格、欺行霸市。”

第四十八条“违反本条例第十七条、第十八条规定的，由产品质量监督部门、工商行政管理部门、卫生部门等依照有关法律、行政法规的规定予以处罚。”

36. 擅自宰猪也违法

案情：为确保元旦、春节期间群众食肉安全，浙江省某市贸易与粮食局执法大队在积极配合有关部门加强市场检查的同时，开展正常性巡查和突击性检查相结合的办法，加大对非法屠宰生猪行为的打击力度。

12月27日凌晨1时30分，某市贸易与粮食局执法大队在城东A村赵某家的简易建筑内，检查发现赵某雇佣的2个小工正在地上给已宰杀的猪剥皮，宰杀现场还有用于给猪注水的工具，被执法人员当场查获。

市贸易与粮食局执法大队经调查认定，赵某的行为已违反了国务院《生猪屠宰管理条例》和浙江省实施《生猪屠宰管理条例》办法，将依法对赵某作出以下行政处罚：没收非法屠宰的猪产品217公斤，并处罚款人民币2500元。

评析：《生猪屠宰管理条例》第五条生猪定点屠宰厂（场）的设置规划（以下简称设置规划），由省、自治区、直辖市人民政府商务主管部门会同畜牧兽医主管部门、环境保护部门以及其他有关部门，按照合理布局、适当集中、有利流通、方便群众的原则，结合本地实际情况制订，报本级人民政府批准后实施。

第六条　生猪定点屠宰厂（场）由设区的市级人民政府根据设置规划，组织商务主管部门、畜牧兽医主管部门、环境保护部门以及其他有关部门，依照本条例规定的条件进行审查，经征求省、自治区、直辖市人民政府商务主管部门的意见确定，并颁发生猪定点屠宰证书和生猪定点屠宰标志牌。

设区的市级人民政府应当将其确定的生猪定点屠宰厂（场）名单及时向社会公布，并报省、自治区、直辖市人民政府备案。

生猪定点屠宰厂（场）应当持生猪定点屠宰证书向工商行政管理部门办理登记手续。

第七条　生猪定点屠宰厂（场）应当将生猪定点屠宰标志牌悬挂于厂（场）区的显著位置。

生猪定点屠宰证书和生猪定点屠宰标志牌不得出借、转让。任何单位和个人不得冒用或者使用伪造的生猪定点屠宰证书和生猪定点屠宰标志牌。

第八条　生猪定点屠宰厂（场）应当具备下列条件：

（1）有与屠宰规模相适应、水质符合国家规定标准的水源条件；

（2）有符合国家规定要求的待宰间、屠宰间、急宰间以及生猪屠宰设备和运载工具；

（3）有依法取得健康证明的屠宰技术人员；

（4）有经考核合格的肉品品质检验人员；

（5）有符合国家规定要求的检验设备、消毒设施以及符合环境保护要求的污染防治设施；

（6）有病害生猪及生猪产品无害化处理设施；

（7）依法取得动物防疫条件合格证。

第十七条　任何单位和个人不得为未经定点违法从事生猪屠宰活动的单位或者个人提供生猪屠宰场所或者生猪产品储存设施，不得为对生猪或者生猪产品注水或者注入其他物质的单位或者个人提供场所。

第二十四条　违反本条例规定，未经定点从事生猪屠宰活动的，由商务主管部门予以取缔，没收生猪、生猪产品、屠宰工具和设备以及违法所得，并处货值金额3倍以上5倍以下的罚款；货值金额难以确定的，对单位并处10万元以上20万元以下的罚款，对个人并处5000元以上1万元以下的罚款；构成犯罪的，依法追究刑事责任。

冒用或者使用伪造的生猪定点屠宰证书或者生猪定点屠宰标志牌的，依照前款的规定处罚。

生猪定点屠宰厂（场）出借、转让生猪定点屠宰证书或者生猪定点屠宰标志牌的，由设区的市级人民政府取消其生猪定点屠宰厂（场）资格；有违法所得的，由商务主管部门没收违法所得。

37. 藤菜吃出病，谁来负责?

案情：2003年3月18日，原告谢某在位于某市S区的菜市场从被告黄某处购买了两把“荇菜”，卖菜的经手人是黄某的妻子郭某。同月20日晚饭后，原告吴某因有头昏、腹痛、四肢乏力等现象，便于当晚8时许前往市中医院就诊，后被诊断为食物中毒(有机磷农药中毒)。因病情严重，3月21日3时15分，市中医院发出病重(病危)通知单。3月25日，原告吴某出院，期间共支付了医疗费3000元。3月28日市卫生监督所对原告吴某中毒的情况作出了《S区一起蔬菜农药中毒调查报告》，认定这是一起由蔬菜(藤菜)残留有机磷农药引起的食物中毒。两原告认为谢某曾在3月18日中午因食用少量藤菜而出现身体不适，3月20日晚吴某、谢某共同食下剩余藤菜出现身体严重不适，均是因购买了被告于3月18日出售的藤菜造成的。两原告与被告协商无果，遂起诉。

评析：根据《中华人民共和国产品质量法》第二条的规定，产品是指经过加工、制作，用于销售的产品。本案被告黄某在市场上销售的藤菜属于自然物品，未经过加工、制作，故本案的藤菜不属于《中华人民共和国产品质量法》所调整的产品的范畴，本案不适用《中华人民共和国产品质量法》的有关规定，应适用《中华人民共和国民法通则》有关侵权的规定。被告作为经营者，销售的藤菜残留有机磷农药，导致原告吴某身体受到损害，违反了《中华人民共和国消费者权益保护法》第十八条的规定，其行为具有明显的违法性，应承担民事赔偿责任。原告吴某起诉要求赔偿医疗费用，合法有理，应予支持。

相关法律问答

1. 什么是农产品?

答: 农产品是通过生物有机体的新陈代谢作用,进行自然再生产和经济再生产过程所形成的归属于第一产业的产品,不包括经过加工的这类产品。为了切实保障农产品质量安全,我国《农产品质量安全法》第二条规定: 农产品,是指来源于农业的初级产品,即在农业活动中获得的植物、动物、微生物及其产品。通常来说,农产品包括直接使用农产品、食用原料和非食用农产品。

2. 在日常生活中,人们常常会提到无公害农产品、绿色食品和有机农产品,对三者该如何理解?

答: 无公害农产品,是指产地环境、生产过程和产品质量符合国家有关标准和规范的要求,经认证合格获得认证证书并允许使用无公害农产品标志的未经加工或者初加工的食用农产品。广义的无公害农产品包括有机农产品、自然食品、生态食品、绿色食品、无污染食品等。无公害农产品是保证人们对食品质量安全最基本的需要,是最基本的市场准入条件,普通食品都应达到这一要求。

绿色食品,是指按特定生产方式生产,并经国家有关的专门机构认定,准许使用绿色食品标志的无污染、无公害、安全、优质、营养型的食品。

有机农产品,是纯天然、无污染、安全营养的食品,也可称为"生态食品"。它是根据有机农业原则和有机农产品生产方式及标准生产、加工出来的,并通过有机食品认证机构认证的农产品。有机农业的原则是,在农业能量的封闭循环状态下生产,全部过程都利用农业资源,而不是利用农业以外的能源(化肥、农药、生产调节剂和添加剂等)影响和改变农业的能量循环。有机农业生产方式是利用动物、植物、微生物和土壤4种生产因素的有效循环,不打破生物循环链的生产方式。

3. 哪些农产品不得销售?

答: 我国《农产品质量安全法》第三十三条规定,有下列情形之一的农产品,不得销售:

(1)含有国家禁止使用的农药、兽药或者其他化学物质的;

(2)农药、兽药等化学物质残留或者含有的重金属等有毒有害物质不符合农产品质量安全标准的;

(3)含有的致病性寄生虫、微生物或者生物毒素不符合农产品质量安全标准的;

（4）使用的保鲜剂、防腐剂、添加剂等材料不符合国家有关强制性的技术规范的；

（5）其他不符合农产品质量安全标准的。

4.《农产品质量安全法》规定的“八个不得”具体是指什么？

答：（1）经查验不符合农产品质量安全标准的，不得销售。

（2）有下列情形之一的农产品，不得销售：

①含有国家禁止使用的农药、兽药或者其他化学物质的；

②农药、兽药等化学物质残留或者含有的重金属等有毒有害物质不符合农产品质量安全标准的；

③含有的致病性寄生虫、微生物或者生物毒素不符合农产品质量安全标准的；

④使用的保鲜剂、防腐剂、添加剂等材料不符合国家有关强制性的技术规范的；

⑤其他不符合农产品质量安全标准的。

（3）监督抽查检测应当委托符合规定条件的农产品质量安全检测机构进行，不得向被抽查人收取费用。

（4）监督抽查检测抽取的样品，不得超过国务院农业行政主管部门规定的数量。

（5）上级农业行政主管部门监督抽查的农产品，下级农业行政主管部门不得另行重复抽查。

（6）对采用快速检测方法检测结果有异议的，被抽检人申请复检，复检不得采用快速检测方法。

（7）农产品销售企业对其销售的农产品，应当建立健全进货检查验收制度；经查验不符合农产品质量安全标准的，不得销售。

（8）对同一违法行为不得重复处罚。

5.《农产品质量安全法》规定的“六个禁止”是指什么？

答：（1）禁止生产、销售不符合国家规定的农产品质量安全标准的农产品。

（2）禁止在有毒有害物质超过规定标准的区域生产、捕捞、采集食用农产品和建立农产品生产基地。

（3）禁止违反法律、法规的规定向农产品产地排放或者倾倒废水、废气、固体废物或者其他有毒有害物质。

（4）禁止伪造农产品生产记录。

（5）禁止在农产品生产过程中使用国家明令禁止使用的农业投入品。

（6）禁止冒用无公害农产品等农产品质量标志。

6. 我国对高毒、高残留农药有哪些禁限用规定?

答:(1)在我国，明令禁止使用的农药包括：六六六、滴滴涕、毒杀芬、二溴氯丙烷、除草醚、杀虫醚、艾氏剂、汞制剂、砷、铅类、敌枯双、氟乙酰胺、甘氟、毒鼠强、氟乙酸钠、毒鼠硅。

(2)不得在蔬菜、果树、茶叶、中草药材上使用的农药：甲胺磷、甲基对硫磷、对硫磷、久效磷、磷胺、甲拌磷、甲基异柳磷、特丁硫磷、甲基硫环磷、治螟磷、内吸磷、克百威、涕灭威、灭线磷、硫环磷、蝇毒磷、地虫硫磷、氯唑磷、苯线磷。

7. 哪些农产品需要包装?

答:农产品生产企业、农民专业合作经济组织以及从事农产品收购的单位或者个人，用于销售的下列农产品必须包装:

(1)获得无公害农产品、绿色食品、有机农产品等认证的农产品，但鲜活畜、禽、水产品除外。

(2)省级以上人民政府农业行政主管部门规定的其他需要包装销售的农产品。

符合规定包装的农产品拆包后直接向消费者销售的，可以不再另行包装。

8. 如何标志农产品?

答:农产品生产企业、农民专业合作经济组织以及从事农产品收购的单位或者个人包装销售的农产品，应当在包装物上标注或者附加标识标明产品名称、产地、生产者或者销售者的名称、生产日期。生产日期：植物产品指收获日期；禽畜产品指屠宰或者产出日期；水产品指起捕日期；其他产品指包装或者销售时的日期。

有分级标准或者添加剂的，还应当标明产品质量等级或者添加剂名称。

未包装的农产品，应当采取附加标签、标识牌、标识带、说明书等形式标明农产品的名称、产地、生产者或者销售者名称等内容。

销售获得无公害农产品、绿色食品、有机农产品等质量标志使用权的农产品，还应当标明相应标志和发证机构。

不得冒用无公害农产品、绿色食品、有机农产品等质量标志。

禽畜及其产品、属于农业转基因生物的农产品，还应当按照有关规定进行标识。

9. 什么是农产品运输“绿色通道”?

答:《中华人民共和国农业法》第二十八条第二款规定，县级以上人民政府应当采取措施，督促有关部门保障农产品运输畅通，降低农产品流通成本。有关行政管理部门应当简化手续，方便鲜活农产品的运输，除法律、行政法规另有规定外，不得扣押鲜活农产品的运输工具。

10. 农产品购销合同应包括的主要条款有哪些?

答：产品名称；产品的数量和计量单位；产品的品种、等级和质量；产品的包装；产品的价格；交（提）货期限和地点；交（提）货方式；交（提）货日期的计算；货款的结算；产品的验收；违约责任；当事人协商同意的其他条款等。

11. 发生农产品质量安全事故时应当采取什么措施?

答：发生农产品质量安全事故时，有关单位和个人应当及时采取控制措施，并及时向所在地乡级人民政府和县级人民政府农业行政主管部门报告；收到报告的机关应当及时处理并报上一级人民政府和有关部门。发生重大农产品质量安全事故时，农业行政主管部门应当及时通报同级食品药品监督管理部门。

12. 农产品生产企业、农业专业合作经济组织未建立或未保存农产品生产记录的应承担怎样的法律责任?

答：农产品生产企业、农业专业合作经济组织未建立或者未保存农产品生产记录的，或者伪造农产品生产记录的，责令限期改正；逾期不改正的，可以处2000元以下罚款。

13. 违法使用保鲜剂、防腐剂和添加剂等应承担怎样的法律责任?

答：使用的保鲜剂、防腐剂、添加剂等不符合国家有关强制性的技术规范的，责令停止销售，对被污染的农产品进行无害化处理，对不能进行无害化处理的予以监督销毁；没收违法所得，并处2000元以上2万元以下罚款。

14. 违反法律法规排放“三废”应承担怎样的法律责任?

答：违反法律、法规规定，向农产品产地排放或者倾倒废水、废气、固体废物或者其他有毒有害物质的，依照有关环境保护法律、法规的规定处罚；造成损害的，依法承担赔偿责任。

15. 农产品生产企业、农民专业合作经济组织销售违法、违规的农产品应承担怎样的法律责任?

答：农产品生产企业、农业专业合作经济组织销售的农产品含有国家禁止使用的农药、兽药或者其他化学物质的；农药、兽药等化学物质残留或者含有的重金属等有毒有害物质不符合农产品质量安全标准的；含有的致病性血吸虫、微生物或者生物毒素不符合农产品质量安全标准的；其他不符合农产品质量安全标准的，责令停止销售，追回已经销售的农产品，对违法销售的农产品进行无害化处理或者予以监督销毁；没收违法所得，并处二千元以上二万元以下罚款。

农产品销售企业销售的农产品有前款所列情形的，依照前款规定处理、处罚。

农产品批发市场中销售的农产品有第一款所列情形的，对违法销售的农产品依照第一款规定处理，对农产品销售者依照第一款规定处罚。

16. 什么是农产品致人损害的民事责任?

答：农产品致人损害的民事责任是指农产品质量不合格导致他人受损，生产者、销售者及其他责任人所应当承担的民事侵权赔偿责任。

17. 农产品致人损害民事责任的抗辩事项有哪些?

答：对农产品致人损害民事责任的免责抗辩事由通常包括以下几种：

（1）未将质量不合格的农产品投入流通；

（2）产品投入流通时引起的损害因素尚不存在；

（3）产品质量不合格是由于遵循政府的强制性规定所造成；

（4）受害人过错导致。

18. 农产品收购、买卖过程中发生纠纷可以通过哪些途径解决?

答：农产品收购买卖过程中发生纠纷可以通过以下途径来解决：

（1）与经营者协商和解。发生纠纷时，双方首先应本着尊重事实，互谅互让，平等协商的态度来解决纠纷。这样既不影响经营者的经营活动，又能使农民的损失即时得到补偿。

（2）请求消费者协会调解。在双方协商不成时，可以向消费者协会投诉，请求协助解决。双方也可以不经过协商，直接向消费者协会投诉。

（3）向有关行政部门申诉。在发生纠纷时，还可以向有关行政机关申诉，请求依法处理。有关行政机关主要是指国家工商行政管理机关、国家质量监督检验检疫部门、政府物价管理部门、卫生监督部门等。

（4）根据与经营者达成的仲裁协议提请仲裁机构仲裁。仲裁机关在查清事实、分清责任的基础上先行调解，促使达成调解协议。调解书送达即发生法律效力，双方当事人必须履行。调解未达成协议或者调解书送达前一方或双方反悔的，仲裁机构依法仲裁，作出裁决并制作裁决书。对于裁决书，一方当事人不履行的，另一方当事人可以申请人民法院强制执行。

（5）向人民法院提起诉讼。此外，当事人还可以向人民法院提起诉讼，要求对方当事人

承担相应的法律责任

19. 为尽快解决农产品购买使用中的纠纷，消费者应注意哪些问题？

答：在农产品购买后为了尽快合理解决纠纷，消费者应当做到：

（1）索要并保存好购物发票；

（2）选好索赔对象，一般可向经营者索赔；

（3）先找经营者或生产者协商解决；

（4）协商不成时，及时投诉或提起诉讼；

（5）实事求是，如实反映问题；

（6）要求要合理；

（7）材料要齐全；

（8）要先进行检测鉴定。

20. 消费者买到不合格的农产品如何向消费者协会投诉？

答：消费者应当在发生争议后两年内向消费者协会投诉；投诉既可以采取书面形式，也可以选择口头形式，但最好写成书面投诉书。消费者应当在消费者协会所在地投诉，投诉时带好发票等凭证以及实物。

21. 群众发现农资生产经营违法违规行为时应该怎么办？

答：依据《农业生产资料监督管理工作暂行规定》，群众对于农资生产经营违法违规行为可以进行投诉举报，农业行政主管部门应当建立投诉举报奖励制度，设立投诉举报窗口、信箱、公布投诉举报电话等方式，鼓励群众对农资生产经营的违法违规进行投诉举报。

22. 什么是基本农田及我国对基本农田的保护方针是什么？

答：依据我国《基本农田保护条例》之相关规定，基本农田是指按照一定时期人口和社会经济发展对农产品的需求，依据土地利用总体规划确定的不得占用的耕地。省、自治区、直辖市规定的基本农田应当占本行政区域内耕地总面积的百分之八十以上。

我国对基本农田的保护实行全面规划、合理利用、用养结合、严格保护的方针。

23. 什么是农业技术及农业技术推广？

答：农业技术，是指应用于种植业、林业、畜牧业、渔业的科研成果和实用技术，包括良种繁育、施用肥料、病虫害防治、栽培和养殖技术，农副产品加工、保鲜、贮运技术，农业机械技术和农用航空技术，农田水利、土壤改良与水土保持技术，农村供水、农村能源利用和农业环境保护技术，农业气象技术以及农业经营管理技术等。

农业技术推广，是指通过试验、示范、培训、指导以及咨询服务等，把农业技术普及应用于农业生产产前、产中、产后全过程的活动。

24. 在我国，农业技术推广应当遵循哪些原则?

答：农业技术推广应当遵循以下六个原则：

（1）有利于农业的发展；

（2）尊重农业劳动者的意愿；

（3）因地制宜，经过试验、示范；

（4）国家、农村集体经济组织扶持；

（5）实行科研单位、有关学校、推广机构与群众性科技组织、科技人员、农业劳动者相结合；

（6）讲求农业生产的经济效益、社会效益和生态效益。

25. 各级国家农业技术推广机构应当如何做好农业技术推广工作?

答：乡、民族乡、镇以上各级国家农业技术推广机构应当尽职尽责，做到：

（1）参与制订农业技术推广计划并组织实施；

（2）组织农业技术的专业培训；

（3）提供农业技术、信息服务；

（4）对确定推广的农业技术进行试验、示范；

（5）指导下级农业技术推广机构、群众性科技组织和农民技术人员的农业技术推广活动。

26. 农业技术推广机构向农业劳动者推广农业技术是否收取费用?

答：依据我国《农业技术推广法》的相关规定，国家农业技术推广机构推广农业技术所需的经费，由政府财政拨给。各级人民政府在财政预算内应当保障用于农业技术推广的资金，并应当使该资金逐年增长。各级人民政府通过财政拨款以及从农业发展基金中提取一定比例的资金的渠道，筹集农业技术推广专项资金，用于实施农业技术推广项目。任何机关或者单位不得截留或者挪用用于农业技术推广的资金。

农业技术推广机构向农业劳动者推广农业技术，一般实行无偿服务。但是农业技术推广机构、农业科研单位、有关学校以及科技人员，以技术转让、技术服务和技术承包等形式提供农业技术的，可以实行有偿服务，其合法收入受法律的保护。进行农业技术转让、技术服务和技术承包，当事人各方应当订立合同，约定各自的权利和义务。

27. 如何认定假、劣种子？

答：我国《种子法》第四十六条规定，禁止生产、经营假、劣种子。以下种子为假种子：

（1）以非种子冒充种子或者以此种品种种子冒充他种品种种子；

（2）种子种类、品种、产地与标签标注的内容不符的。

以下种子为劣种子：

（1）质量低于国家规定的种用标准的；

（2）质量低于标签标注指标的；

（3）因变质不能作种子使用的；

（4）杂草种子的比率超过规定的；

（5）带有国家规定检疫对象的有害生物的。

28. 种子经营是否需要办理营业执照？

答：在我国，种子经营实行许可制度。种子经营者必须先取得种子经营许可证后，才可凭种子经营许可证向工商行政管理机关申请办理或者变更营业执照。

种子经营许可证实行分级审批发放制度。种子经营许可证由种子经营者所在地县级以上地方人民政府农业、林业行政主管部门核发。主要农作物杂交种子及其亲本种子、常规种原种种子、主要林木良种的种子经营许可证，由种子经营者所在地县级人民政府农业、林业行政主管部门审核，省、自治区、直辖市人民政府农业、林业行政主管部门核发。实行选育、生产、经营相结合并达到国务院农业、林业行政主管部门规定的注册资本金额的种子公司和从事种子进出口业务的公司的种子经营许可证，由省、自治区、直辖市人民政府农业、林业行政主管部门审核，国务院农业、林业行政主管部门核发。

但是，农民个人自繁、自用的常规种子有剩余的，在符合省、自治区、直辖市人民政府制定的管理办法的情况下，可以在集贸市场上出售、串换，不需要办理种子经营许可证。

29. 申请领取种子经营许可证应当具备哪些条件？

答：依据我国《种子法》第二十九条的规定，申请领取种子经营许可证的单位和个人，应当具备下列条件：

（1）具有与经营种子种类和数量相适应的资金及独立承担民事责任的能力；

（2）具有能够正确识别所经营的种子、检验种子质量、掌握种子贮藏、保管技术的人员；

（3）具有与经营种子的种类、数量相适应的营业场所及加工、包装、贮藏保管设施和检验种子质量的仪器设备；

（4）法律、法规规定的其他条件。

种子经营者专门经营不再分装的包装种子的，或者受具有种子经营许可证的种子经营者以书面委托代销其种子的，可以不办理种子经营许可证。

30. 什么是农作物种子质量纠纷田间现场鉴定？

答：田间现场鉴定是指农作物种子在大田种植后，因种子质量或者栽培、气候等原因，导致田间出苗、植株生长、作物产量、产品品质等受到影响，双方当事人对造成事故的原因或损失程度存在分歧，为确定事故原因及损失程度而进行的田间现场技术鉴定活动。

31. 哪些单位可以经营农药及农药经营单位应当具备哪些条件？

答：国家实行农药登记制度，下列单位可以经营农药：

（1）供销合作社的农业生产资料经营单位；

（2）植物保护站；

（3）土壤肥料站；

（4）农业、林业技术推广机构；

（5）森林病虫害防治机构；

（6）农药生产企业；

（7）国务院规定的其他经营单位。

经营的农药属于化学危险物品的，应当按照国家有关规定办理经营许可证。

农药经营单位应当具备下列条件和有关法律、行政法规规定的条件，并依法向工商行政管理机关申请领取营业执照后，方可经营农药：

（1）有与其经营的农药相适应的技术人员；

（2）有与其经营的农药相适应的营业场所、设备、仓储设施、安全防护措施和环境污染防治设施、措施；

（3）有与其经营的农药相适应的规章制度；

（4）有与其经营的农药相适应的质量管理制度和管理手段。

32. 哪些区域禁止设立养殖场、养殖小区？

答：我国《畜牧法》对养殖场、养殖小区的条件作出了明文规定，同时也列明，禁止在下列区域内建设畜禽养殖场、养殖小区：

（1）生活饮用水的水源保护区、风景名胜区以及自然保护区的核心区和缓冲区；

（2）城镇居民区、文化教育科学研究区等人口集中区域；

（3）法律、法规规定的其他禁养区域。

33. 从事畜禽养殖的禁止性规定有哪些？

答：从事畜禽养殖，不得有下列行为：

（1）违反法律、行政法规的规定和国家技术规范的强制性要求使用饲料、饲料添加剂、兽药；

（2）使用未经高温处理的餐馆、食堂的泔油饲喂家畜；

（3）在垃圾场或者使用垃圾场中的物质饲养畜禽；

（4）法律、行政法规和国务院畜牧兽医行政主管部门规定的危害人和畜禽健康的其他行为。

34. 设立饲料、饲料添加剂生产企业，应当具备哪些条件？

答：设立饲料、饲料添加剂生产企业，除应当符合有关法律、行政法规规定的企业设立条件外，还应当具备下列条件：

（1）有与生产饲料、饲料添加剂相适应的厂房、设备、工艺及仓储设施；

（2）有与生产饲料、饲料添加剂相适应的专职技术人员；

（3）有必要的产品质量检验机构、检验人员和检验设施；

（4）生产环境符合国家规定的安全、生产要求；

（5）污染防治措施符合国家环境保护要求。

经国务院农业行政主管部门或者省、自治区、直辖市人民政府饲料管理部门按照权限审查，符合前款规定条件的，方可办理企业登记手续。

35. 我国如何惩处违反规定使用农药者？

答：不按照国家有关农药安全使用的规定使用农药，如果构成犯罪，则应当依法追究其刑事责任；尚不够刑事处罚的，由农业行政主管部门根据所造成的危害，给予警告，可以并处3万元以下的罚款。

违反法律法规规定，造成农药中毒、环境污染、药害等事故或者其他经济损失的，应当依法赔偿。

违反法律法规规定，在使用农药过程中发生重大事故的，对直接负责的主管人员和其他直接责任人员，依照刑法关于危险物品肇事罪的规定，依法追究刑事责任；尚不构成刑事处罚的，依法给予行政处分。

36. 从事粮食收购活动应当具备什么条件？擅自从事粮食收购者，应当受到何种处罚？

答：依据我国《粮食流通管理条例》的相关规定，从事粮食收购活动的经营者，应当具备下列条件：

（1）具备经营资金筹措能力；

（2）拥有或者通过租借具有必要的粮食仓储措施；

（3）具备相应的粮食质量检验和保管能力。

以上规定的具体条件，由省、自治区、直辖市人民政府规定、公布。取得粮食收购资格许可的，还应当依法向工商行政管理部门办理设立登记，在经营范围中注明粮食收购。只有具备以上条件的经营者，才可从事粮食收购活动。

未经粮食行政管理部门许可或者未在工商行政管理部门登记擅自从事粮食收购活动的，由工商行政管理部门没收非法收购的粮食；情节严重的，并处非法收购粮食价值1倍以上5倍以下的罚款；构成犯罪的，依法追究刑事责任。由粮食行政管理部门查出的，移交工商行政管理部门按照前述规定予以处罚。

37. 农产品收购价格完全是由市场价决定的吗？对于哄抬物价的行为如何惩处？

答：在经历了一个猪肉、大蒜等农产品价格显著上涨，市场供求紧张的时期后，农产品价格牵动着多数消费者。在市场经济为主导的当今社会，农产品价格同样也是主要由市场供求形成的，但国家也会采取农产品储备吞吐、委托收购、农产品进出口等多种经济手段和价格干预等必要的行政手段，来加强对农产品市场的调控，保持全国农产品供求总量基本平衡和价格基本稳定。当农产品供求关系发生重大变化时，为保障市场供应、保护农民的利益，必要时可由国务院决定对短缺的重点农产品品种在主产区实行最低收购价格。当农产品价格显著上涨或者有可能显著上涨时，国务院和省、自治区、直辖市人民政府可以依照《中华人民共和国价格法》的规定，采取价格干预措施。

农产品价格上涨的背后，避免不了部分投机者趁机哄抬物价，牟取暴利。根据《价格违法行为行政处罚规定》的相关规定，经营者捏造、散布涨价信息，哄抬价格，推动商品价格过高上涨的，或者利用虚假的或者使人误解的价格手段，诱骗消费者或者其他经营者与其进行交易的，责令改正，没收违法所得，可以并处违法所得5倍以下的罚款；没有违法所得的，给予警告，可以并处2万元以上20万元以下的罚款；情节严重的责令停业整顿，或者由工商行政管理机关吊销营业执照。

38. 什么是农业保险？

答：农业保险是指专为农业生产者在从事种植业和养殖业生产过程中，对遭受自然灾害和意外事故所造成的经济损失提供保障的一种保险。农业保险是以处于生长期和收获期的农作物、经济作物、畜牧和水产养殖动物为保险标的，在其因自然灾害或者意外事故遭受损害时，由保险人承担赔偿责任的保险。

农业保险从不同角度可以分为多种：

（1）按农业种类不同分为种植业保险、养殖业保险；

（2）按危险性质分为自然灾害损失保险、病虫害损失保险、疾病死亡保险、意外事故损失保险；

（3）按保险责任范围不同，可分为基本责任险、综合责任险和一切险；

（4）按赔付办法可分为种植业损失险和收获险。

目前，我国开办的农业保险主要险种有：农产品保险，生猪保险，牲畜保险，奶牛保险，耕牛保险，山羊保险，养鱼保险，养鹿、养鸭、养鸡等保险，对虾、蚌珍珠等保险，家禽综合保险，水稻、蔬菜保险，稻麦场、森林火灾保险，烤烟种植、西瓜雹灾、香梨收获、小麦冻害、棉花种植、棉田地膜覆盖雹灾等保险，苹果、鸭梨、烤烟保险等。

39. 农民使用农药应当遵守哪些规定？

答：根据我国《农药管理条例》，农民使用农药时应当遵守以下规定：

（1）使用剧毒、高毒农药应及时设置警告标志；

（2）农药使用后的箱、瓶、袋等包装物和标签不得随意弃置，应采取安全措施进行处理；

（3）不得在河流、湖泊、水库、渠道、鱼塘和引用水源保护区、海洋养殖区、自然保护区等敏感区域内倾倒农药或者清洗施药器械；

（4）使用农药后，在农药标签载明的安全间隔期内不得采收；

（5）禁止使用农药毒鱼、虾、鸟、兽等；

（6）剧毒、高毒农药不得用于防治病虫害，不得用于蔬菜、瓜类、果树、茶叶和中草药材。

40. 什么是订单农业？订单农业主要有哪几种形式？

答：订单农业也叫合同农业或者契约农业，是指农户在农业生产经营过程中，按照与农产品购买者签订的合同组织安排生产的一种农业经营方式。通常，签约的一方为企业或中介组织包括经纪人和运销户，另一方为农民或农民群体代表。订单农业具有市场性、契约性、预期性和风险性。订单中约定的农产品收购数量、质量和最低保护价等内容，使双方享有相应的权利、义务，约束双方按照合同的规定完成产销活动的全过程，而不能单方面毁约。

订单农业主要有以下5种形式：

（1）农户与科研、种子生产单位签订合同，依托科研技术服务部门或种子企业发展订单农业。

（2）农户与农业产业化龙头企业或加工企业签订农产品购销合同，依托龙头企业或加工企业发展订单农业。

（3）农户与专业批发市场签订合同，依托大市场发展订单农业。

（4）农户与专业合作经济组织、专业协会签订合同，发展订单农业。

（5）农户通过经销公司、经纪人、客商签订合同，依托流通组织发展订单农业。

41. 烟叶税是如何征收的?

答：根据我国《烟叶税暂行条例》的相关规定，烟叶税由地方税务机关征收。对烟叶税实行比例税率，税率为百分之二十。烟叶税税率的调整由国务院决定。

42. 进行规模化养殖是否可以占用耕地?

答：国家为了保护耕地，严格管制非农业建设用地。规模化养殖用地并不属于种植业用地，其比一般养殖占地面积也大，而且在地面建造建筑物使原土地条件难以恢复。因此，发展规模化养殖业应坚持鼓励利用废弃地和荒山荒坡等未利用地、尽可能不占或少占耕地的原则，禁止占用基本农田。即使占用耕地，也必须经过严格的审批手续。在建设新农村时期，可以充分考虑规模化养殖的需要，预留用地，提供用地条件，在合理规划用地、节约集约用地的基础上，积极推行标准化规模养殖，促进新农村建设以及农业的发展。

43. 植物检疫的由来和概念?

答："检疫"一词来源于拉语"Q uarntine",原意是四十天的意思，最初用在对人的带病防疫上，早在1 4世纪时，意大利的威尼斯城曾规定：凡外来入境人员必须在入境港口等地隔离四十天，经观察证明未带有当时流行的危险性传染病（如肺鼠疫、霍乱、疟疾）等后才允许登陆入境。用于植物检疫比较晚，我国从1927年开始搞植物检疫，1930年开始立法，1951年基本走上正规，随着人类对植物病虫草害认识的提高和植物保护科学事业的发展，检疫的概念日趋全面完善。

植物检疫的概念是指根据"预防为主，综合防治"的植保方针和国家颁布的法规、条例以及国际双边协定，为防止植物危险性病、虫、杂草及其他有害生物的传播和蔓延，运用一定的仪器设备和技术，应用科学的方法对生产、调运的植物和植物产品（含其包装物、运输工具及库房等）进行检疫检验与监督处理，以保障农业生产安全，维护对内、对外贸易信誉的法律规范的总称。简言之，植物检疫就是以法律为后盾的阻止危险性有害物随同植物及植物产品扩展传播的综合措施。

44. 为什么必须开展植物检疫？

答：在自然界中，植物病、虫、草害的分布有一定的地区性，但它们中的许多种类，包括某些危险性病、虫、杂草可以随人为调运植物和植物产品而传播蔓延，这些病、虫、杂草传入新区后能生存、繁衍和危害，甚至往往因新地区的气候条件适应而迅速蔓延，造成严重危害，给人类带来巨大损失，而且新的病、虫、杂草一旦传入，常常难于根治而留下无穷后患。

古今中外，随种、苗调运传带危险性病、虫、草害而导致农业灾害的事例是屡见不鲜的，例如：历史上著名的“爱尔兰饥荒”就是由于从美洲调入马铃薯，使马铃薯晚疫病大流行而造成了毁灭性灾害，当时仅800万人口的爱尔兰岛死于饥荒者达20万人，外出逃荒者164万人。又如：原发生于埃及的蚕豆象，因人为调种而先后传入英国、美国、日本，1937年日军侵华期间，随军马饲料传入我国，给我国蚕豆生产造成严重危害。还有美国的甘薯黑斑病，传入日本后也于1937年传入我国，现已遍及我国25个省（市、区）。柑橘黄龙病30年代仅在广东的汕头地区零星发生，随桔苗的调运，至今已扩散到我国10个柑橘生产省（市、区），给我国柑橘生产造成巨大经济损失。

仅从上述例子说明，引入优质种苗是发展农业生产的需要，但加强植物检疫，防止危险性病、虫、杂草的传播蔓延也同样重要，开展植物检疫工作，就是从根本上杜绝危险性病、虫、杂草的传入危害，或一日传入，也要把它控制在最小范围内，不让它蔓延扩展，以保证农业稳定高产安全发展，因此，开展植物检疫是防治农作物病、虫、杂草最经济、最有效、最积极的办法。

45. 我国现有哪些植物检疫机构？其职责和任务是什么？

答：我国的植物检疫机构是按照《中华人民共和国进出口动植物检疫法》和《植物检疫条例》的规定而设立的，而检疫机构的职责和任务又是根据我国现行的植物检疫体制规定来划分的。（1）中华人民共和国动植物检疫局和我国国际通航港口、机场、陆运边境，江河口岸以及有关省府设立的动植物检疫局、所（分所、支所）或站，负责对外植物检疫任务，隶属于农业部。（2）林业部林政保护司和各省（区、市）、各地（市）县森林病虫防治站，负责森林植物检疫工作。（3）农业部和各省（区、市）农业厅，主管农业植物检疫工作。

（4）省、市（洲）、县级植物检疫机构是代表国家行使当地农业植物检疫行政管理职权的基层植物检疫机构，受同级农业主管部门和上级业务主管部门的领导和监督。其职责范围是：

①贯彻《植物检疫条例》和地方人民政府发布的植物检疫规章和规范性文件，宣传普及植物检疫知识；②拟定和实施当地的植物检疫工作计划；③开展植物检疫对象调查，编制当地的植物检疫对象分布资料，负责植物检疫对象的封锁、防治和消灭工作；④在种子、苗木及其繁殖材料的繁育和农产品生产交易场所执行检疫任务，对调入的种子、苗木和其他繁殖材料，必要时进行复检。监督和指导引种单位进行消毒处理和隔离试种；⑤协助有关部门建立无植物检疫对象的种苗繁育、生产基地；⑥地市级植物检疫机构受理公民、法人或其他组织对县级植物检疫机构行使处罚的复议申请。

46. 植物检疫机构工作的性质与特点有哪些？

答：人类同自然界植物病虫草害的斗争分为两个方面：一是防治本地区已经发生为害的病虫草害，以挽回农作物产量损失，即植物保护中的病虫草害防治工作；二是防止外来病虫草害的传入，以避免因新病虫杂草传入为害农业生产，即植物检疫工作；两者是相辅相成。

由于外来病虫杂草主要依靠人类从事的社会活动而传播，因而决定了病虫草害防治工作与植物检疫工作在性质和特点上有很大不同，主要表现在：①植物检疫以预防性为主：病虫防治是针对已经发生为害的病虫草害而进行的挽回损失的措施，而植物检疫是为防止新的危险性的病虫草害传播为害和对已局部发生的危险性病虫草害进行严格封锁和消灭的预防性措施。②植物检疫工作具有长远性。③检疫具有全局性、国际性和管理的综合性：由于危险性的病虫草害主要通过人们的社会活动、凭借现代化的交通工具而超过了自身能力远距离传播蔓延，从而使植物检疫工作横跨自然科学和社会科学的许多学科领域，不仅需要自然科学方法把植物检疫性病虫草作微观的研究，而且更需要用社会科学方法对整个地区、整个国家乃至全球的植物检疫工作宏观的研究，打破了地区界限的国家界限。④植物检疫具有法制性、强制性和权威性。植物检疫是一项行政执法工作，它依靠国家法律的强制力约束一定区域内所有组织（包括国家机关、企事业单位、社会团体等）和个人，必须遵守国家制定的植物检疫法律、法规和规章，以防止该区域内尚未发生或发生不广，能人为传播蔓延并造成现实生产损失的病虫杂草的传入，具有国家强制性。管理相对人不履行防止病虫草害传播蔓延的义务，必然招致法律制裁，而病虫防治不具备这个特点。这是植检与病虫防治的最大和最根本的区别。

47. 确定植物检疫对象的原则是什么？

答：《植物检疫条例》第四条规定：凡局部地区发生危险性大、能随植物及其产品传播的病、虫、杂草应列为检疫对象。也就是说列为植物检疫对象必须具备三个条件：①仅局部发生，分布不广，国内、省内未发生过的；②危险性大，危害损失严重；③自然远距离传播力弱，只能靠人为力量随种子苗木及其包装运输物而传播蔓延。三者缺一均不能定为检疫对象。

48. 哪些植物产品及货物必须实施检疫？

答：一般说来，检疫范围必须根据特定时期制定的植物检疫对象名单和有关寄主植物及其产品调运和农业生产发展的情况而定。根据《植物检疫条例》第七条规定，下列货物必须实施检疫：①凡列入应施检疫的植物和植物产品名单，从疫区运出之前，或从其他地区运入保护区之前，必须经过检疫；②凡种子、苗木和其他繁殖材料，不论是否列入应施检疫的植物和植物产品名单和运往何地，在调运前，都必须经过检疫；③可能被植物检疫对象污染的包装材料、运载工具、场地仓库等应施检疫。

农业植物检疫范围包括粮、棉、油、麻、桑、茶、糖、菜、烟、果（干果除外）、药材、花卉、牧草、绿肥、热带作物等植物、植物的各部分，包括种子、块茎、块根、球茎、鳞茎、接穗、砧木、试管苗、细胞繁殖体等材料，以及来源于上述植物、未经加工或者虽经加工仍有可能传播疫情的植物产品。

49. 什么是疫区和保护区？疫区和保护区如何划定？是否检疫对象发生的地方都划为疫区？

答：经省级以上人民政府批准公布的检疫对象发生的基地称为疫区。为防止检疫对象的扩散蔓延，保护广大地区的生产安全，应采取封锁、消灭措施，严防检疫对象的传出。

经省级以上政府批准公布的，禁止检疫性病虫草害传入的地区称为保护区。对保护区应采取严格的保护措施，严防检疫对象的传入。

疫区和保护区的划定只能由省级农业（林业）行政主管部门提出（划定），报省级人民政府批准后报国务院有关部门备案，再由农业部（或林业部）对外公布；涉及两省（区、市）以上的，由有关省（市、区）农业（林业）行政主管部门共同提出，报农业（林业）部批准后划定。

疫区应根据植物检疫对象的传播情况、当地有地理环境、交通状况以及采取封锁、消灭措施来划定，不是所有发生检疫对象的地方都划为疫区。有检疫对象发生，而没有正式划定为疫区的地方，不能称为疫区，只能称为检疫对象发生区或病区。

50. 疫区内应施检疫的植物和植物产品怎么处理？

答：疫区内的植物和植物产品，除了用行政手段制定相应的封锁、消灭措施外，必要时可在交通要道设置检疫哨卡，严格禁止疫区内的种子、苗木及其他繁殖材料和应施检疫的植物和植物产品运出，只允许在疫区内种植检疫机构批准，运出省外的应经农业部审批。

51. 植物检疫有哪些基本程序?

答：植物检疫工作是一项政策性很强、涉及面广、技术要求高的法规检验工作，因此，根据《植物检疫条例》和我国签订的《植物检疫协定》的规定，严格执行检疫程序。植物检疫的基本程序是：①植物检疫注册登记、办理《植物检疫登记工作》；②报验：即货主或代理货主在货物运抵前（或启运前），向植物检疫机关申请检疫并填写“报验单”；③检疫机关扦样；④检验分析；⑤检疫机关作出处理意见或签证放行。

52. 植物检疫工作的基本凭证是什么？由谁执行？执行者有哪些权利?

答：植物检疫证书是植物检疫工作最直接的手段和凭证，是证明应检货物在交换和流通领域中符合国家检疫规定的唯一合法的公文，凡伪造检疫证书者按刑法规定可处以3～10年有期徒刑。植物检疫证书只能由国家专职植物检疫员凭产地检疫合格证或调运检疫程序检疫合格后签发并对其签证负法律责任。

国家专职植检员具有以下权利：①有权进行车站、机场、港口、码头、仓库和市场等基所进行植物检疫检查；②签发植物检疫证书；③宣传植物检疫法律、法规及有关规章制度；④依法处理违法案件。

53. 什么叫调运检疫？为什么必须开展调运检疫?

答：调运检疫就是植物检疫机构对种子、苗木及应施检疫的植物、植物产品在调运过程中进行的检疫、检查。由于一些危险性病、虫、杂草可以随着植物及其产品的调运而传播到一个新区，通过调运过程中的检疫、检查，可以及时发现这些危险性病、虫、杂草，采取相应的阻止措施，防止其传播蔓延，保护新区不受侵染。

54. 怎样办理调运检疫手续?

答：省（区、市）间调运种子、苗木和应施检疫的植物及其产品，应按以下程序办理检疫手续：（1）调入单位或个人必须事先征得本省（区、市）植物检疫机构的同意，领取植物检疫要求书，向调出省（区、市）提出检疫要求；（2）调出单位根据调入省（区、市）的要求向省（区、市）植物检疫机构申请检疫，填写《植物检疫申报单》，并按章交纳检疫费；（3）根据检疫结果，领取植物检疫证书或检疫处理通知单。

省内地市之间、县与县（市）之间调运种子、苗木和其他繁殖材料，调入单位和个人也应照此精神，根据当地规定，履行调运检疫手续。

省间调运种子、苗木等繁殖材料及其他应施检疫的植物、植物产品，由省级植检站及其委托的地（市）、县检疫机构签发植物检疫证书；省内种子、苗木的调运由地（市）县级植检机构签发检疫证书。

55. 植物检疫机关在什么情况下才能签发植物检疫证书?

答：检疫机构按下列不同情况决定签发植物检疫证书：（1）在零星发生植物检疫对象的地区调运种子、苗木等繁殖材料时，应凭产地检疫合格证签发检疫证书；（2）对产地植物检疫对象发生情况不清楚的种子、苗木等繁殖材料，必须按《植物检疫操作规程》规定进行抽样、检验、证明不带植物检疫对象的才能签发检疫证书；（3）调运检疫过程中发现有检疫对象的，经严格消毒处理合格后，方可签发检疫证书，未经消毒处理或处理不合格的，不准放行。

56. 检疫不合格的应检货物应如何处理?

答：检疫不合格的应检货物应根据不同情况进行不同方式的处理，包括：（1）退货；（2）改变用途；（3）销毁。

57. 邮电、民航、公路、铁路、公检法等部门在执行国家植物检疫法规中有什么权利和义务?

答：根据国家检疫法规定，各级邮政、民航、铁路和交通运输部门收寄、承运植物产品时，一律凭有效期限内的植物检疫证书（正本）办理。植物检疫证书应随邮单或货物运单寄运，最后递交收货单位或个人，凡无检疫证书或寄运货物的种类、数量与植物检疫证书不符的，一律不得邮寄或托运。植物检疫人员在车站、机场、港口、邮局等有关场所执行检疫任务时，有关部门要密切配合，提供必要的协助，共同做好植物检疫工作。在收寄、承运植物和植物产品时，如发现寄运种类、数量与检疫证书不符，伪造或涂改证书，冒名顶替等弄虚作假行为者，收寄、承运部门有权扣留寄运物，并通知当地植物检疫部门按有关规定处理。

58. 什么是产地检疫？为什么要开展产地检疫?

答：产地检疫就是植物检疫机构对种子、苗木及应施检疫的植物和植物产品在原产地进行的检疫检查。产地检疫的目的就是把准备交换和调运的种子、苗木及应施检疫的植物和产品的检疫检查工作在植物生长期间，在这些货物调运之前，调运时只要凭产地检疫合格证就可以出具植物检疫证书，可以缩短检验时间，提高检验的准确性，有利于促进农村商品的流通和交换。

首先，可以避免调运时发现产品不符合检疫要求而采取处理措施所造成的经济损失，避免因处理造成的压车、压场、压仓、压站，增加流通时间，甚至延误农时；其次，货主事先申报产地检疫，可以在植检部门指导下，采取预防措施，在生产环节消除检疫对象和应检病虫，生产出合格种苗和产品；第三、大多数检疫对象和应检病虫都能在其寄主生长季节造成明显的危害症状，容易发现和识别，比调运时抽样检查更加快速准确，简便易行。

59. 怎样办理产地检疫手续？符合什么条件植检机关才能发给产地检疫合格证？

答：按计划确定生产地并征得当地植检部门同意后，于播种前向所在地植物检疫机构申报并填写申报表。经产地检疫不带政府或有关产地检疫规程规定的检疫对象，规程规定的应检病虫草也在规程限量标准之内，即可发给产地检疫合格证。

60. 实施产地检疫过程中，生产者或经营者还须做什么工作？

答：为了提高产品的合格率，防止检疫对象和危险病虫杂草传播蔓延，生产者或经营者必须做到如下工作：（1）按照法规规定作好生产地的选择和种苗、繁殖材料的消毒处理工作。（2）派员协助植检人员开展田间检验，并现场确认检疫结果，听取处理意见。（3）若发现疫情，听从植检人员意见做好防疫工作。（4）听从植检人员最终结论意见，对不能作种苗、繁殖材料或不宜调出的农产品就地改变用途或作处理。

61. 产地检疫合格证植物检疫证书有何区别？

答：产也检疫合格证是该批货物在原产地（主要是生长期间）经产地检疫检查符合国家检疫规定的凭证，可以作为该批货物交换或调运时换取植物检疫证书的依据。植物检疫证书是交换或调运的货物经过检疫检验符合国家检疫规定的凭证。应检货物可凭产地检疫合格证换取植物检疫证书，未经产地检疫的也可现场抽样检验，合格者发给植物检疫证书。

总之，植物检疫证书是应检货物在交换和流通领域中证明其符合国家检疫规定的唯一合法的公文。《植物检疫条例》、《植物检疫条例实施细则》及省（市、区）实施办法都明文规定承运、邮寄应检货物必须凭植物检疫证书办理有关手续。

62. 产地检疫合格证的作用有哪些？

答：产地检疫合格证的作用有；（1）证明植物及植物产品在生产过程中的检疫过程情况及检疫结果：为调检工作提供方便，缩短调检时间，方便货物快速通关。（2）作用农作物种子标签的检疫证明编号签发依据之一。

63. 使用产地检疫合格证应注意什么问题？

答：使用产地检疫合格证书应注意以下问题：（1）证书格式必须是农业部统一规定的或有关作物种苗产地检疫规程中规定的。（2）一张产地检疫合格证只证明该批货物已实施产地检疫，符合检疫要求，所以不得转让他人，该批货物中不得夹带未检货物，更不得以未检货物甚至已检证明不合格的货物取代该批已检合格货物，违者将受到严肃处理。（3）超过有效期的产地检疫合格证失效，需交换或调运货物时按调运检疫程序抽样检验合格后直接签发植物检疫证书：（4）产地检疫合格证不具有植物检疫证书在流通领域里合法公证的功能，不能作为办理调运手续的凭证。

64. 不能出具产地检疫合格证的产品应如何处理？怎样使产品符合产地检疫要求？

答：种苗或应施检疫的植物及产品经产地检疫不符合国家检疫要求不能出具产地检疫合格证，一般不能作种子、苗木、繁殖材料用，特殊情况经消毒处理后在病区使用，不能作种用的种苗及不合格的应检植物、植物产品应就地加工、就地消耗或就地销毁，不准外运。

合格产品是生产出来的，不是检查时才出来的，所以，要使自己的产品符合产地检疫要求就必须重视生产过程中关键环节的防病技术。有些作物如柑橘、苹果、小麦、棉花、马铃薯、甘薯、水稻等，国家标准局已经颁发了《种苗产地检疫规程》，只要按照规程规定的各个环节的技术要求去作，一般都能达到防病目的，生产出合格产品。

65. 对农林院校、科研单位试验、示范、推广的种苗及其他繁殖材料有什么检疫规定？

答：《植物检疫条例》和《植物检疫条例》实施细则（农业部分）是这样规定的：（1）对检疫对象的研究不得在检疫对象非疫区进行；（2）特殊情况确需在非疫区进行的，属于全国检疫对象的要业务归口，分别报农业部或林业部批准，属于省（区、市）补充对象的报省（区、市）农（林）业厅（局）批准，但必须采取严密的防范措施。（3）试验、示范、推广的种子、苗木及其他繁殖材料，必须事先经植物检疫机构产地（或调运）检疫合格，取得植物检疫证书后方可发送和分散。

66. 引种时为什么要办理检疫审批手续？

答：随着我国农业现代化发展和国际交往的增多，从国外引进种子、苗木越来越多，国外危险性病虫草害传入国内的机会也相应增多。为加强对引进种苗的检疫工作，1980 年 10 月，农业部制定了《引进种子、苗木检疫审批单》。办理检疫审批手续有以下好处：（1）可以避免从疫区或危险性病虫严重流行的国家和地区引进种子和苗木;（2）可以事先作好引进种苗入境后隔离试种的准备工作;（3）可以在办理对外引种事宜时，按审批要求在贸易合同或科技合作、赠送、交换、援助等协议中订明国家规定的检疫要求或两国政府达成的检疫条款，并订明必须附有种苗输出国授权机关出具的植物检疫证书，以便当种苗在入境口岸检疫发现规定检疫对象时，向种苗输出国进行退货或索赔，避免给国家造成经济损失，因此，必须强调从国外引种提前办理检疫审批手续。

67. 怎样办理国外引种检疫审批手续?

答：根据国家关于国外引种办理检疫审批手续的规定，凡从国外引种，引种单位或个人必须办理以下手续:（1）在填写订货卡片的同时，要填报《引进种子、苗木检疫审批单》，属于国务院有关部门在京单位的引种，按业务分工（农业种苗和林业种苗）分别由农业部全国植保站和林业部林政保护司审批；京外单位及各省（区、市）有关部门引种的，由所在省（区、市）农（林）业厅（局）植检站或森保站审批:（2）承办引种的单位凭订货卡片和审批单办理对外引种手续，并将检疫审批单中的检疫要求列入合同和有关协议;（3）当种苗到达到口岸前或到达口岸时，收货单位或其代理人应按规定向种苗入境口岸前或机关办理检疫手续，报验时缴验引进种苗检疫审批单（第二联），无检疫审批单的，口岸检疫机关不予检疫放行，并视情况分别按罚款并限期补办审批手续、退回或没收处理;（4）从国外引进可能潜伏的危险病虫的种苗繁殖材料，引种单位在申请引种前，应安排好试种计划，否则。不予办理检疫审批手续。

68. 国外检疫部门已出具植物检疫证书，为什么到达我国口岸还要检疫?

答：由于植物检疫工作的对象主要是本国、地区没有或少有发生的危险性病虫杂草，国家与国家之间科学技术发展和检疫检验技术存在着差异，已经检疫的种苗在装运过程中还有被污染的可能，同时也不排除输出国不负责任，引种单位未办理审批手续，对外引种不提检疫要求等情况，因此尽管国外检疫部门已出具植物检疫证书，但种苗到达我国入境口岸时，检疫机关仍然要凭检疫审批单进行检疫检验。

69. 口岸检疫已经合格的引进种苗、繁殖材料为什么还必须隔离（或集中）试种观察?

答:《植物检疫条例》第十二条规定：从国外引种可能潜伏有危险性病虫的种子、苗木和繁殖材料，必须隔离试种。主要理由是（1）某些危险性病虫，特别是许多病虫毒病，在收获的种苗上往往表现隐性，而在生长期间易于鉴别;（2）检疫对象主要根据国外危险性病虫杂草的疫情分布资料来制定，一般国内没有或少有发生分布，因而，检疫对象的确定往往带有一定的盲目性，有些种植后出现的危害严重的病虫，并不是规定检疫性的病虫；（3）口岸抽样检验受现有检疫检验技术的抽样方法的限制，也有一定的偶然性。因此，引进的种苗和繁殖材料经口岸检疫合格后，还必须进行隔离试种，一般一年生作物不少于一个生长周期，多年生作物不少于2年，证明确实不带危险性病、虫、杂草后，方可分散种植。

70. 在隔离试种观察中，引种者应履行什么义务？

答：《植物检疫条例》实施细则（农业部分）第二十条规定：引进单位在申请引种前，应安排好试种计划，引进后，应按植物检疫机构的要求，在指定的地点集中进行隔离试种。为了做好隔离试种观察，引种单位或个人应该履行下列义务：（1）引种前事先办理好检疫审批　续，以便按照审批要求制定出隔离试种计划；（2）种苗到货以前，按规定做好隔离试种的各项准备工作；（3）种苗到达口岸后，在履行种苗入境检疫手续的同时，应主动与试种地植物检疫站联系，以便在当地检疫部门的指导和监督下，按审批要求隔离试种；（4）隔离试种期间发现疫情，按检疫要求及时处理；（5）提供隔离试种期间因检疫所需的工作条件、交通工具和经费等。

71. 试种观察期间发生了检疫对象或危险病虫应如何处理？

答：由于检疫对象和其他危险性病虫一般具有局部地区发生、造成生产重大经注损失、随植物和植物产品人为传播等特点，所以《植物检疫条例》实施细则（农业部分）第二十一条规定如发现检疫对象或其他危险性病、虫、杂草，应认真按检疫机构的意见处理。具体讲，引种种苗试种期间一旦发现检疫对象或其他危险性病虫，第一：应立即向有关检疫部门（试种地植检站、审批单位等）报告，拟订出封锁扑灭措施；第二：及时采取严格的封锁和隔离措施，防止疫情传出和扩散；第三：在检疫部门的指导和监督下，严格按检疫要求处理疫情。

72. 植物检疫为什么要收费？

答：植物检疫收费是植物检疫管理中的一项基本制度和工作内容，植物检疫机构及其检疫人员在执行植物检疫任务的过程中，付出了大量的劳动，使用了必要的仪器设备，消耗了药品试剂等，因而应该收取适当的费用用于补助检疫的耗费，减少国家负担，以便更好地执行植物检疫任务。国家有关的植物检疫法规、规章对植物检疫收费作出了明确的规定，例如《植物检疫条例》第二十一条规定：植物检疫机构执行检疫任务可以收取检疫费，具体办法由国务院农业主管部门、林业主管部门制定。根据这一规定，1983年10月，农业部会同财政部、商业部和国家物价局发布了《国内植物检疫收费办法》。1983年3月，农业部又与财政部和国家物价局联合发布了《关于国外引种检疫审批工作的补充规定（试行）》规定国外引种检疫审批费按农业部、国家物价局、隔离试种的疫情监测费由货主承担。1992年9月，国家物价局、财政部再次修订了国内植物检疫收费办法，增补了植物产品调运检疫费和国外引种疫情监测费征收项目。

73. 植物检疫收费的原则是什么？

答：植物检疫收费是服务性事业性收费，因此在制定检疫收费标准时，首先坚持低收费的原则，同时考虑检疫检验所花费的人工、试剂等费用的开支和货主的承受能力，在此基础上，制订了检疫收费标准。

74. 怎样计算植物检疫收费？

答：（1）货物数量在收费起点限量以内的，按起点额收费；若限量内的货物价值不足起点额的3倍者，不收起点，仅按货值比率收费。（2）货物数量超过收费起点限量的，检疫收费总额为收费起点额加上超过起点部分货物的货值比率费额。其货值按货物的合同价计算，没有合同价的按市场价计算；对产地的应检作物，其价值按国家牌价计算，没有国家牌价的按市场价计算。（3）对产地检疫也可根据上述原则，换算出每亩平均收费额后按亩计收。（4）对邮寄、托运限量内的植物、植物产品和因不可抗拒的自然灾害，经省种子、粮食部门批准调运救灾备荒粮油、种子实施检疫时，免收检疫费，只收证书工本费。

在检疫收费中，同样价值的植物或植物产品，产地检疫收费低于调运检疫收费，一是因为产地检疫花费的劳动和药剂等相对少些，更重要的是鼓励大家进行产地检疫。检疫收费具体可见（1988）农（农）字第3号农业部、国家物价局、财政部联合颁发的《关于加强国内植物检疫收费管理的规定和调整国内植物检疫收费标准的通知》。

75. 已经检疫但货物因故未能调出可否退回检疫费？

答：检疫收费是针对检疫出证过程中劳动和仪器药剂花费的补偿，因此，只要经过检疫，无论出证货物能否调出或能否成为商品，都应收检疫费。

76. 虽经检疫但检疫证书（或产地检疫合格证）已过有效期，补办检疫证书是否还要交纳检疫费？

答：检疫证书（或产地检疫合格证）已超过有效期，说明原检疫结果已不再有效，需要重新交检疫费。凭有效产地检疫合格证办理植物调运检疫证书时免收检疫费，只收证书工本费。

77. 货物从外地调入后，本地检疫机关进行复检时是否收费？

答：复检时原则上不再收费。但如果在复检时发现证物不符、证数不符、证货不符、伪造证书等违法行为者，除了给予违章处罚外，还应重新检疫重新收费，以便根据检疫结果酌情使用该批货物，减少由此造成的损失。

78. 什么人可以受到奖励？奖励的方式有哪些？

答：凡对植物检疫工作做出重大贡献或与违犯植物检疫法规的行为作坚决事迹典型、成绩突出的任何公民和法人都可以受到各级政府及植物检疫部门的表彰和奖励。奖励的方式有精神奖励；物质奖励；奖金。

79. 什么情况下将受到惩罚？

答：凡有下列行为之一者，必须予以惩罚：（1）未经检疫部门检疫审批，私自引种调种者；（2）伪造、诓骗、涂改引进种苗检疫审批单、检疫证书、产地检疫合格证及检疫要求通知书等单、证者；（3）私刻植物检疫专用章，假冒国家检疫人员招摇撞骗者；（4）私自向已检货物中增加数量，或夹带更换其他货物者；（5）不按检疫部门要求隔离试种，或隔离试种期种间私自将种苗出售、分散，或私自启封存的种苗者；（6）有意逃避检疫，弄虚作假，向检疫部门隐瞒产地检疫面积或调运种苗数量者；（7）未经检疫部门批准，私自将检疫对象带出疫区，或在非疫区进行试验研究者；（8）发生疫情后，向当地检疫部门隐瞒不报者；（9）办理邮寄、托运人员不恪守检疫法令，玩忽职守，造成责任事故，或利用工作之便收受贿赂者；（10）检疫人员执法不严，玩忽职守，造成责任事故，或利用工作之便收受贿赂，或在执行公务时滥用权力，有意刁难、打击报复者；（11）无理干涉或有意刁难检疫人员开展工作，妨碍检疫人员执行公务，或对检疫人员蓄意压制、打击报复者。

80. 什么人可能受到处罚？处罚的办法有哪些？

答：凡有上述十一种行为之一者，无论任何公民和法人，应该受到处罚。

对违犯植物检疫法令及有关规定者，除给予批评教育外，还应视其情节轻重，给予下列处罚：（1）经济处罚：罚款；没收种苗等货物；赔偿经济损失。（2）行政处罚：对专职检疫员可采取记过、警告、开除专职检疫员职务、开除公职等处分；对外部门人员，可建议本人所在单位或其上级机关对其处分。（3）疫情扩散，造成巨大经济损失，已触犯刑律者，可向司法部门起诉，依法追究刑事责任。

81. 在建设禽畜养殖场的污染防治设施时应当遵守哪些规定?

答：根据我国《畜禽养殖污染防治管理办法》的相关规定，禽畜养殖场污染防治设施必须与主体工程同时设计、同时施工、同时使用；畜禽废渣综合利用措施必须在畜禽养殖场投入运营时落实。环境保护行政主管部门在对畜禽养殖场污染防治设施进行竣工验收时，其验收内容中应包括畜禽废渣综合利用措施的落实情况。

82. 如何处理禽畜养殖场的废渣?

答：为了妥善处理禽畜养殖场的废渣，避免造成污染损害，应当做到：

（1）设置废渣的储存设施和场所，通过对储存场所地面采取水泥硬化等措施，达到防渗漏、散落、溢流、雨水淋失、恶臭气味等对周围环境造成污染和危害的目的。

（2）应当保持环境卫生，采取清污分流和粪尿的干湿分离等措施，实现情节养殖。

（3）禽畜养殖场应通过废渣还田、沼气利用、制造有机肥及再生饲料等方法对废渣进行综合利用。

（4）运输禽畜废渣，必须采取防渗漏、防流失、防遗撒及其他防治污染环境的措施，妥善处置贮运工具清洗废水。

（5）废渣不得向水体倾倒。对于直接还田利用的禽畜粪便，还应当经过处理，达到无害化标准，以防治病菌传播。

83. 国家对生猪饲养有哪些扶持措施?

答：2007年，我国猪肉价格飙升，国务院下发文件，要求加大对生猪生产的扶持，具体措施包括：

（1）推行并落实能繁母猪补贴政策。为了保护能繁母猪生产能力，国家对饲养能繁母猪的养殖户按每头50元的标准给予补贴。国发[2007]22号文件要求各地抓紧制定具体实施方案，尽快将中央财政下拨和地方配套的补贴资金发放到饲养者手中，有条件的地方，可适当提高补贴标准。

（2）完善生猪良种繁育体系。国家对重点源良种猪场、繁殖场、省级生猪改良繁育中心给予适当支持。在生猪主产区推广良种猪人工授精技术，促进生猪品种改良，对购买良种猪精液给予补助。

（3）推进能繁母猪保险工作。国家建立了能繁母猪保险制度，保费由政府负担百分之八十，养殖户负担百分之二十，但中央政府对中西部地区给予差别补助。文件指出，今后要在能繁母猪保险基础上，逐步开展生猪保险，建立保险与补贴相结合的制度。

（4）奖励生猪调出大县。为充分调动发展规模化养殖生猪的生产积极性，国家对生猪生产大县给予适当奖励，资金专项用于改善生猪生产条件，扩大养殖规模，加强防疫服务及贷款风险和保费补助等方面。

（5）国家大力扶持生猪标准化规模饲养。地方各级政府要采取措施，鼓励大型标准化生猪养殖场的建设，引导农户建立养殖小区，降低养殖成本，提高生猪生产能力。国家对标准化规模养猪的粪污处理和沼气池等基础设施给予适当支持。

（6）加快农村信用担保体系的建设。鼓励信用担保和保险机构扩大业务范围，采取多种方式解决农户养猪“贷款难”的问题。银行业金融机构要对标准化规模养殖场的贷款给予重点支持。地方财政要对担保机构的生猪贷款风险给予必要的补助。

（7）加大生猪疫病防控工作力度。各级畜牧兽医主管部门要切实采取有效措施，不断健全完善基层动物防疫体系，切实加强兽医队伍建设。突出抓好村级动物防疫员队伍建设，努力做到农村动物疫病防控工作全覆盖，无空白。要加强村级动物防疫员业务技能培训，提高技术水平，加大必要的设备投入。各地要积极争取解决好注射疫苗、佩戴畜禽标识、建立养殖档案、报告动物疫情等防疫费用，保障基层生猪疫病防控工作各项措施的有效落实。

（8）提高生猪饲料质量安全水平。各级畜牧兽医饲料主管部门要大力发展优质高效安全饲料，推广应用配合饲料，提高饲料转化率，降低生产成本，增强生猪的抗病能力。各地要结合当前扶持生猪生产发展和将要开展的食用农产品质量安全专项整治行动，严格饲料市场准入，加强对饲料质量的监督检查，严肃查处在豆粕、鱼粉等饲料原料和生猪饲料中掺杂使假、坑农害农的违法行为，确保农民养猪的饲料质量安全。要规范饲料、饲料添加剂等投入品的使用，要以打击“瘦肉精”为重点，严肃查处在猪饲料中违法添加违禁药品和化学物质的行为，保障猪肉产品的质量安全。

（9）加强生猪生产信息的分析和预警。各级畜牧兽医主管部门要建立准确、可靠的基础数据采集系统，以养猪大县和生猪规模养殖场为重点，加强定点跟踪调查，强化生猪生产形势分析，定期进行信息发布和预警，引导养殖户合理安排生产。要按照我部要求，及时准确上报生猪生产情况及相关数据。要加强生猪产区和销区供需信息通报，促进生猪产销衔接，引导合理出栏，促进均衡上市。

84. 什么是农资综合补贴?

答：农资综合补贴是针对柴油、化肥、农药、农膜等农业生产资料价格上涨的实际，对农民实行的临时性直补。目的都是鼓励农民发展粮食生产，采取的方式是直接发钱，增加农民的现金收入。

85. 什么是重大动物疫情?

答: 重大动物疫情是指高致病性禽流感等发病率或者死亡率高的动物疫病突然发生,迅速传播,给养殖业生产安全造成严重威胁、危害,以及可能对公众身体健康与生命安全造成危害的情形。

86. 重大动物疫情应急按照什么原则管理?

答: 重大动物疫情应急工作按照属地管理的原则,实行政府统一领导、部门分工负责,逐级建立责任制。

87. 重大动物疫情应急预案由哪个部门制定?

答: 国务院兽医主管部门制定全国重大动物疫情应急预案,报国务院批准,并按照不同动物疫病病种及其流行特点和危害程度,分别制订实施方案,报国务院备案。

县级以上地方人民政府根据本地区的实际情况,制订本行政区域的重大动物疫情应急预案,报上一级人民政府兽医主管部门备案。县级以上地方人民政府兽医主管部门,应当按照不同动物疫病病种及其流行特点和危害程度,分别制订实施方案。

88. 重大动物疫情预案主要包括什么内容?

答:重大动物疫情应急预案主要包括下列内容:

(1)应急指挥部的职责、组成以及成员单位的分工;

(2)重大动物疫情的监测、信息收集、报告和通报;

(3)动物疫病的确认、重大动物疫情的分级和相应的应急处理工作方案;

(4)重大动物疫情疫源的追踪和流行病学调查分析;

(5)预防、控制、扑灭重大动物疫情所需资金的来源、物资和技术的储备与调度;

(6)重大动物疫情应急处理设施和专业队伍建设。

89. 重大动物疫情应急预备队由什么人员组成?

答:重大动物疫情应急预备队由当地兽医行政管理人员、动物防疫工作人员、有关专家、执业兽医等组成;必要时,可以组织动员社会上有一定专业知识的人员参加。公安机关、中国人民武装警察部队应当依法协助其执行任务。

90. 重大动物疫情应急预备队具体承担什么任务?

答: 重大动物疫情应急预备队在重大动物疫情应急指挥部的指挥下,具体承担疫情的控制和扑灭任务。

91. 重大动物疫情由什么机构负责监测？从事动物饲养、经营的单位和个人应如何配合？

答：动物防疫监督机构负责重大动物疫情的监测。饲养、经营动物和生产、经营动物产品的单位和个人应当配合，不得拒绝和阻碍。

92 有关单位和个人发现动物群体发病和死亡的应如何处理？

答：从事动物隔离、疫情监测、疫病研究与诊疗、检验检疫以及动物饲养、屠宰加工、运输、经营等活动的有关单位和个人，发现动物出现群体发病或者死亡的，应当立即向所在地的县（市）动物防疫监督机构报告。

93. 重大动物疫情报告包括什么内容？

答：重大动物疫情报告包括下列内容：

（1）疫情发生的时间、地点；

（2）染疫、疑似染疫动物种类和数量、同群动物数量、免疫情况、死亡数量、临床症状、病理变化、诊断情况；

（3）流行病学和疫源追踪情况；

（4）已采取的控制措施；

（5）疫情报告的单位、负责人、报告人及联系方式。

94. 重大动物疫情由什么部门认定和公布？

答：重大动物疫情由省、自治区、直辖市人民政府兽医主管部门认定；必要时，由国务院兽医主管部门认定。

重大动物疫情由国务院兽医主管部门按照国家规定的程序，及时准确公布；其他任何单位和个人不得公布重大动物疫情。

95. 重大动物疫情由什么机构采集病料？

答：重大动物疫病应当由动物防疫监督机构采集病料，未经国务院兽医主管部门或者省、自治区、直辖市人民政府兽医主管部门批准，其他单位和个人不得擅自采集病料。

96. 不履行动物疫情报告职责，瞒报、谎报、迟报或者授意他人瞒报、谎报、迟报、阻碍他人报告重大动物疫情的，应负什么责任?

答：兽医主管部门及其所属的动物防疫监督机构不履行疫情报告职责，瞒报、谎报、迟报或者授意他人瞒报、谎报、迟报，阻碍他人报告重大动物疫情的，由本级人民政府或者上级人民政府有关部门责令立即改正、通报批评、给予警告；对主要负责人、负有责任的主管人员和其他责任人员，依法给予记大过、降级、撤职直至开除的行政处分；构成犯罪的，依法追究刑事责任。

97. 对动物疫点应当采取哪些措施?

答：对动物疫点应当采取下列措施：

（1）扑杀并销毁染疫动物和易感染的动物及其产品；

（2）对病死的动物、动物排泄物、被污染饲料、垫料、污水进行无害化处理；

（3）对被污染的物品、用具、动物圈舍、场地进行严格消毒。

98. 重大动物疫情应急指挥部根据应急处理需要，有权做什么?

答：重大动物疫情应急指挥部根据应急处理需要，有权紧急调集人员、物资、运输工具以及相关设施、设备。

单位和个人的物资、运输工具以及相关设施、设备被征集使用的，有关人民政府应当及时归还并给予合理补偿。

99. 什么时候由什么机构宣布解封、撤销疫区?

答：自疫区内最后一头（只）发病动物及其同群动物处理完毕起，经过一个潜伏期以上的监测，未出现新的病例的，彻底消毒后，经上一级动物防疫监督机构验收合格，由原发布封锁令的人民政府宣布解除封锁，撤销疫区；由原批准机关撤销在该疫区设立的临时动物检疫消毒站。

100. 拒绝、阻碍动物防疫监督机构进行疫情监测，或者发现动物出现群体发病或者死亡，不向当地动物防疫监督机构报告的，会受到什么处罚?

答：拒绝、阻碍动物防疫监督机构进行重大动物疫情监测，或者发现动物出现群体发病或者死亡，不向当地动物防疫监督机构报告的，由动物防疫监督机构给予警告，并处2000元以上5000元以下的罚款；构成犯罪的，依法追究刑事责任。

101. 擅自采集重大动物疫情病料，或者在重大动物疫病病原分离时不遵守国家有关生物安全管理规定的，应受到什么处罚？

答：擅自采集重大动物疫病病料，或者在重大动物疫病病原分离时不遵守国家有关生物安全管理规定的，由动物防疫监督机构给予警告，并处5000元以下的罚款；构成犯罪的，依法追究刑事责任。

102. 在重大动物疫情发生期间，哄抬物价、欺骗消费者，散布谣言、扰乱社会秩序和市场秩序的，由什么部门给予处罚？

答：在重大动物疫情发生期间，哄抬物价、欺骗消费者，散布谣言、扰乱社会秩序和市场秩序的，由价格主管部门、工商行政管理部门或者公安机关依法给予行政处罚；构成犯罪的，依法追究刑事责任。

103.《农药管理条例》何日起施行？

答：从1997年5月8日起施行。

104. 什么叫农药？

答：农药是指用于预防、消灭或者控制危害农业、林业的病、虫、草和其他有害生物以及有目的地调节植物、昆虫生长的化学合成或者来源于生物、其他天然物质的一种物质或者几种物质的混合物及其制剂。

105. 县级农药管理的执法主体是谁？

答：县级人民政府农业行政主管部门负责本行政区域内的农药监督管理工作。

106. 哪些行为属于农药生产？

答：农药生产包括原药生产、制剂加工和分装。

107. 农药登记证由哪个部门颁发？

答：农药登记证由国家农业部批准颁发。

108. 农药生产许可证由哪个部门颁发？

答：农药生产许可证由国家工业产品许可管理部门批准颁发。

109. 剧毒、高毒农药的禁用范围?

答：剧毒、高毒农药不得用于防治卫生害虫，不得用于蔬菜、瓜果、茶叶和中草药材。

110. 什么叫假农药?

答：假农药是指：（1）以非农药冒充农药或者以此种农药冒充他种农药的；（2）所含有效成分的种类、名称与产品标签或者说明书上注明的农药有效成分的种类、名称不符的。

111. 什么是劣质农药?

答：劣质农药是指：（1）不符合农药产品质量标准的；（2）失去使用效能的；（3）混有导致药害等有害成分的。

112. 什么叫农药残留?

答：部分农药来不及分解或性质稳定而残留累积在农作物及产品中，就叫农药残留。

113. 什么叫农药残毒?

答：残留农药对生物产生的毒性。

114. 怎样控制农药在农产品中的残留量?

答：（1）在保证防治效果的前提下，尽量降低使用剂量和使用次数。

（2）按照农药的安全间隔期使用农药。

（3）按照各种农药的使用范围使用农药。

（4）按照科学的施药方法进行施药。

115. 请说出甲胺磷等5种高毒有机磷农药名称。

答：农业部和国家经贸委将对甲胺磷、对硫磷、甲基对硫磷、久效磷和磷胺5种高毒有机磷农药（简称5种高毒农药）。

116. 何时全面禁止使用甲胺磷等五种高毒有机磷农药?

答：自2007年1月1日起，撤销含有甲胺磷等5种高毒有机磷农药的制剂产品的登记证，全面禁止甲胺磷等5种高毒有机磷农药在农业上的使用。

117. 合格的农药标签应该包括哪些内容?

答：合格的农药标签应符合《农药产品标签通则要求》，主要内容应包括：农药产品的名称、含量及剂型；产品的批准证（号）；使用范围、剂量和方法；质量保证期；注意事项等。国家对农药标签实行严格的审查制度，经国家审定后的标签内容，任何生产、经营者不得擅自修改。

118. 哪些农药必须登记?

答：生产（包括原药生产、制剂加工和分装，下同）农药和进口农药，必须进行登记。

119. 哪一级机构负责农药具体登记工作?

答: 省级以上人民政府农业行政主管部门所属的农药检定机构负责本行政区域内的农药具体登记工作。

120. 农药生产企业应当按照什么要求进行生产?

答：应当按照农药产品质量标准、技术规程进行生产，生产记录必须完整、准确。

121. 登记机关除在什么情况下外，不得披露申请人首次登记的受保护的数据?

答:（1）公共利益需要;（2）已采取措施确保该类信息不会被不正当地进行商业使用。

122. 农药产品出厂前有何要求?

答: 应当经过质量检验并附具产品质量检验合格证; 不符合产品质量标准的,不得出厂。

123. 禁止收购、销售哪些农药?

答: 禁止收购、销售无农药登记证或者农药临时登记证、无农药生产许可证或者农药生产批准文件、无产品质量标准和产品质量合格证和检验不合格的农药。

124. 农作物植保方针是什么?

答：预防为主，综合防治。

125. 未取得农药登记证或者农药临时登记证，擅自生产、经营农药的，或者生产、经营已撤销登记的农药的，应当给予何种行政处罚？

答：责令停止生产、经营，没收违法所得，并处违法所得 1 倍以上 10 倍以下的罚款；没有违法所得的，并处 10 万元以下的罚款。

126. 农药登记证或者农药临时登记证有效期限届满未办理续展登记，擅自继续生产该农药的，应当给予何种行政处罚？

答：责令限期补办续展手续，没收违法所得，可以并处违法所得5倍以下的罚款；没有违法所得的，可以并处 5 万元以下的罚款；逾期不补办的，由原发证机关责令停止生产、经营，吊销农药登记证或者农药临时登记证。

127. 生产、经营产品包装上未附标签、标签残缺不清或者擅自修改标签内容的农药产品的，应当给予何种行政处罚？

答：给予警告，没收违法所得，可以并处违法所得 3 倍以下的罚款；没有违法所得的，可以并处 3 万元以下的罚款。

128. 国内首次生产的农药和首次进口的农药的登记，按照哪三个阶段进行？

答：（1）田间试验阶段；（2）临时登记阶段；（3）正式登记阶段。

129. 目前市场上农药产品标签问题的表现形式有哪些？

答：目前农药市场上标签存在的主要问题是：擅自扩大适用作物和防治对象，伪造假冒农药登记证号，随意更改商品名，产品标签中无中文通用名称，随意增加标签内容。

130. 目前市场上农药质量问题主要表现形式是哪些？

答：农药质量存在的主要问题是：有效成分含量不符合标准，擅自加入其他农药成分或违禁农药成分。

131. 化学防治有何特点？

答：一是防效高；二是速效；三是使用简便。

132. 植物药害有哪几种类型？

答：有三种：（1）急性药害；（2）慢性药害；（3）二次药害。

133. 经登记的农药，在什么情况下应申请续展登记或变更登记?

答:《农药管理条例》第七条规定：农药登记有效期限届满，需要继续生产或者继续向中国出售农药产品的，应当在登记有效期限届满前申请续展登记；经正式登记和临时登记的农药，在登记有效期限内改变剂型、含量或者使用范围、使用方法的，应当申请变更登记。

134. 农药产品标签或说明书应注明哪些内容?

答：农药产品标签或者说明书上应当注明农药名称、企业名称、产品批号和农药登记证号或者农药临时登记证号、农药生产许可证号或者农药生产批准文件号以及农药的有效成分、含量、重量、产品性能、毒性、用途、使用技术、使用方法、生产日期、有效期和注意事项等；农药分装的，还应当注明分装单位。

135. 申请办理农药经营许可证应当提交哪些材料?

答：（1）填报《农药经营许可证申请表》；（2）营业场所房屋产权或使用证明；（3）安全环境条件证明；（4）设备设施、规章制度等书面说明材料；（5）法定代表人照片三张、身份证复印件；（6）设立网点经营农药的，须提交网站同经营单位之间的有关法律责任划分的协议书复印件；（7）主体资格不明确的经营单位设网点经营农药的，须提交营业执照和农药经营许可证复印件；（8）农业行政主管部门培训考核合格的《上岗证》。

136. 农药经营单位购进农药时应履行哪些手续?

答:《农药管理条例》第二十条规定：农药经营单位购进农药，应当将农药产品与产品标签或者说明书、产品质量合格证核对无误，并进行质量检验。

137. 过期农药能否销售，如何销售?

答：过期农药可依法销售。销售前必须报经省级以上人民政府农业行政主管部门所属的农药检定机构检验，符合标准的，可以在规定期限内销售；但是，必须注明“过期农药”字样，并附具使用方法和用量。

138. 什么叫化学防治?

答：化学防治是综合防治的方法之一，它是应用化学农药来防治病虫杂草及其他有害生物的一种方法。

139. 什么叫植物药害?

答: 植物药害是用药不当导致作物内部生理及外部形态表现出异常现象,轻则生长发育受阻,重则造成植株死亡。

140. 经登记的农药,在什么情况下,由国务院农业行政主管部门宣布限制使用或者撤销登记?

答: 在登记有效期内发现对农业、林业、人畜安全、生态环境有严重危害的,经农药登记评审委员会审议,由国务院农业行政主管部门宣布限制使用或者撤销登记。

141. 怎样从外观识别假、劣农药?

答: 一是从包装识别: 合格的农药包装材料坚实,无破损,无泄漏,字迹清晰。二是从标签内容识别: 农药标签内容应按法规要求标准标识,内容全面详实。三是从不同剂型外观识别: 可湿性粉剂应疏松均匀,不结块,用手捏搓无团块和颗粒; 乳油、水剂应液状透明,无沉淀、无漂浮物; 悬浮剂应为可流动的悬浮液,无结块,存放后允许有分层现象,但下沉农药经摇晃后能轻易浮起,形成均一的悬浮液; 颗粒剂应为均匀颗粒,不应有结块和太多粉末。

142. 农药经营者在出售农药时应履行哪些义务?

答: 农药生产企业、农药经营单位或经营网点出售农药,必须开具售货票据。营业人员应当向农药使用者正确说明农药的用途、使用方法、用量、中毒急救措施和注意事项,不得误导农药使用者扩大农药的适用范围。

143. 哪些农药属于禁止经营的农药?

答: 禁止经营的农药有: (1)未经农药登记和未取得农药生产许可证或者农药生产批准文件的; (2)未经农药登记的含有农药有效成分的肥料; (3)国家已撤销农药登记或明令禁止生产的; (4)假冒、劣质农药; (5)包装上无标签的、标签内容不齐全又无说明书作补充的或者标签残缺不清的; (6)超过质量保证期限报废的; (7)省农业行政主管部门明文规定禁止经营、使用的。

144. 禁止在蔬菜、茶叶、瓜类、果树和中药材上使用的农药品种有哪些? (至少说出 8 个品种)

答: 禁止在蔬菜、茶叶、瓜类、果树和中药材上使用的农药品种: 甲胺磷、甲基对硫磷(甲基 1605)、对硫磷、久效磷、磷胺、甲基异硫磷、特丁硫磷、甲基硫环磷、灭线磷、硫环磷、蝇毒磷（蝇毒硫磷）、氯唑磷、苯线磷、三氯杀螨醇、水胺硫磷、地虫磷（地虫硫磷、大风雷）、氧化乐果、速扑杀、灭多威（万灵）、磷化铝、三硫磷。

145. 怎样鉴别失效农药?

答：（1）观察法：

①凡粉剂农药，若结成块状或手捏成团，说明已受潮，造成减效或失效。

②观察吸湿性，如代森锌粉剂，取清水一杯，加入1克农药充分搅拌均匀，静置半小时，药液混浊不清，表明没有变质，若大部分混浊亦可使用。乳油剂农药如50%锌硫磷，2.5%敌杀死等若出现油水分层或絮状沉演，说明该药失效。

（2）沉淀法：

对可湿性粉剂，如多菌灵、甲基托布津等，取50克倒入一透明杯中，先加少许水调成糊状，再加水搅拌均匀，未变质农药粉粒细小，悬浮，沉淀慢而少，变质农药沉淀快而多。

（3）加热法：

对已发生沉淀的水溶剂、乳油剂农药，将药液加热1–1.5小时，会看到失效农药沉淀不溶化，有效农药沉淀物易溶化。

146. 怎样鉴别假农药?

（1）灼烧法

对于粉剂农药，取4–5克放在灼烫的金属薄片上，若冒白烟，证明此药失效或假药。

（2）包装鉴别法

一般假冒农药包装粗糙，如包装形式不符合贮存、运输及使用要求，外包装无防潮层，内包装简陋易损。

（3）标签鉴别法

真农药均采用不褪色颜色进行标志，如除草剂 – 绿色，植物生长调节剂 – 深黄色，杀虫剂 – 红色，杀菌剂 – 黑色。此外，标签应有品名、规格、净重、生产厂名、农药登记号、使用说明、产品标准号、注意事项、生产日期、批号或毒性标志。

（4）外观、气味鉴定法

乐果乳油：褐色或黄棕色，透明状液体，有硫醇的臭味。

50%锌硫磷乳油：为褐色油状物，略有刺鼻气味。

丁草胺：浅蓝色药液，有芳香味。

2.5%敌杀乳油：外观为浅黄色至黄棕色透明液体，略有腥味。

80%敌敌畏乳油：外观为浅黄色至黄棕色透明液体，有刺鼻气味。

45%氟乐灵：药液为红色，兑水后为黄色。

25%、50%多菌可湿性粉剂：褐色蔬松粉末，略有异味。

除草醚：粉剂为黑褐色粉末，可湿性粉剂为淡黄色粉末。

147. 怎样才算“高效、低毒、低残留”农药?

答：研制及使用高效、低毒、低残留农药是未来农药的发展方向。“高效”即对有害生物表现较高的防效；“低毒”是指对人畜毒性低，使用安全；“低残留”是农药在生长体内外易于降解消失，使用后不容易残留在作物及产品内或残留量很低，不至于对人类带来危害。

148. 农药常用的使用方法有哪几种?

答：在病虫害防治工作中，使用方法选择得当与否对防治效果起着至关重要的作用。农药常用的使用方法有以下几种：喷雾法、喷粉法、撒施法、种子处理法、涂抹法，除以上几种常用的施药方法外，还有毒饵法、熏蒸法、灌根法和泼浇施药法等。

149. 无证农药、假、劣农药有哪些危害?

答：直接危害有以下5个方面：起不到防治病虫害的作用，导致农作物大量减产；可能引起农作物大面积的药害，甚至导致庄稼绝收；可能引起农产品农药残留量超标；安全性存在极大的隐患；可能对土壤、地下水等生态环境带来严重影响。

150. 辨别无证和假劣农药的方法有哪几种?

答：辨别农药产品的真假、伪劣，可以通过以下几种简易的方法：

一是根据标签辨别，看标签的主要内容是否合格。

二是根据包装辨别，看包装、商标、产品说明书、出厂检验合格证等是否符合国家有关农药包装规定。

三是根据外观某些特征辨别，不同的农药具有不同的特征，可从形状和色泽上进行辨别。

四是与农药登记证或《农药登记公告》或登陆中国农药信息网进行核对。

151. 如何避免买到假劣农药?

答：一是要到合法的农药经营单位购买农药。国家规定，农药经营单位，必须有工商部门核发的营业执照，而且在营业执照上的经营范围内必须标明可经营农药。二是要到诚信度高、在地方上有一定影响力的农药经营单位购买农药。三是要正确选购农药，如果有不清楚的地方，要请教当地农业植保技术人员。四是购买农药后，一定要向经销商索要正式发票，以确保一旦出现质量问题后，有追究经销商责任的证据。

152 买到假劣农药或给农业生产带来危害怎么办?

答：首先，要保留证据、保护现场，包括各种票据、产品包装、剩余品、检验报告、药害或受损现场等。其次，要及时向政府农业行政主管部门、工商行政管理部门、质量技术监督管理部门反映情况，情节严重、可能构成犯罪的可向公安部门报案。第三，可到各级消费者协会或仲裁机构或人民法院投诉、诉讼，依法维护自身合法权益。

153. 假冒、伪造或者转让农药登记证或者农药临时登记证、农药登记证号或者农药临时登记证号、农药生产许可证或者农药生产批准文件、农药生产许可证号或者农药生产批准文件号的，应当给予何种行政处罚?

答：依法追究刑事责任；尚不够刑事处罚的，由农业行政主管部门收缴或者吊销农药登记证或者农药临时登记证，由工业产品许可管理部门收缴或者吊销农药生产许可证或者农药生产批准文件，由农业行政主管部门或者工业产品许可管理部门没收违法所得，可以并处违法所得10倍以下的罚款；没有违法所得的，可以并处10万元以下的罚款。

154. 生产、经营假农药、劣质农药的，应当给予何种行政处罚?

答：依法追究刑事责任；尚不够刑事处罚的，由农业行政主管部门或者法律、行政法规规定的其他有关部门没收假农药、劣质农药和违法所得，并处违法所得1倍以上10倍以下的罚款；没有违法所得的，并处10万元以下的罚款；情节严重的，由农业行政主管部门吊销农药登记证或者农药临时登记证，由工业产品许可管理部门吊销农药生产许可证或者农药生产批准文件。

155. 什么是配合饲料?

答：配合饲料是根据动物的不同生长阶段，不同生理要求，不同生产用途的营养需要以及以饲料营养价值评定的实验和研究为基础，按营养科学原理把多种不同来源的饲料，依一定的比例均匀混合，并按规定的工艺流程生产的商品饲料。配合饲料有生产科学、质量保证、使用简便、饲喂效益高的特点。

156. 什么是瘦肉精?

答：“瘦肉精”学名盐酸克伦特罗，是国家严令禁止在饲料中添加的物质。盐酸克伦特罗属于β－肾上腺素激素的一种，是一种呼吸系统药物，临床用于治疗哮喘病。由于在饲料中使用“瘦肉精”可以提高饲喂动物瘦肉率，所以极个别饲料厂和养殖户违反国家规定在饲料中添加“瘦肉精”。1997年以来，我国农业部等相关部门多次发文，禁止生产和使用“瘦肉精”，但是仍有极少数非法养殖机构在养殖环节使用“瘦肉精”。因此，严厉打击非法使用“瘦肉精”的专项整治行动仍然是当前和今后饲料安全的一项重要工作。

157. 国家为什么要对生猪实行定点屠宰？

答：《生猪屠宰管理条例》已经2007年12月19日国务院第201次常务会议修订通过，中华人民共和国国务院令第525号公布了《生猪屠宰管理条例》，自2008年8月1日起施行。国家实行生猪定点屠宰、集中检疫制度，能有效地防止和控制病死猪肉和其他不合格肉品进入销售环节，防止人畜共患疾病的传播，确保消费者吃肉安全和身体健康，这是实行生猪定点屠宰的根本目的。

158. 国家对经营猪肉有什么具体规定？

答：根据国家相关法律法规的规定，猪肉经营人员必须做到以下四点：一是猪肉经营人员必须到工商、卫生等部门办理相关证照，不得无证经营。二是必须到定点屠宰场屠宰生猪，不得在外私自宰杀。三是生猪必须凭免疫耳标和动物产地检疫证明才能进场屠宰，不得屠宰病、死猪。四是必须凭“两证、两花”上市销售猪肉，不得经营未经检疫（验）的生猪产品。

159. 对未经定点从事生猪屠宰活动的有哪些处罚规定？

答：（1）《生猪屠宰管理条例》第二十四条的规定：违反本条例规定，未经定点从事生猪屠宰活动的，由商务主管部门予以取缔，没收生猪、生猪产品、屠宰工具和设备以及违法所得，并处货值金额3倍以上5倍以下的罚款；货值金额难以确定的，对单位并处10万元以上20万元以下的罚款，对个人并处5000元以上1万元以下的罚款；构成犯罪的，依法追究刑事责任。

（2）《生猪屠宰管理条例》第二十九条的规定：从事生猪产品销售、肉食品生产加工的单位和个人以及餐饮服务经营者、集体伙食单位，销售、使用非生猪定点屠宰厂（场）屠宰的生猪产品、未经肉品品质检验或者经肉品品质检验不合格的生猪产品以及注水或者注入其他物质的生猪产品的，由工商、卫生、质检部门依据各自职责，没收尚未销售、使用的相关生猪产品以及违法所得，并处货值金额3倍以上5倍以下的罚款；货值金额难以确定的，对单位处5万元以上10万元以下的罚款，对个人处1万元以上2万元以下的罚款；情节严重的，由原发证（照）机关吊销有关证照，构成犯罪的，依法追究刑事责任。

160. 对生猪产品如何检疫检验?

答：对生猪产品的检疫检验，采取与生猪屠宰同步实施的办法，屠宰后对生猪的胴体、头、蹄、内脏按规定程序进行检验，对检验不合格的产品一律进行无害化处理，检验合格的猪肉由驻场检疫人员出具一头一张的动物产品检疫检验合格证明，并在胴体上加盖检验讫印章后方可出场上市，这样既能有效地规范猪肉经营者的经营行为，又严格了猪肉产品的检疫检验，提高了上市肉品的质量。

161. 为什么未经检疫检验的无花肉不能买?

答：凡是未经检疫检验的无花肉，在卫生、安全方面都存在着很大的隐患，少数不法经营者往往以病死猪肉及其他不合格肉品冒充好肉欺骗消费者，另一方面猪肉胴体上的有害腺体如不摘除，对人体健康带来很大危害。如甲状腺人食用后使机体代谢失调，异化作用增强，会出现恶心、呕吐、腹泻、头昏、头痛、胸闷、心跳加快等中毒症状，病情严重时出现抽搐和精神失常现象。肾上腺含有激素，烧煮不易破坏，食用后可引起交感神经扰乱，导致血管兴奋，血压升高，头昏恶心、呕吐、腹痛腹泻、手舌麻木、面色苍白等症状。淋巴结发生病变时，就含有了许多病原微生物和异物，当人食用后造成中毒现象，造成人猪共患的传染病的传播。由此可见，未经检疫检验的无花猪肉万万不能购买。

162. 什么样的猪肉是“放心肉”，消费者怎样选购“放心肉”？

答：“放心肉”是指可以放心食用的肉品。首先，必须是经政府批准的屠宰场的生猪产品；第二，出场的肉品必须是经检疫检验合格的肉品；第三，在猪肉胴体上盖有清晰的检疫花和检验印花。消费者在选购“放心肉”时，还应掌握一些肉品质量的识别常识。正常的鲜猪肉：脂肪洁白，肌肉鲜亮有光泽，弹性好，血管中无凝结血液，胸腹腔内无积液和淤血，气味正常。死猪肉：脂肪呈桃红色，肌肉色泽暗红或带有血，弹性差，全身血管充满了凝结的血液。

163. 什么是禽流感？什么是高致病性禽流感？禽流感是否列入一类传染病?

答：禽流感是由A型流感病毒引起的一种禽类传染病。禽流感病毒感染后可以表现为轻度的呼吸道症状、消化道症状，死亡率较低；或表现为较严重的全身性、出血性、败血性症状，死亡率较高。这种症状上的不同，主要是由禽流感病毒的毒力所决定的。

根据禽流感病毒致病性和毒力的不同，可以将禽流感分为高致病性禽流感、低致病性禽流感和无致病性禽流感。禽流感病毒有不同的亚型，由H5和H7亚型毒株（以H5N1和H7N7为代表）所引起的疾病称为高致病性禽流感（HPAI），最近国内外由H5N1亚型引起的禽流感即为高致病性禽流感，其发病率和死亡率都很高，危害巨大。世界动物卫生组织（OIE）将高致病性禽流感列为A类传染病，我国将高致病性禽流感列入一类动物疫病病种名录。

164. 禽流感是一种新病吗?它的历史及危害如何?

答：禽流感不是一种新病，1878年首次报道了意大利鸡群暴发一种严重的疾病，当时称为鸡瘟。1955年才证实这种鸡瘟病毒实际上是A型禽流感病毒，1981年在第一次国际禽流感会议上正式命名为禽流感。现已证实禽流感病毒广泛分布于世界范围内的许多家禽，包括鸡、火鸡、珍珠鸡、石鸡、鹧鸪、鸵鸟、鸭、雉、鹌鹑、鸽、鹅和野禽（鸭、鹅、燕鸥、天鹅、鹭、海鸠、海鹦和鸥等）。其中，禽流感对家养的鸡和火鸡危害最为严重。近几年来，感染鸭也出现大批死亡。

在有记载的禽病史上，禽流感是一种毁灭性的疾病，每一次严重的暴发都给养禽业造成巨大的经济损失，在美洲、欧洲、亚洲、非洲、大洋洲等世界上许多国家和地区都曾发生过本病。

165. 我们怎样开展疾病预防工作?

答：A型禽流感病毒是囊膜病毒，对诸如去污剂等脂溶剂比较敏感，抵抗力不强。常用消毒剂很容易将其杀死，如：福尔马林、氧化剂、含氯消毒剂、碱类制剂、稀酸、去氧胆酸钠、羟胺、十二烷基硫酸钠和铵离子等能将其杀死。该病毒不耐热，60℃加热10分钟、70℃加热数分钟即可丧失活性。但病毒对低温抵抗力较强，在有甘油保护的情况下可保持活力1年以上。直射阳光下40~48小时即可灭活该病毒。紫外线直射可破坏其感染力、血凝素活性和神经氨酸酶活性。

在野外条件下，禽流感病毒常从感染禽的鼻腔分泌物和粪便中排出。要灭活环境中的病毒，首先应扑杀掉全部发病鸡只，然后对整个圈舍喷洒有效的消毒剂，将有机物包括粪便清除，再用洗涤剂清洗表面，之后再用次氯酸钠溶液消毒、福尔马林熏蒸等方法消毒，以杀灭房舍内污染的流感病毒。

控制高致病性禽流感的主要问题是如何控制严重污染的粪便。垫料和粪便可以通过掩埋、用塑料盖住堆肥发酵等方法进行处理。

166. 高致病性禽流感的潜伏期有多久？在潜伏期传染吗?

答：禽流感的潜伏期从数小时到数天，最长可达21天。潜伏期的长短受多种因素的影响，如病毒的毒力、感染的病毒量、禽体的抵抗力、日龄大小和品种、饲养管理情况、营养状况、环境卫生及应急因素的影响。高致病性禽流感的潜伏期短，发病急剧，发病率和死亡率很高。在潜伏期内有传染的可能性。

167. 禽流感的传播途径是什么？禽流感的发生发展有规律可循吗？

答：禽流感的传播有健康禽与病禽直接接触和健康禽病毒污染物间接接触两种。禽流感病毒存在于病禽和感染禽的消化道、呼吸道和禽体脏器组织中。因此，病毒可随眼、鼻、口腔分泌物及粪便排出体外，含病毒的分泌物、粪便、死禽尸体污染的任何物体，如饲料、饮水、禽舍、空气、笼具、饲养管理用具、运输车辆、昆虫以及各种携带病毒的鸟类等均可机械性传播。健康禽可通过呼吸道和消化道感染，引起发病。禽流感病毒可以通过空气传播，候鸟（如野鸭）的迁徙可将禽流感病毒从一个地方传播到另一个地方，通过污染的环境（如水源）等可造成禽群的感染和发病。带有禽流感病毒的禽群和禽产品的流通可以造成禽流感的传播。由于在禽流感病毒的传播上，野禽（主要为候鸟）带毒情况较为普遍，而且是主要的传染源，加之世界禽产品贸易频繁等因素都会造成禽流感的暴发和流行。从世界范围内禽流感发生的情况来看，禽流感的传播、发生、发展存在不确定性。因此，从目前的情况看，禽流感的发生、发展没有明显的规律性。

168. 为什么对禽流感疫区的处理必须由当地人民政府来统一组织执行？养殖户自行处理行吗？

答：发生高致病性禽流感疫情后养殖户不可以自行处理。《中华人民共和国动物防疫法》明确规定，对疫点所有禽及禽类产品必须在动物防疫监督机构的监督下进行扑杀和无害化处理。所有可能受到污染的物品也必须进行消毒和无害化处理。另外，对疫区的封锁、疫区内家禽的强制扑杀、环境消毒控制、疫情的确认及扑杀动物的经济补偿等都只能由当地政府及畜牧兽医行政主管部门组织实施，任何一个养殖户均无法来单独完成这一任务。养殖户随意宰杀病禽，如果对血液、废物和污染的水不进行处理或处理不当，将会造成严重的环境污染和病原传播扩散。

高致病性禽流感被世界动物卫生组织（OIE）定为A类传染病，我国规定为一类动物传染病，当确认为高致病性禽流感后，要立即封锁疫区，对病禽进行扑杀，环境进行彻底消毒，目的在于防止疫情进一步扩散，这也是我国动物防疫法所规定的。

169. 应当采取什么样的措施防控禽流感？

答：必须坚决按照《中华人民共和国动物防疫法》和《国家高致病性禽流感应急预案》规定的要求执行，对疑似病禽实行隔离、封锁。当诊断为高致病性禽流感后，要立即对疫区家禽进行扑杀，必须对扑杀的家禽做焚烧后深埋处理。对污染的环境进行彻底消毒，目的在于防止疫情进一步扩散。对疫区周围5公里范围内的所有易感禽类实施疫苗紧急免疫接种，建立免疫隔离带，并逐步将所有易感家禽进行免疫接种，确保疫情迅速得到有效控制。

170. 我们在2004年禽流感防控中取得的主要经验是什么?

答：我国政府高度重视高致病性禽流感防控工作。2004年，按照“加强领导、密切配合，依靠科学、依法防治，群防群控、果断处置”的方针，成功打赢了禽流感阻击战。疫苗免疫接种是控制禽流感的有效手段，特别是在目前禽流感流行面广、涉及的禽种多的局面下，禽流感在今后很长一段时间内，疫苗免疫接种加扑杀的措施是控制禽流感的策略。

171. 怎样提高公众对禽流感的自我保护意识和防疫能力?

答:(1)加强对禽流感的认识。公众主要通过媒体、网络和书籍等加强对禽流感知识的学习。虽说禽流感是一种急性、烈性传染病，但主要感染禽类。因此不必产生恐慌情绪，要进行科学防治。此病一般也不容易感染人，即使人被感染，也不会在人与人之间传染。在防范禽流感中，市民主要注意不要接触病死禽及其排泄物。在加工禽类产品时要生熟分开，将产品煮熟、煮透；不要吃生禽肉、蛋或半生不熟的肉、蛋。加工用具、面板及操作人员的手都要用洗涤灵彻底清洗消毒。对储藏禽类产品的冰箱、冰柜要经常用清水或带消毒液的毛巾清洗消毒。饲养人员、屠宰人员、兽医防疫员和检疫人员在工作中应穿防护服、戴口罩，饲喂禽类、屠宰禽类、检疫前后要用肥皂洗手。建议对饲养的鸽子、鹦鹉等鸟类进行免疫，并经常消毒笼舍。

(2)要勤洗手远离粪便。世界卫生组织说，据初步基因检测的结果显示，该病毒目前尚不会由人类传染给人类。他们正在设法对此作最终确定。世界卫生组织官员指出，禽流感疫情目前比较稳定，中国的老百姓不必紧张。大家要注意个人卫生，勤洗手，不要接触粪便。

(3)不去疫区旅游。旅游者应当避免去爆发禽流感的地区。因为目前仍未找到禽流感的病毒源，也不知病毒的真正传播途径，以及会否由禽畜传给人类。

(4)不与活禽接触。如果必须要到禽流感流行的地区，那么必须牢记：禽畜粪便很可能是禽流感传播的途径之一，接触禽畜后切记要用洗手液及清水彻底洗净双手；人们特别是儿童，应避免与活禽接触，家长应提醒孩子，不要触摸或搂抱禽类动物。

(5)重视疾病预防。由于目前还没有有效疫苗，而冬春季节又是呼吸道疾病高发期，专家提醒市民，健康的生活方式对预防疾病非常重要。

(6)重视高温杀毒。禽流感病毒对乙醚、氯仿、丙酮等有机溶剂，高温及紫外线均很敏感。在56℃时加热30分钟，60℃时加热10分钟，70℃时加热数分钟，阳光直射40到48小时以及使用常用消毒药，均可杀死禽流感病毒。

（7）不要轻视感冒。针对禽流感的威胁，专家建议在日常生活中，人们严重感冒时不要掉以轻心。禽流感的病症与流行性感冒病症相似，如有发烧、咳嗽等症状且在短时间内加重，并伴有骨痛、肌肉疼痛等症状应及时就医。

（8）加强锻炼。健康的生活方式对预防疾病非常重要，市民平时应加强体育锻炼，多休息，避免过度劳累，不吸烟。

（9）加强公众意识。出现病、死禽要立即向当地动物防疫部门报告，并送病死禽进行确诊。病死禽要销毁处理。

172. 禽流感病毒是否通过家禽直接传染给人？

答：从我国目前发生的情况看，禽流感病毒只发生禽间传播，禽直接将流感病毒传给人并引起发病的现象在我国各疫区尚未发生。在我国各疫情发生地，卫生部门已经对病禽密切接触的人员进行了医学检查和观察，尚未发现人员感染。到目前为止，在此次禽流感发病的亚洲其他国家和地区如日本、韩国、菲律宾、马来西亚也均未发现人感染禽流感的病例，越南、泰国出现从死亡人的体内分离到禽流感病毒H5N1的事件，确切机制还有待研究。世界卫生组织2004年2月12日公布对越南死亡者的检验结果也表明，禽流感病毒没有发生人际间传播。

173. 什么叫做肥料？

答：凡是施于土中或喷洒于作物地上部分，能直接或间接供给作物养分，增加作物产量，改善产品品质或能改良土壤性状，培肥地力的物质，都叫肥料。直接供给作物必需营养的那些肥料称为直接肥料，如氮肥、磷肥、钾肥、微量元素和复合肥料都属于这一类。而另一些主要是为了改善土壤物理性质、化学性质和生物性质，从而改善作物的生长条件的肥料称为间接肥料，如石灰、石膏和细菌肥料等就属于这一类。

174. 肥料有哪些种类？

答：按肥料的化学性质分：碱性肥料、酸性肥料、中性肥料；按肥料物理状况分：固体肥料、液体肥料、气体肥料；按肥效作用方式分：速效肥料、缓效肥料；按养分分：单质肥料、复混（合）肥料（多养分肥料）；按化学成分：有机肥料、无机肥料、有机无机肥料。

从狭义来说，化学肥料是指用化学方法生产的肥料；从广义来说，化学肥料是指工业生产的一切无机肥及缓效肥。所以一些人只把氮肥叫做化肥是不全面的，化肥是氮、磷、钾、复合肥的总称。

175. 什么叫有机肥料?

答：有机肥料是农村利用各种来源于动植物残体或人畜排泄物等有机物料，就地积制或直接耕埋施用的一类自然肥料，习惯上也称作农家肥料。

176. 有机肥料分为多少类?

答：有机肥料大致可归纳为以下四类：（1）粪尿肥：包括人畜粪尿及厩肥、禽粪、海鸟粪以及蚕沙等。（2）堆沤肥：包括堆肥、沤肥、秸秆以及沼气肥料。（3）绿肥：包括栽培绿肥和野生绿肥。（4）杂肥：包括泥炭及腐殖酸类肥料、油粕类、泥土类肥料以及海肥等。

177. 购买肥料产品时应注意些什么?

答：（1）包装材料：外袋为塑料编织袋，内袋为薄膜袋，也可用二合一复膜袋，碳铵不用复合袋包装。凡包装材料不符上述要求都可能是假冒伪劣产品。

（2）包装袋上的标志：包装袋上应标明有肥料名称、养分含量、等级、净重、执行标准号、生产厂名、厂址、质量合格证，有的还应有肥料登记证、生产许可证号等。如果上述标志没有或不完整,有可能是假冒伪劣产品。

（3）养分含量：养分含量主要指氮、磷、钾含量，如果产品中添加中量元素（硫、钙、镁、钠）或微量元素（铜、锌、铁、锰、钼、硼），应分别单独标明各个中量元素的含量及总含量、各个微量元素的含量及总含量。不能出现氮 + 磷 + 钾 + 硫 + 钙 + 镁 + 钠 + 铜 + 锌 + 铁 + 锰 + 钼 + 硼 ≥ 58%、85% 等标法。

（4）产品中有添加物时，必须与原物料混合均匀，不能以小包装形式放入包装袋中。

（5）应注意保留购肥凭证，票中应注明所购肥料的名称、数量、等级或含量、价格等内容。如果经销单位拒绝出具购肥凭证，农民可向农业行政执法部门或工商管理部门举报。

（6）如果购肥半吨以上，最好留有一袋不开封作为样品，等待当季作物收获后没有出现问题再自行处理。

178. 怎样正确的购买肥料?

答：肥料是商品，所以按照标准化法的要求，每种产品都要有自己的产品执行标准，标准分四个水平：国、行、地、企业，标准又分国家强制性标准和推荐性标准，标准分类分别为：国家标准（GB），行标（NY 或 HG），地标（DB/），企标（Q/）。（1）尽量购买大型企业的、市场占有率大的产品；（2）认清外包装标识，认清氮（N）—磷（P_2O_5）—钾（K20）各养分含量，购买时你算好，每吨一个养分 45 元左右，包装上氮磷钾以外的中微量元素只做购肥时的对比参考，不必计算。

179. 肥料包装及标识内容有哪些规定?

答: 肥料产品包装应有标签、说明书和产品质量检验合格证。标签和使用说明书应当使用中文，并符合下列要求:（1）标明产品名称、生产企业名称和地址;（2）标明肥料登记证号、产品标准号、有效成分名称和含量、净重、生产日期及质量保证期;（3）标明产品适用作物、适用区域、使用方法和注意事项;（4）产品名称和推荐适用作物、区域应与登记批准的一致；禁止擅自修改经过登记批准的标签内容。

180. 为什么要进行肥料登记?

答：农业部2000年6月23日发布施行的《肥料登记管理办法》第五条规定“实行肥料产品登记管理制度，未经登记的肥料产品不得进口、生产、销售和使用，不得进行广告宣传。”那么为什么开展肥料登记工作呢？一是促进农业生产发展的需要: 通过肥料登记可以把符合农业生产实际、优质高效的肥料推介给农民使用，在农业生产上推广应用，促进农业增产增收。二是农业安全、食品安全的要求: 通过登记可以防止含有有害成分的肥料对农业环境和食品的污染。三是肥料产品的特点决定的: 肥料是重要的农业生产资料，质量的好坏对农业生产有着重要的影响。尤其是复混肥料、叶面肥、微生物肥料等新型肥料不像尿素等肥料一样有固定的化学分子式和养分含量，而且容易造假，不宜直观鉴别，必须由政府部门对其进行登记，加强市场检查监督管理。

181. 什么肥料须办理肥料登记?

答：根据农业部《肥料登记管理办法》的规定，属于农业部登记发证的产品包括叶面肥、微生物肥等新型肥料。属于省级农业行政部门登记发证的产品包括复混肥、配方肥（不含叶面肥）、精制有机肥、床土调酸剂等。

国家对下列产品免于登记: 对经农田长期使用，有国家或行业标准的硫酸铵、尿素、硝酸铵、氰氨化钙、磷酸铵（磷酸一铵、二铵）、硝酸磷肥、过磷酸钙、氯化钾、硫酸钾、硝酸钾、氯化铵、碳酸氢铵、钙镁磷肥、磷酸二氢钾、单一微量元素肥、高浓度复合肥等16种常规肥料。

182. 肥料登记的类型有哪些?

答：肥料登记分为临时登记、正式登记、续展登记和变更登记，临时登记有效期1年，正式登记有效期5年。

183. 肥料市场的执法主体是谁？

答:《肥料登记管理办法》第七条规定：农业部负责全国肥料登记和监督管理工作。省、自治区、直辖市人民政府农业行政主管部门协助农业部做好本行政区域内的肥料登记工作。县级以上地方人民政府农业行政主管部门负责本行政区域内的肥料监督管理工作。即肥料市场的执法主体是县级以上地方人民政府农业行政主管部门。

184. 哪些肥料可免予登记？

答:《肥料登记管理办法》第十四条规定：对经农田长期使用，有国家或行业标准的下列产品免予登记：硫酸铵，尿素，硝酸铵，氰氨化钙，磷酸铵（磷酸一铵、二铵），硝酸磷肥，过磷酸钙，氯化钾，硫酸钾，硝酸钾，氯化铵，碳酸氢铵，钙镁磷肥，磷酸二氢钾，单一微量元素肥，高浓度复合肥。

185. 禁止在农作物上使用的肥料种类有哪些？

答:（1）以城市、医院、工业区垃圾、有害污泥等为有机原料制成的有机肥（垃圾肥）。（2）未腐熟的人粪尿。（3）未腐熟的饼肥。（4）以废酸生产的过磷酸钙或其他磷肥（废磷酸肥）。（5）含激素或激素类叶面肥料。（6）含氯肥料（氯化铵、氯化钾、含氯的复混肥料）禁止在忌氯作物上使用。（7）含硝态氮的肥料（包括硝酸铵、硝酸钾复合肥及含硝态氮的复混肥料）禁止在蔬菜上使用。

186. 如何办理肥料登记？

答: 农业部肥料登记发证的程序: 企业申请—认定的土肥站进行田间肥效试验—对企业质量保证和控制条件进行考核—抽取肥料样品—省农业部门对企业资料初审并签署初审意见—农业部审查—肥料登记评委会评审—审批发证。

187. 对委托代办肥料登记有哪些说明？

答: 国内一些技术咨询机构承接企业申请人肥料登记代办业务，某些企业申请人愿意委托其代办肥料登记相关事宜。对此，登记受理机构做以下说明。（1）委托代办应有申请登记企业法人的委托书。委托书应详细说明代办业务范围，如提交登记资料和样品、收发信函和证书、交款、参加新产品报告会或委托田间试验等。如果委托事项不详，恕登记受理机构不予受理。境外企业可以由境外企业法人或国内代理机构法人委托代办。（2）如果代办机构或代办人同时代理多个申请人的产品登记，在邮寄资料或汇款时应按不同申请人分开，以免发生混淆而延误登记。（3）登记受理机构不承担因委托代办而产生的任何法律纠纷责任。

188. 我国为什么要实行农产品市场准入制度?

答：近年来，农产品质量安全问题日益突出，有毒大米、有毒猪肉等威胁人们健康的事件时有发生；而加入WTO则意味着农产品质量安全如过不了关，不仅外向型农业无从谈起，国内市场难以占领，现有的市场也将逐步失去，农业将面临严峻形势而累及国民经济的健康运行。如何确保农产品质量安全正日益成为全社会关注的焦点问题之一。

开展农产品市场质量安全准入制度，被认为是保障农产品安全生产和消费的有效措施。这既是发达国家的通行做法，也是国内农产品质量管理的必然趋势。严格的市场准入，不仅可以有效阻止有毒有害农产品走上城乡居民餐桌，而且可以促进安全优质和无公害农产品的生产，促进农民增收。

近年来，农业部开始积极推行农产品市场准入管理，2002年初即决定紧紧围绕农产品质量安全加强批发市场环节的质量检测，开设无公害农产品专销区，以把好市场准入关口，逐步建立市场自检制度。

189. 农产品品质都有哪些指标?

答：农产品品质因作物不同差异较大，总体评价时除应注意其诱人的外部形状等商业品质外，还必须重视包括营养价值的食用品质。农产品食用品质一般包括三个方面：一是它给人们提供多少有益物质，如决定瓜果品质的糖、酸、维生素等；二是含有何种有害物质，如蔬菜中硝酸盐、亚硝酸盐、重金属盐类、游离草酸等的含量；三是它能促使人体组织排泄什么有害物质，如蔬菜中的钾进入人体有助于从人体组织中排除水分，茶叶中的脂多糖和茶单宁能有效地溶解放射性元素，阻止其进入骨中，并促使其排出体外。

190. 农业部肥料临时登记需要哪些资料?

答：（1）境内企业

肥料临时/正式登记申请表、营业执照复印件、企业标准、商标注册证明、生产企业的基本情况、产品及生产工艺概述、无知识产权争议声明、标签及使用说明书样式、毒性报告、肥效小区试验报告、检验样品、肥料生产企业质量保证和质量控制条件考核表、省级农业行政部门初审意见表。

（2）境外及港、澳、台企业

肥料临时/正式登记申请表、营业执照复印件、产品生产和销售许可证明、产品质量保证、商标注册证明、生产企业的基本情况、产品及生产工艺概述、无知识产权争议声明、标签及使用说明书样式、毒性报告、肥效小区试验报告、检验样品。

营业执照复印件、产品生产和销售许可证明：外国企业须经中国驻当地使领馆的认证，港澳台企业须经公证部门公证。

此外，如果属于肥料新产品，还必须提交企业简介、产品特点、产品作用机理的电子版材料。

191. 农业部肥料临时登记资料有何要求？

答：肥料临时登记申请表：应填写主要养分指标的种类（与企业标准一致）；固体产品养分含量用%表示，水剂产品用g/L表示。产品通用名称由中心统一命名，可不填；商品名称请符合登记规范，不能误导、夸张，不能含数字、序列号等。含氮产品须明确是否含硝态氮。

营业执照：必须在有效期内；经营范围应当包括肥料或土壤调理剂等生产；应在执照复印件上加盖企业公章，且申明与原件一致。

企业标准：县级以上技术监督局备案，包含主要技术指标（与申请表中一致），有毒有害元素（砷、铅、镉、铬）限量指标，pH，水不溶物（土壤调理剂、有机肥除外），水分含量（仅限固体产品）等。

商标注册证明：商标已注册的须提供注册证书复印件；商标已被受理的产品须提供受理证明。

生产企业的基本情况：企业如实填写。

产品及生产工艺概述：企业如实填写。

无知识产权争议声明：应当包含商品名称、主要技术指标。

标签及使用说明：请按GB18382-2001规范。应分别注明主要养分技术指标（含养分种类）、商品名称、通用名称、登记证号（申请临时登记应预留登记证号位置）。

毒性报告：由省级以上卫生行政部门认定单位出具的经口急性毒性试验报告，或委托中心代为安排。

肥效小区试验报告：省级以上农业行政主管部门认定单位出具的近三年内1年2地或2年1地的规范试验报告，或委托中心代为安排试验并出具报告。

样品：省级农业行政主管部门抽样，填写抽样单。样品量：三个批次，每个批次200g（ml），混匀后统一包装，总计600g（ml）。

肥料生产企业质量保证和质量控制条件考核表：由省级农业行政主管部门出具，无考核表或考核不通过不予受理。

省级农业行政部门初审意见表：由省级农业行政主管部门出具，无意见表或不予推荐不予受理。

电子版材料：以word文档形式提交，尽量简明扼要。可以通过电子邮件提交。

192. 农业部肥料临时登记的基本程序有哪些？

答：收到材料后10个工作日内，材料不齐备发出预受理通知书，材料齐备发出受理通知书。预受理通知中的欠缺项须尽快补齐；受理回执请务必确认盖章后寄回中心。

有关费用到账后的5个工作日内，安排样品检验。费用未交的，不予检验。

材料齐备、样品检测合格后，20个工作日内（新产品自评审通过之日起20个工作日内）上报农业部审批肥料临时登记证。

193. 农业部肥料临时登记样品检验规定？

答：检验周期一般为20个工作日，检验结果以书面形式通知企业。

产品检验不合格的企业，须经整改后，由省级农业行政主管部门重新抽样后交我中心检验，并提交整改报告。

检验结果合格如否的判定依据为企业申报的技术标准以及其他必检项目（参见临时登记提交的材料3）。

不属于我中心检验范围的指标，须提交由通过计量认证的检测机构出具的检测报告，加盖计量认证CMA章。

194. 农业部肥料正式登记需要哪些资料？

答：肥料临时/正式登记申请表、肥效示范试验报告、检验样品、产品在有效期内的销售和使用情况说明、原登记证复印件。

195. 农业部肥料正式登记资料有何要求？

答：肥料临时/正式登记申请表：注意事项同临时登记的肥料临时/正式登记申请表。

肥效示范试验报告：由农业部认定单位出具的至少2省、市、区的规范示范试验报告，或委托中心代为安排试验并出具报告。

样品：省级农业行政主管部门抽样，填写抽样单。样品量：600g（ml）。

196. 农业部肥料正式登记基本过程？

答：请在临时证到期前6个月提交申请；

材料齐全、样品检测合格后，提交农业部肥料评审委员会评审；

评审通过的产品上报农业部审批肥料正式登记证，评审建议继续临时登记的上报农业部审批临时登记证续展登记，评审认为不宜继续登记的将不再予以续展、变更、正式登记。

197. 农业部肥料续展登记临时证续展登记需要哪些资料?

答：肥料续展登记申请表、原登记证复印件、原有效期内的销售和使用情况说明。

198. 农业部肥料续展登记临时证续展登记资料有何要求?

答：临时证续展请在临时证到期前2个月提出申请。

如逾期申请，请同时提交逾期原因说明。

临时证可以续展2次（临时证有效期累计为3年）。第二次续展登记有效期满前6个月，须提交正式登记申请。

材料齐备后，直接上报农业部审批。

199. 农业部肥料续展登记正式证续展登记需要哪些登记资料?

答：肥料续展登记申请表、原登记证复印件、原有效期内的销售和使用情况说明、检验样品。

200. 农业部肥料续展登记有何要求?

答：正式证续展请在正式证到期前6个月提出申请。

如逾期申请，请同时提交逾期原因说明。

材料齐备、样品检测合格后，直接上报农业部审批。

201. 农业部肥料变更登记资料有哪些?

答：肥料变更登记申请表（作物范围、商品名称、企业名称、企业地址的变更均应提交此表），其他相应的材料。

202. 农业部肥料续展登记资料有何要求?

答：变更商品名称，应当同时提交无知识产权争议声明。

变更企业名称，应当同时提交发证工商局出具的同一企业证明、新的营业执照复印件。

变更企业地址，应当同时提交所在省级农业行政主管部门出具的考核省级农业行政部门初审意见表、新的营业执照复印件，并进行抽样交中心检验。

临时登记证变更作物范围，应当同时提交拟增加作物的肥效小区试验报告。

正式登记证变更作物范围，应当同时提交拟增加作物的肥效小区试验报告和大田肥效示范报告；临时登记证上已有的作物只提交大田肥效示范报告。

变更技术指标，应当重新办理临时登记。

其他变更不必提交变更登记申请表，其中：变更法人请同时提交说明函和新的营业执照复印件；其他变更（联系人、联系地址、联系电话等等）提交说明函即可。

203. 农业部肥料技术转让资料要求和程序？

答：通过受让已登记产品（正式或临时登记）技术生产的产品，生产者只能先申请临时登记，可以免交小区试验报告和毒性试验报告。

提交合法的技术转让证明文件。

其他同临时登记。

204. 同一企业不同产品的登记？

答：同一类型有效成分含量不同的产品：可共用生产者基本资料（企业简介、营业执照、商标注册证明，如果有变化的须重新提供）、毒性报告，其他同临时登记。

同一类型有效成分含量相同的产品：可共用生产者基本资料、毒性报告、肥效小区试验报告，其他同临时登记。

不同类型产品的登记：可共用生产者基本资料，其他同临时登记。

205. 肥料登记管理和资料受理机构是哪里？

答：农业部负责全国肥料的登记审批、登记发证和公告工作。

国家化肥质量监督检验中心（北京）和农业部微生物肥料质量监督检验测试中心受农业部委托，按肥料品种不同，各自负责对申请肥料登记产品的资料受理和审查、肥料样品检测工作，并负责农业部肥料登记评审委员会具体事务。

206. 肥料登记的申请主体是哪？

答：（1）中国境内企业

经工商行政管理机关正式注册，具有独立法人资格的国内肥料生产者。肥料产品的生产企业在中国大陆境内，其生产产品视为国内产品。包括"三资"企业生产产品。

（2）国外及港、澳、台地区肥料生产企业

可由其在中国大陆设立的办事处或委托的代理机构作为申请者。其生产企业设在国外及港、澳、台地区，仅在中国大陆销售使用的产品。这些产品在提供产品资料、试验要求、受理审批等方面有别于国内产品。

207. 肥料登记分哪几种类型？

答：（1）临时登记：经田间小区试验后，需要进行田间示范试验、试销的肥料产品，生产者应当申请临时登记。

临时登记证有效期为1年，有效期满前2个月，应办理续展手续。第二次续展有效期满前6个月应当提出正式登记申请。

（2）正式登记：在获得临时登记后，经田间示范试验、试销可以作为正式商品流通的肥料产品，生产者应当申请正式登记。

正式登记申请在临时登记第二次续展有效期满前6个月提出。申请资料齐备后，提交农业部肥料评审委员会评审。评审通过、样品检测合格的产品上报农业部审批正式登记证；评审认为需要继续临时续展的产品将继续予以续展；评审认为不宜继续登记的产品，将不再予以转正、续展、变更。正式登记证有效期为5年，有效期满前6个月应当提出续展登记申请。

（3）续展登记：登记证有效期满，需要继续生产、销售该产品的，生产者应当申请续展登记。

临时续展登记有效期为1年，正式登记续展有效期为5年。参见临时登记和正式登记。

（4）变更登记：在登记证有效期内，改变产品使用范围、名称和企业名称等未涉及产品质量的，生产者应当申请变更登记。

登记证有效期内，随时可以提出变更登记申请，符合变更条件的即可上报审批。

（5）除上述类型外的其他类型登记

①受让已登记产品技术的产品登记。

②同一企业不同产品的登记。

208. 复混肥料产品生产许可证有效期是多少？

答：复混肥料产品生产许可证有效期为五年，自证书批准之日算起。

申请取证企业持《生产许可证受理通知书》，其产品在自受理通知书签发之日起6个月内不以无证论处。

209. 复混肥料产品生产许可证标签、标识是什么？

答：获得复混肥料产品生产许可证的企业，必须在该产品、包装或说明书上标明生产许可证标记和编号。

复混肥料生产许可证标记、编号为：

XK13－×××－×××××

其中，XK表示生产许可证标记，13表示行业编号，×××表示产品编号，×××××

表示证书编号。

210. 复混肥料产品生产许可证的换证或补证程序是什么?

答: 在生产许可证有效期内，产品标准发生改变的，由化肥审查部提出重新检验和评审的方案，由全国许可证办公室审批并组织补充审查。

企业生产条件发生变化的（包括改建、改制、扩建、迁移获证产品的生产地点等），应在变化后3个月内向省级质量技术监督局提出申请，由省级质量技术监督局组织重新进行企业生产条件审查和产品检验，审查合格后，按第7条程序审批更换证书。

获证企业更改注册名称时，应在营业执照变更后3个月内向所在省级质量技术监督局提出申请，并提交更名申请报告、新旧营业执照复印件、工商行政管理局出具的更名证明原件以及原发生产许可证证书，省级质量技术监督局审核后报全国许可证审查中心审查合格后，报全国许可证办公室审批更换证书。

企业应妥善保管生产许可证证书，因毁坏或不抗力等原因造成生产许可证证书遗失或者无法辨认的，应及时在省级以上主要报纸上登报声明，并向省级质量技术监督局提出申请，提交申请报告、报刊原件及营业执照复印件，省级质量技术监督局审查合格后，报全国许可证办公室审批更换证书。

211. 什么是无公害农产品?

答: 无公害农产品是指产地环境、生产过程、产品质量符合国家有关标准和规范的要求，经认证合格获得认证证书并允许使用无公害农产品标志的未经加工或初加工的食用农产品。

212. 无公害农产品的标志及其含义是什么?

答: 无公害农产品标志图案主要由麦穗、对勾和无公害农产品字样组成，麦穗代表农产品，对勾表示合格，金色寓意成熟和丰收，绿色象征环保和安全。

213. 无公害农产品申请认证程序是怎样的?

答: 凡符合《无公害农产品管理办法》规定，生产产品在《实施无公害农产品认证的产品目录》内，具有无公害农产品产地认定有效证书的单位和个人，均可申请无公害农产品认证。

（1）申请人从中心、分中心或所在地省级无公害农产品认证归口单位领取，或者从中国农业信息网（www. agri. gov. cn）下载《无公害农产品认证申请书》及有关资料。

（2）申请人直接或者通过省级无公害农产品认证归口单位向申请认证产品所属行业分中

心提交以下材料（一式两份）：《无公害农产品认证申请书》、《无公害农产品产地认定证书》（复印件）、产地《环境检验报告》和《环境现状评价报告》（2年内的）、产地区域范围和生产规模、无公害农产品生产计划、无公害农产品质量控制措施；无公害农产品生产操作规程、专业技术人员的资质证明、保证执行无公害农产品标准和规范的声明、无公害农产品有关培训情况和计划、申请认证产品上个生产周期的生产过程记录档案（投入品的使用记录和病虫草鼠害防治记录）；“公司加农户”形式的申请人应当提供公司和农户签订的购销合同范本、农户名单以及管理措施、要求提交的其他材料（详见种植业、畜牧业、渔业产品认证申请书）。

（3）分中心自收到申请材料之日起，在10个工作日内完成申请材料的审查工作。

（4）申请材料不符合要求的，中心书面通知申请人，本生产周期内不再受理其申请。

（5）申请材料不规范的，分中心书面通知申请人补充相关材料。申请人在规定的时间内按要求完成补充材料并报分中心。分中心在5个工作日内完成补充材料的审查工作。

（6）申请材料符合要求但需要对产地进行现场检查的，分中心组织检查员和专家组成检查组，进行现场检查。现场检查不符合要求的，中心书面通知申请人，本生产周期内不再受理其申请。

（7）申请材料符合要求（不需要对申请认证产品产地进行现场检查的）或者申请材料和产地现场检查符合要求的，分中心书面通知申请人委托有资质的检测机构对其申请认证产品进行抽样检验。

（8）产品检验不合格的，中心书面通知申请人，本生产周期内不再受理其申请。

（9）中心在5个工作日内完成对材料审查、现场检查（需要时）和产品检验的审核工作。组织评审委员会专家进行全面评审，在15个工作日内作出认证结论。同意颁证的，中心主任签发《无公害农产品认证证书》；不同意颁证的，中心书面通知申请人。

（10）中心根据申请人生产规模、包装规格核发无公害农产品认证标志。

（11）《无公害农产品认证证书》有效期为3年，期满如需继续使用，证书持有人应当在有效期满90日前按本程序重新办理。

（12）任何单位和个人（以下简称投诉人）对中心检查员、工作人员、认证结论、委托检测机构、获证人等有异议的均可向中心提出投诉。

（13）中心应当及时调查、处理所投诉事项，并将结果通报投诉人。

（14）投诉人对中心的处理结论仍有异议，可向农业部和国家认证认可监督管理委员会投诉。

214. 无公害农产品的生产管理应符合什么条件?

答：（1）生产过程符合无公害农产品生产技术的标准要求；

（2）有相应的专业技术和管理人员；

（3）有完善的质量控制措施，并有完整的生产和销售记录档案。

215. 无公害农产品产地应符合什么条件?

答:（1）产地环境符合无公害农产品产地环境的标准要求；

（2）区域范围明确；

（3）具备一定的生产规模。

216. 无公害农产品产地认定程序是怎样的?

答：省级农业行政主管部门负责组织实施本辖区内无公害农产品产地的认定工作。

（1）申请无公害农产品产地认定的单位或者个人（以下简称申请人），应当向县级农业行政主管部门提交书面申请，书面申请应当包括以下内容：申请人的姓名（名称）、地址、电话号码、产地的区域范围、生产规模、无公害农产品生产计划、产地环境说明、无公害农产品质量控制措施、有关专业技术和管理人员的资质证明材料、保证执行无公害农产品标准和规范的声明、其他有关材料。

（2）县级农业行政主管部门自收到申请之日起，在10个工作日内完成对申请材料的初审工作。申请材料初审不符合要求的，应当书面通知申请人。

（3）申请材料初审符合要求的，县级农业行政主管部门应当逐级将推荐意见和有关材料上报省级农业行政主管部门。

（4）省级农业行政主管部门自收到推荐意见和有关材料之日起，在10个工作日内完成对有关材料的审核工作，符合要求的，组织有关人员对产地环境、区域范围、生产规模、质量控制措施、生产计划等进行现场检查。现场检查不符合要求的，应当书面通知申请人。

（5）现场检查符合要求的，应当通知申请人委托具有资质资格的检测机构，对产地环境进行检测。承担产地环境检测任务的机构，根据检测结果出具产地环境检测报告。

（6）省级农业行政主管部门对材料审核、现场检查和产地环境检测结果符合要求的，应当自收到现场检查报告和产地环境检测报告之日起，30个工作日内颁发无公害农产品产地认定证书，并报农业部和国家认证认可监督管理委员会备案。不符合要求的，应当书面通知申请人。

（7）无公害农产品产地认定证书有效期为3年。期满需要继续使用的，应当在有效期满90日前按照本办法规定的无公害农产品产地认定程序，重新办理。

217. 什么是绿色食品?

答：绿色食品是指遵循可持续发展原则，按照特定生产方式生产，经专门机构认定，许可使用绿色食品标志商标的、无污染的安全、优质、营养类食品。

218. 绿色食品的标志及其含义是什么?

答：绿色食品标志图形由三部分构成，即上方的太阳、下方的叶片和蓓蕾。标志图形为正圆形，意为保护、安全。整个图形表达明媚阳光下的和谐生机，提醒人们保护环境创造自然界新的和谐。

219. 什么是有机食品?

答：有机食品是从英文 Organic · Food 直译过来的，其他语言中也有叫生态或生物食品等。有机食品指来自有机农业生产体系，根据有机农业生产要求和相应标准生产加工，并且通过合法的、独立的有机食品认证机构认证的农副产品及其加工品。

220. 有机食品的标志及其含义是什么?

答：有机食品标志采用人手和叶片为创意元素。一是一只手向上持着一片绿叶，寓意人类对自然和生命的渴望；二是两只手一上一下握在一起，将绿叶拟人化为自然的手，寓意人类的生存离不开大自然的呵护，人与自然需要和谐美好的生存关系。有机食品概念的提出正是这种理念的实际应用。人类的食物从自然中获取，人类的活动应尊重自然规律，这样才能创造一个良好的可持续发展空间。

221. 有机食品认证程序是怎样的?

答：（1）申请。申请者向中心（分中心）提出正式申请，填写申请表和交纳申请费。申请者填写有机食品认证申请书，领取检查合同、有机食品认证调查表、有机食品认证的基本要求、有机认证书面资料清单、申请者承诺书等文件。申请者按《有机食品认证技术准则》要求建立：质量管理体系；生产过程控制体系；追踪体系。

（2）认证中心核定费用预算并制定初步的检查计划。认证中心根据申请者提供的项目情况，估算检查时间，一般需要2次检查：生产过程一次、加工一次，并据此估算认证费用和制定初步检查计划。

（3）签订认证检查合同。申请者与认证中心签订认证检查合同，一式三份；交纳估算认证费用的50%；填写有关情况调查表并准备相关材料；指定内部检查员（生产、加工各1人）；所有材料均使用文件、电子文档各一份，寄或E-mail给分中心。

（4）初审。分中心对申请者材料进行初审；对申请者进行综合审查；分中心将初审意见反馈认证中心；分中心将申请者提交的电子文档E-mail至认证中心。

（5）实地检查评估。认证中心在确认申请者交纳颁证所需的各项费用；派出经认证中心认可的检查员；检查员从分中心取得申请者相关资料，依据《有机食品认证技术准则》，对申请者的质量管理体系、生产过程控制体系、追踪体系以及产地、生产、加工、仓储、运输、贸易等进行实地检查评估，必要时需对土壤、产品取样检测。

（6）编写检查报告。检查员完成检查后，按认证中心要求编写检查报告；该报告在检查完成2周内将文档、电子文本交认证中心；分中心将申请者文本资料交认证中心。

（7）综合审查评估意见。认证中心根据申请者提供的调查表、相关材料和检查员的检查报告进行综合审查评估，编制颁证评估表，提出评估意见提交颁证委员会审议。

（8）颁证委员会决议。颁证委员会定期召开颁证委员会工作会议，对申请者的基本情况调查表、检查员的检查报告和认证中心的评估意见等材料进行全面审查，作出是否颁发有机证书的决定。

（9）颁发证书。根据颁证委员会决议，向符合条件的申请者颁发证书。申请者交纳认证费剩余部分，认证中心向获证申请者颁发证书；获有条件颁证申请者要按认证中心提出的意见进行改进做出书面承诺。

（10）有机食品标志的使用。根据有机食品证书和《有机食品标志管理章程》，办理有机标志的使用手续。

222. 怎样生产无公害农产品、绿色食品、有机食品？

答：发展无公害农产品、绿色食品、有机食品的目的，是增进消费者健康安全，保护农业生态环境，促进农业发展和农民增收，实现经济、社会、生态效益同步发展。

从三者市场定位分析，无公害农产品与国内大众消费需求对接；绿色食品与发达国家农产品质量安全水平对接；有机食品与国际市场需求对接。因此，发展“三品”生产，要掌握好四条原则：一是要立足于当地资源。紧紧抓住当地特色产品，优势产品，在重视“菜篮子”、“米袋子”产品开发的同时，加快园艺产品、水产品和畜禽产品等劳动密集型产品的开发，努力扩大出口农产品的开发。二是把握住定位。根据当地实际条件和发展规划，结合三种产品市场定位，合理选择开发认证产品种类，按照三种产品标准要求制定阶段性发展目标，不断提高产品水平，达到哪类标准条件要求就开发哪种类型产品。三是产业化经营。发展三品生产，主体是龙头企业，申请使用标志必须是法人企业。实行龙头企业＋基地＋农户的开发模式，是确保产品质量安全和效益的有效形式，是打造农业品牌提高产品竞争力的有效手段。四是严格按照各自类型标准操作。目前，经农业部发布无公害农产品行业标准335

个，覆盖90%以上大宗食用农产品；绿色食品通用准则和大类产品标准90项，覆盖了主要农产品和加工产品。包括产地环境、生产技术规程、产品质量、包装标签等标准体系。要严格执行产品技术标准，尤其对化学投入品，限品种、限量、限时间使用。生产有机食品，原料产三年内不得使用化肥、农药等化学合成投入品。在组织产品开发的基础上，按程序自愿申请产品认证，经认证许可，使用农产品认证标志。

223. 认证的产品与未认证的产品有什么区别？

答：主要是通过识别产品包装使用的标志图案加以区别。无公害农产品标志，是农业部和国家认监委联合制定并发布，是加贴于获得全国无公害农产品认证的产品或产品包装上的证明性标识。印制在包装、标签、广告、说明书上的无公害农产品标志图案，不能作为无公害农产品标志使用。揭开标志，产品或包装上留有16位防伪数码，可以通过查询电话、手机短信和互联网等方式核实查询。

绿色食品标志，是中国绿色食品发展中心在国家工商局注册的质量证明商标，连同"绿色食品"中英文字母，都受"中华人民共和国商标法"的保护，按照"绿色食品标志使用规范设计手册"规定，与产品编码具有规范的组合和要求。消费者识别真伪，主要看产品编码和标志，假冒产品一般只用绿标或绿色食品字样，没有产品编号或编造不规范的号码；违规使用绿标现象主要是没按要求规范用标，如包装物上使用过期老编号或不按规定正确使用，如一号多用或超范围使用绿标。

有机食品标志识别，看产品包装物的标志和产品标志编号，是否按照"有机食品标志设计使用规范"的规定，正确使用标志和标准文体"有机食品"字样。

消费者在超市购买认证农产品食品时，还可索看产品认证证书复印件，以辨别真伪。

同时各认证机构要通过多媒体等形式广泛宣传相关知识，让广大消费者熟悉掌握区别认证产品的能力，也是至关重要的。

224. 无公害农产品、绿色食品、有机食品的市场发展趋势如何？

答：民以食为天，食以安为先。保障百姓吃上安全放心的农产品、食品，是维护最广大人民群众根本利益的基本要求，也是坚持以人为本科学发展观与构建和谐社会的集中体现。2002年，农业部适时提出了无公害农产品、绿色食品和有机食品"三位一体、整体推进"的战略部署，既适应了现阶段我国农业生产力发展水平和农产品质量安全工作阶段性目标要求，也满足了国内市场多层次、多元化的消费需求，是参与国际市场竞争的需要，是加快推进农产品质量安全工作的有效途径和有力措施。

近几年，通过农产品交易会，绿色食品博览会、农产品质量安全宣传月、开展国际交流展销和贸易推介等宣传活动，无公害农产品、绿色食品、有机食品日益受到消费者欢迎，逐渐打造出了我国安全优质农产品主导品牌，认证产品越来越多地进入大型超市，走向国际市场，成为国内商家的“新卖点”和农产品出口新的“增长点”，企业和农户发展认证产品的积极性不断提高。

为全面加快三品生产的发展，2005年8月农业部下发了“关于发展无公害农产品、绿色食品、有机食品的意见”，相信在各级政府的支持下，充分发挥各地区域资源优势，以市场为导向，推动无公害农产品、绿色食品、有机食品更好更快的持续发展。

225. 什么是农业转基因生物?

答: 农业转基因生物是指利用基因工程技术改变基因组构成，用于农业生产或者农产品加工的动植物、微生物及其产品，主要包括：转基因动植物（含种子、种畜禽、水产苗种）和微生物；转基因动植物、微生物产品；转基因农产品的直接加工品；含有转基因动植物、微生物或者其产品成分的种子、种畜禽、水产苗种、农药、兽药、肥料和添加剂等产品。

226. 什么是农业转基因生物安全?

答: 农业转基因生物安全是指防范农业转基因生物对人类、动植物、微生物和生态环境构成的危险或者潜在风险。

227.《农业转基因生物安全条例》是什么时候颁布的?

答:《农业转基因生物安全条例》2001年5月23日以国务院第304号令的形式颁布的。

228. 农业部出台了哪几个《农业转基因生物安全条例》的配套管理办法?

答: 农业部出台了《农业转基因生物安全评价管理办法》、《农业转基因生物标识管理办法》、《农业转基因生物进口安全管理办法》、《农业转基因生物加工审批办法》等4个配套管理办法。

229. 什么是农业标准化?

答: 农业标准化是指运用“统一、简化、协调、优化”的标准化原则，对农业生产产前、产中、产后全过程，通过制定标准和实施标准，促进先进的农业成果和经验的迅速推广，确保农产品的质量和安全，促进农产品的流通，规范农产品市场秩序，指导生产，引导消费，从而取得良好的经济、社会和生态效益，以达到提高农业竞争力的目的。

230. 什么是农业标准?

答: 农业标准是为在农业生产、经营范围内获得最佳秩序, 对农业活动或其结果规定共同的和重复使用的规则、指导原则或特性的文件; 该文件经协商一致制定并经一个公认的机构批准。

231. 农业标准分哪几类?

答: 按照农业标准的属性, 农业标准分为农业技术标准、农业管理标准和农业工作标准三大类。

232. 标准的性质分哪几类?

答: 标准分为强制性标准和推荐性标准。

233. 农业标准分为哪几级?

答: 农业标准分为农业国家标准、农业行业标准、农业地方标准和农业企业标准。

234. 什么是农产品市场质量安全准入?

答: 农产品市场质量安全准入是指对经有权质量认证或认定机构认证、认定的农产品(包括无公害农产品、绿色食品、有机食品等), 以及经检验质量安全卫生指标符合国家食品安全卫生标准、无公害标准或检疫合格的农产品准予入市经营。对未经认证、认定、检验、检疫或经检验、检疫不合格的农产品, 不准上市流通, 禁止经营销售。

235. 什么是 ISO9000?

答: ISO9000 标准是国际标准化组织(ISO)在 1994 年提出的概念, 是指“由 ISO/Tc176(国际标准化组织质量管理和质量保证技术委员会)制定的国际标准。ISO9000 用于证实组织具有提供满足顾客要求和适用法规要求的产品的能力, 目的在于增进顾客满意。随着商品经济的不断扩大和日益国际化, 为提高产品的信誉、减少重复检验、削弱和消除贸易技术壁垒、维护生产者、经销者、用户和消费者各方权益, 这个第三认证方不受产销双方经济利益支配, 公证、科学, 是各国对产品和企业进行质量评价和监督的通行证; 作为顾客对供方质量体系审核的依据; 企业有满足其订购产品技术要求的能力。凡是通过认证的企业, 在各项管理系统整合上已达到了国际标准, 表明企业能持续稳定地向顾客提供预期和满意的合格产品。

236. 什么是ISO14000?

答：ISO1400是国际标准化组织（ISO）第207技术委员会（TC207）从1993年开始制定的系列环境管理国际标准的总称，它同以往各国自定的环境排放标准和产品的技术标准等不同，是一个国际性标准，对全世界工业、商业、政府等所有组织改善环境管理行为具有统一标准的功能。它由环境管理体系（EMS）环境行为评价（EPE）、生命周期评估（LCA）、环境管理（EM）、产品标准中的环境因素（EAPS）等7个部分组成。

237. 什么是HACCP?

答：HACCP是HazardAnalysis&CriticalControlPoint的缩写，译为“危害分析和关键控制点”。它是一个保证食品安全的预防性管理系统，运用食品加工、微生物学、质量控制和危险评价等有关原理和方法，对食品原料、加工以至最终食用产品等过程中实际存在和潜在性的危害进行分析判定，找出对最终产品质量有影响的关键控制环节，并采取相应控制措施，使食品危险性减少到最低程度，从而达到最终产品有较高安全性的目的。这一管理系统不仅为食品卫生监督人员提供了进行监督的指南，更重要的是食品生产企业依靠这种系统保证产品质量进行商业竞争的自身管理手段。

238. 什么是GMP?

答：GMP是Good Manufacture Practice的缩写，中文翻译为药品生产质量规范，是指导药品生产和质量管理的法规。世界卫生组织于1975年11月正式公布GMP标准。国际上药品的概念包括兽药，只有中国和澳大利亚等少数几个国家是将人用药GMP和兽药GMP分开的。

239. 什么是GAP?

答：GAP是Good Aquaculture Practices的缩写，即“良好农业规范”。GAP主要针对未加工和最简单加工（生的）出售给消费者和加工企业的大多数果蔬的种植、采收、清洗、摆放、包装和运输过程中常见的微生物的危害控制，其关注的是新鲜果蔬的生产和包装，但不限于农场，包含量从农场到餐桌的整个食品链的所有步骤。GAP是以科学为基础，其采取自愿原则，但被FDA和USDA强制检疫鲜果蔬生产者采用。

240. 什么是农产品质量安全政府例行监测?

答：农产品质量安全政府例行监测是指政府为了掌握和了解农产品质量安全状况，定时定点的根据农产品质量安全风险评估结果制定监测计划对农产品进行检验，并对监测结果依法公告的活动。

241. 什么是农产品质量安全监督性抽检?

答: 农产品质量安全监督性抽检是指为了有效的指导和监管分散的农产品生产，防止不合格农产品流入市场，农业主管部门组织农产品检测机构对生产、销售的产品，依据有关规定进行抽检、检验，并对抽查结果依法公告和处理的活动。

242. 什么是农业投入品?

答：农业投入品是指在农业和农产品生产过程中使用或添加的物质。包括农药、兽药、饲料、种子等农用生产资料产品和农膜、农机、农业工程设施设备等农用工程物资产品。

243. 为什么要对农药、兽药实行禁用、限用和淘汰制度?

答：每种产品都有其生命周期，随着社会发展和科技进步，人类对农药和兽药对环境、人体造成的危害以及对农药、兽药本身毒性的认识不断深入，当新产品出现后，如果能够替代老产品，则原有产品被禁用和淘汰，若不能完全替代，则要限定其使用范围，以免使用不当造成污染。任何农兽药产品都不得超出登记批准的使用范围。另一方面，也是应对国外技术壁垒的需要。一些国家制订的有关农产品的技术标准越来越高，对农药、兽药、生物毒素、重金属等残留限量指标越来越高。

244. 国家将在2007年1月1日起，全面禁止使用的5种危害食品安全的高毒农药是什么?

答：这5种高毒农药分别是甲胺磷、对硫磷、甲基对硫磷、久效磷、磷胺。

245. 什么是农药安全间隔期?

答: 农药安全间隔期是指从最后一次施药至收获、消耗作物前的间隔天数，即自喷药后到残留量降到最大允许残留量所需的时间。各种药剂因其分散、消失的速度不同，以及作物的生长趋势和季节等不同，具有不同的安全间隔期。在农业生产中，最后一次喷药与收获之间的时间必须大于安全间隔期，不允许在安全间隔期内收获作物。

246. 什么是兽药休药期?

答: 兽药休药期是指从畜禽停止给药到允许屠宰或允许其产品（蛋、乳）上市的间隔时间。药物进入动物机体后，要经过吸收、转运、转化和排泄过程，每种药物的代谢产物排出体内的周期都是不一样的，规定休药期可避免畜禽产品中药物的超量残留而危害人类健康。

247. 现行的农业投入品法规主要有哪些?

现行的农业投入品法规主要有《农药管理条例》、《饲料和饲料添加剂管理条例》、《兽药管理条例》。

248. 什么是农业投入品整治?

答：农业投入品整治是指以加强农业投入品生产、经营和使用环节的监督管理为重点，严厉打击生产、经营和使用国家明令禁止生产以及假冒伪劣产品的行为，逐步优化农业投入品生产结构，净化经营市场，规范使用方法，更好地为优质安全农产品的生产服务。

249. 什么是场地挂钩、场厂挂钩?

答：场地挂钩是指经营蔬菜的大型批发市场与大型蔬菜生产基地签订合同，按市场要求的标准生产、供应。场厂挂钩是指经营鲜肉的市场与定点屠宰厂签订合同，只经营定点屠宰厂的肉品。

250. 什么是农产品的标识管理制度?

答：农产品的标识管理制度是指在确认符合规定标准的农产品上加贴标志，用以表示农产品的安全可信度和品质特性。

251. 什么是农产品质量安全全程控制?

答：农产品全程质量控制是在强化农产品产地环境、投入品、生产过程、市场准入等环节监管的基础上，通过一系列可行的手段或措施，将现有农产品质量建设的基础体系和基本制度贯穿于生产、加工、流通的全过程，建立从“农田到市场”的可追溯制度。

252. 什么是农产品质量安全检验检测体系?

答：农产品质量安全检验检测体系是依照国家法律法规和有关标准，对农产品（包括产地环境和农业投入品）质量安全实施检验检测的重要技术执法体系，在农产品质量安全评价、农业行政执法、农村市场监管和农产品贸易等方面担负着重要的技术支撑职责，对农业结构调整、农产品质量升级、农产品消费安全、提升农产品市场竞争力都具有重要的技术保障作用。

253. 农产品质量安全的潜在危害因素包括哪些?

答：农产品是经过农业生产活动所获得的产品，对农产品质量安全可能造成直接和长期的影响的危害因素主要包括：农业种养殖过程可能产生的危害，包括因投入品不合理使用造成的农药、兽药、渔药、添加剂等有毒有害物质残留污染，以及因产地环境造成的本底性污染和汞、砷、铅、铬、镉等重金属毒物和氟化物等非金属毒物；农产品包装储运过程可能产生的危害，包括贮存过程中使用的保鲜剂、催熟剂和包装材料中有害化学物等产品的污染，以及流通渠道中导致的二次污染；农产品自身的生长或发育过程中产生的危害，如农产品本身的天然毒素就是目前农产品所面临的危害之一；农业生产中新技术的应用产生的危害，主要是可能由于技术发展（转基因技术）或物种变异而带来新的危害。

254.《中华人民共和国农产品质量安全法》是什么时间颁布的？什么时间开始正式实施？

答：《农产品质量安全法》于2006年4月29日全国人民代表大会常务委员会第二十一次会议通过，并于11月1日正式实施。

255.《中华人民共和国农产品质量安全法》明确了哪几个方面的制度？

答：《中华人民共和国农产品质量安全法》明确了农产品质量安全信息发布制度、农产品生产记录制度、农产品分级包装与标识制度、农产品质量安全市场准入制度、农产品质量安全监测和监督检查制度、农产品质量安全事故报告制度和农产品质量安全责任追究制度等七个方面的制度。

256.农产品生产记录包括哪些方面？农产品生产记录一般应保存多长时间？

答：农产品生产记录包括使用农业投入品的名称、来源、用法、用量和使用、停用的日期；动物疫病、植物病虫草害的发生和防治情况；收获、屠宰或者捕捞的日期。农产品生产记录一般应当保存二年。

257.农产品包装和标识的要求是什么？

答：农产品生产企业、农民专业合作经济组织以及从事农产品收购的单位或者个人销售的农产品，按照规定应当包装或者附加标识的，须经包装或者附加标识后方可销售。包装物或者标识上应当按照规定标明产品的品名、产地、生产者、生产日期、保质期、产品质量等级等内容；使用添加剂的，还应当按照规定标明添加剂的名称。

258.什么样的农产品不得销售？

答：（1）含有国家禁止使用的农药、兽药或者其他化学物质的；

（2）农药、兽药等化学物质残留或者含有的重金属等有毒有害物质不符合农产品质量安全标准的；

（3）含有的致病性寄生虫、微生物或者生物毒素不符合农产品质量安全标准的；

（4）使用的保鲜剂、防腐剂、添加剂等材料不符合国家有关强制性的技术规范的；

（5）其他不符合农产品质量安全标准的。

259. “无公害食品行动计划”的主要内容是什么？

答：“无公害食品行动计划”是农业部在2002年提出的，通过加强生产监管，推行市场准入及质量跟踪，健全农产品质量安全标准、检验检测、认证体系，强化执法监督、技术推广和市场信息工作，在全国建立起一套既符合中国国情又与国际接轨的农产品质量安全管理制度。力争通过健全体系，完善制度，对农产品质量安全实施全过程的监管，有效改善和提高我国农产品质量安全水平，用5年左右时间基本实现食用农产品无公害生产，保障消费安全，质量安全指标达到发达国家或地区的中等水平。主要包括：

（1）加强生产监管。强化生产基地建设，净化产地环境，严格农业投入品使用，推行标准化生产，提高生产经营组织化程度。

（2）推行市场准入制。建立监测制度，推广速测技术，创建专销网点，实施标识管理，推行追溯和承诺制度。

（3）完善保障体系。加强法制建设，健全标准体系，完善检验检测体系，加快认证体系建设，加强技术研究与推广，建立信息服务网络，加大宣传培训力度，增加投入等。

260. “农产品质量安全绿色行动”的主要内容是什么？

答：为加快农业标准化，健全农产品市场、农产品质量安全体系，发展高产、优质、高效、生态、安全农业，农业部决定从2006年起组织实施农产品质量安全绿色行动，主要内容是：

（1）加强农资产品质量监管工作。启动放心农资下乡进村部级试点县（市）20个，出台推进放心农资下乡进村指导意见，规范农资连锁经营管理制度，推进农资直销和连锁、超市、配送等现代流通方式。统一组织对重点地区的种子、农药、肥料、饲料、兽药进行质量监督抽检，依法公布抽检结果。开展种子市场专项整治，严格市场准入。重点选择20个辐射带动作用强、交易规模大、辅助配套设施完善、管理制度健全的农资市场，创建农业部定点农资市场，推动农资市场规范管理和自我约束，为放心农资下乡进村创造良好环境。

（2）加快农业标准化示范和认证工作。组织编制《国家级农业标准化示范县建设规划（2006-2010）》，启动首批100个国家级农业标准化示范县（场）建设，带动各地建成标准化农产品原料基地200个，出口基地60个。继续实施“农业行业标准制修订专项计划”，重点制修订农业国家标准和行业标准350项左右。按照“三位一体，整体推进”的统一部署，形成以深入推进无公害农产品、绿色食品认证为主体，以有机农产品及农业投入品认证为补充的认证体系和工作格局，认证无公害、绿色、有机农产品5000个。

（3）加强与WTO相关的技术性贸易措施（如SPS/TBT等）研究工作。成立农产品质量安全风险评估委员会，启动风险评估等各项基础性工作，加大对国外法规、技术法规、技术标准等方面官方评议工作力度，积极应对国外技术性贸易壁垒，为推动和扩大我国农产品贸易服务。

（4）抓紧启动《全国农产品质量安全检验检测体系建设规划》。重点建设部级农产品质检机构15个，扶持已整合的部级综合性质检中心建设，加快建成一批技术水平高、检验检测能力强的部级质检机构；推动大宗农产品生产县和农产品出口大县质量安全检验检测工作，重点建设县级质检机构100个，全面提高农产品质量安全检验检测技术能力和水平。

（5）强化对农产品质量安全监测监控。继续开屉种植业产品农药残留、畜产品“瘦肉精”和水产品“氯霉素”等质量安全例行监测工作，扩大监测范围。开展水产品中“孔雀石绿”检测。实施无公害农产品、绿色食品和有机农产品专项监测、检查工作。继续开展农药及农药残留、饲料中药物残留及违禁药物污染、兽药及兽药残留和水产品药物残留监控。加强农业投入品监管，推广使用高效低残农药。启动液态奶中复原乳“4100”专项检测活动，连续开展跟踪检验检测工作，每次抽检四家液态奶主要企业100个样品，配合有关部门加强对液态奶生产和市场的监管，指导消费者明白消费。在目前公布例行监测质量安全水平较好和较差城市的基础上，适时公布所有例行监测城市的排序和超标率，提高监测信息透明度。各行业产品质量监测结果，随同全年五次例行监测结果，一并公布。

（6）搞好农产品批发市场改造。集中改造100个符合现代流通发展要求的农产品批发市场，重点对市场地面、水电道路系统、交易厅棚、储藏保鲜设施、加工分选及包装设施、客户生活服务设施、市场信息收集发布系统、市场管理信息化系统、质量安全检测系统和卫生保洁设施等10项设施改造升级。通过标准化市场的示范和辐射作用，带动和引导其他农产品批发市场特别是产地批发市场建设。通过实行场地挂钩，市场质量安全检测，维护安全交易；发展现代流通，壮大市场主体，开展加工配送，推进规范包装，强化信息服务，开拓对外贸易，完善公共服务等10项业务功能，全面提升农产品批发市场的现代化管理水平。

（7）扩大农业部定点市场规模。重点选择100家规模大、集散能力强、辐射面广的农产品批发市场，吸纳为农业部定点市场。使农业部定点市场总数达到600家，充分发挥定点市场在农产品市场建设中的示范带动作用。做大做强龙头企业，建立一批龙头企业集群示范基地。发展中介服务组织特别是农民专业合作经济组织，提高农民与企业和市场对接的能力。

（8）推进农产品营销促销工作。组织国内农产品生产、加工企业参加欧洲、日本、美国等10个国际上有较大影响的农产品博览会、交易会，扩大农产品出口规模。支持部属有关单位和地方举办玉米产销衔接会、全国优质油料油脂产销对接会、海南冬季瓜菜交易会等14个优势农产品产销对接活动，努力搞活农产品流通。办好第四届中国国际农产品交易会。

（9）启动农产品品牌化工作。通过中国农产品博览会、各省农博会、国际博览会等形式组织企业参加国内外产品展示展销，利用广告、电视、网站、报刊等媒体宣传名牌农产品，开设名牌农产品专销区（柜）等提升农业品牌的知名度和市场占有率。制定推进农业品牌化工作的指导性意见，研究起草《中国农业名牌产品评选认定办法》，引导品牌农业发展，规范名牌产品认定。

261. 农产品质量安全工程的指导思想和主要内容是什么？

答：为了进一步提高农产品质量安全水平，江苏省农林厅提出从2006年开始在全省启动实施农产品质量安全工程。指导思想是：以推进高效农业规模化为目标，以提高农产品质量安全水平为核心，立足"质量安全、放心产品、出入平安"，加强安全优质农产品生产基地建设，加快无公害农产品、绿色食品和有机农产品认证步伐，强化农产品质量安全政府例行监测，实行农产品"产地准出和市场准入"全程质量控制，不断提升农产品质量安全水平和市场竞争能力，促进农业增效和农民增收。主要内容是："推进三个建设，强化三项检测，加快三品认证，提高三支队伍"。一是推进三个建设，即建设无公害农产品产地认定、无公害农产品（绿色食品、有机农产品）标准化生产示范基地、农产品质量安全示范县；二是强化三项检测，即政府强制性例行监测、农产品市场准入和产地准出速测、无公害农产品产地认定整体推进县动态管理检测；三是加快三品认证，即无公害农产品、绿色食品、有机农产品认证；四是提高三支队伍，即农产品质量安全技术队伍、农产品质量检验检测机构、农产品质量安全监管体系。

262. 农产品的范围是什么？

答：农产品是指种植业、养殖业、林业、牧业、水产业生产的各种植物、动物的初级产品。范围包括：

（1）植物类：人工种植和天然生长的各种植物的初级产品。包括：粮食、蔬菜、瓜果、茶叶、花卉、药用植物、油料植物、纤维植物、糖料植物、烟叶、林业产品等。

（2）动物类：人工养殖和天然生长的各种动物的初级产品。包括：畜牧产品（肉、蛋、奶）、水产品（淡水产品、海水产品）、动物皮张、动物毛绒等。

263. 什么样的农产品能卖上好价钱?

答: 当前，农产品究竟以什么品种、哪种规格、何种形式进入市场，才能保证既能卖得出、又能卖出好价钱呢?一般来说，具有下列特点的农产品货俏价高:

(1)错季节产品。农产品生产的季节性与市场需求的均衡性矛盾日益突出，由此带来的季节性差价蕴藏着巨大的商机，做到错季供应一是要实行设施化种养，拉长农副产品的销售期，由生产旺季销售转为生产淡季销售或消费旺季销售; 二是要开发适应不同季节生产的农副产品新品种，实行多品种错季节上市。

(2)嫩乳产品。近年来人们的消费习惯正在悄悄发生变化，粮食当做蔬菜吃，要吃嫩玉米、嫩麦粒、青毛豆、仔鸡、乳鸽，出现了崇尚鲜嫩食品的新潮流.

(3)高品质产品。目前人们已不再满足于吃饱，而是更注重吃好。吃出营养和品位，优质农产品的市场前景十分看好。因此，要把选育、引进和推广优质农产品作为抢占市场的一个重要措施，彻底淘汰劣质品种和落后的生产技术。

(4)名、优、新品种。根据市场需求，引进、开发和推广一些名、优、稀、特新品种，以新品种来引导新需求、开拓新市场。如西瓜要生产大、中、小三种类型来适应和满足宾馆、家庭及旅游等多层次、多方位的消费需求。

(5)求新、求异产品。人们对蔬菜、水果等农产品不仅要求其鲜度高、营养丰富、美味可口，还要求具备一定的观赏功能，以满足消费者日益增长的求新、求异的心理。为适应人们这一需求，一些奇形、异色农产品相继问世，如香蕉形的番茄、飞碟形南瓜、黑色花生、黑色玉米等农产品一上市就引起消费者的极大兴趣。

264. 什么是农产品标准?

答: 农产品标准是针对农产品的质量及与质量等相关方面所规定的准则; 是对农产品的品种、规格、技术要求、检验方法、商品标志、储存保管和包装运输等方面所作的统一规定; 是农产品生产的技术依据，也是评定农产品质量的准则。是经国家标准化主管部门批准的农产品标准和生产技术法规。农产品标准的实施，使产品质量的检验与监督工作有章可循，使商品质量有了可靠保证，也为抵制不正当竞争行为提供了依据。

农产品标准同其他产品的标准一样，是生产和流通中一项共同的技术依据，它既表达了生产者和消费者对农产品的质量要求，也是产销双方对产品质量有争议时执行仲裁的依据。通过农产品标准的制定和推行，能保证产品质量达到先进的水平，并在这一基础上进一步提高，同时，还能促进农产品资源的充分合理利用。

265. 农产品标准分为哪几级?

答:（1）国家标准。是指对全国经济技术发展有重大意义，必须在全国范围内统一的标准。国家标准由国家质量技术监督局编制计划和组织草拟，并统一审批、编号和发布。

（2）行业标准。是指我国全国性的农业行业范围内的统一标准。《标准化法》规定，“对没有国家标准而又需要在全国某个行业范围内统一的技术要求，可以制定行业标准。”农业行业标准是由农业部组织制定。行业标准是对国家标准的补充，行业标准在相应国家标准实施后，自行废止。

（3）地方标准。是指在某个省、自治区、直辖市范围内需要统一的标准。对没有国家标准和行业标准而又需要在省、自治区、直辖市范围内统一的技术和管理要求，可以制定地方标准。地方标准由省、自治区、直辖市政府标准化行政主管部门制定。地方标准不得与国家标准、行业标准相抵触。在相应的国家标准或行业标准实施后。地方标准自行废止。

（4）企业标准。是指企业所制定的产品标准和在企业内部需协调、统一的技术要求和管理工作要求所制定的标准。企业标准由企业制定。国家标准、行业标准、地方标准和企业标准之间的关系是: 对需要在全国范围内统一的技术要求，应当制定国家标准; 对没有国家标准而又需要在全国某个行业内统一的技术要求，可以制定行业标准; 对没有国家标准和行业标准而又需要在省、自治区、直辖市范围内统一的技术要求，可以制定地方标准; 企业生产的产品没有国家标准和行业标准的，应当制定企业标准。国家鼓励企业制定高于国家标准的企业标准。

266. 什么是有机农产品?

答：有机农产品是指按照有机农业生产标准，在生产过程中不使用有机化学合成的肥料、农药、生长调节剂和畜禽饲料添加剂等物质，不采用基因工程技术获得的生物及其产物，而是遵循自然规律和生态学原理，采取一系列可持续发展的农业技术、协调种植业和畜牧业的关系，促进生态平衡、物种的多样性和资源的可持续利用。

有机标准: 是一种完全不用或基本不用人工合成的化肥、农药、生长调节剂和畜禽饲料添加剂的生产体系。有机农业在可行范围内尽量依靠作物轮作、秸秆、牲畜粪肥、豆科作物、绿肥、场外有机废料、含有矿物养分的矿石补偿养分，利用生物和人工技术防治病虫草害。

267. 什么是农产品加工业?

答: 农产品加工业有广义和狭义之分。广义的农产品加工业，是指以人工生产的农业物料和野生动植物资源及其加工品为原料所进行的工业生产活动; 狭义的农产品加工业，是指以农、林、牧、渔产品及其加工品为原料所进行的工业生产活动。人工生产的农业物料和野生动植物资源非常广泛，并与国计民生高度相关，农产品加工业目前已发展成为一个十分复杂的系统工程.所应用的技术大多属于多学科、多专业、高新技术和综合技术。

农产品加工业涉及多个部门。行业众多，产品繁杂。国际上通常将农产品加工业划分为5类，即：食品、饮料和烟草加工；纺织、服装和皮革工业；木材和木材产品，包括家具制造；纸张和纸产品加工、印刷和出版；橡胶产品加工。我国在统计上与农产品加工业有关的是12个行业，即：食品加工业、食品制造业、饮料制造业、烟草加工业、纺织业、服装及其他纤维制品制造业、皮革毛皮羽绒及其制蕊业、木材加工及竹藤棕草制品业、家具制造业、造纸及纸制品业、印刷业和橡胶制品业。

268. 什么是农产品初加工?

答：农产品初加工只改变农产品的外观、清洁卫生程度或物理形态，加工品基本保持原料本身固有的特征。如水果分级、打蜡，蔬菜清洗，豆类脱英、去皮，粮食烘干，食品物料粉碎等。这种加工不是依靠明显改变农产品的生理性能（如食品发酵），或严重破坏农产品的组织结构、提取其中的某种成分（如压榨法制取果汁、用溶剂浸提食用植物油等）而得到新制品。

269. 什么是农业产业化经营?

答：农业产业化经营是以市场为导向，以家庭承包经营为基础，依靠龙头企业及各种中介组织的带动，将农业的产前、产中和产后诸环节联结为完整的产业链条，实行多种形式的一体化经营，形成系统内部有机结合、相互促进和利益互补机制，实现资源优化配置的一种新型的农业经营方式。其类型主要有：

（1）“龙头”企业带动型（企业+农户）。是以农产品加工、运销企业为龙头，重点围绕一种或几种产品的生产、销售。与生产基地和农户实行有机的联合，进行一体化经营，形成“风险共担，利益共享”的经济共同体。在实际运行中，“龙头”企业联基地，基地联农户，进行专业协作。这种形式在种植业、养殖业特别是外向型创汇农业中最为流行。

（2）市场带动型（专业市场+农户）。以专业市场或专业交易中心为依托，拓宽商品流通渠道，带动区域专业化生产，实行“产加销”一体化经营，扩大生产规模，形成产业优势，节省交易成本，提高运营效率和经济效益。

（3）合作经济组织带动型（专业合作社或专业协会+农户）。农民专业合作经济组织也是农业产业化的主体之一，这种形式指从事同类农产品生产经营的农民，自愿组织起来，在技术、资金、信息、购销、加工、储运等环节实行联合和合作，提供“贸工农”一体化、“产加销”一条龙的自我服务。

270. 农产品市场有哪些特性?

答:（1）农产品市场交易的产品具有生产资料和生活资料的双重性质。农产品市场上的农副产品，一方面可以供给生产单位用做生产资料，如农业生产用的种子、种畜、饲料、工业用的各种原材料等。另一方面，农产品又是人们日常生活离不开的必需品，居民的“米袋子”、“菜篮子”都要由农产品市场供应。

（2）农产品市场具有供给的季节性和周期性。农业生产具有季节性，农产品市场的货源随农业生产季节而变动，特别是一些鲜活农产品，要及时采购和销售。农业生产有周期特点，其供给在一年之中有淡旺季之分，数年之中有丰产、平产、歉产的现象出现。

（3）农产品市场风险比较大。农产品是具有生命的产品，在运输、储存、销售中会发生腐烂、霉变、病虫害等，极易造成损失。

（4）农产品市场多为小型分散市场。农产品生产分散在千家万户，农产品集中交易时具有地域性特点，通常采用集市贸易的形式，规模小而且分散。在大中城市、交通枢纽，也有规模较大的农产品集散和批发市场。

271. 农产品市场分为哪几类?

答:（1）从形式上，分为有形（看得见）和无形（看不见）市场;

（2）从界限上，分为国内和国外（国际）市场;

（3）从产品交易上，分为批发和零售市场:

（4）从地域上，分为城镇批发市场和农村集市贸易市场。

272. 什么是“农改超”?

答:所谓“农改超”，是指通过政府政策的鼓励支持，引导大型流通企业或农业产业化龙头企业，对不适应经济发展、城市建设和居民消费要求的原城市农贸市场，按照超市的经营业态、经营理念对城市农贸市场进行超市化改造，使其成为经营主体组织化、经营产品标准化、经营方式超市化及服务规范化，以经营生鲜农副产品为主的超级市场。

273. 什么是农产品连锁经营?

答:农产品连锁经营，是指有一定经济实力的农产品流通主体实行集中采购、网络化销售、规范化经营、品牌化运作，从而实现规模效益的一种现代流通模式，具有降低流通成本，减少流通环节，提高流通效率等特点，其基本内涵是实行统一采购、统一配送、统一标识、统一经营、统一服务。连锁经营作为当今世界商品流通和服务业中最具活力的经营方式，目前在我国已得到积极推广，并显示出巨大的发展潜力。近年来，我省农产品连锁经营在部分地方已经起步，并取得了一定进展。

274. 什么是农产品市场准入制度?

答：所谓农产品市场准入，就是要通过政府的强制性监管手段，只准许符合国家安全卫生标准的农产品入市交易和销售。全面建立农产品市场准入制度，就是要在农产品“产加销”的各个环节特别是产节，建立起一套规范完善的管理制度，使农产品市场准入有章可循、有法可依，从而在制度上保障合格农产品能够顺畅入市，同时又能将不合格农产品拒之“市”外。

275. 什么是农产品贸易技术壁垒?

答：技术性贸易壁垒是指一个国家的政府或非政府机构，以维护国家安全、防止欺诈行为、保护人类健康或安全、保护动植物生命或健康及保护环境等理由，通过制定、发布和实施技术法规、标准和合格评定程序，形成限制其他国家产品进入该国市场的事实上的障碍。目前，发达国家运用技术性贸易壁垒保护本国农产品市场，主要表现在以下几个方面：

（1）不断颁布新的技术法规，扩大管制范围。如美国食品与药物管理局（FDA）1995年颁布的《加工和进口水产品安全卫生程序》规定，凡进口美国的水产品，其生产加工企业都必须实施危害分析与关键点控制（HACCP）管理，并经美国官方机构注册。

（2）不断对农产品增加检测项目，提高标准水平。如欧盟对中国茶叶的农药残留检测项目，从原来的6项增加到62项。

（3）实行严格的食品标签制度。如日本实行的食品标签制度，要求注明品名、原材料名称、内容量、制造年月日、制造厂家或经营商名称、适食期限、保存方法、烹调方法、使用方法、保存温度、原产国（进口品）等。

（4）实行严格复杂的合格评定程序和质量认证制度。如韩国规定，向韩国出口水果等农产品，要经过检疫部门及专家考察等多道认证手续。

（5）实行“绿色包装”制度。如丹麦以保护环境为名，要求所有进口的啤酒、矿泉水、软性饮料一律使用可再装的容器，否则拒绝进口。

（6）对出口企业采取注册备案制度及其他登记管理制度。如欧盟规定水产品和动物制品出口企业必须获得欧盟注册备案，并由欧盟官方机构发布企业名录。

276. 农产品营销策略包括哪几个方面?

答：（1）产品策略。产品策略包括产品质量策略、产品组合策略、产品包装策略等。如采用先进科学技术，更换、开发名特优新产品，促使农产品提早和推迟上市，就能取得较好的经济效益。

（2）价格策略。价格策略包括成本定价策略、随行就市策略、优惠价格策略、差别定价策略、心理价格策略、地区价格策略等。如贪图暴利，定价过高，就会使消费者望而却步。只有物美价廉，投其所需，一人满意而去，众人慕名而来，才能获得理想的销售效果。

（3）促销策略。促销策略包括广告策略、组织策略、公关策略、贸易策略等。要借用媒体和动用一切社会关系，宣传产品，提升消费者的购买欲望，并能在一定时期内将农产品推销掉。

277. 怎样促销农产品?

答:（1）分等营销。即将同一产品依据质量的高低分成多个等级，按等级定价销售。好的售高价，差的售低价。这样，农产品不但容易销售，而且比混为一体、不分好坏出售获利要多。

（2）品尝营销。将消费者不熟悉或怀疑其品质的农产品，让消费者免费品尝，待消费者认可其质量后再出售。一个好的产品的销售，往往让消费者品尝比磨破嘴皮做宣传还要见效快。

（3）异地营销。同样的商品在不同的市场，能卖出不同的价钱。通常把本土大量上市的农产品运到货缺的外地市场出售，可获得比本地市场高的经济效益。

（4）错时营销。人人都知道，反季节的瓜果蔬菜比常规瓜果蔬菜销售效益要好，原因是反季节的瓜果蔬菜缺货，人们又有需求。随着人们生活水平的提高，城乡居民常年都需要新鲜农产品，这时生产者可通过栽培早熟或晚熟品种，或采用科学技术，促使农产品提早或推迟上市，这样不但产品畅销，而且销售价格较高。

278. 农产品包装有哪些作用?

答: 包装是产品的外在形象，一个好产品如果没有与之匹配的包装，就难以引起消费者的注意。产品包装是指产品的容器和外部包扎，由此形成产品的外观。产品的外观一般要求适用、方便和美观。农产品包装的基本功能一是保护产品，使产品在储运和销售过程中不致损坏、散失和变质；二是促进销售，运用好的包装刺激消费者的兴趣，增加购买欲望。

279. 现代包装有哪些趋势?

答:（1）包装款式简洁化。包装要线条明快，构图清晰，使消费者从包装外表就能对产品的特征了如指掌。

（2）无牌包装开始盛行。它不注重五花八门的牌名，而重视实际的商品标签，它标明了一定的品质。这些标签多为黑白相间的图案，一看标签就知道它是何物，品质如何。

（3）包装向轻型、小型、柔软发展。包装材料已由笨重的木包装改成纸包装、塑料包装，使重量大大减轻。如食品业推出的各种软包装。

（4）大量发展真空软包装。无菌包装材料大量用于液体、半液体、糊状、固体产品包装，可确保在储存期不被损坏，不会脱水也不受潮，延长储藏期限，外观也有吸引力。

（5）包装向实用、方便方向发展。饮料、酒都采用易拉罐，使用十分方便。塑料包装采用枕套、无齿拉链、按扣式等新型结构，便于展销，容易开启和能多次重复使用。

（6）包装表面采用白板纸、复合薄膜，以利于美化产品。特别是照相代替了绘画和书法，费用低、效果好。如衣服、袜子的包装上印有服装模特的照片等很有浪漫情调，为许多人所欢迎。

280. 什么是商标?

答：商标是指生产者、经营者为使自己的商品或服务与他人的商品或服务相区别，而使用在商品及其包装上或服务标记上的由文字、图形、字母、数字、三维标志和颜色组合，以及上述要素的组合所构成的一种可视性标志。商标具有的特征为：

（1）商标是用于商品或服务上的标记，与商品或服务不能分离，并依附于商品或服务。

（2）商标是区别于他人商品或服务的标志，具有特别显著性的区别功能，从而便于消费者识别。商标的构成是一种艺术创造。

（3）商标是由文字、图形、字母、数字、三维标志和颜色组合，以及上述要素的组合形成的可视性标志。

（4）商标具有独占性。使用商标的目的就是为了区别于他人的商品或服务，便于消费者识别。所以，注册商标所有人对其商标具有专用权，受到法律的保护，未经商标权所有人的许可，任何人不得擅自使用与该注册商标相同或相类似的商标，否则，即构成侵犯注册商标权所有人的商标专用权，将承担相应的法律责任。

（5）商标是一种无形资产，具有价值。商标代表着商标所有人生产或经营的质量信誉和企业信誉、形象，商标所有人通过商标的创意、设计、申请注册、广告宣传及使用，使商标具有价值，也增加了商品的附加值。商标的价值可以通过评估确定。商标可以有偿转让，经商标所有权人同意，许可他人使用。

（6）商标是商品信息的载体，是参与市场竞争的工具。生产经营者的竞争就是商品或服务质量与信誉的竞争，其表现形式就是商标知名度的竞争。商标知名度越高，其商品或服务的竞争力就越强。

使用在商标上的符号：TM——商标符，指已经向商标局登记（申请注册）或持有人声明拥有权利的商品商标。SM——同上，用于服务商标。R——注册符，指已经商标局核准注册的商标。

281. 什么是农产品证明商标?

答:《商标法》规定，证明商标是指由对某种商品或者服务具有监督能力的组织所控制，而由该组织以外的单位或者个人使用于其商品或者服务，用以证明该商品或者服务的原产地、原料、制造方法、质量或者其他特定品质的标志。在因受所处地理环境和气候条件的影响而具有独特品质的农产品上，可以选择注册证明商标。证明商标重点证明商品或服务来源于某地，其质量或特征完全或者主要取决于该地理环境。包括自然因素和人为因素。如“盱眙龙虾”、“东台西瓜”等。借助证明商标的保护，农产品在市场上会有明显的优势，也容易提高知名度。

282. 为什么要推进农产品品牌经营?

答:（1）品牌竞争是当今市场竞争的普遍规律。品牌竞争就是以品牌形象和价值为核心的竞争，是品牌之间的较量，是一种新的竞争形态。在现代市场经济条件下，市场行为的一个显著特征就是顾客往往根据品牌来区别和选择同类商品和服务的。如鸭蛋，到处都有，但只有高邮双黄蛋能够让消费者记在心里或作为馈赠亲朋的佳品。因为高邮双黄蛋是著名品牌，也就是说良好的品牌形象已成为用户选择产品的主要依据。

（2）实施品牌战略是农业产业化经营的客观要求。农业产业化作为在市场经济条件下新的农业经营形式，它的首要特征就是以市场为导向。农业产业化经营要求围绕某种商品生产，形成种养加产供销、服务网络为一体的专业化生产经营系列，做到每个环节的专业化与产业化相结合，使每一种产品都将原料、初级产品、中间产品制成最终产品，以商品品牌的形式进入市场。

（3）农产品品牌化是参与国内外大市场竞争的需要。随着对外开放的扩大，我国经济逐渐融入世界市场体系，国外农产品及其著名品牌大量进入国内市场，国内农产品也必须通过实施品牌战略，培育农产品名牌，才能与外国农产品抗衡。再者，随着农村生产力水平的迅速提高，农产品供求关系向供大于求转变，买方市场初步形成。如果不创立自己的农产品品牌，在市场竞争中就无法把握住机会而站稳脚跟。

283. 怎样做广告?

答：广告通过各种方式将自己的产品性能、特点、使用方法等信息广泛地向消费者介绍，引起对自己产品的购买欲望，从而增加产品的销售数量，完成推销员所难以完成的推销工作。怎样做广告呢?

（1）制订正确的广告计划和选择恰当的广告策略。要明确做广告的目的，确定广告内容，选好广告打入市场的时机和方法等。

（2）进行广告设计，编写好产品说明书。设计广告一要具有吸引力，使人想看（听）；二要简明易懂，上口易记；三要取信于顾客，不能过分渲染夸张；四要具有创新性，使人有新颖感；五要语言幽默、生动、有趣、健康；六要画面生动、美观大方。

（3）选好广告媒体。凡人们日常生活和社交活动中所用之物、所到之处耳闻目睹的东西，都可作为广告媒体。广告媒体最好有如下特点：①新奇。时髦别致的比习以为常的物体引人注意。②大型。广告的被人注意程度与广告面积成正比。③反复。同一广告，经常登载在不同媒体上，备受注意。④活动。活动的广告媒体比静止的广告媒体更引人注意。⑤有趣。当广告中物像、文句、音乐使人产生良好情绪时，更易使人留下深刻印象。

284. 常用的广告媒体有哪些？

答：（1）新闻广告。以报纸、期刊、广播、电视等为广告媒体，传播网遍及全国以至国外，传递及时、影响面大。

（2）户外广告。装置在马路旁、建筑物上的广告牌，如街头广告亭、广告栏、橱窗、灯箱等。这些广告色彩鲜艳、图文醒目，能引人注意。

（3）店铺广告。以商店的货架、壁橱、柜台等，以及专门设置的小型广告牌也可做商品广告。

（4）交通广告。火车、轮船、飞机、汽车的内外，以及候车室、候船厅、候机厅的广告。

（5）文娱广告。利用影院银幕、文艺演出、体育比赛所做的广告，把广告寓于文娱活动之中。

（6）邮寄广告。把印有广告的印刷品有选择地寄给消费者，或附在报刊内寄给订户。

（7）馈赠广告。以一些小的生活必需品加制广告送给消费者或送达公共场所供公众使用。

（8）展览广告。在展销会、订货会、商品交易会上，以样品或图文做广告。

（9）样本说明广告。随商品附送的说明书，也是向用户介绍商品的性能、用途、特征等的广告形式。

285. 怎样选择农产品运输方式？

答：对于大宗农产品远程运输，适宜选择火车。因为火车具有运量大、运费低、运行快、比较安全、准确性较高等特点。

对于短途农产品运输，适宜选择汽车。因为汽车运输具有装卸便利、机动灵活、可直达仓库、对自然地理条件和性质不同的农产品适应性强等特点。

对于鲜活农产品，可根据鲜活性、成熟度，选择具有相应保养条件的运输工具和运输方式。

286. 畜牧法规定了哪些主要内容？

答：畜牧法共八章，七十四条，按照畜牧业的生产过程涵盖了畜禽遗传资源保护、种畜禽品种选育与生产经营、畜禽养殖、畜禽交易与运输、质量安全保障等内容。

畜牧法把近年来国家扶持畜牧业发展的基本政策用法律形式固定下来，明确了畜禽遗传资源保护制度，确立了种畜禽生产经营许可制度，增加了种畜禽质量监督管理的内容。畜牧法充分考虑到我国目前规模化饲养与传统的农户散养并存的实际情况，实行分类指导，在“畜禽养殖”一章中对实行规模养殖的畜禽养殖场、养殖小区从设立条件到具体的养殖行为都作了较为严格的规范，同时又对分散的农户饲养加以必要的规范，通过立法引导畜禽养殖方式逐步向规模化养殖转变。规范畜禽养殖行为，对建立畜禽产品质量责任追究制度和保障畜禽产品质量安全将起到十分重要的作用。为了使畜禽生产管理的措施在交易和运输环节得到保障，畜牧法还对畜禽交易运输、质量管理等方面作了规定。

287. 畜牧法的指导思想和基本原则是什么？

答：根据市场经济和现代畜牧业发展的要求，结合当前我国畜牧生产的实际，起草畜牧法的指导思想是：按照党的十六大和十六届五中全会精神，把近年来党和国家扶持畜牧业发展的重大决策，以及实践证明成功的政策措施，通过立法的形式加以确定，引导、促进畜牧业生产方式转变，保护和合理利用畜禽遗传资源，规范畜牧业生产经营行为，保障畜禽产品质量安全，维护畜牧业生产经营者的合法权益，促进畜牧业持续健康发展。

根据上述指导思想，在立法工作中注意把握以下几项原则：一是从我国畜牧业发展实际出发，注重分类指导，把握立法的阶段性和前瞻性。草案重点规范畜禽规模饲养的行为，又对目前农户的分散生产加以必要的规范，并注重引导、推动畜禽养殖方式逐步向规范化养殖转变。二是结合我国畜牧业发展的实践经验，借鉴国外畜牧立法和管理的成功做法，适应我国加强畜禽遗传资源保护和畜禽饲养过程的质量安全管理要求，适应国际、国内两个市场的需要。三是做好与农业法、草原法、动物防疫法等相关法律和与本法同时起草的农产品质量安全法草案的衔接。

288. 畜牧法在贯彻实施过程中应注意哪些问题？

答：首先，要做好法律的学习、宣传工作。畜牧法将于今年7月1日起施行，在审议通过和实施中间留有半年时间就是为了更好地学习和宣传这部法律。通过学习，增强法制观念，提高依法行政的能力和水平。同时，各地各部门还要采取通俗易懂、喜闻乐见的方式，在农村向广大农民群众深入宣传，确保农民群众了解、掌握法律规定的内容，依法维护自己的合法权益。第二，要抓紧配套立法。畜牧法涉及畜牧业的许多方面，有些规定比较原则，需要通过配套立法加以具体化。国务院及其相关部门要根据本法的有关规定，尽快出台与之配套的行政法规和规章，各地方也可根据本地的实际情况和需要，制定相应的地方性法规和规章。第三，要严格执法，加强监督，确保法律贯彻实施。各级行政主管部门要加强畜牧执法体系建设，不断提高执法队伍的业务素质和执法水平，确保公正执法、严格执法；各级人大及其常委会要认真履行法律监督职责，采取多种形式加大对畜牧法贯彻实施情况的监督力度，督促有关部门改进执法工作。

289. 畜牧法对畜牧业发展，重点提供了哪些支持和保障?

答：一是在资金上。国务院和省级人民政府应当在其财政预算内安排支持畜牧业发展的良种补贴、贴息补助等资金，并鼓励有关金融机构通过提供贷款、保险服务等形式，支持畜禽养殖者购买优良畜禽，繁育良种、改善生产设施，扩大养殖规模，提高养殖效益。

二是在用地上。国家支持农村集体经济组织、农民和畜牧业合作经济组织，建立家禽养殖场、养殖小区，发展规模化、标准化养殖。乡（镇）土地利用总体规划建立的畜禽养殖场、养殖小区用地按农业用地管理。畜禽养殖场、养殖小区用地使用权限届满，需要恢复为原用途的，由畜禽养殖场、养殖小区土地使用权人负责恢复。在畜禽养殖场、养殖小区用地范围内需要兴建永久性建（构）筑物，涉及农用地转用的，依照《中华人民共和国土地管理法》的规定办理。

三是在服务上。国家设立的畜牧兽医技术推广机构，应当向农民提供畜禽养殖技术培训、良种推广、疫病防治等服务。县级以上人民政府应当保障国家设立的畜牧兽医技术推广机构从事公益性技术服务的工作经费。国家鼓励畜禽产品加工企业和基地相关生产经营者为畜禽养殖者提供所需的服务。

290. 畜牧法对种畜禽生产经营做了哪些规范?

答：从事种畜禽生产经营或者生产商品代家畜、家禽的单位和个人，应当取得种畜禽生产经营许可证。申请人持种畜禽生产经营许可证依法办理工商登记，取得营业执照后，方可从事生产经营活动。

申请取得种畜禽生产经营许可证，应当具备下列条件：

（1）生产经营的种畜禽必须是通过国家畜禽遗传资源委员会审定或者鉴定的品种、配套系，或者是经批准引进的培育品种、配套系；

（2）有与生产经营规模相适应的畜牧兽医技术人员；

（3）有与生产经营规模相适应的繁育设施设备；

（4）具备法律、行政法规和国务院畜牧兽医行政主管部门规定的种畜禽防疫条件；

（5）有完善的质量管理和育种记录制度；

（6）具备法律、行政法规规定的其他条件。

291. 畜牧法对养殖场、养殖小区建设有哪些要求？

答：畜牧法规定在下列区域内不得建设畜禽养殖场和养殖小区：

（1）生活饮用水的水源保护区、风景名胜区以及自然保护区的核心区和缓冲区；

（2）城镇居民区、文化教育科学研究区等人口集中区域；

（3）法律、法规规定的其他禁养区域。

同时，建设养殖场和养殖小区应具备以下条件：

（1）有与其饲养规模相适应的生产场所和配套的生产设施；

（2）有为其服务的畜牧兽医技术人员；

（3）具备法律、行政法规和国务院畜牧兽医行政主管部门规定的防疫条件；

（4）有对畜禽粪便、废水和其他固体废弃物进行综合利用的沼气池等设施或者其他无害化处理设施；

（5）具备法律、行政法规规定的其他条件。

292. 为保证畜产品安全，畜牧法在养殖环节提出哪些要求？

答：国家颁布的畜牧法，对畜禽饲养环节的质量安全，给予了特殊的重视，专门设立了质量安全保障一章，即畜牧法的第六章。概括地说，这一章对畜禽饲养环节的质量安全做了四个明确规定：

一是明确规定了畜禽饲养环节质量安全工作的政府责任，对县以上各级人民政府提出了基本的责任要求。

二是明确规定了畜禽饲养环节质量安全的工作重点，就是要加强饲养环境的监管，加强种畜禽质量的监管，加强饲料、兽药等投入品使用的监管，加强畜禽交易和运输的监管。

三是明确规定了畜禽饲养环节质量安全工作的责任追究制度，在全国将制定和推行畜禽标识和养殖档案管理办法。

四是明确规定了畜禽饲养环节质量安全工作的基本路径。要求省以上人民政府的牧业主管部门要组织制定畜禽生产规范，使畜禽饲养环节逐步走向规范化、科学化、标准化的轨道。

总之，国家颁布的畜牧法，对畜禽饲养环节质量安全，提供了强有力的法律保障，不仅对畜牧业健康可持续发展，有着十分重要的战略意义，而且对解决食品安全的问题，也有着十分重要的针对性和时效性。

293. 畜牧法对畜禽遗传资源保护做出了哪些规定?

答：国家颁布的畜牧法，对畜禽遗传资源从三个方面作出了规定：

一是在制度上做了规定，要建立完善畜禽遗传资源保护制度、畜禽遗传资源调查制度、畜禽遗传资源信息发布制度和畜禽遗传资源鉴定评估制度。

二是在责任上做了规定，对中央政府和地方政府在畜禽遗传资源保护工作中各自的责任做了具体的界定。

三是在出入境管理上做了规定，明确规定境外机构、个人要取得原生于我国的畜禽遗传资源，必须经有关部门批准。

294. 制定《食品安全法实施条例》的总体思路是什么?

答: 实施条例在总体思路上把握了以下几点: 一是进一步落实企业作为食品安全第一责任人的责任，强化事先预防和生产经营过程控制，以及食品发生安全事故后的可追溯。二是进一步强化各部门在食品安全监管方面的职责，完善监管部门在分工负责与统一协调相结合体制中的相互协调、衔接与配合。三是将食品安全法一些较为原则的规定具体化，增强制度的可操作性；但对食品安全法已经作出具体规定的内容，一般不再重复规定。

295.《食品安全法实施条例》在进一步落实企业的食品安全管理责任方面作了哪些规定?

答: 为了落实食品生产经营者作为食品安全第一责任人的责任，实施条例作了以下三方面规定：

（1）落实食品生产企业的安全管理责任。生产是食品安全的基础; 保障食品安全，必须对食品生产过程实施全过程控制。为此，条例规定，企业应当建立并执行原料验收、生产过程安全管理、设备管理等食品安全管理制度; 应当就原料、生产关键环节、检验和运输交付等事项制定并实施控制要求; 生产过程中发生不符合控制要求的，要立即查明原因并采取整改措施；并应如实记录食品生产过程的安全管理情况，记录的保存期限不得少于2年。

（2）建立食品批发企业的销售记录制度。落实食品生产经营者的责任，要求做到问题食品的可追溯。为此，在食品安全法已详细规定食品生产经营者的进货索证索票义务的基础上，条例补充规定，食品批发企业应当如实记录批发食品的名称、数量、购货者名称及联系方式等，或保留载有上述信息的销售票据；记录、票据的保存期限不得少于2年。

（3）规定餐饮服务提供者的安全管理责任。餐饮服务属于食品的消费环节，其安全状况直接影响消费者的身体健康和生命安全。为此，条例规定，餐饮服务提供者应当制定并实施原料采购控制要求，确保所购原料符合食品安全标准；发现待加工食品及原料有腐败变质等情况的，不得加工或使用。条例还要求餐饮服务提供企业应定期清洗和维护食品加工、冷藏等设施设备。

296.《食品安全法实施条例》在强化政府及部门的食品安全监管工作方面作了哪些规定？

答：为了促使地方各级政府和政府有关部门切实承担起食品安全监管责任，有效执行食品安全法确立的分工负责与统一协调相结合的食品安全监管体制，条例作了以下规定：

（1）强化地方政府完善食品安全监管工作协调配合机制的责任。地方人民政府应当对本行政区域的食品安全监管工作负总责。条例规定，县级以上地方人民政府应当建立健全食品安全监管部门的协调配合机制，整合、完善食品安全信息网络，实现食品安全信息共享和食品检验等技术资源的共享。条例还特别明确了县级、市级人民政府统一组织、协调食品安全监管工作的职责，规定县级人民政府应当统一组织、协调本级卫生、农业、质检、工商、食品药品监管部门，依法对本行政区域内的食品生产经营者进行监督管理；对发生食品安全事故风险较高的食品生产经营者，应当重点加强监督管理。在卫生部公布食品安全风险警示信息，或者接到所在地省级卫生部门依照条例第十条规定通报的食品安全风险监测信息后，市级和县级人民政府应当立即组织本级卫生、农业、质检、工商、食品药品监管部门采取有针对性的措施，防止发生食品安全事故。

（2）明确制定食品安全风险监测计划、标准规划等工作的负责部门。条例进一步细化了食品安全法的有关职责规定，明确国家食品安全风险监测计划由卫生部会同质检总局、工商总局等部门制定，食品安全国家标准规划由卫生部会同农业部、质检总局等部门制定，食品安全国家标准审评委员会由卫生部负责组织，食品安全标准实施情况的跟踪评价工作由省级以上卫生部门会同同级农业、质检等部门负责。

（3）强化各部门在食品安全监管工作中的协调与配合。在实行食品安全分段监管的情况下，为保证监管工作的整体性和有效性，有必要进一步强化各监管部门间的协调与配合，以实现各监管环节间的无缝衔接。为此，条例规定，卫生部应当向质检总局等部门通报食品安全风险监测数据和分析结果；省级以上卫生、农业部门应当相互通报食品安全风险监测和食用农产品质量安全风险监测的相关信息，卫生部和农业部应当相互通报食品安全风险评估结果和食用农产品质量安全风险评估结果等相关信息；参与事故调查的部门应当在卫生部门的统一组织协调下分工协作、相互配合，提高事故调查处理的工作效率；食品安全日常监管信息涉及两个以上监管部门职责的，由相关部门联合公布。

297.《食品安全法实施条例》有多少章节?

答:《实施条例》共10章64条。第一章（1–4条）；第二章食品安全风险监测和评估（5–14条）；第三章食品安全标准（15–19条）；第四章食品生产经营（20–33条）；第五章食品检验（34–36条）；第六章食品进出口（37–42条）；第七章食品安全事故处理（43–46条）；第八章监督管理（47–54条）；第九章法律责任（55–61条）；第十章附则（62–64条）。

298.《食品安全法实施条例》在强化政府食品安全职责方面有哪些新的规定?

答:《食品安全法实施条例》第二条规定：县级以上地方人民政府应当履行食品安全法规定的职责；（1）加强食品安全监督管理能力建设，为食品安全监督管理工作提供保障；（2）建立健全食品安全监督管理部门的协调配合机制，整合、完善食品安全信息网络，实现食品安全信息共享和食品检验等技术资源的共享。

299.《食品安全法实施条例》对餐饮服务许可的办理及有效期是怎样规定的?

答:《食品安全法实施条例》第二十条规定：餐饮服务者应当在依法取得餐饮服务许可后，办理工商登记。法律、法规对食品生产加工小作坊和食品摊贩另有规定的，依照其规定。餐饮服务许可的有效期为3年。

300. 餐饮服务者的经营条件发生变化，不符合食品经营要求的应怎么办?

答:《食品安全法实施条例》第二十一条规定：餐饮服务者的经营条件发生变化，不符合食品经营要求的，应当立即采取整改措施；有发生食品安全事故的潜在风险的，应当立即停止食品生产经营活动，并向所在地县级食品药品监督管理部门报告；需要重新办理许可手续的，应当依法办理。县级以上食品药品监督管理部门应当加强对餐饮服务者经营活动的日常监督检查；发现不符合食品经营要求情形的，应当责令立即纠正，并依法予以处理；不再符合许可条件的，应当依法撤销相关许可。

301. 对企业在员工学习方面是怎样规定的?

答:《食品安全法实施条例》第二十二条规定：企业应当依照食品安全法第三十二条的规定组织职工参加食品安全知识培训，学习食品安全法律、法规、规章、标准和其他食品安全知识，并建立培训档案。

302. 对企业在从业员工健康管理方面有哪些规定?

答:《食品安全法实施条例》第二十三条规定：餐饮服务经营者应当依照食品安全法第三十四条的规定建立并执行从业人员健康检查制度和健康档案制度。从事接触直接入口食品工作的人员患有痢疾、伤寒、甲型病毒性肝炎、戊型病毒性肝炎等消化道传染病，以及患有活动性肺结核、化脓性或者渗出性皮肤病等有碍食品安全的疾病的，餐饮服务经营者应当将其调整到其他不影响食品安全的工作岗位。

餐饮服务人员依照食品安全法第三十四条第二款规定进行健康检查，其检查项目等事项应当符合所在地省、自治区、直辖市的规定。

303. 对餐饮服务提供者在原料采控方面有哪些规定?

答:《食品安全法实施条例》第三十一条规定：餐饮服务提供者应当制定并实施原料采购控制要求，确保所购原料符合食品安全标准。

餐饮服务提供者在制作加工过程中应当检查待加工的食品及原料，发现有腐败变质或者其他感官性状异常的，不得加工或者使用。

304. 对餐饮服务提供者在设施、设备及餐具、饮具方面有哪些规定?

答:《食品安全法实施条例》第三十二条规定：餐饮服务提供企业应当定期维护食品加工、贮存、陈列等设施、设备；定期清洗、校验保温设施及冷藏、冷冻设施。餐饮服务提供者应当按照要求对餐具、饮具进行清洗、消毒，不得使用未经清洗和消毒的餐具、饮具。

305. 对食品复检是怎样规定的?

答:《食品安全法实施条例》第三十五条规定：食品生产经营者对依照食品安全法第六十条规定进行的抽样检验结论有异议申请复检，复检结论表明食品合格的，复检费用由抽样检验的部门承担；复检结论表明食品不合格的，复检费用由食品生产经营者承担。

306. 对发生食品安全事故的单位有什么规定?

答:《食品安全法实施条例》第四十三条规定：发生食品安全事故的单位对导致或者可能导致食品安全事故的食品及原料、工具、设备等，应当立即采取封存等控制措施，并自事故发生之时起2小时内向所在地县级人民政府卫生行政部门报告。

307. 对调查食品安全事故有什么规定?

答:《食品安全法实施条例》第四十四条规定：调查食品安全事故，应当坚持实事求是、尊重科学的原则，及时、准确查清事故性质和原因，认定事故责任，提出整改措施。参与食品安全事故调查的部门应当在卫生行政部门的统一组织协调下分工协作、相互配合，提高事故调查处理的工作效率。

308. 对参与食品安全事故调查的部门的权利有什么规定?

答:《食品安全法实施条例》第四十五条规定：参与食品安全事故调查的部门有权向有关单位和个人了解与事故有关的情况，并要求提供相关资料和样品。有关单位和个人应当配合食品安全事故调查处理工作，按照要求提供相关资料和样品，不得拒绝。第四十六条还规定：任何单位或者个人不得阻挠、干涉食品安全事故的调查处理。

309. 对哪些食品要重点抽验?

答:《食品安全法实施条例》第四十七条规定：对专供婴幼儿、老年人、病人等特定人群的主辅食品，应当重点加强抽样检验。

310. 对快检筛查结果有什么规定?

答:《食品安全法实施条例》第五十条规定：可以采用国务院质量监督、工商行政管理和国家食品药品监督管理部门认定的快速检测方法对食品进行初步筛查；对初步筛查结果表明可能不符合食品安全标准的食品，应当依照食品安全法第六十条第三款的规定进行检验。初步筛查结果不得作为执法依据。

311. 食品安全日常监督管理信息包括哪些?

答:（1）依照食品安全法实施行政许可的情况；

（2）责令停止生产经营的食品、食品添加剂、食品相关产品的名录；

（3）查处食品生产经营违法行为的情况；

（4）专项检查整治工作情况；

（5）法律、行政法规规定的其他食品安全日常监督管理信息。

前款规定的信息涉及两个以上食品安全监督管理部门职责的，由相关部门联合公布。

312. 对举报投诉有什么规定?

答:《食品安全法实施条例》第五十三条规定：卫生行政、农业行政、质量监督、工商行政管理、食品药品监督管理等部门应当公布本单位的电子邮件地址或者电话，接受咨询、投诉、举报；对接到的咨询、投诉、举报，应当依照食品安全法第八十条的规定进行答复、核实、处理，并对咨询、投诉、举报和答复、核实、处理的情况予以记录、保存。

313. 食品生产经营者的生产经营条件发生变化，未依照本条例第二十一条规定处理的，应怎样处理?

答:《食品安全法实施条例》第五十五条规定：食品生产经营者的生产经营条件发生变化，未依照本条例第二十一条规定处理的，由有关主管部门责令改正，给予警告；造成严重后果的，依照食品安全法第八十五条的规定给予处罚。

314. 餐饮服务提供者未按规定采控原材料应怎样处理?

答:《食品安全法实施条例》第五十六条第一款规定餐饮服务提供者未依照本条例第三十一条第一款规定制定、实施原料采购控制要求的，依照食品安全法第八十六条的规定给予处罚。

315. 餐饮服务提供者加工、使用腐败变质等原材料的应怎样处理?

答:《食品安全法实施条例》第五十六条第二款规定：餐饮服务提供者未依照本条例第三十一条第一款规定制定、实施原料采购控制要求的，依照食品安全法第八十六条的规定给予处罚。餐饮服务提供者未依照本条例第三十一条第二款规定检查待加工的食品及原料，或者发现有腐败变质或者其他感官性状异常仍加工、使用的，依照食品安全法第八十五条的规定给予处罚。

316. 哪些情形可以依照食品安全法第八十七条的规定给予处罚?

答:《食品安全法实施条例》第五十七条规定，有下列情形之一的，依照食品安全法第八十七条的规定给予处罚：

（1）食品生产企业未依照本条例第二十六条规定建立、执行食品安全管理制度的；

（2）食品生产企业未依照本条例第二十七条规定制定、实施生产过程控制要求，或者食品生产过程中有不符合控制要求的情形未依照规定采取整改措施的；

（3）食品生产企业未依照本条例第二十八条规定记录食品生产过程的安全管理情况并保存相关记录的；

（4）从事食品批发业务的经营企业未依照本条例第二十九条规定记录、保存销售信息或者保留销售票据的；

（5）餐饮服务提供企业未依照本条例第三十二条第一款规定定期维护、清洗、校验设施、设备的；

（6）餐饮服务提供者未依照本条例第三十二条第二款规定对餐具、饮具进行清洗、消毒，或者使用未经清洗和消毒的餐具、饮具的。

317. 发生食品安全事故的单位未依法报告应怎样处理?

答:《食品安全法实施条例》第六十条规定：发生食品安全事故的单位未依照本条例第四十三条规定采取措施并报告的，依照食品安全法第八十八条的规定给予处罚。

318. 县级以上地方人民政府及监管部门不履行食品安全监督管理法定职责致使发生食品安全事故应怎样处理?

答:《食品安全法实施条例》第六十一条规定：县级以上地方人民政府不履行食品安全监督管理法定职责，本行政区域出现重大食品安全事故、造成严重社会影响的，依法对直接负责的主管人员和其他直接责任人员给予记大过、降级、撤职或者开除的处分。县级以上卫生行政、农业行政、质量监督、工商行政管理、食品药品监督管理部门或者其他有关行政部门不履行食品安全监督管理法定职责、日常监督检查不到位或者滥用职权、玩忽职守、徇私舞弊的，依法对直接负责的主管人员和其他直接责任人员给予记大过或者降级的处分；造成严重后果的，给予撤职或者开除的处分；其主要负责人应当引咎辞职。

319. 餐饮服务的含义是什么?

答:《食品安全法实施条例》规定：餐饮服务——是指通过即时制作加工、商业销售和服务性劳动等，向消费者提供食品和消费场所及设施的服务活动。

320. 保健食品由哪个部门监管?

答:《食品安全法实施条例》第六十三条规定：食品药品监督管理部门对声称具有特定保健功能的食品实行严格监管，具体办法由国务院另行制定。

321.《食品安全法实施条例》何时开始实施?

答:《食品安全法实施条例》于2009年7月20日公布，自公布之日起施行。

322.《国务院关于加强食品等产品安全监督管理的特别规定》从何时开始施行?

答：2007年7月26日，温家宝总理签署国务院第503号令，公布《国务院关于加强食品等产品安全监督管理的特别规定》，该条例自公布之日起施行。

323.《国务院关于加强食品等产品安全监督管理的特别规定》的适用对象是什么？

答：食品、食用农产品、药品等与人体健康和生命安全有关的产品。

324.《国务院关于加强食品等产品安全监督管理的特别规定》的法律效力，以及它与《产品质量法》等其他与食品安全有关的法律的关系？

答：《产品质量法》、《食品卫生法》、《农产品质量安全法》和《特别规定》都是规范产品安全监督管理的，但侧重点各有不同，从法的效力层次来说，《产品质量法》、《食品卫生法》和《农产品质量安全法》作为法律要高于《特别规定》。因此，法律对产品安全监督管理有规定的，适用法律规定；法律没有规定或者规定不明确的，适用《特别规定》。

325.《国务院关于加强食品等产品安全监督管理的特别规定》特别之处在哪里？

答：《特别规定》针对以往执法中存在的突出问题，补充、明确了各类市场主体和监督管理部门的行为规范，并严格其法律责任，主要表现在以下几个方面：

一是首次明确规定生产者对其生产的存在安全隐患的产品，应当承担主动召回的义务。二是明确销售者必须建立并执行进货检查验收制度和产品进货台账制度，其中从事产品批发业务的销售企业还应当建立产品销售台账。三是明确产品集中交易市场的开办企业、产品经营柜台出租企业、产品展销会的举办企业必须履行产品安全管理责任。四是规定农业、卫生、质检、商务、工商、药品等监督管理部门应当建立生产经营者违法行为记录制度，对违法行为的情况予以记录并公布。

同时，加大对违法行为的处罚力度，处罚起点高，措施严厉；监督管理部门检查、调查、查封、扣押等行政强制措施得到进一步明确和完善。

326.生产经营者从事生产经营活动有哪些义务？不履行义务的应承担什么法律责任？

答：生产经营者具有以下义务：一是对其生产、销售的产品安全负责，不得生产、销售不符合法定要求的产品；二是从事依照法律、行政法规规定需要取得许可证照或者需要经过认证的生产经营活动，应当按照法定条件、要求进行。

327.生产经营者违反上述义务应承担什么法律责任？

答：一是不按照法定条件、要求，从事生产经营活动或者生产、销售不符合法定要求产品的生产经营者，由监督管理部门没收违法所得、产品和用于违法生产的工具、设备、原材料等物品，货值金额不足5000元的，并处5万元罚款；货值金额超过5000元不足1万元的，并处10万元罚款；货值金额1万元以上的，并处货值金额10倍以上20倍以下的罚款；造成严重后果的，由原发证部门吊销许可证照；构成非法经营罪或者生产、销售伪劣商品罪等犯罪的，依法追究刑事责任。二是不再符合法定条件、要求，继续从事生产经营活动的生产经营者，由原发证部门吊销许可证照，并在当地主要媒体上公告被吊销许可证照的生产经营者名单；构成非法经营罪或者生产、销售伪劣商品罪等犯罪的，依法追究刑事责任。三是依法应当取得许可证照而未取得许可证照从事生产经营活动的生产经营者，由监督管理部门没收违法所得、产品和用于违法生产的工具、设备、原材料等物品，货值金额不足1万元的，并处10万元罚款；货值金额1万元以上的，并处货值金额10倍以上20倍以下的罚款；构成非法经营罪的，依法追究刑事责任。

328.《国务院关于加强食品等产品安全监督管理的特别规定》以立法的形式，规范了销售者应建立进货检查验收和进(销)货台账制度，该制度有何具体要求?

答：销售者建立进货检查验收制度应做好以下工作：一是审验供货商的经营资格；二是验明产品合格证明和产品标识；三是按照产品生产批次，向供货商索要符合法定条件的检验机构出具的检验报告或者由供货商签字或者盖章的检验报告复印件，不能提供检验报告或者检验报告复印件的产品不得销售。

销售者建立产品进货台账制度，应当如实记录产品名称、规格、数量、供货商及其联系方式、进货时间等内容。另外，从事产品批发业务的销售企业和在产品集中交易场所销售自制产品的生产企业应当建立产品销售台账，如实记录批发的产品品种、规格、数量、流向等内容。进货台账和销售台账保存期限不得少于2年。

329.销售者不建立并执行进货检查验收制度和进(销)货台账制度的，应当承担什么法律责任?

答：销售者不建立并执行进货检查验收制度和进(销)货台账制度的，由监督管理部门责令停止销售；不能提供检验报告或者检验报告复印件销售产品的，没收违法所得和违法销售的产品，并处货值金额3倍的罚款；造成严重后果的，由原发证部门吊销许可证照。

330.《国务院关于加强食品等产品安全监督管理的特别规定》对产品集中交易市场的开办企业、产品经营柜台出租企业、产品展销会的举办企业在保障食品等产品安全方面规定了哪些义务？不履行义务应承担什么法律责任?

答：产品集中交易市场的开办企业、产品经营柜台出租企业、产品展销会的举办企业，应当审查入场销售者的经营资格，明确入场销售者的产品安全管理责任，定期对入场销售者的经营环境、条件、内部安全管理制度和经营产品是否符合法定要求进行检查，发现销售不符合法定要求产品或者其他违法行为的，应当及时制止并立即报告所在地工商行政管理部门。

不履行以上义务的，由工商行政管理部门处以1000元以上5万元以下的罚款；情节严重的，责令停业整顿；造成严重后果的，吊销营业执照。

331.《国务院关于加强食品等产品安全监督管理的特别规定》要求生产经营者对存在安全隐患的产品承担哪些义务？

答：一是规定生产企业召回存在安全隐患产品的义务。《特别规定》要求生产企业发现其生产的产品存在安全隐患，可能对人体健康和生命安全造成损害的，应当向社会公布有关信息，通知销售者停止销售，告知消费者停止使用，主动召回产品，并向有关监督管理部门报告。

二是规定销售者停止销售存在安全隐患产品的义务。销售者接到生产企业关于产品存在安全隐患的通知的，应当立即停止销售；销售者发现其销售的产品存在安全隐患，可能对人体健康和生命安全造成损害的，应当立即停止销售该产品，通知生产企业或者供货商，并向有关监督管理部门报告。

三是严格生产企业和销售者不履行处理存在安全隐患产品相关义务的法律责任。生产企业和销售者不处理存在安全隐患产品相关义务的，由农业、卫生、质检、商务、工商、药品等监督管理部门依据各自职责，责令生产企业召回产品、销售者停止销售，对生产企业并处货值金额3倍的罚款，对销售者并处1000元以上5万元以下的罚款；造成严重后果的，由原发证部门吊销许可证照。

332. 什么是产品召回？该制度有什么意义？

答：所谓产品召回是指生产企业生产的产品存在设计缺陷或制造缺陷，并已经进入流通、消费领域，为避免缺陷产品危及人身安全及财产损失，生产企业及时将缺陷产品从流通、消费领域收回，予以维修，或者销毁，并承担相关费用的制度。

产品召回制度能更有效地保护消费者的合法权益、提高生产企业的信誉、最大程度地降低生产企业赔偿费用。

333. 普通公民在日常生活中发现有明显违反《国务院关于加强食品等产品安全监督管理的特别规定》的行为，应当怎么做？

答：任何组织或个人对违反《特别规定》的行为可以直接向农业、卫生、质检、商务、工商、药品等监督管理部门举报。根据《特别规定》，上述部门应当公布本单位的电子邮件地址或者举报电话，对举报的事项依法进行核实、处理、答复；不属于本部门职责的，应当转交有权处理的部门，并告知举报人。接到举报的部门应当为举报人保密。举报经调查属实的，受理举报的部门应当给予举报人奖励。

334. 什么叫基本农田？

答：基本农田是指按照一定时期人口和社会经济发展对农产品的需求以及对建设用地的预测而确定的长期不得占用的和基本农田保护区规划期内不得占用的耕地。

335. 基本农田与耕地的区别是什么？

答：基本农田与耕地的区别是：基本农田是耕地的一部分，只有划入基本农田保护区的耕地才被视为基本农田。

336. 为什么要执行基本农田保护？

答：因为我国是农业大国，人多地少，不执行基本农田保护，就难以保障粮食安全，也难以实现农业稳定增产和农民持续增收，更难以维护社会稳定。党中央、国务院一直高度重视耕地保护工作,特别强调要确保基本农田总量不减少、用途不改变、质量不降低，储粮于田。所以，保护基本农田，就是保护我们的生命线；保护基本农田，也就是保护国家的安全，促进经济社会全面、协调、可持续发展。

337. 哪些属基本农田范围？

答：《基本农田保护条例》第十条明确规定，下列耕地应划入基本农田保护区，严格管理：

（1）经国务院有关主管部门或者县级以上地方人民政府批准确定的粮、棉、油生产基地内的耕地；

（2）有良好的水利与水土保持设施的耕地，正在实施改造计划以及可以改造的中、低产田；

（3）蔬菜生产基地；

（4）农业科研、教学试验田。

338. 国家法律对基本农田的保护有哪些规定？

答：（1）《基本农田保护条例》第十五条指出，基本农田保护区经依法划定后，任何单位和个人不得改变或者占用。国家能源、交通、水利、军事设施等重点建设项目选址确实无法避开基本农田保护区，需要占用基本农田，涉及农用地转用或者征用土地的，必须经国务院批准。

（2）《基本农田保护条例》第十七规定，禁止任何单位和个人在基本农田保护区内建窑、建房、建坟、挖砂、采石、采矿、取土、堆放固体废弃物或者进行其他破坏基本农田的活动。

禁止任何单位和个人占用基本农田发展林果业和挖塘养鱼。

（3）《基本农田保护条例》第十八条规定，禁止任何单位和个人闲置、荒芜基本农田。经国务院批准的重点建设项目占用基本农田的，满1年不使用而又可以耕种并收获的，应当由原耕种该幅基本农田的集体或者个人恢复耕种，也可以由用地单位组织耕种；1年以上未动工建设的，应当按照省、自治区、直辖市的规定缴纳闲置费；连续2年未使用的，经国务院批准，由县级以上人民政府无偿收回用地单位的土地使用权；该幅土地原为农民集体所有的，应当交由原农村集体经济组织恢复耕种，重新划入基本农田保护区。

承包经营基本农田的单位或者个人连续2年弃耕抛荒的，原发包单位应当终止承包合同，收回发包的基本农田。

（4）《基本农田保护条例》第十九条指出，国家提倡和鼓励农业生产者对其经营的基本农田施用有机肥料，合理施用化肥和农药。利用基本农田从事农业生产的单位和个人应当保持和培肥地力。

（5）《基本农田保护条例》第二十五条要求，向基本农田保护区提供肥料和作为肥料的城市垃圾、污泥的，应当符合国家有关标准。

（6）《基本农田保护条例》第二十六条指出，因发生事故或者其他突然性事件，造成或者可能造成基本农田环境污染事故的，当事人必须立即采取措施处理，并向当地环境保护行政主管部门和农业行政主管部门报告，接受调查处理。

339. 哪些部门属于基本农田的监督管理部门?

答:《基本农田保护条例》第二十九条明确规定，县级以上地方人民政府土地行政主管部门、农业行政主管部门对本行政区域内发生的破坏基本农田的行为，有权责令纠正。

340. 哪些行为属于违法行为？按照法律怎样处罚?

答：（1）《基本农田保护条例》第三十条指出，违反本条例规定，有下列行为之一的，依照《中华人民共和国土地管理法》和《中华人民共和国土地管理法实施条例》的有关规定，从重给予处罚：

①未经批准或者采取欺骗手段骗取批准，非法占用基本农田的；

②超过批准数量，非法占用基本农田的；

③非法批准占用基本农田的；

④买卖或者以其他形式非法转让基本农田的。

（2）《基本农田保护条例》第三十二条指出，违反本条例规定，破坏或者擅自改变基本农田保护区标志的，由县级以上地方人民政府土地行政主管部门或者农业行政主管部门责令恢复原状，可以处1000元以下罚款。

（3）《基本农田保护条例》第三十三条指出，违反本条例规定，占用基本农田建窑、建房、建坟、挖砂、采石、采矿、取土、堆放固体废弃物或者从事其他活动破坏基本农田，毁坏种植条件的，由县级以上人民政府土地行政主管部门责令改正或者治理，恢复原种植条件，处占用基本农田的耕地开垦费1倍以上2倍以下的罚款；构成犯罪的，依法追究刑事责任。

341. 什么是基本农田保护制度？

答：根据《基本农田保护条例》规定，基本农田是指根据一定时期人口和社会经济发展对农产品的需求以及对建设用地的预测，根据土地利用总体规划而确定的长期不得占用的耕地。是一定时期内必须确保的耕地最低需求量，是"吃饭田"、"保命田"。划定的基本农田的面积应当达耕地总量的80%以上。基本农田一经划定，任何建设不得占用；确需占用的，要经国务院批准，并对占用的基本农田予以补划。

342. 什么叫合理利用土地？

答：土地利用，是人类为了满足自身生产、生活的需要，使用土地资源的行为。合理利用土地，主要是根据土地资源的不同类型、性质、特点和地面的环境条件，采取必要的措施，进行科学有效的使用，以达到最佳的经济、社会、生态效益。具体讲，由于我国人多耕地少，要求一切能用于农业的土地，要尽量用于农业生产，为人民生活和生产建设提供更多的农产品，非农业建设利用土地，能用少用地的，不得多占用土地，真正做到珍惜和合理利用每寸土地，切实保护耕地。

343. 合理利用土地应当遵循什么原则？

答：要做到合理利用土地，必须遵循以下原则：（1）科学规划，统筹安排，在土地空间上做到布局合理，因地制宜、因地施用；（2）农业优先，宜粮则粮，宜牧则牧，宜渔则渔，宜林则林；（3）珍惜每一寸土地，不宽打宽用，不浪费土地，不荒芜土地，不破坏耕地；（4）必须依法使用土地；（5）应用经济手段使用土地；（6）节约用地与开发利用土地并重。

344. 什么叫统一管理土地？

答：统一管理土地，是法律规定由国务院和地方各级人民政府确定的土地管理部门来统一管理城乡一切土地。统一管理土地的具体内容包括：城乡土地的调查、统计、规划、开发、利用、保护、审批、法规监督、土地监察、登记、发证等10多项工作。《土地管理法》第五条规定：“国务院土地管理部门主管全国土地的统一管理工作。”

345. 为什么要对土地实行依法管理？

答：土地是十分有限而珍贵的自然资源，是国家和人民最宝贵的物质财富，是人类赖以生存的物质基础，是一切生产和生存的源泉。我国人多地少，耕地后备资源严重不足，这是我国的基本国情之一。为了切实强化土地管理，保护土地资源，合理利用土地，制止乱占耕地、滥用土地的行为，保障我国社会、经济的持续、稳定和协调发展，给子孙后代创造良好的生存条件，中共中央、国务院发出了中发［1986］7号文件。指出：“十分珍惜和合理利用每寸土地，切实保护耕地，是我国必须长期坚持的一项基本国策。”党的十三届五中全会通过的《关于进一步治理整顿和深化改革的决定》进一步强调：“全国都必须认真贯彻实行计划生育和保护耕地的基本国策。……要大力保护土地资源，有计划地开垦荒地，坚决纠正乱占耕地现象。”为了把土地管理工作纳入法制轨道，全国人大常委会审议通过颁布了《中华人民共和国土地管理法》（以下简称《土地管理法》），用法律规范强制保全任何单位和个人都必须依法用地、合理用地、节约用地、以适应经济和社会发展的需要。

346. 什么是耕地保护目标责任制度？

答：耕地保护目标责任制，是指确定一定区域的耕地保护目标任务，措施到位，责任到人，运用目标化、定量化、制度化管理方法，规范各级人民政府、部门以及各级领导的耕地保护工作行为，确保耕地保护基本国策贯彻落实的制度。自1990年以来，耕地保护目标责任制建设在全国范围由点到面、由部门到政府得到逐步推进。除耕地保护目标责任制外，还有基本农田保护目标责任制、土地管理目标责任制、国土资源管理目标责任制等形式。

目前，全国近2/3的省份建立了地方政府耕地目标责任制，在根据土地利用总体规划确定省级政府耕地保护目标和任务后，根据各地区情况，分解耕地保护指标，由上级政府与下级政府、上级国土部门与下级国土部门分两条线逐级签订耕地保护责任书，明确责任制的具体内容和指标。由上级政府及国土部门定期考核目标责任制完成情况，并在考核的基础上建立耕地保护奖惩制度，调动各地保护耕地的积极性。

今后要进一步强化地方政府领导保护耕地的责任意识，将在完善土地调查统计制度和土地利用动态监测体系的基础上，建立反映各地工作实际效果的考核指标体系，对各省（区、市）耕地保有量和耕地占补情况进行考核并公布考核结果，使目标责任制切实对耕地保护起到促进和保证作用。

347. 什么是农用地?

答：农用地是指直接用于农业生产的土地，包括耕地、林地、草地、农田水利用地、养殖水面等。

348. 什么是土地用途管制制度?

答：土地用途管制是指国家为保证土地资源的合理利用，经济、社会和环境的协调发展，通过编制土地利用规划，划定土地用途区，确定土地使用限制条件，并要求土地的所有者、使用者严格按照国家规定的土地用途利用土地的制度。《土地管理法》规定，国家实行土地用途管制制度，编制土地利用总体规划，将土地分为农用地、建设用地和未利用地。严格限制农用地转为建设用地，控制建设用地总量，对耕地实行特殊保护。使用土地的单位和个人，必须严格按照土地利用总体规划确定的用途使用土地。

349. 什么叫“占用耕地补偿制度”?

答：非农业建设经批准占用耕地的，按照“占多少，垦多少”的原则，由占用耕地的单位负责开垦与所占用耕地数量和质量相当的耕地；没有条件开垦或者开垦的耕地不符合要求的，应当按照省、自治区、直辖市的规定缴纳耕地开垦费，专款用于开垦新的耕地。省、自治区、直辖市人民政府应当制定开垦耕地计划，监督占用耕地的单位按照计划开垦耕地或者按照计划组织开垦耕地，并进行验收，这就是占用耕地补偿制度。城市建设用地区内统一征地的，承担开垦耕地义务的为市县政府，开垦费用可以打入建设用地成本；城市建设用地区外建设项目用地，承担开垦耕地义务的是建设单位；村庄集镇建设占用耕地，承担开垦耕地义务的是农村集体经济组织或者村民委员会。

350. 什么叫建设用地?

答：建设用地是指建造建筑物、构筑物的土地，包括城乡住宅和公共设施用地、工矿用地、交通水利设施用地、旅游用地、军事设施用地等。

351. 居民申请宅基地需要哪些材料?

答：（1）个人申请；（2）乡镇规划部门签署意见；（3）村民小组、村委会签署意见；（4）村民代表讨论同意意见；（5）国土所实地勘察意见；（6）乡（镇）人民政府审核后，报县人民政府批准。

352. 何为存量划拨建设用地？

答：所谓存量划拨建设用地，就是指用地单位（个人）原以划拨方式取得的国有土地使用权，其土地用途超出国土资源部《划拨用地目录》范围的建设用地，必须纳入有偿使用的轨道。市区不属于国土资源部《划拨用地目录》的存量划拨建设用地具体为：（1）商服用地：①商店、商场、各类批发、零售市场及其相应附属设施用地；②银行、保险、证券、信托、信用社等用地；③饭店、餐厅、酒吧、宾馆、旅馆、招待所、度假村、培训中心等及相应的附属设施用地；④写字楼、商业性办公楼、旅行社、运动保健休闲设施、夜总会、歌舞厅、俱乐部、加油站、洗车场、洗染店、废旧物资回收站、维修网点、照相、理发、洗浴等服务设施用地；⑤其他经营性用地：营利性的教育、体育、邮政、公共文化、医疗、卫生、社会福利用地。（2）工矿仓储、交通运输用地：①工业生产及其附属设施用地；②物资储备、中转的场所及附属设施用地；③汽车站场、售票点等；④港口码头及其附属设施用地；（3）其他不符合《划拨用地目录》的用地。

353. 依法收回土地使用权如何进行补偿？

答：依照土地管理法第58条第一款第一项、第二项规定收回土地使用权的，应当参照当地征用土地补偿标准，对土地使用权人给予适当补偿，无偿划拨的，不予补偿；依照土地管理法第65条第一款第一项规定收回土地使用权的，应当按照取得土地使用权的费用，对土地使用权人给予补偿；收回以有偿方式取得的国有土地使用权的，应当根据使用土地年限和土地开发情况给予补偿；除国有土地有偿使用合同另有约定外，收回国有土地使用权，应当对地上建筑物、构筑物等附着物给予补偿。

354. 农村集体经济组织是否有权收回农民的宅基地？

答：虽然农村宅基地属于集体所有，但农民按照法律规定依法取得的宅基地使用权是受法律保护的，所以，集体经济组织不得随意或者擅自收回农民的宅基地。但在下列情况下，集体经济组织是可以收回农民宅基地的：（1）为乡（镇）村公共设施和公益事业建设，需要使用农民宅基地；（2）不按照批准的用途使用宅基地；（3）因住宅迁移等原因而停止使用宅基地。属于第一种情况收回农民宅基地的，对土地使用权人应当给予适当的补偿。

355. 村民小组能够作为集体土地所有权代表吗？

答：村民小组是指行政村内的由村民组成的自治组织。根据《土地管理法》规定，农民集体所有的土地已经分别属于村内两个以上农村集体经济组织的农民所有的，由村内各该农村集体经济组织或者村民小组经营、管理。这是考虑到自从我国实行家庭联产承包责任制以后，有些村内的集体经济组织已不健全，难以完成集体所有土地的经营、管理任务，需要具有一定自治权的村民小组来行使集体经济组织经营、管理土地的职能。据此，如果村内有集体经济组织的，就由村内的集体经济组织经营、管理；如果没有村内集体经济组织，则由村民小组经营、管理。因此，村民小组可以作为集体土地所有权代表。

356. 农民集体所有的土地由谁来经营、管理?

答:《土地管理法》第10条规定，农民集体所有的土地依法属于村民集体所有的，由村集体经济组织或者村民委员会经营、管理；已经分别属于村内两个以上农村集体经济组织的农民集体所有的，由村内各该农村集体经济组织或者村民小组经营、管理；已经属于乡（镇）农民集体所有的，由乡（镇）农村集体经济组织经营、管理。

357. 土地有偿使用有哪些制度?

答：国有土地出让制度、土地收购储备制度、经营性土地使用权招标拍卖和挂牌出让制度。

358. 什么是土地收购储备制度?

答：城市规划行政主管部门要根据城市发展建设的需要和城市近期建设规划，就近期建设用地位置与数量及时向城市政府提出土地的收购储备建议，协助政府制定土地收购储备年度计划，做好土地收购储备工作。

要加强对土地收购的规划指导工作，以利于收购的土地能够按照城市规划确定的用途使用。城市规划行政主管部门应当对拟收购土地进行规划审查，出具拟收购土地的选址意见书，供进行土地收购的单位办理征地、拆迁等土地整理活动需要的相关手续。不符合近期建设规划、控制性详细规划规定用途的土地，不予核发选址意见书，并书面告知理由。

359. 什么是经营性土地使用权招标出让制度?

答：即指市、县人民政府土地行政主管部门发布招标公告，邀请特定或者不特定的公民、法人和其他组织参加国有土地使用权投标，根据投标结果确定土地使用者的制度。投标人不得少于三人。

360. 什么是经营性土地使用权拍卖出让制度?

答：即指市、县人民政府土地行政主管部门发布拍卖公告，由竞买人在指定时间、地点进行公开竞价，根据出让结果确定使用者的制度。

361. 什么是经营性土地使用权挂牌出让制度?

答: 即指市、县人民政府土地行政主管部门发布挂牌公告，按公告规定的期限将拟出让宗地的交易条件在指定的土地交易场所挂牌公布，接受竞买人的报价申请并更新挂牌价格，根据挂牌期限截止时的出价结果确定使用者的制度。

362. 为什么对经营性用地要实行招标拍卖或挂牌交易?

答：国土资源部发布了《招标拍卖挂牌出让国有土地使用权规定》，《规定》商业、旅游、娱乐和商品住宅等各类经营性用地，必须以招标、拍卖或者挂牌方式出让。其重要意义主要表现在两个方面: 一是有利于从制度和源头上保证土地使用权出让工作的廉政建设。土地是国家和社会最大的资源和财富，是生产要素市中价值最高的资产。对经营性国有土地使用权的出让审批如果不严格规范，容易滋生腐败。一些腐败分子利用职权搞权钱交易和暗箱操作，攫取巨额地价差额，造成了土地资产的严重流失，破坏了党风廉政建设。大力推行招标拍卖挂牌方式出让国有土地使用权，有利于遏制权力进入市场，减少人为因素对资源配置的干预和不合理控制，从源头上遏制腐败行为的发生。二是有利于按照市场经济的要求，健全土地市场规则，建立公开、公平、公正的资源性资产配置的新机制。虽然我国在土地市场建设方面取得了显著成绩，但是也存在着不少问题，如竞相压低、减免地价吸引投资；经营性房地产项目用地采取协议出让方式供地，划拨土地大量非法入市等。如果不遏制这些行为，统一规范、开放有序的土地市场难以形成。大力推行招标拍卖挂牌方式出让国有土地使用权，不仅能够实现国家土地资产的最大效益，而且能够提高政府供地的市场化程度，促进规范统一的土地市场的建立和完善。

363. 什么是挂牌出让?

答: 是将土地使用权出让的条件包括底价在土地市场进行公告，在公告时间内接受竞买人竞价，最后由不低于底价的最高报价者竞得土地使用权的一种出让方式，是土地的使用权招标、拍卖以外的又一种公开交易方法。挂牌公告期限为30天。

364. 何种类型的土地适用于挂牌出让?

答: 经营性用地的出让仍以招标拍卖为主。挂牌交易主要适用范围是竞争性不强的经营性用地的出让。

365. 如何参加国有土地挂牌出让活动?

答: 在挂牌出让公告规定的报名时间内，有意竞买人可到当地地管理办公室办理报名手续，按规定提供报名材料，经审核后符合竞买条件的，按规定交付竞买保证金，取得竞买资格后即可参与竞价。

366. 竞买人应采用何种方式报价？

答：竞买人报价必须采用市土地管理办公室统一制作的竞价书，进行现场书面报价。竞买报价书一经提交并确认有效后，不得撤回，竞买人对竞买报价书的有关承诺承担全面履行的义务。竞买人可在满足加价幅度的条件下多次报价。

367. 如何确定国有土地使用权挂牌出让竞得者？

答：在规定的时间内，只有一个竞买者，且报价不低于底价，并符合其他出让条件的，则土地使用权由该竞买者获得；有两个以上的，由最高报价者得；无人报价或报价低于底价的，则此次出让不成交。

368. 挂牌出让活动报名和竞价的截止时间是怎样规定的？

答：报名截止时间为挂牌公告期满前三天，竞价截止时间与挂牌公告期满时间相同。

369. 存量划拨建设用地实行有偿使用主要政策依据是什么？

答：《中华人民共和国土地管理法》第五章第五十四条规定可以以划拨方式取得国有土地使用权的范围是：（1）国家机关用地和军事用地；（2）城市基础设施用地和公益事业用地；（3）国家重点扶持的能源、交通、水利等基础设施用地；（4）法律、行政法规规定的其他用地。

370. 土地有偿使用方式有哪些？

答：存量划拨建设用地采取出让或租赁方式实行有偿使用。具体为：（1）金融、娱乐、旅游、商业等经营性用地原则上要一步到位，实行出让方式有偿使用；对于小面积经营性用地（主要指一幢大楼中占用部分土地使用权的办公用房、营业用房），符合城市规划要求的，按统一的标准分别办理出让手续。（2）经营性城镇公用设施用地、社会事业用地，可由用地单位选择出让或租赁方式有偿使用。采取出让方式的，由县国土资源局与土地使用者签订土地使用权出让合同。（3）各国有资产经营公司授权范围内企业占用的国有划拨土地实行授权经营的，由各国有资产经营公司办理土地出让手续。委托代管的，由各国有资产经营公司统一办理土地租赁手续。其他改制企业按县政府有关文件规定进行处置。（4）采取租赁方式的，由县国土资源局与土地使用者签订土地使用权租赁合同，按年向土地使用者收取土地租金。土地租赁年限最低为3年，最高不超过法律规定的同类用途土地出让年期的最高年限；房屋连同土地使用权出租的，土地租赁年限同房屋租赁年限。未按规定实行有偿使用的划拨建设用地，不得直接办理土地使用权转让、出租、抵押手续。擅自以划拨土地使用权的改变用途、转让、出租、抵押的，一律按违法用地查处。

371. 土地有偿使用费的收取标准如何确定？如何征收管理费？

答：（1）在规定期限内，以出让方式办理的，按照不同用途、不同地段纯地租标准补缴土地出让金；以租赁方式办理的，缴纳土地年租金。（2）对以营利为目的的教育、卫生、社会事业用地，有偿使用费参照工业类用地纯地租标准确定收取。（3）对于困难企业，缴纳土地年租金确有困难的，由土地使用单位提出申请，经县国土资源局、财政局、物价局审核，报县政府批准，可以在适当期限内缓缴土地年租金。（4）具体的出让、租赁价格，县国土资源局应建立内部会审制度，集体研究决定。（5）集体非农建设用地实行租赁的，参照国有土地年租金收取标准执行。（6）土地出让金由县国土资源局开具联系单，县财政局收取。国有土地年租金由县国土、财政委托市土地储备交易中心收取，按年上缴财政。

372. 什么是土地收购储备？

答：土地收购储备是为了保障我国土地市场的规范高效运行，政府依据城市规划和土地利用规划，依法通过收回国有土地使用权或者征用集体土地，对相关权利给予合理补偿后，进行储备和必要的前期开发、整理，并根据土地市场需求，按照计划供应土地的行为。土地收购储备制度是土地市场制度建设中的一个重要部分。

土地收购储备的主体是地方政府，其中部分工作可由政府授权或者委托土地收购储备机构完成。

373. 土地使用权出租有哪些程序？

答：出租申请。出租人就土地使用权（及地上建筑物、附着物）拟出租情况向所在地市、县人民政府土地行政主管部门提出出租申请，同时提交土地使用权出让（租赁）合同、土地使用证、房产证、土地及地上建筑物的使用状况材料、拟承租人的基本情况、出租合同（草案）、租金标准等资料。

审核。土地行政主管部门接到出租人的土地使用权出租申请后，一方面对提交的申请资料进行审查，主要审查土地权属是否清楚，出租人的土地使用权取得的方式，土地使用权出租合同是否与出让（租赁）合同有抵触及承租人的基本情况，土地用途是否改变等。另一方面要调查土地的实际使用情况，即出让或租赁土地使用权是否真正按照土地使用权出让或租赁合同的要求进行开发利用等。在无异议的情况下，一般15日内向出租人给予是否同意出租的回复。

签订出租合同。土地使用权出租必须采取书面形式，双方就出租合同的主要条件协商一致后就可以签订土地使用权出租合同。

出租合同公证。出租合同签订后应到司法公证部门进行公证，领取公证书，这主要是保证出租合同的合法性、真实性，使出租合同具有强制执行的效力。

办理出租登记。由登记责任人（即土地使用权及地上建筑物租赁双方）或其他代理人到土地行政主管部门申请出租登记，并提交应登记文件的副本和文件资料。这些文件资料主要有：出租合同及公证材料、出租人国有土地使用权、房产证、土地使用权出让（租赁）合同、承租人身份证等。

374. 土地登记机关在土地登记中起什么作用?

答：土地登记机关在土地登记中负有行政审核审批，代表政府向土地权利人核（换）发土地权证的职能。在自我举证的情况下，土地登记机关明确土地登记所需材料，对材料不齐全的报件不予受理，将地籍调查、宗地测量等大量事务性技术性工作，交由有资质的中介代理机构承担，为了确保办理质量，土地登记机关将按《土地登记办法》等法规，对中介代理机构办理的报件材料进行严格的把关和监督管理。

375. 中介代理是什么样的机构?

答：中介代理是连接土地权利人和政府部门之间的桥梁和纽带，为了切实维护土地权利人的合法权益，国家对土地登记代理机构实行严格的准入制度，对代理人员实行严格的资格认证制度。代理机构必须经工商部门注册，独立承担民事责任；必须经省国土资源厅批准具备代理资质；经物价部门核定收费项目标准，依法照章纳税；按“尊重意愿、自主选择、自愿委托、有偿服务、合理收费”的原则开展代理，为土地权利人提供优质服务。代理机构的从业人员必须经国土资源部门和人事部门的培训考试，取得上岗资格证。

376. 土地权利人对自我举证做不了的事怎么办?

答：土地登记自我举证时，可能会出现土地权利人对地籍调查、宗地测量等许多事情自己做不了，也不知如何办的情况。为了帮助土地权利人解决这一困难，中介代理机构应运而生，中介代理机构可以帮助土地权利人收集资料、填写表格、地籍调查、测绘出图、整理举证材料，报送到政府部门窗口受理、审核、审批，批准后为土地权利人代领土地证书，提供一条龙服务，使土地权利人感到更方便、更省心。

377. 土地权利人在土地登记自我举证中的义务？

答：根据《土地登记办法》和行政审批受理标准，自我举证时土地权利人必须提交土地登记申请表、土地权利人身份证明、土地权属证明文件（批准书、出让合同、相关协议）、地上建筑物产权证明、宗地界址确认表、土地勘测定界技术说明、宗地位置（主要地物、界址点坐标）、宗地图、面积计算表等，如委托代理登记的还需提交代理委托书等等。土地权利人提供的所有材料必须合法、真实、准确、有效。

378. 什么是土地他项权利？

答：土地他项权利是指土地所有权和土地使用权以外与土地有密切关系的权利。

土地他项权利主要有以下几种类型：地役权，是指为自己使用土地的需要，而使用他人土地的权利；地上权，是指在他人的土地上建筑、种植的权利；空中权，是指在他人土地上空建造设施的权利；地下权，是指在他人土地下埋设管线、电缆、建设地下设施的权利；土地租赁权，是指出租人将土地提供给承租人使用耕作权，是指在他人土地上进行种植并获取收获的权利；土地抵押权，是指土地使用人依照法律规定，不转移抵押土地的占有，向债权人提供一定的土地作为清偿债务的担保所物权。

379. 农民集体土地所有权如何确认？

答：农民集体所有的土地，由土地所有者向土地所在地的县级人民政府土地行政主管部门提出土地登记申请，由县级人民政府登记造册，核发《集体土地所有权证书》，确认所有权。

380. 什么是土地证书的年检？

答：是政府土地地行政主管部门为建立和完善土地登记制度，维护土地权利人的合法权益，加强土地证书管理所采取的一项土地管理措施。根据国土资源部在部署开展的1999年全国土地证书年检工作要求，土地证书年检的内容包括：查验本辖区内使用土地的单位和个人是否办理了土地登记；查验土地证书的内容是否完整、准确、规范，土地使用权转让、出租、抵押等交易行为或者改变用途等是否依法办理变更土地登记手续；查处土地证书年检范围内的违法批地、违法用地行为、查处无用地等。

381. 土地权属发生争议怎么办？

答：根据《土地管理法》第16条规定，土地权属发生争议，一般有三种解决办法：（1）争议发生后先由当事人之间协商解决，即各方在自愿互谅的基础上，依照法律的规定，直接进行磋商，自行解决争议。如果争议各方达成一致意见则协商成功。（2）当事人协商不成时由人民政府处理，即单位之间的争议由县级以上人民政府处理。个人之间、个人与单位之间的争议，由乡级人民政府或县级以上人民政府处理。人民政府收到争议案件后，一般是对当事人先进行调解，调解不成的进行行政裁决。一般来讲，具体工作由土地行政主管部门承办，但作出处理决定须以人民政府名义并出具处理决定书。（3）当事人对有关人民政府的处理决定不服的，可以自接到处理决定通知之日起30日内，向人民法院起诉。在土地权属争议解决前，任何一方不得改变土地利用现状。

382.《刑法》及有关行政处分规定的实施有何重要意义？

答：近几年来，一些地方和单位乱占耕地、浪费土地的问题没有根本解决，少数干部法制观念淡簿，为追求眼前利益和政纪，置土地法律法规于不顾，违法批地用地，造成土地资源的浪费和土地资产的流失。上述规定的实施，有利于规范广大用地单位和个人，包括各级领导和党员干部的用地行为，使他们模范地遵守土地管理法律、法规，规范用地行为。

383.对违反土地管理规定依法给予行政处分又是如何规定？

答：2001年3月2日，监察部、国土资源部联合发布了《关于违反土地管理规定行为行政处分暂行办法》，对单位和个人有违反土地管理规定行为的除依法给予行政处罚外，对应给予行政处分的应给予行政处分。对行政处分的规定，一是对土地使用者、管理者的不同主体及其不同类型的违法行为，设定了从警告直至开除的不同处分档次；二是针对不同违法行为，分别不同类型设定行政处分；三是对各级政府负责人、土地行政主管部门工作人员和其他行政执法人员在土地管理中玩忽职守、滥用职权、徇私舞弊等行为，分别设定较重的处分档次。

384.《刑法》中关于破坏土地资源刑事案件是如何规定？

答：1997年10月1日施行的《刑法》对破坏土地资源刑事案件作了明确规定。该法第228条规定："以牟利为目的，违反土地管理法规，非法转让、倒卖土地使用权，情节严重的，处三年以下有期徒刑或者拘役，并处或者单处非法转让倒卖土地使用权价额百分之五以上百分之二十以下罚金；情节特别严重的，处三年以上七年以下有期徒刑，并处非法转让倒卖土地使用权价额百分之五以上百分之二十以下罚金。"第342条规定："违反土地管理法规，非法占用耕地改作他用，数量较大，造成耕地大量毁坏的，处五年以下有期徒刑或者拘役，并处或单处罚金。"第410条规定："国家机关工作人员徇私舞弊、违反土地管理法规，滥用职权，非法批准征用、占用土地，或者非法低价出让国有土地使用权，情节严重的，处5年以下有期徒刑或者拘役；致使国家或者集体利益遭受特别重大损失的，处三年以上七年以下有期徒刑。”最高人民法院、最高人民检察院也就这类犯罪的立案、定罪的标准作了明确规定。

385. 什么是土地行政复议、土地行政诉讼?

答：土地行政复议是指公民、法人或其他组织对土地行政主管部门的具体行政行为不服，或者认为其行政行为侵犯其合法权益，依法向上级行政机关或者法律规定的行政机关提出土地行政复议申请，由受理土地行政复议申请的行政机关对原具体行政行为依法进行审查并作出土地行政复议决定的法律制度。

土地行政复议机关，是指依照行政复议法或有关土地管理法律规定，在行政复议法规定的行政复议受理范围内，受理查审公民、法人或其他组织所提出的土地行政复议申请并作出土地行政复议决定的行政机关。

土地行政诉讼是指土地管理相对一方的公民、法人或其他认为土地行政主管部门的具体行政行为侵犯其合法权益或者不服土地行政主管部门的行政处罚决定，依法向人民法院提起诉讼，由人民法院受理的活动。

386. 总体规划的内容是什么?

答：（1）区域内土地利用规划目标和为实现这一目标所需采取的土地利用基本方针；（2）区域内土地利用结构和各业用地指标；（3）土地利用区的划分、各地块的土地用途和土地使用规则；（4）重点工程项目用地范围；（5）实施规划有关的政策和措施。

387. 土地用途管制制度?

答：土地用途管制制度就是国家为保证土地资源的合理利用和优化配置，促进经济、社会和环境的协调发展，通过土地利用总体规划等国家强制力，规定土地用途，明确土地使用条件，土地所有者、使用者必须严格按照规划所确定的土地用途和条件使用土地的制度。

土地用途管制的内容包括：土地按用途进行合理分类、土地利用总体规划规定土地用途、土地登记注明土地用途、土地用途变更实行审批、对不按照规定的土地用途使用土地的行为进行处罚等。

388. 什么是规划用地?

答：规划用地就是按照经依法批准的土地利用总体规划确定的土地用途使用土地。违反规划用地，将受到法律的制裁。

389. 什么是土地估价?

答：土地估价又称土地评估，是指土地估价人员依据土地估价的原则、理论和方法，在充分掌握土地市场交易资料的基础上，根据土地的经济和自然属性，按土地的质量、等级及其在现实经济活动中的一般收益状况，充分考虑社会经济发展、土地利用方式、土地预期收益和土地利用政策等因素对土地收益的影响，综合评定出某宗地或多宗地在某一权利状态下的某一时点的价格。土地估价与土地评价或土地分等定级不同。土地估价的通常方法有收益还原法、市场比较法、剩余法、路线价法等。

390. 什么是楼面地价?

答：楼面地价是指每平方米建筑面积所分摊到的土地价格。也就是每平方米土地价格与建筑物容积率之间的比值。

391. 什么是标定地价?

答：标定地价是政府根据需要评估的具体宗地，在正常土地市场和正常经营管理条件下某一期日的土地使用权价格。它是政府出让土地使用权时确定出让金额的依据，是清产核资中核定单位所占用地土地资产和股份制企业土地作价入股的标准；是核定土地增值税和管理地产市场的具体标准；是划拨土地使用权转让、出租、抵押时，确定补交出让金的标准。

392. 什么是经营城市土地?

答：所谓经营城市土地,就是在政府的宏观调控下，建立公开、公平、公正的有形土地市场,运用市场经济手段，将城市土地转让、流转进行市场化运作，实现最佳经济效益、社会效益和生态效益，并将所获取的土地收益用于城市建设，走出一条以地建城，以地兴城的城建新路。

随着城市化进程的加快，人们对城市建设的认识已由城市投入向经营城市转变。土地作为城市经济中最主要、最活跃的要素，越来越受到各级城市政府的关注和重视。经营城市就离不开经营土地。经营好城市土地，其意义是有效地筹集城市建设资金；优化配置土地资源；改善城市环境，促进招商引资；有利于城市规划的实施。

393. 什么是基准地价?

答：基准地价是指政府按土地级别、用地类型或区段位置评估确定的平均价格。它是政府宏观调控地价和进一步评估标定地价、出让底价的基础，是征收土地使用税、土地增值税、契税和地产税的依据，也是土地资源的优化配置和投资的决策参考。

394. 什么叫农民专业合作社？合作社提供哪些服务？

答：农民专业合作社是在农村家庭承包经营基础上，同类农产品的生产经营者或者同类农业生产经营服务的提供者、利用者，自愿联合、民主管理的互助性经济组织。

农民专业合作社以其成员为主要服务对象，提供农业生产资料的购买，农产品的销售、加工、运输、贮藏以及与农业生产经营有关的技术、信息等服务。

395. 农民专业合作社应当遵循哪些原则？

答：农民专业合作社应当遵循以下原则：（1）成员以农民为主体；（2）以服务成员为宗旨，谋求全体成员的共同利益；（3）入社自愿、退社自由；（4）成员地位平等，实行民主管理；（5）盈余主要按照成员与农民专业合作社的交易量（额）比例返还。

396. 设立农民专业合作社应当具备哪些条件？哪些个人或单位可以成为农民专业合作社的成员？

答：农民专业合作社要依法登记，取得法人资格。设立农民专业合作社应当具备下列条件：（1）有五名以上符合法定规定的成员；（2）有符合本法规定的章程；（3）有符合本法规定的组织机构；（4）有符合法律、行政法规规定的名称和章程确定的住所；（5）有符合章程规定的成员出资。

具有民事行为能力的公民，以及从事与农民专业合作社业务直接有关的生产经营活动的企业、事业单位或者社会团体，能够利用农民专业合作社提供的服务，承认并遵守农民专业合作社章程，履行章程规定的入社手续的，可以成为农民专业合作社的成员。但是，具有管理公共事务职能的单位不得加入农民专业合作社。

农民专业合作社的成员中，农民至少应当占成员总数的百分之八十。成员总数二十人以下的，可以有一个企业、事业单位或者社会团体成员；成员总数超过二十人的，企业、事业单位和社会团体成员不得超过成员总数的百分之五。

397. 农民专业合作社成员享有哪些权利？应承担哪些义务？

答：农民专业合作社成员享有下列权利：（1）参加成员大会，并享有表决权、选举权和被选举权，按照章程规定对本社实行民主管理；（2）利用本社提供的服务和生产经营设施；（3）按照章程规定或者成员大会决议分享盈余；（4）查阅本社的章程、成员名册、成员大会或者成员代表大会记录、理事会会议决议、监事会会议决议、财务会计报告和会计账簿；（5）章程规定的其他权利。

农民专业合作社成员应承担下列义务：（1）执行成员大会、成员代表大会和理事会的决议;（2）按照章程规定向本社出资;（3）按照章程规定与本社进行交易;（4）按照章程规定承担亏损;（5）章程规定的其他义务。

398. 农民专业合作社成员大会行使哪些职权？成员大会召开或者作出决议要符合哪些条件？

答：农民专业合作社成员大会是农民专业合作社的权力机构，由该社全体成员组成。农民专业合作社成员大会行使下列职权：（1）修改章程;（2）选举和罢免理事长、理事、执行监事或者监事会成员;（3）决定重大财产处置、对外投资、对外担保和生产经营活动中的其他重大事项;（4）批准年度业务报告、盈余分配方案、亏损处理方案;（5）对合并、分立、解散、清算作出决议;（6）决定聘用经营管理人员和专业技术人员的数量、资格和任期;（7）听取理事长或者理事会关于成员变动情况的报告;（8）章程规定的其他职权。

农民专业合作社成员超过一百五十人的，可以按照章程规定设立成员代表大会。成员代表大会按照章程规定可以行使成员大会的部分或者全部职权。

农民专业合作社成员大会每年至少召开一次。有下列情形之一的，应当在二十日内召开临时成员大会：（1）百分之三十以上的成员提议;（2）执行监事或者监事会提议;（3）章程规定的其他情形。

农民专业合作社召开成员大会，出席人数应当达到成员总数三分之二以上。成员大会选举或者作出决议，应当由本社成员表决权总数过半数通过；作出修改章程或者合并、分立、解散的决议应当由本社成员表决权总数的三分之二以上通过。章程对表决权数有较高规定的，从其规定。

399.《农民专业合作社法》对合作社成员退社作了哪些规定？

答：（1）农民专业合作社成员要求退社的，应当在财务年度终了的三个月前向理事长或者理事会提出；其中，企业、事业单位或者社会团体成员退社，应当在财务年度终了的六个月前提出；章程另有规定的，从其规定。退社成员的成员资格自财务年度终了时终止。（2）成员在其资格终止前与农民专业合作社已订立的合同，应当继续履行；章程另有规定或者与本社另有约定的除外。（3）成员资格终止的，农民专业合作社应当按照章程规定的方式和期限，退还记载在该成员账户内的出资额和公积金份额；对成员资格终止前的可分配盈余，要依照《农民专业合作社法》的规定向其返还。（4）资格终止的成员应当按照章程规定分摊资格终止前本社的亏损及债务。

400. 农民专业合作社的理事长、理事和管理人员不得有哪些行为?

答: 农民专业合作社的理事长、理事和管理人员不得有下列行为:（1）侵占、挪用或者私分本社资产;（2）违反章程规定或者未经成员大会同意，将本社资金借贷给他人或者以本社资产为他人提供担保;（3）接受他人与本社交易的佣金归为己有;（4）从事损害本社经济利益的其他活动。

理事长、理事和管理人员违反前款规定所得的收入，应当归本社所有; 给本社造成损失的，应当承担赔偿责任。

401. 《农民专业合作社法》对农民专业合作社的财务管理有哪些规定?

答:（1）农民专业合作社应当按照国务院财政部门制定的财务会计制度进行会计核算。（2）农民专业合作社的理事长或者理事会应当按照章程规定，组织编制年度业务报告、盈余分配方案、亏损处理方案以及财务会计报告，于成员大会召开的十五日前，置备于办公地点，供成员查阅。（3）农民专业合作社与其成员的交易、与利用其提供的服务的非成员的交易，应当分别核算。（4）农民专业合作社可以按照章程规定或者成员大会决议从当年盈余中提取公积金。公积金用于弥补亏损、扩大生产经营或者转为成员出资。每年提取的公积金按照章程规定量化为每个成员的份额。（5）农民专业合作社应当为每个成员设立成员账户，主要记载该成员的出资额、量化为该成员的公积金份额、该成员与本社的交易量（额）。（6）在弥补亏损、提取公积金后的当年盈余，为农民专业合作社的可分配盈余。可分配盈余按成员与本社的交易量（额）比例返还，返还总额不得低于可分配盈余的百分之六十; 按前规定返还后的剩余部分，以成员账户中记载的出资额和公积金份额，以及本社接受国家财政直接补助和他人捐赠形成的财产平均量化到成员的份额，按比例分配给本社成员。具体分配办法按照章程规定或者经成员大会决议确定。（7）设立执行监事或者监事会的农民专业合作社，由执行监事或者监事会负责对本社的财务进行内部审计，审计结果应当向成员大会报告。成员大会也可以委托审计机构对本社的财务进行审计。

402. 国家对农民专业合作社有哪些扶持政策?

答:（1）国家支持发展农业和农村经济的建设项目，可以委托和安排有条件的有关农民专业合作社实施。（2）中央和地方财政应当分别安排资金，支持农民专业合作社开展信息、培训、农产品质量标准与认证、农业生产基础设施建设、市场营销和技术推广等服务。对民族地区、边远地区和贫困地区的农民专业合作社和生产国家与社会急需的重要农产品的农民专业合作社给予优先扶持。（3）国家政策性金融机构应当采取多种形式，为农民专业合作社提供多渠道的资金支持。国家鼓励商业性金融机构采取多种形式，为农民专业合作社提供金融服务。(4)农民专业合作社享受国家规定的对农业生产、加工、流通、服务和其他涉农经济活动相应的税收优惠。

403.《农民专业合作社法》规定，在什么情况下要依法追究法律责任?

答:(1)侵占、挪用、截留、私分或者以其他方式侵犯农民专业合作社及其成员的合法财产，非法干预农民专业合作社及其成员的生产经营活动，向农民专业合作社及其成员摊派，强迫农民专业合作社及其成员接受有偿服务，造成农民专业合作社经济损失的，依法追究法律责任。(2)农民专业合作社在依法向有关主管部门提供的财务报告等材料中，作虚假记载或者隐瞒重要事实的，依法追究法律责任。

404.《农民专业合作社法》从什么时候起施行?

答:《农民专业合作社法》自2007年7月1日起施行。

405. 为什么要整合完善乳品安全国家标准?

答: 乳品是我国消费者日常生活不可或缺的食品。近年来，我国乳品消费量迅速攀升，乳品行业快速发展，成为重要的食品产业之一。乳品安全直接关系到消费者身体健康与社会经济稳定。国家高度重视乳品安全和乳制品行业的健康可持续发展，国务院颁布实施了《乳品质量安全监督管理条例》、《奶业整顿和振兴规划纲要》等法规政策，部署开展食品整顿工作，要求整合完善乳品安全国家标准。2009年6月1日实施的《食品安全法》，对包括乳品在内的食品安全标准提出了明确要求。截至2009年底，我国以往的乳品相关标准共160余项，存在部分指标交叉、重复、矛盾，以及重要指标缺失等问题。为了规范乳品生产经营，保证乳品质量安全，确保消费者健康，根据《食品安全法》、《乳品质量安全监督管理条例》和《奶业整顿和振兴规划纲要》的规定，卫生部牵头会同各相关部门对乳品标准进行整合完善，统一公布为乳品安全国家标准。

406. 整合完善乳品安全国家标准的原则?

答: 乳品安全国家标准整合完善工作坚持了以下原则：一是体现《食品安全法》立法宗旨，突出安全性要求。乳品安全国家标准严格遵循《食品安全法》要求，突出与人体健康密切相关的要求与规定。二是以食品安全风险评估为基础，兼顾行业现实和发展需要。乳品安全国家标准以食品安全风险监测和评估数据为依据，确保标准的科学性，同时注重听取行业主管部门和协会意见，充分考虑我国乳品行业实际情况，确保标准的实用性。三是整合现行乳品标准，扩大标准的覆盖范围。乳品安全国家标准整合了以往乳品标准中的强制性规定，在减少标准数量的同时，提高了食品安全国家标准的通用性和覆盖面，避免标准间的重复和交叉。四是与现行法规和产业政策相衔接，确保政策的连续性和稳定性。

407. 乳品安全国家标准的制定和公布？

答：按照《乳品质量安全监督管理条例》、《奶业整顿和振兴规划纲要》要求，2008年12月，卫生部牵头会同农业部、国家标准委、工业和信息化部、工商总局、质检总局、食品药品监管局等部门和中国疾病预防控制中心、轻工业联合会、中国乳制品工业协会、中国奶业协会等单位成立了乳品安全国家标准整合完善工作开始即组成的协调小组，负责对乳品安全国家标准进行整合完善。同时成立了由协调小组各部门推荐的近70名专家组成的专家组，分别来自管理部门、专业技术机构、大专院校、行业协会以及乳品企业，具有广泛的代表性。

协调小组先后召开3次全体会议。专家组和起草工作组先后召开工作会议20余次，充分听取专家、学者、企业和行业协会代表等各界意见。在执行现行国家标准制定程序的基础上，乳品安全国家标准草案首次在卫生部网站上全文公布，公开征求意见60天，同时向世贸组织（WTO）通报。期间，共收到国内外反馈意见2000余条。专家组和起草工作组集中对反馈意见逐条进行研究处理，对标准草案进行完善。

2010年2月，第一届食品安全国家标准审评委员会召开各分委员会会议审查乳品安全国家标准草案，经主任会议审议通过了66项乳品安全国家标准。新的乳品安全国家标准于3月26日由卫生部批准公布。

408. 乳品安全国家标准由哪些标准组成？

答：新发布的66个乳品安全国家标准分为乳品产品标准（包括生乳、婴幼儿食品、乳制品等，共15项）、生产规范标准（2项）和检验方法标准（共49项），形成了统一的乳品安全国家标准体系。

409. 乳品安全国家标准有哪些改进？

答：与以往乳品标准比较，乳品安全国家标准有以下特点：一是以食品安全风险评估为基础，在制定过程中广泛听取意见，确保了标准的科学性；二是严格遵循《食品安全法》要求，突出与人体健康密切相关的限量规定，体现了标准的强制性；三是整合了食品卫生标准、质量标准、农产品质量安全标准以及行业标准中强制执行的内容，避免标准间的重复、交叉和矛盾等问题，体现了标准的统一性；四是符合中国国情和产业实际，注重可实施性，并精简了乳品安全国家标准文本内容和格式，明确标准的统一归口解释部门，体现了标准的权威性和可操作性；五是参照国际食品法典委员会标准，系统修订微生物指标，按照国际通用原则改进了微生物的采样方案，与国际标准的要求相一致。

410. 如何理解乳品安全国家标准的实施日期?

答：为做好新旧标准衔接，乳品安全国家标准设置了具体的实施日期。在实施日期前，鼓励并允许食品生产经营单位按照新的食品安全国家标准组织生产经营，生产企业应当在标签上标明具体执行的标准。在实施日期后，食品企业应严格按新标准组织生产经营。除对食品生产经营时限有特殊规定外，在实施日期前生产的食品可在产品保质期内继续销售。

411. 液体乳安全标准有何特点?

答：液体乳标准主要对原有标准进行整合，一是明确了液体乳各类产品的分类和定义，如巴氏杀菌乳、灭菌乳、调制乳等；二是限定了液体乳中食品添加剂、营养强化剂的使用品种，使用添加剂的必须进行标示，保护消费者的知情权；三是明确了复原乳的使用，并要求在标签中予以标识；四是蛋白质指标和以往标准一致，同时对微生物限值和检验方法进行改进。

412. 乳品安全国家标准对农兽药残留做出了哪些规定?

答：农兽药残留主要来自饲料和养殖环节，目前国际食品法典委员会和相关国家仅在食品原料中设置农兽药残留规定，不在乳制品中设置上述要求。我国参照国际组织和多数国家做法，仅在《生乳》标准中设置农兽药残留规定，具体按照现有农药残留标准和国家有关规定、公告执行。目前农业部正在抓紧完善食品中农兽药残留标准。

413. 乳品安全国家标准对食品添加剂和营养强化剂的使用有哪些规定?

答：乳品安全国家标准明确规定，巴氏杀菌乳和灭菌乳中不允许添加食品添加剂和营养强化剂。其他乳制品中使用食品添加剂和食品营养强化剂，应当按照《食品添加剂使用标准》（GB2760）和《食品营养强化剂使用标准》（GB14880）的规定执行。

414. 婴幼儿配方食品标准有哪些改进?

答：婴幼儿食品安全标准参考了国际食品法典委员会（CAC）标准和中国营养学会《中国居民膳食营养素参考摄入量》，在确保产品安全性也要满足婴幼儿营养需要的前提下，对原有标准进行了系统修订，将原11项婴幼儿食品标准整合为4项新的标准，基本涵盖各类婴幼儿食品。标准不仅修订了污染物、微生物指标，还对营养素指标进行了科学调整。

415. 婴幼儿配方食品营养素使用有哪些规定？

答：婴儿配方食品中营养素的含量应当符合《婴儿配方食品》的规定，营养素种类应当符合《食品营养强化剂使用标准》（GB14880）规定的品种。婴幼儿配方食品中添加氨基酸，除《食品营养强化剂使用标准》（GB14880）允许使用的氨基酸品种外，还可使用《婴儿配方食品》标准附录B列明的氨基酸。

416. 较大婴儿和幼儿配方食品中碳水化合物怎样计算？

答：较大婴儿和幼儿配方食品中碳水化合物含量的计算应按《婴儿配方食品》标准表2执行。

417. 为什么说《生乳》标准是符合行业发展实际的？

答：《生乳》国家标准是依据《食品安全法》、《乳品质量安全监督管理条例》和《奶业整顿和振兴规划纲要》要求，在广泛征求专家和社会各界意见的基础上，结合我国奶牛养殖现状制定的强制性安全标准。《生乳》国家标准定位于质量安全，各项指标是确保生乳质量安全的最基本要求，是生乳生产和收购的准入门槛，明确区别于1986年发布的《生鲜乳收购标准》和2003年发布的《鲜乳卫生标准》。鼓励企业在《生乳》国家标准基础上，制订更为严格的企业标准，尤其是乳品生产企业要在生乳收购时设置分级指标，开展以质论价，不断提高乳品质量安全水平。

《生乳》国家标准的执行主体是奶牛养殖者和乳品企业。据农业部调查，绝大多数奶农赞同《生乳》国家标准的指标设置。《生乳》国家标准符合行业发展实际，指标设置符合我国国情，有利于促进改善生乳收购秩序、防止恶意拒收等问题，有利于保护奶农利益，推进第三方检测，促进奶业良性发展。

418. 为什么说《生乳》标准的蛋白质和菌落总数指标是科学合理的？

答：《生乳》标准将生乳定义为“从符合国家有关要求的健康奶畜乳房中挤出的无任何成分改变的常乳。产犊后7天的初乳、应用抗生素期间和休药期间的乳汁、变质乳不应用作生乳。”从健康奶畜乳房中挤出的常乳都应当被纳入标准范围进行监督。《生乳》标准从质量和安全两方面，对受生产、收购环节影响的指标进行了规定，将引导奶牛标准化规模养殖和生乳质量安全水平的提高。

在专家组充分调研的基础上，设置蛋白质指标为大于等于2. 80g/100g。主要基于以下考虑：一是符合我国生乳生产实际。生鲜牛乳的蛋白质含量与饲养水平等多种因素有关，尤其是全株玉米青贮饲料、苜蓿干草等优质饲草饲喂量对生乳蛋白质含量影响很大。我国目前奶牛饲养中粗饲料结构单一、优质饲草饲喂率低，因此生乳蛋白质含量也相对较低。二是符合奶牛泌乳规律。在奶牛不同泌乳期蛋白质含量不同，高峰期蛋白质含量比中后期低。我国绝大部分奶牛在5～9月份进入泌乳高峰期，这个季节又是天气最炎热的季节，两个因素的叠加影响导致夏季生乳蛋白质含量明显低于其他季节。三是尊重客观事实。从健康奶畜乳房中挤出的、蛋白质含量低于2.95g/100g的常乳是客观存在的。据农业部调查，2007年和2008年夏季，北方一些省份生乳蛋白质含量低于2.95克/100克的比例分别达75%和90%；某乳品企业6月份西北、中南、东北等三个区收购生乳蛋白质含量低于2.95克/100克的比例分别达75.8%、33.8%和24.9%。四是有利于生乳质量安全监管。从调查情况看，荷斯坦牛奶蛋白质含量主要分布在2.8–3.4g/100g之间，《生乳》标准作为质量安全监管的依据，便于质量安全监管的顺利实施。

菌落总数是反映奶牛健康状况、牧场卫生状况和冷链质量控制的卫生指标。目前我国奶牛小规模散养比例较高，100头以上规模养殖比例仅为23.1%，5头以下比例为32.4%，这种小规模养殖的现状短期内难以改变。养殖水平低造成生鲜乳菌落总数相对较高。当前，《生乳》国家标准设置菌落总数的指标是符合我国发展实际，能够保护大量中小规模奶农的利益，维护我国奶业稳定发展。近年来，国家大力扶持奶牛规模化养殖，自2008年以来，已累计投入12亿元建设1944个200头以上的奶牛养殖小区（场）。随着奶牛养殖业的发展和养殖水平的提高，生乳菌落总数将逐步降低。鼓励企业在生乳收购中设置菌落总数分级收购标准，引导奶农标准化规模养殖，不断提高养殖水平。

我们将按照食品安全国家标准制定要求，开展标准的跟踪评估，并参照国际标准，广泛听取食品生产经营者和消费者意见，不断修订完善我国食品安全标准。

419. 乳品安全国家标准对生产工艺做了哪些规定？

答：食品生产加工工艺对确保食品安全具有重要意义。食品加工工艺复杂多样，同一种产品，因企业、地域、生产设备、生产控制方法和水平等因素的不同导致采用的加工工艺不一。为引导乳品生产企业更注重并规范企业生产加工过程的安全危害控制，标准清理过程中专门制定了《乳制品良好生产规范》和《粉状婴幼儿配方食品良好生产规范》，对乳品生产过程中涉及食品安全的相关生产条件、工艺方法、人员卫生以及其他乳品安全保障措施等规定了技术要求，强化关键控制点的监测。同时，在乳品产品国家标准中未规定可能制约工艺改进和发展的具体加工工艺，应当由企业根据自身情况制定具体的管理要求，作为企业组织生产的依据。

420. 酸乳和发酵乳的区别是什么？

答：酸乳是发酵乳的一种。按照乳品安全国家标准规定，仅接种嗜热链球菌和保加利亚乳杆菌两种菌的发酵乳称为酸乳。添加其他菌种的产品不能命名为酸乳，可以称为发酵乳。

421. 乳品安全国家标准对复原乳使用有何规定？

答：按照乳品安全国家标准的规定，巴氏杀菌乳不允许使用复原乳。为了保护消费者知情权，其他使用了复原乳的液体乳，需要在标签上明确标识。

422. 国家对乳品中三聚氰胺限量如何规定？

答：三聚氰胺不是食品原料，也不是食品添加剂，严禁人为添加到食品中。2008年10月7日，卫生部、工业和信息化部、农业部、工商总局、质检总局联合发布公告（卫生部2008年第25号公告），公布三聚氰胺在乳与乳制品中的临时管理限量值。《食品安全法实施条例》第四十九条规定：对发现的添加或者可能添加到食品中的非食品用化学物质和其他可能危害人体健康的物质的名录及检测方法予以公布。2008年卫生部会同有关部门开展打击违法添加非食用物质和滥用食品添加剂的专项整治行动，向社会公布了四批可能违法添加的非食用物质和易被滥用的食品添加剂“黑名单”，其中在食品中可能违法添加的非食用物质名单（第一批）中包括三聚氰胺及其检测方法。新的乳品安全国家标准中不再重复设置三聚氰胺相关规定，仍然按照现行的乳品三聚氰胺限量管理规定执行。

423. 生产乳品是否须备案食品安全企业标准？

答：企业生产的乳品没有食品安全国家标准或者地方标准的，应当制定企业标准，作为组织生产的依据。国家鼓励食品生产企业制定严于食品安全国家标准或者地方标准的企业标准。企业标准应当报省级卫生行政部门备案。企业生产的乳品如有乳品安全国家标准，企业可按照国家标准组织生产，无须备案。

424. 消费者怀疑乳品不符合乳品安全国家标准时应该怎么办？

答：根据《食品安全法》第十条和第八十条的规定，消费者有权举报食品生产经营中违反乳品安全国家标准的行为。县级以上卫生行政、质量监督、工商行政管理、食品药品监督管理部门接到乳品安全国家标准的咨询、投诉、举报，对属于本部门职责的，应当受理，并及时进行答复、核实、处理；对不属于本部门职责的，应当书面通知并移交有权处理的部门处理。消费者怀疑乳品不符合乳品安全国家标准，可以向上述部门举报、投诉。

425. 生产经营不符合乳品安全国家标准的产品该如何处理？

答：《食品安全法》第五十三条规定：食品生产者发现其生产的食品不符合食品安全标

准，应当立即停止生产，召回已经上市销售的食品，通知相关生产经营者和消费者，并记录召回和通知情况。食品经营者发现其经营的食品不符合食品安全标准，应当立即停止经营，通知相关生产经营者和消费者，并记录停止经营和通知情况。食品生产者认为应当召回的，应当立即召回。食品生产者应当对召回的食品采取补救、无害化处理、销毁等措施，并将食品召回和处理情况向县级以上质量监督部门报告。食品生产经营者未依照本条规定召回或者停止经营不符合食品安全标准的食品的，县级以上质量监督、工商行政管理、食品药品监督管理部门可以责令其召回或者停止经营。

违反上述规定的，由主管部门依据职责分工予以处罚，构成犯罪的，依法追究刑事责任。

426. 如何做好乳品安全国家标准的贯彻实施工作?

答：卫生部会同各相关部门组织开展乳品安全国家标准的贯彻实施工作，主要措施包括：一是组织开展乳品安全国家标准的宣传工作，要求各级卫生行政部门采取多种形式进行标准宣传，引导鼓励全社会共同关注食品安全标准，积极参与乳品安全国家标准实施的监督；二是组织乳品安全国家标准培训活动，对各食品安全监管部门、乳品生产经营者、食品安全检验机构进行培训，提高他们理解、掌握和执行标准的能力和水平，严格执行乳品安全国家标准的各项规定；三是开展标准执行情况的监督检查，督促行业和企业贯彻实施标准；四是开展乳品安全国家标准执行情况跟踪评价，适时修订完善食品安全标准。

427. 今后如何完善乳品安全国家标准?

答：食品安全标准是食品安全法的重要内容，是食品安全法制建设的一项长期任务。我们将进一步完善乳品安全国家标准，一是组织审议并批准公布乳糖、婴幼儿特殊医学用途等产品标准和胆碱等检验方法标准，形成统一的乳品安全国家标准体系。二是对乳品安全国家标准的实施情况进行追踪和评估，根据国际标准进展和国内跟踪评价结果，广泛听取食品生产经营者和消费者意见，及时组织修订和完善标准。

428. 什么是社会主义新农村?

答：从一般意义上讲，社会主义新农村指一定时期内农村以经济发展为基础，以社会全面进步为标志的社会形态。“社会主义新农村”这一概念，早在上世纪50年代就提出过，当时的广大农民群众对新农村的形象说法是“点灯不用油，耕地不用牛、电灯电话，楼上楼下”。上世纪80年代初，我国提出“小康社会”概念，其中建设社会主义新农村就是小康社会的重要内容之一。党的十六届五中全会把新农村建设的目标和要求概括为“生产发展、生活宽裕、乡风文明、村容整洁、管理民主”五句话二十个字，这既是社会主义新农村的内容定义，又是社会主义新农村建设的目标要求，全面体现了新形势下农村经济、政治、文化和社会发展的要求。

429. 为什么要建设社会主义新农村？

答：（1）建设社会主义新农村是由我国初级阶段的国情决定的。我国现阶段生产力水平低，农业科技水平、农业劳动生产率水平与发达国家比较，存在较大差距。（2）建设社会主义新农村，是扩大内需、发展经济的有效途径。目前，中国最应启动内需的地方就是农村，而“社会主义新农村”建设能创造需求，有效推动经济的快速发展。（3）建设社会主义新农村，是缩小城乡差距、实现共同富裕的重要举措。（4）建设社会主义新农村，是全面建设小康社会、构建社会主义和谐社会的必然要求。没有农村的小康，就没有全面的小康；没有农民的小康，就不可能有全国人民的小康。实现全面建设小康目标的难点和关键在农村，建设新农村是实现城乡经济社会的协调发展的重大举措。有利于社会的稳定，有利于改革发展的大局。（5）国家重视新农村建设是全面建设小康社会的要求，有利于构建和谐社会。（6）体现了中国共产党全心全意为人民服务的宗旨和“三个代表”重要思想。

430. 中央强调全面推进新农村建设的“五个必须”是什么？

答：一是必须坚持以发展农村经济为中心，进一步解放和发展农村生产力，促进粮食稳定增产和农民持续增收。二是必须坚持农村基本经营制度，尊重农民的主体地位，不断创新农村体制机制。三是必须坚持以人为本，着力解决农民生产生活中最迫切的实际问题，真正让农民得到实惠。四是必须坚持科学规划，实行因地制宜、分类指导，有步骤有计划有重点地逐步推进。五是必须坚持发挥各方面积极性，依靠农民辛勤劳动、国家扶持和社会力量的广泛参与，使社会主义新农村建设成为全党全国的共同行动。

431. 新农村建设村级“三个规划、四项制度”是什么？

答：三个规划是：《产业发展规划》、《村庄治理规划》（包括村庄规划布局、基础设施建设、农户住宅建设）、《精神文明建设规划》（包括农民教育、公益事业发展、综合治理）；四项制度是：《村务公开、民主管理制度》、《卫生管理制度》、《党员教育管理制度》、《公共设施（包括林木）管护制度》。

432. 农村环境治理的“四化”、“四改”、“四清”分别是什么？

答：“四化”为硬化、绿化、美化、墙壁文化；“四改”为改房、改厕、改圈、改灶；“四清”为清理污水、清理粪堆、清理柴堆、清理生活垃圾。

433. 村级公共服务中心建设规范要求有哪些?

答：即按照“十室两栏一场一店一中心”【十室指：两委会办公室、计生服务室、信息服务室、图书阅览室、文化室、卫生室、警务室、娱乐室、劳动保障服务站、农民技术培训学校；两栏指村务公开栏、政策宣传栏；一场指农民休闲健身广场；一店指“万村千乡市场工程”农家店（连锁超市）；一中心指“村民事务代办中心”】要求功能完善，制度健全，服务高效，为村民提供教育、科技、文体、卫生、信访、法律、信息、商贸、保障、维权等综合性、全方位、多功能服务。

434. 新农村建设《村民文明卫生守则》的“四自一包”指的是什么?

答：即要求各村给农户划定卫生包干责任区，与农户签订门前“四自一包”责任书，即：自保门前清洁，自护门前设施，自搞门前绿化、美化，自管门前秩序；对门前“四自要求”实行包干责任制，全面落实柴草、粪土、垃圾集中堆放管理，垃圾定期清理拉运。

435. 科学发展观的第一要义是什么？如何深刻领会科学发展观的第一要义?

答：科学发展观的第一要义是发展。深刻领会科学发展观的第一要义是发展，必须坚持把发展作为党执政兴国的第一要务。发展，对于全面建设小康社会、加快推进社会主义现代化，具有决定性意义。要牢牢扭住经济建设这个中心，坚持聚精会神搞建设、一心一意谋发展，不断解放和发展社会生产力。更好地实施科教兴国战略、人才强国战略、可持续发展战略，着力把握发展规律、创新发展理念、转变发展方式、破解发展难题，提高发展质量和效益，实现又好又快发展，为发展中国特色社会主义打下坚实基础。

436. 科学发展观的核心是什么？如何理解科学发展观的核心?

答：科学发展观的核心是以人为本。指以人为价值的核心和社会的本位，把人的生存与发展作为最高的价值目标，一切为了人，一切服务于人。以人为本体现了马克思主义历史唯物论的基本原理，体现了我们党全心全意为人民服务的根本宗旨。坚持以人为本，就是要在发展中始终把实现好、维护好、发展好最广大人民的根本利益作为一切工作的出发点和落脚点，尊重人民的主体地位，发挥人民首创精神，保障人民各项权益，走共同富裕道路。要以实现人的全面发展为目标，从人民群众的根本利益出发谋发展、促发展，不断满足人民群众日益增长的物质文化需要，切实保障人民群众的经济、政治和文化权益，做到发展为了人民、发展依靠人民、发展成果由人民共享。

437. 科学发展观的基本要求是什么？如何理解科学发展观基本要求？

答：科学发展观的基本要求是全面协调可持续。可持续发展是既能满足当代人的需要，又不对后代人满足其需要的能力构成危害的发展。经济发展、政治发展、文化发展、社会发展和人的全面发展是相互联系、相互影响的整体。坚持全面协调可持续发展，要按照中国特色社会主义事业总体布局，在坚持抓好经济建设这个中心的同时，全面推进经济建设、政治建设、文化建设、社会建设，促进现代化建设各个环节、各个方面相协调，促进生产关系与生产力、上层建筑和经济基础相协调。坚持走生产发展、生活富裕、生态良好的文明社会发展道路，努力建设资源节约型、环境友好型社会，实现速度和结构质量效益相统一、经济发展与人口资源环境相协调，促进人与自然相和谐，实现经济社会永续发展。

438. 如何理解统筹兼顾是科学发展观的根本方法？

答：统筹兼顾是我们党在长期革命、建设、改革实践中形成的一条宝贵经验，是进行现代化建设的一项基本方针。统筹兼顾，就是要求我们在工作中要做到总揽全局、协调各方、统筹谋划、兼顾全面，充分调动一切积极因素，妥善处理各种利益关系，着力加强经济社会发展的薄弱环节。统筹兼顾是马克思主义关于发展的方法论的高度凝练，也是经过实践检验的行之有效的重要领导方法和工作方法。科学发展观的根本方法是统筹兼顾。深入贯彻落实科学发展观，必须坚持统筹兼顾。要正确认识和妥善处理中国特色社会主义事业中的重大关系，统筹城乡发展、区域发展、经济社会发展、人与自然和谐发展、国内发展和对外开放，统筹中央和地方关系，统筹个人利益和集体利益、局部利益和整体利益、当前利益和长远利益，充分调动各方面积极性。既要总揽全局、统筹规划，又要抓住牵动全局的主要工作、事关群众利益的突出问题，着力推进、重点突破。

439. 开展深入学习实践科学发展观活动的指导思想是什么？

答：开展学习实践活动的指导思想，可以简要概括为："高举一面旗帜、突出一个主题、围绕一个总体要求、做到三个着力"。高举一面旗帜，就是高举中国特色社会主义伟大旗帜。突出一个主题，就是科学发展。围绕一个总体要求，就是党员干部受教育。做到三个着力，就是着力转变不适应、不符合科学发展观要求的思想观念，着力解决影响和制约科学发展的突出问题以及党员干部党性党风党纪方面群众反映强烈的突出问题，着力构建有利于科学发展的体制机制，提高领导科学发展、促进社会和谐的能力。

440. 开展深入学习实践科学发展观活动的重大现实意义是什么？

答：在全党开展深入学习实践科学发展观活动，是党的十七大作出的重大战略决策，是立足新的历史起点坚持和发展中国特色社会主义的重大战略部署。毫不动摇地用中国特色社会主义理论体系武装头脑、指导实践、推动工作，是一项长期而艰巨的重大战略任务。因此，在“三个代表”重要思想学习教育活动、保持共产党员先进性教育活动的基础上，顺应深入推进改革开放、推动经济社会又好又快发展、促进社会和谐稳定的迫切需要，顺应提高党的执政能力、保持和发展党的先进性的现实需要，以胡锦涛同志为总书记的党中央作出了在全党开展深入学习实践科学发展观活动的重大决定。

441. 什么叫“一村一品”？

答：“一村一品”作为农业产业化的代名词，最早是日本大分县（相当于我国的省）知事平松守彦1979年提出的，是指充分利用本地资源优势，因地制宜，自力更生，推出能代表地区形象、本地特色、提升当地声誉的一种拳头产品，这种产品可以是一种、也可以是几种，这里的村子可以是一个村子也可以是几个村子甚至一个地区。总而言之，生产的东西要质量优异，能占领市场，经济效益可观。

现在我们所说一村一品是指某个村或地区，依据一定区域的资源禀赋和特点，以市场为导向，变资源优势为产业和品牌优势，多数农户或多数劳力，从事某一品种、某一行业的生产和经营，并且该品种、该行业的产值、收入占总产值和人均收入的相当比重，并使其逐步成为具有区域特色的产业链或产业带，是现代农村市场经济和社会化大生产发展的产物，是对以村为基本单元的农业和农村经济专业化、规模化发展模式的一种科学表述。

442. 实施“一村一品”工程应坚持哪些基本原则？

答：（1）坚持发挥比较优势的原则。要立足本地资源和传统产品的特点，发展有竞争力的主导产业和特色产品。（2）坚持以市场为导向的原则。以“公司＋合作经济组织＋农户”、“公司＋基地＋农户”为主要形式组织生产经营。（3）坚持以效益为目的的原则。凡是有效益的、给农民带来最大利益的产业、产品，只要法律允许，社会需要，都应支持发展。（4）坚持科技创新的原则。不断推广新品种、新技术，打造名牌产品。（5）坚持以人为本的原则。抓好村党支部书记、农村商品经纪人、农业产业化龙头企业创业者、农业科技人员的队伍建设。

443. 什么是农民人均纯收入？农民人均纯收入的构成？如何计算？

答：农民人均纯收入是指农村住户人均当年从各个来源得到的总收入相应地扣除所发生的费用后，可用于生产和生活支出的那部分收入。它反映的是农村居民家庭的平均收入水平，是反映农民收入变化的一个重要标准，也是衡量和检验新农村建设中产业发展的首要指标。农民人均纯收入由四大部分构成：一是以外出务工为主的工资性收入；二是以种植业、养殖业为主体的家庭经营纯收入；三是以金融投资、股金分红为主的财产性收入；四是以国家政策性补贴为主的转移性收入。

农民人均纯收入计算方法：农民人均纯收入=（总收入—家庭经营费用支出—税费支出—生产性固定资产折旧—赠送农村内部亲友支出）÷农村居民家庭常住人口。

444. 建设社会主义新农村应如何千方百计增加农民收入？

答：（1）采取综合措施，广泛开辟农民增收渠道。充分挖掘农业内部增收潜力，扩大养殖、园艺等劳动密集型产品和绿色食品的生产，努力开拓农产品市场。

（2）大力发展区域经济，加强农村劳动力技能培训，引导富余劳动力向非农产业和城镇有序转移，带动乡镇企业和小城镇发展。

（3）继续完善现有农业补贴政策，保持农产品价格的合理水平，逐步建立符合国情的农业支持保护制度。

（4）加大扶贫开发力度，提高贫困地区人口素质，改善基本生产生活条件。

（5）因地制宜地实行整村推进的扶贫开发方式。

（6）对缺乏生存条件地区的贫困人口实行易地扶贫，对丧失劳动能力的贫困人口建立救助制度。

445. 依据《传染病防治法》，各级政府和卫生防疫部门、医疗单位以及个人各有什么责任？

答：《传染病防治法》规定，各级政府领导传染病防治工作，制定传染病防治规划，并组织实施。各级政府卫生行政部门对传染病防治工作实施统一监督管理。

各级各类卫生防疫机构按照专业分工承担责任范围内的传染病监测管理工作。具体责任和范围由当地政府卫生行政部门确定。铁路、交通、民航、厂（场）矿的卫生防疫机构，承担本系统传染病监测管理工作，并接受本系统上级卫生主管机构和省级政府卫生行政部门指定的卫生防疫机构的业务指导。

各级各类医疗保健机构承担责任范围内的传染病防治管理任务，并接受有关卫生防疫机构的业务指导。

军队的传染病防治工作，由中国人民解放军卫生主管部门实施监督管理。

同防治传染病有关的食品、药品和水的管理以及国境卫生检疫，分别依照有关法律规定办理。

医疗保健机构、卫生防疫机构发现传染病时，应当及时采取控制措施。

在中华人民共和国领域内的一切单位和个人,必须接受医疗保健机构、卫生防疫机构有关传染病的查询、检验、调查取证以及预防、控制措施。

446. 各级政府和有关部门应如何公布和通报疫情?

答:《传染病防治法》规定,执行职务的医疗保健人员、卫生防疫人员发现病人、病原携带者或者疑似传染病病人,必须按照规定的时限向当地卫生防疫机构报告疫情。卫生防疫机构发现传染病流行或者接到疫情报告,应当立即报告当地卫生行政部门,由当地卫生行政部门立即报告当地政府,同时报告上级卫生行政部门和国务院卫生行政部门。

各级政府有关主管人员和从事传染病的医疗保健、卫生防疫、监督管理的人员,不得隐瞒、谎报或者授意他人隐瞒、谎报疫情。

国务院卫生行政部门应当及时地如实通报和公布疫情,并可以授权省、自治区、直辖市政府卫生行政部门及时地如实通报和公布本行政区域的疫情。

在传染病暴发、流行时,责任疫情报告人应当以最快的通讯方式向当地卫生防疫机构报告疫情。接到疫情报告的卫生防疫机构应当以最快的通讯方式报告上级卫生防疫机构和当地政府卫生行政部门,卫生行政部门接到报告后,应当立即报告当地政府。

各级政府卫生行政部门指定的卫生防疫机构应当对辖区内各类医疗保健机构的疫情登记报告和管理情况定期进行核实、检查、指导。

447. 传染病暴发、流行时,各地政府可以采取哪些紧急措施?

答:《传染病防治法》第二十五条规定,在传染病暴发、流行时,各地政府应当立即组织力量进行防治,切断传染病的传播途径。必要时,报经上一级地方政府决定,可以采取以下紧急措施:

(1)限制或者停止集市、集会、影剧院演出或者其他人群聚集的活动;

(2)停工、停业、停课;

(3)临时征用房屋、交通工具;

(4)封闭被传染病病原体污染的公共饮用水源。

县级以上地方政府接到下一级政府关于采取以上紧急措施的报告时,应当在规定的时限内作出决定。解除紧急措施,由原决定机关宣布。

448. 各级政府卫生行政部门具有哪些监督管理职权?

答:《传染病防治法》规定,各级政府卫生行政部门主要有以下监督管理职权:

(1)对传染病的预防、治疗、监测、控制和疫情管理措施进行监督、检查;

（2）责令被检查单位或者个人限期改进传染病防治管理工作；

（3）依照本法规定，对违反本法的行为给予行政处罚。

国务院卫生行政部门可以委托其他有关部门卫生主管机构在本系统内行使前款所列职权。

449. 对哪些违反《传染病防治法》的行为，县级以上政府卫生行政部门可采取强制措施?

答:《传染病防治法》第三十五条规定，有下列行为之一的，由县级以上政府卫生行政部门责令限期改正，可以处以罚款；有造成传染病流行危险的，由卫生行政部门报请同级政府采取强制措施：

（1）供水单位供应的饮用水不符合国家规定的卫生标准的；

（2）拒绝按照卫生防疫机构提出的卫生要求，对传染病病原体污染的污水、污物、粪便进行消毒处理的；

（3）准许或者纵容传染病病人、病原携带者和疑似传染病病人从事国务院卫生行政部门规定禁止从事的易使传染病扩散的工作的；

（4）拒绝执行卫生防疫机构依照本法提出的其他预防、控制措施的。

450. 违反《传染病防治法》，造成流行危险的，应当承担什么法律责任?

答：对违反《传染病防治法》第三十五条规定所列行为之一的，引起非典型肺炎传播或者有传播严重危险的，可以依照《刑法》有关规定追究刑事责任。对从事实验、保藏、携带、运输传染病菌种、毒种的人员，违反国务院卫生行政部门的有关规定，造成传染病菌种、毒种扩散，后果严重的，依照《刑法》第三百三十一条的规定追究刑事责任；情节轻微的，给予行政处分。《传染病防治法》第三十九条规定，从事传染病的医疗保健、卫生防疫、监督管理的人员和政府有关主管人员玩忽职守，造成传染病传播或者流行的，给予行政处分；情节严重，构成犯罪的，依照《刑法》的有关规定追究刑事责任。

451. 法定管理的传染病病种有哪些?

答：我国已颁布的《中华人民共和国传染病防治法》规定管理的传染病为甲、乙、丙三类35种。2003年4月23日国务院决定将非典型肺炎列为我国法定传染病进行依法管理。

甲类传染病也称为强制管理传染病，包括鼠疫、霍乱，以及现列入管理的传染性非典型肺炎。

乙类传染病也称为严格管理传染病，包括病毒性肝炎、狂犬病、炭疽、流行性乙型脑炎、疟疾等22种。对其中的艾滋病、淋病、梅毒、狂犬病和炭疽病人必要时可采取某些强制性措施，控制其传播。

丙类传染病也称为监测管理传染病，包括流行性腮腺炎等11种。

452. 什么是传染性非典型肺炎？

答：传染性非典型肺炎是由冠状病毒的新变种引起的呼吸道急性传染病。自2003年初以来在我国局部地区发生，主要通过近距离空气飞沫和密切接触传播的呼吸道传染病，表现为发热（体温38℃以上），干咳少痰，全身酸痛，乏力，部分病人有气促等呼吸困难症状，早期白细胞正常或降低，肺部影像学显示肺炎改变。

453. 甲乙类传染病由哪个部门公布？

答：国务院可以根据情况，增加或者减少甲类传染病病种，并予公布。国务院卫生行政部门可以根据情况，增加或者减少乙类传染病病种，并予公布。

454. 由哪个部门负责传染病防治工作的监督管理？

答：各级政府卫生行政部门对传染病防治工作实行统一监督管理。

455. 传染病防治中单位和公民的义务是什么？

答：在中华人民共和国领域内的一切单位和个人，必须接受医疗保健机构、卫生防疫机构有关传染病的查询、检验调查取证以及预防控制措施，并有权检举、控告违反《中华人民共和国传染病防治法》的行为。

456. 传染病防治中各级政府的义务是什么？

答：各级政府应当开展预防传染病的卫生健康教育，组织力量消除鼠害和蚊、蝇等病媒昆虫以及其他传播传染病的或者患有人畜共患传染病的动物的危害。有计划地建设和改造公共卫生设施，对污水、污物、粪便进行无害化处理，改善饮用水卫生条件。

457. 甲类传染病病原体的污染物该如何处理？

答：被甲类传染病病原体污染的污水、污物、粪便，有关单位和个人必须在卫生防疫机构的指导监督下进行严密消毒后处理；拒绝消毒处理的，当地政府可以采取强制措施。

458. 发现病人或疑似病人首先应向哪个部门报告？

答：任何人发现传染病病人或疑似传染病病人时，都应当及时向附近的医疗保健机构或者卫生防疫机构报告。这是每个公民应尽的义务。

459. 对甲类传染病人的控制有何法定措施?

答：对甲类传染病病人和病原携带者，予以隔离治疗。隔离期限根据医学检查结果确定,拒绝隔离治疗或者隔离期未满擅自脱离隔离治疗的,可以由公安部门协助治疗单位采取强制隔离治疗措施。

对疑似甲类传染病病人，在明确诊断前，在指定场所进行医学观察。

传染病病人及其亲属和有关单位以及居民或者村民组织应当配合实施以上措施。

460. 何为传染病防治中的紧急措施？哪级政府有紧急措施的决定、解除权?

答: 传染病暴发、流行时，当地政府应当立即组织力量进行防治，切断传染病的传播途径；必要时，报经上一级地方政府决定，可以采取下列紧急措施:（1）限制或者停止集市、集会、影剧院演出或者其他人群聚集的活动;（2）停工、停业、停课;（3）临时征用房屋、交通工具;（4）封闭被传染病病原体污染的公共饮用水源。

紧急措施的决定权、解除权属于县级以上地方政府。

461. 卫生行政部门对甲类传染病有哪些法定监督管理权?

答: 各级政府卫生行政部门对传染病防治工作行使下列监督管理职权:（1）对传染病的预防、治疗、监测、控制和疫情管理措施进行监督、检查;（2）责令被检查单位或个人限期改进传染病防治管理工作;（3）依照《中华人民共和国传染病防治法》规定，对违法的行为给予行政处罚。

462. 有关名词解释

（1）传染病病人、疑似传染病病人：指根据国务院卫生行政部门发布的《中华人民共和国传染病防治规定管理的传染病诊断标准》,符合传染病病人和疑似传染病病人诊断标准的人。

（2）暴发：指在1个局部地区，短期内，突然发生多例同1种传染病病人。

（3）流行：指1个地区某种传染病发病率显著超过该病历年的一般发病率水平。

（4）疫区：指传染病在人群中暴发或者流行，其病原体向周围传播时可能波及的地区。

（5）医源性感染：指在医学服务中，因病原体传播引起的感染。

（6）消毒：指用化学、物理、生物的方法杀灭或者消除环境中的致病性微生物。

（7）卫生处理：指消毒、杀虫、灭鼠等卫生措施以及隔离、留验、就地检验等医学措施。

463. 饲养动物的单位和个人有哪些法定义务?

答：综合《动物防疫法》的各项规定，饲养动物的单位和个人主要有以下法定义务：

（1）依法履行动物疫病强制免疫义务，按照兽医部门的要求做好免疫、消毒等动物疫病预防工作；

（2）按照兽医部门的规定建立免疫档案，加施畜禽标识；

（3）及时向兽医部门报告动物疫情,不对社会发布动物疫情信息；

（4）按照兽医部门的规定处理病死或者死因不明的动物尸体及其排泄物、垫料、包装物、容器等污染物；

（5）遵守县级以上人民政府及其兽医主管部门依法作出的有关控制、扑灭动物疫病规定；

（6）接受并配合动物卫生监督所的监督检查；

（7）接受并配合动物疫病预防控制中心对动物疫病的检测；

（8）开办的养殖场要具备国务院兽医主管部门规定的动物防疫条件,并取得县级以上地方人民政府兽医主管部门颁发的《动物防疫条件合格证》；

（9）销售动物前要向动物卫生监督所申报检疫；

（10）依法按规定标准缴纳动物检疫费、检测费。

464. 养殖场如何办理动物防疫条件合格证？如不办理将受到如何处理?

答：首先，应向县级以上兽医主管部门提出申请，并附相关材料；其次，接受动物卫生监督所的现场审查，经审查合格，发给动物防疫条件合格证；最后，需要办理工商登记的话，再持动物防疫条件合格证到工商部门申办登记注册手续。

如果不办理动物防疫条件合格证，根据《动物防疫法》第七十七条规定：由动物卫生监督机构责令改正，处一千元以上一万元以下罚款；情节严重的，处一万元以上十万元以下罚款。

465. 兴办动物养殖场需要什么条件?

答：根据《动物防疫法》第十九条规定，应当符合以下几个条件：

（1）场所的位置于居民区、生活饮用水源地、学校、医院等公共场所的距离符合国务院兽医主管部门规定的标准；

（2）生产区封闭隔离，工程设计和工艺流程符合动物防疫要求；

（3）有相应的污水、污物、病死动物、染疫动物产品的无害化处理设施设备和消毒清洗设施设备；

（4）有为其服务的动物防疫技术人员；

（5）有完善的动物防疫制度；

（6）具备国务院兽医主管部门规定的其他动物防疫条件。

466. 人工捕获的野生动物可以饲养吗?

答：根据《动物防疫法》第四十七条规定，人工捕获的可能传播动物疫病的野生动物，应当报经捕获地动物卫生监督机构检疫，经检疫合格的，方可饲养、经营和运输。

467. 从事动物养殖的单位和个人，不履行强制免疫义务将受到如何处理?

答：根据《动物防疫法》第七十三条规定，由动物卫生监督机构责令改正，给予警告；拒不改正的，由动物卫生监督机构代作处理，所需处理费用由违法行为人承担，可以处一千元以下罚款。

468. 销售没有检疫证明的动物要负什么法律责任?

答：根据《动物防疫法》第七十八条规定，屠宰、经营、运输的动物未附有检疫证明，经营和运输的动物产品未附有检疫证明、检疫标志的，由动物卫生监督机构责令改正，处同类检疫合格动物、动物产品货值金额百分之十以上百分之五十以下罚款；对货主以外的承运人处运输费用一倍以上三倍以下罚款。

469. 动物养殖场不依法建立养殖档案，要承担什么法律责任?

答：根据《动物防疫法》第七十四条、《畜牧法》第六十六条规定，可以处一万元以下罚款。

470. 养殖动物的单位和个人不依法加施畜禽标识的，要承担什么法律责任?

答：根据《动物防疫法》第七十四条、《畜牧法》第六十八条规定，不加施畜禽标识的，可以处2000元以下罚款。

471. 养殖动物的单位和个人不履行动物疫情报告义务的，要承担什么法律责任?

答：根据《动物防疫法》第八十三条规定，由动物卫生监督机构责令改正；拒不改正的，对违法行为单位处一千元以上一万元以下罚款，对违法行为个人可以处五百元以下罚款。

472. 不遵守县级以上人民政府及其兽医主管部门依法作出的有关控制、扑灭动物疫病规定，要承担什么法律责任?

答：根据《动物防疫法》第八十条规定，由动物卫生监督机构责令改正，处一千元以上一万元以下罚款。

473. 不依法接受动物卫生监督所的监督检查，要承担什么法律责任？

答：根据《动物防疫法》第八十三条规定，由动物卫生监督机构责令改正；拒不改正的，对违法行为单位处一千元以上一万元以下罚款，对违法行为个人可以处五百元以下罚款。

474. 不依法接受动物疫病预防控制中心对动物疫病的检测，要承担什么法律责任？

答：根据《动物防疫法》第八十三条规定，由动物卫生监督机构责令改正；拒不改正的，对违法行为单位处一千元以上一万元以下罚款，对违法行为个人可以处五百元以下罚款。

475. 在什么情况下，动物及其产品需要销毁？

答：根据国家有关技术规程的规定，发生动物疫病时，对患一类动物疫病的动物及其染疫动物产品必须进行销毁处理；对其他病死、扑杀的动物及染疫动物产品，可采用深埋或焚烧等方法进行无害化处理。

476. 谁负有报告动物疫情的法定义务？向谁报告？

答：根据《动物防疫法》第二十六条规定，以下单位和个人有报告动物疫情的法定义务：（1）从事动物疫病研究与诊疗的；（2）从事动物饲养的；（3）屠宰动物的；（4）经营动物的；（5）运输动物的；（6）实施动物隔离的；（7）对动物进行监测与检疫的；（8）发现动物染疫或者疑似染疫的。

发现动物疫情的单位和个人，应当立即向以下任何一个单位报告：（1）当地兽医主管部门；（2）当地动物卫生监督所；（3）当地动物疫病预防控制中心。

477. 动物疫情由谁负责认定和公布？

答：动物疫情由县级以上兽医主管部门认定；其中重大动物疫情由省级兽医主管部门认定。动物疫情由国务院兽医主管部门负责向社会公布，其他部门和个人不得发布动物疫情。违法发布动物疫情的，将由动物卫生监督机构处一千元到一万元的罚款。

478. 发生动物疫情后，法律规定由谁来处理？

答：发生一类动物疫病时，由当地兽医主管部门派人到现场处理，由县级以上人民政府发布封锁令。

479. 乱发布动物疫情将受到什么法律惩罚？

答：根据《动物防疫法》第八十条规定，由动物卫生监督机构责令改正，处一千元以上一万元以下罚款。

480. 藏匿、转移和盗挖被依法处理的动物及动物产品将受到什么处罚？

答：根据《动物防疫法》第八十条规定，藏匿、转移、盗掘已被依法隔离、封存、处理的动物和动物产品的，由动物卫生监督机构责令改正，处一千元以上一万元以下罚款。

481. 什么人不得从事动物生产经营活动？

答：根据《动物防疫法》第二十三条规定，患有人畜共患传染病的人员，不得直接从事动物诊疗以及易感动物的饲养、屠宰、经营、隔离、运输等活动。

482. 不遵守《动物防疫法》，导致动物疫病传播流行的，应承担什么法律责任？

答：根据《动物防疫法》第八十四条规定，违反《动物防疫法》导致动物疫病传播、流行等，给他人人身、财产造成损害的，依法承担民事责任。构成犯罪的，依法追究刑事责任。

483. 开办动物屠宰场如何办理《动物防疫条件合格证》手续？

答：首先，应向县级以上兽医主管部门提出申请，并附相关材料；其次，接受动物卫生监督所的现场审查，经审查合格，发给动物防疫条件合格证；最后，需要办理工商登记的话，再持动物防疫条件合格证到工商部门申办登记注册手续。如果屠宰场动物防疫条件不合格，未取得动物防疫条件合格证的，根据《动物防疫法》第七十七条规定，由动物卫生监督机构责令改正，处一千元以上一万元以下罚款；情节严重的，处一万元以上十万元以下罚款。

484. 开办动物屠宰场应当具备什么条件？

答：需要符合以下几项基本条件：

（1）场所的位置于居民区、生活饮用水源地、学校、医院等公共场所的距离符合国务院兽医主管部门规定的标准；

（2）生产区封闭隔离，工程设计和工艺流程符合动物防疫要求；

（3）有相应的污水、污物、病死动物、染疫动物产品的无害化处理设施设备和消毒清洗设施设备；

（4）有为其服务的动物防疫技术人员；

（5）有完善的动物防疫制度；

（6）具备国务院兽医主管部门规定的其他动物防疫条件。

485. 动物屠宰场在动物防疫方面，平时应当遵守什么规定？

答：应遵守如下几项制度：

（1）畜禽全进全出管理制度；

（2）全面卫生消毒工作制度；

（3）畜禽入场、旋毛虫检验、耳标回收等登记制度；

（4）无害化处理制度。

486. 什么是无害化处理？

答：无害化处理是指用化学、物理及其他方法消除染疫动物及动物产品病害因子的强制措施。无害化处理也适用于染疫动物及动物产品的运载工具、垫料、污水及其他相关物品。

487. 什么情况下，要对动物及其产品进行无害化处理？

答：对检疫不合格的动物产品必须进行无害化处理；其中包括染疫动物及动物产品的运载工具、垫料、污水及其他相关物品。

488. 需要屠宰动物的，依法应当办理什么手续？

答：根据《动物防疫法》第四十二条、四十三条规定，屠宰动物前，货主应当向当地动物卫生监督机构申报检疫，经官方兽医检疫合格的，出具检疫证明、加施检疫标志；取得检疫证明和附具有检疫标志的动物才能准予进入屠宰场屠宰。

489. 屠宰未附有检疫证明动物的，应当承担什么法律责任？

答：根据《动物防疫法》第七十八条规定，由动物卫生监督机构责令改正，处同类检疫合格动物、动物产品,货值金额百分之十以上百分之五十以下罚款；对货主以外的承运人处运输费用一倍以上三倍以下罚款。

490. 什么是一类动物疫病？

答：一类动物疫病是指对人畜危害严重，须采取紧急、严厉的强制预防、控制、扑灭措施的动物疫病。

491. 哪些动物产品必需销毁？

答：凡患有炭疽、鼻疽、牛瘟、恶性水肿、气肿疽、狂犬病、羊快疫、羊肠毒血症、马流行性淋巴管炎、马传贫等恶性传染病动物产品，以及严重病变组织、甲状腺、肾上腺、病变淋巴组织等有害腺体必须采用销毁处理。

492. 销毁动物产品有哪几种方法?

答：按照国GB16548 - 2006《病害动物和病害动物产品生物安全处理规程》规定，销毁动物产品有焚毁和掩埋处理两种方法。

493. 什么情况下，对动物产品进行封存留验?

答: 对疑似染疫动物和动物产品,以及需作进一步检验的动物及其产品,可以封存留验。

494. 什么情况下，要对动物进行隔离观察?

答：出现以下两种情况时，需要对动物进行隔离观察：一是在饲养、经营的动物群体中，发现有明显疫病症状的动物。二是在饲养、经营的动物群体中，发现虽无明显疫病症状，但发热或经检验为阳性的动物。

495. 待宰畜禽发现传染病时应如何处理?

答：待宰畜禽发现传染病时，应根据不同性质作如下处理：

（1）确诊为法定恶性、烈性传染病的，不准屠宰，应采用不放血方法扑杀；

（2）检查出患有或疑似恶性传染病的死亡畜尸，不能冷宰食用，只能销毁；

（3）对有恶性传染病的同群家畜，应测温，体温正常的进行急宰，不正常的销毁；

（4）对患有其他传染病和普通病的应在指定急宰间屠宰，并报告疫情。

496. 处理检疫不合格的动物和动物产品，所需费用由谁承担?

答：根据《动物防疫法》规定，处理所需费用由货（畜）主负责承担。

497. 动物检疫收费项目有哪些?

答：动物检疫收费项目有4种：

（1）依法对畜禽实施各种防疫措施的项目；

（2）依法对畜禽及其产品实施检疫的项目；

（3）依法对畜禽及其产品实施消毒的项目；

（4）依法对畜禽及其产品实施除检疫外需作实验室检验的项目。

498. 销售动物及动物产品，需要办理什么手续?

答: 销售动物及动物产品前,货主应当按规定向当地动物卫生监督机构申报检疫,官方兽医对动物及动物产品实施现场检疫合格的,出具检疫证明、加施检疫标志方可出售；运出县外的动物和动物产品,托运人托运时应取得运输检疫证明,运载工具在装载前和卸载后应及时清洗消毒，取得运载工具消毒证明方可运输。

输入到无规定动物疫病区的动物,货主还应当向当地动物卫生监督所申报检疫,经检疫合格后方可进入。

499. 销售自养（生产）动物、动物产品，需要办理手续吗? 如何办理?

答: 销售自养动物或自产动物产品的,同样需要办理产地检疫手续,畜主应当按规定向当地动物卫生监督机构申报检疫,由官方兽医对动物及动物产品实施现场检疫,经检疫合格的,出具检疫证明、加施检疫标志方可出售。

500. 农户自养自宰的动物能卖吗? 为什么?

答: 农户自养的动物按有关规定只能自宰自食，不能拿到市场出售。因为根据《动物防疫法》规定，动物出售前，必须由官方兽医对动物实施现场检疫合格，取得检疫证明，到指定的、合法的动物屠宰场（点）进行集中屠宰，方可出售。

501. 出售动物前为什么要报检?

答: 出售动物前需要报检主要是为了防止动物疫病传播，保证动物质量安全。因此，《动物防疫法》规定，动物在出栏、屠宰、离开产地前必须申报检疫，否则货主就违法，要受到处理和处罚。从货主角度来说，不遵守法律规定，必将遭受更大的经济损失。

502. 经检疫不合格的动物和动物产品如何处理?

答: 经检疫不合格的动物和动物产品，货主应当在动物卫生监督机构监督下按照兽医主管部门的规定进行无害化处理，处理费用由货主承担。

503. 什么情况属于没有检疫证明?

答: 以下几种情况均属于没有检疫证明:（1）未经检疫而未取得检疫证明;（2）虽经检疫但检疫证明已过期失效；（3）检疫证明是伪造的。

504. 禁止经营的动物及动物产品有哪些？

答：根据《动物防疫法》第二十五条规定，禁止屠宰、经营、运输、储藏、加工的动物及动物产品有：（1）封锁区内与发生动物疫病有关的；（2）疫区内易感的；（3）依法应当检疫而未经检疫或检疫不合格的；（4）染疫或疑似染疫的；（5）病死或死因不明的；（6）其他不符合国务院兽医主管部门有关动物防疫规定的。

505. 在什么情况下，需要办理动物检疫审批手续？

答：以下情况需要办理检疫审批手续：跨省、自治区、直辖市引进乳用动物、种用动物及其精液、胚胎、种蛋的，应向输入地动物卫生监督机构申请办理审批手续，合法取得检疫证明。到达输入地应按规定对引进动物进行隔离观察。

506. 出售动物时，需要符合哪些条件才能取得检疫证明？

答：需要同时具备以下条件：（1）产地为非疫区；（2）动物临床检查健康；（3）免疫接种证明在有效期内；（4）必要的实验室检验结果为阴性；（5）兽医部门规定的防疫档案、凭证、标识等齐全。

507. 动物产品出售前,要经过哪几个环节才能出售？

答：动物产品出售前，需要经过：（1）宰前检疫；（2）宰后检疫；（3）实验室检验；（4）外包装或运载工具消毒；（5）按规定标准缴纳检疫费或消毒费；（6）取得动物产品检疫合格证明、检疫标志或运输工具消毒证明。

508. 转让、伪造或变造检疫证明、检疫标志或畜禽标识将受到如何处理？

答：根据《动物防疫法》第七十九条规定，转让、伪造或者变造检疫证明、检疫标志或者畜禽标识的，由动物卫生监督机构没收违法所得，收缴检疫证明、检疫标志或者畜禽标识，并处三千元以上三万元以下罚款。

509. 动物检疫员出具伪证将受到如何处理？

答：动物检疫员出具伪证将由本级人民政府或兽医主管部门责令改正，通报批评；对直接负责的主管人员和其他责任人员依法给予处分。

510. 什么是以证代据？

答：所谓以证代据，是指以检疫证明代替收费收据的行为，这种行为违反了财政法规的规定。

511. 什么是以据代证?

答: 所谓以据代证，是指以收费收据代替检疫证明的行为，违反《动物防疫法》的规定。

512. 经营动物、动物产品的集贸市场需要什么条件?

答: 经营动物、动物产品的集贸市场虽然无须向县级以上兽医主管部门申请动物防疫合格证，但这些单位应当具备国务院兽医主管部门规定的动物防疫条件，才能从事相关经营活动。

这些条件包括:（1）选址、布局、设计、建筑设施、设备符合动物防疫要求;（2）有患病动物隔离间和污水、污物、粪便处理设施;（3）有无害化处理和清洗消毒设备、设施;（4）有采购动物产品检疫情况登记等健全的防疫制度，并由动物卫生监督机构进行审查核实，同时必须接受动物卫生监督机构的监督检查。

513. 从事动物及动物产品运输，需要办理什么手续?

答: 从事动物及动物产品运输的，托运人应取得检疫证明，承运人的运载工具在装载前和卸载后应及时清洗、消毒，取得运载工具消毒证明后，方可承运;

输入到无规定动物疫病区的动物，货主还应当向当地动物卫生监督所申报检疫，经检疫合格后方可进入;

经铁路、公路、水路、航空运输动物和动物产品的，托运人托运时应当提供检疫证明;没有检疫证明的承运人不得承运。

514. 装运动物及动物产品前，该做什么工作?

答: 装运动物及动物产品前，应先取得检疫证明，运载工具在装载前和卸载后应及时清洗、消毒，取得运载工具消毒证明方可运输。清洗、消毒应在动物卫生监督机构监督下进行或代作处理，费用由货主或承运人承担。

515. 动物、动物产品的运载工具、垫料、动物尸体及相关物品可随意处置吗?

答: 动物、动物产品的运载工具、垫料、包装物、容器要符合动物防疫要求。对染疫动物及其排泄物，染疫动物产品、病死或死因不明的动物尸体，运载工具中的动物排泄物以及垫料、包装物、容器等污染物必须按照兽医主管部门规定处理，不得随意处置。

516. 什么是动物检疫消毒?

答：动物检疫消毒，是指为了预防和扑灭各种动物疫病，消灭传染源，由动物卫生监督机构依法对特定的动物产品和运载工具所采取的一种特殊且简便易行的无害化处理措施。

517. 动物检疫消毒对象有哪些?

答：动物检疫消毒对象有：（1）生毛、原皮、精液、胚胎、种蛋以及未经加工的胴体、脂、脏器、血液、绒、骨、角、头、蹄等动物产品；（2）运输动物产品的外包装；（3）动物及其产品的运载工具；（4）其他特殊的动物产品。

518. 动物检疫消毒由谁来实施?

答：动物检疫消毒由动物卫生监督机构所属的工作人员负责具体实施。

519. 检疫处理包括什么内容?

答：检疫处理包括两种：（1）对经检疫合格的动物和动物产品出具检疫证明、加施检疫标志；（2）对发现染疫的动物和动物产品，按国家有关技术标准的规定进行无害化处理。

520. 检疫处理时，由谁来指定处理场地（所）？其基本防疫条件是什么?

答：检疫处理场所必须由县级以上兽医主管部门或动物卫生监督机构指定。该场所应当是：（1）健康畜禽必须与染疫畜禽隔离、分宰、分存、分运；（2）实行分区管理，出入口设有消毒池并达到消毒效果；（3）动物防疫规章制度健全。

521. 开办动物产品加工厂需要履行什么义务?

答：开办动物产品加工厂应当依照《动物防疫法》和兽医主管部门的规定，做好免疫、消毒等动物疫病预防工作。完善防疫设施设备，建立各项防疫制度，安排专人负责防疫工作等，取得《动物防疫条件合格证》。

522. 开办动物产品加工厂需要什么条件?

答：开办动物产品加工厂的条件是：其选址、工程设计和工艺流程应当符合国务院兽医主管部门规定的动物防疫条件，取得县级以上兽医主管部门颁发的动物防疫条件合格证，到工商部门申办登记注册手续。

523. 开办动物诊所要办手续吗？怎么办？

答：要。开办动物诊疗机构应当向县级以上兽医主管部门申请动物诊疗许可证，再凭此证向工商部门申办营业执照，方可从事动物诊疗活动。

524. 开办动物诊所需要具备什么条件？

答：开办动物诊疗活动的机构需要具备以下条件：

（1）有与动物诊疗活动相适应的并符合动物防疫条件的场所；

（2）有与动物诊疗活动相适应的职业兽医；

（3）有与动物诊疗活动相适应的兽医器械和设备；

（4）有完善的管理制度。

525. 开办动物诊所的单位和个人，有什么法定义务？

答：要承担以下义务：

（1）做好诊疗活动中卫生安全防护、消毒、隔离和诊疗废弃物处置等工作；

（2）应当遵守有关动物诊疗的操作技术规范，使用符合国家规定的兽药和兽医器械；

（3）诊所内的执业兽医应当按照当地人民政府或兽医主管部门的要求，参与预防、控制和扑灭动物疫病的活动。

526. 无动物诊疗许可证从事动物诊疗活动将受到如何处理？

答：非法从事动物诊疗活动将根据情况受到不同处罚：（1）无证经营的，没收非法所得，非法所得在3万元以上的处非法所得的1–3倍的罚款；不足3万者处3000–30000元罚款；（2）动物诊疗机构违反规定造成疫病扩散的处一万到五万元罚款，情节严重的吊销动物诊疗许可证。

527. 执业兽医什么样的行为将受到处罚？

答：执业兽医具有以下违法行为之一的，将受到处罚：

（1）违反有关动物诊疗的技术操作规范，造成或可能造成动物疫病传播、流行的；

（2）使用不符合国家规定的兽药和兽医器械的；

（3）不按当地人民政府或兽医主管部门的要求，参与预防、控制和扑灭动物疫病的活动的。

528. 无执业兽医资格行医会有什么后果？

答：未经兽医执业注册（即无执业兽医资格）从事动物诊疗活动的，由动物卫生监督机构责令停止动物诊疗活动，没收违法所得，视情节并处1000–10000元罚款。

529. 从事动物产品储藏，应当遵守什么规定?

答：专门从事动物产品储藏的，应当严格遵守以下规定：

（1）禁止储藏下列动物产品：①封锁区内与发生动物疫病有关的；②疫区内易感的；③依法应当检疫而未经检疫或检疫不合格的；④染疫或疑似染疫的；⑤病死或死因不明的；⑥其他不符合国务院兽医主管部门有关动物防疫规定的。

（2）建立严格的凭检疫证入库制度和消毒等制度。

530. 从事动物产品储藏，应履行什么防疫义务?

答：从事动物产品储藏应履行如下几义务：（1）发现染疫动物产品的，履行报告义务；（2）如实提供与动物防疫活动有关资料；（3）接受动物卫生监督机构进行监督检查；（4）接受动物疫病预防控制机构进行动物疫病监测、检测。

531. 什么是官方兽医?

答：官方兽医是指具备规定的资格条件并经兽医主管部门任命的，负责出具检疫等证明的国家兽医工作人员。

532. 什么是执业兽医?

答：执业兽医是指从事动物诊疗和动物保健等经营活动的兽医。

533. 具备什么条件才可以获得执业兽医资格?

答：凡具有兽医相关专业大学专科以上学历的，可以申请参加执业兽医资格考试；考试合格的，由国务院兽医主管部门颁发执业兽医资格证书后，才拥有执业兽医资格。

534. 取得执业兽医资格证书，就可以开动物诊所了吗?

答：不能。根据《动物防疫法》的规定，只取得执业兽医资格书还不能从事动物诊疗活动，还应当向当地县级兽医主管部门申请注册。经注册的执业兽医，方可从事动物诊疗、开具兽药处方等活动。

535. 什么是国家一级保护动物和二级保护动物?

答：《野生动物保护法》第九条将国家重点保护野生动物划分为国家一级保护动物和国家二级保护动物两种，并在其他条文中规定了不同的管理措施，但它们的法律地位是相同的。《国家重点保护野生动物名录》已于1988年12月10日经国务院批准，1989年1月14日由林业部、农业部发布施行。名录中列入陆生野生动物330多种，其中，国家一级保护陆生野生动物有大熊猫、野骆驼、黑鹳黑颈鹤等共90多种；国家二级保护陆生野生动物有豺、荒漠猫、兔狲、大天鹅、猎隼等共230多种。

536. 什么是地方重点保护野生动物?

答：地方重点保护野生动物是指国家重点保护野生动物以外，由省、自治区、直辖市规定重点保护的野生动物。在法律意义上，也就是指列入地方重点保护野生动物名录的野生动物。一般来讲，地方重点保护野生动物在全国范围内都具有一定的数量或者相对较为珍贵。对这类动物除了按照《野生动物保护法》进行管理外，还要按照各省、自治区、直辖市人大常委会制定的地方性法规进行管理。根据《野生动物保护法》第九条的规定，地方重点保护野生动物名录由省、自治区、直辖市人民政府制定并公布，并报国务院备案。应当指出，已经列入《国家重点保护野生动物名录》的，不得列入地方重点保护野生动物名录。

537. 什么是濒危野生动物?

答：濒危野生动物是指在其整个分布区或分布区的主要部分中处于有灭绝危险的野生动物。这些野生动物物种的种群已经减少到勉强可以繁殖后代的地步，其地理分布狭窄，仅仅存在于典型地方或出现在有限的、脆弱的环境中。如果不利于其生长和繁殖的因素继续存在或发生，便会很快灭绝。按照世界公认的标准，一个物种的数量少到以百计算时，即为濒危物种。目前许多野生动物濒危的原因，多是由于人类的过度开发利用和对其特殊环境的破坏造成的。濒危野生动物是国际公约和我国野生动物保护法明确要保护的野生动物。

538. “家养”动物还是不是野生动物?

答：有些农民朋友问，我养殖的种类已经繁殖多代，成了“家养”动物，而且其他地方也在养，甚至加工、经营已形成规模，还算不算野生动物了？这里要告诉农民朋友，是不是野生动物，并不是根据繁殖了多少代或者动物所处的场所，即圈（笼）养还是野生状态来决定的；凡是前面讲的那两类动物名单里的种类，不论野外的还是圈（笼）养的，包括它们繁殖的后代，都是野生动物，都要按照《野生动物保护法》进行管理。这是因为它们虽经多代饲养，并没有发生生物学上的变化，从外观和遗传方面与野外的相比也没有改变。比如山鸡（环颈雉）经过长期饲养，已经很普遍并形成很大规模，但由于没有经过定向培育（例如杂交育种）的过程，养殖场所养的和野外的山鸡是无法区分的，所以仍然属于野生动物。

539. 国家允许农民养殖野生动物吗？

答：大家知道，野生动物是一项宝贵的自然资源，保护这项资源的目的，除了维护自然生态环境外，另一个重要目的就是满足社会上的一些需求，比如观赏、医药、毛皮、食用以及某些轻工原料等。但由于野生动物在自然界里的增长是有限度的，加上不断受到捕杀，所以国家确定保护野生动物的总的方针是：加强资源保护，积极驯养繁殖，合理开发利用。在《野生动物保护法》中还明确规定"国家鼓励驯养繁殖野生动物"。正确地开展野生动物的养殖活动，就可以减少野外资源的消耗，也是对资源的保护。但是，根据我国野生动物资源状况和不同的养殖目的，按照政府主管部门的要求，并不是任何情况下、任何种类的野生动物都允许饲养的；对于农民来说，养殖的目的主要是为了发展经济，所以应当选择有比较稳定的市场，国家允许产品加工、经营的种类；对于野生动物管理部门来说，农民的养殖活动能够符合以下两点，一般都是允许的：（1）养殖的动物是国家政策允许或正在推广养殖的种类。如鹿、蓝孔雀、鸵鸟这类传统养殖或外来的。（2）饲养的种源是合法取得的。一般是指从具有林业部门发给的"野生动物驯养繁殖许可证"或"野生动物经营许可证"的养殖场购买的。

540. 我国保护野生动植物的主管部门是哪个部门？

答：陆生野生动植物归林业主管部门保护，在自治区内，保护陆生野生动物的主管部门是区、市、县林业局，水生野生动物归渔业部门主管。

541. 具备什么条件的单位和个人可以驯养繁殖野生动物？

答：（1）有适宜驯养繁殖野生动物的固定场所和必需的设施；（2）具备与驯养繁殖的野生动物种类、数量相适应的资金、人员和技术；（3）驯养繁殖野生动物的饲料来源有保证。驯养繁殖陆生野生动物需到当地林业部门申请驯养繁殖许可证。

542. 国家对哪些保护野生动物的行为给予奖励和表彰？

答：（1）对保护、救治野生动物有功的单位和个人；（2）对举报、揭发、查处违反野生动物保护法律法规的行为有功的单位和个人；（3）在野生动物的驯养繁殖、科学研究等工作中成绩突出的单位和个人。

543. 违法捕杀国家重点保护野生动物应受什么处罚？

答：情节严重的，送公安机关依刑法处罚；情节轻微不需判处刑罚的，没收猎获物、捕猎工具和违法所得，并处猎获物价值十倍以下的罚款；猎获物价值难以确定的，处以十万元以下罚款；没有猎物的，处以一万元以下罚款。

544. 违法捕杀非国家重点保护野生动物的，应受什么处罚?

答：没收猎获物、捕猎工具和违法所得，处以猎物价值5倍以下的罚款；没有猎获物的处以1000元以下罚款。

545. 未取得采集证或者未按照采集规范要求采集自治区重点保护野生植物的怎么处理?

答：由野生植物行政主管部门没收违法所采集的野生植物和违法所得，可以并处3万元以下罚款；有采集证的，并可以吊销采集证。

546. 未取得驯养繁殖许可证或者超越许可证规定范围驯养重点保护野生动物的怎么处理?

答：由野生动物行政主管部门没收违法所得，处3000元以下罚款，可以并处没收野生动物，吊销驯养繁殖许可证。

547. 每一个公民有没有保护野生动植物的义务?

答：中华人民共和国公民有保护野生动植物资源的义务，对侵占或者破坏野生动物资源的行为有权检举和控告。

548. 《农业机械化促进法》是什么时候颁布，从什么时候开始实施?

答：《中华人民共和国农业机械化促进法》是2004年6月25日经第十届全国人大常委会第十次会议通过，自2004年11月1日起施行。

549. 什么叫农业机械？什么叫农业机械化?

答：农业机械，是指用于农业生产及其产品初加工等相关农事活动的机械、设备。农业机械化，是指运用先进适用的农业机械装备农业，改善农业生产经营条件，不断提高农业的生产技术水平和经济效益、生态效益的过程。

550. 《农业机械化促进法》对国家在推进农业机械化方面作了哪些规定?

答：国家引导、支持农民和农业生产经营组织自主选择先进适用的农业机械。任何单位和个人不得强迫农民和农业生产经营组织购买其指定的农业机械产品。国家采取措施，开展农业机械化科技知识的宣传和教育，培养农业机械化专业人才，推进农业机械化信息服务，提高农业机械化水平。国家鼓励和支持农民合作使用农业机械，提高农业机械利用率和作业效率，降低作业成本。

国家支持和保护农民在坚持家庭承包经营的基础上，自愿组织区域化、标准化种植，提高农业机械的作业水平。任何单位和个人不得以区域化、标准化种植为借口，侵犯农民的土地承包经营权。

551. 农业机械生产者和销售者对其生产、销售的农业机械产品应承担什么责任？

答：农业机械生产者、销售者应当对其生产、销售的农业机械产品质量负责，并按照国家有关规定承担零配件供应和培训等售后服务责任。农业机械生产者应当按照国家标准、行业标准和保障人身安全的要求，在其生产的农业机械产品上设置必要的安全防护装置、警示标志和中文警示说明。农业机械产品不符合质量要求的，农业机械生产者、销售者应当负责修理、更换、退货；给农业机械使用者造成农业生产损失或者其他损失的，应当依法赔偿损失。

552. 农业机械产品因不符合质量要求，给农业机械使用者造成损失的，该怎么办？

答：农业机械产品不符合质量要求，给农业机械使用者造成农业生产损失或者其他损失的，农业机械使用者有权要求农业机械销售者先予赔偿。农业机械销售者赔偿后，属于农业机械生产者的责任的，农业机械销售者有权向农业机械生产者追偿。

因农业机械存在缺陷造成人身伤害、财产损失的，农业机械生产者、销售者应当依法赔偿损失。

553.《农业机械化促进法》对农民、农业机械作业组织提供有偿农业机械作业服务方面作了哪些规定？

答：农民、农业机械作业组织可以按照双方自愿、平等协商的原则，为本地或者外地的农民和农业生产经营组织提供各项有偿农业机械作业服务。有偿农业机械作业应当符合国家或者地方规定的农业机械作业质量标准。

从事农业机械维修，应当具备与维修业务相适应的仪器、设备和具有农业机械维修职业技能的技术人员，保证维修质量。维修质量不合格的，维修者应当免费重新修理；造成人身伤害或者财产损失的，维修者应当依法承担赔偿责任。

554. 国家对促进农业机械化方面有哪些扶持措施？

答：《农业机械化促进法》规定，中央财政、省级财政应当分别安排专项资金，对农民和农业生产经营组织购买国家支持推广的先进适用的农业机械给予补贴。从事农业机械生产作业服务的收入，按照国家规定给予税收优惠。国家根据农业和农村经济发展的需要，对农业机械的农业生产作业用燃油安排财政补贴。燃油补贴应当向直接从事农业机械作业的农民和农业生产经营组织发放。

555. 什么叫种子?

答：种子法第二条规定：本法所称种子，是指农作物和林木的种植材料或繁殖材料，包括籽粒、果实和根、茎、苗、芽、叶等。

556. 什么叫种质资源?

答：种质资源也叫品种资源或遗传资源。根据种子法第74条规定，种质资源是指选育新品种的基础材料，包括植物的栽培种、野生种的繁殖材料以及利用上述繁殖材料人工创造的各种植物的遗传材料。具体包括粮、棉、油、麻、桑、茶、糖、菜、烟、果、药、花卉、牧草、绿肥及其他种用的籽粒、果实和根、茎、苗、芽等繁殖材料和近缘生植物以及人工创造的各种遗传材料。

557. 什么叫品种?

答：种子法第74条规定：品种是指经过人工选育或者发现并经过改良，形态特征和生物学特征一致，遗传性状相对稳定的植物群体。

558. 什么叫转基因品种?

答：是指应用转基因技术将有特殊经济价值的基因引入植物体内，从而获得高产、优质、抗病虫害的转基因农作物新品种。种子法第14条规定：转基因植物品种的选育、试验、审定和推广应当进行安全性评价，并采取严格的安全控制措施。

559. 主要农作物范围规定是怎样的?

答：种子法配套规章《中华人民共和国农业部令》第51号第1条规定：根据国务院的有关规定，农作物包括粮食、棉花、油料、麻类、糖料、蔬菜、果树（核桃、板栗等干果除外）、茶树、花卉（野生珍贵花卉除外）、桑树、烟草、中药材、草类、绿肥、食用菌等作物以及橡胶等热带作物。

560. 主要农作物品种在推广应用前是否需要审定（认定）通过？

答：种子法第15条规定：主要农作物品种和主要林木品种在推广应用前应当通过国家级或者省级审定，申请者可以直接申请省级审定或者国家级审定。种子法第17条规定：应当审定的农作物品种未经审定通过的，不得发布广告，不得经营、推广。

561. 种子生产者指的是谁？

答：种子生产者是指具有生产权利、组织生产、对最终产品质量负责的单位或个人，不一定是具体从事种子生产的单位或个人。

562. 种子生产者应遵循哪些义务？

答：种子生产者应遵循下列义务：（1）按照种子生产许可证规定的作物种类、地点、规模生产；（2）严格执行种子生产技术规程和种苗产地检疫规程；（3）生产的种子达到国家或地方规定的质量标准；（4）接受种子管理部门的检查监督。

563. 为什么要对种子生产实行许可制度？

答：种子法第20条规定：主要农作物和林木的商品种子生产实行许可制度。主要农作物杂交种子及其亲本种子、常规种原种种子、主要林木良种的种子生产许可证，由生产所在地县级人民政府农业、林业行政主管部门审核；省、自治区、直辖市人民政府农业、林业行政主管部门核发；其他种子的生产许可证，由生产所在地县级以上人民政府农业、林业行政主管部门核发。

种子法第22条规定：种子生产许可证应当注明生产种子的品种、地点和有效期限等项目。禁止伪造、变造、买卖、租借种子生产许可证；禁止任何单位和个人无证或者未按照许可证的规定生产种子。

564. 申请领取种子生产许可证的单位和个人，应当具备什么条件？

答：根据种子法第21条规定：申请领取种子生产许可证的单位和个人，应当具备下列条件：（1）具有繁殖种子的隔离和培育条件；（2）具有无检疫性病虫害的种子生产地点或者县级以上人民政府林业行政主管部门确定的采种林；（3）具有与种子生产相适应的资金和生产、检疫设施；（4）具有相应的专业种子生产和检验技术人员；（5）法律、法规规定的其他条件。申请领取具有植物新品种权的种子生产许可证的，应当征得品种权人的书面同意。

565. 种子生产许可证是怎样审批的?

答:种子生产许可证实行分级审批制度。主要农作物杂交种子、杂交亲本种子、常规作物原种种子事关重大,生产条件要求较为严格,对生产者的技术要求较高,其种子生产许可证由生产所在地省级农业行政主管部门核发;外商投资农作物种子企业生产种子由生产所在地省级农业行政主管部门核发种子生产许可证。其他农作物种子的生产许可证由生产所在地县级农业行政主管部门核发。主要农作物杂交种一般包括杂交水稻和杂交玉米,是否还包括其他作物由各省、直辖市、自治区自行规定。生产种子的单位应当注意了解种子生产所在地的有关规定。

566. 申办种子许可证要经过哪些程序?

答:种子法第21条规定,申办种子生产许可证要经过如下程序:

(1)商品种子生产单位或个人在播种前一个月向有关农业行政主管部门(种子管理部门)提出申请,递交下列资料:单位负责人签署的《种子生产许可证申请表》;农作物种子生产基地情况介绍;主要技术人员资格证明;注册资本证明;检验设施和仪器设备清单及产权或使用权证明;种子生产质量保证制度等。

(2)种子管理部门核实,必要时种子管理部门可以到基地检查,对条件符合要求的由农业行政主管部门发给《种子生产许可证》。种子生产单位根据许可内容进行生产。

(3)种子管理部门发现生产单位未按要求进行生产,可根据具体情况,取消生产单位的生产资格,收回《种子生产许可证》。

567. 什么是种子经营许可制度?

答:种子经营是指生产出来的种子通过种种渠道、最终到达使用者农民手中的全过程,包括销售的各个环节,售前售中售后服务。由于农作物种子是特殊商品,国家规定实行许可经营制度。种子法第26条规定:种子经营实行许可制度。种子经营者必须先取得种子经营许可证后,方可凭种子经营许可证向工商行政管理机关申请办理或者变更营业执照。

568. 种子经营许可证怎样分级审批发放?

答:种子法第26条规定:种子经营许可证实行分级审批发放制度。即:(1)一般农作物种子经营许可证,由种子经营者所在地县级以上地方人民政府农业、林业行政主管部门核发;(2)主要农作物杂交种子及其亲本种子、常规种原种种子、主要林木良种的种子经营许可证,由种子经营所在地县级人民政府农业林业主管部门审核,省、自治区、直辖市人民政府农业、林业行政主管部门核发;(3)实行选育、生产经营相结合并达到国务院农业、林业行政主管部门规定的注册资本金额的种子公司和从事种子进出口业务的公司的种子经营许可证，由省、自治区、直辖市人民政府农业林业行政主管部门审核，国务院农业、林业行政主管部门核发。

569. 种子经营者应具备哪些条件?

答：根据种子法第29条规定，并达到以下要求：（1）具有与经营种子种类和数量相适应的资金及独立承担民事责任的能力；（2）具有能够正确识别所经营的种子、检验种子质量、掌握种子贮藏、保管技术的人员；（3）具有与经营种子的种类、数量相适应的营业场所及加工、包装、贮藏保管设施和检验种子质量的仪器设备；（4）法律法规规定的其他条件；（5）种子经营者专门经营不再分装种子的，或者受具有种子经营许可证的种子经营者以书面委托代销其种子的，可以不办理种子经营许可证。

570. 办理种子经营许可证应提交哪些材料?

答：应提交下列材料：（1）个人或单位负责人签署的《农作物种子经营许可证申请表》；（2）注册资本证明；（3）检验人员的技术资格证明；（4）经营范围包含主要农作物杂交种子及其亲本种子的，还应提交县级以上人民政府同意为指定经营单位的文件；（5）农业科研育种单位申请领取经营范围主要农作物杂交种子及其亲本种子的，还必须提交《品种审（认）定证书》，证明其申请经营的品种（组合）是本单位培育（或引进）并已审定通过的；（6）种子经营场所证明；（7）检验种子质量的仪器设备、加工设备、仓储设施的清单及产权或使用证明；（8）种子管理部门认为需要的其他材料。

571. 种子经营者有哪些义务和权利?

答：种子法第32条规定：种子经营者应当遵守有关法律、法规的规定，向种子使用者提供种子的简要性状、主要栽培措施、使用条件的说明与有关咨询服务，并对种子质量负责。具体来说，种子经营者的义务主要有：（1）种子经营者必须在领取《种子经营许可证》和《营业执照》后，方可按照指定的经营地点、经营范围、经营方式开展种子经营活动。（2）每年到发证单位进行《种子经营许可证》的年检。种子经营者必须每年3月底以前带《种子经营许可证》正本和副本及有关材料，到发证部门进行年检，种子管理部门对《农作物种子经营许可证》的登记事项及该单位的农作物种子经营状况进行检查核对，有变动的项目及时更改，发现违背法律法规规定的及时给予纠正，对不符合种子经营条件的吊销其《种子经营许可证》。没有通过年检的，不得继续经营农作物种子。（3）经营的农作物种子应当经过加工、分级包装、质量达到国家或地方规定的质量标准并附有种子内外标签的持证检验员签发的《农作物种子质量合格证》。（4）种子包装标识和内外标签必须载明品种名称、品种特征特性（含栽培要点）、质量指标、数量、生产日期、销售单位等，并与包装内种子相符。（5）经营进口农作物种子的应当附有中文说明。（6）建立种子经营档案，载明种子来源、加工、贮藏、运输和质量检测各环节的简要说明及责任人、销售去向等内容。种子法第36条规定：一年生农作物种子的经营档案应当保存至销售后二年，多年生农作物和林木种子经营档案的保存期限由国务院农业、林业行政主管部门规定。（7）接受种子管理和工商、技术监督等部门的监督检查。（8）根据种子法第31条的规定，不得伪造、变造、买卖、租借种子经营许可证；禁止任何单位和个人无证或者未按照许可证的规定经营种子。

经营者享有合法经营权。种子法第32条规定：任何单位和个人不得非法干预种子经营者的自主经营权。

572. 什么是种子标签制度?

答：标签是指固定在种子包装物表面及内外的特定图案及文字说明（种子法第74条）。种子标签制度是许多国家种子法律制度的主要内容之一，其实质是要求经营者真实标明其产品的质量，给使用者充分的选择权利。鉴于当前我国种子经营者的法制观念还比较淡薄，农民的整体文化水平较低，鉴别种子真伪的能力较弱，因此，我国要求在销售种子时，实行种子标签制度。种子法明确规定了标签载明的内容。

种子法第35条规定：销售的种子应当附有标签。标签应当标注种子类别、品种名称、产地、质量指标、检疫证明编号、种子生产及经营许可证编号或者进口审批文号等事项。标签标注的内容应当与销售的种子相符。销售进口种子的，应当附有中文标签。

标签一般有浅蓝、浅红、白色三种，浅蓝为原种标签；浅红为亲本种子的标签；白色为生产用种。销售转基因植物品种种子的，必须用明显的文字条标注，并应当提示使用时的安全控制措施。另外，种子法第38条规定：调运或者邮寄出县的种子应当附有检疫证书。

573. 种子使用者的权益有哪些?

答：（1）享有知悉其购买、使用的种子的真实情况和权利。种子使用者有权询问他所购买的种子的品种特征特性、质量状况、适应范围、栽培技术要点以及日期、是否通过审定等，种子经营者必须如实提供真实情况。（2）享有自主选择种子的权利。有权自主选择到哪家种子经营机构购买种子，购买什么种子，多少数量，有权对购买的种子进行比较挑选。（3）享有公平交易的权利。种子使用者在购买种子时有权获得质量保障、价格合理、计量正确的公平交易，有权拒绝经营者的强制交易行为。（4）请求赔偿的权利。种子使用者在购买到假冒伪劣种子或者其他因为经营者不履行义务等原因而受到损失时有权要求赔偿损失。

574. 种子使用者权益受损包括哪些类型?

答: 种子使用者权益受损主要是指种子使用者购买种子,由于种子经营者没有履行或没有完全履行其法定义务和约定义务,致使种子使用者购买到了假冒伪劣种子,给种子使用者造成损失。种子使用者权益受损的主要类型有:

(1)种子质量不合格。种子作为重要的农业生产资料，为保证农业生产的安全，国家或地方对部分特别重要的农作物种子制定了强制性标准。种子质量不合格常常导致使用者减产减收。

(2)假冒种子。假冒种子包括假种子和冒牌种子两种。假种子是指经营者交付给购买者的种子不是种子购买者所约定购买的品种种子,或者种子包装标明的种子与实际包装的种子不相附而又没有告诉购买者。当种子使用者进行正常生产后却因种子不合格得不到预期收获。名牌往往是高质量和信誉的象征。冒牌种子一定质量低劣，不仅损害名牌种子的信誉，也给种子使用者造成损失。

(3)未经审定或审定未通过品种的种子。衡量品种优劣、是否具有推广价值的关键是品种审定。未经审定的品种没有经过科学的区域试验和生产示范，其优质性、抗病性、适应性、产量等没有经过鉴定，是否能在生产上使用推广还是未知数，万一存在某种缺陷，使用后将给农民和农业生产造成严重后果。为保证农业生产的安全,审定未通过的品种一般都存在某种缺陷,或者其优良性不如当前生产上主要推广使用的品种。农民购买到审定未通过的品种，使用后达不到预期增产增收的目的，甚至还可能造成严重减产。

(4)包装标识不符合要求。表现为没有说明；包装标识说明与实际装入的种子不符；包装标识缺乏必要的项目，如品种特性、栽培要点、质量状况等；夸大其词，错误诱导种子使用者购买和使用；进口种子没有中文说明；剧毒的包衣种子等没有警示标志。这些都极易给种子使用者造成损失。

(5)过期种子。农作物种子作为生命体，都有一定的寿命期限，随着时间的推移，种子的生命力逐渐减弱，直至失去使用价值。在正常保存条件下，一般种子的寿命期限在2~3年，韭葱类种子最好用当年的种子，茄果类种子在保存条件好的情况下可以用到5年左右。超过使用期限的种子即使有的能发芽，顶土能力也弱，或者根本就出不了土。

(6)短斤少两，数量不足。短斤少两、数量不足表现为种子经营者交付给种子购买者的种子实际数量不足，比如购买50公斤水稻种子，种子购买者实际只得到45公斤种子；或者包装标明每袋50克，而实际装入量只有40克。当使用后，本来买的够200亩地的种子，而实际只能种150亩地等。这些或者增大了农民的支出，或者减少了农民的收入，总之，都给农民造成了损失。

575. 种子使用者权益受损，应当向谁索赔？

答：种子使用者在购买使用种子时，其合法权益受到损害的可以向种子销售者要求赔偿，销售者不得推诿，即直接销售者具有先行赔偿的法定义务。直接销售者赔偿损失后，如果是属于生产者或者属于向直接销售者提供种子的其他销售者的责任的，直接销售者有权向有责任的生产者或者其他销售者追偿，以补回其所受损失。根据种子法第41条规定，赔偿额包括购种价款、有关费用和可得利益损失。其中可得利益损失是指因种子造成该作物产量与前三年平均产量的减产损失部分。

576. 种子法对种子行政管理有哪些规定？

答：种子法第55条规定，农业、林业行政主管部门是种子行政执法机关。这是针对目前工商、技术监督部门无力承担种子执法任务的情况而制定的。按照种子管理条例的规定，各级农业行政主管部门是农作物种子的执法主体。但农业行政主管部门至今没有建立起种子执法队伍，种子执法职能一直由既无法律、法规授权，也无规章明确委托的种子管理站承担；另一方面，种子管理条例规定种子市场管理、质量管理由工商部门负责，《产品质量法》又规定技术监督部门负责质量管理工作，而事实上，由于种子的特殊性，使得种子行政管理的专业性、技术性很强，无论是工商部门，还是技术监督部门，都没有能力单独具体执法，需要农业部门的配合，而农业部门又没有执法权限。这种状况严重制约了种子法律制度的有效实施，也不符合《行政处罚法》有关执法主体的规定。为改变这种种子执法严重滞后的状况，种子法确定了农业、林业行政主管部门为种子执法机关，负责种子的全面管理，及时查处假劣种案件。种子执法人员依法执行公务时，应当出示行政执法证件。如出示《中国种子管理员证》和佩戴《中国种子管理》胸章，向管理对象表明身份，以依法行使职权，履行职责。农业、林业行政主管部门为实施种子法，可以进行现场检查。

第57条规定，国务院农业、林业行政主管部门和异地繁育种子所在地的省、自治区、直辖市人民政府应当加强对异地繁育种子工作的管理和协调。

第58条规定，农业、林业行政主管部门在依照种子法实施有关证照的核发工作中，除收取所发证照的工本费外，不得收取其他费用。

577. 种子行政执法的内容主要有哪些？

答：种子行政执法是指农业、林业行政主管部门及其执法人员，在种子行政管理中执行法律、法规、规章及其他规范性文件，依法对特定的人和组织所采取的各种具体的、单方面的、直接产生法律效力的活动。概括起来主要有以下几个方面的内容：

（1）行政确认。由法定的机构依据一定的标准对有关的行为或标的（法律行为所要达到的目的）进行的确定或者承认。被确定的事或物具有法律上的意义，如被品种审定委员会审定通过的新品种的确认，对种子质量的认定，对植物新品种权的认定，对种子生产者和经营者所具备的法定条件的认可等等。行政确认，往往是行政授权或设置义务的前提。

（2）行政许可。由法定的机构对具备法定条件的单位或个人，准许其从事一定活动的授权，如种子生产许可、种子经营许可、种子准调运许可。这一许可使得行为人取得了从事某项行为的资格和权力。

（3）设置义务。被许可的组织享有一定权利的同时，往往必须承担相应的义务，根据这些义务主动接受行政管理，若有违背将构成违法行为，如必须向主管行政部门上报经营计划和财务报表，必须接受经营检查、质量检查，必须对消费者负责等。

（4）剥夺权利。由法定机关对特定的违法行为人剥夺部分或全部特定的权利的行为。就行政制裁上讲，有行政处分和行政处罚之分。就对种子违法行为的制裁来讲，又有行政制裁、民事制裁、刑事制裁三种。

（5）强制执行。由法定的机关对不履行法定义务的人，施以一定的强制性手段来实现其义务内容的行为。

578. 违反种子法规定，生产、经营假、劣种子的，应承担什么样的法律责任？

答：由县级以上人民政府农业、林业行政主管部门或者工商行政管理机关责令停止生产、经营，没收种子和违法所得，吊销种子生产许可证、种子经营许可证或者营业执照，并处以罚款；有违法所得的，处以违法所得5倍以上10倍以下罚款；没有违法所得的，处以2000元以上50000元以下罚款；构成犯罪的，依法追究刑事责任。

579. 未取得种子生产许可证或者伪造、变造、买卖、租借种子生产许可证，或者未按照种子生产许可证的规定生产种子的，应承担什么样的法律责任？

答：由县级以上人民政府农业、林业行政主管部门责令改正，没收种子和违法所得，并处以违法所得1倍以上3倍以下罚款；没有违法所得的处以1000元以上30000元以下罚款；可以吊销违法行为人的种子生产许可证；构成犯罪的，依法追究刑事责任。

580. 未取得种子经营许可证或者伪造、变造、买卖、租借种子经营许可证，或者未按照种子经营许可证的规定经营种子的，应承担什么样的法律责任？

答：由县级以上人民政府农业、林业行政主管部门责令改正，没收种子和违法所得，并处以违法所得1倍以上3倍以下的罚款；没有违法所得的，处以1000元以上30000元以下罚款；可以吊销违法行为人的种子经营许可证；构成犯罪的，依法追究刑事责任。

581. 经营的种子应当包装而没有包装的，应承担什么样的法律责任？

答：由县级以上人民政府农业、林业行政主管部门或者工商行政管理机关责令改正，处以 1000 元以上 10000 元以下罚款。

582. 经营的种子没有标签或者标签内容不符合种子法规定的，应承担什么样的法律责任？

答：由县级以上人民政府农业、林业行政主管部门或者工商行政管理机关责令改正，处以 1000 元以上 10000 元以下罚款。

583. 伪造、涂改标签或者试验、检验数据的，应承担什么样的法律责任？

答：由县级以上人民政府农业、林业行政主管部门或者工商行政管理机关责令改正，处以 1000 元以上 10000 元以下罚款。

584. 未按规定制作、保存种子生产、经营档案的，应当承担什么样的法律责任？

答：由县级以上人民政府农业、林业行政主管部门或者工商行政管理机关责令改正，处以 1000 元以上 10000 元以下罚款。

585. 种子经营者在异地设立分支机构未按规定备案的，应承担什么样的法律责任？

答：由县级以上人民政府农业、林业行政主管部门或者工商行政管理机关责令改正，处以 1000 元以上 10000 元以下罚款。

586. 违反种子法规定，经营、推广应当审定而未经审定通过的种子，应承担什么样的法律责任？

答：由县级以上人民政府农业、林业行政主管部门责令停止种子的经营、推广、没收种子和违法所得，并处以 10000 元以上 50000 元以下罚款。

587. 种子质量检验机构出具虚假检验证明的，应承担什么样的法律责任？

答：与种子生产者、销售者承担连带责任；并依法追究种子质量检验机构及其有关责任人的行政责任；构成犯罪的，依法追究刑事责任。

588. 强迫种子使用者违背自己的意愿购买、使用种子给使用者造成损失的，应承担什么样的法律责任?

答：应当承担赔偿责任。

589. 草种、食用菌种如何管理?

答：种子法第76条规定，草种、食用菌菌种的种质资源管理和选育、生产、经营、使用、管理等活动，参照种子法执行。

590. 如何投诉种子质量问题?

答:在农村调查过程中,常碰到农民朋友提出怎样投诉种子质量问题,他们普遍反映对如何投诉种子质量问题摸不着头脑,往往找了很多部门,跑了很多路,说了很多话,结果却无益于问题的解决。为此,法院、种子管理部门及消费者协会的专家就如何投诉种子质量问题作了介绍，为保护农民利益指点迷津。

专家们介绍,当农作物生长出现异常或其他情况时,农民应首先自己有个客观分析,是自然灾害还是种植管理技术问题。如认为是种子质量问题,应向种子经营单位反映,双方应当尽可能地先协商解决。如协商不成，可向当地县市农业执法机构或相关部门投诉。投诉时,要出具购买种子的原始发票及单据,请工作人员进行调解,如对农作物损害的程度、有无赔偿等存在争议,可请当地种子鉴定部门到现场调查,并出具加盖鉴定单位公章的鉴定报告，鉴定费用由双方协商解决；如协调未果，农民可向当地法院起诉（根据新颁发实施的《种子法》有关规定，因使用种子发生民事纠纷的，当事人可以通过协商或者调解解决。当事人不愿通过协商、调解解决或者协商、调解不成的,可根据当事人之间的协议向仲裁机构申请仲裁。当事人也可以直接向人民法院起诉）。人民法院受理后，可指定当地种子权威鉴定部门进行调查鉴定，然后，依法判决。如最后确认是种子质量问题，出售种子的经营者应予以赔偿，赔偿额包括购种价款、有关费用和可得利益损失。

591. 如何正确理解种子销售范围?

答:根据《种子法》第三十条规定，种子经营者按照种子经营许可证规定的有效区域设立分支机构的,可以不再办理种子经营许可证。种子经营许可证的有效区域不是该证持有者种子的最终销售区域，只要其种子符合《种子法》及其配套规章有关品种审定和种子加工、质量、包装、标签、经营等规定要求，该证持有者可以在有效区域内自行经营或由其分支机构经营,也可以书面委托有效区域内其他种子经营者代销,也可以将包装种子销售给有效区域内或有效区域外其他种子经营者经营。根据《种子法》第二十九条第二款规定，上述“其他经营者”可以不办理种子经营许可证，但应按我部和国家工商行政管理总局《关于加强农作物种子生产经营审批及登记管理工作的通知》(农发[2001]20)的规定办理相应的登记注册。

592. 如何计算种子直接损失和可得利益损失？

答：按种子法律法规规定，应按以下方法计算：直接损失是指购种费，即购买种子实际支付的价款。计算公式为：直接损失 = 购种数量 × 种子销售单价。

可得利益损失是指因种子造成的该作物产量与前三年平均产量的减产损失部分。其中，前三年平均产量应按所在乡该作物前三年平均单产（以县统计局统计数据为依据）来确定。如果受损失的是杂交种则应按该乡该作物杂交种前三年平均单产确定；如果受损失的是常规种则应按该乡该作物常规种前三年平均单产确定。计算公式为：

可得利益损失 =（该作物前三年平均单产 – 受损失地块的实际单产）× 受损失面积。

以1998年某杂交稻地块因种子造成损失为例，并考虑价格变化的因素，可得利益损失的计算公式为：

可得利益损失 =[(1995年该乡杂交稻平均单产 × 1995年稻谷单价 +1996年该乡杂交稻平均单产 × 1996年稻谷单价 +1997年该乡杂交稻平均单产 × 1997年稻谷单价)] ÷ 3–1998年该地块实际单产 × 1998年稻谷单价 × 受损失面积

593. 如何界定种子审定及试验、示范、推广与经营行为？

答：(1)根据《农业技术推广法》第二条第二款的规定，示范是农业技术推广的一种形式，种子示范是种子推广的一个环节。以“示范用种”的名义销售种子的，应当认定为经营、推广行为。根据《种子法》第十七条第一款规定，应当审定的农作物品种未经审定通过的，不得发布广告，不得经营、推广。根据《种子法》第十五条第一款和第七十四条第一款第三项的规定，玉米属于主要农作物，玉米品种属于应当审定的农作物品种，未经审定通过的玉米种子不得过以任何名义经营、推广。(2)根据《种子法》第十六条和《主要农作物品种审定办法》(农业部第44号令)的规定，通过国家级和省级审定的主要农作物品种分别由国务院农业行政主管部门、省级农业行政主管部门公告，品种审定通过的标志是农业行政主管部门的公告。品种试验是品种审定过程中的一个环节，试验结果是品种审定的依据，正在试验的品种不能认定为已审定通过。

594 种子质量问题该如何确定？

答：种子管理机构处理种子质量问题投诉或者司法机关审理种子质量问题纠纷，必须确定种子质量存在问题。确定种子质量存在问题的主要办法，一是委托种子质量检测机构对种子质量进行检测，二是委托专家鉴定组进行田间现场鉴定。

595. 什么是田间现场鉴定?

答：田间现场鉴定是指农作物种子在大田种植后，因种子质量或栽培、气候等原因，导致田间出苗、植株生长、作物产量、产品品质等受到影响，双方当事人对造成事故的原因或者损失程度存在分歧，为确定事故原因或（和）损失程度而进行的田间现场技术鉴定活动。

596. 田间现场鉴定的法律依据是什么?

答：《农作物种子质量纠纷田间现场鉴定办法》对实施田间现场鉴定的组织机构、鉴定人员、鉴定条件、考虑因素、作出鉴定结论的基础和原则、现场鉴定书的内容等作了具体规定。

597. 由谁组织实施田间现场鉴定?

答：现场鉴定由田间现场所在地县级以上地方人民政府农业行政主管部门所属的种子管理机构组织专家鉴定组进行。专家鉴定组由鉴定所涉及作物的育种、栽培、种子管理等方面的专家组成，必要时可邀请植物保护、气象、土壤肥料等方面的专家参加。专家组鉴定组名单应当征求申请人和当时人的意见，可以不受行政区域的限制。

598. 如何申请田间现场鉴定?

答：种子质量纠纷处理机构根据需要可以申请现场鉴定；种子质量纠纷当事人可以共同申请现场鉴定，也可以单独申请现场鉴定。鉴定申请一般以书面形式提出，说明鉴定内容和理由，并提供相关材料。口头提出鉴定申请的，种子管理机构应当制作笔录，并请申请人签字确定。种子管理机构对申请人的申请进行审查，对符合条件的，及时组织鉴定。

599. 哪些情况种子管理机构对现场鉴定申请可以不予受理?

答：（1）针对所反映的质量问题，申请人提出鉴定申请时，需鉴定地块的作物生长期已错过该作物典型性状表现期，从技术上已经无法鉴别所涉及质量纠纷起因的。（2）司法机构、仲裁机构、行政主管部门已经对质量纠纷作出生效判决和处理决定的。（3）受到当前技术水平的限制，无法通过田间现场鉴定的方式来判定所提及质量问题起因的。（4）纠纷涉及的种子没有质量判定标准、规定或者合同约定要求的。（5）有确凿的理由判定纠纷不是由种子质量所引起的。（6）不按规定缴纳鉴定费的。

600. 专家鉴定组、申请人和当事人有哪些权利和义务？

答：专家鉴定组进行现场鉴定时，可以向当事人了解有关情况，可以要求申请人提供与现场鉴定有关的材料。申请人及当事人应予以必要的配合，并提供真实资料和证明。不配合或者提供虚假资料和证明，对鉴定工作造成影响的，应承担由此造成的相应后果。

专家鉴定组进行现场鉴定时，应当通知申请人及有关当事人到场。专家鉴定组根据现场情况确定取样方法和鉴定步骤，并独立进行现场鉴定。任何单位或者个人不得干扰现场工作，不得威胁、利诱、辱骂、殴打专家鉴定组成员。专家鉴定组成员不得接受当事人的财物或者其他利益。

601. 哪些情况下可以终止田间现场鉴定？

答：（1）申请人不到场的。（2）需要鉴定的地块已不具备鉴定条件的。（3）因人为因素使鉴定无法开展的。

602. 专家鉴定组对鉴定地块种植作物的生长情况进行鉴定时，应当充分考虑哪些因素？

答：（1）作物生长期间的气候环境状况。（2）当事人对种子处理及田间管理情况。（3）该批种子室内鉴定结果。（4）同批次种子在其他地块生长情况。（5）同品种其他批次种子生长情况。（6）同类作物其他品种种子生长情况。（7）鉴定地块地力水平。（8）影响作物生长的其他因素。

603. 田间现场鉴定结论应如何做出？

答：专家鉴定组应当在事实清楚、证据确凿的基础上，根据有关种子法规、标准，依据相关的专业知识，本着科学、公正、公平的原则，及时作出鉴定结论，专家鉴定组现场鉴定实行合议制。鉴定结论以专家鉴定组成员半数以上通过有效。专家鉴定组成员在鉴定结论上签名。专家鉴定组成员对鉴定结论的不同意见，应当予以注明。

604. 专家鉴定组的现场鉴定书应当包括哪些主要内容？

答：（1）鉴定申请人名称、地址、受理鉴定日期等基本情况。（2）鉴定的目的、要求。（3）有关的调查材料。（4）对鉴定方法、依据、过程的说明。（5）鉴定结论。（6）鉴定组成员名单。（7）其他需要说明的问题。

605. 田间现场鉴定有什么时限？

答：现场鉴定书制作完成后，专家鉴定组应当及时交给组织鉴定的种子管理机构。种子管理机构应当在 5 日内将现场鉴定书交付申请人。

606. 对现场鉴定书有异议怎么办？

答：对现场鉴定书有异议的，应当在收到现场鉴定书 15 日内向原受理单位上一级种子管理机构提出再次鉴定申请，并说明理由。上一级种子管理机构对原鉴定的依据、方法、过程等进行审查，认为有必要和可能重新鉴定的，应当按本办法规定重新组织专家鉴定。再次鉴定申请只能提起一次。当事人双方共同提出鉴定申请的，再次鉴定申请由双方共同提出。当事人一方单独提出鉴定申请的，另一方当事人不得提出再次鉴定申请。

607. 哪些情况现场鉴定无效？

答：①专家鉴定组组成不符合本办法规定的。②专家鉴定组成员收受当事人财物或者其他利益，弄虚作假的。③其他违反鉴定程序，可能影响现场鉴定客观、公正的。

现场鉴定无效的，应当重新组织鉴定。

608. 申请现场鉴定需要缴纳费用吗？

答：申请现场鉴定应当按照省级有关主管部门的规定缴纳鉴定费。

609. 制种田发生质量纠纷可以申请田间现场鉴定吗？

答：委托制种发生质量纠纷，需要进行现场鉴定的，可以参照《农作物种子质量纠纷田间现场鉴定办法》执行。

610. 新《农药管理条例》何日起施行？

答：新条例于 2001 年 11 月 29 日国务院第 326 号令公布，自公布之日起施行。

611.《全国食用菌菌种管理办法》中食用菌菌种包括哪些？

答：双孢蘑菇、香菇、侧耳、猴头菌、金针菇、草菇、黑木耳、银耳等人工栽培的食用菌的菌丝体（包括孢子）及其生长基质组成的繁殖材料。

612.《食用菌菌种生产经营许可证》的申请条件是什么？

答：申请母种和原种《食用菌菌种生产经营许可证》的单位和个人，应当具备下列条件：

（1）生产经营母种注册资本 100 万元以上，生产经营原种注册资本 50 万元以上。

（2）省级人民政府农业行政主管部门考核合格的检验人员 1 名以上、生产技术人员 2 名以上；

（3）有相应的灭菌、接种、培养、贮存等设备和场所，有相应的质量检验仪器和设施。生产母种还应当有做出菇试验所需的设备和场所。

（4）生产场地环境卫生及其他条件符合农业部《食用菌菌种生产技术规程》要求。

申请栽培种《食用菌菌种生产经营许可证》的单位和个人，应当具备下列条件：

（1）注册资本10万元以上；

（2）省级人民政府农业行政主管部门考核合格的检验人员1名以上、生产技术人员1名以上；

（3）有必要的灭菌、接种、培养、贮存等设备和场所，有必要的质量检验仪器和设施；

（4）栽培种生产场地的环境卫生及其他条件符合农业部《食用菌菌种生产技术规程》要求。

613. 申请《食用菌菌种生产经营许可证》，应当向县级人民政府农业行政主管部门提交哪些材料？

答：（1）食用菌菌种生产经营许可证申请表；

（2）注册资本证明材料；

（3）菌种检验人员、生产技术人员资格证明；

（4）仪器设备和设施清单及产权证明，主要仪器设备的照片；

（5）菌种生产经营场所照片及产权证明；

（6）品种特性介绍；

（7）菌种生产经营质量保证制度。

申请母种生产经营许可证的品种为授权品种的，还应当提供品种权人（品种选育人）授权的书面证明。

614. 菌种管理的执法主体是谁？

答：菌种管理的执法主体是农业行政主管部门。农业部主管全国菌种工作。各级农业（含食用菌）行政部门负责本行政区域内的菌种管理工作。

615. 生产菌种必须具备哪些法定条例？

答：生产菌种必须具备以下基本条件：（1）具有与所生产的菌种级别相适应的技术人员。其中一级菌种场主要技术人员须有大专以上的文化程度，掌握菌种生产的基本知识和基本技能，并有五年以上的二级种生产或菌种选育的实践经验；二级、三级菌种场主要技术人员须有高中或相当于高中以上的文化程度，掌握菌种生产的基本知识和基本技能，并有三年以上的实践经验。（2）有与菌种生产要求相适应的消毒灭菌和接种设备、菌种培养室、栽培房（场）等。其中一级菌种场还必须有分离培养、提纯复壮、保藏及质量检测等仪器设备。（3）菌种场周围五十米以内无畜舍、垃圾、污水和其他污染源。（4）有一年以上的菌种试生产成功的经验。（5）菌种生产需要的其他办场条件。

616. 菌种生产必须向哪里申办《菌种生产许可证》？

答：凡从事菌种生产的单位或个人，应向其所在地的县级及其以上农业行政主管部门申请《菌种生产许可证》。申请建立一级菌种场的，由省级农业行政主管部门审查批准，报农业部备案；申请建立二级菌种场的，由地级农业行政主管部门审查批准，省级农业行政主管部门备案；申请建立三级菌种场的，由县级农业行政主管部门审查批准，报地级农业行政主管部门备案。

凡符合开办条件的，由审批单位核准后，发给有效期为三年的《菌种生产许可证》。

《菌种生产许可证》有效期满，或调整菌种级别，以及停产一年以上的菌种场，须重新办理审批领证手续。

617. 经销菌种必须具备哪些条件？

答：经销菌种必须具备以下条件：（1）主要经销人员应具有菌种保藏、质量鉴别的基本知识。（2）具有与菌种经销相适应的场地、设备及仓库。

618. 经销菌种必须向哪里申办《菌种经销许可证》？

答：凡从事菌种经销的单位或个人，应向其所在地的县级及其以上农业行政主管部门申请《菌种经销许可证》，有效期为三年。《菌种经销许可证》有效期满或停业一年以上的，须重新办理审批领证手续。

619. 菌种审定和引进有哪些规定？

答：新育成或引进的品种（包括菌株），须经省级农业行政主管部门主持的区域试验（包括菌菇生产和加工），并经同级农作物品种审定专业组织审（认）定后，方能用于生产。从外省引进或购买本省已审（认）定的品种，来自选育单位的可直接应用于生产，来自非选育单位的须经出菇（耳）试验，并报当地农业行政主管部门备案。

620. 商品菌种质量有何要求？

答：商品菌种质量必须符合国家标准或行业标准（部颁标准），或地方标准。

621. 农民应尽的赋税义务是什么？

答：根据《中华人民共和国宪法》第五十六条规定：中华人民共和国公民有依照法律纳

税的义务。凡依照法律规定应交纳农业税的单位和个人，都要严格按照国家税法规定自觉履行纳税义务。广大农民群众要增强法制意识，如实向财政征收机关申报，按时足额缴纳农业税。

622. 什么是行政事业性收费？

答：行政事业性收费是行政性收费和事业性收费的总称。它是国家机关、事业单位、社会团体、具有行政管理职能的企业主管部门和政府委托的其他机构在履行或代行政府职能，以及为特定群体提供特殊管理服务，按照非盈利原则收取的费用。它是政府非税收入的一种重要形式。

623. 涉及农民的行政事业性收费主要有哪些？

答：按照国家现行规定，涉及农民的行政事业性收费，主要包括一些证照工本费、管理性收费、资源性收费等，比如居民身份证工本费、结婚证书工本费、农村中小学杂费、矿产资源补偿费等。

624. 有收费文件依据，是否就可以收费了？

答：收费单位进行行政事业性收费时，不但要有文件依据，还必须到物价部门办理收费许可证，公开收费项目和标准，实行亮证收费，并使用省财政主管部门统一制发的行政事业性收费专用票据。

625. 对农民建房收费有哪些规定？

答：国家财政部、发展和改革委员会、农业部《关于公布农民建房收费等有关问题的通知》（财综［2004］5号）规定：农民建房收费指农民依法利用农村集体土地新建、翻建自用住房时负担的行政事业性收费。主要包括：国土资源部门收取的土地证书工本费，普通证书每本5元，国家特制证书每本20元，由农民自愿选择；建设部门收取的《房屋所有权登记证书》工本费，每本10元。

626. 什么是农村教育集资？国家对农村教育集资有哪些具体规定？

答：农村教育集资是根据全国人大1995年颁布的《中华人民共和国教育法》的规定，乡镇政府为兴办农村教育事业，实现义务教育目标，坚持依法、自愿、量力、专款专用的原则，经县级人民政府批准，向本行政区域内的企事业单位、社会团体和公民，非经常性地筹集专项用于实施义务教育学校的危房改造和修缮、新建校舍所需资金的活动。各地进行农村教育集资的具体依据，是1997年经国务院批准，原国家教委、国家计委、农业部、财政部联合发布的《农村教育集资管理办法》。进行农村教育集资要坚持自愿原则，严禁强行集资和利用不正当方式索要；坚持量力原则，充分考虑当地经济、教育发展水平和群众承受能力；坚持专款专用原则，筹集的资金只能用于当地实施义务教育学校的危房改造和修缮、新建校舍，不得挪作他用。对已消除危房、学校布局基本合理、校舍规模达到要求的地方，不得再搞农村教育集资。为了切实减轻农民负担，国务院决定从1999年起，除农村实施九年义务教育的中小学危房改造外，暂停审批其他农村教育集资。

627. 农民进城务工收费项目有哪些?

答: 农民进城务工收费指进城务工的农民负担的行政事业性收费。国家财政部、发展和改革委员会、农业部《关于公布农民建房收费等有关问题的通知》（财综[2004]5号）规定：对农民进城务工收费主要包括:（1）公安部门向外来务工农民收取的《暂住证》工本费，每证最高不超过5元。公安部门对外来务工农民发放暂住证卡的，收取暂住证卡工本费，含集成电路的证卡每张最高不超过20元，不含集成电路的证卡每张最高不超过15元。（2）计划生育部门向外出务工农民收取的《流动人口婚育证明》工本费，每证最高不超过5元。除此以外的农民进城务工收费，均属于乱收费。

628. 国家对审批新的涉及农民负担的行政事业性收费项目有何规定?

答:《国务院关于全面推进农村税费改革试点工作的意见》（国发［2003］12号）规定：今后，任何地方和部门一律不得出台涉及农民负担的行政事业性收费和政府性基金、集资项目。财政部、国家发展改革委《关于全国性及中央部门涉及农民负担的行政事业性收费项目审核处理意见的通知》（财综［2003］89号）规定：“十五”期间要继续停止审批新的专门面向农民的行政事业性收费项目，除法律、行政法规明确规定外，原则上不再审批新的涉及农民负担的行政事业性收费项目。

629. 清理整顿涉农收费

（1）取消不合理、过时的收费项目的四条原则是什么?

答：①镇统筹费（即镇村两级办学、计划生育、优抚、修建乡村道路、民兵训练“镇五项统筹”）、村提留以及要农民出钱出物出工的达标升级项目一律取消。

②除国家法律和法规规定外，1997年以来出台的专门面向农民的行政事业性收费项目和政府性基金项目一律取消。

③没有法律、法规依据或未经中央和省两级人民政府及其财政、价格主管部门会同农民负担监督管理部门批准的，涉及农民负担的行政事业性收费项目一律取消。

④没有法律、法规依据或未经国家及其财政部门会同农民负担监督管理部门批准的，涉及农民负担的政府性基金项目一律取消。

（2）本着上述四条原则，决定取消涉及农民的收费项目有哪些？

答：①农业承包合同管理费（含签证、调解和仲裁费）；

②农技维修点技术服务费：

③山林纠纷调处费；

④森林资源补偿费；

⑤农村生猪定点屠宰管理费：

⑥租赁房屋治安管理许可证工本费；

⑦自行车分合式牌证工本费；

⑧生育计划证工本费；

⑨蘑菇栽培菌种生产许可证费；

⑩私人建房管理费；

⑪矿产资源生态环境保护费；

⑫“农转非”指标卡工本费；

⑬粮食供应证工本费；

⑭粮食迁移证工本费；

⑮驾驶员安全教育培训费；

⑯集体工业联社管理费。

（3）如何防止乱收费、变相乱收费、搭车收费行为？

答：①各执收部门和单位必须向价格主管部门申领收费许可证，在规定项目、范围和标准内收费，不得超越范围、超标准收费，并使用财政部门统一印制、监制的收费票据。

凡未经中央和省级有关机关批准的，都属于不合法收费项目，一律停止执行。

凡是按规定应公示而没有公示的收费项目，农民有权反映并拒绝缴纳。

②农村中小学义务教育阶段，除国家和省里统一规定的代收课本簿籍费以及向寄宿生收取住宿费、向借读生收取借读费外，学校不得再向学生收取其他费用。

③农民自建住房，除依法发证可按规定收取工本费外，不得再向农民收取其他行政事业性收费。

④农民进城务工除按规定收取有关农民工证书工本费外，其他行政事业性收费项目一律取消。

⑤严禁借婚姻登记、计划生育管理、户籍管理、农民建房、个体工商户登记、中小学生教育、农机监理、农民用水用电、粮食收购等环节变相乱收费、搭车收费。

⑥有关部门、行业和单位在向农民提供商品和服务时，必须严格执行明码标价制度，并按照自愿、有偿原则向农民收取，不得强制服务、强行收费或只收费不服务。

⑦农业供水要严格执行“受益缴费、计量收费”的原则；因大面积抗旱、排污难以做到计量收费的应按直接受益原则据实分摊。

⑧农村用电收费要抄表到户，计量收取，坚决纠正乱加价和搭车收费行为，认真落实城乡用电同网同价政策。农机经营服务性收费，要尊重农民意愿，合理确定标准，不准借服务之名强行收费。

⑨对不能体现政府职能以及具有经营性质涉及农民的妇幼保健服务收费、基层法律服务收费、林木种子费、种牛配种服务费、进出省鳗鲡苗种检验费、地价评估费、土地转让手续费、劳动力市场服务费、独生子女病残儿医学鉴定费、有线电视建设费、有线电视线路维护费、有线电视收视费、外贸茶叶及土产高级工培训费和杂交稻、玉米制种、种子检或经营性服务收费，严格按中介或经营性服务收费的规定，进行规范管理，实行收费公示，使用税务发票，照章纳税，接受监督。各级各部门不得擅自将行政事业性收费，特别是已取消的行政事业性收费项目转为中介或经营性服务收费。

630．什么是村务公开?

答：凡涉及本村范围内的重大事项、村民的切身利益和群众关心的问题，都要向村民及时、公正、准确地公开。

631.村务公开的内容是什么?

答：（1）计划生育、救灾救济款物发放、宅基地使用与安排、村干部报酬、重大村务决策、国家与各级政府“三农”工作政策措施及其文件。村集体资产和财务：村年度财务计划及执行情况；各项收入和支出，收益分配，固定资产购置与变化，债权债务等情况。

（2）村集体各业资产与资源承包、租赁、经营、开发过程及执行情况；村农业基础设施、文化、教育、卫生等工程的筹资、招投标方案、结果及工程建设等情况；集体经济组织改制及集体资产处置方案。所有收支和事项必须逐项逐笔公开明细。

（3）土地征用补偿及分配：征地相关政策文件，被征用土地的位置、性质、面积、用途、征用时间、补偿标准与款项发放、使用与管理情况。

（4）农民负担：村内“一事一议”筹资筹劳，农村公路、自来水、有线电视等公益事业建设筹款情况；生产性水费、电费的收缴情况、涉农收费公示制度的落实情况等。

（5）村两委工作：村党组织和村民委员会的任期目标与重大决策；党员大会、村两委联席会议的重要决议；党费收缴，民主评议党员、干部，党员干部挂钩联系农民群众、扶贫帮困，以及党员发展、后备干部培养与使用等情况；村干部任期经济责任审计和奖惩情况。

（6）其他：新型农村合作医疗、社会保障，村民质询或意见的答复和办理情况，村民要求公开的其他事项。

632. 村务公开的形式？

答：运用广播、电视、网络、村务公开栏、意见箱。

633. 村务公开如何监督管理？

答：（1）设立村务公开监督小组和民主理财小组。村务公开监督小组成员经村民会议或村民代表会议在村民代表中推选产生，成员为5~7人，任期与村两委一致。村干部及其配偶、直系亲属不得担任村务公开监督小组成员。村务公开监督小组及其成员应当热爱集体，公道正派，有一定的议事能力，其中应有具备财会知识的成员。同时，从村务公开监督小组成员中推选组成民主理财小组。两个小组可以合而为一，组长可以由同一人担任。

（2）村务公开监督小组要依法履行职责，并及时向村民会议或村民代表会议报告监督情况。对不履行职责的成员，村民会议或村民代表会议有权罢免其资格。村务公开监督小组和民主理财小组对群众反映的问题应当及时进行调查，确有内容遗漏或者不真实的，应督促村民委员会重新公布；也可以直接向村党组织、村民委员会询问，党务工作由村党组织、村务工作由村民委员会在10日内予以解释和答复。

（3）凡涉及村民切身利益的事务，都要进行听证，让村民更好地了解村务、参与村务。

（4）执行规范的民主决策程序。原则上要遵循以下决策程序：由村党组织、村民委员会、村集体经济组织、十分之一以上村民联名或五分之一以上村民代表联名提出议案；由村党组织统一受理议案，召集村党组织和村民委员会联席会议（对重大事项、工作任务的研究，可先召开党员会议听取意见，形成初步方案），并研究提出具体意见或建议；由村民委员会召集村民会议或村民代表会议讨论决定；村党组织、村民委员会组织实施。对提交村民会议或村民代表会议讨论决定的事项，会前要向村民或村民代表公告，广泛征求意见；会后及时公布表决结果；对决定事项的实施情况，要及时公开，接受群众监督。

634. 降低部分涉及农民负担收费标准是什么？

答：（1）畜禽及畜禽产品检疫费标准

一个批次出栏猪、牛、羊50头、禽1000只以上的，动物检疫费收费标准降低30%；日屠宰猪、羊500头，牛100头，禽10000只以上的屠宰厂，动物产品检疫费收费标准降低30%。即均按原国家物价局、财政部《关于发布农业系统行政事业性收费项目及标准的通知》（价费字〔1992〕452号）附件四《畜禽及畜禽产品防疫检疫收费标准》规定收费标准的70%收取。

（2）农机监理标准

将现行拖拉机号牌费收费标准，由不反光号牌每副最高不超过30元降低为25元，反光号牌每副最高不超过50元降低为40元。同时，取消原国家计委、财政部《关于“九二”式拖拉机牌证收费标准的通知》（计价格〔1995〕225号）第一条第二款“补发拖拉机牌证费按上述收费标准加一倍计收”的规定。

（3）渔业船舶检验费标准

将总长为12米以下渔民自用从事捕捞渔船的收费标准降低10%，即按照《国家计委、财政部关于调整渔业船舶和船用产品检验费标准的通知》（计价格〔2000〕559号）规定收费标准的90%收取。

（4）海事调解费标准

在现行收费标准基础上降低30%，即按照原国家物价局、财政部《关于发布农业系统行政事业性收费项目及标准的通知》（价费字〔2003〕452号）附件十八《农业系统部分行政事业性收费项目及标准》规定收费标准的70%收取。

635. 监督卡内登记哪些主要内容?

答:（1）农户家庭基本情况。

（2）农户承担的税费和劳务。

（3）农户应享受的各种政策补贴。

（4）重点涉农税收、价格、收费公示内容。

（5）农民的权利与义务。

（6）减轻农民负担政策的主要规定。

636. 农民负担主管部门是哪一个?

答：国务院发布的《农民承担费用和劳务管理条例》规定：国务院农业行政主管部门主管全国农民承担费用和劳务的监督管理工作。县级以上地方人民政府农业行政主管部门主管本行政区域内的农民负担监督管理工作。乡人民政府主管本乡的农民负担监督管理工作，日常工作由乡农村经济经营管理部门负责。

637. 为什么要制定畜牧法?

答：根据《畜牧法》第一条的规定，为了规范畜牧业生产经营行为，保障畜禽产品质量安全，保护和合理利用畜禽遗传资源，维护畜牧业生产经营者的合法权益，促进畜牧业持续健康发展，制定本法。

638. 哪些活动适用畜牧法？

答：根据《畜牧法》第二条第一款和第三款的规定，在中华人民共和国境内从事畜禽的遗传资源保护利用、繁育、饲养、经营、运输等活动，适用本法。

蜂、蚕的资源保护利用和生产经营，适用本法有关规定。

639. 什么部门负责畜牧业的监督管理工作？

答：根据《畜牧法》第七条第一款的规定，国务院畜牧兽医行政主管部门负责全国畜牧业的监督管理工作。县级以上地方人民政府畜牧兽医行政主管部门负责本行政区域内的畜牧业监督管理工作。

640. 什么部门负责畜牧业的促进发展工作？

答：根据《畜牧法》第七条第二款的规定，县级以上人民政府有关主管部门在各自的职责范围内，负责有关促进畜牧业发展的工作。

641. 什么部门负责指导畜牧业生产经营者改善畜禽繁育、饲养、运输的条件和环境？

答：根据《畜牧法》第八条的规定，国务院畜牧兽医行政主管部门应当指导畜牧业生产经营者改善畜禽繁育、饲养、运输的条件和环境。

642. 国家畜禽遗传资源委员会由谁组成？有何职责？

答：根据《畜牧法》第十条的规定，国务院畜牧兽医行政主管部门设立由专业人员组成的国家畜禽遗传资源委员会，负责畜禽遗传资源的鉴定、评估和畜禽新品种、配套系的审定，承担畜禽遗传资源保护和利用规划论证及有关畜禽遗传资源保护的咨询工作。

643. 畜禽遗传资源基因库的工作职责是什么？

答：根据《畜牧法》第十三条第三款的规定，畜禽遗传资源基因库应当按照国务院畜牧兽医行政主管部门或者省级人民政府畜牧兽医行政主管部门的规定，定期采集和更新畜禽遗传材料。有关单位、个人应当配合畜禽遗传资源基因库采集畜禽遗传材料，并有权获得适当的经济补偿。

644. 从境外引进畜禽遗传资源的，应如何处理？

答：根据《畜牧法》第十五条的规定，从境外引进畜禽遗传资源的，应当向省级人民政府畜牧兽医行政主管部门提出申请；受理申请的畜牧兽医行政主管部门经审核，报国务院畜牧兽医行政主管部门经评估论证后批准。经批准的，依照《中华人民共和国进出境动植物检疫法》的规定办理相关手续并实施检疫。

从境外引进的畜禽遗传资源被发现对境内畜禽遗传资源、生态环境有危害或者可能产生危害的，国务院畜牧兽医行政主管部门应当与有关主管部门，采取相应的安全控制措施。

645. 向境外输出或者在境内与境外机构、个人合作研究利用列入保护名录的畜禽遗传资源的，应如何处理？

答：根据《畜牧法》第十六条第一款的规定，向境外输出或者在境内与境外机构、个人合作研究利用列入保护名录的畜禽遗传资源的，应当向省级人民政府畜牧兽医行政主管部门提出申请，同时提出国家共享惠益的方案；受理申请的畜牧兽医行政主管部门经审核，报国务院畜牧兽医行政主管部门批准。

646. 培育的畜禽新品种、配套系和新发现的畜禽遗传资源在推广前，应履行什么程序？

答：根据《畜牧法》第十九条第一款的规定，培育的畜禽新品种、配套系和新发现的畜禽遗传资源在推广前，应当通过国家畜禽遗传资源委员会审定或者鉴定，并由国务院畜牧兽医行政主管部门公告。

647. 审定或者鉴定所需的试验、检测等费用由谁承担？收费办法由什么部门制定？

答：根据《畜牧法》第十九条第一款的规定，审定或者鉴定所需的试验、检测等费用由申请者承担，收费办法由国务院财政、价格部门会同国务院畜牧兽医行政主管部门制定。

648. 从事种畜禽生产经营或者生产商品代仔畜、雏禽的单位、个人，应当取得什么执照？

答：根据《畜牧法》第二十二条第一款的规定，从事种畜禽生产经营或者生产商品代仔畜、雏禽的单位、个人，应当取得种畜禽生产经营许可证。申请人持种畜禽生产经营许可证依法办理工商登记，取得营业执照后，方可从事生产经营活动。

649. 申请取得种畜禽生产经营许可证，需具备哪些条件?

答：根据《畜牧法》第二十二条第二款的规定，申请取得种畜禽生产经营许可证，应当具备下列条件：

（1）生产经营的种畜禽必须是通过国家畜禽遗传资源委员会审定或者鉴定的品种、配套系，或者是经批准引进的境外品种、配套系；

（2）有与生产经营规模相适应的畜牧兽医技术人员；

（3）有与生产经营规模相适应的繁育设施设备；

（4）具备法律、行政法规和国务院畜牧兽医行政主管部门规定的种畜禽防疫条件；

（5）有完善的质量管理和育种记录制度；

（6）具备法律、行政法规规定的其他条件。

650. 种畜禽生产经营许可证由什么部门制定？有效期为几年?

答：根据《畜牧法》第二十四条第三款的规定，种畜禽生产经营许可证样式由国务院畜牧兽医行政主管部门制定，许可证有效期为三年。

651. 种畜禽生产经营许可证应当注明什么?

答：根据《畜牧法》第二十五条第一款的规定，种畜禽生产经营许可证应当注明生产经营者名称、场（厂）址、生产经营范围及许可证有效期的起止日期等。

652. 不得有哪些与种畜禽生产经营许可证有关的行为?

答：根据《畜牧法》第二十五条第二款的规定，禁止任何单位、个人无种畜禽生产经营许可证或者违反种畜禽生产经营许可证的规定生产经营种畜禽。禁止伪造、变造、转让、租借种畜禽生产经营许可证。

653. 哪些情况不需要办理种畜禽生产经营许可证?

答：根据《畜牧法》第二十六条的规定，农户饲养的种畜禽用于自繁自养和有少量剩余仔畜、雏禽出售的，农户饲养种公畜进行互助配种的，不需要办理种畜禽生产经营许可证。

654. 哪些人需要取得相应国家职业资格证书?

答：根据《畜牧法》第二十七条的规定，专门从事家畜人工授精、胚胎移植等繁殖工作的人员，应当取得相应的国家职业资格证书。

655. 发布种畜禽广告应符合哪些要求？

答：根据《畜牧法》第二十八条的规定，发布种畜禽广告的，广告主应当提供种畜禽生产经营许可证和营业执照。广告内容应当符合有关法律、行政法规的规定，并注明种畜禽品种、配套系的审定或者鉴定名称；对主要性状的描述应当符合该品种、配套系的标准。

656. 销售的种畜禽和家畜配种站（点）使用的种公畜，应符合哪些要求？

答：根据《畜牧法》第二十九条第一款的规定，销售的种畜禽和家畜配种站（点）使用的种公畜，必须符合种用标准。销售种畜禽时，应当附具种畜禽场出具的种畜禽合格证明、动物防疫监督机构出具的检疫合格证明，销售的种畜还应当附具种畜禽场出具的家畜系谱。

657. 生产家畜卵子、冷冻精液、胚胎等遗传材料，对于记录有何要求？

答：根据《畜牧法》第二十九条第二款的规定，生产家畜卵子、冷冻精液、胚胎等遗传材料，应当有完整的采集、销售、移植等记录，记录应当保存二年。

658. 销售种畜禽的，不得有哪些行为？

答：根据《畜牧法》第三十条的规定，销售种畜禽，不得有下列行为：

（1）以其他畜禽品种、配套系冒充所销售的种畜禽品种、配套系；

（2）以低代别种畜禽冒充高代别种畜禽；

（3）以不符合种用标准的畜禽冒充种畜禽；

（4）销售未经批准进口的种畜禽；

（5）销售未附具本法第二十九条规定的种畜禽合格证明、检疫合格证明的种畜禽或者未附具家畜系谱的种畜；

（6）销售未经审定或者鉴定的种畜禽品种、配套系。

659. 申请进口种畜禽的，应当符合哪些要求？

答：根据《畜牧法》第三十一条的规定，申请进口种畜禽的，应当持有种畜禽生产经营许可证。进口种畜禽的批准文件有效期为六个月。进口的种畜禽应当符合国务院畜牧兽医行政主管部门规定的技术要求。首次进口的种畜禽还应当由国家畜禽遗传资源委员会进行种用性能的评估。

种畜禽的进出口管理除适用前两款的规定外，还适用本法第十五条和第十六条的相关规定。

国家鼓励畜禽养殖者对进口的畜禽进行新品种、配套系的选育；选育的新品种、配套系在推广前，应当经国家畜禽遗传资源委员会审定。

660. 销售商品代仔畜、雏禽的，应该向购买者提供哪些资料?

答：根据《畜牧法》第三十二条第一款的规定，种畜禽场和孵化场（厂）销售商品代仔畜、雏禽的，应当向购买者提供其销售的商品代仔畜、雏禽的主要生产性能指标、免疫情况、饲养技术要求和有关咨询服务，并附具动物防疫监督机构出具的检疫合格证明。

661. 销售种畜禽和商品代仔畜、雏禽因质量问题造成损失的，销售者应承担什么责任?

答：根据《畜牧法》第三十二条第二款的规定，销售种畜禽和商品代仔畜、雏禽，因质量问题给畜禽养殖者造成损失的，应当依法赔偿损失。

662. 什么部门负责种畜禽质量安全的监督管理工作?

答：根据《畜牧法》第三十三条的规定，县级以上人民政府畜牧兽医行政主管部门负责种畜禽质量安全的监督管理工作。种畜禽质量安全的监督检验应当委托具有法定资质的种畜禽质量检验机构进行；所需检验费用按照国务院规定列支，不得向被检验人收取。

663. 畜禽养殖场的养殖档案应载明哪些内容?

答：根据《畜牧法》第四十一条的规定，畜禽养殖场应当建立养殖档案，载明以下内容：

（1）畜禽的品种、数量、繁殖记录、标识情况、来源和进出场日期；

（2）饲料、饲料添加剂、兽药等投入品的来源、名称、使用对象、时间和用量；

（3）检疫、免疫、消毒情况；

（4）畜禽发病、死亡和无害化处理情况；

（5）国务院畜牧兽医行政主管部门规定的其他内容。

664. 畜禽养殖场养殖小区应如何进行污染物处理?

答：根据《畜牧法》第四十六条第一款的规定，畜禽养殖场、养殖小区应当保证畜禽粪便、废水及其他固体废弃物综合利用或者无害化处理设施的正常运转，保证污染物达标排放，防止污染环境。

665. 养蜂生产者在国内转地放蜂，凭什么证明运输蜂群?

答：根据《畜牧法》第四十九条第二款的规定，养蜂生产者在国内转地放蜂，凭国务院畜牧兽医行政主管部门统一格式印制的检疫合格证明运输蜂群，在检疫合格证明有效期内不得重复检疫。

666. 对畜禽批发市场的选址有何要求？

答：根据《畜牧法》第五十一条第二款的规定，畜禽批发市场选址，应当符合法律、行政法规和国务院畜牧兽医行政主管部门规定的动物防疫条件，并距离种畜禽场和大型畜禽养殖场三公里以外。

667. 主管部门规定应当加施标识而没有标识的畜禽，应如何处理？

答：根据《畜牧法》第五十二条第二款的规定，国务院畜牧兽医行政主管部门规定应当加施标识，而没有标识的畜禽，不得销售和收购。

668. 畜禽运输应符合什么要求？

答：根据《畜牧法》第五十三条的规定，运输畜禽，必须符合法律、行政法规和国务院畜牧兽医行政主管部门规定的动物防疫条件，采取措施保护畜禽安全，并为运输的畜禽提供必要的空间和饲喂饮水条件。

有关部门对运输中的畜禽进行检查，应当有法律、行政法规的依据。

669. 如何开展畜禽产品质量安全监督工作？

答：根据《畜牧法》第五十六条的规定，县级以上人民政府畜牧兽医行政主管部门应当制定畜禽质量安全监督检查计划，按计划开展监督抽查工作。

670. 政府部门对畜禽安全生产有何职责？

答：根据《畜牧法》第五十七条的规定，省级以上人民政府畜牧兽医行政主管部门应当组织制定畜禽生产规范，指导畜禽的安全生产。

671. 擅自处理受保护的畜禽遗传资源，造成畜禽遗传资源损失的，如何处理？

答：根据《畜牧法》第五十八条的规定，违反本法第十三条第二款规定，擅自处理受保护的畜禽遗传资源，造成畜禽遗传资源损失的，由省级以上人民政府畜牧兽医行政主管部门处五万元以上五十万元以下罚款。

672. 未经审核批准，从境外引进畜禽遗传资源的，如何处理？

答：根据《畜牧法》第五十九条的规定，未经审核批准，从境外引进畜禽遗传资源的，由省级以上人民政府畜牧兽医行政主管部门责令停止违法行为，没收畜禽遗传资源和违法所得，并处一万元以上五万元以下罚款。

673. 未经审核批准，在境内与境外机构、个人合作研究利用列入保护名录的畜禽遗传资源的，如何处理?

答：根据《畜牧法》第五十九条的规定，未经审核批准，在境内与境外机构、个人合作研究利用列入保护名录的畜禽遗传资源的，由省级以上人民政府畜牧兽医行政主管部门责令停止违法行为，没收畜禽遗传资源和违法所得，并处一万元以上五万元以下罚款。

674. 在境内与境外机构、个人合作研究利用未经国家畜禽遗传资源委员会鉴定的新发现的畜禽遗传资源的，如何处理?

答：根据《畜牧法》第五十九条的规定，在境内与境外机构、个人合作研究利用未经国家畜禽遗传资源委员会鉴定的新发现的畜禽遗传资源的，由省级以上人民政府畜牧兽医行政主管部门责令停止违法行为，没收畜禽遗传资源和违法所得，并处一万元以上五万元以下罚款。

675. 未经国务院畜牧兽医行政主管部门批准，向境外输出畜禽遗传资源的，如何处理?

答：根据《畜牧法》第六十条的规定，未经国务院畜牧兽医行政主管部门批准，向境外输出畜禽遗传资源的，依照《中华人民共和国海关法》的有关规定追究法律责任。海关应当将扣留的畜禽遗传资源移送省级人民政府畜牧兽医行政主管部门处理。

676. 违反本法有关规定，销售、推广未经审定或者鉴定的畜禽品种的，如何处理?

答：根据《畜牧法》第六十一条的规定，违反本法有关规定，销售、推广未经审定或者鉴定的畜禽品种的，由县级以上人民政府畜牧兽医行政主管部门责令停止违法行为，没收畜禽和违法所得；违法所得在五万元以上的，并处违法所得一倍以上三倍以下罚款；没有违法所得或者违法所得不足五万元的，并处五千元以上五万元以下罚款。

677. 违反本法有关规定，无种畜禽生产经营许可证或者违反种畜禽生产经营许可证的规定生产经营种畜禽的，转让、租借种畜禽生产经营许可证的，如何处理?

答：根据《畜牧法》第六十二条的规定，违反本法有关规定，无种畜禽生产经营许可证或者违反种畜禽生产经营许可证的规定生产经营种畜禽的，转让、租借种畜禽生产经营许可证的，由县级以上人民政府畜牧兽医行政主管部门责令停止违法行为，没收违法所得；违法所得在三万元以上的，并处违法所得一倍以上三倍以下罚款；没有违法所得或者违法所得不足三万元的，并处三千元以上三万元以下罚款。违反种畜禽生产经营许可证的规定生产经营种畜禽或者转让、租借种畜禽生产经营许可证，情节严重的，并处吊销种畜禽生产经营许可证。

678. 违反畜禽广告发布规定的，如何处理?

答：根据《畜牧法》第六十三条的规定，违反本法第二十八条规定的，依照《中华人民共和国广告法》的有关规定追究法律责任。

679. 违反本法有关规定，使用的种畜禽不符合种畜禽标准的，如何处理?

答：根据《畜牧法》第六十四条的规定，违反本法有关规定，使用的种畜禽不符合种用标准的，由县级以上地方人民政府畜牧兽医行政主管部门责令停止违法行为，没收违法所得；违法所得在五千元以上的，并处违法所得一倍以上二倍以下罚款；没有违法所得或者违法所得不足五千元的，并处一千元以上五千元以下罚款。

680. 以其他畜禽品种、配套系冒充所销售的种畜禽品种、配套系的；以低代别种畜禽冒充高代别种畜禽的；以不符合种用标准的畜禽冒充种畜禽的；销售未经批准进口的种畜禽的，如何处理?

答：根据《畜牧法》第六十五条的规定，销售种畜禽有本法第三十条第一项至第四项违法行为之一的，由县级以上人民政府畜牧兽医行政主管部门或者工商行政管理部门责令停止销售，没收违法销售的畜禽和违法所得；违法所得在五万元以上的，并处违法所得一倍以上五倍以下罚款；没有违法所得或者违法所得不足五万元的，并处五千元以上五万元以下罚款；情节严重的，并处吊销种畜禽生产经营许可证或者营业执照。

681. 违反本法有关规定，畜禽养殖场未建立养殖档案的，或者未按照规定保存养殖档案的，如何处理?

答：根据《畜牧法》第六十六条的规定，违反本法第四十一条规定，畜禽养殖场未建立养殖档案的，或者未按照规定保存养殖档案的，由县级以上人民政府畜牧兽医行政主管部门责令限期改正，可以处一万元以下罚款。

682. 违反法律、行政法规的规定和国家技术规范的强制性要求使用饲料、饲料添加剂、兽药的；使用未经高温处理的餐馆、食堂的泔水饲喂家畜的；在垃圾场或者使用垃圾场中的物质饲养畜禽的；法律、行政法规和国务院畜牧兽医行政主管部门规定的危害人和畜禽健康的其他行为的，如何处理?

答：根据《畜牧法》第六十七条的规定，违反本法第四十三条规定养殖畜禽的，依照有关法律、行政法规的规定处罚。

683. 违反本法有关规定，销售的种畜禽未附具种畜禽合格证明、检疫合格证明、家畜系谱的，销售、收购国务院畜牧兽医行政主管部门规定应当加施标识而没有加施标识的，或者重复使用畜禽标识的，如何处理?

答：根据《畜牧法》第六十八条第一款的规定，违反本法有关规定，销售的种畜禽未附具种畜禽合格证明、检疫合格证明、家畜系谱的，销售、收购国务院畜牧兽医行政主管部门规定应当加施标识而没有标识的畜禽的，或者重复使用畜禽标识的，由县级以上地方人民政府畜牧兽医行政主管部门或者工商行政管理部门责令改正，可以处二千元以下罚款。

684. 违反本法有关规定，使用伪造、变造的畜禽标识的，如何处理?

答：根据《畜牧法》第六十八条第二款的规定，违反本法有关规定，使用伪造、变造的畜禽标识的，由县级以上人民政府畜牧兽医行政主管部门没收伪造、变造的畜禽标识和违法所得，并处三千元以上三万元以下罚款。

685. 销售不符合国家技术规范的强制性要求的畜禽的，如何处理?

答：根据《畜牧法》第六十九条的规定，销售不符合国家技术规范的强制性要求的畜禽的，由县级以上地方人民政府畜牧兽医行政主管部门或者工商行政管理部门责令停止违法行为，没收违法销售的畜禽和违法所得，并处违法所得一倍以上三倍以下罚款；情节严重的，由工商行政管理部门并处吊销营业执照。

686. 对被吊销种畜禽生产经营许可证的，如何处理?

答：根据《畜牧法》第七十一条的规定，种畜禽生产经营者被吊销种畜禽生产经营许可证的，由畜牧兽医行政主管部门自吊销许可证之日起十日内通知工商行政管理部门。种畜禽生产经营者应当依法到工商行政管理部门办理变更登记或者注销登记。

687. 概括来说，设立种畜禽场应具备哪些基本条件?

答：根据《中华人民共和国畜牧法》、《种畜禽管理条例》、《种畜禽管理条例实施细则》和《种畜禽生产经营许可证管理办法》等法律法规的要求，设立种畜禽场应具备以下基本条件：

（1）种畜禽场的举办必须经过省或者是国务院畜牧行政主管部门批准；

（2）饲养品种符合国家法律法规的要求；

（3）要有与种畜禽生产相适应的繁育设施设备；

（4）要有与种畜禽生产相适应的畜牧兽医技术人员；

（5）要有与种畜禽生产相适应的种畜禽生产管理制度；

（6）育种和养殖方面的技术资料管理规范；

（7）种畜禽防疫保健制度完善、设施齐全；

（8）有完善的质量管理制度和售后服务体系；

（9）具备法律、行政法规规定的其他条件。

688. 为什么种畜禽场的举办必须经过省或者是国务院畜牧行政主管部门批准？

答：按照《种畜禽管理条例》第十一条规定，建立种畜禽场，应当根据良种繁育体系规划，合理布局。建立地方种畜禽场，必须经省、自治区、直辖市人民政府畜牧行政主管部门批准；建立国家级种畜禽场，必须经省、自治区、直辖市人民政府畜牧行政主管部门审核同意，并报国务院畜牧行政主管部门批准。

689. 申办《种畜禽生产经营许可证》国家法律法规对饲养品种有什么具体的要求？

答：根据《中华人民共和国畜牧法》第二十二条第一款规定，生产经营的种畜禽必须是通过国家畜禽遗传资源委员会审定或者鉴定的品种、配套系，或者是经批准引进的境外品种、配套系。同时，所饲养的种畜禽必须符合种用标准。

690. 申办《种畜禽生产经营许可证》国家法律法规对基础设施有什么具体的要求？

答：（1）场址地势、交通、通讯、能源、防疫隔离条件良好；生产区与生活区和办公区隔离分开；水源充足，洁净无污染；

（2）生产区清洁道和污染道分设，有粪污排放处理设施的场所，符合环保要求；

（3）种畜禽舍布局合理，生产工艺及设备配套齐全；

（4）种羊场有足够的放牧场和饲料地，具有青贮等配套设施；

（5）具资料档案室、疫病诊断室、配备必要的仪器设备。

691. 申办《种畜禽生产经营许可证》国家法律法规对技术力量有什么具体的要求？

答：（1）种畜禽场场长具有中专以上学历和中级以上技术职称；

（2）从事种畜禽育种繁殖、疫病防治、饲养管理、生产经营管理的技术人员具备中专以上相关专业学历；

（3）直接从事种畜禽生产的工人经过专业技术培训，熟练掌握种畜禽生产全过程的基本知识和技能，并取得相应技术岗位的国家职业资格证书；

（4）安排资金用于员工的职业技术培训。

692. 申办《种畜禽生产经营许可证》国家法律法规对种畜禽生产管理有什么具体的要求？

答：（1）必须制定种畜禽选育计划，包括选育方法、配种制度及性能测定方案等；

（2）各畜禽品种根据育种要求建立核心群；

（3）种公畜不得少于6个血统，且系谱清楚；

（4）种畜禽质量必须符合本品种国家标准或行业标准，国外引进的品种参照供方提供的标准；

（5）要有科学健全的饲养管理制度，采用先进的饲养工艺，按照营养标准配制日粮，满足不同畜禽品种的生理阶段和营养需要。

693. 申办《种畜禽生产经营许可证》国家法律法规对育种和养殖方面的技术资料管理有什么具体的要求？

答：（1）种畜禽要进行良种登记，系谱资料齐全；

（2）各项资料按年度装订成册并存档（如采用无纸记录系统各项资源应存入计算机软盘）；

（3）种畜禽养殖方面的用药、用料等等生产方面的记录要规范、资料保存完整。

694. 申办《种畜禽生产经营许可证》国家法律法规对种畜禽防疫保健制度、设施方面有什么具体的要求？

答：（1）有科学的免疫防疫程序、场内防疫和监测制度规范完善；

（2）场内设有病畜隔离舍、死畜处理设施；

（3）具备法律、行政法规和国务院畜牧兽医行政主管部门规定的其他种畜禽防疫条件。

695. 申办《种畜禽生产经营许可证》国家法律法规对质量管理制度和售后服务体系方面有什么具体的要求？

答：（1）建立健全生产经营管理制度和岗位责任制；

（2）出场种畜禽有清楚的系谱证，并附具种畜禽合理证和动物检疫合格证；

（3）建立售后服务制度。

696. 哪些单位和个人需要办理《种畜禽生产经营许可证》？

答：根据《中华人民共和国畜牧法》、《种畜禽管理条例》、《种畜禽管理条例实施细则》

和《种畜禽生产经营许可证》管理办法等法律法规的要求，从事种畜禽生产经营或者生产商品代仔畜、雏禽的单位、个人，应当取得《种畜禽生产经营许可证》。申请人持《种畜禽生产经营许可证》依法办理工商登记，取得营业执照后，方可从事生产经营活动。

697. 申办《种畜禽生产经营许可证》如何进行申请？申请程序是什么？

答：《种畜禽场生产经营许可证》发放采用逐级报批程序。即申请人认真填写申请表、编写申请报告，并提供其他有关材料交所在县、市畜牧行政主管部门审核，加注意见后一式二份由市畜牧兽医行政主管部门负责上报省农业厅行政审批服务窗口。

698. 申办《种畜禽生产经营许可证》对申报材料和内容有什么要求？

答：要求申请单位须提供下列材料，并用A4纸打印后按顺序装订成册。同时报送电子软盘一份。

（1）《种畜禽生产经营许可证申请表》；

（2）种畜禽生产经营许可证申请报告，内容包括申请人的基本情况，如场址、场区布局（附布局图）、组织机构及技术力量（附职称和学历证明复印件）；

（3）单品种群体规模及品种来源证明；

（4）饲养管理规程及免疫程序；

（5）制种方案及系谱登记资料；

（6）动物防疫合格证；

（7）新办场应提供工商行政管理部门出具的有效期内的“企业名称预先核准通知书”，老场要提供工商营业执照正本复印件。

699. 申办《种畜禽生产经营许可证》如何接受申请和受理有关材料？

答：省农业厅行政审批服务窗口在接到市畜牧兽医行政主管理部门报送的有关材料后，在规定期限内按照《中华人民共和国行政许可法》和办理种畜禽场生产经营许可证的有关要求对申请人所提供的相关材料进行初审，初审合格的材料依法转交给省畜牧兽医局或者具体负责种畜禽生产经营管理的单位办理。

700. 申办《种畜禽生产经营许可证》如何进行专家评审？

答：省畜牧兽医局或者是具体负责实施种畜禽生产经营管理的单位在接到厅行政审批服务窗口转来的申报材料后，由畜牧兽医局和省畜禽繁育工作站组织有关部门和单位的专家对申请材料进行专业评审，并在接到市报告后30个工作日内组织专家对申报场进行现场验收，验收完毕后，专家组要认真填写验收结论，对申报单位是否合格从专业角度给出明确的意见。

701. 申办《种畜禽生产经营许可证》如何办理批件?

答: 省畜牧兽医行政主管部门或者是具体负责实施种畜禽生产经营管理的单位根据种畜禽场验收专家组评审意见提出审批方案,对验收合格的种畜禽场报到厅行政审批服务窗口经主管部门领导审批后办理批件，予以颁发《种畜禽生产经营许可证》，不合格的说明理由，通过报批途径退回申请单位。

702. 国家对《种畜禽生产经营许可证》的有效期限及年检有什么具体的规定?

答:《种畜禽生产经营许可证》有效期为三年。每年由市地畜牧主管部门进行年检。年检不合格的按《种畜禽管理条例》有关规定进行处理。

703. 从2006年起省畜牧兽医行政主管部门对审办《种畜禽生产经营许可证》还有哪些新的规定?

答：从2006年起，省畜牧兽医行政主管部门将按照国家有关规定，改变过去每两年定期集中办理一次《种畜禽生产经营许可证》的办法，根据国家有关规定，改为随时申报，随时按照程序及时受理，随时依法认真组织验收，有序批复，方便与民。

《种畜禽生产许可证》有效期为三年。

704. 从境外进口种畜禽国家有哪些具体的规定?

答：根据《中华人民共和国畜牧法》和《种畜禽管理条例》等法律法规的要求，申请从境外进口种畜禽场应该符合以下条件：

（1）应当持有种畜禽生产经营许可证。

（2)应当向省级人民政府畜牧兽医行政主管部门提出申请; 受理申请的畜牧兽医行政主管部门经审核，报国务院畜牧兽医行政主管部门经评估论证后批准。经批准的，依照《中华人民共和国进出境动植物检疫法》的规定办理相关手续并实施检疫。

（3）凡申请进口种畜禽的单位或个人应填写《种畜禽进出口审批表》。经省级畜牧行政主管部门同意后报国务院行政主管部门审批。海关凭审批表办理有关手续。进口种畜禽的批准文件有效期为六个月。

附：相关法律法规

中华人民共和国农业法

第一章 总则

第一条 为了巩固和加强农业在国民经济中的基础地位，深化农村改革，发展农业生产力，推进农业现代化，维护农民和农业生产经营组织的合法权益，增加农民收入，提高农民科学文化素质，促进农业和农村经济的持续、稳定、健康发展，实现全面建设小康社会的目标，制定本法。

第二条 本法所称农业，是指种植业、林业、畜牧业和渔业等产业，包括与其直接相关的产前、产中、产后服务。

本法所称农业生产经营组织，是指农村集体经济组织、农民专业合作经济组织、农业企业和其他从事农业生产经营的组织。

第三条 国家把农业放在发展国民经济的首位。

农业和农村经济发展的基本目标是：建立适应发展社会主义市场经济要求的农村经济体制，不断解放和发展农村生产力，提高农业的整体素质和效益，确保农产品供应和质量，满足国民经济发展和人口增长、生活改善的需求，提高农民的收入和生活水平，促进农村富余劳动力向非农产业和城镇转移，缩小城乡差别和区域差别，建设富裕、民主、文明的社会主义新农村，逐步实现农业和农村现代化。

第四条 国家采取措施，保障农业更好地发挥在提供食物、工业原料和其他农产品，维护和改善生态环境，促进农村经济社会发展等多方面的作用。

第五条 国家坚持和完善公有制为主体、多种所有制经济共同发展的基本经济制度，振兴农村经济。

国家长期稳定农村以家庭承包经营为基础、统分结合的双层经营体制，发展社会化服务体系，壮大集体经济实力，引导农民走共同富裕的道路。

国家在农村坚持和完善以按劳分配为主体、多种分配方式并存的分配制度。

第六条 国家坚持科教兴农和农业可持续发展的方针。

国家采取措施加强农业和农村基础设施建设，调整、优化农业和农村经济结构，推进农业产业化经营，发展农业科技、教育事业，保护农业生态环境，促进农业机械化和信息化，提高农业综合生产能力。

第七条　国家保护农民和农业生产经营组织的财产及其他合法权益不受侵犯。

各级人民政府及其有关部门应当采取措施增加农民收入，切实减轻农民负担。

第八条　全社会应当高度重视农业，支持农业发展。

国家对发展农业和农村经济有显著成绩的单位和个人，给予奖励。

第九条　各级人民政府对农业和农村经济发展工作统一负责，组织各有关部门和全社会做好发展农业和为发展农业服务的各项工作。

国务院农业行政主管部门主管全国农业和农村经济发展工作，国务院林业行政主管部门和其他有关部门在各自的职责范围内，负责有关的农业和农村经济发展工作。

县级以上地方人民政府各农业行政主管部门负责本行政区域内的种植业、畜牧业、渔业等农业和农村经济发展工作，林业行政主管部门负责本行政区域内的林业工作。县级以上地方人民政府其他有关部门在各自的职责范围内，负责本行政区域内有关的为农业生产经营服务的工作。

第二章　农业生产经营体制

第十条　国家实行农村土地承包经营制度，依法保障农村土地承包关系的长期稳定，保护农民对承包土地的使用权。

农村土地承包经营的方式、期限、发包方和承包方的权利义务、土地承包经营权的保护和流转等，适用《中华人民共和国土地管理法》和《中华人民共和国农村土地承包法》。

农村集体经济组织应当在家庭承包经营的基础上，依法管理集体资产，为其成员提供生产、技术、信息等服务，组织合理开发、利用集体资源，壮大经济实力。

第十一条　国家鼓励农民在家庭承包经营的基础上自愿组成各类专业合作经济组织。

农民专业合作经济组织应当坚持为成员服务的宗旨，按照加入自愿、退出自由、民主管理、盈余返还的原则，依法在其章程规定的范围内开展农业生产经营和服务活动。

农民专业合作经济组织可以有多种形式，依法成立、依法登记。任何组织和个人不得侵犯农民专业合作经济组织的财产和经营自主权。

第十二条　农民和农业生产经营组织可以自愿按照民主管理、按劳分配和按股分红相结合的原则，以资金、技术、实物等入股，依法兴办各类企业。

第十三条　国家采取措施发展多种形式的农业产业化经营，鼓励和支持农民和农业生产经营组织发展生产、加工、销售一体化经营。

国家引导和支持从事农产品生产、加工、流通服务的企业、科研单位和其他组织，通过与农民或者农民专业合作经济组织订立合同或者建立各类企业等形式，形成收益共享、风险共担的利益共同体，推进农业产业化经营，带动农业发展。

第十四条　农民和农业生产经营组织可以按照法律、行政法规成立各种农产品行业协会，为成员提供生产、营销、信息、技术、培训等服务，发挥协调和自律作用，提出农产品贸易救济措施的申请，维护成员和行业的利益。

第三章　农业生产

第十五条　县级以上人民政府根据国民经济和社会发展的中长期规划、农业和农村经济发展的基本目标和农业资源区划，制定农业发展规划。

省级以上人民政府农业行政主管部门根据农业发展规划，采取措施发挥区域优势，促进形成合理的农业生产区域布局，指导和协调农业和农村经济结构调整。

第十六条　国家引导和支持农民和农业生产经营组织结合本地实际按照市场需求，调整和优化农业生产结构，协调发展种植业、林业、畜牧业和渔业，发展优质、高产、高效益的农业，提高农产品国际竞争力。

种植业以优化品种、提高质量、增加效益为中心，调整作物结构、品种结构和品质结构。

加强林业生态建设，实施天然林保护、退耕还林和防沙治沙工程，加强防护林体系建设，加速营造速生丰产林、工业原料林和薪炭林。

加强草原保护和建设，加快发展畜牧业，推广圈养和舍饲，改良畜禽品种，积极发展饲料工业和畜禽产品加工业。

渔业生产应当保护和合理利用渔业资源，调整捕捞结构，积极发展水产养殖业、远洋渔业和水产品加工业。

县级以上人民政府应当制定政策，安排资金，引导和支持农业结构调整。

第十七条　各级人民政府应当采取措施，加强农业综合开发和农田水利、农业生态环境保护、乡村道路、农村能源和电网、农产品仓储和流通、渔港、草原围栏、动植物原种良种基地等农业和农村基础设施建设，改善农业生产条件，保护和提高农业综合生产能力。

第十八条　国家扶持动植物品种的选育、生产、更新和良种的推广使用，鼓励品种选育和生产、经营相结合，实施种子工程和畜禽良种工程。国务院和省、自治区、直辖市人民政府设立专项资金，用于扶持动植物良种的选育和推广工作。

第十九条　各级人民政府和农业生产经营组织应当加强农田水利设施建设，建立健全农田水利设施的管理制度，节约用水，发展节水型农业，严格依法控制非农业建设占用灌溉水源，禁止任何组织和个人非法占用或者毁损农田水利设施。

国家对缺水地区发展节水型农业给予重点扶持。

第二十条　国家鼓励和支持农民和农业生产经营组织使用先进、适用的农业机械，加强农业机械安全管理，提高农业机械化水平。

国家对农民和农业生产经营组织购买先进农业机械给予扶持。

第二十一条　各级人民政府应当支持为农业服务的气象事业的发展，提高对气象灾害的监测和预报水平。

第二十二条　国家采取措施提高农产品的质量，建立健全农产品质量标准体系和质量检验检测监督体系，按照有关技术规范、操作规程和质量卫生安全标准，组织农产品的生产经营，保障农产品质量安全。

第二十三条　国家支持依法建立健全优质农产品认证和标志制度。

国家鼓励和扶持发展优质农产品生产。县级以上地方人民政府应当结合本地情况，按照国家有关规定采取措施，发展优质农产品生产。

符合国家规定标准的优质农产品可以依照法律或者行政法规的规定申请使用有关的标志。符合规定产地及生产规范要求的农产品可以依照有关法律或者行政法规的规定申请使用农产品地理标志。

第二十四条　国家实行动植物防疫、检疫制度，健全动植物防疫、检疫体系，加强对动物疫病和植物病、虫、杂草、鼠害的监测、预警、防治，建立重大动物疫情和植物病虫害的快速扑灭机制，建设动物无规定疫病区，实施植物保护工程。

第二十五条　农药、兽药、饲料和饲料添加剂、肥料、种子、农业机械等可能危害人畜安全的农业生产资料的生产经营，依照相关法律、行政法规的规定实行登记或者许可制度。

各级人民政府应当建立健全农业生产资料的安全使用制度，农民和农业生产经营组织不得使用国家明令淘汰和禁止使用的农药、兽药、饲料添加剂等农业生产资料和其他禁止使用的产品。

农业生产资料的生产者、销售者应当对其生产、销售的产品的质量负责，禁止以次充好、以假充真、以不合格的产品冒充合格的产品；禁止生产和销售国家明令淘汰的农药、兽药、饲料添加剂、农业机械等农业生产资料。

第四章　农产品流通与加工

第二十六条　农产品的购销实行市场调节。国家对关系国计民生的重要农产品的购销活动实行必要的宏观调控，建立中央和地方分级储备调节制度，完善仓储运输体系，做到保证供应，稳定市场。

第二十七条　国家逐步建立统一、开放、竞争、有序的农产品市场体系，制定农产品批发市场发展规划。对农村集体经济组织和农民专业合作经济组织建立农产品批发市场和农产品集贸市场，国家给予扶持。

县级以上人民政府工商行政管理部门和其他有关部门按照各自的职责，依法管理农产品批发市场，规范交易秩序，防止地方保护与不正当竞争。

第二十八条　国家鼓励和支持发展多种形式的农产品流通活动。支持农民和农民专业合作经济组织按照国家有关规定从事农产品收购、批发、贮藏、运输、零售和中介活动。鼓励供销合作社和其他从事农产品购销的农业生产经营组织提供市场信息，开拓农产品流通渠道，为农产品销售服务。

县级以上人民政府应当采取措施，督促有关部门保障农产品运输畅通，降低农产品流通成本。有关行政管理部门应当简化手续，方便鲜活农产品的运输，除法律、行政法规另有规定外，不得扣押鲜活农产品的运输工具。

第二十九条　国家支持发展农产品加工业和食品工业，增加农产品的附加值。县级以上人民政府应当制定农产品加工业和食品工业发展规划，引导农产品加工企业形成合理的区域布局和规模结构，扶持农民专业合作经济组织和乡镇企业从事农产品加工和综合开发利用。

国家建立健全农产品加工制品质量标准，完善检测手段，加强农产品加工过程中的质量安全管理和监督，保障食品安全。

第三十条　国家鼓励发展农产品进出口贸易。

国家采取加强国际市场研究、提供信息和营销服务等措施，促进农产品出口。

为维护农产品产销秩序和公平贸易，建立农产品进口预警制度，当某些进口农产品已经或者可能对国内相关农产品的生产造成重大的不利影响时，国家可以采取必要的措施。

第五章　粮食安全

第三十一条　国家采取措施保护和提高粮食综合生产能力，稳步提高粮食生产水平，保障粮食安全。

国家建立耕地保护制度，对基本农田依法实行特殊保护。

第三十二条　国家在政策、资金、技术等方面对粮食主产区给予重点扶持，建设稳定的商品粮生产基地，改善粮食收贮及加工设施，提高粮食主产区的粮食生产、加工水平和经济效益。

国家支持粮食主产区与主销区建立稳定的购销合作关系。

第三十三条　在粮食的市场价格过低时，国务院可以决定对部分粮食品种实行保护价制度。保护价应当根据有利于保护农民利益、稳定粮食生产的原则确定。

农民按保护价制度出售粮食，国家委托的收购单位不得拒收。

县级以上人民政府应当组织财政、金融等部门以及国家委托的收购单位及时筹足粮食收购资金，任何部门、单位或者个人不得截留或者挪用。

第三十四条　国家建立粮食安全预警制度，采取措施保障粮食供给。国务院应当制定粮食安全保障目标与粮食储备数量指标，并根据需要组织有关主管部门进行耕地、粮食库存情况的核查。

国家对粮食实行中央和地方分级储备调节制度，建设仓储运输体系。承担国家粮食储备任务的企业应当按照国家规定保证储备粮的数量和质量。

第三十五条　国家建立粮食风险基金，用于支持粮食储备、稳定粮食市场和保护农民利益。

第三十六条　国家提倡珍惜和节约粮食，并采取措施改善人民的食物营养结构。

第六章　农业投入与支持保护

第三十七条　国家建立和完善农业支持保护体系，采取财政投入、税收优惠、金融支持等措施，从资金投入、科研与技术推广、教育培训、农业生产资料供应、市场信息、质量标准、检验检疫、社会化服务以及灾害救助等方面扶持农民和农业生产经营组织发展农业生产，提高农民的收入水平。

在不与我国缔结或加入的有关国际条约相抵触的情况下，国家对农民实施收入支持政策，具体办法由国务院制定。

第三十八条　国家逐步提高农业投入的总体水平。中央和县级以上地方财政每年对农业总投入的增长幅度应当高于其财政经常性收入的增长幅度。

各级人民政府在财政预算内安排的各项用于农业的资金应当主要用于：加强农业基础设施建设；支持农业结构调整，促进农业产业化经营；保护粮食综合生产能力，保障国家粮食安全；健全动植物检疫、防疫体系，加强动物疫病和植物病、虫、杂草、鼠害防治；建立健全农产品质量标准和检验检测监督体系、农产品市场及信息服务体系；支持农业科研教育、农业技术推广和农民培训；加强农业生态环境保护建设；扶持贫困地区发展；保障农民收入水平等。

县级以上各级财政用于种植业、林业、畜牧业、渔业、农田水利的农业基本建设投入应当统筹安排，协调增长。

国家为加快西部开发，增加对西部地区农业发展和生态环境保护的投入。

第三十九条　县级以上人民政府每年财政预算内安排的各项用于农业的资金应当及时足额拨付。各级人民政府应当加强对国家各项农业资金分配、使用过程的监督管理，保证资金安全，提高资金的使用效率。

任何单位和个人不得截留、挪用用于农业的财政资金和信贷资金。审计机关应当依法加强对用于农业的财政和信贷等资金的审计监督。

第四十条　国家运用税收、价格、信贷等手段，鼓励和引导农民和农业生产经营组织增加农业生产经营性投入和小型农田水利等基本建设投入。

国家鼓励和支持农民和农业生产经营组织在自愿的基础上依法采取多种形式，筹集农业资金。

第四十一条　国家鼓励社会资金投向农业，鼓励企业事业单位、社会团体和个人捐资设立各种农业建设和农业科技、教育基金。

国家采取措施，促进农业扩大利用外资。

第四十二条　各级人民政府应当鼓励和支持企业事业单位及其他各类经济组织开展农业信息服务。

县级以上人民政府农业行政主管部门及其他有关部门应当建立农业信息搜集、整理和发布制度，及时向农民和农业生产经营组织提供市场信息等服务。

第四十三条　国家鼓励和扶持农用工业的发展。

国家采取税收、信贷等手段鼓励和扶持农业生产资料的生产和贸易，为农业生产稳定增长提供物质保障。

国家采取宏观调控措施，使化肥、农药、农用薄膜、农业机械和农用柴油等主要农业生产资料和农产品之间保持合理的比价。

第四十四条　国家鼓励供销合作社、农村集体经济组织、农民专业合作经济组织、其他组织和个人发展多种形式的农业生产产前、产中、产后的社会化服务事业。县级以上人民政府及其各有关部门应当采取措施对农业社会化服务事业给予支持。

对跨地区从事农业社会化服务的，农业、工商管理、交通运输、公安等有关部门应当采取措施给予支持。

第四十五条　国家建立健全农村金融体系，加强农村信用制度建设，加强农村金融监管。

有关金融机构应当采取措施增加信贷投入，改善农村金融服务，对农民和农业生产经营组织的农业生产经营活动提供信贷支持。

农村信用合作社应当坚持为农业、农民和农村经济发展服务的宗旨，优先为当地农民的生产经营活动提供信贷服务。

国家通过贴息等措施，鼓励金融机构向农民和农业生产经营组织的农业生产经营活动提供贷款。

第四十六条　国家建立和完善农业保险制度。

国家逐步建立和完善政策性农业保险制度。鼓励和扶持农民和农业生产经营组织建立为农业生产经营活动服务的互助合作保险组织，鼓励商业性保险公司开展农业保险业务。

农业保险实行自愿原则。任何组织和个人不得强制农民和农业生产经营组织参加农业保险。

第四十七条　各级人民政府应当采取措施，提高农业防御自然灾害的能力，做好防灾、抗灾和救灾工作，帮助灾民恢复生产，组织生产自救，开展社会互助互济；对没有基本生活保障的灾民给予救济和扶持。

第七章　农业科技与农业教育

第四十八条　国务院和省级人民政府应当制定农业科技、农业教育发展规划，发展农业科技、教育事业。

县级以上人民政府应当按照国家有关规定逐步增加农业科技经费和农业教育经费。

国家鼓励、吸引企业等社会力量增加农业科技投入，鼓励农民、农业生产经营组织、企业事业单位等依法举办农业科技、教育事业。

第四十九条　国家保护植物新品种、农产品地理标志等知识产权，鼓励和引导农业科研、教育单位加强农业科学技术的基础研究和应用研究，传播和普及农业科学技术知识，加速科技成果转化与产业化，促进农业科学技术进步。

国务院有关部门应当组织农业重大关键技术的科技攻关。国家采取措施促进国际农业科技、教育合作与交流，鼓励引进国外先进技术。

第五十条　国家扶持农业技术推广事业，建立政府扶持和市场引导相结合，有偿与无偿服务相结合，国家农业技术推广机构和社会力量相结合的农业技术推广体系，促使先进的农业技术尽快应用于农业生产。

第五十一条　国家设立的农业技术推广机构应当以农业技术试验示范基地为依托，承担公共所需的关键性技术的推广和示范工作，为农民和农业生产经营组织提供公益性农业技术服务。

县级以上人民政府应当根据农业生产发展需要，稳定和加强农业技术推广队伍，保障农业技术推广机构的工作经费。

各级人民政府应当采取措施，按照国家规定保障和改善从事农业技术推广工作的专业科技人员的工作条件、工资待遇和生活条件，鼓励他们为农业服务。

第五十二条　农业科研单位、有关学校、农业技术推广机构以及科技人员，根据农民和农业生产经营组织的需要，可以提供无偿服务，也可以通过技术转让、技术服务、技术承包、技术入股等形式，提供有偿服务，取得合法收益。农业科研单位、有关学校、农业技术推广机构以及科技人员应当提高服务水平，保证服务质量。

对农业科研单位、有关学校、农业技术推广机构举办的为农业服务的企业，国家在税收、信贷等方面给予优惠。

国家鼓励农民、农民专业合作经济组织、供销合作社、企业事业单位等参与农业技术推广工作。

第五十三条　国家建立农业专业技术人员继续教育制度。县级以上人民政府农业行政主管部门会同教育、人事等有关部门制定农业专业技术人员继续教育计划，并组织实施。

第五十四条　国家在农村依法实施义务教育，并保障义务教育经费。国家在农村举办的普通中小学校教职工工资由县级人民政府按照国家规定统一发放，校舍等教学设施的建设和维护经费由县级人民政府按照国家规定统一安排。

第五十五条　国家发展农业职业教育。国务院有关部门按照国家职业资格证书制度的统一规定，开展农业行业的职业分类、职业技能鉴定工作，管理农业行业的职业资格证书。

第五十六条　国家采取措施鼓励农民采用先进的农业技术，支持农民举办各种科技组织，开展农业实用技术培训、农民绿色证书培训和其他就业培训，提高农民的文化技术素质。

第八章　农业资源与农业环境保护

第五十七条　发展农业和农村经济必须合理利用和保护土地、水、森林、草原、野生动植物等自然资源，合理开发和利用水能、沼气、太阳能、风能等可再生能源和清洁能源，发展生态农业，保护和改善生态环境。

县级以上人民政府应当制定农业资源区划或者农业资源合理利用和保护的区划，建立农业资源监测制度。

第五十八条　农民和农业生产经营组织应当保养耕地，合理使用化肥、农药、农用薄膜，增加使用有机肥料，采用先进技术，保护和提高地力，防止农用地的污染、破坏和地力衰退。

县级以上人民政府农业行政主管部门应当采取措施，支持农民和农业生产经营组织加强耕地质量建设，并对耕地质量进行定期监测。

第五十九条　各级人民政府应当采取措施，加强小流域综合治理，预防和治理水土流失。从事可能引起水土流失的生产建设活动的单位和个人，必须采取预防措施，并负责治理因生产建设活动造成的水土流失。

各级人民政府应当采取措施，预防土地沙化，治理沙化土地。国务院和沙化土地所在地区的县级以上地方人民政府应当按照法律规定制定防沙治沙规划，并组织实施。

第六十条　国家实行全民义务植树制度。各级人民政府应当采取措施，组织群众植树造林，保护林地和林木，预防森林火灾，防治森林病虫害，制止滥伐、盗伐林木，提高森林覆盖率。

国家在天然林保护区域实行禁伐或者限伐制度，加强造林护林。

第六十一条　有关地方人民政府，应当加强草原的保护、建设和管理，指导、组织农

（牧）民和农（牧）业生产经营组织建设人工草场、饲草饲料基地和改良天然草原，实行以草定畜，控制载畜量，推行划区轮牧、休牧和禁牧制度，保护草原植被，防止草原退化沙化和盐渍化。

第六十二条　禁止毁林毁草开垦、烧山开垦以及开垦国家禁止开垦的陡坡地，已经开垦的应当逐步退耕还林、还草。

禁止围湖造田以及围垦国家禁止围垦的湿地。已经围垦的，应当逐步退耕还湖、还湿地。

对在国务院批准规划范围内实施退耕的农民，应当按照国家规定予以补助。

第六十三条　各级人民政府应当采取措施，依法执行捕捞限额和禁渔、休渔制度，增殖渔业资源，保护渔业水域生态环境。

国家引导、支持从事捕捞业的农（渔）民和农（渔）业生产经营组织从事水产养殖业或者其他职业，对根据当地人民政府统一规划转产转业的农（渔）民，应当按照国家规定予以补助。

第六十四条　国家建立与农业生产有关的生物物种资源保护制度，保护生物多样性，对稀有、濒危、珍贵生物资源及其原生地实行重点保护。从境外引进生物物种资源应当依法进行登记或者审批，并采取相应安全控制措施。

农业转基因生物的研究、试验、生产、加工、经营及其他应用，必须依照国家规定严格实行各项安全控制措施。

第六十五条　各级农业行政主管部门应当引导农民和农业生产经营组织采取生物措施或者使用高效低毒低残留农药、兽药，防治动植物病、虫、杂草、鼠害。

农产品采收后的秸秆及其他剩余物质应当综合利用，妥善处理，防止造成环境污染和生态破坏。

从事畜禽等动物规模养殖的单位和个人应当对粪便、废水及其他废弃物进行无害化处理或者综合利用，从事水产养殖的单位和个人应当合理投饵、施肥、使用药物，防止造成环境污染和生态破坏。

第六十六条　县级以上人民政府应当采取措施，督促有关单位进行治理，防治废水、废气和固体废弃物对农业生态环境的污染。排放废水、废气和固体废弃物造成农业生态环境污染事故的，由环境保护行政主管部门或者农业行政主管部门依法调查处理；给农民和农业生产经营组织造成损失的，有关责任者应当依法赔偿。

第九章　农民权益保护

第六十七条　任何机关或者单位向农民或者农业生产经营组织收取行政、事业性费用必须依据法律、法规的规定。收费的项目、范围和标准应当公布。没有法律、法规依据的收费，农民和农业生产经营组织有权拒绝。

任何机关或者单位对农民或者农业生产经营组织进行罚款处罚必须依据法律、法规、规章的规定。没有法律、法规、规章依据的罚款，农民和农业生产经营组织有权拒绝。

任何机关或者单位不得以任何方式向农民或者农业生产经营组织进行摊派。除法律、法规另有规定外，任何机关或者单位以任何方式要求农民或者农业生产经营组织提供人力、财力、物力的，属于摊派。农民和农业生产经营组织有权拒绝任何方式的摊派。

第六十八条　各级人民政府及其有关部门和所属单位不得以任何方式向农民或者农业生产经营组织集资。

没有法律、法规依据或者未经国务院批准，任何机关或者单位不得在农村进行任何形式的达标、升级、验收活动。

第六十九条　农民和农业生产经营组织依照法律、行政法规的规定承担纳税义务。税务机关及代扣、代收税款的单位应当依法征税，不得违法摊派税款及以其他违法方法征税。

第七十条　农村义务教育除按国务院规定收取的费用外，不得向农民和学生收取其他费用。禁止任何机关或者单位通过农村中小学校向农民收费。

第七十一条　国家依法征用农民集体所有的土地，应当保护农民和农村集体经济组织的合法权益，依法给予农民和农村集体经济组织征地补偿，任何单位和个人不得截留、挪用征地补偿费用。

第七十二条　各级人民政府、农村集体经济组织或者村民委员会在农业和农村经济结构调整、农业产业化经营和土地承包经营权流转等过程中，不得侵犯农民的土地承包经营权，不得干涉农民自主安排的生产经营项目，不得强迫农民购买指定的生产资料或者按指定的渠道销售农产品。

第七十三条　农村集体经济组织或者村民委员会为发展生产或者兴办公益事业，需要向其成员（村民）筹资筹劳的，应当经成员（村民）会议或者成员（村民）代表会议过半数通过后，方可进行。

农村集体经济组织或者村民委员会依照前款规定筹资筹劳的，不得超过省级以上人民政府规定的上限控制标准，禁止强行以资代劳。

农村集体经济组织和村民委员会对涉及农民利益的重要事项，应当向农民公开，并定期公布财务账目，接受农民的监督。

第七十四条　任何单位和个人向农民或者农业生产经营组织提供生产、技术、信息、文化、保险等有偿服务，必须坚持自愿原则，不得强迫农民和农业生产经营组织接受服务。

第七十五条　农产品收购单位在收购农产品时，不得压级压价，不得在支付的价款中扣缴任何费用。法律、行政法规规定代扣、代收税款的，依照法律、行政法规的规定办理。

农产品收购单位与农产品销售者因农产品的质量等级发生争议的,可以委托具有法定资质的农产品质量检验机构检验。

第七十六条　农业生产资料使用者因生产资料质量问题遭受损失的,出售该生产资料的经营者应当予以赔偿，赔偿额包括购货价款、有关费用和可得利益损失。

第七十七条　农民或者农业生产经营组织为维护自身的合法权益,有向各级人民政府及其有关部门反映情况和提出合法要求的权利,人民政府及其有关部门对农民或者农业生产经营组织提出的合理要求，应当按照国家规定及时给予答复。

第七十八条　违反法律规定,侵犯农民权益的,农民或者农业生产经营组织可以依法申请行政复议或者向人民法院提起诉讼，有关人民政府及其有关部门或者人民法院应当依法受理。

人民法院和司法行政主管机关应当依照有关规定为农民提供法律援助。

第十章　农村经济发展

第七十九条　国家坚持城乡协调发展的方针，扶持农村第二、第三产业发展，调整和优化农村经济结构，增加农民收入，促进农村经济全面发展，逐步缩小城乡差别。

第八十条　各级人民政府应当采取措施，发展乡镇企业，支持农业的发展，转移富余的农业劳动力。

国家完善乡镇企业发展的支持措施，引导乡镇企业优化结构，更新技术，提高素质。

第八十一条　县级以上地方人民政府应当根据当地的经济发展水平、区位优势和资源条件，按照合理布局、科学规划、节约用地的原则，有重点地推进农村小城镇建设。

地方各级人民政府应当注重运用市场机制，完善相应政策，吸引农民和社会资金投资小城镇开发建设，发展第二、第三产业，引导乡镇企业相对集中发展。

第八十二条　国家采取措施引导农村富余劳动力在城乡、地区间合理有序流动。地方各级人民政府依法保护进入城镇就业的农村劳动力的合法权益,不得设置不合理限制,已经设置的应当取消。

第八十三条　国家逐步完善农村社会救济制度，保障农村五保户、贫困残疾农民、贫困老年农民和其他丧失劳动能力的农民的基本生活。

第八十四条　国家鼓励、支持农民巩固和发展农村合作医疗和其他医疗保障形式，提高农民健康水平。

第八十五条　国家扶持贫困地区改善经济发展条件，帮助进行经济开发。省级人民政府根据国家关于扶持贫困地区的总体目标和要求，制定扶贫开发规划，并组织实施。

各级人民政府应当坚持开发式扶贫方针，组织贫困地区的农民和农业生产经营组织合理使用扶贫资金，依靠自身力量改变贫穷落后面貌，引导贫困地区的农民调整经济结构、开发当地资源。扶贫开发应当坚持与资源保护、生态建设相结合，促进贫困地区经济、社会的协调发展和全面进步。

第八十六条　中央和省级财政应当把扶贫开发投入列入年度财政预算，并逐年增加，加大对贫困地区的财政转移支付和建设资金投入。

国家鼓励和扶持金融机构、其他企业事业单位和个人投入资金支持贫困地区开发建设。

禁止任何单位和个人截留、挪用扶贫资金。审计机关应当加强扶贫资金的审计监督。

第十一章　执法监督

第八十七条　县级以上人民政府应当采取措施逐步完善适应社会主义市场经济发展要求的农业行政管理体制。

县级以上人民政府农业行政主管部门和有关行政主管部门应当加强规划、指导、管理、协调、监督、服务职责，依法行政，公正执法。

县级以上地方人民政府农业行政主管部门应当在其职责范围内健全行政执法队伍，实行综合执法，提高执法效率和水平。

第八十八条　县级以上人民政府农业行政主管部门及其执法人员履行执法监督检查职责时，有权采取下列措施：

（一）要求被检查单位或者个人说明情况，提供有关文件、证照、资料；

（二）责令被检查单位或者个人停止违反本法的行为，履行法定义务。

农业行政执法人员在履行监督检查职责时，应当向被检查单位或者个人出示行政执法证件，遵守执法程序。有关单位或者个人应当配合农业行政执法人员依法执行职务，不得拒绝和阻碍。

第八十九条　农业行政主管部门与农业生产、经营单位必须在机构、人员、财务上彻底分离。农业行政主管部门及其工作人员不得参与和从事农业生产经营活动。

第十二章　法律责任

第九十条　违反本法规定，侵害农民和农业生产经营组织的土地承包经营权等财产权或者其他合法权益的，应当停止侵害，恢复原状；造成损失、损害的，依法承担赔偿责任。

国家工作人员利用职务便利或者以其他名义侵害农民和农业生产经营组织的合法权益的，应当赔偿损失，并由其所在单位或者上级主管机关给予行政处分。

第九十一条　违反本法第十九条、第二十五条、第六十二条、第七十一条规定的，依照相关法律或者行政法规的规定予以处罚。

第九十二条　有下列行为之一的，由上级主管机关责令限期归还被截留、挪用的资金，没收非法所得，并由上级主管机关或者所在单位给予直接负责的主管人员和其他直接责任人员行政处分；构成犯罪的，依法追究刑事责任：

（一）违反本法第三十三条第三款规定，截留、挪用粮食收购资金的；

（二）违反本法第三十九条第二款规定，截留、挪用用于农业的财政资金和信贷资金的；

（三）违反本法第八十六条第三款规定，截留、挪用扶贫资金的。

第九十三条　违反本法第六十七条规定，向农民或者农业生产经营组织违法收费、罚款、摊派的，上级主管机关应当予以制止，并予公告；已经收取钱款或者已经使用人力、物力的，由上级主管机关责令限期归还已经收取的钱款或者折价偿还已经使用的人力、物力，并由上级主管机关或者所在单位给予直接负责的主管人员和其他直接责任人员行政处分；情节严重，构成犯罪的，依法追究刑事责任。

第九十四条　有下列行为之一的，由上级主管机关责令停止违法行为，并给予直接负责的主管人员和其他直接责任人员行政处分，责令退还违法收取的集资款、税款或者费用：

（一）违反本法第六十八条规定，非法在农村进行集资、达标、升级、验收活动的；

（二）违反本法第六十九条规定，以违法方法向农民征税的；

（三）违反本法第七十条规定，通过农村中小学校向农民超额、超项目收费的。

第九十五条　违反本法第七十三条第二款规定，强迫农民以资代劳的，由乡（镇）人民政府责令改正，并退还违法收取的资金。

第九十六条　违反本法第七十四条规定，强迫农民和农业生产经营组织接受有偿服务的，由有关人民政府责令改正，并返还其违法收取的费用；情节严重的，给予直接负责的主管人员和其他直接责任人员行政处分；造成农民和农业生产经营组织损失的，依法承担赔偿责任。

第九十七条　县级以上人民政府农业行政主管部门的工作人员违反本法规定参与和从事农业生产经营活动的，依法给予行政处分；构成犯罪的，依法追究刑事责任。

第十三章　附则

第九十八条　本法有关农民的规定，适用于国有农场、牧场、林场、渔场等企业事业单位实行承包经营的职工。

粮食流通管理条例

第一章　总则

第一条　为了保护粮食生产者的积极性，促进粮食生产，维护经营者、消费者的合法权益，保障国家粮食安全，维护粮食流通秩序，根据有关法律，制定本条例。

第二条　在中华人民共和国境内从事粮食的收购、销售、储存、运输、加工、进出口等经营活动（以下统称粮食经营活动），应当遵守本条例。

前款所称粮食，是指小麦、稻谷、玉米、杂粮及其成品粮。

第三条　国家鼓励多种所有制市场主体从事粮食经营活动，促进公平竞争。依法从事的粮食经营活动受国家法律保护。严禁以非法手段阻碍粮食自由流通。

国有粮食购销企业应当转变经营机制，提高市场竞争能力，在粮食流通中发挥主渠道作用，带头执行国家粮食政策。

第四条　粮食价格主要由市场供求形成。

国家加强粮食流通管理，增强对粮食市场的调控能力。

第五条　粮食经营活动应当遵循自愿、公平、诚实信用的原则，不得损害粮食生产者、消费者的合法权益，不得损害国家利益和社会公共利益。

第六条　国务院发展改革部门及国家粮食行政管理部门负责全国粮食的总量平衡、宏观调控和重要粮食品种的结构调整以及粮食流通的中长期规划；国家粮食行政管理部门负责粮食流通的行政管理、行业指导，监督有关粮食流通的法律、法规、政策及各项规章制度的执行。

国务院工商行政管理、产品质量监督、卫生、价格等部门在各自的职责范围内负责与粮食流通有关的工作。

省、自治区、直辖市人民政府在国家宏观调控下，按照粮食省长负责制的要求，负责本地区粮食的总量平衡和地方储备粮的管理。县级以上地方人民政府粮食行政管理部门负责本地区粮食流通的行政管理、行业指导；县级以上地方人民政府工商行政管理、产品质量监督、卫生、价格等部门在各自的职责范围内负责与粮食流通有关的工作。

第二章　粮食经营

第七条　粮食经营者，是指从事粮食收购、销售、储存、运输、加工、进出口等经营活动的法人、其他经济组织和个体工商户。

第八条 从事粮食收购活动的经营者，应当具备下列条件：

（一）具备经营资金筹措能力；

（二）拥有或者通过租借具有必要的粮食仓储设施；

（三）具备相应的粮食质量检验和保管能力。

前款规定的具体条件，由省、自治区、直辖市人民政府规定、公布。

第九条 取得粮食收购资格，并依照《中华人民共和国公司登记管理条例》等规定办理登记的经营者，方可从事粮食收购活动。申请从事粮食收购活动，应当向办理工商登记的部门同级的粮食行政管理部门提交书面申请，并提供资金、仓储设施、质量检验和保管能力等证明材料。粮食行政管理部门应当自受理之日起1 5个工作日内完成审核，对符合本条例第八条规定具体条件的申请者作出许可决定并公示。

第十条 取得粮食行政管理部门粮食收购资格许可的，应当依法向工商行政管理部门办理设立登记，在经营范围中注明粮食收购；已在工商行政管理部门登记的，从事粮食收购活动也应当取得粮食行政管理部门的粮食收购资格许可，并依法向工商行政管理部门办理变更经营范围登记，在经营范围中注明粮食收购。

第十一条 依法从事粮食收购活动的粮食经营者（以下简称粮食收购者），应当告知售粮者或者在收购场所公示粮食的品种、质量标准和收购价格。

第十二条 粮食收购者收购粮食，应当执行国家粮食质量标准，按质论价，不得损害农民和其他粮食生产者的利益；应当及时向售粮者支付售粮款，不得拖欠；不得接受任何组织或者个人的委托代扣、代缴任何税、费和其他款项。

第十三条 粮食收购者应当向收购地的县级人民政府粮食行政管理部门定期报告粮食收购数量等有关情况。

跨省收购粮食，应当向收购地和粮食收购者所在地的县级人民政府粮食行政管理部门定期报告粮食收购数量等有关情况。

第十四条 从事粮食销售、储存、运输、加工、进出口等经营活动的粮食经营者应当在工商行政管理部门登记。

第十五条 粮食经营者使用的粮食仓储设施，应当符合粮食储存有关标准和技术规范的要求。粮食不得与可能对粮食产生污染的有害物质混存，储存粮食不得使用国家禁止使用的化学药剂或者超量使用化学药剂。

第十六条 运输粮食应当严格执行国家粮食运输的技术规范，不得使用被污染的运输工具或者包装材料运输粮食。

第十七条 从事食用粮食加工的经营者，应当具有保证粮食质量和卫生必备的加工条件，不得有下列行为：

（一）使用发霉变质的原粮、副产品进行加工；

（二）违反规定使用添加剂；

（三）使用不符合质量、卫生标准的包装材料；

（四）影响粮食质量、卫生的其他行为。

第十八条 销售粮食应当严格执行国家有关粮食质量、卫生标准，不得短斤少两、掺杂使假、以次充好，不得囤积居奇、垄断或者操纵粮食价格、欺行霸市。

第十九条 建立粮食销售出库质量检验制度。粮食储存企业对超过正常储存年限的陈粮，在出库前应当经过有资质的粮食质量检验机构进行质量鉴定，凡已陈化变质、不符合食用卫生标准的粮食，严禁流入口粮市场。陈化粮购买资格由省级人民政府粮食行政管理部门会同工商行政管理部门认定。陈化粮判定标准，由国家粮食行政管理部门会同有关部门制定，陈化粮销售、处理和监管的具体办法，依照国家有关规定执行。

第二十条 从事粮食收购、加工、销售的经营者，必须保持必要的库存量。

必要时，由省、自治区、直辖市人民政府规定最低和最高库存量的具体标准。

第二十一条 国有和国有控股粮食企业应当积极收购粮食，并做好政府委托的粮食收购和政策性用粮的购销工作，服从和服务于国家宏观调控。

第二十二条 对符合贷款条件的粮食收购者，银行应当按照国家有关规定及时提供收购贷款。中国农业发展银行应当保证中央和地方储备粮以及政府调控用粮和其他政策性用粮的信贷资金需要，对国有和国有控股的粮食购销企业、大型粮食产业化龙头企业和其他粮食购销企业，按企业的风险承受能力提供信贷资金支持。

第二十三条 所有从事粮食收购、销售、储存、加工的粮食经营者以及饲料、工业用粮企业，应当建立粮食经营台账，并向所在地的县级人民政府粮食行政管理部门报送粮食购进、销售、储存等基本数据和有关情况。粮食经营者保留粮食经营台账的期限不得少于 3 年。粮食经营者报送的基本数据和有关情况涉及商业秘密的，粮食行政管理部门负有保密义务。

国家粮食流通统计制度，由国家粮食行政管理部门制定，报国务院统计部门批准。

第二十四条 粮食行业协会以及中介组织应当加强行业自律，在维护粮食市场秩序方面发挥监督和协调作用。

第三章 宏观调控

第二十五条 国家采取储备粮吞吐、委托收购、粮食进出口等多种经济手段和价格干预等必要的行政手段，加强对粮食市场的调控，保持全国粮食供求总量基本平衡和价格基本稳定。

第二十六条 国家实行中央和地方分级粮食储备制度。粮食储备用于调节粮食供求，稳定粮食市场，以及应对重大自然灾害或者其他突发事件等情况。

政策性用粮的采购和销售，原则上通过粮食批发市场公开进行，也可以通过国家规定的其他方式进行。

第二十七条　国务院和地方人民政府建立健全粮食风险基金制度。粮食风险基金主要用于对种粮农民直接补贴、支持粮食储备、稳定粮食市场等。

国务院和地方人民政府财政部门负责粮食风险基金的监督管理，确保专款专用。

第二十八条　当粮食供求关系发生重大变化时，为保障市场供应、保护种粮农民利益，必要时可由国务院决定对短缺的重点粮食品种在粮食主产区实行最低收购价格。

当粮食价格显著上涨或者有可能显著上涨时，国务院和省、自治区、直辖市人民政府可以按照《中华人民共和国价格法》的规定，采取价格干预措施。

第二十九条　国务院发展改革部门及国家粮食行政管理部门会同农业、统计、产品质量监督等部门负责粮食市场供求形势的监测和预警分析，建立粮食供需抽查制度，发布粮食生产、消费、价格、质量等信息。

第三十条　国家鼓励粮食主产区和主销区以多种形式建立稳定的产销关系，鼓励建立产销一体化的粮食经营企业，发展订单农业，在执行最低收购价格时国家给予必要的经济优惠，并在粮食运输方面给予优先安排。

第三十一条　在重大自然灾害、重大疫情或者其他突发事件引起粮食市场供求异常波动时，国家实施粮食应急机制。

第三十二条　国家建立突发事件的粮食应急体系。国务院发展改革部门及国家粮食行政管理部门会同国务院有关部门制定全国的粮食应急预案，报请国务院批准。省、自治区、直辖市人民政府根据本地区的实际情况，制定本行政区域的粮食应急预案。

第三十三条　启动全国的粮食应急预案，由国务院发展改革部门及国家粮食行政管理部门提出建议，报国务院批准后实施。

启动省、自治区、直辖市的粮食应急预案，由省、自治区、直辖市发展改革部门及粮食行政管理部门提出建议，报本级人民政府决定，并向国务院报告。

第三十四条　粮食应急预案启动后，所有粮食经营者必须按国家要求承担应急任务，服从国家的统一安排和调度，保证应急工作的需要。

第四章　监督检查

第三十五条　粮食行政管理部门依照本条例对粮食经营者从事粮食收购、储存、运输活动和政策性用粮的购销活动，以及执行国家粮食流通统计制度的情况进行监督检查。

粮食行政管理部门应当根据国家要求对粮食收购资格进行核查。

粮食行政管理部门在监督检查过程中，可以进入粮食经营者经营场所检查粮食的库存量和收购、储存活动中的粮食质量以及原粮卫生；检查粮食仓储设施、设备是否符合国家技术规范；查阅粮食经营者有关资料、凭证；向有关单位和人员调查了解相关情况。

第三十六条　产品质量监督部门依照有关法律、行政法规的规定，对粮食加工过程中的以假充真、以次充好、掺杂使假等违法行为进行监督检查。

第三十七条　工商行政管理部门依照有关法律、行政法规的规定，对粮食经营活动中的无照经营、超范围经营以及粮食销售活动中的囤积居奇、欺行霸市、强买强卖、掺杂使假、以次充好等扰乱市场秩序和违法违规交易行为进行监督检查。

第三十八条　卫生部门依照有关法律、行政法规的规定，对粮食加工、销售中的卫生以及成品粮储存中的卫生进行监督检查。

第三十九条　价格主管部门依照有关法律、行政法规的规定，对粮食流通活动中的价格违法行为进行监督检查。

第四十条　任何单位和个人有权对违反本条例规定的行为向有关部门检举。有关部门应当为检举人保密，并依法及时处理。

第五章　法律责任

第四十一条　未经粮食行政管理部门许可或者未在工商行政管理部门登记擅自从事粮食收购活动的，由工商行政管理部门没收非法收购的粮食；情节严重的，并处非法收购粮食价值1倍以上5倍以下的罚款；构成犯罪的，依法追究刑事责任。

由粮食行政管理部门查出的，移交工商行政管理部门按照前款规定予以处罚。

第四十二条　以欺骗、贿赂等不正当手段取得粮食收购资格许可的，由粮食行政管理部门取消粮食收购资格，工商行政管理部门吊销营业执照，没收违法所得；构成犯罪的，依法追究刑事责任。

粮食行政管理部门工作人员办理粮食收购资格许可，索取或者收受他人财物或者谋取其他利益，构成犯罪的，依法追究刑事责任；尚不构成犯罪的，依法给予行政处分。

第四十三条　粮食收购者有未按照规定告知、公示粮食收购价格或者收购粮食压级压价，垄断或者操纵价格等价格违法行为的，由价格主管部门依照《中华人民共和国价格法》的有关规定给予行政处罚。

第四十四条　有下列情形之一的，由粮食行政管理部门责令改正，予以警告，可以处20万元以下的罚款；情节严重的，并由粮食行政管理部门暂停或者取消粮食收购资格：

（一）粮食收购者未执行国家粮食质量标准的；

（二）粮食收购者被售粮者举报未及时支付售粮款的；

（三）粮食收购者违反本条例规定代扣、代缴税、费和其他款项的；

（四）从事粮食收购、销售、储存、加工的粮食经营者以及饲料、工业用粮企业未建立粮食经营台账，或者未按照规定报送粮食基本数据和有关情况的；

（五）接受委托的粮食经营者从事政策性用粮的购销活动未执行国家有关政策的。

第四十五条　陈粮出库未按照本条例规定进行质量鉴定的，由粮食行政管理部门责令改正，给予警告；情节严重的，处出库粮食价值1倍以上5倍以下的罚款，工商行政管理部门可以吊销营业执照。

倒卖陈化粮或者不按照规定使用陈化粮的，由工商行政管理部门没收非法倒卖的粮食，并处非法倒卖粮食价值20%以下的罚款，有陈化粮购买资格的，由省级人民政府粮食行政管理部门取消陈化粮购买资格；情节严重的，由工商行政管理部门并处非法倒卖粮食价值1倍以上5倍以下的罚款，吊销营业执照；构成犯罪的，依法追究刑事责任。

第四十六条　从事粮食收购、加工、销售的经营者的粮食库存低于规定的最低库存量的，由粮食行政管理部门责令改正，给予警告；情节严重的，处不足部分粮食价值1倍以上5倍以下的罚款，并可以取消粮食收购资格，工商行政管理部门可以吊销营业执照。

从事粮食收购、加工、销售的经营者的粮食库存超出规定的最高库存量的，由粮食行政管理部门责令改正，给予警告；情节严重的，处超出部分粮食价值1倍以上5倍以下的罚款，并可以取消粮食收购资格，工商行政管理部门可以吊销营业执照。

第四十七条　粮食经营者未按照本条例规定使用粮食仓储设施、运输工具的，由粮食行政管理部门或者卫生部门责令改正，给予警告；被污染的粮食不得非法销售、加工。

第四十八条　违反本条例第十七条、第十八条规定的，由产品质量监督部门、工商行政管理部门、卫生部门等依照有关法律、行政法规的规定予以处罚。

第四十九条　财政部门未按照国家关于粮食风险基金管理的规定及时、足额拨付补贴资金，或者挤占、截留、挪用补贴资金的，由本级人民政府或者上级财政部门责令改正，对有关责任人员依法给予行政处分；构成犯罪的，依法追究有关责任人员的刑事责任。

第五十条　违反本条例规定，阻碍粮食自由流通的，依照《国务院关于禁止在市场经济活动中实行地区封锁的规定》予以处罚。

第五十一条　监督检查人员违反本条例规定，非法干预粮食经营者正常经营活动的，依法给予行政处分；构成犯罪的，依法追究刑事责任。

第六章　附则

第五十二条　本条例下列用语的含义是：

粮食收购，是指为了销售、加工或者作为饲料、工业原料等直接向种粮农民或者其他粮食生产者批量购买粮食的活动。

粮食加工，是指通过处理将原粮转化成半成品粮、成品粮，或者将半成品粮转化成成品粮的经营活动。

第五十三条　大豆、油料和食用植物油的收购、销售、储存、运输、加工、进出口等经营活动，适用本条例除第八条、第九条、第十条以外的规定。

粮食进出口的管理，依照有关法律、行政法规的规定执行。

中央储备粮的管理，依照《中央储备粮管理条例》的规定执行。

第五十四条　本条例自公布之日起施行。1998 年 6 月 6 日国务院发布的《粮食收购条例》、1998 年 8 月 5 日国务院发布的《粮食购销违法行为处罚办法》同时废止。

二〇〇四年五月二十六日发布

重大动物疫情应急条例

第一章　总则

第一条　为了迅速控制、扑灭重大动物疫情，保障养殖业生产安全，保护公众身体健康与生命安全，维护正常的社会秩序，根据《中华人民共和国动物防疫法》，制定本条例。

第二条　本条例所称重大动物疫情，是指高致病性禽流感等发病率或者死亡率高的动物疫病突然发生，迅速传播，给养殖业生产安全造成严重威胁、危害，以及可能对公众身体健康与生命安全造成危害的情形，包括特别重大动物疫情。

第三条　重大动物疫情应急工作应当坚持加强领导、密切配合，依靠科学、依法防治，群防群控、果断处置的方针，及时发现，快速反应，严格处理，减少损失。

第四条　重大动物疫情应急工作按照属地管理的原则，实行政府统一领导、部门分工负责，逐级建立责任制。

县级以上人民政府兽医主管部门具体负责组织重大动物疫情的监测、调查、控制、扑灭等应急工作。

县级以上人民政府林业主管部门、兽医主管部门按照职责分工，加强对陆生野生动物疫源疫病的监测。

县级以上人民政府其他有关部门在各自的职责范围内，做好重大动物疫情的应急工作。

第五条　出入境检验检疫机关应当及时收集境外重大动物疫情信息，加强进出境动物及其产品的检验检疫工作，防止动物疫病传入和传出。兽医主管部门要及时向出入境检验检疫机关通报国内重大动物疫情。

第六条　国家鼓励、支持开展重大动物疫情监测、预防、应急处理等有关技术的科学研究和国际交流与合作。

第七条　县级以上人民政府应当对参加重大动物疫情应急处理的人员给予适当补助，对作出贡献的人员给予表彰和奖励。

第八条　对不履行或者不按照规定履行重大动物疫情应急处理职责的行为，任何单位和个人有权检举控告。

第二章　应急准备

第九条　国务院兽医主管部门应当制定全国重大动物疫情应急预案，报国务院批准，并按照不同动物疫病病种及其流行特点和危害程度，分别制定实施方案，报国务院备案。

县级以上地方人民政府根据本地区的实际情况，制定本行政区域的重大动物疫情应急预案，报上一级人民政府兽医主管部门备案。县级以上地方人民政府兽医主管部门，应当按照不同动物疫病病种及其流行特点和危害程度，分别制定实施方案。

重大动物疫情应急预案及其实施方案应当根据疫情的发展变化和实施情况，及时修改、完善。

第十条　重大动物疫情应急预案主要包括下列内容：

（一）应急指挥部的职责、组成以及成员单位的分工；

（二）重大动物疫情的监测、信息收集、报告和通报；

（三）动物疫病的确认、重大动物疫情的分级和相应的应急处理工作方案；

（四）重大动物疫情疫源的追踪和流行病学调查分析；

（五）预防、控制、扑灭重大动物疫情所需资金的来源、物资和技术的储备与调度；

（六）重大动物疫情应急处理设施和专业队伍建设。

第十一条　国务院有关部门和县级以上地方人民政府及其有关部门，应当根据重大动物疫情应急预案的要求，确保应急处理所需的疫苗、药品、设施设备和防护用品等物资的储备。

第十二条　县级以上人民政府应当建立和完善重大动物疫情监测网络和预防控制体系，加强动物防疫基础设施和乡镇动物防疫组织建设，并保证其正常运行，提高对重大动物疫情的应急处理能力。

第十三条　县级以上地方人民政府根据重大动物疫情应急需要，可以成立应急预备队，在重大动物疫情应急指挥部的指挥下，具体承担疫情的控制和扑灭任务。

应急预备队由当地兽医行政管理人员、动物防疫工作人员、有关专家、执业兽医等组成；必要时，可以组织动员社会上有一定专业知识的人员参加。公安机关、中国人民武装警察部队应当依法协助其执行任务。

应急预备队应当定期进行技术培训和应急演练。

第十四条　县级以上人民政府及其兽医主管部门应当加强对重大动物疫情应急知识和重大动物疫病科普知识的宣传，增强全社会的重大动物疫情防范意识。

第三章　监测、报告和公布

第十五条　动物防疫监督机构负责重大动物疫情的监测，饲养、经营动物和生产、经营动物产品的单位和个人应当配合，不得拒绝和阻碍。

第十六条　从事动物隔离、疫情监测、疫病研究与诊疗、检验检疫以及动物饲养、屠宰加工、运输、经营等活动的有关单位和个人，发现动物出现群体发病或者死亡的，应当立即向所在地的县（市）动物防疫监督机构报告。

第十七条　县（市）动物防疫监督机构接到报告后，应当立即赶赴现场调查核实。初步认为属于重大动物疫情的，应当在2小时内将情况逐级报省、自治区、直辖市动物防疫监督机构，并同时报所在地人民政府兽医主管部门；兽医主管部门应当及时通报同级卫生主管部门。

省、自治区、直辖市动物防疫监督机构应当在接到报告后1小时内，向省、自治区、直辖市人民政府兽医主管部门和国务院兽医主管部门所属的动物防疫监督机构报告。

省、自治区、直辖市人民政府兽医主管部门应当在接到报告后1小时内报本级人民政府和国务院兽医主管部门。

重大动物疫情发生后，省、自治区、直辖市人民政府和国务院兽医主管部门应当在4小时内向国务院报告。

第十八条　重大动物疫情报告包括下列内容：

（一）疫情发生的时间、地点；

（二）染疫、疑似染疫动物种类和数量、同群动物数量、免疫情况、死亡数量、临床症状、病理变化、诊断情况；

（三）流行病学和疫源追踪情况；

（四）已采取的控制措施；

（五）疫情报告的单位、负责人、报告人及联系方式。

第十九条　重大动物疫情由省、自治区、直辖市人民政府兽医主管部门认定；必要时，由国务院兽医主管部门认定。

第二十条　重大动物疫情由国务院兽医主管部门按照国家规定的程序，及时准确公布；其他任何单位和个人不得公布重大动物疫情。

第二十一条　重大动物疫病应当由动物防疫监督机构采集病料，未经国务院兽医主管部门或者省、自治区、直辖市人民政府兽医主管部门批准，其他单位和个人不得擅自采集病料。

从事重大动物疫病病原分离的，应当遵守国家有关生物安全管理规定，防止病原扩散。

第二十二条　国务院兽医主管部门应当及时向国务院有关部门和军队有关部门以及各省、自治区、直辖市人民政府兽医主管部门通报重大动物疫情的发生和处理情况。

第二十三条　发生重大动物疫情可能感染人群时，卫生主管部门应当对疫区内易受感染的人群进行监测，并采取相应的预防、控制措施。卫生主管部门和兽医主管部门应当及时相互通报情况。

第二十四条　有关单位和个人对重大动物疫情不得瞒报、谎报、迟报，不得授意他人瞒报、谎报、迟报，不得阻碍他人报告。

第二十五条　在重大动物疫情报告期间，有关动物防疫监督机构应当立即采取临时隔离控制措施；必要时，当地县级以上地方人民政府可以作出封锁决定并采取扑杀、销毁等措施。有关单位和个人应当执行。

第四章　应急处理

第二十六条　重大动物疫情发生后，国务院和有关地方人民政府设立的重大动物疫情应急指挥部统一领导、指挥重大动物疫情应急工作。

第二十七条　重大动物疫情发生后，县级以上地方人民政府兽医主管部门应当立即划定疫点、疫区和受威胁区，调查疫源，向本级人民政府提出启动重大动物疫情应急指挥系统、应急预案和对疫区实行封锁的建议，有关人民政府应当立即作出决定。

疫点、疫区和受威胁区的范围应当按照不同动物疫病病种及其流行特点和危害程度划定，具体划定标准由国务院兽医主管部门制定。

第二十八条　国家对重大动物疫情应急处理实行分级管理，按照应急预案确定的疫情等级，由有关人民政府采取相应的应急控制措施。

第二十九条　对疫点应当采取下列措施：

（一）扑杀并销毁染疫动物和易感染的动物及其产品；

（二）对病死的动物、动物排泄物、被污染饲料、垫料、污水进行无害化处理；

（三）对被污染的物品、用具、动物圈舍、场地进行严格消毒。

第三十条　对疫区应当采取下列措施：

（一）在疫区周围设置警示标志，在出入疫区的交通路口设置临时动物检疫消毒站，对出入的人员和车辆进行消毒；

（二）扑杀并销毁染疫和疑似染疫动物及其同群动物，销毁染疫和疑似染疫的动物产品，对其他易感染的动物实行圈养或者在指定地点放养，役用动物限制在疫区内使役；

（三）对易感染的动物进行监测，并按照国务院兽医主管部门的规定实施紧急免疫接种，必要时对易感染的动物进行扑杀；

（四）关闭动物及动物产品交易市场，禁止动物进出疫区和动物产品运出疫区；

（五）对动物圈舍、动物排泄物、垫料、污水和其他可能受污染的物品、场地，进行消毒或者无害化处理。

第三十一条　对受威胁区应当采取下列措施：

（一）对易感染的动物进行监测；

（二）对易感染的动物根据需要实施紧急免疫接种。

第三十二条 重大动物疫情应急处理中设置临时动物检疫消毒站以及采取隔离、扑杀、销毁、消毒、紧急免疫接种等控制、扑灭措施的，由有关重大动物疫情应急指挥部决定，有关单位和个人必须服从；拒不服从的，由公安机关协助执行。

第三十三条 国家对疫区、受威胁区内易感染的动物免费实施紧急免疫接种；对因采取扑杀、销毁等措施给当事人造成的已经证实的损失，给予合理补偿。紧急免疫接种和补偿所需费用，由中央财政和地方财政分担。

第三十四条 重大动物疫情应急指挥部根据应急处理需要，有权紧急调集人员、物资、运输工具以及相关设施、设备。

单位和个人的物资、运输工具以及相关设施、设备被征集使用的，有关人民政府应当及时归还并给予合理补偿。

第三十五条 重大动物疫情发生后，县级以上人民政府兽医主管部门应当及时提出疫点、疫区、受威胁区的处理方案，加强疫情监测、流行病学调查、疫源追踪工作，对染疫和疑似染疫动物及其同群动物和其他易感染动物的扑杀、销毁进行技术指导，并组织实施检验检疫、消毒、无害化处理和紧急免疫接种。

第三十六条 重大动物疫情应急处理中，县级以上人民政府有关部门应当在各自的职责范围内，做好重大动物疫情应急所需的物资紧急调度和运输、应急经费安排、疫区群众救济、人的疫病防治、肉食品供应、动物及其产品市场监管、出入境检验检疫和社会治安维护等工作。

中国人民解放军、中国人民武装警察部队应当支持配合驻地人民政府做好重大动物疫情的应急工作。

第三十七条 重大动物疫情应急处理中，乡镇人民政府、村民委员会、居民委员会应当组织力量，向村民、居民宣传动物疫病防治的相关知识，协助做好疫情信息的收集、报告和各项应急处理措施的落实工作。

第三十八条 重大动物疫情发生地的人民政府和毗邻地区的人民政府应当通力合作，相互配合，做好重大动物疫情的控制、扑灭工作。

第三十九条 有关人民政府及其有关部门对参加重大动物疫情应急处理的人员，应当采取必要的卫生防护和技术指导等措施。

第四十条 自疫区内最后一头（只）发病动物及其同群动物处理完毕起，经过一个潜伏期以上的监测，未出现新的病例的，彻底消毒后，经上一级动物防疫监督机构验收合格，由原发布封锁令的人民政府宣布解除封锁，撤销疫区；由原批准机关撤销在该疫区设立的临时动物检疫消毒站。

第四十一条　县级以上人民政府应当将重大动物疫情确认、疫区封锁、扑杀及其补偿、消毒、无害化处理、疫源追踪、疫情监测以及应急物资储备等应急经费列入本级财政预算。

第五章　法律责任

第四十二条　违反本条例规定，兽医主管部门及其所属的动物防疫监督机构有下列行为之一的，由本级人民政府或者上级人民政府有关部门责令立即改正、通报批评、给予警告；对主要负责人、负有责任的主管人员和其他责任人员，依法给予记大过、降级、撤职直至开除的行政处分；构成犯罪的，依法追究刑事责任：

（一）不履行疫情报告职责，瞒报、谎报、迟报或者授意他人瞒报、谎报、迟报，阻碍他人报告重大动物疫情的；

（二）在重大动物疫情报告期间，不采取临时隔离控制措施，导致动物疫情扩散的；

（三）不及时划定疫点、疫区和受威胁区，不及时向本级人民政府提出应急处理建议，或者不按照规定对疫点、疫区和受威胁区采取预防、控制、扑灭措施的；

（四）不向本级人民政府提出启动应急指挥系统、应急预案和对疫区的封锁建议的；

（五）对动物扑杀、销毁不进行技术指导或者指导不力，或者不组织实施检验检疫、消毒、无害化处理和紧急免疫接种的；

（六）其他不履行本条例规定的职责，导致动物疫病传播、流行，或者对养殖业生产安全和公众身体健康与生命安全造成严重危害的。

第四十三条　违反本条例规定，县级以上人民政府有关部门不履行应急处理职责，不执行对疫点、疫区和受威胁区采取的措施，或者对上级人民政府有关部门的疫情调查不予配合或者阻碍、拒绝的，由本级人民政府或者上级人民政府有关部门责令立即改正、通报批评、给予警告；对主要负责人、负有责任的主管人员和其他责任人员，依法给予记大过、降级、撤职直至开除的行政处分；构成犯罪的，依法追究刑事责任。

第四十四条　违反本条例规定，有关地方人民政府阻碍报告重大动物疫情，不履行应急处理职责，不按照规定对疫点、疫区和受威胁区采取预防、控制、扑灭措施，或者对上级人民政府有关部门的疫情调查不予配合或者阻碍、拒绝的，由上级人民政府责令立即改正、通报批评、给予警告；对政府主要领导人依法给予记大过、降级、撤职直至开除的行政处分；构成犯罪的，依法追究刑事责任。

第四十五条　截留、挪用重大动物疫情应急经费，或者侵占、挪用应急储备物资的，按照《财政违法行为处罚处分条例》的规定处理；构成犯罪的，依法追究刑事责任。

第四十六条　违反本条例规定，拒绝、阻碍动物防疫监督机构进行重大动物疫情监测，或者发现动物出现群体发病或者死亡，不向当地动物防疫监督机构报告的，由动物防疫监督机构给予警告，并处2000元以上5000元以下的罚款；构成犯罪的，依法追究刑事责任。

第四十七条　违反本条例规定，擅自采集重大动物疫病病料，或者在重大动物疫病病原分离时不遵守国家有关生物安全管理规定的，由动物防疫监督机构给予警告，并处5000元以下的罚款；构成犯罪的，依法追究刑事责任。

第四十八条　在重大动物疫情发生期间，哄抬物价、欺骗消费者，散布谣言、扰乱社会秩序和市场秩序的，由价格主管部门、工商行政管理部门或者公安机关依法给予行政处罚；构成犯罪的，依法追究刑事责任。

第六章　附则

第四十九条　本条例自公布之日起施行。

农药管理条例

第一章　总则

第一条　为了加强对农药生产、经营和使用的监督管理，保证农药质量，保护农业、林业生产和生态环境，维护人畜安全，制定本条例。

第二条　本条例所称农药，是指用于预防、消灭或者控制危害农业、林业的病、虫、草和其他有害生物以及有目的地调节植物、昆虫生长的化学合成或者来源于生物、其他天然物质的一种物质或者几种物质的混合物及其制剂。

前款农药包括用于不同目的、场所的下列各类：

（一）预防、消灭或者控制危害农业、林业的病、虫（包括昆虫、蜱、螨）、草和鼠、软体动物等有害生物的；

（二）预防、消灭或者控制仓储病、虫、鼠和其他有害生物的；

（三）调节植物、昆虫生长的；

（四）用于农业、林业产品防腐或者保鲜的；

（五）预防、消灭或者控制蚊、蝇、蜚蠊、鼠和其他有害生物的；

（六）预防、消灭或者控制危害河流堤坝、铁路、机场、建筑物和其他场所的有害生物的。

第三条　在中华人民共和国境内生产、经营和使用农药的，应当遵守本条例。

第四条　国家鼓励和支持研制、生产和使用安全、高效、经济的农药。

第五条　国务院农业行政主管部门负责全国的农药登记和农药监督管理工作。省、自治区、直辖市人民政府农业行政主管部门协助国务院农业行政主管部门做好本行政区域内的农药登记，并负责本行政区域内的农药监督管理工作。县级人民政府和设区的市、自治州人民政府的农业行政主管部门负责本行政区域内的农药监督管理工作。县级以上各级人民政府其他有关部门在各自的职责范围内负责有关的农药监督管理工作。

第二章　农药登记

第六条　国家实行农药登记制度。

生产（包括原药生产、制剂加工和分装，下同）农药和进口农药，必须进行登记。

第七条　国内首次生产的农药和首次进口的农药的登记，按照下列三个阶段进行：

（一）田间试验阶段：申请登记的农药，由其研制者提出田间试验申请，经批准，方可进行田间试验；田间试验阶段的农药不得销售。

（二）临时登记阶段：田间试验后，需要进行田间试验示范、试销的农药以及在特殊情况下需要使用的农药，由其生产者申请临时登记，经国务院农业行政主管部门发给农药临时登记证后，方可在规定的范围内进行田间试验示范、试销。

（三）正式登记阶段：经田间试验示范、试销可以作为正式商品流通的农药，由其生产者申请正式登记，经国务院农业行政主管部门发给农药登记证后，方可生产、销售。农药登记证和农药临时登记证应当规定登记有效期限；登记有效期限届满，需要继续生产或者继续向中国出售农药产品的，应当在登记有效期限届满前申请续展登记。

经正式登记和临时登记的农药，在登记有效期限内改变剂型、含量或者使用范围、使用方法的，应当申请变更登记。

第八条　依照本条例第七条的规定申请农药登记时，其研制者、生产者或者向中国出售农药的外国企业应当向国务院农业行政主管部门或者经由省、自治区、直辖市人民政府农业行政主管部门向国务院农业行政主管部门提供农药样品，并按照国务院农业行政主管部门规定的农药登记要求，提供农药的产品化学、毒理学、药效、残留、环境影响、标签等方面的资料。国务院农业行政主管部门所属的农药检定机构负责全国的农药具体登记工作。省、自治区、直辖市人民政府农业行政主管部门所属的农药检定机构协助做好本行政区域内的农药具体登记工作。

第九条　国务院农业、林业、工业产品许可管理、卫生、环境保护、粮食部门和全国供销合作总社等部门推荐的农药管理专家和农药技术专家，组成农药登记评审委员会。农药正式登记的申请资料分别经国务院农业、工业产品许可管理、卫生、环境保护部门和全国供销合作总社审查并签署意见后，由农药登记评审委员会对农药的产品化学、毒理学、药效、残留、环境影响等作出评价。根据农药登记评审委员会的评价，符合条件的，由国务院农业行政主管部门发给农药登记证。

第十条　国家对获得首次登记的、含有新化合物的农药的申请人提交的其自己所取得且未披露的试验数据和其他数据实施保护。自登记之日起6年内，对其他申请人未经已获得登记的申请人同意，使用前款数据申请农药登记的，登记机关不予登记；但是，其他申请人提交其自己所取得的数据的除外。

除下列情况外，登记机关不得披露第一款规定的数据：

（一）公共利益需要；

（二）已采取措施确保该类信息不会被不正当地进行商业使用。

第十一条　生产其他厂家已经登记的相同农药产品的，其生产者应当申请办理农药登记，提供农药样品和本条例第八条规定的资料，由国务院农业行政主管部门发给农药登记证。

第三章　农药生产

第十二条　农药生产应当符合国家农药工业的产业政策。

第十三条　开办农药生产企业（包括联营、设立分厂和非农药生产企业设立农药生产车间），应当具备下列条件，并经企业所在地的省、自治区、直辖市工业产品许可管理部门审核同意后，报国务院工业产品许可管理部门批准；但是，法律、行政法规对企业设立的条件和审核或者批准机关另有规定的，从其规定：

（一）有与其生产的农药相适应的技术人员和技术工人；

（二）有与其生产的农药相适应的厂房、生产设施和卫生环境；

（三）有符合国家劳动安全、卫生标准的设施和相应的劳动安全、卫生管理制度；（四）有产品质量标准和产品质量保证体系；

（五）所生产的农药是依法取得农药登记的农药；

（六）有符合国家环境保护要求的污染防治设施和措施，并且污染物排放不超过国家和地方规定的排放标准。

农药生产企业经批准后，方可依法向工商行政管理机关申请领取营业执照。

第十四条　国家实行农药生产许可制度。

生产有国家标准或者行业标准的农药的，应当向国务院工业产品许可管理部门申请农药生产许可证。

生产尚未制定国家标准、行业标准但已有企业标准的农药的，应当经省、自治区、直辖市工业产品许可管理部门审核同意后，报国务院工业产品许可管理部门批准，发给农药生产批准文件。

第十五条　农药生产企业应当按照农药产品质量标准、技术规程进行生产，生产记录必须完整、准确。

第十六条　农药产品包装必须贴有标签或者附具说明书。标签应当紧贴或者印制在农药包装物上。标签或者说明书上应当注明农药名称、企业名称、产品批号和农药登记证号或者农药临时登记证号、农药生产许可证号或者农药生产批准文件号以及农药的有效成份、含量、重量、产品性能、毒性、用途、使用技术、使用方法、生产日期、有效期和注意事项等；农药分装的，还应当注明分装单位。

第十七条　农药产品出厂前，应当经过质量检验并附具产品质量检验合格证；不符合产品质量标准的，不得出厂。

第四章　农药经营

第十八条　下列单位可以经营农药：

（一）供销合作社的农业生产资料经营单位；

（二）植物保护站；

（三）土壤肥料站；

（四）农业、林业技术推广机构；

（五）森林病虫害防治机构；

（六）农药生产企业；

（七）国务院规定的其他经营单位。

经营的农药属于化学危险物品的，应当按照国家有关规定办理经营许可证。

第十九条　农药经营单位应当具备下列条件和有关法律、行政法规规定的条件，并依法向工商行政管理机关申请领取营业执照后，方可经营农药：

（一）有与其经营的农药相适应的技术人员；

（二）有与其经营的农药相适应的营业场所、设备、仓储设施、安全防护措施和环境污染防治设施、措施；

（三）有与其经营的农药相适应的规章制度；

（四）有与其经营的农药相适应的质量管理制度和管理手段。第二十条　农药经营单位购进农药，应当将农药产品与产品标签或者说明书、产品质量合格证核对无误，并进行质量检验。禁止收购、销售无农药登记证或者农药临时登记证、无农药生产许可证或者农药生产批准文件、无产品质量标准和产品质量合格证和检验不合格的农药。

第二十一条　农药经营单位应当按照国家有关规定做好农药储备工作。

贮存农药应当建立和执行仓储保管制度，确保农药产品的质量和安全。

第二十二条　农药经营单位销售农药，必须保证质量，农药产品与产品标签或者说明书、产品质量合格证应当核对无误。

农药经营单位应当向使用农药的单位和个人正确说明农药的用途、使用方法、用量、中毒急救措施和注意事项。

第二十三条　超过产品质量保证期限的农药产品，经省级以上人民政府农业行政主管部门所属的农药检定机构检验，符合标准的，可以在规定期限内销售；但是，必须注明“过期农药”字样，并附具使用方法和用量。

第五章　农药使用

第二十四条　县级以上各级人民政府农业行政主管部门应当根据“预防为主，综合防治”的植保方针，组织推广安全、高效农药，开展培训活动，提高农民施药技术水平，并做好病虫害预测预报工作。

第二十五条　县级以上地方各级人民政府农业行政主管部门应当加强对安全、合理使用农药的指导，根据本地区农业病、虫、草、鼠害发生情况，制定农药轮换使用规划，有计划地轮换使用农药，减缓病、虫、草、鼠的抗药性，提高防治效果。

第二十六条　使用农药应当遵守农药防毒规程，正确配药、施药，做好废弃物处理和安全防护工作，防止农药污染环境和农药中毒事故。

第二十七条　使用农药应当遵守国家有关农药安全、合理使用的规定，按照规定的用药量、用药次数、用药方法和安全间隔期施药，防止污染农副产品。

剧毒、高毒农药不得用于防治卫生害虫，不得用于蔬菜、瓜果、茶叶和中草药材。

第二十八条　使用农药应当注意保护环境、有益生物和珍稀物种。

严禁用农药毒鱼、虾、鸟、兽等。

第二十九条　林业、粮食、卫生行政部门应当加强对林业、储粮、卫生用农药的安全、合理使用的指导。

第六章　其他规定

第三十条　任何单位和个人不得生产未取得农药生产许可证或者农药生产批准文件的农药。

任何单位和个人不得生产、经营、进口或者使用未取得农药登记证或者农药临时登记证的农药。

进口农药应当遵守国家有关规定，货主或者其代理人应当向海关出示其取得的中国农药登记证或者农药临时登记证。

第三十一条　禁止生产、经营和使用假农药。下列农药为假农药：

（一）以非农药冒充农药或者以此种农药冒充他种农药的；

（二）所含有效成份的种类、名称与产品标签或者说明书上注明的农药有效成份的种类、名称不符的。

第三十二条　禁止生产、经营和使用劣质农药。下列农药为劣质农药：

（一）不符合农药产品质量标准的；

（二）失去使用效能的；

（三）混有导致药害等有害成份的。

第三十三条 禁止经营产品包装上未附标签或者标签残缺不清的农药。

第三十四条 未经登记的农药，禁止刊登、播放、设置、张贴广告。

农药广告内容必须与农药登记的内容一致，并依照广告法和国家有关农药广告管理的规定接受审查。

第三十五条 经登记的农药，在登记有效期内发现对农业、林业、人畜安全、生态环境有严重危害的，经农药登记评审委员会审议，由国务院农业行政主管部门宣布限制使用或者撤销登记。

第三十六条 任何单位和个人不得生产、经营和使用国家明令禁止生产或者撤销登记的农药。

第三十七条 县级以上各级人民政府有关部门应当做好农副产品中农药残留量的检测工作，并公布检测结果。

第三十八条 禁止销售农药残留量超过标准的农副产品。

第三十九条 处理假农药、劣质农药、过期报废农药、禁用农药、废弃农药包装和其他含农药的废弃物，必须严格遵守环境保护法律、法规的有关规定，防止污染环境。

第七章 罚则

第四十条 有下列行为之一的，依照刑法关于非法经营罪或者危险物品肇事罪的规定，依法追究刑事责任；尚不够刑事处罚的，由农业行政主管部门按照以下规定给予处罚：

（一）未取得农药登记证或者农药临时登记证，擅自生产、经营农药的，或者生产、经营已撤销登记的农药的，责令停止生产、经营，没收违法所得，并处违法所得1倍以上10倍以下的罚款；没有违法所得的，并处10万元以下的罚款；

（二）农药登记证或者农药临时登记证有效期限届满未办理续展登记，擅自继续生产该农药的，责令限期补办续展手续，没收违法所得，可以并处违法所得5倍以下的罚款；没有违法所得的，可以并处5万元以下的罚款；逾期不补办的，由原发证机关责令停止生产、经营，吊销农药登记证或者农药临时登记证；

（三）生产、经营产品包装上未附标签、标签残缺不清或者擅自修改标签内容的农药产品的，给予警告，没收违法所得，可以并处违法所得3倍以下的罚款；没有违法所得的，可以并处3万元以下的罚款；

（四）不按照国家有关农药安全使用的规定使用农药的，根据所造成的危害后果，给予警告，可以并处3万元以下的罚款。

第四十一条 有下列行为之一的，由省级以上人民政府工业产品许可管理部门按照以下规定给予处罚：

（一）未经批准，擅自开办农药生产企业的，或者未取得农药生产许可证或者农药生产批准文件，擅自生产农药的，责令停止生产，没收违法所得，并处违法所得1倍以上10倍以下的罚款；没有违法所得的，并处10万元以下的罚款；

（二）未按照农药生产许可证或者农药生产批准文件的规定，擅自生产农药的，责令停止生产，没收违法所得，并处违法所得1倍以上5倍以下的罚款；没有违法所得的，并处5万元以下的罚款；情节严重的，由原发证机关吊销农药生产许可证或者农药生产批准文件。

第四十二条　假冒、伪造或者转让农药登记证或者农药临时登记证、农药登记证号或者农药临时登记证号、农药生产许可证或者农药生产批准文件、农药生产许可证号或者农药生产批准文件号的，依照刑法关于非法经营罪或者伪造、变造、买卖国家机关公文、证件、印章罪的规定，依法追究刑事责任；尚不够刑事处罚的，由农业行政主管部门收缴或者吊销农药登记证或者农药临时登记证，由工业产品许可管理部门收缴或者吊销农药生产许可证或者农药生产批准文件，由农业行政主管部门或者工业产品许可管理部门没收违法所得，可以并处违法所得10倍以下的罚款；没有违法所得的，可以并处10万元以下的罚款。

第四十三条　生产、经营假农药、劣质农药的，依照刑法关于生产、销售伪劣产品罪或者生产、销售伪劣农药罪的规定，依法追究刑事责任；尚不够刑事处罚的，由农业行政主管部门或者法律、行政法规规定的其他有关部门没收假农药、劣质农药和违法所得，并处违法所得1倍以上10倍以下的罚款；没有违法所得的，并处10万元以下的罚款；情节严重的，由农业行政主管部门吊销农药登记证或者农药临时登记证，由工业产品许可管理部门吊销农药生产许可证或者农药生产批准文件。

第四十四条　违反工商行政管理法律、法规，生产、经营农药的，或者违反农药广告管理规定的，依照刑法关于非法经营罪或者虚假广告罪的规定，依法追究刑事责任；尚不够刑事处罚的，由工商行政管理机关依照有关法律、法规的规定给予处罚。

第四十五条　违反本条例规定，造成农药中毒、环境污染、药害等事故或者其他经济损失的，应当依法赔偿。

第四十六条　违反本条例规定，在生产、储存、运输、使用农药过程中发生重大事故的，对直接负责的主管人员和其他直接责任人员，依照刑法关于危险物品肇事罪的规定，依法追究刑事责任；尚不够刑事处罚的，依法给予行政处分。

第四十七条　农药管理工作人员滥用职权、玩忽职守、徇私舞弊、索贿受贿的，依照刑法关于滥用职权罪、玩忽职守罪或者受贿罪的规定，依法追究刑事责任；尚不够刑事处罚的，依法给予行政处分。

第八章 附则

第四十八条 中华人民共和国缔结或者参加的与农药有关的国际条约与本条例有不同规定的，适用国际条约的规定；但是，中华人民共和国声明保留的条款除外。

第四十九条 本条例自1997年5月8日起施行。

生猪屠宰管理条例

第一章　总则

第一条　为了加强生猪屠宰管理，保证生猪产品质量安全，保障人民身体健康，制定本条例。

第二条　国家实行生猪定点屠宰、集中检疫制度。

未经定点，任何单位和个人不得从事生猪屠宰活动。但是，农村地区个人自宰自食的除外。

在边远和交通不便的农村地区，可以设置仅限于向本地市场供应生猪产品的小型生猪屠宰场点，具体管理办法由省、自治区、直辖市制定。

第三条　国务院商务主管部门负责全国生猪屠宰的行业管理工作。县级以上地方人民政府商务主管部门负责本行政区域内生猪屠宰活动的监督管理。

县级以上人民政府有关部门在各自职责范围内负责生猪屠宰活动的相关管理工作。

第四条　国家根据生猪定点屠宰厂（场）的规模、生产和技术条件以及质量安全管理状况，推行生猪定点屠宰厂（场）分级管理制度，鼓励、引导、扶持生猪定点屠宰厂（场）改善生产和技术条件，加强质量安全管理，提高生猪产品质量安全水平。生猪定点屠宰厂（场）分级管理的具体办法由国务院商务主管部门征求国务院畜牧兽医主管部门意见后制定。

第二章　生猪定点屠宰

第五条　生猪定点屠宰厂（场）的设置规划（以下简称设置规划），由省、自治区、直辖市人民政府商务主管部门会同畜牧兽医主管部门、环境保护部门以及其他有关部门，按照合理布局、适当集中、有利流通、方便群众的原则，结合本地实际情况制订，报本级人民政府批准后实施。

第六条　生猪定点屠宰厂（场）由设区的市级人民政府根据设置规划，组织商务主管部门、畜牧兽医主管部门、环境保护部门以及其他有关部门，依照本条例规定的条件进行审查，经征求省、自治区、直辖市人民政府商务主管部门的意见确定，并颁发生猪定点屠宰证书和生猪定点屠宰标志牌。

设区的市级人民政府应当将其确定的生猪定点屠宰厂（场）名单及时向社会公布，并报省、自治区、直辖市人民政府备案。

生猪定点屠宰厂（场）应当持生猪定点屠宰证书向工商行政管理部门办理登记手续。

第七条 生猪定点屠宰厂（场）应当将生猪定点屠宰标志牌悬挂于厂（场）区的显著位置。

生猪定点屠宰证书和生猪定点屠宰标志牌不得出借、转让。任何单位和个人不得冒用或者使用伪造的生猪定点屠宰证书和生猪定点屠宰标志牌。

第八条 生猪定点屠宰厂（场）应当具备下列条件：

（一）有与屠宰规模相适应、水质符合国家规定标准的水源条件；

（二）有符合国家规定要求的待宰间、屠宰间、急宰间以及生猪屠宰设备和运载工具；

（三）有依法取得健康证明的屠宰技术人员；

（四）有经考核合格的肉品品质检验人员；

（五）有符合国家规定要求的检验设备、消毒设施以及符合环境保护要求的污染防治设施；

（六）有病害生猪及生猪产品无害化处理设施；

（七）依法取得动物防疫条件合格证。

第九条 生猪屠宰的检疫及其监督，依照动物防疫法和国务院的有关规定执行。

生猪屠宰的卫生检验及其监督，依照食品卫生法的规定执行。

第十条 生猪定点屠宰厂（场）屠宰的生猪，应当依法经动物卫生监督机构检疫合格，并附有检疫证明。

第十一条 生猪定点屠宰厂（场）屠宰生猪，应当符合国家规定的操作规程和技术要求。

第十二条 生猪定点屠宰厂（场）应当如实记录其屠宰的生猪来源和生猪产品流向。生猪来源和生猪产品流向记录保存期限不得少于2年。

第十三条 生猪定点屠宰厂（场）应当建立严格的肉品品质检验管理制度。肉品品质检验应当与生猪屠宰同步进行，并如实记录检验结果。检验结果记录保存期限不得少于2年。

经肉品品质检验合格的生猪产品，生猪定点屠宰厂（场）应当加盖肉品品质检验合格验讫印章或者附具肉品品质检验合格标志。经肉品品质检验不合格的生猪产品，应当在肉品品质检验人员的监督下，按照国家有关规定处理，并如实记录处理情况；处理情况记录保存期限不得少于2年。

生猪定点屠宰厂（场）的生猪产品未经肉品品质检验或者经肉品品质检验不合格的，不得出厂（场）。

第十四条 生猪定点屠宰厂（场）对病害生猪及生猪产品进行无害化处理的费用和损失，按照国务院财政部门的规定，由国家财政予以适当补助。

第十五条 生猪定点屠宰厂（场）以及其他任何单位和个人不得对生猪或者生猪产品注

水或者注入其他物质。

生猪定点屠宰厂（场）不得屠宰注水或者注入其他物质的生猪。

第十六条　生猪定点屠宰厂（场）对未能及时销售或者及时出厂（场）的生猪产品，应当采取冷冻或者冷藏等必要措施予以储存。

第十七条　任何单位和个人不得为未经定点违法从事生猪屠宰活动的单位或者个人提供生猪屠宰场所或者生猪产品储存设施，不得为对生猪或者生猪产品注水或者注入其他物质的单位或者个人提供场所。

第十八条　从事生猪产品销售、肉食品生产加工的单位和个人以及餐饮服务经营者、集体伙食单位销售、使用的生猪产品，应当是生猪定点屠宰厂（场）经检疫和肉品品质检验合格的生猪产品。

第十九条　地方人民政府及其有关部门不得限制外地生猪定点屠宰厂（场）经检疫和肉品品质检验合格的生猪产品进入本地市场。

第三章　监督管理

第二十条　县级以上地方人民政府应当加强对生猪屠宰监督管理工作的领导，及时协调、解决生猪屠宰监督管理工作中的重大问题。

第二十一条　商务主管部门应当依照本条例的规定严格履行职责，加强对生猪屠宰活动的日常监督检查。

商务主管部门依法进行监督检查，可以采取下列措施：

（一）进入生猪屠宰等有关场所实施现场检查；

（二）向有关单位和个人了解情况；

（三）查阅、复制有关记录、票据以及其他资料；

（四）查封与违法生猪屠宰活动有关的场所、设施，扣押与违法生猪屠宰活动有关的生猪、生猪产品以及屠宰工具和设备。

商务主管部门进行监督检查时，监督检查人员不得少于2人，并应当出示执法证件。

对商务主管部门依法进行的监督检查，有关单位和个人应当予以配合，不得拒绝、阻挠。

第二十二条　商务主管部门应当建立举报制度，公布举报电话、信箱或者电子邮箱，受理对违反本条例规定行为的举报，并及时依法处理。

第二十三条　商务主管部门在监督检查中发现生猪定点屠宰厂（场）不再具备本条例规定条件的，应当责令其限期整改；逾期仍达不到本条例规定条件的，由设区的市级人民政府取消其生猪定点屠宰厂（场）资格。

第四章 法律责任

第二十四条 违反本条例规定，未经定点从事生猪屠宰活动的，由商务主管部门予以取缔，没收生猪、生猪产品、屠宰工具和设备以及违法所得，并处货值金额3倍以上5倍以下的罚款；货值金额难以确定的，对单位并处10万元以上20万元以下的罚款，对个人并处5000元以上1万元以下的罚款；构成犯罪的，依法追究刑事责任。

冒用或者使用伪造的生猪定点屠宰证书或者生猪定点屠宰标志牌的，依照前款的规定处罚。

生猪定点屠宰厂（场）出借、转让生猪定点屠宰证书或者生猪定点屠宰标志牌的，由设区的市级人民政府取消其生猪定点屠宰厂（场）资格；有违法所得的，由商务主管部门没收违法所得。

第二十五条 生猪定点屠宰厂（场）有下列情形之一的，由商务主管部门责令限期改正，处2万元以上5万元以下的罚款；逾期不改正的，责令停业整顿，对其主要负责人处5000元以上1万元以下的罚款：

（一）屠宰生猪不符合国家规定的操作规程和技术要求的；

（二）未如实记录其屠宰的生猪来源和生猪产品流向的；

（三）未建立或者实施肉品品质检验制度的；

（四）对经肉品品质检验不合格的生猪产品未按照国家有关规定处理并如实记录处理情况的。

第二十六条 生猪定点屠宰厂（场）出厂（场）未经肉品品质检验或者经肉品品质检验不合格的生猪产品的，由商务主管部门责令停业整顿，没收生猪产品和违法所得，并处货值金额1倍以上3倍以下的罚款，对其主要负责人处1万元以上2万元以下的罚款；货值金额难以确定的，并处5万元以上10万元以下的罚款；造成严重后果的，由设区的市级人民政府取消其生猪定点屠宰厂（场）资格；构成犯罪的，依法追究刑事责任。

第二十七条 生猪定点屠宰厂（场）、其他单位或者个人对生猪、生猪产品注水或者注入其他物质的，由商务主管部门没收注水或者注入其他物质的生猪、生猪产品、注水工具和设备以及违法所得，并处货值金额3倍以上5倍以下的罚款，对生猪定点屠宰厂（场）或者其他单位的主要负责人处1万元以上2万元以下的罚款；货值金额难以确定的，对生猪定点屠宰厂（场）或者其他单位并处5万元以上10万元以下的罚款，对个人并处1万元以上2万元以下的罚款；构成犯罪的，依法追究刑事责任。

生猪定点屠宰厂（场）对生猪、生猪产品注水或者注入其他物质的，除依照前款的规定处罚外，还应当由商务主管部门责令停业整顿；造成严重后果，或者两次以上对生猪、生猪产品注水或者注入其他物质的，由设区的市级人民政府取消其生猪定点屠宰厂（场）资格。

第二十八条　生猪定点屠宰厂（场）屠宰注水或者注入其他物质的生猪的，由商务主管部门责令改正，没收注水或者注入其他物质的生猪、生猪产品以及违法所得，并处货值金额1倍以上3倍以下的罚款，对其主要负责人处1万元以上2万元以下的罚款；货值金额难以确定的，并处2万元以上5万元以下的罚款；拒不改正的，责令停业整顿；造成严重后果的，由设区的市级人民政府取消其生猪定点屠宰厂（场）资格。

第二十九条　从事生猪产品销售、肉食品生产加工的单位和个人以及餐饮服务经营者、集体伙食单位，销售、使用非生猪定点屠宰厂（场）屠宰的生猪产品、未经肉品品质检验或者经肉品品质检验不合格的生猪产品以及注水或者注入其他物质的生猪产品的，由工商、卫生、质检部门依据各自职责，没收尚未销售、使用的相关生猪产品以及违法所得，并处货值金额3倍以上5倍以下的罚款；货值金额难以确定的，对单位处5万元以上10万元以下的罚款，对个人处1万元以上2万元以下的罚款；情节严重的，由原发证（照）机关吊销有关证照；构成犯罪的，依法追究刑事责任。

第三十条　为未经定点违法从事生猪屠宰活动的单位或者个人提供生猪屠宰场所或者生猪产品储存设施，或者为对生猪、生猪产品注水或者注入其他物质的单位或者个人提供场所的，由商务主管部门责令改正，没收违法所得，对单位并处2万元以上5万元以下的罚款，对个人并处5000元以上1万元以下的罚款。

第三十一条　商务主管部门和其他有关部门的工作人员在生猪屠宰监督管理工作中滥用职权、玩忽职守、徇私舞弊，构成犯罪的，依法追究刑事责任；尚不构成犯罪的，依法给予处分。

第五章　附则

第三十二条　省、自治区、直辖市人民政府确定实行定点屠宰的其他动物的屠宰管理办法，由省、自治区、直辖市根据本地区的实际情况，参照本条例制定。

第三十三条　本条例所称生猪产品，是指生猪屠宰后未经加工的胴体、肉、脂、脏器、血液、骨、头、蹄、皮。

第三十四条　本条例施行前设立的生猪定点屠宰厂（场），自本条例施行之日起180日内，由设区的市级人民政府换发生猪定点屠宰标志牌，并发给生猪定点屠宰证书。

第三十五条　生猪定点屠宰证书、生猪定点屠宰标志牌以及肉品品质检验合格验讫印章和肉品品质检验合格标志的式样，由国务院商务主管部门统一规定。

第三十六条　本条例自2008年8月1日起施行。

国务院关于加强食品等产品安全监督管理的特别规定

第一条　为了加强食品等产品安全监督管理，进一步明确生产经营者、监督管理部门和地方人民政府的责任，加强各监督管理部门的协调、配合，保障人体健康和生命安全，制定本规定。

第二条　本规定所称产品除食品外，还包括食用农产品、药品等与人体健康和生命安全有关的产品。

对产品安全监督管理，法律有规定的，适用法律规定；法律没有规定或者规定不明确的，适用本规定。

第三条　生产经营者应当对其生产、销售的产品安全负责，不得生产、销售不符合法定要求的产品。

依照法律、行政法规规定生产、销售产品需要取得许可证照或者需要经过认证的，应当按照法定条件、要求从事生产经营活动。不按照法定条件、要求从事生产经营活动或者生产、销售不符合法定要求产品的，由农业、卫生、质检、商务、工商、药品等监督管理部门依据各自职责，没收违法所得、产品和用于违法生产的工具、设备、原材料等物品，货值金额不足5000元的，并处5万元罚款；货值金额5000元以上不足1万元的，并处10万元罚款；货值金额1万元以上的，并处货值金额10倍以上20倍以下的罚款；造成严重后果的，由原发证部门吊销许可证照；构成非法经营罪或者生产、销售伪劣商品罪等犯罪的，依法追究刑事责任。

生产经营者不再符合法定条件、要求，继续从事生产经营活动的，由原发证部门吊销许可证照，并在当地主要媒体上公告被吊销许可证照的生产经营者名单；构成非法经营罪或者生产、销售伪劣商品罪等犯罪的，依法追究刑事责任。

依法应当取得许可证照而未取得许可证照从事生产经营活动的，由农业、卫生、质检、商务、工商、药品等监督管理部门依据各自职责，没收违法所得、产品和用于违法生产的工具、设备、原材料等物品，货值金额不足1万元的，并处10万元罚款；货值金额1万元以上的，并处货值金额10倍以上20倍以下的罚款；构成非法经营罪的，依法追究刑事责任。

有关行业协会应当加强行业自律，监督生产经营者的生产经营活动；加强公众健康知识的普及、宣传，引导消费者选择合法生产经营者生产、销售的产品以及有合法标识的产品。

第四条　生产者生产产品所使用的原料、辅料、添加剂、农业投入品，应当符合法律、行政法规的规定和国家强制性标准。

违反前款规定，违法使用原料、辅料、添加剂、农业投入品的，由农业、卫生、质检、商务、药品等监督管理部门依据各自职责没收违法所得，货值金额不足5000元的，并处2万元罚款；货值金额5000元以上不足1万元的，并处5万元罚款；货值金额1万元以上的，并处货值金额5倍以上10倍以下的罚款；造成严重后果的，由原发证部门吊销许可证照；构成生产、销售伪劣商品罪的，依法追究刑事责任。

第五条　销售者必须建立并执行进货检查验收制度，审验供货商的经营资格，验明产品合格证明和产品标识，并建立产品进货台账，如实记录产品名称、规格、数量、供货商及其联系方式、进货时间等内容。从事产品批发业务的销售企业应当建立产品销售台账，如实记录批发的产品品种、规格、数量、流向等内容。在产品集中交易场所销售自制产品的生产企业应当比照从事产品批发业务的销售企业的规定，履行建立产品销售台账的义务。进货台账和销售台账保存期限不得少于2年。销售者应当向供货商按照产品生产批次索要符合法定条件的检验机构出具的检验报告或者由供货商签字或者盖章的检验报告复印件；不能提供检验报告或者检验报告复印件的产品，不得销售。

违反前款规定的，由工商、药品监督管理部门依据各自职责责令停止销售；不能提供检验报告或者检验报告复印件销售产品的，没收违法所得和违法销售的产品，并处货值金额3倍的罚款；造成严重后果的，由原发证部门吊销许可证照。

第六条　产品集中交易市场的开办企业、产品经营柜台出租企业、产品展销会的举办企业，应当审查入场销售者的经营资格，明确入场销售者的产品安全管理责任，定期对入场销售者的经营环境、条件、内部安全管理制度和经营产品是否符合法定要求进行检查，发现销售不符合法定要求产品或者其他违法行为的，应当及时制止并立即报告所在地工商行政管理部门。

违反前款规定的，由工商行政管理部门处以1000元以上5万元以下的罚款；情节严重的，责令停业整顿；造成严重后果的，吊销营业执照。

第七条　出口产品的生产经营者应当保证其出口产品符合进口国（地区）的标准或者合同要求。法律规定产品必须经过检验方可出口的，应当经符合法律规定的机构检验合格。

出口产品检验人员应当依照法律、行政法规规定和有关标准、程序、方法进行检验，对其出具的检验证单等负责。

出入境检验检疫机构和商务、药品等监督管理部门应当建立出口产品的生产经营者良好记录和不良记录，并予以公布。对有良好记录的出口产品的生产经营者，简化检验检疫手续。

出口产品的生产经营者逃避产品检验或者弄虚作假的，由出入境检验检疫机构和药品监督管理部门依据各自职责，没收违法所得和产品，并处货值金额3倍的罚款；构成犯罪的，依法追究刑事责任。

第八条 进口产品应当符合我国国家技术规范的强制性要求以及我国与出口国（地区）签订的协议规定的检验要求。

质检、药品监督管理部门依据生产经营者的诚信度和质量管理水平以及进口产品风险评估的结果，对进口产品实施分类管理，并对进口产品的收货人实施备案管理。进口产品的收货人应当如实记录进口产品流向。记录保存期限不得少于2年。

质检、药品监督管理部门发现不符合法定要求产品时，可以将不符合法定要求产品的进货人、报检人、代理人列入不良记录名单。进口产品的进货人、销售者弄虚作假的，由质检、药品监督管理部门依据各自职责，没收违法所得和产品，并处货值金额3倍的罚款；构成犯罪的，依法追究刑事责任。进口产品的报检人、代理人弄虚作假的，取消报检资格，并处货值金额等值的罚款。

第九条 生产企业发现其生产的产品存在安全隐患，可能对人体健康和生命安全造成损害的，应当向社会公布有关信息，通知销售者停止销售，告知消费者停止使用，主动召回产品，并向有关监督管理部门报告；销售者应当立即停止销售该产品。销售者发现其销售的产品存在安全隐患，可能对人体健康和生命安全造成损害的，应当立即停止销售该产品，通知生产企业或者供货商，并向有关监督管理部门报告。

生产企业和销售者不履行前款规定义务的，由农业、卫生、质检、商务、工商、药品等监督管理部门依据各自职责，责令生产企业召回产品、销售者停止销售，对生产企业并处货值金额3倍的罚款，对销售者并处1000元以上5万元以下的罚款；造成严重后果的，由原发证部门吊销许可证照。

第十条 县级以上地方人民政府应当将产品安全监督管理纳入政府工作考核目标，对本行政区域内的产品安全监督管理负总责，统一领导、协调本行政区域内的监督管理工作，建立健全监督管理协调机制，加强对行政执法的协调、监督；统一领导、指挥产品安全突发事件应对工作，依法组织查处产品安全事故；建立监督管理责任制，对各监督管理部门进行评议、考核。质检、工商和药品等监督管理部门应当在所在地同级人民政府的统一协调下，依法做好产品安全监督管理工作。

县级以上地方人民政府不履行产品安全监督管理的领导、协调职责，本行政区域内一年多次出现产品安全事故、造成严重社会影响的，由监察机关或者任免机关对政府的主要负责人和直接负责的主管人员给予记大过、降级或者撤职的处分。

第十一条 国务院质检、卫生、农业等主管部门在各自职责范围内尽快制定、修改或者起草相关国家标准，加快建立统一管理、协调配套、符合实际、科学合理的产品标准体系。

第十二条 县级以上人民政府及其部门对产品安全实施监督管理，应当按照法定权限和程序履行职责，做到公开、公平、公正。对生产经营者同一违法行为，不得给予2次以上罚款的行政处罚；对涉嫌构成犯罪、依法需要追究刑事责任的，应当依照《行政执法机关移送涉嫌犯罪案件的规定》，向公安机关移送。

农业、卫生、质检、商务、工商、药品等监督管理部门应当依据各自职责对生产经营者进行监督检查，并对其遵守强制性标准、法定要求的情况予以记录，由监督检查人员签字后归档。监督检查记录应当作为其直接负责主管人员定期考核的内容。公众有权查阅监督检查记录。

第十三条　生产经营者有下列情形之一的，农业、卫生、质检、商务、工商、药品等监督管理部门应当依据各自职责采取措施，纠正违法行为，防止或者减少危害发生，并依照本规定予以处罚：

（一）依法应当取得许可证照而未取得许可证照从事生产经营活动的；

（二）取得许可证照或者经过认证后，不按照法定条件、要求从事生产经营活动或者生产、销售不符合法定要求产品的；

（三）生产经营者不再符合法定条件、要求继续从事生产经营活动的；

（四）生产者生产产品不按照法律、行政法规的规定和国家强制性标准使用原料、辅料、添加剂、农业投入品的；

（五）销售者没有建立并执行进货检查验收制度，并建立产品进货台账的；

（六）生产企业和销售者发现其生产、销售的产品存在安全隐患，可能对人体健康和生命安全造成损害，不履行本规定的义务的；

（七）生产经营者违反法律、行政法规和本规定的其他有关规定的。

农业、卫生、质检、商务、工商、药品等监督管理部门不履行前款规定职责、造成后果的，由监察机关或者任免机关对其主要负责人、直接负责的主管人员和其他直接责任人员给予记大过或者降级的处分；造成严重后果的，给予其主要负责人、直接负责的主管人员和其他直接责任人员撤职或者开除的处分；其主要负责人、直接负责的主管人员和其他直接责任人员构成渎职罪的，依法追究刑事责任。

违反本规定，滥用职权或者有其他渎职行为的，由监察机关或者任免机关对其主要负责人、直接负责的主管人员和其他直接责任人员给予记过或者记大过的处分；造成严重后果的，给予其主要负责人、直接负责的主管人员和其他直接责任人员降级或者撤职的处分；其主要负责人、直接负责的主管人员和其他直接责任人员构成渎职罪的，依法追究刑事责任。

第十四条　农业、卫生、质检、商务、工商、药品等监督管理部门发现违反本规定的行为，属于其他监督管理部门职责的，应当立即书面通知并移交有权处理的监督管理部门处理。有权处理的部门应当立即处理，不得推诿；因不立即处理或者推诿造成后果的，由监察机关或者任免机关对其主要负责人、直接负责的主管人员和其他直接责任人员给予记大过或者降级的处分。

第十五条 农业、卫生、质检、商务、工商、药品等监督管理部门履行各自产品安全监督管理职责，有下列职权：

（一）进入生产经营场所实施现场检查；

（二）查阅、复制、查封、扣押有关合同、票据、账簿以及其他有关资料；

（三）查封、扣押不符合法定要求的产品，违法使用的原料、辅料、添加剂、农业投入品以及用于违法生产的工具、设备；

（四）查封存在危害人体健康和生命安全重大隐患的生产经营场所。

第十六条 农业、卫生、质检、商务、工商、药品等监督管理部门应当建立生产经营者违法行为记录制度，对违法行为的情况予以记录并公布；对有多次违法行为记录的生产经营者，吊销许可证照。

第十七条 检验检测机构出具虚假检验报告，造成严重后果的，由授予其资质的部门吊销其检验检测资质；构成犯罪的，对直接负责的主管人员和其他直接责任人员依法追究刑事责任。

第十八条 发生产品安全事故或者其他对社会造成严重影响的产品安全事件时，农业、卫生、质检、商务、工商、药品等监督管理部门必须在各自职责范围内及时作出反应，采取措施，控制事态发展，减少损失，依照国务院规定发布信息，做好有关善后工作。

第十九条 任何组织或者个人对违反本规定的行为有权举报。接到举报的部门应当为举报人保密。举报经调查属实的，受理举报的部门应当给予举报人奖励。

农业、卫生、质检、商务、工商、药品等监督管理部门应当公布本单位的电子邮件地址或者举报电话；对接到的举报，应当及时、完整地进行记录并妥善保存。举报的事项属于本部门职责的，应当受理，并依法进行核实、处理、答复；不属于本部门职责的，应当转交有权处理的部门，并告知举报人。

第二十条 本规定自公布之日起施行。

基本农田保护条例

第一章　总则

第一条　为了对基本农田实行特殊保护，促进农业生产和社会经济的可持续发展，根据《中华人民共和国农业法》和《中华人民共和国土地管理法》，制定本条例。

第二条　国家实行基本农田保护制度。

本条例所称基本农田，是指按照一定时期人口和社会经济发展对农产品的需求，依据土地利用总体规划确定的不得占用的耕地。

本条例所称基本农田保护区，是指为对基本农田实行特殊保护而依据土地利用总体规划和依照法定程序确定的特定保护区域。

第三条　基本农田保护实行全面规划、合理利用，用养结合、严格保护的方针。

第四条　县级以上地方各级人民政府应当将基本农田保护工作纳入国民经济和社会发展计划，作为政府领导任期目标责任制的一项内容，并由上一级人民政府监督实施。

第五条　任何单位和个人都有保护基本农田的义务，并有权检举、控告侵占、破坏基本农田和其他违反本条例的行为。

第六条　国务院土地行政主管部门和农业行政主管部门按照国务院规定的职责分工，依照本条例负责全国的基本农田保护管理工作。

县级以上地方各级人民政府土地行政主管部门和农业行政主管部门按照本级人民政府规定的职责分工，依照本条例负责本行政区域内的基本农田保护管理工作。

乡（镇）人民政府负责本行政区域内的基本农田保护管理工作。

第七条　国家对在基本农田保护工作中取得显著成绩的单位和个人，给予奖励。

第二章　划定

第八条　各级人民政府在编制土地利用总体规划时，应当将基本农田保护作为规划的一项内容，明确基本农田保护的布局安排、数量指标和质量要求。

县级和乡（镇）土地利用总体规划应当确定基本农田保护区。

第九条　省、自治区、直辖市划定的基本农田应当占本行政区域内耕地总面积的百分之八十以上，具体数量指标根据全国土地利用总体规划逐级分解下达。

第十条　下列耕地应当划入基本农田保护区，严格管理：

（一）经国务院有关主管部门或者县级以上地方人民政府批准确定的粮、棉、油生产基地内的耕地；

（二）有良好的水利与水土保持设施的耕地，正在实施改造计划以及可以改造的中、低产田；

（三）蔬菜生产基地；

（四）农业科研、教学试验田。

根据土地利用总体规划，铁路、公路等交通沿线，城市和村庄、集镇建设用地区周边的耕地，应当优先划入基本农田保护区；需要退耕还林、还牧、还湖的耕地，不应当划入基本农田保护区。

第十一条　基本农田保护区以乡（镇）为单位划区定界，由县级人民政府土地行政主管部门会同同级农业行政主管部门组织实施。

划定的基本农田保护区，由县级人民政府设立保护标志，予以公告，由县级人民政府土地行政主管部门建立档案，并抄送同级农业行政主管部门。任何单位和个人不得破坏或者擅自改变基本农田保护区的保护标志。

基本农田划区定界后，由省、自治区、直辖市人民政府组织土地行政主管部门和农业行政主管部门验收确认，或者由省、自治区人民政府授权设区的市、自治州人民政府组织土地行政主管部门和农业行政主管部门验收确认。

第十二条　划定基本农田保护区时，不得改变土地承包者的承包经营权。

第十三条　划定基本农田保护区的技术规程，由国务院土地行政主管部门会同国务院农业行政主管部门制定。

第三章　保护

第十四条　地方各级人民政府应当采取措施，确保土地利用总体规划确定的本行政区域内基本农田的数量不减少。

第十五条　基本农田保护区经依法划定后，任何单位和个人不得改变或者占用。国家能源、交通、水利、军事设施等重点建设项目选址确实无法避开基本农田保护区，需要占用基本农田，涉及农用地转用或者征用土地的，必须经国务院批准。

第十六条　经国务院批准占用基本农田的，当地人民政府应当按照国务院的批准文件修改土地利用总体规划，并补充划入数量和质量相当的基本农田。占用单位应当按照占多少，垦多少的原则，负责开垦与所占基本农田的数量与质量相当的耕地；没有条件开垦或者开垦的耕地不符合要求的，应当按照省、自治区、直辖市的规定缴纳耕地开垦费，专款用于开垦新的耕地。

占用基本农田的单位应当按照县级以上地方人民政府的要求，将所占用基本农田耕作层的土壤用于新开垦耕地、劣质地或者其他耕地的土壤改良。

第十七条　禁止任何单位和个人在基本农田保护区内建窑、建房、建坟、挖砂、采石、采矿、取土、堆放固体废弃物或者进行其他破坏基本农田活动。

禁止任何单位和个人占用基本农田发展林果业和挖塘养鱼。

第十八条　禁止任何单位和个人闲置，荒芜基本农田。经国务院批准的重点建设项目占用基本农田的，满一年不使用而又可以耕种并收获的，应当由原耕种该幅基本农田的集体或者个人恢复耕种，也可以由用地单位组织耕种；一年以上未动工建设的，应当按照省、自治区、直辖市的规定缴纳闲置费；连续两年未使用的，经国务院批准，由县级以上人民政府无偿收回用地单位的土地使用权；该幅土地原为农民集体所有的，应当交由原农村集体经济组织恢复耕种，重新划入基本农田保护区。

承包经营基本农田的单位或者个人连续两年弃耕抛荒的，原发包单位应当终止承包合同，收回发包的基本农田。

第十九条　国家提倡和鼓励农业生产者对其经营的基本农田施用有机肥料，合理施用化肥和农药。利用基本农田从事农业生产的单位和个人应当保持和培肥地力。

第二十条　县级人民政府应当根据当地实际情况制定基本农田地力分等定级办法，由农业行政主管部门会同土地行政主管部门组织实施，对基本农田地力分等定级，并建立档案。

第二十一条　农村集体经济组织或者村民委员会应当定期评定基本农田地力等级。

第二十二条　县级以上地方各级人民政府农业行政主管理部门应当逐步建立基本农田地力与施肥效益长期定位监测网点，定期向本级人民政府提出基本农田地力变化状况报告以及相应的地力保护措施，并为农业生产者提供施肥指导服务。

第二十三条　县级以上人民政府农业行政主管部门应当会同同级环境保护行政主管部门对基本农田环境污染进行监测和评价，并定期向本级人民政府提出环境质量与发展趋势的报告。

第二十四条　经国务院批准占用基本农田兴建国家重点建设项目的，必须遵守国家有关建设项目环境保护管理的规定。在建设项目环境影响报告书中，应当有基本农田环境保护方案。

第二十五条　向基本农田保护区提供肥料和作为肥料的城市垃圾、污泥的，应当符合国家有关标准。

第二十六条　因发生事故或者其他突然性事件，造成或者可能造成基本农田环境污染事故的，当事人必须立即采取措施处理，并向当地环境保护行政主管部门和农业行政主管部门报告，接受调查处理。

第四章　监督管理

第二十七条　在建立基本农田保护区的地方，县级以上地方政府应当与下一级人民政府签订基本农田保护责任书；乡（镇）人民政府应当根据与县级人民政府签订的基本农田保护责任书的要求，与农村集体经济组织或者村民委员会签订基本农田保护责任书。

基本农田保护责任书应当包括下列内容：

（一）基本农田的范围、面积、地块；

（二）基本农田的地力等级；

（三）保护措施；

（四）当事人的权利与义务；

（五）奖励与处罚。

第二十八条　县级以上地方人民政府应当建立基本农田保护监督检查制度，定期组织土地行政主管部门，农业行政主管部门以及其他有关部门对基本农田保护情况进行检查，将检查情况书面报告上一级人民政府。被检查的单位和个人应当如实提供有关情况和资料，不得拒绝。

第二十九条　县级以上地方人民政府土地行政主管部门、农业行政主管部门对本行政区域内发生的破坏基本农田的行为，有权责令纠正。

第五章　法律责任

第三十条　违反本条例规定，有下列行为之一的，依照《中华人民共和国土地管理法》和《中华人民共和国土地管理法实施条例》的有关规定，从重给予处罚；

（一）未经批准或者采取欺骗手段骗取批准，非法占用基本农田的；

（二）超过批准数量，非法占用基本农田的；

（三）非法批准占用基本农田的；

（四）买卖或者以其他形式非法转让基本农田的。

第三十一条　违反本条例规定，应当将耕地划入基本农田保护区而不划入的，由上一级人民政府责令限期改正；拒不改正的，对直接负责的主管人员和其他直接责任人员依法给予行政处分或者纪律处分。

第三十二条　违反本条例规定，破坏或者擅自改变基本农田保护区标志的，由县级以上地方人民政府土地行政主管部门或者农业行政主管部门责令恢复原状，可以处1000元以下罚款。

第三十三条　违反本条例规定，占用基本农田建窑、建房、建坟、挖砂、采石、采矿、取土、堆放固体废弃物或者从事其他活动破坏基本农田，毁坏种植条件的，由县级以上人民政府土地行政主管部门责令改正或者治理，恢复原种植条件，处占用基本农田的耕地开垦费一倍以上两倍以下的罚款；构成犯罪的，依法追究刑事责任。

第三十四条　侵占、挪用基本农田的耕地开垦费，构成犯罪的，依法追究刑事责任；尚不构成犯罪的，依法给予行政处分或者纪律处分。

第六章　附则

第三十五条　省、自治区、直辖市人民政府可以根据当地实际情况，将其他农业生产用地划为保护区。保护区内的其他农业生产用地的保护和管理，可以参照本条例执行。

第三十六条　本条例自1999年1月1日起施行。1994年8月18日国务院发布的《基本农田保护条例》同时废止。

中华人民共和国农民专业合作社法

第一章　总则

第一条　为了支持、引导农民专业合作社的发展，规范农民专业合作社的组织和行为，保护农民专业合作社及其成员的合法权益，促进农业和农村经济的发展，制定本法。

第二条　农民专业合作社是在农村家庭承包经营基础上，同类农产品的生产经营者或者同类农业生产经营服务的提供者、利用者，自愿联合、民主管理的互助性经济组织。

农民专业合作社以其成员为主要服务对象，提供农业生产资料的购买，农产品的销售、加工、运输、贮藏以及与农业生产经营有关的技术、信息等服务。

第三条　农民专业合作社应当遵循下列原则：

（一）成员以农民为主体；

（二）以服务成员为宗旨，谋求全体成员的共同利益；

（三）入社自愿、退社自由；

（四）成员地位平等，实行民主管理；

（五）盈余主要按照成员与农民专业合作社的交易量（额）比例返还。

第四条　农民专业合作社依照本法登记，取得法人资格。

农民专业合作社对由成员出资、公积金、国家财政直接补助、他人捐赠以及合法取得的其他资产所形成的财产，享有占有、使用和处分的权利，并以上述财产对债务承担责任。

第五条　农民专业合作社成员以其账户内记载的出资额和公积金份额为限对农民专业合作社承担责任。

第六条　国家保护农民专业合作社及其成员的合法权益，任何单位和个人不得侵犯。

第七条　农民专业合作社从事生产经营活动，应当遵守法律、行政法规，遵守社会公德、商业道德，诚实守信。

第八条　国家通过财政支持、税收优惠和金融、科技、人才的扶持以及产业政策引导等措施，促进农民专业合作社的发展。

国家鼓励和支持社会各方面力量为农民专业合作社提供服务。

第九条　县级以上各级人民政府应当组织农业行政主管部门和其他有关部门及有关组织，依照本法规定，依据各自职责，对农民专业合作社的建设和发展给予指导、扶持和服务。

第二章　设立和登记

第十条　设立农民专业合作社，应当具备下列条件：

（一）有五名以上符合本法第十四条、第十五条规定的成员；

（二）有符合本法规定的章程；

（三）有符合本法规定的组织机构；

（四）有符合法律、行政法规规定的名称和章程确定的住所；

（五）有符合章程规定的成员出资。

第十一条　设立农民专业合作社应当召开由全体设立人参加的设立大会。设立时自愿成为该社成员的人为设立人。

设立大会行使下列职权：

（一）通过本社章程，章程应当由全体设立人一致通过；

（二）选举产生理事长、理事、执行监事或者监事会成员；

（三）审议其他重大事项。

第十二条　农民专业合作社章程应当载明下列事项：

（一）名称和住所；

（二）业务范围；

（三）成员资格及入社、退社和除名；

（四）成员的权利和义务；

（五）组织机构及其产生办法、职权、任期、议事规则；

（六）成员的出资方式、出资额；

（七）财务管理和盈余分配、亏损处理；

（八）章程修改程序；

（九）解散事由和清算办法；

（十）公告事项及发布方式；

（十一）需要规定的其他事项。

第十三条　设立农民专业合作社，应当向工商行政管理部门提交下列文件，申请设立登记：

（一）登记申请书；

（二）全体设立人签名、盖章的设立大会纪要；

（三）全体设立人签名、盖章的章程；

（四）法定代表人、理事的任职文件及身份证明；

（五）出资成员签名、盖章的出资清单；

（六）住所使用证明；

（七）法律、行政法规规定的其他文件。

登记机关应当自受理登记申请之日起二十日内办理完毕，向符合登记条件的申请者颁发营业执照。

农民专业合作社法定登记事项变更的，应当申请变更登记。

农民专业合作社登记办法由国务院规定。办理登记不得收取费用。

第三章 成员

第十四条 具有民事行为能力的公民，以及从事与农民专业合作社业务直接有关的生产经营活动的企业、事业单位或者社会团体，能够利用农民专业合作社提供的服务，承认并遵守农民专业合作社章程，履行章程规定的入社手续的，可以成为农民专业合作社的成员。但是，具有管理公共事务职能的单位不得加入农民专业合作社。

农民专业合作社应当置备成员名册，并报登记机关。

第十五条 农民专业合作社的成员中，农民至少应当占成员总数的百分之八十。

成员总数二十人以下的，可以有一个企业、事业单位或者社会团体成员；成员总数超过二十人的，企业、事业单位和社会团体成员不得超过成员总数的百分之五。

第十六条 农民专业合作社成员享有下列权利：

（一）参加成员大会，并享有表决权、选举权和被选举权，按照章程规定对本社实行民主管理；

（二）利用本社提供的服务和生产经营设施；

（三）按照章程规定或者成员大会决议分享盈余；

（四）查阅本社的章程、成员名册、成员大会或者成员代表大会记录、理事会会议决议、监事会会议决议、财务会计报告和会计账簿；

（五）章程规定的其他权利。

第十七条 农民专业合作社成员大会选举和表决，实行一人一票制，成员各享有一票的基本表决权。

出资额或者与本社交易量（额）较大的成员按照章程规定，可以享有附加表决权。本社的附加表决权总票数，不得超过本社成员基本表决权总票数的百分之二十。享有附加表决权的成员及其享有的附加表决权数，应当在每次成员大会召开时告知出席会议的成员。

章程可以限制附加表决权行使的范围。

第十八条 农民专业合作社成员承担下列义务：

（一）执行成员大会、成员代表大会和理事会的决议；

（二）按照章程规定向本社出资；

（三）按照章程规定与本社进行交易；

（四）按照章程规定承担亏损；

（五）章程规定的其他义务。

第十九条　农民专业合作社成员要求退社的，应当在财务年度终了的三个月前向理事长或者理事会提出；其中，企业、事业单位或者社会团体成员退社，应当在财务年度终了的六个月前提出；章程另有规定的，从其规定。退社成员的成员资格自财务年度终了时终止。

第二十条　成员在其资格终止前与农民专业合作社已订立的合同，应当继续履行；章程另有规定或者与本社另有约定的除外。

第二十一条　成员资格终止的，农民专业合作社应当按照章程规定的方式和期限，退还记载在该成员账户内的出资额和公积金份额；对成员资格终止前的可分配盈余，依照本法第三十七条第二款的规定向其返还。

资格终止的成员应当按照章程规定分摊资格终止前本社的亏损及债务。

第四章　组织机构

第二十二条　农民专业合作社成员大会由全体成员组成，是本社的权力机构，行使下列职权：

（一）修改章程；

（二）选举和罢免理事长、理事、执行监事或者监事会成员；

（三）决定重大财产处置、对外投资、对外担保和生产经营活动中的其他重大事项；

（四）批准年度业务报告、盈余分配方案、亏损处理方案；

（五）对合并、分立、解散、清算作出决议；

（六）决定聘用经营管理人员和专业技术人员的数量、资格和任期；

（七）听取理事长或者理事会关于成员变动情况的报告；

（八）章程规定的其他职权。

第二十三条　农民专业合作社召开成员大会，出席人数应当达到成员总数三分之二以上。

成员大会选举或者作出决议，应当由本社成员表决权总数过半数通过；作出修改章程或者合并、分立、解散的决议应当由本社成员表决权总数的三分之二以上通过。章程对表决权数有较高规定的，从其规定。

第二十四条　农民专业合作社成员大会每年至少召开一次，会议的召集由章程规定。有下列情形之一的，应当在二十日内召开临时成员大会：

（一）百分之三十以上的成员提议；

（二）执行监事或者监事会提议；

（三）章程规定的其他情形。

第二十五条　农民专业合作社成员超过一百五十人的，可以按照章程规定设立成员代表大会。成员代表大会按照章程规定可以行使成员大会的部分或者全部职权。

第二十六条　农民专业合作社设理事长一名，可以设理事会。理事长为本社的法定代表人。

农民专业合作社可以设执行监事或者监事会。理事长、理事、经理和财务会计人员不得兼任监事。

理事长、理事、执行监事或者监事会成员，由成员大会从本社成员中选举产生，依照本法和章程的规定行使职权，对成员大会负责。

理事会会议、监事会会议的表决，实行一人一票。

第二十七条　农民专业合作社的成员大会、理事会、监事会，应当将所议事项的决定作成会议记录，出席会议的成员、理事、监事应当在会议记录上签名。

第二十八条　农民专业合作社的理事长或者理事会可以按照成员大会的决定聘任经理和财务会计人员，理事长或者理事可以兼任经理。经理按照章程规定或者理事会的决定，可以聘任其他人员。

经理按照章程规定和理事长或者理事会授权，负责具体生产经营活动。

第二十九条　农民专业合作社的理事长、理事和管理人员不得有下列行为：

（一）侵占、挪用或者私分本社资产；

（二）违反章程规定或者未经成员大会同意，将本社资金借贷给他人或者以本社资产为他人提供担保；

（三）接受他人与本社交易的佣金归为己有；

（四）从事损害本社经济利益的其他活动。

理事长、理事和管理人员违反前款规定所得的收入，应当归本社所有；给本社造成损失的，应当承担赔偿责任。

第三十条　农民专业合作社的理事长、理事、经理不得兼任业务性质相同的其他农民专业合作社的理事长、理事、监事、经理。

第三十一条　执行与农民专业合作社业务有关公务的人员，不得担任农民专业合作社的理事长、理事、监事、经理或者财务会计人员。

第五章　财务管理

第三十二条　国务院财政部门依照国家有关法律、行政法规，制定农民专业合作社财务会计制度。农民专业合作社应当按照国务院财政部门制定的财务会计制度进行会计核算。

第三十三条　农民专业合作社的理事长或者理事会应当按照章程规定，组织编制年度业务报告、盈余分配方案、亏损处理方案以及财务会计报告，于成员大会召开的十五日前，置备于办公地点，供成员查阅。

第三十四条　农民专业合作社与其成员的交易、与利用其提供的服务的非成员的交易，应当分别核算。

第三十五条　农民专业合作社可以按照章程规定或者成员大会决议从当年盈余中提取公积金。公积金用于弥补亏损、扩大生产经营或者转为成员出资。

每年提取的公积金按照章程规定量化为每个成员的份额。

第三十六条　农民专业合作社应当为每个成员设立成员账户，主要记载下列内容：

（一）该成员的出资额；

（二）量化为该成员的公积金份额；

（三）该成员与本社的交易量（额）。

第三十七条　在弥补亏损、提取公积金后的当年盈余，为农民专业合作社的可分配盈余。

可分配盈余按照下列规定返还或者分配给成员，具体分配办法按照章程规定或者经成员大会决议确定：

（一）按成员与本社的交易量（额）比例返还，返还总额不得低于可分配盈余的百分之六十；

（二）按前项规定返还后的剩余部分，以成员账户中记载的出资额和公积金份额，以及本社接受国家财政直接补助和他人捐赠形成的财产平均量化到成员的份额，按比例分配给本社成员。

第三十八条　设立执行监事或者监事会的农民专业合作社，由执行监事或者监事会负责对本社的财务进行内部审计，审计结果应当向成员大会报告。

成员大会也可以委托审计机构对本社的财务进行审计。

第六章　合并、分立、解散和清算

第三十九条　农民专业合作社合并，应当自合并决议作出之日起十日内通知债权人。合并各方的债权、债务应当由合并后存续或者新设的组织承继。

第四十条　农民专业合作社分立，其财产作相应的分割，并应当自分立决议作出之日起十日内通知债权人。分立前的债务由分立后的组织承担连带责任。但是，在分立前与债权人就债务清偿达成的书面协议另有约定的除外。

第四十一条　农民专业合作社因下列原因解散：

（一）章程规定的解散事由出现；

（二）成员大会决议解散；

（三）因合并或者分立需要解散；

（四）依法被吊销营业执照或者被撤销。

因前款第一项、第二项、第四项原因解散的，应当在解散事由出现之日起十五日内由成员大会推举成员组成清算组，开始解散清算。逾期不能组成清算组的，成员、债权人可以向人民法院申请指定成员组成清算组进行清算，人民法院应当受理该申请，并及时指定成员组成清算组进行清算。

第四十二条　清算组自成立之日起接管农民专业合作社，负责处理与清算有关未了结业务，清理财产和债权、债务，分配清偿债务后的剩余财产，代表农民专业合作社参与诉讼、仲裁或者其他法律程序，并在清算结束时办理注销登记。

第四十三条　清算组应当自成立之日起十日内通知农民专业合作社成员和债权人，并于六十日内在报纸上公告。债权人应当自接到通知之日起三十日内，未接到通知的自公告之日起四十五日内，向清算组申报债权。如果在规定期间内全部成员、债权人均已收到通知，免除清算组的公告义务。

债权人申报债权，应当说明债权的有关事项，并提供证明材料。清算组应当对债权进行登记。

在申报债权期间，清算组不得对债权人进行清偿。

第四十四条　农民专业合作社因本法第四十一条第一款的原因解散，或者人民法院受理破产申请时，不能办理成员退社手续。

第四十五条　清算组负责制定包括清偿农民专业合作社员工的工资及社会保险费用，清偿所欠税款和其他各项债务，以及分配剩余财产在内的清算方案，经成员大会通过或者申请人民法院确认后实施。

清算组发现农民专业合作社的财产不足以清偿债务的，应当依法向人民法院申请破产。

第四十六条　农民专业合作社接受国家财政直接补助形成的财产，在解散、破产清算时，不得作为可分配剩余资产分配给成员，处置办法由国务院规定。

第四十七条　清算组成员应当忠于职守，依法履行清算义务，因故意或者重大过失给农民专业合作社成员及债权人造成损失的，应当承担赔偿责任。

第四十八条　农民专业合作社破产适用企业破产法的有关规定。但是，破产财产在清偿破产费用和共益债务后，应当优先清偿破产前与农民成员已发生交易但尚未结清的款项。

第七章　扶持政策

第四十九条　国家支持发展农业和农村经济的建设项目,可以委托和安排有条件的有关农民专业合作社实施。

第五十条　中央和地方财政应当分别安排资金，支持农民专业合作社开展信息、培训、农产品质量标准与认证、农业生产基础设施建设、市场营销和技术推广等服务。对民族地区、边远地区和贫困地区的农民专业合作社和生产国家与社会急需的重要农产品的农民专业合作社给予优先扶持。

第五十一条　国家政策性金融机构应当采取多种形式,为农民专业合作社提供多渠道的资金支持。具体支持政策由国务院规定。

国家鼓励商业性金融机构采取多种形式，为农民专业合作社提供金融服务。

第五十二条　农民专业合作社享受国家规定的对农业生产、加工、流通、服务和其他涉农经济活动相应的税收优惠。

支持农民专业合作社发展的其他税收优惠政策，由国务院规定。

第八章　法律责任

第五十三条　侵占、挪用、截留、私分或者以其他方式侵犯农民专业合作社及其成员的合法财产,非法干预农民专业合作社及其成员的生产经营活动,向农民专业合作社及其成员摊派,强迫农民专业合作社及其成员接受有偿服务,造成农民专业合作社经济损失的,依法追究法律责任。

第五十四条　农民专业合作社向登记机关提供虚假登记材料或者采取其他欺诈手段取得登记的，由登记机关责令改正；情节严重的，撤销登记。

第五十五条　农民专业合作社在依法向有关主管部门提供的财务报告等材料中,作虚假记载或者隐瞒重要事实的，依法追究法律责任。

第九章　附则

第五十六条　本法自 2007 年 7 月 1 日起施行。

中华人民共和国动物防疫法

第一章 总则

第一条 为了加强对动物防疫活动的管理，预防、控制和扑灭动物疫病，促进养殖业发展，保护人体健康，维护公共卫生安全，制定本法。

第二条 本法适用于在中华人民共和国领域内的动物防疫及其监督管理活动。

进出境动物、动物产品的检疫，适用《中华人民共和国进出境动植物检疫法》。

第三条 本法所称动物，是指家畜家禽和人工饲养、合法捕获的其他动物。

本法所称动物产品，是指动物的肉、生皮、原毛、绒、脏器、脂、血液、精液、卵、胚胎、骨、蹄、头、角、筋以及可能传播动物疫病的奶、蛋等。

本法所称动物疫病，是指动物传染病、寄生虫病。

本法所称动物防疫，是指动物疫病的预防、控制、扑灭和动物、动物产品的检疫。

第四条 根据动物疫病对养殖业生产和人体健康的危害程度，本法规定管理的动物疫病分为下列三类：

（一）一类疫病，是指对人与动物危害严重，需要采取紧急、严厉的强制预防、控制、扑灭等措施的；

（二）二类疫病，是指可能造成重大经济损失，需要采取严格控制、扑灭等措施，防止扩散的；

（三）三类疫病，是指常见多发、可能造成重大经济损失，需要控制和净化的。

前款一、二、三类动物疫病具体病种名录由国务院兽医主管部门制定并公布。

第五条 国家对动物疫病实行预防为主的方针。

第六条 县级以上人民政府应当加强对动物防疫工作的统一领导，加强基层动物防疫队伍建设，建立健全动物防疫体系，制定并组织实施动物疫病防治规划。

乡级人民政府、城市街道办事处应当组织群众协助做好本管辖区域内的动物疫病预防与控制工作。

第七条 国务院兽医主管部门主管全国的动物防疫工作。

县级以上地方人民政府兽医主管部门主管本行政区域内的动物防疫工作。

县级以上人民政府其他部门在各自的职责范围内做好动物防疫工作。

军队和武装警察部队动物卫生监督职能部门分别负责军队和武装警察部队现役动物及饲养自用动物的防疫工作。

第八条　县级以上地方人民政府设立的动物卫生监督机构依照本法规定，负责动物、动物产品的检疫工作和其他有关动物防疫的监督管理执法工作。

第九条　县级以上人民政府按照国务院的规定，根据统筹规划、合理布局、综合设置的原则建立动物疫病预防控制机构，承担动物疫病的监测、检测、诊断、流行病学调查、疫情报告以及其他预防、控制等技术工作。

第十条　国家支持和鼓励开展动物疫病的科学研究以及国际合作与交流，推广先进适用的科学研究成果，普及动物防疫科学知识，提高动物疫病防治的科学技术水平。

第十一条　对在动物防疫工作、动物防疫科学研究中做出成绩和贡献的单位和个人，各级人民政府及有关部门给予奖励。

第二章　动物疫病的预防

第十二条　国务院兽医主管部门对动物疫病状况进行风险评估，根据评估结果制定相应的动物疫病预防、控制措施。

国务院兽医主管部门根据国内外动物疫情和保护养殖业生产及人体健康的需要，及时制定并公布动物疫病预防、控制技术规范。

第十三条　国家对严重危害养殖业生产和人体健康的动物疫病实施强制免疫。国务院兽医主管部门确定强制免疫的动物疫病病种和区域，并会同国务院有关部门制定国家动物疫病强制免疫计划。

省、自治区、直辖市人民政府兽医主管部门根据国家动物疫病强制免疫计划，制订本行政区域的强制免疫计划；并可以根据本行政区域内动物疫病流行情况增加实施强制免疫的动物疫病病种和区域，报本级人民政府批准后执行，并报国务院兽医主管部门备案。

第十四条　县级以上地方人民政府兽医主管部门组织实施动物疫病强制免疫计划。乡级人民政府、城市街道办事处应当组织本管辖区域内饲养动物的单位和个人做好强制免疫工作。

饲养动物的单位和个人应当依法履行动物疫病强制免疫义务，按照兽医主管部门的要求做好强制免疫工作。

经强制免疫的动物，应当按照国务院兽医主管部门的规定建立免疫档案，加施畜禽标识，实施可追溯管理。

第十五条　县级以上人民政府应当建立健全动物疫情监测网络，加强动物疫情监测。

国务院兽医主管部门应当制定国家动物疫病监测计划。省、自治区、直辖市人民政府兽医主管部门应当根据国家动物疫病监测计划，制定本行政区域的动物疫病监测计划。

动物疫病预防控制机构应当按照国务院兽医主管部门的规定，对动物疫病的发生、流行等情况进行监测；从事动物饲养、屠宰、经营、隔离、运输以及动物产品生产、经营、加工、贮藏等活动的单位和个人不得拒绝或者阻碍。

第十六条　国务院兽医主管部门和省、自治区、直辖市人民政府兽医主管部门应当根据对动物疫病发生、流行趋势的预测，及时发出动物疫情预警。地方各级人民政府接到动物疫情预警后，应当采取相应的预防、控制措施。

第十七条　从事动物饲养、屠宰、经营、隔离、运输以及动物产品生产、经营、加工、贮藏等活动的单位和个人，应当依照本法和国务院兽医主管部门的规定，做好免疫、消毒等动物疫病预防工作。

第十八条　种用、乳用动物和宠物应当符合国务院兽医主管部门规定的健康标准。

种用、乳用动物应当接受动物疫病预防控制机构的定期检测；检测不合格的，应当按照国务院兽医主管部门的规定予以处理。

第十九条　动物饲养场（养殖小区）和隔离场所，动物屠宰加工场所，以及动物和动物产品无害化处理场所，应当符合下列动物防疫条件：

（一）场所的位置与居民生活区、生活饮用水源地、学校、医院等公共场所的距离符合国务院兽医主管部门规定的标准；

（二）生产区封闭隔离，工程设计和工艺流程符合动物防疫要求；

（三）有相应的污水、污物、病死动物、染疫动物产品的无害化处理设施设备和清洗消毒设施设备；

（四）有为其服务的动物防疫技术人员；

（五）有完善的动物防疫制度；

（六）具备国务院兽医主管部门规定的其他动物防疫条件。

第二十条　兴办动物饲养场（养殖小区）和隔离场所，动物屠宰加工场所，以及动物和动物产品无害化处理场所，应当向县级以上地方人民政府兽医主管部门提出申请，并附具相关材料。受理申请的兽医主管部门应当依照本法和《中华人民共和国行政许可法》的规定进行审查。经审查合格的，发给动物防疫条件合格证；不合格的，应当通知申请人并说明理由。需要办理工商登记的，申请人凭动物防疫条件合格证向工商行政管理部门申请办理登记注册手续。

动物防疫条件合格证应当载明申请人的名称、场（厂）址等事项。

经营动物、动物产品的集贸市场应当具备国务院兽医主管部门规定的动物防疫条件，并接受动物卫生监督机构的监督检查。

第二十一条　动物、动物产品的运载工具、垫料、包装物、容器等应当符合国务院兽医主管部门规定的动物防疫要求。

染疫动物及其排泄物、染疫动物产品，病死或者死因不明的动物尸体，运载工具中的动物排泄物以及垫料、包装物、容器等污染物，应当按照国务院兽医主管部门的规定处理，不得随意处置。

第二十二条　采集、保存、运输动物病料或者病原微生物以及从事病原微生物研究、教学、检测、诊断等活动，应当遵守国家有关病原微生物实验室管理的规定。

第二十三条　患有人畜共患传染病的人员不得直接从事动物诊疗以及易感染动物的饲养、屠宰、经营、隔离、运输等活动。

人畜共患传染病名录由国务院兽医主管部门会同国务院卫生主管部门制定并公布。

第二十四条　国家对动物疫病实行区域化管理，逐步建立无规定动物疫病区。无规定动物疫病区应当符合国务院兽医主管部门规定的标准，经国务院兽医主管部门验收合格予以公布。

本法所称无规定动物疫病区，是指具有天然屏障或者采取人工措施，在一定期限内没有发生规定的一种或者几种动物疫病，并经验收合格的区域。

第二十五条　禁止屠宰、经营、运输下列动物和生产、经营、加工、贮藏、运输下列动物产品：

（一）封锁疫区内与所发生动物疫病有关的；

（二）疫区内易感染的；

（三）依法应当检疫而未经检疫或者检疫不合格的；

（四）染疫或者疑似染疫的；

（五）病死或者死因不明的；

（六）其他不符合国务院兽医主管部门有关动物防疫规定的。

第三章　动物疫情的报告、通报和公布

第二十六条　从事动物疫情监测、检验检疫、疫病研究与诊疗以及动物饲养、屠宰、经营、隔离、运输等活动的单位和个人，发现动物染疫或者疑似染疫的，应当立即向当地兽医主管部门、动物卫生监督机构或者动物疫病预防控制机构报告，并采取隔离等控制措施，防止动物疫情扩散。其他单位和个人发现动物染疫或者疑似染疫的，应当及时报告。

接到动物疫情报告的单位，应当及时采取必要的控制处理措施，并按照国家规定的程序上报。

第二十七条　动物疫情由县级以上人民政府兽医主管部门认定；其中重大动物疫情由省、自治区、直辖市人民政府兽医主管部门认定，必要时报国务院兽医主管部门认定。

第二十八条　国务院兽医主管部门应当及时向国务院有关部门和军队有关部门以及省、

自治区、直辖市人民政府兽医主管部门通报重大动物疫情的发生和处理情况；发生人畜共患传染病的，县级以上人民政府兽医主管部门与同级卫生主管部门应当及时相互通报。

国务院兽医主管部门应当依照我国缔结或者参加的条约、协定，及时向有关国际组织或者贸易方通报重大动物疫情的发生和处理情况。

第二十九条　国务院兽医主管部门负责向社会及时公布全国动物疫情，也可以根据需要授权省、自治区、直辖市人民政府兽医主管部门公布本行政区域内的动物疫情。其他单位和个人不得发布动物疫情。

第三十条　任何单位和个人不得瞒报、谎报、迟报、漏报动物疫情，不得授意他人瞒报、谎报、迟报动物疫情，不得阻碍他人报告动物疫情。

第四章　动物疫病的控制和扑灭

第三十一条　发生一类动物疫病时，应当采取下列控制和扑灭措施：

（一）当地县级以上地方人民政府兽医主管部门应当立即派人到现场，划定疫点、疫区、受威胁区，调查疫源，及时报请本级人民政府对疫区实行封锁。疫区范围涉及两个以上行政区域的，由有关行政区域共同的上一级人民政府对疫区实行封锁，或者由各有关行政区域的上一级人民政府共同对疫区实行封锁。必要时，上级人民政府可以责成下级人民政府对疫区实行封锁。

（二）县级以上地方人民政府应当立即组织有关部门和单位采取封锁、隔离、扑杀、销毁、消毒、无害化处理、紧急免疫接种等强制性措施，迅速扑灭疫病。

（三）在封锁期间，禁止染疫、疑似染疫和易感染的动物、动物产品流出疫区，禁止非疫区的易感染动物进入疫区，并根据扑灭动物疫病的需要对出入疫区的人员、运输工具及有关物品采取消毒和其他限制性措施。

第三十二条　发生二类动物疫病时，应当采取下列控制和扑灭措施：

（一）当地县级以上地方人民政府兽医主管部门应当划定疫点、疫区、受威胁区。

（二）县级以上地方人民政府根据需要组织有关部门和单位采取隔离、扑杀、销毁、消毒、无害化处理、紧急免疫接种、限制易感染的动物和动物产品及有关物品出入等控制、扑灭措施。

第三十三条　疫点、疫区、受威胁区的撤销和疫区封锁的解除，按照国务院兽医主管部门规定的标准和程序评估后，由原决定机关决定并宣布。

第三十四条　发生三类动物疫病时，当地县级、乡级人民政府应当按照国务院兽医主管部门的规定组织防治和净化。

第三十五条　二、三类动物疫病呈暴发性流行时，按照一类动物疫病处理。

第三十六条　为控制、扑灭动物疫病，动物卫生监督机构应当派人在当地依法设立的现有检查站执行监督检查任务；必要时，经省、自治区、直辖市人民政府批准，可以设立临时性的动物卫生监督检查站，执行监督检查任务。

第三十七条　发生人畜共患传染病时，卫生主管部门应当组织对疫区易感染的人群进行监测，并采取相应的预防、控制措施。

第三十八条　疫区内有关单位和个人，应当遵守县级以上人民政府及其兽医主管部门依法作出的有关控制、扑灭动物疫病的规定。

任何单位和个人不得藏匿、转移、盗掘已被依法隔离、封存、处理的动物和动物产品。

第三十九条　发生动物疫情时，航空、铁路、公路、水路等运输部门应当优先组织运送控制、扑灭疫病的人员和有关物资。

第四十条　一、二、三类动物疫病突然发生，迅速传播，给养殖业生产安全造成严重威胁、危害，以及可能对公众身体健康与生命安全造成危害，构成重大动物疫情的，依照法律和国务院的规定采取应急处理措施。

第五章　动物和动物产品的检疫

第四十一条　动物卫生监督机构依照本法和国务院兽医主管部门的规定对动物、动物产品实施检疫。

动物卫生监督机构的官方兽医具体实施动物、动物产品检疫。官方兽医应当具备规定的资格条件，取得国务院兽医主管部门颁发的资格证书，具体办法由国务院兽医主管部门会同国务院人事行政部门制定。

本法所称官方兽医，是指具备规定的资格条件并经兽医主管部门任命的，负责出具检疫等证明的国家兽医工作人员。

第四十二条　屠宰、出售或者运输动物以及出售或者运输动物产品前，货主应当按照国务院兽医主管部门的规定向当地动物卫生监督机构申报检疫。

动物卫生监督机构接到检疫申报后，应当及时指派官方兽医对动物、动物产品实施现场检疫；检疫合格的，出具检疫证明、加施检疫标志。实施现场检疫的官方兽医应当在检疫证明、检疫标志上签字或者盖章，并对检疫结论负责。

第四十三条　屠宰、经营、运输以及参加展览、演出和比赛的动物，应当附有检疫证明；经营和运输的动物产品，应当附有检疫证明、检疫标志。

对前款规定的动物、动物产品，动物卫生监督机构可以查验检疫证明、检疫标志，进行监督抽查，但不得重复检疫收费。

第四十四条　经铁路、公路、水路、航空运输动物和动物产品的，托运人托运时应当提供检疫证明；没有检疫证明的，承运人不得承运。

运载工具在装载前和卸载后应当及时清洗、消毒。

第四十五条 输入到无规定动物疫病区的动物、动物产品，货主应当按照国务院兽医主管部门的规定向无规定动物疫病区所在地动物卫生监督机构申报检疫，经检疫合格的，方可进入；检疫所需费用纳入无规定动物疫病区所在地地方人民政府财政预算。

第四十六条 跨省、自治区、直辖市引进乳用动物、种用动物及其精液、胚胎、种蛋的，应当向输入地省、自治区、直辖市动物卫生监督机构申请办理审批手续，并依照本法第四十二条的规定取得检疫证明。

跨省、自治区、直辖市引进的乳用动物、种用动物到达输入地后，货主应当按照国务院兽医主管部门的规定对引进的乳用动物、种用动物进行隔离观察。

第四十七条 人工捕获的可能传播动物疫病的野生动物，应当报经捕获地动物卫生监督机构检疫，经检疫合格的，方可饲养、经营和运输。

第四十八条 经检疫不合格的动物、动物产品，货主应当在动物卫生监督机构监督下按照国务院兽医主管部门的规定处理，处理费用由货主承担。

第四十九条 依法进行检疫需要收取费用的，其项目和标准由国务院财政部门、物价主管部门规定。

第六章 动物诊疗

第五十条 从事动物诊疗活动的机构，应当具备下列条件：

（一）有与动物诊疗活动相适应并符合动物防疫条件的场所；

（二）有与动物诊疗活动相适应的执业兽医；

（三）有与动物诊疗活动相适应的兽医器械和设备；

（四）有完善的管理制度。

第五十一条 设立从事动物诊疗活动的机构，应当向县级以上地方人民政府兽医主管部门申请动物诊疗许可证。受理申请的兽医主管部门应当依照本法和《中华人民共和国行政许可法》的规定进行审查。经审查合格的，发给动物诊疗许可证；不合格的，应当通知申请人并说明理由。申请人凭动物诊疗许可证向工商行政管理部门申请办理登记注册手续，取得营业执照后，方可从事动物诊疗活动。

第五十二条 动物诊疗许可证应当载明诊疗机构名称、诊疗活动范围、从业地点和法定代表人（负责人）等事项。

动物诊疗许可证载明事项变更的，应当申请变更或者换发动物诊疗许可证，并依法办理工商变更登记手续。

第五十三条　动物诊疗机构应当按照国务院兽医主管部门的规定，做好诊疗活动中的卫生安全防护、消毒、隔离和诊疗废弃物处置等工作。

第五十四条　国家实行执业兽医资格考试制度。具有兽医相关专业大学专科以上学历的，可以申请参加执业兽医资格考试；考试合格的，由国务院兽医主管部门颁发执业兽医资格证书；从事动物诊疗的，还应当向当地县级人民政府兽医主管部门申请注册。执业兽医资格考试和注册办法由国务院兽医主管部门商国务院人事行政部门制定。本法所称执业兽医，是指从事动物诊疗和动物保健等经营活动的兽医。

第五十五条　经注册的执业兽医，方可从事动物诊疗、开具兽药处方等活动。但是，本法第五十七条对乡村兽医服务人员另有规定的，从其规定。

执业兽医、乡村兽医服务人员应当按照当地人民政府或者兽医主管部门的要求，参加预防、控制和扑灭动物疫病的活动。

第五十六条　从事动物诊疗活动，应当遵守有关动物诊疗的操作技术规范，使用符合国家规定的兽药和兽医器械。

第五十七条　乡村兽医服务人员可以在乡村从事动物诊疗服务活动，具体管理办法由国务院兽医主管部门制定。

第七章　监督管理

第五十八条　动物卫生监督机构依照本法规定，对动物饲养、屠宰、经营、隔离、运输以及动物产品生产、经营、加工、贮藏、运输等活动中的动物防疫实施监督管理。

第五十九条　动物卫生监督机构执行监督检查任务，可以采取下列措施，有关单位和个人不得拒绝或者阻碍：

（一）对动物、动物产品按照规定采样、留验、抽检；

（二）对染疫或者疑似染疫的动物、动物产品及相关物品进行隔离、查封、扣押和处理；

（三）对依法应当检疫而未经检疫的动物实施补检；

（四）对依法应当检疫而未经检疫的动物产品，具备补检条件的实施补检，不具备补检条件的予以没收销毁；

（五）查验检疫证明、检疫标志和畜禽标识；

（六）进入有关场所调查取证，查阅、复制与动物防疫有关的资料。

动物卫生监督机构根据动物疫病预防、控制需要，经当地县级以上地方人民政府批准，可以在车站、港口、机场等相关场所派驻官方兽医。

第六十条　官方兽医执行动物防疫监督检查任务，应当出示行政执法证件，佩戴统一标志。

动物卫生监督机构及其工作人员不得从事与动物防疫有关的经营性活动，进行监督检查不得收取任何费用。

第六十一条　禁止转让、伪造或者变造检疫证明、检疫标志或者畜禽标识。

检疫证明、检疫标志的管理办法，由国务院兽医主管部门制定。

第八章　保障措施

第六十二条　县级以上人民政府应当将动物防疫纳入本级国民经济和社会发展规划及年度计划。

第六十三条　县级人民政府和乡级人民政府应当采取有效措施,加强村级防疫员队伍建设。

县级人民政府兽医主管部门可以根据动物防疫工作需要,向乡、镇或者特定区域派驻兽医机构。

第六十四条　县级以上人民政府按照本级政府职责，将动物疫病预防、控制、扑灭、检疫和监督管理所需经费纳入本级财政预算。

第六十五条　县级以上人民政府应当储备动物疫情应急处理工作所需的防疫物资。

第六十六条　对在动物疫病预防和控制、扑灭过程中强制扑杀的动物、销毁的动物产品和相关物品,县级以上人民政府应当给予补偿。具体补偿标准和办法由国务院财政部门会同有关部门制定。

因依法实施强制免疫造成动物应激死亡的,给予补偿。具体补偿标准和办法由国务院财政部门会同有关部门制定。

第六十七条　对从事动物疫病预防、检疫、监督检查、现场处理疫情以及在工作中接触动物疫病病原体的人员，有关单位应当按照国家规定采取有效的卫生防护措施和医疗保健措施。

第九章　法律责任

第六十八条　地方各级人民政府及其工作人员未依照本法规定履行职责的,对直接负责的主管人员和其他直接责任人员依法给予处分。

第六十九条　县级以上人民政府兽医主管部门及其工作人员违反本法规定,有下列行为之一的，由本级人民政府责令改正，通报批评；对直接负责的主管人员和其他直接责任人员依法给予处分：

（一）未及时采取预防、控制、扑灭等措施的；

（二）对不符合条件的颁发动物防疫条件合格证、动物诊疗许可证，或者对符合条件的拒不颁发动物防疫条件合格证、动物诊疗许可证的；

（三）其他未依照本法规定履行职责的行为。

第七十条　动物卫生监督机构及其工作人员违反本法规定,有下列行为之一的,由本级人民政府或者兽医主管部门责令改正，通报批评；对直接负责的主管人员和其他直接责任人员依法给予处分：

（一）对未经现场检疫或者检疫不合格的动物、动物产品出具检疫证明、加施检疫标志，或者对检疫合格的动物、动物产品拒不出具检疫证明、加施检疫标志的；

（二）对附有检疫证明、检疫标志的动物、动物产品重复检疫的；

（三）从事与动物防疫有关的经营性活动，或者在国务院财政部门、物价主管部门规定外加收费用、重复收费的；

（四）其他未依照本法规定履行职责的行为。

第七十一条　动物疫病预防控制机构及其工作人员违反本法规定，有下列行为之一的，由本级人民政府或者兽医主管部门责令改正，通报批评；对直接负责的主管人员和其他直接责任人员依法给予处分：

（一）未履行动物疫病监测、检测职责或者伪造监测、检测结果的；

（二）发生动物疫情时未及时进行诊断、调查的；

（三）其他未依照本法规定履行职责的行为。

第七十二条　地方各级人民政府、有关部门及其工作人员瞒报、谎报、迟报、漏报或者授意他人瞒报、谎报、迟报动物疫情，或者阻碍他人报告动物疫情的，由上级人民政府或者有关部门责令改正，通报批评；对直接负责的主管人员和其他直接责任人员依法给予处分。

第七十三条　违反本法规定，有下列行为之一的，由动物卫生监督机构责令改正，给予警告；拒不改正的，由动物卫生监督机构代作处理，所需处理费用由违法行为人承担，可以处一千元以下罚款：

（一）对饲养的动物不按照动物疫病强制免疫计划进行免疫接种的；

（二）种用、乳用动物未经检测或者经检测不合格而不按照规定处理的；

（三）动物、动物产品的运载工具在装载前和卸载后没有及时清洗、消毒的。

第七十四条　违反本法规定，对经强制免疫的动物未按照国务院兽医主管部门规定建立免疫档案、加施畜禽标识的，依照《中华人民共和国畜牧法》的有关规定处罚。

第七十五条　违反本法规定，不按照国务院兽医主管部门规定处置染疫动物及其排泄物，染疫动物产品，病死或者死因不明的动物尸体，运载工具中的动物排泄物以及垫料、包装物、容器等污染物以及其他经检疫不合格的动物、动物产品的，由动物卫生监督机构责令无害化处理，所需处理费用由违法行为人承担，可以处三千元以下罚款。

第七十六条　违反本法第二十五条规定，屠宰、经营、运输动物或者生产、经营、加工、贮藏、运输动物产品的，由动物卫生监督机构责令改正、采取补救措施，没收违法所得和动物、动物产品，并处同类检疫合格动物、动物产品货值金额一倍以上五倍以下罚款；其中依法应当检疫而未检疫的，依照本法第七十八条的规定处罚。

第七十七条　违反本法规定，有下列行为之一的，由动物卫生监督机构责令改正，处一千元以上一万元以下罚款；情节严重的，处一万元以上十万元以下罚款：

（一）兴办动物饲养场（养殖小区）和隔离场所，动物屠宰加工场所，以及动物和动物产品无害化处理场所，未取得动物防疫条件合格证的；

（二）未办理审批手续，跨省、自治区、直辖市引进乳用动物、种用动物及其精液、胚胎、种蛋的；

（三）未经检疫，向无规定动物疫病区输入动物、动物产品的。

第七十八条　违反本法规定，屠宰、经营、运输的动物未附有检疫证明，经营和运输的动物产品未附有检疫证明、检疫标志的，由动物卫生监督机构责令改正，处同类检疫合格动物、动物产品货值金额百分之十以上百分之五十以下罚款；对货主以外的承运人处运输费用一倍以上三倍以下罚款。

违反本法规定，参加展览、演出和比赛的动物未附有检疫证明的，由动物卫生监督机构责令改正，处一千元以上三千元以下罚款。

第七十九条　违反本法规定，转让、伪造或者变造检疫证明、检疫标志或者畜禽标识的，由动物卫生监督机构没收违法所得，收缴检疫证明、检疫标志或者畜禽标识，并处三千元以上三万元以下罚款。

第八十条　违反本法规定，有下列行为之一的，由动物卫生监督机构责令改正，处一千元以上一万元以下罚款：

（一）不遵守县级以上人民政府及其兽医主管部门依法作出的有关控制、扑灭动物疫病规定的；

（二）藏匿、转移、盗掘已被依法隔离、封存、处理的动物和动物产品的；

（三）发布动物疫情的。

第八十一条　违反本法规定，未取得动物诊疗许可证从事动物诊疗活动的，由动物卫生监督机构责令停止诊疗活动，没收违法所得；违法所得在三万元以上的，并处违法所得一倍以上三倍以下罚款；没有违法所得或者违法所得不足三万元的，并处三千元以上三万元以下罚款。

动物诊疗机构违反本法规定，造成动物疫病扩散的，由动物卫生监督机构责令改正，处一万元以上五万元以下罚款；情节严重的，由发证机关吊销动物诊疗许可证。

第八十二条　违反本法规定，未经兽医执业注册从事动物诊疗活动的，由动物卫生监督机构责令停止动物诊疗活动，没收违法所得，并处一千元以上一万元以下罚款。

执业兽医有下列行为之一的，由动物卫生监督机构给予警告，责令暂停六个月以上一年以下动物诊疗活动；情节严重的，由发证机关吊销注册证书：（一）违反有关动物诊疗的操作技术规范，造成或者可能造成动物疫病传播、流行的；

（二）使用不符合国家规定的兽药和兽医器械的；

（三）不按照当地人民政府或者兽医主管部门要求参加动物疫病预防、控制和扑灭活动的。

第八十三条　违反本法规定，从事动物疫病研究与诊疗和动物饲养、屠宰、经营、隔离、运输，以及动物产品生产、经营、加工、贮藏等活动的单位和个人，有下列行为之一的，由动物卫生监督机构责令改正；拒不改正的，对违法行为单位处一千元以上一万元以下罚款，对违法行为个人可以处五百元以下罚款：

（一）不履行动物疫情报告义务的；

（二）不如实提供与动物防疫活动有关资料的；

（三）拒绝动物卫生监督机构进行监督检查的；

（四）拒绝动物疫病预防控制机构进行动物疫病监测、检测的。

第八十四条　违反本法规定，构成犯罪的，依法追究刑事责任。

违反本法规定，导致动物疫病传播、流行等，给他人人身、财产造成损害的，依法承担民事责任。

第十章　附则

第八十五条　本法自2008年1月1日起施行。

中华人民共和国农业技术推广法

第一章　总则

第一条　为了加强农业技术推广工作,促使农业科研成果和实用技术尽快应用于农业生产，保障农业的发展，实现农业现代化，制定本法。

第二条　本法所称农业技术，是指应用于种植业、林业、畜牧业、渔业的科研成果和实用技术，包括良种繁育、施用肥料、病虫害防治、栽培和养殖技术，农副产品加工、保鲜、贮运技术，农业机械技术和农用航空技术，农田水利、土壤改良与水土保持技术，农村供水、农村能源利用和农业环境保护技术，农业气象技术以及农业经营管理技术等。本法所称农业技术推广，是指通过试验、示范、培训、指导以及咨询服务等，把农业技术普及应用于农业生产产前、产中、产后全过程的活动。

第三条　国家依靠科学技术进步和发展教育，振兴农村经济，加快农业技术的普及应用，发展高产、优质、高效益的农业。

第四条　农业技术推广应当遵循下列原则：

（一）有利于农业的发展；

（二）尊重农业劳动者的意愿；

（三）因地制宜，经过试验、示范；

（四）国家、农村集体经济组织扶持；

（五）实行科研单位、有关学校、推广机构与群众性科技组织、科技人员、农业劳动者相结合；

（六）讲求农业生产的经济效益、社会效益和生态效益。

第五条　国家鼓励和支持科技人员开发、推广应用先进的农业技术,鼓励和支持农业劳动者和农业生产经营组织应用先进的农业技术。

第六条　国家鼓励和支持引进国外先进的农业技术，促进农业技术推广的国际合作与交流。

第七条　各级人民政府应当加强对农业技术推广工作的领导,组织有关部门和单位采取措施，促进农业技术推广事业的发展。

第八条　对在农业技术推广工作中做出贡献的单位和个人，给予奖励。

第九条　国务院农业、林业、畜牧、渔业、水利等行政部门（以下统称农业技术推广行政部门）按照各自的职责，负责全国范围内有关的农业技术推广工作。县级以上地方各级人民政府农业技术推广行政部门在同级人民政府的领导下，按照各自的职责，负责本行政区域内有关的农业技术推广工作。同级人民政府科学技术行政部门对农业技术推广工作进行指导。

第二章　农业技术推广体系

农业技术推广，实行农业技术推广机构与农业科研单位、有关学校以及群众性科技组织、农民技术人员相结合的推广体系。

国家鼓励和支持供销合作社、其他企业事业单位、社会团体以及社会各界的科技人员，到农村开展农业技术推广服务活动。

乡、民族乡、镇以上各级国家农业技术推广机构的职责是：

（一）参与制订农业技术推广计划并组织实施；

（二）组织农业技术的专业培训；

（三）提供农业技术、信息服务；

（四）对确定推广的农业技术进行试验、示范；

（五）指导下级农业技术推广机构、群众性科技组织和农民技术人员的农业技术推广活动。

第十二条　农业技术推广机构的专业科技人员，应当具有中等以上有关专业学历，或者经县级以上人民政府有关部门主持的专业考核培训，达到相应的专业技术水平。

第十三条　村农业技术推广服务组织和农民技术人员，在农业技术推广机构的指导下，宣传农业技术知识，落实农业技术推广措施，为农业劳动者提供技术服务。

推广农业技术应当选择有条件的农户，进行应用示范。

国家采取措施，培训农民技术人员。农民技术人员经考核符合条件的，可以按照有关规定授予相应的技术职称，并发给证书。

村民委员会和村集体经济组织，应当推动、帮助村农业技术推广服务组织和农民技术人员开展工作。

第十四条　农场、林场、牧场、渔场除做好该场的农业技术推广工作外，应当向社会开展农业技术推广服务活动。

第十五条　农业科研单位和有关学校应当适应农村经济建设发展的需要，开展农业技术开发和推广工作，加快先进技术在农业生产中的普及应用。

教育部门应当在农村开展有关农业技术推广的职业技术教育和农业技术培训，提高农业技术推广人员和农业劳动者的技术素质。国家鼓励农业集体经济组织、企业事业单位和其他社会力量在农村开展农业技术教育。农业科研单位和有关学校的科技人员从事农业技术推广工作的，在评定职称时，应当将他们从事农业技术推广工作的实绩作为考核的重要内容。

第十六条　国家鼓励和支持发展农村中的群众性科技组织，发挥它们在推广农业技术中的作用。

第三章　农业技术的推广与应用

第十七条　推广农业技术应当制定农业技术推广项目。重点农业技术推广项目应当列入国家和地方有关科技发展的计划，由农业技术推广行政部门和科学技术行政部门按照各自的职责，相互配合，组织实施。

第十八条　农业科研单位和有关学校应当把农业生产中需要解决的技术问题列为研究课题，其科研成果可以通过农业技术推广机构推广，也可以由该农业科研单位、该学校直接向农业劳动者和农业生产经营组织推广。

第十九条　向农业劳动者推广的农业技术，必须在推广地区经过试验证明具有先进性和适用性。向农业劳动者推广未在推广地区经过试验证明具有先进性和适用性的农业技术，给农业劳动者造成损失的，应当承担民事赔偿责任，直接负责的主管人员和其他直接责任人员可以由其所在单位或者上级机关给予行政处分。

第二十条　农业劳动者根据自愿的原则应用农业技术。任何组织和个人不得强制农业劳动者应用农业技术。强制农业劳动者应用农业技术，给农业劳动者造成损失的，应当承担民事赔偿责任，直接负责的主管人员和其他直接责任人员可以由其所在单位或者上级机关给予行政处分。

第二十一条　县、乡农业技术推广机构应当组织农业劳动者学习农业科学技术知识，提高他们应用农业技术的能力。农业劳动者在生产中应用先进的农业技术，有关部门和单位应当在技术培训、资金、物资和销售等方面给予扶持。国家鼓励和支持农业劳动者参与农业技术推广活动。

第二十二条　国家农业技术推广机构向农业劳动者推广农业技术，除本条第二款另有规定外，实行无偿服务。农业技术推广机构、农业科研单位、有关学校以及科技人员，以技术转让、技术服务和技术承包等形式提供农业技术的，可以实行有偿服务，其合法收入受法律保护。进行农业技术转让、技术服务和技术承包，当事人各方应当订立合同，约定各自的权利和义务。

国家农业技术推广机构推广农业技术所需的经费，由政府财政拨给。

第四章　农业技术推广的保障措施

第二十三条　国家逐步提高对农业技术推广的投入。各级人民政府在财政预算内应当保障用于农业技术推广的资金，并应当使该资金逐年增长。

各级人民政府通过财政拨款以及从农业发展基金中提取一定比例的资金的渠道，筹集农业技术推广专项资金，用于实施农业技术推广项目。

任何机关或者单位不得截留或者挪用用于农业技术推广的资金。

第二十四条　各级人民政府应当采取措施，保障和改善从事农业技术推广工作的专业科技人员的工作条件和生活条件，改善他们的待遇，依照国家规定给予补贴，保持农业技术推广机构和专业科技人员的稳定。对于乡、村从事农业技术推广工作的专业科技人员的职称评定应当以考核其推广工作的业务技术水平和实绩为主。

第二十五条　乡、村集体经济组织从其举办的企业的以工补农、建农的资金中提取一定数额，用于本乡、本村农业技术推广的投入。

第二十六条　农业技术推广机构、农业科研单位和有关学校根据农村经济发展的需要，可以开展技术指导与物资供应相结合等多种形式的经营服务。对农业技术推广机构、农业科研单位和有关学校举办的为农业服务的企业，国家在税收、信贷等方面给予优惠。

第二十七条　农业技术推广行政部门和县以上农业技术推广机构，应当有计划地对农业技术推广人员进行技术培训，组织专业进修，使其不断更新知识、提高业务水平。

第二十八条　地方各级人民政府应当采取措施，保障农业技术推广机构获得必需的试验基地和生产资料，进行农业技术的试验、示范。

地方各级人民政府应当保障农业技术推广机构有开展农业推广工作的必要的条件。地方各级人民政府应当保障农业技术推广机构的试验基地、生产资料和其他财产不受侵占。

第五章　附则

第二十九条　国务院根据本法制定实施条例。

省、自治区、直辖市人民代表大会常务委员会可以根据本法和本地区的实际情况制定实施办法。

第三十条　本法自公布之日起施行。

中华人民共和国农业机械化促进法

第一章　总则

第一条　为了鼓励、扶持农民和农业生产经营组织使用先进适用的农业机械，促进农业机械化，建设现代农业，制定本法。

第二条　本法所称农业机械化，是指运用先进适用的农业机械装备农业，改善农业生产经营条件，不断提高农业的生产技术水平和经济效益、生态效益的过程。

本法所称农业机械，是指用于农业生产及其产品初加工等相关农事活动的机械、设备。

第三条　县级以上人民政府应当把推进农业机械化纳入国民经济和社会发展计划，采取财政支持和实施国家规定的税收优惠政策以及金融扶持等措施，逐步提高对农业机械化的资金投入，充分发挥市场机制的作用，按照因地制宜、经济有效、保障安全、保护环境的原则，促进农业机械化的发展。

第四条　国家引导、支持农民和农业生产经营组织自主选择先进适用的农业机械。任何单位和个人不得强迫农民和农业生产经营组织购买其指定的农业机械产品。

第五条　国家采取措施，开展农业机械化科技知识的宣传和教育，培养农业机械化专业人才，推进农业机械化信息服务，提高农业机械化水平。

第六条　国务院农业行政主管部门和其他负责农业机械化有关工作的部门，按照各自的职责分工，密切配合，共同做好农业机械化促进工作。

县级以上地方人民政府主管农业机械化工作的部门和其他有关部门，按照各自的职责分工，密切配合，共同做好本行政区域的农业机械化促进工作。

第二章　科研开发

第七条　省级以上人民政府及其有关部门应当组织有关单位采取技术攻关、试验、示范等措施，促进基础性、关键性、公益性农业机械科学研究和先进适用的农业机械的推广应用。

第八条　国家支持有关科研机构和院校加强农业机械化科学技术研究，根据不同的农业生产条件和农民需求，研究开发先进适用的农业机械；支持农业机械科研、教学与生产、推广相结合，促进农业机械与农业生产技术的发展要求相适应。

第九条　国家支持农业机械生产者开发先进适用的农业机械，采用先进技术、先进工艺和先进材料，提高农业机械产品的质量和技术水平，降低生产成本，提供系列化、标准化、多功能和质量优良、节约能源、价格合理的农业机械产品。

第十条　国家支持引进、利用先进的农业机械、关键零配件和技术，鼓励引进外资从事农业机械的研究、开发、生产和经营。

第三章　质量保障

第十一条　国家加强农业机械化标准体系建设，制定和完善农业机械产品质量、维修质量和作业质量等标准。对农业机械产品涉及人身安全、农产品质量安全和环境保护的技术要求，应当按照有关法律、行政法规的规定制定强制执行的技术规范。

第十二条　产品质量监督部门应当依法组织对农业机械产品质量的监督抽查。

工商行政管理部门应当依法加强对农业机械产品市场的监督管理工作。

国务院农业行政主管部门和省级人民政府主管农业机械化工作的部门根据农业机械使用者的投诉情况和农业生产的实际需要，可以组织对在用的特定种类农业机械产品的适用性、安全性、可靠性和售后服务状况进行调查，并公布调查结果。

第十三条　农业机械生产者、销售者应当对其生产、销售的农业机械产品质量负责，并按照国家有关规定承担零配件供应和培训等售后服务责任。

农业机械生产者应当按照国家标准、行业标准和保障人身安全的要求，在其生产的农业机械产品上设置必要的安全防护装置、警示标志和中文警示说明。

第十四条　农业机械产品不符合质量要求的，农业机械生产者、销售者应当负责修理、更换、退货；给农业机械使用者造成农业生产损失或者其他损失的，应当依法赔偿损失。农业机械使用者有权要求农业机械销售者先予赔偿。农业机械销售者赔偿后，属于农业机械生产者的责任的，农业机械销售者有权向农业机械生产者追偿。

因农业机械存在缺陷造成人身伤害、财产损失的，农业机械生产者、销售者应当依法赔偿损失。

第十五条　列入依法必须经过认证的产品目录的农业机械产品，未经认证并标注认证标志，禁止出厂、销售和进口。

禁止生产、销售不符合国家技术规范强制性要求的农业机械产品。

禁止利用残次零配件和报废机具的部件拼装农业机械产品。

第四章　推广使用

第十六条　国家支持向农民和农业生产经营组织推广先进适用的农业机械产品。推广农业机械产品，应当适应当地农业发展的需要，并依照农业技术推广法的规定，在推广地区经过试验证明具有先进性和适用性。

农业机械生产者或者销售者，可以委托农业机械试验鉴定机构，对其定型生产或者销售的农业机械产品进行适用性、安全性和可靠性检测，作出技术评价。农业机械试验鉴定机构应当公布具有适用性、安全性和可靠性的农业机械产品的检测结果，为农民和农业生产经营组织选购先进适用的农业机械提供信息。

第十七条　县级以上人民政府可以根据实际情况，在不同的农业区域建立农业机械化示范基地，并鼓励农业机械生产者、经营者等建立农业机械示范点，引导农民和农业生产经营组织使用先进适用的农业机械。

第十八条　国务院农业行政主管部门会同国务院财政部门、经济综合宏观调控部门，根据促进农业结构调整、保护自然资源与生态环境、推广农业新技术与加快农机具更新的原则，确定、公布国家支持推广的先进适用的农业机械产品目录，并定期调整。省级人民政府主管农业机械化工作的部门会同同级财政部门、经济综合宏观调控部门根据上述原则，确定、公布省级人民政府支持推广的先进适用的农业机械产品目录，并定期调整。

列入前款目录的产品，应当由农业机械生产者自愿提出申请，并通过农业机械试验鉴定机构进行的先进性、适用性、安全性和可靠性鉴定。

第十九条　国家鼓励和支持农民合作使用农业机械，提高农业机械利用率和作业效率，降低作业成本。

国家支持和保护农民在坚持家庭承包经营的基础上，自愿组织区域化、标准化种植，提高农业机械的作业水平。任何单位和个人不得以区域化、标准化种植为借口，侵犯农民的土地承包经营权。

第二十条　国务院农业行政主管部门和县级以上地方人民政府主管农业机械化工作的部门，应当按照安全生产、预防为主的方针，加强对农业机械安全使用的宣传、教育和管理。

农业机械使用者作业时，应当按照安全操作规程操作农业机械，在有危险的部位和作业现场设置防护装置或者警示标志。

第五章　社会化服务

第二十一条　农民、农业机械作业组织可以按照双方自愿、平等协商的原则，为本地或者外地的农民和农业生产经营组织提供各项有偿农业机械作业服务。有偿农业机械作业应当符合国家或者地方规定的农业机械作业质量标准。

国家鼓励跨行政区域开展农业机械作业服务。各级人民政府及其有关部门应当支持农业机械跨行政区域作业，维护作业秩序，提供便利和服务，并依法实施安全监督管理。

第二十二条　各级人民政府应当采取措施，鼓励和扶持发展多种形式的农业机械服务组织，推进农业机械化信息网络建设，完善农业机械化服务体系。农业机械服务组织应当根据农民、农业生产经营组织的需求，提供农业机械示范推广、实用技术培训、维修、信息、中介等社会化服务。

第二十三条　国家设立的基层农业机械技术推广机构应当以试验示范基地为依托，为农民和农业生产经营组织无偿提供公益性农业机械技术的推广、培训等服务。

第二十四条　从事农业机械维修，应当具备与维修业务相适应的仪器、设备和具有农业机械维修职业技能的技术人员，保证维修质量。维修质量不合格的，维修者应当免费重新修理；造成人身伤害或者财产损失的，维修者应当依法承担赔偿责任。

第二十五条　农业机械生产者、经营者、维修者可以依照法律、行政法规的规定，自愿成立行业协会，实行行业自律，为会员提供服务，维护会员的合法权益。

第六章　扶持措施

第二十六条　国家采取措施，鼓励和支持农业机械生产者增加新产品、新技术、新工艺的研究开发投入，并对农业机械的科研开发和制造实施税收优惠政策。

中央和地方财政预算安排的科技开发资金应当对农业机械工业的技术创新给予支持。

第二十七条　中央财政、省级财政应当分别安排专项资金，对农民和农业生产经营组织购买国家支持推广的先进适用的农业机械给予补贴。补贴资金的使用应当遵循公开、公正、及时、有效的原则，可以向农民和农业生产经营组织发放，也可以采用贴息方式支持金融机构向农民和农业生产经营组织购买先进适用的农业机械提供贷款。具体办法由国务院规定。

第二十八条　从事农业机械生产作业服务的收入，按照国家规定给予税收优惠。

国家根据农业和农村经济发展的需要，对农业机械的农业生产作业用燃油安排财政补贴。燃油补贴应当向直接从事农业机械作业的农民和农业生产经营组织发放。具体办法由国务院规定。

第二十九条　地方各级人民政府应当采取措施加强农村机耕道路等农业机械化基础设施的建设和维护，为农业机械化创造条件。

县级以上地方人民政府主管农业机械化工作的部门应当建立农业机械化信息搜集、整理、发布制度，为农民和农业生产经营组织免费提供信息服务。

第七章　法律责任

第三十条　违反本法第十五条规定的，依照产品质量法的有关规定予以处罚；构成犯罪的，依法追究刑事责任。

第三十一条　农业机械驾驶、操作人员违反国家规定的安全操作规程，违章作业的，责令改正，依照有关法律、行政法规的规定予以处罚；构成犯罪的，依法追究刑事责任。

第三十二条　农业机械试验鉴定机构在鉴定工作中不按照规定为农业机械生产者、销售者进行鉴定，或者伪造鉴定结果、出具虚假证明，给农业机械使用者造成损失的，依法承担赔偿责任。

第三十三条　国务院农业行政主管部门和县级以上地方人民政府主管农业机械化工作的部门违反本法规定，强制或者变相强制农业机械生产者、销售者对其生产、销售的农业机械产品进行鉴定的，由上级主管机关或者监察机关责令限期改正，并对直接负责的主管人员和其他直接责任人员给予行政处分。

第三十四条　违反本法第二十七条、第二十八条规定，截留、挪用有关补贴资金的，由上级主管机关责令限期归还被截留、挪用的资金，没收非法所得，并由上级主管机关、监察机关或者所在单位对直接负责的主管人员和其他直接责任人员给予行政处分；构成犯罪的，依法追究刑事责任。

第八章　附则

第三十五条　本法自 2004 年 11 月 1 日起施行。

中华人民共和国种子法

第一章　总则

第一条　为了保护和合理利用种质资源，规范品种选育和种子生产、经营、使用行为，维护品种选育者和种子生产者、经营者、使用者的合法权益，提高种子质量水平，推动种子产业化，促进种植业和林业的发展，制定本法。

第二条　在中华人民共和国境内从事品种选育和种子生产、经营、使用、管理等活动，适用本法。

本法所称种子，是指农作物和林木的种植材料或者繁殖材料，包括籽粒、果实和根、茎、苗、芽、叶等。

第三条　国务院农业、林业行政主管部门分别主管全国农作物种子和林木种子工作；县级以上地方人民政府农业、林业行政主管部门分别主管本行政区域内农作物种子和林木种子工作。

第四条　国家扶持种质资源保护工作和选育、生产、更新、推广使用良种，鼓励品种选育和种子生产、经营相结合，奖励在种质资源保护工作和良种选育、推广等工作中成绩显著的单位和个人。

第五条　县级以上人民政府应当根据科教兴农方针和种植业、林业发展的需要制定种子发展规划，并按照国家有关规定在财政、信贷和税收等方面采取措施保证规划的实施。

第六条　国务院和省、自治区、直辖市人民政府设立专项资金，用于扶持良种选育和推广。具体办法由国务院规定。

第七条　国家建立种子贮备制度，主要用于发生灾害时的生产需要，保障农业生产安全。对贮备的种子应当定期检验和更新。种子贮备的具体办法由国务院规定。

第二章　种质资源保护

第八条　国家依法保护种质资源，任何单位和个人不得侵占和破坏种质资源。

禁止采集或者采伐国家重点保护的天然种质资源。因科研等特殊情况需要采集或者采伐的，应当经国务院或者省、自治区、直辖市人民政府的农业、林业行政主管部门批准。

第九条　国家有计划地收集、整理、鉴定、登记、保存、交流和利用种质资源，定期公布可供利用的种质资源目录。具体办法由国务院农业、林业行政主管部门规定。

国务院农业、林业行政主管部门应当建立国家种质资源库，省、自治区、直辖市人民政府农业、林业行政主管部门可以根据需要建立种质资源库、种质资源保护区或者种质资源保护地。

第十条　国家对种质资源享有主权，任何单位和个人向境外提供种质资源的，应当经国务院农业、林业行政主管部门批准；从境外引进种质资源的，依照国务院农业、林业行政主管部门的有关规定办理。

第三章　品种选育与审定

第十一条　国务院农业、林业、科技、教育等行政主管部门和省、自治区、直辖市人民政府应当组织有关单位进行品种选育理论、技术和方法的研究。

国家鼓励和支持单位和个人从事良种选育和开发。

第十二条　国家实行植物新品种保护制度，对经过人工培育的或者发现的野生植物加以开发的植物品种，具备新颖性、特异性、一致性和稳定性的，授予植物新品种权，保护植物新品种权所有人的合法权益。具体办法按照国家有关规定执行。选育的品种得到推广应用的，育种者依法获得相应的经济利益。

第十三条　单位和个人因林业行政主管部门为选育林木良种建立测定林、试验林、优树收集区、基因库而减少经济收入的，批准建立的林业行政主管部门应当按照国家有关规定给予经济补偿。

第十四条　转基因植物品种的选育、试验、审定和推广应当进行安全性评价，并采取严格的安全控制措施。具体办法由国务院规定。

第十五条　主要农作物品种和主要林木品种在推广应用前应当通过国家级或者省级审定，申请者可以直接申请省级审定或者国家级审定。由省、自治区、直辖市人民政府农业、林业行政主管部门确定的主要农作物品种和主要林木品种实行省级审定。

主要农作物品种和主要林木品种的审定办法应当体现公正、公开、科学、效率的原则，由国务院农业、林业行政主管部门规定。

国务院和省、自治区、直辖市人民政府的农业、林业行政主管部门分别设立由专业人员组成的农作物品种和林木品种审定委员会，承担主要农作物品种和主要林木品种的审定工作。

在具有生态多样性的地区，省、自治区、直辖市人民政府农业、林业行政主管部门可以委托设区的市、自治州承担适宜于在特定生态区域内推广应用的主要农作物品种和主要林木品种的审定工作。

第十六条　通过国家级审定的主要农作物品种和主要林木良种由国务院农业、林业行政主管部门公告，可以在全国适宜的生态区域推广。通过省级审定的主要农作物品种和主要林木良种由省、自治区、直辖市人民政府农业、林业行政主管部门公告，可以在本行政区域内适宜的生态区域推广；相邻省、自治区、直辖市属于同一适宜生态区的地域，经所在省、自治区、直辖市人民政府农业、林业行政主管部门同意后可以引种。

第十七条　应当审定的农作物品种未经审定通过的，不得发布广告，不得经营、推广。

应当审定的林木品种未经审定通过的，不得作为良种经营、推广，但生产确需使用的，应当经林木品种审定委员会认定。

第十八条　审定未通过的农作物品种和林木品种，申请人有异议的，可以向原审定委员会或者上一级审定委员会申请复审。

第十九条　在中国没有经常居所或者营业场所的外国人、外国企业或者外国其他组织在中国申请品种审定的，应当委托具有法人资格的中国种子科研、生产、经营机构代理。

第四章　种子生产

第二十条　主要农作物和主要林木的商品种子生产实行许可制度。

主要农作物杂交种子及其亲本种子、常规种原种种子、主要林木良种的种子生产许可证，由生产所在地县级人民政府农业、林业行政主管部门审核，省、自治区、直辖市人民政府农业、林业行政主管部门核发；其他种子的生产许可证，由生产所在地县级以上地方人民政府农业、林业行政主管部门核发。

第二十一条　申请领取种子生产许可证的单位和个人，应当具备下列条件：

（一）具有繁殖种子的隔离和培育条件；

（二）具有无检疫性病虫害的种子生产地点或者县级以上人民政府林业行政主管部门确定的采种林；

（三）具有与种子生产相适应的资金和生产、检验设施；

（四）具有相应的专业种子生产和检验技术人员；

（五）法律、法规规定的其他条件。

申请领取具有植物新品种权的种子生产许可证的，应当征得品种权人的书面同意。

第二十二条　种子生产许可证应当注明生产种子的品种、地点和有效期限等项目。

禁止伪造、变造、买卖、租借种子生产许可证；禁止任何单位和个人无证或者未按照许可证的规定生产种子。

第二十三条　商品种子生产应当执行种子生产技术规程和种子检验、检疫规程。

第二十四条　在林木种子生产基地内采集种子的，由种子生产基地的经营者组织进行，采集种子应当按照国家有关标准进行。

禁止抢采掠青、损坏母树，禁止在劣质林内、劣质母树上采集种子。

第二十五条 商品种子生产者应当建立种子生产档案，载明生产地点、生产地块环境、前茬作物、亲本种子来源和质量、技术负责人、田间检验记录、产地气象记录、种子流向等内容。

第五章 种子经营

第二十六条 种子经营实行许可制度。种子经营者必须先取得种子经营许可证后，方可凭种子经营许可证向工商行政管理机关申请办理或者变更营业执照。

种子经营许可证实行分级审批发放制度。种子经营许可证由种子经营者所在地县级以上地方人民政府农业、林业行政主管部门核发。主要农作物杂交种子及其亲本种子、常规种原种种子、主要林木良种的种子经营许可证，由种子经营者所在地县级人民政府农业、林业行政主管部门审核，省、自治区、直辖市人民政府农业、林业行政主管部门核发。实行选育、生产、经营相结合并达到国务院农业、林业行政主管部门规定的注册资本金额的种子公司和从事种子进出口业务的公司的种子经营许可证，由省、自治区、直辖市人民政府农业、林业行政主管部门审核，国务院农业、林业行政主管部门核发。

第二十七条 农民个人自繁、自用的常规种子有剩余的，可以在集贸市场上出售、串换，不需要办理种子经营许可证，由省、自治区、直辖市人民政府制定管理办法。

第二十八条 国家鼓励和支持科研单位、学校、科技人员研究开发和依法经营、推广农作物新品种和林木良种。

第二十九条 申请领取种子经营许可证的单位和个人，应当具备下列条件：

（一）具有与经营种子种类和数量相适应的资金及独立承担民事责任的能力；

（二）具有能够正确识别所经营的种子、检验种子质量、掌握种子贮藏、保管技术的人员；

（三）具有与经营种子的种类、数量相适应的营业场所及加工、包装、贮藏保管设施和检验种子质量的仪器设备；

（四）法律、法规规定的其他条件。

种子经营者专门经营不再分装的包装种子的，或者受具有种子经营许可证的种子经营者以书面委托代销其种子的，可以不办理种子经营许可证。

第三十条 种子经营许可证的有效区域由发证机关在其管辖范围内确定。种子经营者按照经营许可证规定的有效区域设立分支机构的，可以不再办理种子经营许可证，但应当在办理或者变更营业执照后十五日内，向当地农业、林业行政主管部门和原发证机关备案。

第三十一条 种子经营许可证应当注明种子经营范围、经营方式及有效期限、有效区域等项目。

禁止伪造、变造、买卖、租借种子经营许可证；禁止任何单位和个人无证或者未按照许可证的规定经营种子。

第三十二条　种子经营者应当遵守有关法律、法规的规定，向种子使用者提供种子的简要性状、主要栽培措施、使用条件的说明与有关咨询服务，并对种子质量负责。

任何单位和个人不得非法干预种子经营者的自主经营权。

第三十三条　未经省、自治区、直辖市人民政府林业行政主管部门批准，不得收购珍贵树木种子和本级人民政府规定限制收购的林木种子。

第三十四条　销售的种子应当加工、分级、包装。但是，不能加工、包装的除外。

大包装或者进口种子可以分装；实行分装的，应当注明分装单位，并对种子质量负责。

第三十五条　销售的种子应当附有标签。标签应当标注种子类别、品种名称、产地、质量指标、检疫证明编号、种子生产及经营许可证编号或者进口审批文号等事项。标签标注的内容应当与销售的种子相符。

销售进口种子的，应当附有中文标签。

销售转基因植物品种种子的，必须用明显的文字标注，并应当提示使用时的安全控制措施。

第三十六条　种子经营者应当建立种子经营档案，载明种子来源、加工、贮藏、运输和质量检测各环节的简要说明及责任人、销售去向等内容。

一年生农作物种子的经营档案应当保存至种子销售后二年，多年生农作物和林木种子经营档案的保存期限由国务院农业、林业行政主管部门规定。

第三十七条　种子广告的内容应当符合本法和有关广告的法律、法规的规定，主要性状描述应当与审定公告一致。

第三十八条　调运或者邮寄出县的种子应当附有检疫证书。

第六章　种子使用

第三十九条　种子使用者有权按照自己的意愿购买种子，任何单位和个人不得非法干预。

第四十条　国家投资或者国家投资为主的造林项目和国有林业单位造林，应当根据林业行政主管部门制定的计划使用林木良种。

国家对推广使用林木良种营造防护林、特种用途林给予扶持。

第四十一条　种子使用者因种子质量问题遭受损失的，出售种子的经营者应当予以赔偿，赔偿额包括购种价款、有关费用和可得利益损失。

经营者赔偿后，属于种子生产者或者其他经营者责任的，经营者有权向生产者或者其他经营者追偿。

第四十二条　因使用种子发生民事纠纷的，当事人可以通过协商或者调解解决。当事人不愿通过协商、调解解决或者协商、调解不成的，可以根据当事人之间的协议向仲裁机构申请仲裁。当事人也可以直接向人民法院起诉。

第七章　种子质量

第四十三条　种子的生产、加工、包装、检验、贮藏等质量管理办法和行业标准，由国务院农业、林业行政主管部门制定。

农业、林业行政主管部门负责对种子质量的监督。

第四十四条　农业、林业行政主管部门可以委托种子质量检验机构对种子质量进行检验。

承担种子质量检验的机构应当具备相应的检测条件和能力，并经省级以上人民政府有关主管部门考核合格。

第四十五条　种子质量检验机构应当配备种子检验员。种子检验员应当具备以下条件：

（一）具有相关专业中等专业技术学校毕业以上文化水平；

（二）从事种子检验技术工作三年以上；

（三）经省级以上人民政府农业、林业行政主管部门考核合格。

第四十六条　禁止生产、经营假、劣种子。

下列种子为假种子：

（一）以非种子冒充种子或者以此种品种种子冒充他种品种种子的；

（二）种子种类、品种、产地与标签标注的内容不符的。

下列种子为劣种子：

（一）质量低于国家规定的种用标准的；

（二）质量低于标签标注指标的；

（三）因变质不能作种子使用的；

（四）杂草种子的比率超过规定的；

（五）带有国家规定检疫对象的有害生物的。

第四十七条　由于不可抗力原因，为生产需要必须使用低于国家或者地方规定的种用标准的农作物种子的，应当经用种地县级以上地方人民政府批准；林木种子应当经用种地省、自治区、直辖市人民政府批准。

第四十八条　从事品种选育和种子生产、经营以及管理的单位和个人应当遵守有关植物检疫法律、行政法规的规定，防止植物危险性病、虫、杂草及其他有害生物的传播和蔓延。

禁止任何单位和个人在种子生产基地从事病虫害接种试验。

第八章　种子进出口和对外合作

第四十九条　进口种子和出口种子必须实施检疫，防止植物危险性病、虫、杂草及其他有害生物传入境内和传出境外，具体检疫工作按照有关植物进出境检疫法律、行政法规的规定执行。

第五十条　从事商品种子进出口业务的法人和其他组织，除具备种子经营许可证外，还应当依照有关对外贸易法律、行政法规的规定取得从事种子进出口贸易的许可。

从境外引进农作物、林木种子的审定权限，农作物、林木种子的进出口审批办法，引进转基因植物品种的管理办法，由国务院规定。

第五十一条　进口商品种子的质量，应当达到国家标准或者行业标准。没有国家标准或者行业标准的，可以按照合同约定的标准执行。

第五十二条　为境外制种进口种子的，可以不受本法第五十条第一款的限制，但应当具有对外制种合同，进口的种子只能用于制种，其产品不得在国内销售。

从境外引进农作物试验用种，应当隔离栽培，收获物也不得作为商品种子销售。

第五十三条　禁止进出口假、劣种子以及属于国家规定不得进出口的种子。

第五十四条　境外企业、其他经济组织或者个人来我国投资种子生产、经营的，审批程序和管理办法由国务院有关部门依照有关法律、行政法规规定。

第九章　种子行政管理

第五十五条　农业、林业行政主管部门是种子行政执法机关。种子执法人员依法执行公务时应当出示行政执法证件。

农业、林业行政主管部门为实施本法，可以进行现场检查。

第五十六条　农业、林业行政主管部门及其工作人员不得参与和从事种子生产、经营活动；种子生产经营机构不得参与和从事种子行政管理工作。种子的行政主管部门与生产经营机构在人员和财务上必须分开。

第五十七条　国务院农业、林业行政主管部门和异地繁育种子所在地的省、自治区、直辖市人民政府应当加强对异地繁育种子工作的管理和协调，交通运输部门应当优先保证种子的运输。

第五十八条　农业、林业行政主管部门在依照本法实施有关证照的核发工作中，除收取所发证照的工本费外，不得收取其他费用。

第十章　法律责任

第五十九条　违反本法规定，生产、经营假、劣种子的，由县级以上人民政府农业、林业行政主管部门或者工商行政管理机关责令停止生产、经营，没收种子和违法所得，吊销种子生产许可证、种子经营许可证或者营业执照，并处以罚款；有违法所得的，处以违法所得五倍以上十倍以下罚款；没有违法所得的，处以二千元以上五万元以下罚款；构成犯罪的，依法追究刑事责任。

第六十条 违反本法规定，有下列行为之一的，由县级以上人民政府农业、林业行政主管部门责令改正，没收种子和违法所得，并处以违法所得一倍以上三倍以下罚款；没有违法所得的，处以一千元以上三万元以下罚款；可以吊销违法行为人的种子生产许可证或者种子经营许可证；构成犯罪的，依法追究刑事责任：

（一）未取得种子生产许可证或者伪造、变造、买卖、租借种子生产许可证，或者未按照种子生产许可证的规定生产种子的；

（二）未取得种子经营许可证或者伪造、变造、买卖、租借种子经营许可证，或者未按照种子经营许可证的规定经营种子的。

第六十一条 违反本法规定，有下列行为之一的，由县级以上人民政府农业、林业行政主管部门责令改正，没收种子和违法所得，并处以违法所得一倍以上三倍以下罚款；没有违法所得的，处以一千元以上二万元以下罚款；构成犯罪的，依法追究刑事责任：

（一）为境外制种的种子在国内销售的；

（二）从境外引进农作物种子进行引种试验的收获物在国内作商品种子销售的；

（三）未经批准私自采集或者采伐国家重点保护的天然种质资源的。

第六十二条 违反本法规定，有下列行为之一的，由县级以上人民政府农业、林业行政主管部门或者工商行政管理机关责令改正，处以一千元以上一万元以下罚款：

（一）经营的种子应当包装而没有包装的；

（二）经营的种子没有标签或者标签内容不符合本法规定的；

（三）伪造、涂改标签或者试验、检验数据的；

（四）未按规定制作、保存种子生产、经营档案的；

（五）种子经营者在异地设立分支机构未按规定备案的。

第六十三条 违反本法规定，向境外提供或者从境外引进种质资源的，由国务院或者省、自治区、直辖市人民政府的农业、林业行政主管部门没收种质资源和违法所得，并处以一万元以上五万元以下罚款。

未取得农业、林业行政主管部门的批准文件携带、运输种质资源出境的，海关应当将该种质资源扣留，并移送省、自治区、直辖市人民政府农业、林业行政主管部门处理。

第六十四条 违反本法规定，经营、推广应当审定而未经审定通过的种子的，由县级以上人民政府农业、林业行政主管部门责令停止种子的经营、推广，没收种子和违法所得，并处以一万元以上五万元以下罚款。

第六十五条　违反本法规定，抢采掠青、损坏母树或者在劣质林内和劣质母树上采种的，由县级以上人民政府林业行政主管部门责令停止采种行为，没收所采种子，并处以所采林木种子价值一倍以上三倍以下的罚款；构成犯罪的，依法追究刑事责任。

第六十六条　违反本法第三十三条规定收购林木种子的，由县级以上人民政府林业行政主管部门没收所收购的种子，并处以收购林木种子价款二倍以下的罚款。

第六十七条　违反本法规定，在种子生产基地进行病虫害接种试验的，由县级以上人民政府农业、林业行政主管部门责令停止试验，处以五万元以下罚款。

第六十八条　种子质量检验机构出具虚假检验证明的，与种子生产者、销售者承担连带责任；并依法追究种子质量检验机构及其有关责任人的行政责任；构成犯罪的，依法追究刑事责任。

第六十九条　强迫种子使用者违背自己的意愿购买、使用种子给使用者造成损失的，应当承担赔偿责任。

第七十条　农业、林业行政主管部门违反本法规定，对不具备条件的种子生产者、经营者核发种子生产许可证或者种子经营许可证的，对直接负责的主管人员和其他直接责任人员，依法给予行政处分；构成犯罪的，依法追究刑事责任。

第七十一条　种子行政管理人员徇私舞弊、滥用职权、玩忽职守的，或者违反本法规定从事种子生产、经营活动的，依法给予行政处分；构成犯罪的，依法追究刑事责任。

第七十二条　当事人认为有关行政机关的具体行政行为侵犯其合法权益的，可以依法申请行政复议，也可以依法直接向人民法院提起诉讼。

第七十三条　农业、林业行政主管部门依法吊销违法行为人的种子经营许可证后，应当通知工商行政管理机关依法注销或者变更违法行为人的营业执照。

第十一章　附则

第七十四条　本法下列用语的含义是：

（一）种质资源是指选育新品种的基础材料，包括各种植物的栽培种、野生种的繁殖材料以及利用上述繁殖材料人工创造的各种植物的遗传材料。

（二）品种是指经过人工选育或者发现并经过改良，形态特征和生物学特性一致，遗传性状相对稳定的植物群体。

（三）主要农作物是指稻、小麦、玉米、棉花、大豆以及国务院农业行政主管部门和省、自治区、直辖市人民政府农业行政主管部门各自分别确定的其他一至二种农作物。

（四）林木良种是指通过审定的林木种子，在一定的区域内，其产量、适应性、抗性等方面明显优于当前主栽材料的繁殖材料和种植材料。

（五）标签是指固定在种子包装物表面及内外的特定图案及文字说明。

第七十五条　本法所称主要林木由国务院林业行政主管部门确定并公布；省、自治区、直辖市人民政府林业行政主管部门可以在国务院林业行政主管部门确定的主要林木之外确定其他八种以下的主要林木。

第七十六条　草种、食用菌菌种的种质资源管理和选育、生产、经营、使用、管理等活动，参照本法执行。

第七十七条　中华人民共和国缔结或者参加的与种子有关的国际条约与本法有不同规定的，适用国际条约的规定；但是，中华人民共和国声明保留的条款除外。

第七十八条　本法自2000年12月1日起施行。1989年3月13日国务院发布的《中华人民共和国种子管理条例》同时废止。

中华人民共和国畜牧法

第一章　总则

第一条　为了规范畜牧业生产经营行为，保障畜禽产品质量安全，保护和合理利用畜禽遗传资源，维护畜牧业生产经营者的合法权益，促进畜牧业持续健康发展，制定本法。

第二条　在中华人民共和国境内从事畜禽的遗传资源保护利用、繁育、饲养、经营、运输等活动，适用本法。本法所称畜禽，是指列入依照本法第十一条规定公布的畜禽遗传资源目录的畜禽。

蜂、蚕的资源保护利用和生产经营，适用本法有关规定。

第三条　国家支持畜牧业发展，发挥畜牧业在发展农业、农村经济和增加农民收入中的作用。县级以上人民政府应当采取措施，加强畜牧业基础设施建设，鼓励和扶持发展规模化养殖，推进畜牧产业化经营，提高畜牧业综合生产能力，发展优质、高效、生态、安全的畜牧业。国家帮助和扶持少数民族地区、贫困地区畜牧业的发展，保护和合理利用草原，改善畜牧业生产条件。

第四条　国家采取措施，培养畜牧兽医专业人才，发展畜牧兽医科学技术研究和推广事业，开展畜牧兽医科学技术知识的教育宣传工作和畜牧兽医信息服务，推进畜牧业科技进步。

第五条　畜牧业生产经营者可以依法自愿成立行业协会，为成员提供信息、技术、营销、培训等服务，加强行业自律，维护成员和行业利益。

第六条　畜牧业生产经营者应当依法履行动物防疫和环境保护义务，接受有关主管部门依法实施的监督检查。

第七条　国务院畜牧兽医行政主管部门负责全国畜牧业的监督管理工作。县级以上地方人民政府畜牧兽医行政主管部门负责本行政区域内的畜牧业监督管理工作。县级以上人民政府有关主管部门在各自的职责范围内，负责有关促进畜牧业发展的工作。

第八条　国务院畜牧兽医行政主管部门应当指导畜牧业生产经营者改善畜禽繁育、饲养、运输的条件和环境。

第二章　畜禽遗传资源保护

第九条　国家建立畜禽遗传资源保护制度。各级人民政府应当采取措施，加强畜禽遗传资源保护，畜禽遗传资源保护经费列入财政预算。

畜禽遗传资源保护以国家为主，鼓励和支持有关单位、个人依法发展畜禽遗传资源保护事业。

第十条 国务院畜牧兽医行政主管部门设立由专业人员组成的国家畜禽遗传资源委员会，负责畜禽遗传资源的鉴定、评估和畜禽新品种、配套系的审定，承担畜禽遗传资源保护和利用规划论证及有关畜禽遗传资源保护的咨询工作。

第十一条 国务院畜牧兽医行政主管部门负责组织畜禽遗传资源的调查工作，发布国家畜禽遗传资源状况报告，公布经国务院批准的畜禽遗传资源目录。

第十二条 国务院畜牧兽医行政主管部门根据畜禽遗传资源分布状况，制定全国畜禽遗传资源保护和利用规划，制定并公布国家级畜禽遗传资源保护名录，对原产我国的珍贵、稀有、濒危的畜禽遗传资源实行重点保护。省级人民政府畜牧兽医行政主管部门根据全国畜禽遗传资源保护和利用规划及本行政区域内畜禽遗传资源状况，制定和公布省级畜禽遗传资源保护名录，并报国务院畜牧兽医行政主管部门备案。

第十三条 国务院畜牧兽医行政主管部门根据全国畜禽遗传资源保护和利用规划及国家级畜禽遗传资源保护名录，省级人民政府畜牧兽医行政主管部门根据省级畜禽遗传资源保护名录，分别建立或者确定畜禽遗传资源保种场、保护区和基因库，承担畜禽遗传资源保护任务。享受中央和省级财政资金支持的畜禽遗传资源保种场、保护区和基因库，未经国务院畜牧兽医行政主管部门或者省级人民政府畜牧兽医行政主管部门批准，不得擅自处理受保护的畜禽遗传资源。

畜禽遗传资源基因库应当按照国务院畜牧兽医行政主管部门或者省级人民政府畜牧兽医行政主管部门的规定，定期采集和更新畜禽遗传材料。有关单位、个人应当配合畜禽遗传资源基因库采集畜禽遗传材料，并有权获得适当的经济补偿。

畜禽遗传资源保种场、保护区和基因库的管理办法由国务院畜牧兽医行政主管部门制定。

第十四条 新发现的畜禽遗传资源在国家畜禽遗传资源委员会鉴定前，省级人民政府畜牧兽医行政主管部门应当制定保护方案，采取临时保护措施，并报国务院畜牧兽医行政主管部门备案。

第十五条 从境外引进畜禽遗传资源的，应当向省级人民政府畜牧兽医行政主管部门提出申请；受理申请的畜牧兽医行政主管部门经审核，报国务院畜牧兽医行政主管部门经评估论证后批准。经批准的，依照《中华人民共和国进出境动植物检疫法》的规定办理相关手续并实施检疫。从境外引进的畜禽遗传资源被发现对境内畜禽遗传资源、生态环境有危害或者可能产生危害的，国务院畜牧兽医行政主管部门应当商有关主管部门，采取相应的安全控制措施。

第十六条　向境外输出或者在境内与境外机构、个人合作研究利用列入保护名录的畜禽遗传资源的，应当向省级人民政府畜牧兽医行政主管部门提出申请，同时提出国家共享惠益的方案；受理申请的畜牧兽医行政主管部门经审核，报国务院畜牧兽医行政主管部门批准。向境外输出畜禽遗传资源的，还应当依照《中华人民共和国进出境动植物检疫法》的规定办理相关手续并实施检疫。

新发现的畜禽遗传资源在国家畜禽遗传资源委员会鉴定前，不得向境外输出，不得与境外机构、个人合作研究利用。

第十七条　畜禽遗传资源的进出境和对外合作研究利用的审批办法由国务院规定。

第三章　种畜禽品种选育与生产经营

第十八条　国家扶持畜禽品种的选育和优良品种的推广使用，支持企业、院校、科研机构和技术推广单位开展联合育种，建立畜禽良种繁育体系。

第十九条　培育的畜禽新品种、配套系和新发现的畜禽遗传资源在推广前，应当通过国家畜禽遗传资源委员会审定或者鉴定，并由国务院畜牧兽医行政主管部门公告。畜禽新品种、配套系的审定办法和畜禽遗传资源的鉴定办法，由国务院畜牧兽医行政主管部门制定。审定或者鉴定所需的试验、检测等费用由申请者承担，收费办法由国务院财政、价格部门会同国务院畜牧兽医行政主管部门制定。培育新的畜禽品种、配套系进行中间试验，应当经试验所在地省级人民政府畜牧兽医行政主管部门批准。畜禽新品种、配套系培育者的合法权益受法律保护。

第二十条　转基因畜禽品种的培育、试验、审定和推广，应当符合国家有关农业转基因生物管理的规定。

第二十一条　省级以上畜牧兽医技术推广机构可以组织开展种畜优良个体登记，向社会推荐优良种畜。优良种畜登记规则由国务院畜牧兽医行政主管部门制定。

第二十二条　从事种畜禽生产经营或者生产商品代仔畜、雏禽的单位、个人，应当取得种畜禽生产经营许可证。申请人持种畜禽生产经营许可证依法办理工商登记，取得营业执照后，方可从事生产经营活动。

申请取得种畜禽生产经营许可证，应当具备下列条件：

（一）生产经营的种畜禽必须是通过国家畜禽遗传资源委员会审定或者鉴定的品种、配套系，或者是经批准引进的境外品种、配套系；

（二）有与生产经营规模相适应的畜牧兽医技术人员；

（三）有与生产经营规模相适应的繁育设施设备；

（四）具备法律、行政法规和国务院畜牧兽医行政主管部门规定的种畜禽防疫条件；

（五）有完善的质量管理和育种记录制度；

（六）具备法律、行政法规规定的其他条件。

第二十三条　申请取得生产家畜卵子、冷冻精液、胚胎等遗传材料的生产经营许可证，除应当符合本法第二十二条第二款规定的条件外，还应当具备下列条件：

（一）符合国务院畜牧兽医行政主管部门规定的实验室、保存和运输条件；

（二）符合国务院畜牧兽医行政主管部门规定的种畜数量和质量要求；

（三）体外授精取得的胚胎、使用的卵子来源明确，供体畜符合国家规定的种畜健康标准和质量要求；

（四）符合国务院畜牧兽医行政主管部门规定的其他技术要求。

第二十四条　申请取得生产家畜卵子、冷冻精液、胚胎等遗传材料的生产经营许可证，应当向省级人民政府畜牧兽医行政主管部门提出申请。受理申请的畜牧兽医行政主管部门应当自收到申请之日起三十个工作日内完成审核，并报国务院畜牧兽医行政主管部门审批；国务院畜牧兽医行政主管部门应当自收到申请之日起六十个工作日内依法决定是否发给生产经营许可证。

其他种畜禽的生产经营许可证由县级以上地方人民政府畜牧兽医行政主管部门审核发放，具体审核发放办法由省级人民政府规定。

种畜禽生产经营许可证样式由国务院畜牧兽医行政主管部门制定，许可证有效期为三年。发放种畜禽生产经营许可证可以收取工本费，具体收费管理办法由国务院财政、价格部门制定。

第二十五条　种畜禽生产经营许可证应当注明生产经营者名称、场（厂）址、生产经营范围及许可证有效期的起止日期等。

禁止任何单位、个人无种畜禽生产经营许可证或者违反种畜禽生产经营许可证的规定生产经营种畜禽。禁止伪造、变造、转让、租借种畜禽生产经营许可证。

第二十六条　农户饲养的种畜禽用于自繁自养和有少量剩余仔畜、雏禽出售的，农户饲养种公畜进行互助配种的，不需要办理种畜禽生产经营许可证。

第二十七条　专门从事家畜人工授精、胚胎移植等繁殖工作的人员，应当取得相应的国家职业资格证书。

第二十八条　发布种畜禽广告的，广告主应当提供种畜禽生产经营许可证和营业执照。广告内容应当符合有关法律、行政法规的规定，并注明种畜禽品种、配套系的审定或者鉴定名称；对主要性状的描述应当符合该品种、配套系的标准。

第二十九条　销售的种畜禽和家畜配种站（点）使用的种公畜，必须符合种用标准。销售种畜禽时，应当附具种畜禽场出具的种畜禽合格证明、动物防疫监督机构出具的检疫合格证明，销售的种畜还应当附具种畜禽场出具的家畜系谱。

生产家畜卵子、冷冻精液、胚胎等遗传材料，应当有完整的采集、销售、移植等记录，记录应当保存二年。

第三十条　销售种畜禽，不得有下列行为：

（一）以其他畜禽品种、配套系冒充所销售的种畜禽品种、配套系；

（二）以低代别种畜禽冒充高代别种畜禽；

（三）以不符合种用标准的畜禽冒充种畜禽；

（四）销售未经批准进口的种畜禽；

（五）销售未附具本法第二十九条规定的种畜禽合格证明、检疫合格证明的种畜禽或者未附具家畜系谱的种畜；

（六）销售未经审定或者鉴定的种畜禽品种、配套系。

第三十一条　申请进口种畜禽的，应当持有种畜禽生产经营许可证。进口种畜禽的批准文件有效期为六个月。进口的种畜禽应当符合国务院畜牧兽医行政主管部门规定的技术要求。首次进口的种畜禽还应当由国家畜禽遗传资源委员会进行种用性能的评估。

种畜禽的进出口管理除适用前两款的规定外，还适用本法第十五条和第十六条的相关规定。

国家鼓励畜禽养殖者对进口的畜禽进行新品种、配套系的选育；选育的新品种、配套系在推广前，应当经国家畜禽遗传资源委员会审定。

第三十二条　种畜禽场和孵化场（厂）销售商品代仔畜、雏禽的，应当向购买者提供其销售的商品代仔畜、雏禽的主要生产性能指标、免疫情况、饲养技术要求和有关咨询服务，并附具动物防疫监督机构出具的检疫合格证明。销售种畜禽和商品代仔畜、雏禽，因质量问题给畜禽养殖者造成损失的，应当依法赔偿损失。

第三十三条　县级以上人民政府畜牧兽医行政主管部门负责种畜禽质量安全的监督管理工作。种畜禽质量安全的监督检验应当委托具有法定资质的种畜禽质量检验机构进行；所需检验费用按照国务院规定列支，不得向被检验人收取。

第三十四条　蚕种的资源保护、新品种选育、生产经营和推广适用本法有关规定，具体管理办法由国务院农业行政主管部门制定。

第四章　畜禽养殖

第三十五条　县级以上人民政府畜牧兽医行政主管部门应当根据畜牧业发展规划和市场需求，引导和支持畜牧业结构调整，发展优势畜禽生产，提高畜禽产品市场竞争力。

国家支持草原牧区开展草原围栏、草原水利、草原改良、饲草饲料基地等草原基本建设，优化畜群结构，改良牲畜品种，转变生产方式，发展舍饲圈养、划区轮牧，逐步实现畜草平衡，改善草原生态环境。

第三十六条　国务院和省级人民政府应当在其财政预算内安排支持畜牧业发展的良种补贴、贴息补助等资金，并鼓励有关金融机构通过提供贷款、保险服务等形式，支持畜禽养殖者购买优良畜禽、繁育良种、改善生产设施、扩大养殖规模，提高养殖效益。

第三十七条　国家支持农村集体经济组织、农民和畜牧业合作经济组织建立畜禽养殖场、养殖小区，发展规模化、标准化养殖。乡（镇）土地利用总体规划应当根据本地实际情况安排畜禽养殖用地。农村集体经济组织、农民、畜牧业合作经济组织按照乡（镇）土地利用总体规划建立的畜禽养殖场、养殖小区用地按农业用地管理。畜禽养殖场、养殖小区用地使用权期限届满，需要恢复为原用途的，由畜禽养殖场、养殖小区土地使用权人负责恢复。在畜禽养殖场、养殖小区用地范围内需要兴建永久性建（构）筑物，涉及农用地转用的，依照《中华人民共和国土地管理法》的规定办理。

第三十八条　国家设立的畜牧兽医技术推广机构，应当向农民提供畜禽养殖技术培训、良种推广、疫病防治等服务。县级以上人民政府应当保障国家设立的畜牧兽医技术推广机构从事公益性技术服务的工作经费。国家鼓励畜禽产品加工企业和其他相关生产经营者为畜禽养殖者提供所需的服务。

第三十九条　畜禽养殖场、养殖小区应当具备下列条件：

（一）有与其饲养规模相适应的生产场所和配套的生产设施；

（二）有为其服务的畜牧兽医技术人员；

（三）具备法律、行政法规和国务院畜牧兽医行政主管部门规定的防疫条件；

（四）有对畜禽粪便、废水和其他固体废弃物进行综合利用的沼气池等设施或者其他无害化处理设施；

（五）具备法律、行政法规规定的其他条件。养殖场、养殖小区兴办者应当将养殖场、养殖小区的名称、养殖地址、畜禽品种和养殖规模，向养殖场、养殖小区所在地县级人民政府畜牧兽医行政主管部门备案，取得畜禽标识代码。

省级人民政府根据本行政区域畜牧业发展状况制定畜禽养殖场、养殖小区的规模标准和备案程序。

第四十条　禁止在下列区域内建设畜禽养殖场、养殖小区：

（一）生活饮用水的水源保护区，风景名胜区，以及自然保护区的核心区和缓冲区；

（二）城镇居民区、文化教育科学研究区等人口集中区域；

（三）法律、法规规定的其他禁养区域。

第四十一条　畜禽养殖场应当建立养殖档案，载明以下内容：

（一）畜禽的品种、数量、繁殖记录、标识情况、来源和进出场日期；

（二）饲料、饲料添加剂、兽药等投入品的来源、名称、使用对象、时间和用量；

（三）检疫、免疫、消毒情况；

（四）畜禽发病、死亡和无害化处理情况；

（五）国务院畜牧兽医行政主管部门规定的其他内容。

第四十二条　畜禽养殖场应当为其饲养的畜禽提供适当的繁殖条件和生存、生长环境。

第四十三条　从事畜禽养殖，不得有下列行为：

（一）违反法律、行政法规的规定和国家技术规范的强制性要求使用饲料、饲料添加剂、兽药；

（二）使用未经高温处理的餐馆、食堂的泔水饲喂家畜；

（三）在垃圾场或者使用垃圾场中的物质饲养畜禽；

（四）法律、行政法规和国务院畜牧兽医行政主管部门规定的危害人和畜禽健康的其他行为。

第四十四条　从事畜禽养殖，应当依照《中华人民共和国动物防疫法》的规定，做好畜禽疫病的防治工作。

第四十五条　畜禽养殖者应当按照国家关于畜禽标识管理的规定，在应当加施标识的畜禽的指定部位加施标识。畜牧兽医行政主管部门提供标识不得收费，所需费用列入省级人民政府财政预算。

畜禽标识不得重复使用。

第四十六条　畜禽养殖场、养殖小区应当保证畜禽粪便、废水及其他固体废弃物综合利用或者无害化处理设施的正常运转，保证污染物达标排放，防止污染环境。畜禽养殖场、养殖小区违法排放畜禽粪便、废水及其他固体废弃物，造成环境污染危害的，应当排除危害，依法赔偿损失。

国家支持畜禽养殖场、养殖小区建设畜禽粪便、废水及其他固体废弃物的综合利用设施。

第四十七条　国家鼓励发展养蜂业，维护养蜂生产者的合法权益。

有关部门应当积极宣传和推广蜜蜂授粉农艺措施。

第四十八条　养蜂生产者在生产过程中，不得使用危害蜂产品质量安全的药品和容器，确保蜂产品质量。养蜂器具应当符合国家技术规范的强制性要求。

第四十九条　养蜂生产者在转地放蜂时，当地公安、交通运输、畜牧兽医等有关部门应当为其提供必要的便利。养蜂生产者在国内转地放蜂，凭国务院畜牧兽医行政主管部门统一格式印制的检疫合格证明运输蜂群，在检疫合格证明有效期内不得重复检疫。

第五章　畜禽交易与运输

第五十条　县级以上人民政府应当促进开放统一、竞争有序的畜禽交易市场建设。

县级以上人民政府畜牧兽医行政主管部门和其他有关主管部门应当组织搜集、整理、发布畜禽产销信息，为生产者提供信息服务。

第五十一条　县级以上地方人民政府根据农产品批发市场发展规划，对在畜禽集散地建立畜禽批发市场给予扶持。

畜禽批发市场选址，应当符合法律、行政法规和国务院畜牧兽医行政主管部门规定的动物防疫条件，并距离种畜禽场和大型畜禽养殖场三公里以外。

第五十二条　进行交易的畜禽必须符合国家技术规范的强制性要求。

国务院畜牧兽医行政主管部门规定应当加施标识而没有标识的畜禽，不得销售和收购。

第五十三条　运输畜禽，必须符合法律、行政法规和国务院畜牧兽医行政主管部门规定的动物防疫条件，采取措施保护畜禽安全，并为运输的畜禽提供必要的空间和饲喂饮水条件。

有关部门对运输中的畜禽进行检查，应当有法律、行政法规的依据。

第六章　质量安全保障

第五十四条　县级以上人民政府应当组织畜牧兽医行政主管部门和其他有关主管部门，依照本法和有关法律、行政法规的规定，加强对畜禽饲养环境、种畜禽质量、饲料和兽药等投入品的使用以及畜禽交易与运输的监督管理。

第五十五条　国务院畜牧兽医行政主管部门应当制定畜禽标识和养殖档案管理办法，采取措施落实畜禽产品质量责任追究制度。

第五十六条　县级以上人民政府畜牧兽医行政主管部门应当制定畜禽质量安全监督检查计划，按计划开展监督抽查工作。

第五十七条　省级以上人民政府畜牧兽医行政主管部门应当组织制定畜禽生产规范，指导畜禽的安全生产。

第七章　法律责任

第五十八条　违反本法第十三条第二款规定，擅自处理受保护的畜禽遗传资源，造成畜禽遗传资源损失的，由省级以上人民政府畜牧兽医行政主管部门处五万元以上五十万元以下罚款。

第五十九条　违反本法有关规定，有下列行为之一的，由省级以上人民政府畜牧兽医行政主管部门责令停止违法行为，没收畜禽遗传资源和违法所得，并处一万元以上五万元以下罚款：

（一）未经审核批准，从境外引进畜禽遗传资源的；

（二）未经审核批准，在境内与境外机构、个人合作研究利用列入保护名录的畜禽遗传资源的；

（三）在境内与境外机构、个人合作研究利用未经国家畜禽遗传资源委员会鉴定的新发现的畜禽遗传资源的。

第六十条　未经国务院畜牧兽医行政主管部门批准，向境外输出畜禽遗传资源的，依照《中华人民共和国海关法》的有关规定追究法律责任。海关应当将扣留的畜禽遗传资源移送省级人民政府畜牧兽医行政主管部门处理。

第六十一条　违反本法有关规定，销售、推广未经审定或者鉴定的畜禽品种的，由县级以上人民政府畜牧兽医行政主管部门责令停止违法行为，没收畜禽和违法所得；违法所得在五万元以上的，并处违法所得一倍以上三倍以下罚款；没有违法所得或者违法所得不足五万元的，并处五千元以上五万元以下罚款。

第六十二条　违反本法有关规定，无种畜禽生产经营许可证或者违反种畜禽生产经营许可证的规定生产经营种畜禽的，转让、租借种畜禽生产经营许可证的，由县级以上人民政府畜牧兽医行政主管部门责令停止违法行为，没收违法所得；违法所得在三万元以上的，并处违法所得一倍以上三倍以下罚款；没有违法所得或者违法所得不足三万元的，并处三千元以上三万元以下罚款。违反种畜禽生产经营许可证的规定生产经营种畜禽或者转让、租借种畜禽生产经营许可证，情节严重的，并处吊销种畜禽生产经营许可证。

第六十三条　违反本法第二十八条规定的，依照《中华人民共和国广告法》的有关规定追究法律责任。

第六十四条　违反本法有关规定，使用的种畜禽不符合种用标准的，由县级以上地方人民政府畜牧兽医行政主管部门责令停止违法行为，没收违法所得；违法所得在五千元以上的，并处违法所得一倍以上二倍以下罚款；没有违法所得或者违法所得不足五千元的，并处一千元以上五千元以下罚款。

第六十五条　销售种畜禽有本法第三十条第一项至第四项违法行为之一的，由县级以上人民政府畜牧兽医行政主管部门或者工商行政管理部门责令停止销售，没收违法销售的畜禽和违法所得；违法所得在五万元以上的，并处违法所得一倍以上五倍以下罚款；没有违法所得或者违法所得不足五万元的，并处五千元以上五万元以下罚款；情节严重的，并处吊销种畜禽生产经营许可证或者营业执照。

第六十六条　违反本法第四十一条规定，畜禽养殖场未建立养殖档案的，或者未按照规定保存养殖档案的，由县级以上人民政府畜牧兽医行政主管部门责令限期改正，可以处一万元以下罚款。

第六十七条　违反本法第四十三条规定养殖畜禽的，依照有关法律、行政法规的规定处罚。

第六十八条　违反本法有关规定，销售的种畜禽未附具种畜禽合格证明、检疫合格证明、家畜系谱的，销售、收购国务院畜牧兽医行政主管部门规定应当加施标识而没有标识的畜禽的，或者重复使用畜禽标识的，由县级以上地方人民政府畜牧兽医行政主管部门或者工商行政管理部门责令改正，可以处二千元以下罚款。

违反本法有关规定，使用伪造、变造的畜禽标识的，由县级以上人民政府畜牧兽医行政主管部门没收伪造、变造的畜禽标识和违法所得，并处三千元以上三万元以下罚款。

第六十九条　销售不符合国家技术规范的强制性要求的畜禽的，由县级以上地方人民政府畜牧兽医行政主管部门或者工商行政管理部门责令停止违法行为，没收违法销售的畜禽和违法所得，并处违法所得一倍以上三倍以下罚款；情节严重的，由工商行政管理部门并处吊销营业执照。

第七十条　畜牧兽医行政主管部门的工作人员利用职务上的便利，收受他人财物或者谋取其他利益，对不符合法定条件的单位、个人核发许可证或者有关批准文件，不履行监督职责，或者发现违法行为不予查处的，依法给予行政处分。

第七十一条　种畜禽生产经营者被吊销种畜禽生产经营许可证的，由畜牧兽医行政主管部门自吊销许可证之日起十日内通知工商行政管理部门。种畜禽生产经营者应当依法到工商行政管理部门办理变更登记或者注销登记。

第七十二条　违反本法规定，构成犯罪的，依法追究刑事责任。

第八章　附则

第七十三条　本法所称畜禽遗传资源，是指畜禽及其卵子（蛋）、胚胎、精液、基因物质等遗传材料。本法所称种畜禽，是指经过选育、具有种用价值、适于繁殖后代的畜禽及其卵子（蛋）、胚胎、精液等。

第七十四条　本法自 2006 年 7 月 1 日起施行。

种畜禽管理条例

第一章　总则

第一条　为了加强畜禽品种资源保护、培育和种畜禽生产经营管理，提高种畜禽质量，促进畜牧业发展，制定本条例。

第二条　本条例所称种畜禽，是指种用的家畜家禽，包括家养的猪、牛、羊、马、驴、驼、兔、犬、鸡、鸭、鹅、鸽、鹌鹑等及其卵、精液、胚胎等遗传材料。

第三条　从事畜禽品种资源保护、培育和种畜禽生产、经营的单位和个人，必须遵守本条例；农户自繁自用种畜禽的除外。

第四条　国家鼓励并扶持繁育、推广、使用畜禽良种和培育畜禽新品种。

在畜禽品种资源保护、培育和种畜禽科研、生产中作出显著成绩的，由人民政府或者畜牧行政主管部门给予奖励。

第五条　国务院畜牧行政主管部门主管全国的种畜管理工作。县级以上地方人民政府畜牧行政主管部门主管本行政区域内的种畜禽管理工作。

第二章　畜禽品种资源保护

第六条　国家对畜禽品种资源实行分级保护。保护名录和具体办法由国务院畜牧行政主管部门制定。

第七条　国务院畜牧行政主管部门和省、自治区、直辖市人民政府有计划地建立畜禽品种资源保护区（场）、基因库和测定站，对有利用价值的濒危害畜禽品种实行特别保护。

第八条　县级以上人民政府对畜禽品种资源的普查、鉴定、保护、培育和利用，给予扶持。

第九条　从国外引进或者向国外输出种畜禽的，依照国家有关规定办理。

第三章　畜禽品种培育和审定

第十条　国务院畜牧行政主管部门和省、自治区、直辖市人民政府畜牧行政主管部门根据畜禽品种资源分布、自然条件和经济状况，制定良种繁育体系规划。

第十一条　建立种畜禽场，应当根据良种繁育体系规划，合理布局。建立地方种畜禽场，必须经省、自治区、直辖市人民政府畜牧行政主管部门批准；建立国家级种畜禽场，必须经省、自治区、直辖市人民政府畜牧行政主管部门审核同意，并报国务院畜牧行政主管部门批准。

第十二条　跨省、自治区、直辖市的畜禽品种的认可与新品种的鉴定命名，必须经国家畜禽品种审定委员会或者其委托的省级畜禽品种审定委员会评审后，报国务院牧行政主管部门批准。省、自治区、直辖市内地方畜禽品种的认可与新品种的鉴定命名，必须经省级畜禽品种审定委员会评审后，由省、自治区、直辖市人民政府畜牧地行政主管部门批准，并报国务院畜牧行政主管部门备案。

经批准的畜禽品种，由批准单位颁发品种证书，予以公布，并列入国家的或者地方的畜禽品种志。

国家畜禽品种审定委员会和省级畜禽品种审定委员会由畜牧行政主管部门及科研、教学、生产单位的有关专家组成。

第十三条　依照本条例第十二条的规定经过评审并批准的畜禽品种，方可推广。

第十四条　国务院畜牧行政主管部门和省、自治区、直辖市人民政府畜牧行政主管部门或者其委托单位负责进行畜禽良种登记和生产性能测定。

第四章　种畜禽生产经营

第十五条　生产经营种畜禽的单位和个人，必须向县级以上人民政府畜牧行政主管部门申领《种畜禽生产经营许可证》；工商行政管理机关凭此证依法办理登记注册。

生产经营畜禽冷冻精液、胚胎或者其他遗传材料的，由国务院畜牧行政主管部门或者省、自治区、直辖市人民政府畜牧行政主管部门核发《种畜禽生产经营许可证》。

第十六条　生产经营种禽的单位和个人，符合下列条件的，方可发给《种畜禽生产经营许可证》：

（一）符合良种繁育体系规划的布局要求；

（二）所用种畜禽合格、优良，来源符合技术要求，并达到一定数量；

（三）有相应的畜牧兽医技术人员；

（四）有相应的防疫设施；

（五）有相应的育种资料和记录。

第十七条　国有种畜禽场为事业单位，承担培育和提供良种、保护品种资源、开发新品种和新技术推广的任务，实行独立核算、自主经营，坚持繁育优良畜禽为主、积极开展多种经营的方针。

实行企业化经营、国家不再核拨经费的国有种畜禽场，具备企业法人条件的，经工商行政管理机关核准，为企业法人。

第十八条　生产经营种畜禽的单位和个人，必须按照规定的品种、品系、代别和利用年限从事生产经营；变更生产经营范围的，必须办理变更手续。

第十九条　生产经营种畜禽的单位和个人，必须遵守种畜禽繁育、生产的技术规程，建立生产和育种档案，并依照《家畜家禽防疫条例》及有关兽医卫生规定，建立和实施防疫制度。

第二十条　销售的种畜禽，应当达到种畜禽的国家标准、行业标准或者地方标准，并附有种畜禽出具的《种畜禽合格证》、种畜系谱。

第二十一条　进行畜禽专业配种（包括人工授精）、孵化的，必须使用从种畜禽场引进并附有《种畜禽合格证》、种畜系谱的种畜禽。

第二十二条　从事畜禽人工授精的人员，取得县级以上人民政府畜牧行政主管部门核发的证书后，方可从事该项工作。畜禽人工授精人员必须执行操作规程。

第五章　罚则

第二十三条　有下列行为之一的，由畜牧行政主管部门责令改正，可以没收违法所得，并可以处以违法所得二倍以下的罚款：

（一）未取得《种畜禽生产经营许可证》生产经营种畜禽的；

（二）未按照规定的品种、品系、代别和利用年限生产经营种畜禽的；

（三）推广未依照本条例评审并批准的畜禽品种的；

（四）销售种畜禽未附具《种畜禽合格证》、种畜系谱的。

有前款第（二）项、第（四）项行为之一，情节严重的，可以吊销《种畜禽生产经营许可证》。

第二十四条　销售不符合质量标准的种畜禽的，以次充好、以假充真的，或者有其他违反工商行政管理法规行为的，由工商行政管理机关依法处罚。

第六章　附则

第二十五条　国务院畜牧行政主管部门根据本条例制定实施细则。

省、自治区、直辖市人民政府可以根据本条例制定实施办法。

第二十六条　本条例由国务院畜牧行政主管部门负责解释。

第二十七条　本条例自 1994 年 7 月 11 日起施行。

02

NONGYE ZIYUAN
YU NONGCUNHUANJING
BAOHU PIAN

农业资源与农村环境保护篇

经典案例选编

1.在自己承包的荒山上砍伐自己栽种的树木引发争议

案情：山东村民杨某在1984年承包了一座面积达80多亩的国有荒山，承包期限为20年，合同签订后，杨某按照合同种植了云杉，到1998年时大部分云杉已成林。同年5月，杨某与一木材加工厂签订了出售云杉的合同，木材厂向其交付1万元。7月杨某便开始在其承包的山上砍树，村委会知道后前往阻止，称杨某无权砍掉山上的树，并且给予了处罚，杨某认为该云杉为自己所种，应该归自己所有，且可以任意砍伐，村委会无权干涉，于是向上级林业主管部门申请解决争议。

处理：林业主管部门责令杨某补种已砍云杉5倍的同类云杉，并对其处以1000元罚款。

法律分析：根据《森林法》农村居民可以承包国有荒山造林，且承包后的林木归个人所有，杨某承包国有荒山种植云杉，因而它对该云杉拥有所有权，由此看来，杨某确实有权砍伐自己栽中的树木，但需要注意的就是必须有采伐许可证。农民采伐自留山和个人承包的集体的林木，要由县级林业主管部门或者委托的乡、镇人民政府依照有关规定发放采伐许可证。杨某没有相关的许可证就擅自砍伐林木，确实违法。林业部门按照《森林法》的相关规定，责令补种滥伐株数5倍的树木，并处滥伐林木价值2倍以上5倍以下的罚款是正确的。

2.煤矿开采引发次生灾害引起的诉讼纠纷

案情：山西晋中市某县某村因富含优质煤矿而远近闻名，近年来，因为煤矿的大量开采，造成了大量的房屋塌陷，水源断流等现象，村民的正常生活遭受到了严重的破坏，于是村民集体向法院提起了诉讼。

处理：法院判决煤矿开采者向村民进行赔偿并恢复原状。

法律分析：根据《中华人民共和国环境保护法》第十九条开发利用自然资源，必须采取措施保护生态环境相关规定，煤矿开采者在开发利用自然资源的时候没有采取相应的保护措施，致使该村房屋塌陷水源断流，给村民的正常生活带来了极大地不便，同样也是对村民权益的侵害，因为目前我国的法律制度尚不完善，对于该情况只有《刑法》规定了非法采矿这一罪名可以适用，但由于处罚力度较轻，尚不能很好的遏制这种现象，因此作为村委会工作人员，我们应该做到上行下效，积极反映这种情况，引起相关部门的重视，为我们法制建设做出贡献。

3. 工业废水排入河流引发环境污染纠纷案

案情：2004年2—4月，黑龙江省某股份有限公司将工业废水排入松花江干流水域，造成特大水污染事故，给当地5市的工农业生产和人民生活造成了严重的影响和经济损失。经农业部松花江中上游渔业生态环境监测中心评估，仅天然渔业资源损失就达1356万余元。

处理：8月10日，黑龙江省某区法院分别对涉及该水污染事故的被告人李某、王某、蔡某等重大环境污染事故案和被告人宋某、张甲、张乙等环境监管失职案做出一审判决。相关责任人最高获刑5年，处罚金人民币4万元。特别值得注意的是：宋某、张甲、张乙分别作为该区环保局分管环境监测、环境监理、污染管理的副局长、环境监测站站长和环境监理所所长，违反相关的职责规定，在工作中严重不负责任，未能及时有效地预防、阻止重大环境污染事故的发生，致使公私财产遭受重大损失，其行为已构成环境监管失职罪。法院一审分别判处：宋某有期徒刑2年6个月；张甲有期徒刑2年6个月；张乙有期徒刑1年6个月，缓刑2年。

法律分析：根据中华人民共和国《刑法》以及《中华人民共和国环境保护法》的相关规定，该案被告人李某、王某、蔡某符合重大环境污染事故罪的构成要件，构成了重大环境污染事故罪，同时宋某、张甲、张乙分别作为该区环保局分管环境监测、环境监理、污染管理的副局长、环境监测站站长和环境监理所所长，违反相关的职责规定，在工作中严重不负责任，未能及时有效地预防、阻止重大环境污染事故的发生，致使公私财产遭受重大损失，其行为已构成环境监管失职罪。作为村委会工作人员，我们要警惕此类事件的发生，遇到紧急情况应及时上报。

4. 农村生活垃圾处理不当引发环境污染纠纷案

案情：湖南省某镇，处于省内最大河流湘江的支流蒸水河上游。该镇工商业尽管不是很繁荣，但仍然是5万多人口的政治、经济中心，聚集着1500多常住人口。由此而来的生活垃圾处理，成为镇政府需要面对的现实问题。在相当长的一段时间，生活垃圾的处理就是抛入河中。后来，随着人口的增长，垃圾相应增多，在镇政府的要求下，居民把垃圾均倒放在3个集中场地；然后由镇政府承包给一个有手扶拖拉机的农民：每星期拉一次，每次150元，把垃圾运到离该镇2公里外的荒山坡中倒掉。由于镇政府欠下数百万元债务，财政收不抵支，曾经采取过在工商户和设立在这里各行政事业单位中摊派垃圾运费的办法来支付垃圾的运费，但由于没有法律和政策资源作为保障，摊派的办法难以进行，最后也就不了了之，造成其中一年的垃圾有半年之久没有转运。由于该镇处于交通要道，堆积如山的垃圾发出难闻的臭味，不仅引来了漫天飞舞的苍蝇，而且引起了居民对镇政府的不满和上级领导的注意。镇政府在无奈之下，只得承担拖拉机运费的支付责任。

法律分析：由于各级领导重视不够、合力不足，环保宣传教育还没有真正深入到农村，一些干部、群众的环保意识不高，法制观念和依法维权意识不强，对农村生活垃圾污染的环境危害认识不足，日常生产、生活行为缺乏必要的环境知识作指导，难以适应新农村建设的需要。因此，既要提高领导干部的素质，又要提高广大农民群众的素质。改变传统的政绩观念，就要树立经济发展是政绩，环境保护同样是政绩的理念，将环境保护和经济发展列入干部考核体系之中，放在同样的地位加以重视。对环境污染严重的地区，可以采取“一票否决制”原则，使领导干部真正从思想和行动上重视起来。同时，各级政府和有关部门要加强环保工作宣传力度和强度，动员广大农民群众自觉地参与新农村环境保护工作，引导农民群众关注、理解与支持环保工作，提升农村整体环境质量。

5. 工厂排污引起养殖场鱼类死亡案

案情：1997年7月，江苏省某县某乡水口水库遭污染，造成了3000亩水面内所投放的25万尾鱼全部死亡。承包者到县环保部门请来专家对水质进行化验，结果表明是有害污水造成的，涉及上游几家大工厂的排污问题。为此，承包者多次到市、县有关部门联系，要求解决，结果鞋底磨破，也未获得分文赔偿。人均已欠债5000多元，可怜的承包者到底怎么办？该事件引起了媒体的关注，从而引发了较大的舆论争议。该市许市长见报后，于8月26日指示环保局查明情况。

处理：综合考虑各种情况，根据《水污染防治法》第41条，徐州市环保局做出决定：①乡政府与养鱼单位签订的承包合同中当年上缴金额及商品鱼任务予以豁免，并建议双方重新协商签订经济合同。②由运河水系主要排污的工业企业对养鱼单位的鱼苗款作3万元一次性补偿性赔偿，其中甲水库2万元，乙、丙二水库合计2万元。有关单位应于1997年12月31日前向该县渔政部门办完付款手续。③运河水系主要排污单位应该给予相关的补偿性赔偿费。一起复杂的污染死鱼案，在市环保局的艰苦努力下得到了较为妥善的处理。

法律分析：本案例涉及的问题比较复杂，环境部门处理时难度很大。尤其是媒体对该死鱼事件报道后，环保部门压力更大。面对压力，该市环保局全面弄清了情况，终于妥善处理了该事件。

为严格执法，在弄清了全部事实的基础上，徐州市环保局先后与市中级人民法院经济庭、市法律顾问处的同志以及国家环保局的法律顾问进行了案例研究，根据调查结果和历史情况妥善认定了有关各方的责任：①水库管理所，它既是管水单位又是养鱼承包单位，在明知翻水可能造成的危害后果时仍然重复了以前曾致鱼死亡的翻水行为，应对死鱼事件负主要责任。②乡政府，未能统筹考虑使用补水，而简单地下达了翻水决定，而且未提醒下属的水产养殖单位和个人采取防治措施。因此，乡政府有关部门负重要责任。③运河水系的排污单位造成了运河水质的恶化，它们虽然不是这次死鱼的直接责任者，但由于它们的排污使运河水体受到了污染危害，是造成污染死鱼损失的内在原因。因此，在水域功能未能明确划分前，应当对传统水系受到污染所造成的损失，负有一定责任。明确区分了各相关方的责任，使环保部门得以做出适当的处理决定。

鉴于由于不慎取用污水造成死鱼的事件屡有发生，纠纷较多，该市环保局还提请市政府批准了《X市水产养殖污染纠纷行政处理原则》，对有关问题作了明确规定，使水产养殖污染纠纷程序化、制度化，并对一些棘手的实质性问题作了明确规定。例如，该市Y河、M河、W河市区段在1987年前已严重污染，达不到渔业水质要求，《原则》第1条要求“凡在上述河段，以及将上述河段作为主要补给水源从事水产养殖的，必须经过周密的科学论证；未经论证，自行养殖造成损失的一律责任自负。”这种预防性的措施，避免了污染和纠纷的发生，也符合国家有关法律规定。

6. 此树为我栽为何不能采

案情：某村村民王某伙同其他村民，多次利用林业局组织砍伐病死树之机，偷偷上山砍伐。这些人主要将木材用来建房，有的甚至将林木倒卖。王某不但自己上山砍伐，还先后组织其儿子、女婿上山砍伐，三次共砍了20多棵树。林业公安机关决定对王某进行林政罚款，并责令其赔偿损失，同时还依据当时的《治安管理处罚条例》对其拘留15天，当地村民闻此决定后，很难理解，王某更是不服气，认为这山上的树是当年村民亲手栽种的，现在建房遇到困难，砍几棵树，为啥还要罚款？

评析：我国《森林法》、《森林法实施细则》规定，“采伐林木必须申请采伐许可证。”只有“采伐自留地和房前屋后个人所有的零星林木除外”。“农村居民采伐自留山和个人承包集体的林木，由县级林业主管部门或者其委托的乡、镇人民政府依照有关规定审核发放采伐许可证”。申领采伐许可证时应提交有关采伐林木的用途、状况、计划采伐数量、方式等内容的文件。王某无证开采林场林木，而且还唆使其子女也无证采伐的行为，已经触犯了当时的《治安管理处罚条例》（注：现为《治安管理处罚法》）“哄抢国家、集体、个人财物”之规定，据此对其治安处罚15天。（新《治安管理处罚法》第49条“盗窃、诈骗、哄抢、抢夺、敲诈勒索或者故意损毁公私财物的，处五日以上十日以下拘留，可以并处五百元以下罚款，情节较重的，处十日以上十五日以下拘留，可以并处一千元以下罚款”）。《森林法》第39条：“盗伐森林或者其他林木的，依法赔偿损失；由林业主管部门责令补种盗伐株数十倍的树木，没收盗伐的林木或者变卖所得，并处盗伐林木价值三倍以上十倍以下的罚款。滥伐森林或者其他林木，由林业主管部门责令补种滥伐株数五倍的树木，并处滥伐林木价值二倍以上五倍以下的罚款。拒不补种树木或者补种不符合国家有关规定的，由林业主管部门代为补种，所需费用由违法者支付。盗伐、滥伐森林或者其他林木，构成犯罪的，依法追究刑事责任。”第40条：“违反本法规定，非法采伐、毁坏珍贵树木的，依法追究刑事责任。”另外，《森林法实施条例》第38条：“盗伐森林或者其他林木，以立木材积计算不足0.5立方米或者幼树不足20株的，由县级以上人民政府林业主管部门责令补种盗伐株数10倍的树木，没收盗伐的林木或者变卖所得，并处盗伐林木价值3倍至5倍的罚款。盗伐森林或者其他林木，以立木材积计算0.5立方米以上或者幼树20株以上的，由县级以上人民政府林业主管部门责令补种盗伐株数10倍的树木，没收盗伐的林木或者变卖所得，并处盗伐林木价值5倍至10倍的罚款。”第39条：滥伐森林或者其他林木，以立木材积计算不足2立方米或者幼树不足50株的，由县级以上人民政府林业主管部门责令补种滥伐株数5倍的树木，并处滥伐林木价值2倍至3倍的罚款。滥伐森林或者其他林木，以立木材积计算2立方米以上或者幼树50株以上的，由县级以上人民政府林业主管部门责令补种滥伐株数5倍的树木，并处滥伐林木价值3倍至5倍的罚款。”因此林业公安机关决定王某赔偿损失。

7. 承包的土地是不是可以随便改变用途

案情：四川省某县农民罗某有一块承包地，砂石比较丰富，同村村民鲍某想利用罗某的这块地开采砂石卖。2001年2月，鲍某与罗某协商并达成协议，约定由罗某提供一亩承包地，用于挖沙、修道、堆放砂石。鲍某负责挖砂、卖砂石。鲍某每运走一车砂石付给罗某5元人民币。期限为一年。协议书签订后，他们没有向村委会和县土地管理部门报告，擅自挖沙。开采一段时间后，罗某与鲍某就已运走砂石的车数和款项发生了争议，各自都称自己受到了损失，要求对方支付。罗某遂向人民法院提起诉讼。法院经过审理，判决罗某与鲍某签订的挖砂协议无效，双方的损失由各自负担，停止挖沙，恢复耕地。

评析：《中华人民共和国土地管理法》第14条规定：“……承包经营土地的农民有保护和按照承包合同约定的用途合理利用土地的义务。”《中华人民共和国土地管理法实施条例》第15条、16条还规定，单位和个人将耕地改为非耕地的，在所承包的土地上从事采矿、采石、挖砂、取土等经营活动的，必须向县级以上人民政府土地管理部门提出用地申请，经县级以上人民政府批准后方可使用。2002年颁布的《中华人民共和国农村土地承包法》第8条专门规定“农村土地承包应当遵守法律、法规，保护土地资源的合理开发和可持续利用。未经依法批准不得将承包地用于非农建设。”第17条又规定承包方承担维持土地的农业用途，不得用于非农建设的义务。第33条规定土地承包经营权流转应当遵循不得改变土地的农业用途的原则。第60条规定“承包方违法将承包地用于非农建设的，由县级以上地方人民政府有关行政主管部门依法予以处罚。承包方给承包地造成永久性损害的，发包方有权制止，并要求承包方赔偿由此造成的损失。”罗某与魏某没有向土地管理机关申报和获准，擅自在耕地上挖砂，改变土地用途，因此必须恢复耕地。罗某与鲍某签订的挖砂协议，是无效协议，双方的损失只能各自承担。

8. 承包人不依法履行承包合同，怎么办

案情：某村村委会，2000年5月与本村村民葛某签订了果园承包合同。村委会将土地面积为18亩（经丈量实际是28亩）、果树766棵的苹果园承包给葛某，承包合同约定：承包款为每年1000元（经双方同意变更为900元），承包期20年，果树为集体所有；果园要常年有人看管，常年禁止牛羊进入果园；果树要进行修剪、追肥，常年达到无病虫害；果园收益归承包人。合同签订初期，承包人葛某还能遵守承包合同，注意对果园的管理和维护，随着时间的推移，葛某不再给果树打药治虫，而是在果园内大量种植小麦、玉米、花生等农作物，并擅自在果园内开采石场。农作物的耕种，使果树的根系受到严重破坏，桑树大量死亡，以至全部荒芜。村民意见很大，纷纷要求村委会与葛某解除合同，赔偿损失。2001年8月村委会通知葛某，提出与之解除承包合同，将果园另行发包给本村其他村民承包，改种农作物。葛某不服。村委会向人民法院提起诉讼，请求解除合同，赔偿损失。人民法院作出判决：解除双方合同，由葛某赔偿经济损失5000元。宣判后，葛某不服，上诉至市中级人民法院，中级人民法院作出驳回上诉，维持原判的判决。

评析：根据最高人民法院《关于审理农业承包含同纠纷案件若干问题的规定》（试行）第24条第三款、第五、第六款规定，“因一方不履行承包合同约定的义务，致使承包合同无法继续履行的”、“承包方进行破坏性或者掠夺性生产经营”或者“承包方随意改变土地用途”，经发包方劝阻无效的，当事人请求终止承包合同的，人民法院应当允许。葛某违反承包合同的规定，在果园内开采石场，进行破坏性的经营，致使果树毁灭，集体经济受到损失。因此，法院依法判决解除承包合同，由承包人赔偿集体的经济损失。

9. 土地使用权租赁合同纠纷

案情：2003年7月，A公司决定在×村租用土地建设现代化养鸡场。经与X村村委会协商，经被镇政府同意并担保，于同年8月5日签订土地租赁合同，由A公司租赁×村村委会所有土地250000m²；每年0.5元/m²一年付一次；租期50年；第一年给付青苗损失0.3元/m²。A公司所租赁土地位于村公路两侧，共分为两块地，涉及101户农民。其中南块地涉及农户46户。2003年8月5日X村村委会与南块地（北块地未签）部分农户签订土地租赁协议书的情况下，用推土机推掉南块地青苗，占用土地。村委会推掉南块地青苗后，101户农民中有91户与村委会签订土地租赁协议，其中含原告崔某等本人亲自签订合同的35人，由他人代签合同的韩某等3人，王某等10户未签订合同。村委会与农民签订协议的主要内容是农

户提供土地给第三人使用，期限为26年，补偿方式为每年280元/亩，一年一付，青苗损失费为0.3元/m²，由镇政府用农业税担保。上述签订土地租赁协议的38户原告在签订合同的当日按280元/亩标准领取了三年的土地补偿费，按0.3元/m²的标准领取了一年的青苗补偿费。村委会对A公司租赁土地之事，在7月26日、28日召开两次村委会议和支委会议讨论，两次均一致通过租赁的有关事宜，两次参加会议人员均为12人。村委会对A公司租赁土地之事，曾在该村王家召集涉及被租赁土地农户参加的会议，会议上传达了村上两次会议精神，并征求意见，农民提出在一次性补偿全部费用前提下，同意出租土地。该村共有村民800多户，村民代表30多名，被出租的土地有耕地350亩、荒地30多亩。A公司于2003年8月在租赁的土地上建筑现代化养鸡舍。

评析:（1）关于土地租赁合同效力问题。各方所签订的上述土地租赁合同无效。其理由是: ①《中华人民共和国土地管理法》规定“农用地是指直接用于农业生产的土地，包括耕地、林地、草地、农田水利用地、养殖水面等”，“使用土地的单位和个人必须严格按照土地利用总体规划确定的用途使用土地。依法改变土地权属和用途的，应当办理土地变更登记手续”。而各方签订的合同中，直接将耕地变成建造种鸡厂的用地，与该法规定相违背。②《中华人民共和国土地管理法》规定“农民集体所有的土地由本集体经济组以外的单位或者个人承包经营的，必须经村民会议三分之二以上成员或三分之二以上村民代表的同意，并报（乡）镇人民政府批准”，而《中华人民共和国村民委员会组织法》规定“村民会议由本村18周岁以上的村民组成。召开村民会议，应当有本村18周岁以上的村民过半数参加，或者有2/3以上农户的代表参加，所作决定应当经到会人员的过半数通过”。“村民代表由村民每5户或15户推选1人，或由各村民小组推选若干人”。本案中，X村共有农户800多户，在召开村民会议时只召集了涉及的101户农民参加，村民代表也不到10人，而本村选举村民代表30多人，故其讨论事项、召开会议违反上述规定。同时《中华人民共和国土地管理法》规定:“建设占用土地，涉及农用地转为建设用地的，应办理转用审批手续”，“改变土地用途应办理变更登记手续。”③《中共中央关于做好农户承包地使用权流转工作的通知》（2001）28文件规定，土地流转的主体是农户、土地使用权流转必须建立在农户自愿的基础上，土地的流转转包费、转让费和租金等应由农户与受让方或承租方协商确定，流转的受益归农户所有。本案中，土地流转的主体是首先由A公司与X村村委会，然后是X村村委会和村民，与上述规定相违背。同时该文件还规定:土地流转的主体是农户，由乡镇政府或村组织出面租赁农户的承包地再进行转租或发包的反租倒包，不符合家庭承包经营制度，应予制止。

（2）A公司占用王某等10人承包地是否侵权

王某等10人依法享有集体土地的承包权和使用权，A公司及村委会在与王某等村民未协商一致的情况下，非法占用原告承包地，侵犯王某等村民的合法权益，存在行为过错，应承担相应责任。

（3）他人代签的土地租赁协议是否有效

在已签订的土地租赁协议中，有个别协议不是出租人所签，而是未经授权和委托的亲属或债权人代签，因此，这部分协议应为无效。土地转让未经村委会登记，而代签也未征得被代签人的同意或委托，被代签人根本对协议内容不知，事后土地使用权人对代签行为也未予以追认。依照相关法律规定，代签协议应为无效。

（4）关于镇政府担保效力问题

镇政府在X村与A公司签订的土地租赁合同中，为X村村委会提供担保，该担保行为违反担保法规定，其担保行为无效。应对主合同无效导致X村不能承担赔偿责任部分。

（5）A公司主张X村有权处分王某等10人承包地是否成立

王某等人作为X村村民，依法享有土地承包权和使用权，X村与A公司签订土地租赁合同无王某等人授权与委托，X村的行为对王某等人不能发生法律效力；同时也超越办理本村公共事务的权限，因此，A公司主张不能成立。

10. 不服国土局行政行为的诉讼

案情：2007年某县人民政府在A镇某办事处修建文化广场，办事处部分村民及赵某房屋因修建文化广场需要被拆除，部分被拆迁户及赵某被办事处安置在A镇行政村B自然村。赵某于2007年12月份在A镇行政村占地210平方米建房，但没有县政府合法批准建房手续。县国土资源局于2007年12月16日作出处罚决定书，对某办事处未经批准于2007年11月份占用A镇行政村B自然村基本农田6930平方米，用于安置居民住宅的行为作出责令退还非法占用的土地；自接到本处罚决定之日起，限期15日内拆除在非法占用的土地上新建的建筑物和其他设施，恢复土地原状，并处以人民币200000元罚款的处罚。2008年10月26日县国土资源局作出《土地违法案件行政处罚决定》，对赵某未经批准，于2007年12月份非法占用A镇行政村基本农田210平方米用于建住宅的行为作出责令退还非法占用的土地；自接到本处罚决定之日起，限期15日拆除在非法占用的土地上新建的建筑物和其他设施，恢复土地原状并处以人民币6000元的罚款的处罚。赵某不服，向县人民政府提出行政复议，县人民政府作出维持该处罚决定的复议决定后，赵某提起行政诉讼。

评析：《基本农田保护条例》第十五条基本农田保护区经依法划定后，任何单位和个人不得改变或者占用。国家能源、交通、水利、军事设施等重点建设项目选址确实无法避开基本农田保护区，需要占用基本农田，涉及农用地转用或者征用土地的，必须经国务院批准。

国土资源局在作出被诉处罚决定之前作出的处罚决定书中处罚的拆除违法建筑已包含了赵某的违法建筑，国土局2008年10月26日作出的被诉处罚决定再次处罚拆除赵某的违法建筑，被告系对同一违法事实重复处罚，该被诉处罚决定处罚拆除的违法建筑已无可供执行对象。国土局所作被诉处罚决定属程序违法。依照《中华人民共和国行政诉讼法》第五十四条第（二）项第3目的规定应当撤销《土地违法案件行政处罚决定》。

11. 一则采矿权合同纠纷案

案情：2006年5月3日，原告方赵某等5人与被告方某有限责任公司经协商，签订了一份探采铁矿承包协议书，约定：1. 甲方（某有限责任公司）委托乙方（赵某等5人）对该矿权区内龙洞沟褐铁矿进行探矿，所探察的资源储量归甲方所有，甲方办完采矿手续后乙方方可开采；2. 2006年6月1日至2007年5月31日止为探矿期，在探矿期间内乙方向甲方缴纳10万元探矿费，探矿回收的矿石归乙方所有以弥补探矿费不足；3. 乙方必须严格按照国家安全法规办事，不得违规操作，要有安全员和专职炮手（具有政府安全方面颁发的有效爆破证），应向甲方提交包括项目主要负责人身份证、爆破手身份证和政府部门发给的爆破证、专职安全员资料等相关证件；4. 甲方出示探矿证复印件和营业执照复印件、协助办理爆矿器材的文件材料，协助乙方协调政府和村组关系，费用由乙方支付；5. 乙方为探矿所修的路归甲方所有，乙方不得破坏、阻止甲方使用或向甲方收费，如第三方使用应和乙方协商并缴纳一定费用；6. 乙方在2006年5月3日交清探矿费10万元，如其在探矿期内不能开展工作，所交10万元甲方不再退还，作为探矿的违约赔偿金；此外合同还约定，乙方承包期间如因甲方的问题影响了乙方的工作，由甲方负责等。

合同签订后，2006年5月18日，原告赵某等五人协商制定了《集体采矿章程》，明确了职责分工。随后，原告方为了探明龙洞沟褐铁矿资源储量以及堆放探矿土石，与他人分别签订土地占用合同二份以及探矿用房屋和挖运土石方协议。在此期间，原告方给被告方付探矿费100000元。同年8月28日，原告方组织人力修建龙洞沟矿区道路。2007年3月10日，原告方再次补修龙洞沟矿区道路，此间，原告方为探矿先后承租了土地、挖掘机、修筑道路、雇用民工挖运土石方。2007年6月，原告将58.36吨矿石以每吨70元价格销售给王凤春。与此同时，原告方先后从2006年7月28日至2008年4月2日八次给被告方出具书面申请请求办理采矿手续、探矿期间的爆破手续，理顺与南郑县相关部门关系，并告知从2006年5月至2007年12月为新修道路、挖土方、赔偿青苗费、工资生活费、探矿费等各种费用达50余万元，所建1.6公路道路被浙江采矿队李永龙占用等事宜。但被告方收到后均未能妥善解决。无奈，原告方依法提起民事诉讼，请求依法判令被告探采矿承包协议在办完采矿手续后有效，继续履行其协议；因被告违约，由被告赔偿违约金及相关经济损失（包括承包费10万元在内），合计519562.60元。

法院经审理认为：原、被告双方所签订《探采铁矿承包协议书》虽然系真实意思表示，但违反1998年2月12日国务院颁布的《探矿权采矿权转让管理办法》第三条、第十四条、第十五条之规定，依法应确认该协议无效。导致该协议无效，原、被告双方均有过错责任。原告方在明知自己不具备探、采矿能力和相应法定审批手续与被告方擅自签订名为承包探采矿协议，实为采矿协议，其行为有违国务院《探矿权采矿权转让管理办法》之规定，对此，应承担相应过错责任。被告明确自己依法批办的探矿证有效期限仅为5个月零13天（该证的有效期限从2006年4月14日起至2006年9月1日止），且明知原告方无探采矿能力，擅自利用已批办的探矿证与原告方签订由原告方自行探采矿协议的行为与上述国务院发布的《探矿权采矿权转让管理办法》相悖，对导致合同无效依法应承担过错责任。遂依照《中华人民共和国合同法》第五十二条第五款、第五十八条之规定做出了判决。内容包括：

（1）由被告某有限公司返还原告包费10万元。

（2）由被告某有限公司赔偿原告赵永安、杨建群、袁政经济损失207526.8元。

（3）由原告还被告某有限公司销售矿石款4085.70元。上述1、2、3条相抵后，由被告某有限公司给原告偿付303441.6元。

（4）原告的其余损失由其自负，其他诉讼请求不予支持。

评析：本案是一起探矿权、采矿权流转转让过程中发生的纠纷，原告认为双方签订的探采铁矿承包协议书合法有效，被告应继续履行并赔偿经济损失，被告则认为探采铁矿承包协议书无效，过错在原告，经济损失应由原告自理，本案争议的焦点就在于原、被告签订的探采铁矿承包协议书是有效或是无效，原、被告有无过错。现笔者就探矿权、采矿权概念、法律性质，转让主体资质条件及法律规定等结合本案法律事实做一简要探讨。

探矿权和采矿权是指探矿人或采矿人依法在已经登记的特定矿区或者工作区内勘查、开采、取得矿产品，并排除他人干涉的权利。《中华人民共和国矿产资源法》和《中华人民共和国物权法》规定，探矿权、采矿权是一种用益物权，属于准物权范围，依照法律规定可以通过转让取得。探矿权、采矿权的转让是指已经取得探矿权和采矿权的主体在符合一定条件后，将上述两种权利转让给符合条件的其他人即受让人。也就是说探矿权、采矿权可以依法转让，但对转让人和受让人法律有明确的规定的资质条件。对转让人而言，必须是已经取得探矿权和采矿权的主体，必须符合《探矿权采矿权转让管理办法》第五条和第六条的规定；对受让人来说，必须符合《矿产资源勘察区块登记管理办法》或者应当符合《矿产资源开采登记管理办法》规定的有关探矿权申请人或者采矿权申请人的条件。《矿产资源勘察区块登记管理办法》第四条第三款规定：勘查金银铜铁等34种矿产资源，由省、自治区、直辖市人民政府地质矿产主管部门审批登记，颁发勘查许可证，并应当自发证之日起10日内，向国务院地质矿产主管部门备案。《矿产资源开采登记管理办法》第三条第四款规定：开采金银铜铁等34种矿产资源，由县级以上地方人民政府负责地质矿产管理工作的部门，按照省、自治区、直辖市人民代表大会常务委员会制定的管理办法审批登记，颁发采矿许可证。《探矿权采矿权转让管理办法》第四条和第十条规定了转让探矿权、采矿权的审批机关以及转让探矿权、采矿权合同自批准之日生效等内容，显然探矿权、采矿权转让合同必须经相关矿产主管部门审批、批准转让的，转让合同方可批准之日生效。

就本案而言，被告某有限责任公司是一个具备矿产资源勘查许可资质的矿产企业，已取得该铁矿的探矿权，因此是可以作为转让方依法转让该铁矿的探矿权的。被告依法批办的探矿证有效期限仅为5个月零13天（该证的有效期限从2006年4月14日起至2006年9月1日止），而原、被告签订的协议书规定原告的探矿期为2006年6月1日至2007年5月31日止，加之被告明知原告不符合探矿采矿权申请条件，依然与原告订立合同，所以应负有主要过错；对原告而言，从原、被告提交的证据和原告的实际情况来看，原告方是数名自然人组成的合伙组织，无矿产资源勘查许可证和采矿证，更不符合《矿产资源勘察区块登记管理办法》第四条第三款和《矿产资源开采登记管理办法》第三条第四款第五项规定的条件（具体内容已述），因此其对于导致合同无效的后果也应有一定的过错。

关于探矿权、采矿权转让的问题，《探矿权采矿权转让管理办法》第四条、第十条规定：探矿权、采矿权转让合同必须经相关矿产主管部门审批，批准转让的转让合同方可生效。本案原、被告签订的探采矿权铁矿承包协议明为承包实为转让，该合同未被相关矿产主管部门批准转让，故依照法律规定该协议自始未生效。《探矿权采矿权转让管理办法》第三条明确规定以下两种情形可以转让，其他情形则不能转让。即：（1）探矿权人有权在划定的勘查作业区内进行规定的勘查作业，有权优先取得勘查作业区内矿产资源的采矿权。探矿权人在完成规定的最低勘查投入后，经依法批准，可以将探矿权转让他人；（2）已经取得采矿权的矿山，因企业合并、分立，与他人合资、合作经营，或者因企业资产出售以及有其他变更企业资产产权的情形，需要变更采矿权主体的，经依法批准，可以将采矿权转让他人采矿。该管理办法第十四条规定：未经审批管理机关批准，擅自转让探矿权、采矿权的，由登记机关责令改正、没收违法所得、罚款甚至吊销采矿许可证。本案中被告虽取得了该铁矿探矿权，但没有经过依法批准将探矿采矿权转让他人，也没有企业合并、分立等需要变更采矿权主体的情况，而是以承包形式未经审批机关批准擅自将探矿采矿权转让他人，显然，这份承包协议违反了《探矿权采矿权转让管理办法》的规定，《中华人民共和国合同法》第五十二条第五项明确规定：违背法律、行政法规的合同无效，由此可见，原、被告订立的探采铁矿承包协议违反了行政法的强制规定，属无效合同。

12. 股权转让暨采矿权纠纷

案情：被告赵某某为某钼业有限公司（以下简称钼业公司）的股东，该钼业公司主要从事矿山资源的开采工作。原告北京××咨询有限公司、××国际贸易公司和钱某某（以下简称原告方）欲参股钼业公司，赵某某向原告方提供《矿山资源情况介绍》（以下简称情况介绍）并承诺，钼业公司拥有D级矿石储量2425万吨，金属量2.55万吨；已控制的矿石总量292.6万吨，矿石平均钼品位0.25%，已控制金属储量7315吨。基于此，原被告双方于2000年4月签订了股权转让协议（以下简称协议）。协议约定原告方购买钼业公司87.35%的股权，被转让的公司资产包括固定资产、递延资产、矿山资源、土地使用权、租用权、采矿权、钼业公司拥有的秦岭钼选厂25%的股权等，计价为1090万元，分期付清，被告××饭店为赵某某转让股权提供连带保证责任；××饭店和赵某某承诺至协议签订前，赵某某已持有钼业公司全部股权。协议签订后，原告方按约履行了第一期付款义务。

原告方入主钼业公司后，由于多种原因钼业公司未办理采矿证、土地使用证等手续。原告方认为赵某某交付的钼业公司的资产及矿山资源与合同签订时双方认定的资产和资源状况不符，遂于2000年7月委托××科技学院对钼矿石进行了勘测分析，结论是该地区钼矿石品位为0.11%。原告方认为赵某某虚报矿山品位，同时认为赵某某隐瞒了其与钼业公司原股东蒋某某之间存在股权纠纷的事实，隐瞒了其没有秦岭钼选厂股权的事实，隐瞒了钼业公司在协议签订前拖欠职工工资、工程款、政府税费等欠款的事实。原告方认为被告××饭店和赵某某系共同欺诈，请求法院撤销股权转让合同，同时判令二被告共同承担赔偿责任。

被告赵某某辩称，股权转让协议是原被告双方真实意思表示，有效，应继续履行。其与钼业公司原股东蒋某某之间不存在股权纠纷，其拥有秦岭钼选厂25%的股权，其没有隐瞒工人工资、工程款和税费情况。其所提供的矿山资源的资料是以某地质矿产局第十三地质队的勘查报告进行推算得出的，真实可信，有科学依据，是国家职能部门批准下发的。××科技学院没有地质勘查资格证书，其报告不能作为证据使用。

被告××饭店辩称，2000年2月28日，刘某代表原告方与赵某某签订转股协议书和承诺书、4月7日钱某某代表原告方与赵某某签订备忘录，是变更合同，没有取得其同意，其不再承担保证责任。其他答辩意见与赵某某相同。

人民法院依法审理了此案。法院认为，原被告双方在股权转让协议中关于股权转让的约定是建立在“赵某某已持有钼业公司全部股权”的前提上的。赵某某虽称其与蒋某某达成了退股协议，但人民法院判断当事人是否合法拥有某企业的股权，以在工商管理机关登记手续为准。在工商管理机关核准的股权登记档案中记载，赵某某在本案股权转让协议签订之前并未拥有钼业公司100%的股权，因此，赵某某与原告方签约，等于擅自处分了在法律上其本不拥有的部分股权。股权转让协议中约定的赵某某转让给原告方的钼业公司拥有的秦岭钼选厂25%的股权，在工商登记手续方面，钼业公司同样未合法拥有此部分股权。对于股权转让协议签订前钼业公司的欠款问题，由于二被告在协议中明确承诺钼业公司至协议签订时止并不欠税费、工资和工程款，而股权转让协议签订后，原告方代赵某某支付原钼业公司欠工人工资、炸药款等部分款项，另有税务部门证实原钼业公司仍有大量欠税，表明原告方进入钼业公司后，原来的欠税、欠款问题没有解决，此属二被告在缔约时对原告方的共同欺骗。

法院判决：撤销原被告方签订的股权转让协议；被告赵某某和XX饭店对原告方的损失承担连带赔偿责任。

评析:（1）我国矿业权制度的相关规定。

我国的采矿权实行的是许可证制度。相关法律法规明确规定，开采矿产资源，由国务院地质矿产主管部门和省、自治区、直辖市人民政府地质矿产主管部门审批登记，颁发采矿许可证。任何单位和个人未领取采矿许可证不得擅自采矿。本案中，钼业公司没有按规定取得采矿许可证,原告方接管钼业公司后不管经营与否,这都将成为钼业公司日后合法经营的最大隐患。因此，矿山企业必须严格按照国家法律法规的有关规定，及时向国家地质矿产主管部门申请办理采矿许可证，才能合法有效地行使自己的采矿权利。另外，对于矿业权的转让，尽管本案中没有涉及，但由于实践中出现了较多的问题，因此有必要在此说明。我国矿业权转让同样实行审查批准和变更登记制度。国务院地质矿产主管部门和省、自治区、直辖市人民政府地质矿产主管部门是探矿权、采矿权转让的审批管理机关。各种形式的矿业权转让，转让双方必须向登记管理机关提出申请，经审查批准后办理变更登记手续。采矿权人不得将采矿权以承包等方式转给他人开采经营。需要部分出售矿业权的，必须在申请出售前向登记管理机关提出分立矿业权的申请，经批准并办理矿业权变更登记手续。采矿权原则上不得部分转让。实践中出现较多的采矿权承包协议，本身就是违反法律规定的，根本不能受到法律的保护。如果继续按照承包协议履行，在承包协议双方发生争议的情况下，可能会面临承包协议被宣布无效的后果。合同被宣布无效的法律后果可能是双方返还财产，或折价补偿，有过错的一方赔偿对方因此受到的损失，双方都有过错的，各自承担相应责任。采矿权的非法转让，还可能涉及行政责任，有可能受到行政处罚。因此企业在转让或受让采矿权时应对此问题予以注意。

（2）股权转让协议中“声明、承诺、保证条款”的重要性。

本案中，原告方之所以能够行使撤销权，撤销与被告签订的股权转让协议，同时法院判令二被告连带承担赔偿责任，是因为其股权转让协议中“声明、承诺、保证条款”的规定起了重要的作用。法院支持原告行使撤销权，主要依据在于原被告双方在协议中明确表明关于股权转让的约定是建立在“赵某某已持有钼业公司全部股权”的基础上，只要法院查明赵某某在协议签订时未持有钼业公司全部股权，即动摇了该协议签订的基础，原告方要求撤销协议的请求自然应该得到支持。同时，由于二被告在协议中承诺在协议签订前对钼业公司欠款已经予以解决，只要法院查明股权转让协议签订后仍有欠款问题未解决，无论何种原因，均构成被告方对“声明、承诺、保证条款”的违反，应当对此承担责任。实践中，当事人（股权转让协议的受让方）在签订股权转让协议中，或将声明、承诺、保证条款作为股权转让协议的一部分，或将其单独存在作为股权转让协议的附件，无论采取哪种形式，均应对此部分给予充分的重视，做出全面、详尽、具体的规定，以便将来发生纠纷时，能够充分利用声明、承诺、保证条款的规定，切实保护自身的合法权益。

（3）司法机关对案件中涉及的专业技术报告的认定态度。

本案中，对被告向原告方做出的关于矿山级别的介绍是否存在欺诈，共涉及三份矿山级别的认定报告。法院采信了某地质矿产局第十三地质队所作的《XX省XX县XXX钼矿区石家湾矿床详细普查地质报告》，作为本案判定钼业公司所在矿山矿石品质的依据。该报告是XX地质矿产局为行使国家职能而进行的勘探。这说明司法机关在审理此类案件时，更注重国家职权部门或国家专业职能部门所出具的专业技术报告，相对于一些学术组织或学者的报告，显然司法机关认为国家职能部门出具的报告具有更高的证明力。另外，法院之所以否定XX科技学院出具的地质报告，是因为报告人无地质勘查资质。因此，当事人在选择专业鉴定机构时，应注意其是否有相应的专业资格或资质。

（4）股权转让中工商登记变更的重要性。

本案中，被告赵某某虽声称与钼业公司原股东蒋某某达成了退股协议，声称其拥有的秦岭钼选厂25%的股权，但均未办理工商登记变更手续，而人民法院判断当事人是否合法拥有某企业的股权，以在工商管理机关登记手续为准。本案提醒当事人进行股权转让时，在签订股权转让合同及相关文件后应及时到工商行政管理部门办理股权变更登记手续，以得到国家法律上的确认，保护自己的股东权益。

（5）股权转让中尽职调查工作的重要性。

由于股权转让和采矿权问题的复杂性，收购方在签订股权转让协议及相关文件前应当对公司及项目进行全面的尽职调查，这样一方面可以使股权转让的双方本着更加认真、谨慎、严肃的态度进行谈判，另一方面能够使收购方尽量避免股权转让后公司存在的风险。本案中，对于钼业公司欠税问题，未取得采矿许可证问题，股权变更未在工商行政管理部门进行变更登记等问题，依据税务机关、地址矿产管理机关及工商部门的公示性文件均可以查询到，收购方若能够在股权转让之前进行全面、系统、有效的尽职调查，则更利于避免收购后不必要的风险和损失。

13. 如何认定本案的环境污染侵权责任

案情：2008年2月21日，原告黄某承包了本村的湖面50余亩来养鱼、养鸭。7月10日下午，被告吕某、张某、杨某到原告承包的湖面上游约六七十米的河里用蚊香、安眠药、酒精、“树根”等毒鱼。三被告毒鱼处与原告承包湖的水域相通。原告发现鸭在抢吃被毒的鱼后，拨打110报警，并打电话给村小组干部。村小组干部、派出所干警到现场处理，被告吕某写了一份保证书，内容为“本人于二OO八年七月十日，在涵潭村河闹鱼，因河边有承包湖养鱼、养鸭，如三天内有影响负一切责任。”7月30日，湖面、铁路桥下面到处都是死鸭。鸭死亡后，原告未采取隔离措施，未对死鸭进行解剖鉴定。8月1日，现场的水中、草丛中、田埂旁有残留的死鱼。后经鉴定，鱼、鸭死亡造成原告的经济损失为28720元。因双方就赔偿问题协商未果，故原告于8月15日起诉至法院，要求三被告赔偿损失。8月20日，弋阳县渔政管理局决定三被告赔偿渔业资源损失费1000元。

原告提供的村委会的证明，证实三被告在湖面闹鱼，造成原告的鱼死亡10000尾左右、鸭死亡1800只左右。

被告辩称，被告在河里闹鱼属实，但和原告的损失没有因果关系，因为河里闹鱼的地方与被告的养殖地点相差六七十米，湖面的水是否被污染没有证据证明。

评析：侵权民事责任的构成要件一般均为四要件，即侵权行为、过错、损害结果及行为与损害结果之间的因果关系。由于环境污染侵权民事责任属于无过错责任，因此其民事责任的构成要件仅为污染环境的行为、损害结果及污染环境的行为与损害结果之间的因果关系。就一般侵权诉讼而言，受害人负有就民事责任的构成要件承担举证责任。但作为环境污染侵权纠纷而言，由于环境污染侵权极其复杂且受害人一般处于弱势地位，受害人的举证能力有限等因素，往往产生因果关系的举证不充分，难以追究侵权人的民事责任，不能充分保护受害人的合法权益的现象。为此，最高人民法院《关于适用〈民事诉讼法〉若干问题的意见》第74条规定，因环境污染引起的损害赔偿诉讼实行举证责任倒置。也就是说，在环境侵权案件中，只要受害人提供初步证据证明自己受到损害的事实，举证责任就转移到加害人一方，如果加害人不能证明损害后果不是其造成的，那么就可推定加害人的行为与损害事实之间具有因果关系，加害人应当承担民事责任。最高人民法院《关于民事诉讼证据的若干规定》第4条进一步规定，因环境污染引起的损害赔偿诉讼，由加害人就法律规定的免责事由及其行为与损害结果之间不存在因果关系承担举证责任。这一规定是对传统民事侵权举证责任分配的重大突破，从民事诉讼举证角度更加彻底地对受害人进行了保护。因此，审查被告是否存在污染环境的行为和原告是否存在损害事实是环境污染侵权纠纷案件中原告一方举证是否到位的全部内容。

就本案而言，三被告为捕捞水产品，在河里投放蚊香、安眠药、酒精、“树根”等毒鱼，致使湖面的水受到污染，造成鱼、鸭死亡，属于环境污染侵权行为。原告已提供证据证实了三被告实施了毒鱼行为，原告有死鱼、死鸭损失的事实存在，从查证的旁证可以证明三被告毒鱼行为与死鱼、死鸭有密切的关联性；三被告未提供证据证明毒鱼行为与死鱼、死鸭之间不存在因果关系，且不存在法律规定的免责事由的三种情形，即不可抗拒的自然灾害、受害人的过错和第三人的过错，就应承担举证不能的后果，赔偿原告的损失。原告发现死鸭后未采取有效的防止损失扩大的措施，对原告的诉讼请求，法院酌情予以支持。

14. 企业达标排污致害案

案情：2000年10月上旬，来自某有限责任公司等9家企业的工业污水，沿河道滦乐灌渠大量排放到多条河入海口海域，涌入孙某等18户渔民经营的6家海水养殖场，致使即将成熟上市的文蛤、青蛤、毛虾、蛏子以及梭鱼、鲈鱼等滩涂贝类、鱼类等成批死亡，大部分绝收，经济损失2000余万元。2001年5月，孙某等18户渔民将9家排污企业一起诉至海事法院，要求9名被告共同赔偿损失2000余万元，并停止污染侵害。海事法院委托农业部渔业环境监测中心黄渤海区检测站对本次污染事故的原因进行鉴定，该站认定原告养殖物的死亡是各被告排放污水所致，并派出鉴定人到庭接受质证。

海事法院经审理后认为，孙某等原告持有国有海域使用许可证及滩涂承包合同，具有合法的养殖资格。本案被告排放含有毒物质COD、悬浮物的污水，是造成原告养殖生物死亡的实质原因，9名被告的排污行为与原告的损害结果之间具有直接必然的因果关系，已构成共同侵权行为。于是于2002年4月12日作出判决：（1）9名被告连带赔偿原告损失1365975元；（2）责令9名被告立即停止侵害，不得再排放污水入海，消除继续污染养殖区域的危险。

评析：本案首先的争议焦点是被告达标排放污染物的行为是否构成免除其侵权民事责任的免责事由，也即行为的违法性是否作为环境侵权行为的构成要件。

（1）环境侵权行为的认定

环境侵权是一种特殊的民事侵权行为，其民事责任构成要件与一般民事侵权构成要件有着密切关系。目前学说一般分两种：三要件说和四要件说，区别就在于对行为的违法性是否为环境侵权民事责任构成要件之一的认定。有的观点认为，环境侵权行为承担民事责任应以违法性为前提条件，仅污染环境而未违反国家有关规定者，不负民事责任，其依据是我国《民法通则》第124条的规定，认为污染环境的行为应当是“违反国家保护环境防止污染的规定”的行为；也有的观点认为，环境侵权行为即使没有违反环境保护法律的具体规定，但造成他人损害的，说明其违反了保护他人生命健康权的法律规定，因而具有违法性；还有的观点认为，违法性不是环境侵权行为承担民事责任的构成要件。笔者赞成最后一种观点。

首先，行为的违法性是构成一般民事法律责任的要件，但在某些特殊情况下可以例外。按照我国《环境保护法》第41条的规定，并未要求加害人只有从事了违法行为才承担赔偿责任，而只规定引起污染危害的，不论其排污行为是合法还是非法，都应当承担赔偿责任。《水污染防治法》、《大气污染防治法》中也有类似的规定。《民法通则》第124条的规定只是我国环境保护及相关法律、法规所确定的基本原则和规章制度，而不是指具体的某一排污标准，它解决的是法律适用的问题而不是行为标准的问题，即凡是污染环境致人损害之案件，应适用环境法等专门法律法规。此外，按照“特别法优先于一般法”的法律适用规则和环境侵权适用无过错责任的原则，行为的违法性不应成为环境侵权民事责任的前提条件和构成要件。

其次，环境污染造成的危害，有些情况下是违法行为所致，有些情况下则不是。环境侵权的间接性、社会性、复杂性、潜伏性、主体的不平等性也决定了违法性不应作为承担民事责任的构成要件。现行法所确定的排污标准虽然承认一定限度内的污染行为的合法性，但其标准不完全是根据环境本身所能容纳、达到自净能力的污染容量而制订的，而是考虑到企业现有技术能力和承受能力而制订的。即使是合法的排污也并不意味着不会对周围环境造成污染的损害后果。特别是在实行污染物“浓度控制”的情况下，即使某一单一污染源所排放的污染物符合环境行政法律法规所规定的浓度标准，也极有可能因其所排放的污染物的总量超过所在地的环境容量而造成环境污染，并侵害他人合法权益。再者，法律允许在规定限度内的环境污染行为，但是法律不允许损害他人的合法权益。如有些企业在正常生产的情况下，符合国家标准排放污染物，不发生行为的违法性问题。但在污染比较集中的特定地区，可能因污染物超过环境容量而造成环境污染，进而造成周围居民财产或人身的伤害……在这种情况下，同样可以要求排放污染的企业承担一定的民事赔偿责任。

再次，长期以来有一种模糊认识，认为只要污染物排放达标，获得了排污许可证，企业排放污染物的行为就是合法的，无须赔偿他人的损失，排污达标和“合法”给企业披上了保护的外衣。事实上，原国家环保局[1991]年环法函字第104号文《关于确定环境污染损害赔偿责任问题的复函》指出，现有法律法规并未将有无过错以及污染物的排放是否超过标准作为确定排污单位是否承担赔偿责任的条件。污染排放标准只是环境保护部门进行环境管理的依据，而不是确定排污单位是否承担赔偿责任的界限。国务院《征收排污费暂行办法》第3条第3款亦规定：“排污单位缴纳排污费，并不免除其应承担的治理污染、赔偿损害的责任和法律规定的其他责任。”可见，污染物排放标准不是确定排污者是否承担民事责任的界限。这些解释很好地体现了环境法的立法宗旨，但在实践中，却并未引起司法机关的足够重视，以致在大多数环境污染诉讼案件中，当事人和法院都把注意力放到排污是否达标上，而很少从污染物排放总量和环境质量标准上理解达标。这样一来，排污企业可以轻易地拿出自己“达标”的证明，而受害人却很难提出反证，从而得不到应有的法律保护。本案很好地发挥了环境鉴定机构的作用，对认定被告的超标排污起了至关重要的作用，这一做法值得借鉴和推广。

最后，企业的生产经营活动为社会创造了物质财富，满足了人们生存和发展的要求，企业的行为无疑是正当的、合法的。有生产就一定有废弃物的排出，尽管企业采取各种技术手段，严格按照污染物排放标准排放，仍然无法从根本上消除对环境的污染和危害。如果按照民法的理论，只有行为违法才能承担责任，那么这种合法的环境污染行为就可以不承担民事责任，既不合情理也不符合公平原则。因为排污者从事生产经营而获得经济利益，如果排污者对这种积极的、主动的行为所造成的损害后果不承担责任，其结果势必是受污染的受害者自负损失，而不能在法律上获得救济，这显然有失公正。正因如此，对于合法排污是否承担民事责任的问题，世界上绝大多数国家都规定，行为人虽合法排污，但对因此造成的他人合法利益之损害应承担民事责任。如日本法院在忍受限度理论中确立的原则中包括行为人遵守排污标准只限于不受行政法的制裁，而不能成为民法上的免责事由以及污染环境行为的公共性和利益性不能成为免责事由，这都值得我们借鉴。

（2）关于确定共同侵权的标准问题

本案一、二审的区别不仅在于赔偿数额的变化上，更重要的是认定了9名被告中8名被告由于超标排放污染物承担共同侵权的责任即连带责任，而1名被告因为被当地环保部门确定为达标排污企业，在承担民事责任上与超标排放企业有所区别，单独承担赔偿责任，不承担连带责任。尽管判决的结果都是要承担责任，但责任的意义和内容却不同，连带责任要重于单独承担的责任。

由于在环境侵权诉讼中适用的是无过错责任原则，并不要求行为人有共同过失，只要行为人的行为客观上结合起来产生损害后果即可。从这个角度看，一审法院没有区分被告的行为是否都为超标排放而判决9名被告构成共同侵权承担连带责任并无不妥。但二审法院从宽认定了9名被告的共同侵权行为，并且从宽适用连带赔偿责任，将行为是否合法作为构成共同侵权承担连带责任的标准之一。众多被告对污染损害承担连带赔偿责任，以其行为构成共同侵权为前提。按照传统的民法理论，认定共同侵权行为，要求各加害人之间在客观上和主观上都具有“关联共同”，具有共同故意或共同过失；而在环境污染案件中，要想证明不同行业、不同地域、不同排污情况的企业存在共同过错是很困难的。本案从宽认定了9名被告的共伺侵权行为，将客观共同作为构成共同侵权的依据，克服了主观共同论的局限。这样既可以通过连带责任让部分超标排污的企业承担全部或大部分责任，又可以促使企业重视环保，努力减轻污染危害，这符合环境法的立法宗旨。

（3）混合责任的问题

本案的二审法院认为原告等在签订承包合同时应考虑到上述企业多年排污的历史原因，在靠近排污河道和入海口从事养殖业有一定的风险，应自行承担由于对养殖环境风险评估不足的相应损失。最后判决减轻了被告的损害赔偿责任。

混合责任，是指加害人和受害人对环境污染的损害均有过错，因此均应承担责任。其法律特征是：①危害结果已经发生，受害人已经受到了损害；②双方均有过错，即损害后果并非加害人一方的过错行为引起；③双方的过错行为与受害人遭受损害之间存在因果关系。《民法通则》第131条规定，受害人对于损害的发生也有过错的，可以减轻侵害人的民事责任。这里的“也有过错”、应当是不包括损害后果完全是由受害人自己引起的情况，因为在这种情况下，加害人将免除责任实际上混合责任就是根据因果联系，由加害人承担与自己行为有因果联系的损害赔偿责任，而由受害人自行承担与自己有因果联系的行为产生的责任。

（4）结论

综上所述，本案案情较为复杂，涉及的法律问题比较多，一审法院处理案件时在事实的认定和法律适用上都存在着瑕疵，二审法院的审理弥补了一审的缺陷，不仅确认了违法性不能成为环境侵权民事责任的构成要件这一关键问题，而且区分了被告之间的责任关系，同时认定了受害人存在的过失问题，最终作出了正确的判决。

15. 二次污染赔偿纠纷案

案情：某服务公司所属生态试验场9口鱼塘与某有限公司西侧围墙相邻。某有限公司废水曾流经西侧围墙排出，造成鱼塘周围土壤吸附酸性物质，如遇雨天，酸性物质随雨水冲刷渗入鱼塘，产生污染。1986年至1991年期间，鱼塘鱼苗每年发生大面积死亡，某有限公司均给予某服务公司赔偿。废水排放改道后，1992年3月，某有限公司委托赣州地区环境监测站对鱼塘及周围土壤进行环境现状调查，结果表明：鱼塘周围土壤为酸性红壤，测定项目在正常值范围，鱼塘水质基本满足国家《渔业水质标准》。据此，某有限公司拒绝了某服务公司1992年的赔偿要求。某服务公司遂于1992年8月起诉至人民法院，称：环境不断变化，一次测试结果不能说明整个环境现状，鱼塘周围土壤吸附酸性物质渗透是有时间性的，间断的，请求某有限公司继续赔偿1992年污染损失，并承担治理费用。

某有限公司答辩称：原告鱼塘水质经测试，符合养鱼标准，不同意赔偿及治理。

人民法院受理后，某服务公司又递交补充诉状，请求某有限公司增加赔偿1993年鱼塘污染损失。审理期间，环境专家论证，环境有一个动态变化过程，一次测试结果不能说明整个环境现状；多次测试中只要有一次鱼塘水质不符合要求，鱼塘就不能养鱼。经委托环境监测站再次对原告1号—9号鱼塘水质进行鉴定，鉴定结论表明只有8号、9号两口塘的水PH值符合淡水渔业标准，其他鱼塘水PH值都不符合标准。鉴于此事实，人民法院依据《中华人民共和国环境保护法》第四十二条第一款、第二款及《中华人民共和国民法通则》第一百二十四条之规定，主持双方调解。调解中，被告某有限公司对法院委托鉴定结论无异议。双方自愿达成调解协议如下：（1）某有限公司赔偿某服务公司1992年、1993年鱼塘污染损失36244元；（2）污染的鱼塘由某服务公司自行治理，治理费53756元，由某有限公司承担，在1994年1月30日放鱼期前一次付清。

（3）某有限公司无偿提供治理污染工程用电。

评析：对于本件环境污染损害赔偿案

首先，法院把握了被告废水排放致二次污染的损害发生的事实。被告废水曾经其西侧围墙排出，污染原先的鱼塘，虽然现已改道排放，并经1992年3月测试结果没有问题，但环境是动态变化的，10次测试中有1次不符合养鱼水质标准，鱼塘的鱼就难以存活。1992年3月1次测试结果不能表明环境的总状况。审理中，法院委托环保部门对原告鱼塘进行的水质鉴定足以证明鱼塘二次污染的事实。对此被告又举不出反证，从而可认定其废水排放造成原告鱼塘二次污染损害。据此，法院调解书确定被告赔偿原告的损失合理合法。

其次，原告鱼塘被污染，每年采取由被告赔偿的办法不能治本，重要的还是根治污染。赣县人民法院调解协议第二条，被告承担治理费用，由原告自行治理，实际上体现了环境保护谁污染谁治理的原则，又便于实施，这样处理也是正确的。

16. 鱼塘承包引起的自然资源使用权纠纷案

案情：2005年1月，原告朱某与魏某协商购买其承包的某第二养殖场32亩鱼塘设施，包括鱼塘内的蟹苗、围网、地笼若干只、网箱1个、水泥船2条、水泵和柴油机各1台等，价款由原告支付给魏某。同年1月20日，原告向某第二养殖场交纳了2005年度的鱼塘承包金5000元。后原告与被告王某分别使用32亩鱼塘的一半进行养殖，原告收取了被告2005年度2500元承包金，并将600斤水泥船一条、围网、地笼七只交于被告使用。2006年1月23日，原告向某第二养殖场交纳了2006年度的鱼塘承包金5800元。同期，原告欲收回被告经营的鱼塘，但未果，双方因而产生纠纷。2006年初，被告王某对其经营的鱼塘进行了投入。

原告朱某诉称：原告于2005年1月20日承包经营泗洪县某乡第二水产养殖场30亩的鱼塘用于水产养殖。同年2月，经与被告协商，口头约定转包15亩水面给被告，承包期至2006年1月20日，承包费2500元。同时，水面养殖的附属设施：600斤水泥船一条、围网、地笼七只一并交于被告使用。合同期满后，被告拒不返还承包的水面及附属设施，故请求法院予以处理。

被告王某辩称：2005年2月，原、被告商量以原告名义承包经营泗洪县某乡第二水产养殖场30亩的鱼塘用于水产养殖，合同约定后，原被告将此水面分开，一家一半，也一家一半交纳承包金，但均以原告名义上交给养殖场，2006年的承包金被告已经支付给原告3000元。原告要求被告返还承包水面及附属设施的请求于法无据，请求法院予以驳回。

人民法院经审理认为，原、被告口头约定土地使用权有偿使用合同，系双方当事人真实意思表示，并不违反法律规定，且作为出包方泗洪县某乡第二水产养殖场，从其出具给原被告双方的证明中可以看出，对原被告双方转包一事予以认可，故该转包合同合法有效。本案中，被告对承包土地的承包属性，即是转包还是共同承包产生争议，其认为双方是共同承包人，后实际分割，只是和泗洪县某乡第二水产养殖场口头订立养殖合同及交纳承包费均以朱某名义，但其提供的证据不足以证明该主张，本院不予采信。对于2006年的承包费，被告主张其已交给原告3000元，原告不予认可，被告亦未提供相应证据予以证实，本院不予采信。被告在转包到期后，未按约定返还该塘面及附属设施，属违约行为，被告应予以返还。本案在审理中，考虑到被告对该塘面已经进行了大量的投入，为减少双方损失，原告亦表示同意再转包给被告养殖一年，到期后一并返还塘面及附属设施，本院予以准许。对于附属设施600斤水泥船一条、围网、地笼七只的价值，双方陈述一致为1400元，本院予以确认。根据《中华人民共和国合同法》第七十七条、第一百零七条之规定，判决：一、该16亩塘面由被告王某继续承包至2007年1月10日，附属设施：600斤水泥船一条、围网、地笼七只一并交于被告使用（在被告处），到期后，该塘面及其附属设施一并返还原告朱某，附属设施如不能返还，由被告折价1400元赔偿。二、被告王某支付原告朱某承包款计人民币2800元。（于判决生效后十日内履行）

评析：本案涉及的是农村土地经营权的流转问题，在实体处理上，应重点把握以下几点：

（1）流转合同是否侵害他人合法权益。

案件审理中，重点审查了以下几点：①流转人的权属问题及本案原告是否有承包经营权；②该流转合同是否为有偿流转；③流转期限是否超过了原告的承包期限；④原、被告之间的流转合同是否侵害了他人的优先权；⑤该流转合同的内容是否侵害了土地资源，改变了土地的原有用途；⑥原、被告之间的流转合同是否违反意思自治的原则。经审查，原被告之间虽无书面合同，但双方口头协议意思表示一致，内容合法有效，应予认定。

（2）在流转中，为何推定发包人同意。

《最高人民法院关于审理农业承包合同纠纷案件若干问题的规定（试行）》第十四条“承包方未经发包方同意，转让承包合同，转包或者互换承包经营标的物的，人民法院应当认定该转让、转包、互换行为无效。”本案中，原被告之间的流转合同从形式上并未经发包人书面同意，但从其出具给原被告双方的证明中可以看出，对原被告双方转包一事予以认可，一审法官予以推定发包人同意。

（3）判决继续履行合同的理念何在。

由于争讼地属水产养殖大县，发包方的对外承包价格一律公开，双方合意即可。只要不破坏土地资源，不改变土地利用现状，承包人可以自由流转，对此发包人是予以认可的。而且本案被告在承包期满后，继续投入，一审法院在熟悉上述情况后，为避免原被告双方损失的进一步扩大，同时有利于农业生产的稳定，最大限度地追求法律效果和社会效果的统一，力争司法效果最佳化，一审法官在审理该案时，主动判决延长一年合同期限，达到利益的衡平。

17. 野外焚烧玉米秆引发火灾处缓刑

案情：一对夫妻为方便耕地，不顾附近是一片茂盛的山林，将玉米秆就地焚烧，结果残火复燃引起山林火灾。日前，经西林县人民检察院提起公诉，县人民法院以犯失火罪判处这对夫妻各有期徒刑1年，缓刑1年。

贺某和梁某是夫妻，2009年3月23日上午7时许，夫妻俩在自家责任田耕地，收拾玉米秆堆放后，为图省事决定就地焚烧。于是，贺某叫妻子梁某用随身携带的打火机点燃一堆玉米秆，然后他用燃着的玉米秆去点燃其他几堆玉米秆。几个小时后，几堆玉米秆烧完，两人未注意查看地里是否还有残火即返回家。

下午3时许，因天气炎热，玉米秆的残火复燃被风刮后蔓延到毗邻贺某家责任地的林山杂草中，引发山林大火。梁某和其他群众闻讯后前来灭火，因火势太猛，大火烧了近5个小时才被扑灭。经林业技术部门人员鉴定，火灾过火有林面积共6.84公顷，3户人家遭受较大损失。案发后，梁某和贺某主动与被害人协商赔偿事宜，签订了赔偿协议，并向公安机关投案自首。

日前，人民法院经开庭审理认为，梁某和贺某违反火险季节用火规定，擅自在野外用火，引发山林火灾，造成严重后果，其行为已触犯刑律，构成失火罪。鉴于二人犯罪情节较轻，且有自首行为,犯罪后认罪态度好，与被害人达成了赔偿协议，有悔罪表现，决定依法从轻处罚，遂作出上述判决。

评析：失火罪是指行为人的过失引起火灾，造成严重后果，危害公共安全的行为。这是一种以过失酿成火灾的危险方法危害公共安全的犯罪。它侵犯的客体是公共安全，即不特定多数人的生命、健康或重大公私财产的安全。在客观方面表现为行为人实施引火，造成严重后果；主观方面表现为过失，既可出于疏忽大意的过失，也可出于过于自信的过失。

梁某和贺某违反野外用火规定，不顾附近是一片茂盛的山林，仍焚烧地里的玉米秆，而且没有认真检查是否还存在火灾的隐患就离开，两人在主观上都有过失，最终引起火灾造成重大的经济损失，因此两人的行为都构成失火罪。因火灾造成过火有林面积达6.84公顷，属情节较轻，根据我国《刑法》第115条的规定，犯失火罪的，处3年以上7年以下有期徒刑。情节较轻的，处3年以下有期徒刑或者拘役。梁某和贺某应在3年以下有期徒刑或者拘役的量刑幅度内处罚，因其有自首行为，且认罪态度好，并赔偿了受害人的经济损失，有悔罪表现，故获得从轻处罚。

18. 迷信作祟施报复毁人果树判一年半

案情：今年29岁的张某是某村民。多年来，张某家生活较贫困，十分迷信的张某便认定是同村韦某家婆的坟墓在作怪，于是产生了报复的恶念。

去年10月5日下午，张某携带柴刀、锄头等工具，到韦某家种植的八角林地，先后将韦家种植的174株八角树砍倒，然后又将韦某家婆坟墓里的骨坛挖出打破，将尸骨丢弃野外。经凌云县林业局鉴定，张某砍倒韦某家的八角树价值8613元。同年11月18日，张某因涉嫌犯破坏生产经营罪被批准逮捕。

日前，人民法院审理后认为，张某为泄愤报复，故意砍毁他人八角树，造成经济损失8613元，构成破坏生产经营罪。张某归案后认罪态度较好，能如实供述自己的犯罪事实，有悔罪表现，在量刑上可酌情给予从轻处罚。法院以犯破坏生产经营罪，判处有期徒刑1年6个月。

评析：破坏生产经营罪，是指由于泄愤报复或者其他个人目的，毁坏机器设备、残害耕畜或者以其他方法破坏生产经营的行为。按我国《刑法》第276条的规定，犯破坏生产经营罪的，处3年以下有期徒刑、拘役或者管制；情节严重的，处3年以上7年以下有期徒刑。

破坏生产经营罪所侵害的客体是生产经营的正常活动。在客观方面表现为以毁坏机器设备、残害耕畜或其他方法破坏生产经营的行为。其他方法多种多样，但不论方式如何，采用的手段怎样，破坏的对象都必须与生产经营活动直接相联系，破坏用于生产经营的生产工具、生产工艺、生产对象等。犯罪主体是一般主体，即凡达到刑事责任年龄且具备刑事责任能力的自然人均可构成。在主观方面表现为直接故意，并且具有泄愤报复或者其他个人目的。其他个人目的，一般是指出于个人恩怨而产生的不正当心理追求，行为人只要出于泄愤报复或者其他个人目的，故意给生产造成较大破坏的，即可构成此罪。

因有封建迷信思想，张某将家庭生活贫困迁怒于韦某家婆的坟墓作怪，由此起意报复泄愤，将韦某家种植的八角树砍伐，破坏了韦某家的正常生产经营，导致韦某家受到较大的经济损失，故法院依法认定张某构成破坏生产经营罪。因其有酌情从轻处罚的情节，法院从轻判处张某有期徒刑1年6个月。

19. 滥伐林木构成犯罪

案情：某村村民委员会（以下简称村委会）经集体研究后，做出书面决定，砍伐、清除本村徐圩滩上的林木，以便在该地搞特种水产养殖，在村委会主任的主持下该村委会与村民陈某、徐某签订协议，约定村委会以1.6万元的价格出售徐圩滩上的林木，由村委会负责办理采伐许可证；陈、徐二人买受该林木，负责砍伐、清运。11月18日，村委会在未经林业主管部门批准并核发木采伐许可证的情况下，即允许陈、徐等人砍伐。经测定被砍伐林木面积为119.7亩，计3650余株，折合393.47立方米。2005年6月15日，邗江县人民检察院以陈巷村村委会犯滥伐林木罪向法院提起公诉，邗江县人民法院经审理认为，陈巷村村委会未经林业主管部门批准并核发采伐许可证，任意采伐本单位所有的树木，数量巨大，其行为已构成滥伐林木罪，依法判处罚金50000元，该村村委会主任犯滥伐林木罪判处有期徒刑3年，缓刑3年，并处罚金10000元。

评析：本案涉及滥伐林木构成犯罪的问题。《中华人民共和国森林法》第32条规定，采伐林木必须申请采伐许可证，按许可证的规定进行采伐。农村集体经济组织采伐林木，由县级林业主管部门依照有关规定审核发放采伐许可证。《中华人民共和国刑法》第345条第2款规定，违反森林法的规定，滥伐森林或者其他林木，数量较大的，处三年以下有期徒刑、拘役或者管制，并处或者单处罚金；数量巨大的，处三年以上七年以下有期徒刑，并处罚金。第346条规定，单位犯本罪的，对单位判处罚金，并对其直接负责的主管人员和其他直接责任人员，依照345条的规定处罚。所谓滥伐林木是指，对自己有采伐权或由自己经营管理的森林、林木，不按保护森林资源的合理要求，以破坏森林资源的方式进行采伐的行为。最高人民法院、最高人民检察院在《关于办理盗伐、滥伐林木案件应用法律的几个问题的解释》中规定，国营企事业单位、集体组织未经林业主管部门或法律规定的其他主管部门批准并核发采伐许可证，或虽持有采伐许可证，但违背采伐证所规定的地点、数量、树种、方式而任意采伐本单位管理或所有的林木，情节特别严重的，定滥伐林木罪。本案中，虽然被砍伐的林木属于村委会所有，但国家将其作为国家森林资源，对其进行严格管理，其采伐需要办理采伐许可证，村委会在未取得有关主管部门的采伐许可证的情况下允许他人砍伐本单位所有的林木，数量巨大，其行为已构成滥伐林木罪，人民法院的定罪处罚是正确的。

20. 本案水利农机局行为是否越权

案情：位于某县甲镇中峰村与某县乙镇凤凰村交界处有一个大塘。该塘始建于1965年，当时属乙镇凤凰村3社所有、管理使用。1976年为扩大该塘的提灌面积，由中峰村、凤凰村共同出劳出资出地，对关门大塘进行了扩建。扩建后两个村均派人参与了管理。1990年、1996年、2001年，凤凰村以自己的名义，将关门大塘对外进行了承包。2000年，该县人民政府给凤凰村颁发了《小型水利工程使用权证》。后中峰村、凤凰村就关门大塘的权属发生争议。甲镇镇政府向该县县政府上报了要求确认关门大塘产权和管理权的请示，该县分管副县长将该请示批转给县水利农机局，要求其领导及时协调处理好此事，并反馈县府。

2003年，县水利农机局以县政府授权其协调处理为由，向甲镇镇政府作出了《关于关门大塘权属纠纷的调查处理意见函》，将关门大塘的所有权确定为乙镇凤凰村所有。中峰村不服，向法院提起行政诉讼，要求撤销该调查处理意见函。

评析：县水利农机局是否具有对本行政区域内山坪塘权属争议进行处理的职权是本案的关键问题。

《中华人民共和国水法》规定的水事纠纷是指地区之间、单位之间、个人之间、单位和个人之间分享水利、防治水害或者其他水事活动中发生的权益争端。包括：①对相邻地区权益有影响，单方面兴建水工程而引起的纠纷，②因水量分配或其他用水权益发生争端而引起的纠纷，③因防洪、排涝、河道整治而引起的纠纷，④其他原因引起的水事纠纷。

而权属争议，不仅仅是对分享水利、防治水害等权益产生争议，而且包括水利用地权益。水利工程用地、护渠地、护堤地均属水利工程范围内的土地。《中华人民共和国土地管理法》第4条第2款规定："前款所称农用地是指直接用于农业生产的土地，包括耕地、林地、草地、农田水利用地、养殖水面等"，即农田水利用地属于土地管理法的调整范畴。按照该法第16条第1款"土地所有权和使用权争议，由当事人协商解决；协商不成的，由人民政府处理"和第2款"单位之间的争议，由县级以上人民政府处理"规定，农田水利用地的所有权争议，应由县人民政府处理。同时，《中华人民共和国水法》第56条规定"不同行政区域之间发生水事纠纷的，应当协商处理；协商不成的，由上一级人民政府裁决"，该条也规定了水事纠纷应由人民政府处理。

中峰村和凤凰村，分属于甲镇和乙镇，属于两个不同的行政区域管辖，它们之间产生的权属纠纷，只能由它们共同的上一级人民政府即县人民政府处理。因此，无论是农田水利用地，还是为分享水利、防治水害等权益产生权属争端，都应由县级以上人民政府处理或裁决。

而水利农机局作为人民政府的一个行政职能部门，依照水法的规定，它只负责其行政区域内水资源的管理和监督工作，对土地的管理和监督工作，则应由土地行政主管部门负责。《中华人民共和国水法》第57条规定的"当事人不愿协商或者协商不成的，可以申请县级以上地方人民政府或者其授权的部门调解"。该条文也仅仅是规定对水事纠纷可以申请县级以上地方人民政府或者其授权的部门调解，不包括水利用地。并且也只能是调解，不能作出带有强制性的处理意见。加之本案中，仅有县政府分管领导的批示意见，不能证明县政府已授权水利农机局进行处理。那么，在法律法规无明确规定的情况下，水利农机局以自己名义对中峰村和凤凰村山坪塘所有权争议进行处理，显然属于超越职权的行为。

21. 砍伐古树卖钱投案自首轻判

案情：陈某携带砍伐工具到邻村三月岭古道，偷偷砍伐了5株松树。当晚，陈某把松树拉出去准备变卖。次日凌晨，当地群众发现后拦下陈某，并向公安机关报案。经群众劝说，陈某得知自己砍伐了3株受国家保护的古松树，为争取宽大处理，他马上到公安机关投案自首。陈某被检察机关依法以涉嫌犯非法采伐国家重点保护植物罪批捕。近日，人民法院审理后认为，陈某擅自砍伐受国家保护的古树，其行为触犯我国《刑法》第344条的规定，构成非法采伐国家重点保护植物罪，因陈某作案后自首，依法从轻判处有期徒刑3年、缓刑4年，并处罚金3000元。

评析：我国《刑法》第344条规定，非法采伐、毁坏珍贵树木或者国家重点保护的其他植物的，或者非法收购、运输、加工出售珍贵树木或者国家重点保护的其他植物及其制品的，处3年以下有期徒刑、拘役或者管制，并处罚金；情节严重的，处3年以上7年以下有期徒刑，并处罚金。根据最高人民法院《关于审理破坏森林资源刑事案件具体应用法律若干问题的解释》的规定，“珍贵树木”，包括由省级以上林业主管部门或者其他部门确定的具有重大历史纪念意义、科学研究价值或者年代久远的古树名木，国家禁止、限制出口的珍贵树木以及列入国家重点保护野生植物名录的树木。同时规定具有下列情形之一的，为“情节严重”：①非法采伐珍贵树木2株以上或者毁坏珍贵树木致使珍贵树木死亡3株以上的；②非法采伐珍贵树木2立方米以上的；③为首组织、策划、指挥非法采伐或者毁坏珍贵树木的；④其他情节严重的情形。

陈某擅自砍伐受国家保护的3株古树，已构成非法采伐国家重点保护植物罪，且属情节严重，鉴于其有自首情节，依法可从轻处罚故法院判处有期徒刑3年、缓刑4年。

相关法律问答

1. 什么是环境问题?

答：所谓环境问题是指由于自然原因或人类的活动，使环境质量下降或生态系统失调，对人类的社会经济发展、健康和生命产生有害影响的现象。

2. 环境污染包括哪些方面？目前农村环境污染主要有哪些?

答：包括大气污染、水污染、土壤污染、固体废弃物污染、噪声污染、放射性污染、海洋污染等。目前农村环境污染主要有滥用农药，导致水污染；工厂的“三废”，导致大气污染、水污染、固体废弃物污染，农民的生活垃圾乱扔乱丢导致的环境污染。

3. 我国环境法律体系由哪些内容构成?

答：目前我国环境法律体系主要由五部分构成：（1）宪法，宪法中有关环境保护的规定，是环境与资源保护的基础，是各种环境法律、法规和规章的依据；（2）环境保护法，是环境保护的基本法，它对环境保护的主要问题作出了一系列的规定；（3）环境与资源保护单行法，如《固体废物污染环境防治法》、《大气污染防治法》等；（4）其他部门法中的有关环境的法律规范；（5）环境标准。

4. 什么是生态农业?

答：生态农业就是按照生态学原理来规划、组织和进行农业生产。具体的讲就是农业生产主要或完全依靠生物生产的有机物来提高农作物产量，应用现代化技术，在有效提高生产力的同时，促进资源和环境良性循环的形成，从而获得生产发展、生态环境保护、能源再生利用、经济效益四者统一的效果。

生态农业必须合乎下列这样一些最基本的生态学要求：一是生产结构的确定，产品布局的安排等都必须切实做到因地制宜，和当地的环境条件相匹配；二是对自然资源的利用不能超过资源的可更新能力；三是在能量和物质的利用上，要做到有取有补，维护生态平衡；四是在利用可更新自然资源的同时，要注意抚育和增殖自然资源，使整个生产发展走向良性循环；五是不使用基因作物；六是拒绝化肥、农药和辐射技术；七是实行作物轮作，饲养也必须用生态农产品做饲料，禁止对牲畜注射激素和抗菌素。

生态农业是全面规划、相互协调的整体农业。生态农业的出发点和落脚点，都是着眼于系统的整体功能。

5. 什么是无公害农产品?

答: 通过引用无公害的技术进行生产，经专门机构监测认定，使用无公害农产品标志的产品属于无公害农产品。广义的无公害农产品包括: 有机食品、生态食品、绿色食品、健康食品、自然农法食品等。特指的无公害农产品是农业部环能司开展研究的、经无公害农产品管理机构审定、许可使用无公害农产品标志的安全、优质，面向大众消费的农产品及其加工产品。目前无公害农产品的生产有两大类型: <1>完全不施用农药、化肥等农用化学物质而生产出来的无公害农产品。<2>限量、限时使用少量农药、化肥的无公害农产品。

6. 什么是绿色食品?

答：绿色食品是无污染的安全、优质、营养类食品，并非指"绿颜色"食品，而是特指遵循可持续发展原则，按照特定的生产方式生产，经专门机构认定，许可使用绿色标志的无污染的安全、优质、营养类食品。绿色食品分 A 级和 AA 级，AA 级绿色食品要求在生产过程中不施用化肥、农药；A 级绿色食品可以限量、限品种、限时间使用部分化肥、农药。

7. 如果因环境问题发生争议和纠纷，可以通过哪些途径解决?

答: 在环境纠纷出现之后，争执双方可以自行选择适当的途径来解决纠纷。一般来说，争执双方可以选择下列途径之一来解决纠纷。一、自愿协商解决，双方经协商达成解决纠纷的协议; 二、行政调解，请求环境管理机关或者有关行政机关调解处理; 三、司法诉讼解决，环境纠纷当事人，在不能通过协商达成协议，或者不能通过行政调解纠纷时，可以通过向法院提起诉讼来解决。当然，纠纷当事人可以不经过协商和行政调处，直接提起司法诉讼的办法来解决环境纠纷。

8. 什么是环境民事诉讼?

答: 环境民事诉讼是指环境法主体在其环境权利受到或可能受到损害时，依民事诉讼程序提出诉讼请求，人民法院依法对其审理和裁判的活动。它涉及的是平等主体之间就环境权利义务的争议，其诉讼请求通常是让法院确认原告享有某种权利，被告负有某种义务，并让被告履行某种义务，以满足原告的权利要求。环境民事诉讼的种类主要有停止侵害之诉、排除危害之诉、消除环境污染破坏危险之诉、恢复环境质量原状之诉和环境损害赔偿之诉等。

9. 哪些人有资格提起环境民事诉讼?

答: 环境是人类共享的公共财产，任何人都不可能对其拥有专有权和排他权。我国《环境保护法》第六条明确规定:“一切单位和个人都有保护环境的义务，并有权对污染和破坏环境的单位和个人进行检举和控告。”这里的控告包括向环境保护行政机关控告和人民法院起诉两个内容。

10. 环境污染致人损害，提起诉讼的时间限制是多长？

答：在环境污染诉讼时效方面实行较长的诉讼时效。《环境保护法》第四十二条规定，因环境污染损害赔偿提起诉讼的时效期间为3年，从当事人知道或者应当知道受到污染损害时起计算。

11. 环境污染损害赔偿的举证责任由谁承担？

答：环境污染属特殊侵权行为。我国《民法通则》第一百二十四条规定：“违反国家保护环境防止污染的规定，污染环境造成他人损害的，应当依法承担民事责任。”根据《最高人民法院关于民事诉讼证据若干规定》第四条第三项规定，因环境污染引起的损害赔偿诉讼，由加害人就法律规定的免责事由及其行为与损害结果之间不存在因果关系承担举证责任。

12. 遭受的环境污染损害达到怎样程度时可向污染制造者索赔？

答：按照《环境保护法》第四十一条规定：“造成环境污染危害的，有责任排除危害，并对直接受到损害的单位或者个人赔偿损失”。也就是说，任何单位或个人受到污染危害，都可以要求致害单位或个人排除危害，赔偿损失。但是，赔偿损失需要以受害人受到实际损失为前提，受害人必须经医院诊断或有关部门鉴定，凭相关证明索赔。

13. 什么情况下会受到环境保护行政主管部门或者行使环境监督管理权的部门的警告或处罚？

答：根据《中华人民共和国环境保护法》第三十五条违反本法规定，有下列行为之一的，环境保护行政主管部门或者其他依照法律规定行使环境监督管理权的部门可以根据不同情节，给予警告或者处以罚款：

（1）拒绝环境保护行政主管部门或者其他依照法律规定行使环境监督管理权的部门现场检查或者在被检查时弄虚作假的。

（2）拒报或者谎报国务院环境保护行政主管部门规定的有关污染物

排放申报事项的。

（3）不按国家规定缴纳超标准排污费的。

（4）引进不符合我国环境保护规定要求的技术和设备的。

（5）将产生严重污染的生产设备转移给没有污染防治能力的单位使用的。

14.《中华人民共和国环境保护法》的目标和任务是什么?

答：保护和改善生活环境和生态环境，防治污染和其他公害，保障人体健康，促进社会主义现代化建设的发展。

15.《中华人民共和国环境保护法》对我国环境保护监督管理体制是怎样规定的?

答：国务院环境保护行政主管部门，对全国环境保护工作实施统一监督管理。

县级以上地方人民政府环境保护行政主管部门,对本辖区的环境保护工作实施统一监督管理。

国家海洋行政主管部门、港务监督、渔政渔港监督、军队环境保护部门和各级公安、交通、铁道、民航管理部门，依照有关法律的规定对环境污染实施监督管理。

县级以上人民政府的土地、矿产、林业、农业、水利行政主管部门，依照有关法律的规定对资源的保护实施监督管理。

16. 对违反《环境法》者应承担哪些法律责任?

答：环境保护法同其他法律一样具有国家强制性。环境法中关于违法或者造成环境破坏、环境污染者应承担的法律责任的规定是它的重要组成部分。为了保护环境法的实施，应当依法追究各种违法者的法律责任。违法者所造成的社会危害的程度不同，违法者所应承担的法律责任也不同。对违法者追究法律责任，可以由行政主管机关进行，也可以由司法机关依法进行。由国家行政机关追究的称为行政制裁，由司法机关追究的称为司法制裁。对违法者所应承担的法律责任可分为四种，即行政处分、行政处罚、民事责任和刑事责任。

17. 我国《宪法》对环境保护做了哪些原则规定?

答：“国家保护和改善生活环境和生态环境，防治污染和其他公害，”并规定，国家保障自然资源的合理利用，保护珍贵的动物和植物；必须合理利用土地、植树造林和保护林木等。

18. 什么是环境行政管理?

答：是指国家采取行政、经济、法律、科学技术、宣传教育等手段，对各种影响环境的行为进行规划、调控和监督，以协调环境保护与经济、社会发展的关系，达到保护和改善环境、保障人体健康的目的的行政管理活动。我国环境行政管理的范围是对我国领域内的工业污染防治、城市环境综合整治、自然生态环境保护及我国承担有关的全球环境保护义务的工作。包括大气污染、水污染、土壤污染以及有害废物、有毒化学品、噪声、振动、恶臭、放射性、电磁辐射等污染的控制，也包括对生态环境、生态农业、海洋环境保护和自然保护区、野生动植物、濒危物种监督管理。

19. 什么是“十五土（小）”企业?

答：污染严重的制革、染料、造纸、炼焦、炼硫、炼砷、炼汞、炼铅锌、炼油、选金、漂染、电镀、农药以及生产石棉制品、放射性制品等土（小）生产业。简称“十五土（小）”。

20. 什么是“一控双达标”？

答：主要污染物总量控制在规定指标内。到2000年，全国所有工业污染源达到国家或地方规定的标准。直辖市及省会城市，经济特区城市，沿海开放城市和重点旅游城市的环境空气及地面水环境，按功能区分别达到国家规定的有关质量标准。简称“一控双达标”。

21. 什么是不可更新资源?

答：各种金属和非金属矿物、矿物资源，是不可更新的或非再生性的资源。它们需要漫长的地质年代和在一定环境条件下才能形成，储量有限，一旦采完便不可获得。我们对这种资源，要尽量减缓其耗竭速度和对环境的污染。

22. 什么是可更新资源?

答：生物、水、土地等资源在一般情况下，能在一定时期内实现再生产或循环再现。但是再生需要时间，而且在生态失衡造成损害后（如土地沙漠化、生物物种锐减），就很难挽回、再生了，所以必须科学地、适度地利用其再生性，促成增长，使它的结构和功能达到最佳状态。另在社会的生产、流通、消费等过程产生的不再具有原使用价值的物料，通过加工可重新获得使用价值。充分开发利用再生资源是实现人与自然相协调，促进经济可持续发展的最佳途径。

23. 由于环境污染引起的赔偿责任和赔偿金额的纠纷，根据当事人的请求，环境保护部门作出了处理，而当事人对处理决定不服向法院起诉时，应以谁为诉讼当事人?

答：这类案件的性质属于民事权益纠纷，人民法院审理此类案件时，应以原争议双方为诉讼当事人。不能作出处理决定的环境保护部门为被告。

24. 自然环境的基本构成是怎样的?

答: 自然环境由阳光、空气、水、土壤和各种生物构成。因此人们又常常把自然环境分成大气圈、水圈、岩石圈和生物圈。

25. 大气环境及其存在的主要问题是什么?

答: 大气圈厚1000多公里，其中3/4的质量集中在厚约12公里的对流层中。主要成分是氮、氧、氩、二氧化碳、其他成分不到0. 01%。

主要大气环境问题有: 臭氧层耗竭问题，二氧化碳引起的"温室效应"问题，酸雨危害问题以及其他近地层大气污染问题等。

26. 什么是环境行政复议?

答: 指个人或组织以环境执法机构的具体行政和行为侵犯其合法权益为由,依法请求作出该具体行政行为的上一级机关或法规规定的机关对该具体行政行为进行审查,以保障其合法权益,受理申请的复议机构依照法定程序对该具体行政行为予以全面审查并作出复议决定的法律制度。依照我国现行法律规定，行政机构解决环境争议的主要手段是环境行政复议。

27. 环境民事纠纷处理程序是什么?

答:《环境保护法》第41条规定，造成环境污染危害的，有责任排除危害，并对直接受到损害的单位或者个人赔偿损失。

赔偿责任和赔偿金额的纠纷,可以根据当事人的请求,由环境保护行政主管部门或者其他依照法律规定行使环境监督管理权的部门处理；当事人对处理决定不服的，可以向人民法院起诉。当事人也可以直接向人民法院起诉。

完全由于不可抗拒的自然灾害,并经及时采取合理措施,仍然不能避免造成环境污染损害的，免予承担责任。

《环境保护法》第42条规定，因环境污染损害赔偿提起诉讼的时效期间为三年，从当事人知道或者应当知道受到污染损害时起计算。

在环境污染诉讼中实行举证责任倒置,即由被告方举证,如果被告方不能证明自已与环境污染危害无关，则实行因果关系推定，被告一方应承担环境民事责任。

28. 环境民事责任的构成要件是什么?

答: 环境民事责任的构成要件是指行为人因违反环境法定义务实施环境不法行为致人损害而应承担民事法律责任所必需的各种要件的有机统一。它包含如下内容:

1. 损害后果。环境民事责任作为不法行为人对于环境权益受侵害的被侵权人所承担的财产责任，其前提和基础就是不法行为人的排污行为对被侵权人造成了损害后果。有损害则有补偿，无损害则无补偿是民事责任的基础，不同于环境刑事责任和环境行政责任是为了追究行为人具有社会危害性的违法行为的法律责任，因而不以违法行为造成损害后果为法律责任的构成要件。损害后果只是违法行为人承担环境行政责任和环境刑事责任轻重的选择要件。

2. 排污行为。排污行为作为特定经济技术条件下，在生产和生活过程中不可避免的行为，其本身具有一定的价值性，它是单位和个人在促进经济发展和生活消费的过程，在现有经济技术条件下尚无可或缺的附属行为。但环境侵权行为作为一种特殊侵权行为，环境民事责任作为一种无过错责任，只要行为人所实施的排污行为造成他人环境权益的损害均应承担环境民事责任，而不以其主观上具有过错或客观上实施的排污行为违法为要件。盖因环境容量的有限性与生产与生活过程中产生的排污量的数量与浓度的扩张不成比例，这既是排污者实施排污行为致人损害应承担环境民事责任的基础，也是国家环境管理政策由浓度控制向总量控制转变的原因。

3. 排污行为与损害后果之间具有因果关系。排污者的排污行为与被侵权人所受到的损害后果之间具有因果关系，既是行为人具有可归责任性因而应当承担环境民事责任的基础，也是被侵权人具备损害赔偿请求权的资格并可向排污者提出环境损害赔偿请求的基础。唯环境损害的因果关系因其复杂性、专业性、科学技术性难以确定，故在最高人民法院关于民事诉讼证据的若干规定的司法解释中明确规定：因环境污染引起的损害赔偿诉讼，由加害人就法律规定的免责事由及其行为与损害结果之间不存在因果关系承担举证责任。之所以在环境污染损害赔偿案件中采取举证责任倒置的方式，是由于因排污行为而获益的不法行为人相对于受到污染损害的被侵权人而言在经济、技术和专业方面占据更大的优势，因而更应当就其排污行为与被侵权人受到的损害后果之间是否具有因果关系承担举证责任。

29. 违反“三同时”制度涉及的有哪些法律责任？

答：违反“三同时”制度涉及的法律责任：

《环境保护法》第26条规定：建设项目中防治污染的设施，必须与主体工程同时设计、同时施工、同时投产使用。防治污染的设施必须经原审批环境影响报告书的环境保护行政主管部门验收合格后，该建设项目方可投入生产或者使用。

防治污染的设施不得擅自拆除或者闲置，确有必要拆除或者闲置的，必须征得所在地的环境保护行政主管部门同意。

《环境保护法》第36条规定，建设项目的防治污染设施没有建成或者没有达到国家规定的要求，投入生产或者使用的，由批准该建设项目的环境影响报告书的环境保护行政主管部门责令停止生产或者使用，可以并处罚款。

《环境保护法》第37条规定：未经环境保护行政主管部门同意，擅自拆除或者闲置防治污染的设施，污染物排放超过规定的排放标准的，由环境保护行政主管部门责令重新安装使用，并处罚款。

30. 环境规划制度的含义？

答：环境规划是政府（或组织）根据环境保护法律和法规（或原则等）所作的，今后一定时期内保护或增强生态环境功能和保护环境质量的行动计划。由定义可见，环境规划必须在现有的框架制度下制定，体现了环境规划的政策属性和管理属性。

环境管理制度是上升为法律规范的环境管理的行政、经济、技术措施和手段，是环境法律、法规和规章的补充。环境规划制度是指国家对环境规划进行管理的制度，不仅包括从技术上着眼的规划本身，而且更加意味着从政策着眼进行整体和全局安排。环境规划制度包括一系列相关法律法规，及根据相关法律法规而制定的环境规划体系、合作结构和运行机制等制度安排。

环境规划制度的目标是为干系人提供环境保护行动计划交流和协调的平台，通过优化和协调，为今后的环境保护提供稳定和具有权威的行动指南。

31. 环境标准制度的内容？

答：环境标准制度，分为环境质量标准制度（第9条）与污染物排放标准制度（第10条）。

《环境保护法》第9条规定：（1）国务院环境保护行政主管部门制定国家环境质量标准。（确定环境是否被污染的依据）（2）省、自治区、直辖市人民政府对国家环境质量标准中未作规定的项目，可以制定地方环境质量标准，并报国务院环境保护行政主管部门备案。

《环境保护法》第10条规定：（1）国务院环境保护行政主管部门根据国家环境质量标准和国家经济、技术条件，制定国家污染物排放标准。（确定作为排污者是否应当承担民事责任的依据）（2）省、自治区、直辖市人民政府对国家污染物排放标准中未作规定的项目，可以制定地方污染物排放标准；对国家污染物排放标准中已作规定的项目，可以制定严于国家污染物排放标准的地方污染物排放标准。地方污染物排放标准须报国务院环境保护行政主管部门备案。凡是向已有地方污染物排放标准的区域排放污染物的，应当执行地方污染物排放标准。

32. 污染环境罪的基本类型及有关界限？

答：污染环境犯罪的基本类型——污染环境罪并非某一具体罪名，它是指单位或者个人违反国家规定，造成重大环境污染事故，依法应受刑事处罚的行为的通称。刑法规定了3种类型的污染环境犯罪，即：

（1）非法排放危险废物污染环境罪，它表现为“违反国家规定，向土地、水体、大气排放、倾倒或者处置有放射性的废物、含传染病病原体的废物、有毒物质或者其他危险废物，造成重大环境污染事故，致使公私财产遭受重大损失或者人身伤亡的严重后果”。

（2）非法进口固体废物污染环境罪，具体指刑法第339条第一、二、三款规定的犯罪。该类犯罪事实上可分为3种形式，即：

①“违反国家规定，将境外的固体废物进境倾倒、堆放、处置”的犯罪；

②“未经国务院有关部门（主要指国家环保局）许可，擅自进口固体废物用作原料，并造成重大污染事故”的犯罪；

③“以原料利用为主，进口利用不能用作原料的固体废物”的犯罪。

（3）环保人员玩忽职守污染环境罪，具体指刑法第408条规定的犯罪，即“负有环境保护监督管理职责的国家工作人员严重不负责任，导致发生重大环境污染事故，致使公私财产遭受重大损失，或者人身伤亡的严重后果”。

·刑法第338条规定的污染环境犯罪的有关界限

（1）关于犯罪的行为方式

刑法第338条规定了3种犯罪行为方式，即排放、倾倒、处置。

①排放。海洋环境保护法第45条（五）项规定：“排放是指把污染物排入海洋的行为，包括泵出、溢出、泄出、喷出和倒出。”这一规定的基本精神无疑可以适用于一般意义上的排放。据此，排放就是将废物排入环境的行为之通称。

②倾倒。海洋环境保护法第45条（六）项规定：“倾倒是指通过……载运工具，向海洋处置废弃物或其他有害物质的行为，包括弃置……行为。”据此，一般意义上的倾倒，就是向环境弃置废物的行为之通称。

③处置。由于处置主要适于固态废物，因此固体废物污染环境防治法第74条第（四）项对此作了详尽的规定：“处置是指将固体废物焚烧和用其他改变固体废物的物理、化学、生物特性的方法，达到减少已产生的固体废物数量、缩小固体废物体积、减少或者消除其危险成分的活动。或者将固体废物最终置于符合环境保护规定要求的场所或者设施并不再回取的活动。”又据该法第75条的规定，处置还适用于“液态废物和置于容器中的气态废物”。

（2）关于犯罪所涉的废物类别

①放射性废物。据国际原子能机构1997年发布的《国际电离辐射防护和辐射源安全基本标准》的规定，“放射性废物”或者是指含有放射性物质的废物，或者是指被放射性物质污染的废物。

②含传染病病原体的废物。可能引起各种传染病发生和流行的细菌菌种、病毒毒种和其他传染病的致病性微生物，统称传染病病原体。

③有毒物质，简称毒物，一般是指那些以较少的量进人机体后，能与机体组织发生化学或物理化学作用，影响人体的正常生理机能，导致机体发生病理变化的物质。有毒物质的分类方法很多，大体上可分为无机毒物和有机毒物两大类，无机毒物如汞、铅、砷、镉、铬、氟等，其中有许多能在生物体内富集、积累；有机毒物如酚、氰、有机氯、有机磷、有机汞、乙烯等。有毒物质按降解难易程度又分为易降解的和难降解的两类。

环保法和国家有关标准对有毒物质的排放、倾倒、处置已经作了许多明确规定。如水污染防治法第四章和第五章、大气污染防治法第四章、海洋环境保护法第四章，分别对有毒物质或者含有毒物质的废气、废水和固体废物的排放、焚烧、填埋作了限制性和禁止性的规定，违反规定造成重大环境污染事故的，均应依法追究刑事责任。

④危险废物。固体废物污染环境防治法第74条第（四）项已经明确规定："危险废物是指列入国家危险废物名录或者根据国家规定的危险废物鉴别标准和鉴别方法认定的具有危险特性的废物"。

（3）关于犯罪的危害后果

依据刑法第338条的规定，非法排放、倾倒、处置危险废物，造成重大环境污染事故，并导致严重危害后果，

①所谓"重大环境污染事故"国家环保局1987年9月10日发市的《报告环境污染与破坏事故的暂行办法》已有明确规定，凡有下列情形之一者，即属重大环境污染事故：直接经济损失在5万元以上10万元以下（不含10万元）；人员发生明显中毒症状、辐射伤害或者可能导致伤残后果；人群发生中毒症状；因环境污染使社会安定受到影响；对环境造成较大危害。

②所谓"致使公私财产造成重大损失"，参照最高人民检察院1989年11月30日发布的"立案标准的规定"，造成直接经济损失5万元以上者，即可认定为重大损失。

·刑法第338条规定的污染环境

犯罪的局限性及其对政策基于以上分析，刑法第338条规定的污染环境犯罪的适用范围是有严格限定的，就所涉废物而言，它主要限于"有放射性的废物、含传染病病原体的废物、有毒物质或者其他危险废物"4类。那么，对排污单位大量因排放普通废物，且在环境中长期积累，因而造成重大环境污染事故，并导致严重后果的行为，能否适用刑法第338条予以处罚呢？对这个问题应当客观分析。毫无疑问，普通废物与刑法第338条规定的"放射性废物、含传染病病原体的废物"之间，因危害特性不同，自不可混同。但是，该条文规定的"有毒物质、其他危险废物"的范围则较为宽泛。某种物质是否有毒或者某种废物有无危险，不仅仅取决于该物质或者废物的危害特性，还取决于其摄入剂量或浓度、接触方式、受

纳环境的功能、伤害种类和严重性以及造成危害所需的时间等多种因素。因此我们认为，某种废物即便不属通常意义上的有毒物质或危险废物，但由于具排放、倾倒或处置以及由于其长期积累的结果造成重大环境污染事故，并导致公私财产重大损失或人身伤亡的严重后果，也应认定为构成刑法第338条规定的污染环境犯罪。

33. 生产安全事故分级界定的标准？

答：（1）特别重大生产安全事故：一次死亡30人及其以上的事故，或一次死亡30人以下但社会影响特别恶劣、性质特别严重的事故，或一次造成直接经济损失一千万元及其以上的事故。

（2）特大生产安全事故：一次死亡10人以上、29人以下或直接经济损失一百万元及其以上、一千万元以下的事故。

（3）重大生产安全事故：一次死亡3人以上、9人以下，重伤10人以上或直接经济损失五十万元及其以上、一百万元以下的事故。

（4）一般生产安全事故：一次死亡1人以上、2人以下，重伤3—9人或直接经济损失十万元及其以上、五十万元以下的事故。

34. 什么是“有机食品”？为什么它比“绿色食品”更有发展前途？

答：“有机食品”必须符合三个条件：（1）“有机食品”的原料必须来自有机农业生产的产品。（2）“有机食品”必须按照有机农业生产和食品加工的标准进行生产和加工。（3）生产和加工出来的产品必须经过有关颁证机构进行严格的质量审查，审查通过后获得证书，方可为“有机食品”。

“有机食品”目前在国际上是食品生产的一个新的增长点，也是国际上食品生产的发展趋势。“有机食品”在生产和加工过程中不使用任何化学合成的物质，如化肥、化学农药、化学添加剂、化学防腐剂等，其食品质量最好、对环境保护最有利，也最有益于人体健康，在这些方面均比“绿色食品”有优势，因而比“绿色食品”更有发展前途。

35. 森林有哪些环境价值？

答：森林有以下几个非常重要的功能：

森林提供了对人和动物的生命来说至关重要的氧气；

森林可以吸收工业生产过程中排放的大量二氧化碳，有利于减低温室效应；

森林能够吸收空气中的灰尘、细菌以及一些有害气体、净化空气；

森林的根把雨水送到地下，使之变为地下水，增加地球上的淡水资源；

森林植物的叶面在光合作用的过程中，蒸发出自身的水分。水蒸气进入大气后，使空气湿润，有利于降雨和调节气候；

森林是地球上生物繁衍最为活跃的区域，尤其是热带林，它养育着500多万不同种类的动植物。所以森林是保护生物多样性的重要地区；

森林使地球免遭风暴和沙漠化。

36. 我国环境保护法要保护的环境是什么?

答：环境通常是指围绕人群的空间和作用于人类这一对象的所有外界影响与力量的总和。环境保护法所保护的环境与通常意义上所说的环境有所不同，它是有一定范围的，是能够通过法律手段来保护的环境。我国《环境保护法》第2条给环境所下的定义为："本法所称的环境，是指影响人类生存和发展的各种天然的和经过人工改造的自然因素的总体，包括大气、水、海洋、土地、矿藏、森林，草原，野生生物、自然遗迹、人文遗迹、自然保护区、风景名胜区、城市和乡村等。"这一定义把环境分为两大类：一类是"天然的自然因素总体"也就是人们通常所说的自然环境，其特点是自然形成，无人工干预；一类是"经过人工改造的自然因素总体"，即在天然的自然因素基础上，人类经过有意识地劳动而构造出的有别于原有自然环境的新环境。如人文遗迹、风景名胜区、城市和乡村等。我国环境保护法对这两类环境均予以保护。

37. 什么是环保产业?

答：环保产业是国民经济结构中以防治环境污染、改善生态环境、保护自然资源为目的所进行的技术开发、产品开发、商业流通、资源利用、信息服务、工程承包等活动的总称。狭义的环保产业是针对环境问题的终端治理而言，其范畴包括污水处理、废弃物处理、大气质量控制以及其他诸如噪声控制、土地改善等方面的内容。广义的环保产业是针对产品的生命全过程而言，它不仅包括狭义的内容，还包括涉及产品生产过程中的洁净技术与产品使用过程中的洁净产品，节能技术与工艺以及绿色设计，即在产品设计时就考虑回收利用，使产品在生产和消费过程中符合生态标识标准。例如，无氟冰箱的生产是由于使用了洁净技术替代了氟氯烷烃，从而减少了对大气臭氧层的破坏。从环保产业发展的趋势来看，狭义的环保产业将随着人类环保意识的增强、环保投入的加大、环保技术及工艺的成熟、环境质量的提高、生态平衡的维持而逐渐趋于稳定的发展态势；而广义的环保产业则永无止境，具有无限的发展空间。

1996年经济合作与发展组织（OECD）对环保产业提出了新的内容，具体包括：

环保设备：废水处理设备，废弃物管理与再循环设备，大气污染控制设备，消除噪声设备，监测设施，科研与实验室设备，用于自然保护与提高城市环境舒适性的设施。

环保服务：从事废水处理、废弃物处理、大气污染控制、消除噪声等方面的操作，提供有关分析、监测与保护方面的服务，技术与工程服务，环境研究与开发，环境培训与教育，核算与法律服务，咨询服务，生态旅游，其他环境事务服务。

洁净技术与洁净产品：洁净生产技术与设备，高效能源开发与节能的技术及设备，生态产品等等。

38. 如何对建设项目的环境保护设施进行环保验收?

答：建设项目试产前，建设项目的环境保护设施必须经环境保护行政主管部门检查同意后，建设项目方可进行试生产。建设单位要确保建设项目的环境保护设施和主体工程同时投入试运行。

环境保护行政主管部门有权对环保设施试运行情况进行检查，如发现不符合“三同时”要求，可责令其停止试运行。试运行期一般不超过一年。

建设项目正式投入生产或使用之前，建设单位必须向环境保护行政主管部门提出环境保护设施竣工验收申请，经环境保护行政主管部门验收合格后，批准《验收申请报告》，该项目方可投入生产或使用。

39. 为什么要实行排污收费制度?

答：排污收费制度，是指向环境排放污染物或超过规定的标准排放污染物的排污者，依照国家法律和有关规定按标准交纳费用的制度。征收排污费的目的，是为了促使排污者加强经营管理，节约和综合利用资源，治理污染，改善环境。

排污收费制度是“污染者付费”原则的体现，可以使污染防治责任与排污者的经济利益直接挂钩，促进经济效益、社会效益和环境效益的统一。缴纳排污费的排污单位出于自身经济利益的考虑，必须加强经营管理，提高管理水平，以减少排污，并通过技术改造和资源能源综合利用以及开展节约活动，改变落后的生产工艺和技术，淘汰落后设备，大力开展综合利用和节约资源、能源，推动企业事业单位的技术进步，提高经济和环境效益。

征收的排污费纳入预算内，作为环境保护补助资金，按专款资金管理，由环境保护部门会同财政部门统筹安排使用，实行专款专用，先收后用，量入为出，不能超支、挪用。环境保护补助资金，应当主要用于补助重点排污单位治理污染源以及环境污染的综合性治理措施。

40. 为什么要实行行政代执行制度?

答：行政代执行是一种间接的行政强制执行措施，是为解决危险废物产生单位对危险废物处理不当或者不进行处理的问题，保证法定义务人履行义务的一种有效手段。《固体废物污染环境防治法》第四十六条规定“产生危险废物的单位，必须按照国家有关规定处置；不处置的，由所在地的县级以上地方人民政府环境保护行政主管部门责令限期改正；逾期不处置或者不符合国家规定的，由所在地的县级以上地方人民政府环境保护行政主管部门指定单位按照国家规定代为处置，处置费用由产生危险废物的单位承担。”

41. 为什么要实行“三同时”制度？

答：“三同时”制度是指新建、改建、扩建的基本建设项目、技术改造项目、区域或自然资源开发项目，其防治环境污染和生态破坏的设施，必须与主体工程同时设计、同时施工、同时投产使用的制度，简称“三同时”制度。

“三同时”制度是防止产生新的环境污染和生态破坏的重要制度。凡是通过环境影响评价确认可以开发建设的项目，建设时必须按照“三同时”规定，把环境保护措施落到实处，防止建设项目建成投产使用后产生的环境问题，在项目建设过程中也要防止环境污染和生态破坏。建设项目的设计、施工、竣工验收等主要环节落实环境保护措施，关键是保证环境保护的投资、设备、材料等与主体工程同时安排，使环境保护要求在基本建设程序的各个阶段得到落实。“三同时”制度分别明确了建设单位、主管部门和环境保护部门的职责，有利于具体管理和监督执法。

42. 国家对新建项目的前期环保要求是什么？

答：所有大、中、小型新建、扩建、改建和技术改造项目（简称建设项目）要提高技术起点，采用能耗物小、污染物产生量少的清洁生产工艺，严禁采用国家明令禁止的设备和工艺。建设对环境有影响的项目必须严格执行环境评价制度和环境保护设施与主体工程同时设计、同时施工、同时投产的“三同时”制度。在建设项目总投资中，必须确保有关环境保护设施建设的投资。建设项目建成投入生产使用后，必须确保稳定达到国家和地方规定的污染物排放标准。要把环境容量作为建设项目环境影响评价的重要依据。

43. 排污单位在什么情况下办理排污变更登记？

答：排污单位申报登记后，排放污染物的种类、数量、浓度、排放去向、排放方式、噪声源种类、数量和噪声强度、噪声污染防治设施或者固体废物的储存、利用或处置场所等需作重大改变的，应在变更前十五天，经行业主管部门审核后征得所在地环境保护行政主管部门的同意，填报《排污变更申报登记表》，发生紧急重大改变的，必须在改变后三天内向所在地环境保护行政主管部门提交《排污变更申报登记表》。

44. 什么单位必须进行排污申报登记？向哪个部门进行排污申报登记？

答：凡在中华人民共和国领域内及中华人民共和国管辖的其他海域内直接或间接向环境排放污染物、工业和建筑施工噪声或者产业固体废物的企业事业单位（以下简称“排污单位”）按《排放污染物申报登记管理规定》进行申报登记（简称排污申报登记）

县级以上环境保护行政主管部门对排污申报登记实施统一监督管理，排污单位的行业主管部门负责审核所属单位排污申报登记的内容。

排污单位必须按所在地环境保护行政主管部门指定的时间，填报《排污申报登记表》，并按要求提供必要的资料。新建、改建、扩建项目的排污申报登记，应在项目的污染防治设施竣工并验收合格后的一个月内办理。

45. 哪些地方不得开采矿产资源？

答：非经国务院授权的有关主管部门同意，不得在下列地区开采矿产资源。

（1）港口、机场、国防工程设施圈定地区以内。

（2）重要工业区、大型水利工程设施、城镇市政工程设施附近一定距离以内。

（3）铁路、重要公路两侧一定距离以内。

（4）重要河流、堤坝两侧一定距离以内。

（5）国家划定的自然保护区，重要风景区，国家重点保护的不能移动的历史文物和名胜古迹所在地。

（6）国家规定不得开采矿产资源的其他地区。

46. 什么是生态平衡？为什么维护生态平衡至关重要？

答：生态平衡是指生态系统内两个方面的稳定：一方面是生物种类（即生物、植物、微生物）的组成和数量比例相对稳定；另一方面是非生物环境（包括空气、阳光、水、土壤等）保持相对稳定。生态平衡是一种动态平衡。比如，生物个体会不断发生更替，但总体上看系统保持稳定，生物数量没有剧烈变化。

生态系统一旦失去平衡，会发生非常严重的连锁性后果。例如，五十年代，我国曾发起把麻雀作为“四害”来消灭的运动。可是在大量捕杀了麻雀之后的几年里，却出现了严重的虫灾，使农业生产受到巨大的损失。后来科学家们发现，麻雀是吃害虫的好手。消灭了麻雀，害虫没有了天敌，就大肆繁殖起来、导致了虫灾发生、农田绝收一系列惨痛的后果。生态系统的平衡往往是大自然经过了很长时间才建立起来的动态平衡。一旦受到破坏，有些平衡就无法重建了，带来的恶果可能是人的努力无法弥补的。因此人类要尊重生态平衡，帮助维护这个平衡，而绝不要轻易去破坏它。

47. 什么是环境污染与破坏事故报告？

答：环境污染与破坏事故报告制度，是指因发生事故或其他突发性事件，造成或者可能造成污染与破坏事故的单位除了必须立即采取措施进行处理外，还必须通报可能受到污染危害的单位和居民，并且向当地环境保护行政主管部门和有关部门报告，接受调查处理，以及当地环境保护行政主管部门向上一级主管部门和同级人民政府报告的法律制度。

所谓环境污染与破坏事故，是指由于违反环境保护法规的经济、社会活动以及受意外因素的影响，或因不可抗拒的自然灾害等原因，致使环境受到污染或破坏，人体健康受到危害，社会经济与人民财产受到损失，造成不良社会影响的突发性事件。

环境污染与破坏事故报告制度是防止环境污染或破坏发生以及污染或破坏后果扩大的有效措施。具体表现在：（1）有助于可能遭受事故危害的居民及有关主管部门及时了解事故真相并采取有效措施；（2）环境污染或破坏事故所造成的危害较复杂，有些危害后果有一定的潜伏期，该制度的实施将有利于正确判断灾情，及时了解案情，为公证处理环境污染与破坏纠纷准备详实的材料。

48. 在什么情况下可对排污单位加倍征收超标排污费？

答：在下列情况之一的，应当加收1～5倍超标排污费。

1981年1月1日以后，新建、扩建、改建的工程项目和挖潜、革新、改造的工程项目，排放污染物超过标准的。

（1）1981年1月1日以后，新建、扩建、改建的工程项目和挖潜、革新、改造的工程项目，排放污染物超过标准的。

（2）各级地方人民政府限期治理、搬迁、停产、转产而未按期完成的；

（3）有污染处理设施而不运行或擅自拆除、排放污染物超过标准的。

加倍征收排污费的幅度，由征收排污费的环保部门根据造成的污染状况和违法情节决定。加收2倍以上（含2倍）排污费的，应报上一级环境保护部门审批后执行。

49. “破坏环境资源保护罪”中主要罪名种类有哪些？

答：（1）非法排放、倾倒、处置危险废物罪。

（2）越境转移固体废弃物的犯罪，包括：①进境倾倒、堆放、处置固体废物罪；②擅自进口固体废物罪；③公民个人或者单位以原料利用为名进口不能用作原料的固体废物构成“以危险方法危害公共安全罪”。

（3）非法捕捞水产品罪。

（4）破坏野生动物资源的犯罪，包括：①非法捕杀珍贵、濒危野生动物罪和非法收购、运输、出售珍贵、濒危野生动物罪；②非法狩猎罪。

（5）毁坏耕地罪。

（6）破坏矿产资源罪，包括：①擅自采矿罪；②破坏性采矿罪。

（7）非法采伐珍贵树木罪。

（8）破坏林木罪，包括：①盗伐林木罪；②滥伐林木罪；③非法收购盗伐、滥伐的林木罪；④公民个人或单位盗伐、滥伐国家级自然保护区内的森林或者其他林木罪。

50. 我国环境与资源保护的主要法律法规有哪些？

答：我国环境与资源保护的主要法律法规有哪些？

中华人民共和国宪法第九条、第十条、第二十二条、第二十六条规定了环境与资源保护。具体的法律法规：

（1）环境保护方面：

包括环境保护法、水污染防治法、大气污染防治法、固体废物污染环境防治法、环境噪声污染防治法、海洋环境保护法。

（2）资源保护方面：

包括森林法、草原法、渔业法、农业法、矿产资源法、土地管理法、水法、水土保持法、野生动物保护法、煤炭管理法。

（3）环境与资源保护方面：

主要有水污染防治法实施细则、大气污染防治法实施细则、防治陆源污染物污染海洋环境管理条例、防治海岸工程建设项目污染损害海洋环境管理条例、自然保护区条例、放射性同位素与射线装置放射线保护条例、化学危险品安全管理条例、淮河流域水污染防治暂行条例、海洋石油勘探开发环境管理条例、陆生野生动物保护实施条例、风景名胜区管理暂行条例、基本农田保护条例。

（4）新刑法在第六章《妨害社会管理罪》中增加了破坏环境资源保护罪。

51. 环境保护法的特点？

答：（1）综合性。环境保护法保护的对象相当广泛，包括自然环境要素、人为环境要素和整个地球的生物圈；法律关系主体不仅包括一般法律主体的公民、法人及其组织，也包括国家乃至全人类，甚至包括尚未出生的后代人；运用的手段采取直接“命令——控制”式、市场调节式、行政指导式等多元机制相结合的方式。由于环境保护法调整的范围广泛、涉及的社会关系复杂、运用的手段多样，从而决定了其所采取的法律措施的综合性。它不仅可以适用诸如宪法、行政法、刑法的功能公法予以解决，也可以适用民商法等私法予以救济，甚至还可以适用国际法予以调整，不但包括上述部门法的实体法规范，也包括程序法规范。

（2）技术性。由于环境保护法不仅协调人与人的关系，也协调人与自然的关系，因此环境保护法必须与环境科学技术相结合，必须体现自然规律特别是生态科学规律的要求，这些要求往往通过一系列技术规范、环境标准、操作规程等形式体现出来。环境保护法的立法中经常大量直接对技术名词和术语赋予法律定义，并将环境技术规范作为环境法律法规的附件，使其具有法律效力。这些大量的环境技术法律规范使环境保护法具有了较强的技术性。

（3）社会性。环境保护法的社会性首先表现在它与阶级性和政治职能较强的一些立法不同，它并非不同阶级、利益集团对立冲突与矛盾调和的结果，而是人与自然矛盾冲突加剧的产物。环境保护法所关注和规范的是社会公共利益和保障基本人权，它反映了全体社会成员的共同愿望和要求，代表人类的共同利益，侧重于社会领域的法律调整。其次，环境作为全人类的共同生存条件，并不能为某个人或某国所私有或独占，它必须符合整个社会和整个人类的利益，是以社会利益、人类利益为本位的法。因此，环境保护法具有比较明显的社会法特征。

52. 什么是自然保护区?

答：我国《森林法》规定，国务院林业主管部门和省、自治区、直辖市人民政府应当在不同自然地带的典型森林生态地区，珍贵动物和植物生长繁殖的林区，天然热带雨林和具有特殊保护价值的其他天然林区，划定自然保护区，加强保护管理。根据《自然保护条例》规定，自然保护区指对有代表性的自然生态系统、珍惜濒危野生动植物物种的天然集中分布区、有特殊意义的自然遗迹等保护对象所在的陆地、陆地水体或者海域，依法划出一定面积予以特殊保护和管理的区域。应当建立自然保护区的区域包括：

（1）典型的自然地理区域、有代表性的自然生态系统以及已经遭受破坏但经保护能够恢复的同类自然生态系统区域；

（2）珍稀、濒危野生动植物物种的天然集中分布区域；

（3）具有特殊保护价值的海域、海岸、岛屿、湿地、内陆水域、森林、草原和荒漠；

（4）具有重大科学文化价值的地质构造、著名溶洞、化石分布区、冰川、火山、温泉等自然遗迹；

（5）经国务院或者省、自治区、直辖市人民政府批准，需要予以特殊保护的其他自然区域。自然保护区分为国家级自然保护区和地方级自然保护区。在国内外有典型意义、在科学上有重大国际影响或者有特殊科学研究价值的自然保护区，列为国家级自然保护区。

除列为国家级自然保护区以外的，其他具有典型意义或者重要科学研究价值的自然保护区列为地方级自然保护区。地方级自然保护区可以分级管理，具体办法由国务院有关自然保护区行政主管部门或者省、自治区、直辖市人民政府根据实际情况规定，报国务院环境保护行政主管部门备案。国家级自然保护区的建立，由自然保护区所在的省、自治区、直辖市人民政府或者国务院有关自然保护区行政主管部门提出申请，经国家级自然保护区评审委员会评审后，由国务院环境保护行政主管部门进行协调并提出审批建议，报国务院批准。地方级自然保护区的建立，由自然保护区所在的县、自治县、市、自治州人民政府或者省、自治区、直辖市人民政府有关自然保护区行政主管部门提出申请，经地方级自然保护区评审后，由省、自治区、直辖市人民政府环境保护主管部门进行协调并提出审批建议，报省、自治区、直辖市人民政府环境保护主管部门备案。跨两个以上行政区域的自然保护区的建立，由有关行政区域的人民政府协商一致后提出申请。建立海上自然保护区，须经国务院批准。

53. 对自然保护区如何进行保护?

答：自然保护区可分为核心区、缓冲区和实验区。自然保护区内保存完好的天然状态的生态系统以及珍惜、濒危动植物的集中分布地，应当划为核心区，禁止任何人和单位进入。核心区外围可以划定一定面积的缓冲区，只准进入从事科学试验、教学实习、参观考察、旅游及驯化、繁殖珍稀、濒危野生动植物等活动。原批准建立自然保护区的人民政府认为必要时，可以在自然保护区外围划定一定面积的外围保护地带。在自然保护区内的单位、居民和经批准进入自然保护区的人员，必须遵守自然保护区的各项管理制度，接受自然保护区管理机构的管理。禁止在自然保护区内进行砍伐、放牧、狩猎、捕捞、采药、烧荒、开矿、采石、捞沙等活动；但法律、行政法规另有规定的除外。盗伐、滥伐国家级自然保护区内的森林或者其他林木，构成犯罪的从重处罚。

禁止任何人进入自然保护区核心区。因科学研究需要，必须进入核心区从事科学研究观测、调查活动的，应事先向自然保护区管理机构提交申请和活动计划，并经省级以上人民政府有关自然保护区行政主管部门批准；其中，进入国家级自然保护区核心区的，必须经国务院有关自然保护区行政主管部门批准。自然保护区核心区内原有居民确有必要迁出的，由自然保护区所在地地方人民政府予以妥善安置。禁止在自然保护区的缓冲区开展旅游和生产经营活动。因教学研究目的，需要进入自然保护区的缓冲区从事非破坏性的科学研究、教学实习和标本采集活动的，应事先向自然保护区管理机构提交申请和活动计划，并经省级以上人民政府有关自然保护区行政主管部门批准。在国家级自然保护区的实验区开展参观旅游活动的，由自然保护区管理机构提出方案，经省、自治区、直辖市人民政府有关自然保护区行政主管部门审核后，报国务院有关自然保护区行政主管部门批准；在地方级自然保护区的实验区开展参观旅游活动的，由自然保护区管理机构提出方案，经省、自治区、直辖市人民政府有关自然保护区行政主管部门批准。在自然保护区组织参观、旅游活动的，必须按照批准的方案进行，并加强管理；进入自然保护区参观、旅游的单位和个人，应当服从自然保护区管理机构的管理。禁止开采与自然保护区保护方向不一致的参观、旅游项目。在自然保护区的核心区和缓冲区内，不得建设任何生产设施。在自然保护区的实验区内，不得建设污染环境、破坏资源或者景观的生产设施；建设其他项目，其污染物排放不得超过国家和地方规定的污染物排放标准。

在自然保护区的实验区内已经建成的设施，其污染物排放量超过国家和地方规定的排放标准的，应当限期治理；造成损害的，必须采取补救措施。在自然保护区的外围保护地带建设的项目，不得损害自然保护区内的环境质量，已造成损害的，应当限期治理。限期治理决定由法律、法规规定的机关作出，被限期治理的，企业事业单位必须按期完成治理任务。

54. 什么是森林资源？

答：《森林法实施条例》第2条规定："森林资源包括森林、林木、林地及依托森林、林木、林地生存的野生动物、植物和微生物。森林，包括乔木林和竹林。林木，包括树木和竹子。林地，包括郁闭度0.2以上的乔木林地以及竹林地、灌木林地、疏林地、采伐迹地、火烧迹地、未成林造林地、苗圃地和县级以上人民政府规划的宜林地。"所谓森林，指存在于一定区域的由乔木、灌木和花草等组成的绿色植物群体。人们通常把成片的树木称为森林、零星的树木称为树林。根据其生态习性，森林可以划分为热带雨林、亚热带常绿阔叶林、温带落叶阔叶林、中温带针阔混交林、寒温带针叶林、竹林等。而森林资源，是指一个国家或者地区林地面积、树种和林材蓄积量等的总称。在我国，森林资源包括林地和林区内的野生动物、植物。与此相联系的一个概念是森林生态系统，包括乔木、灌木、野生动植物、微生物、牧地、沼泽、林中空地和森林生态环境。森林生态系统是由植物、动物、微生物因子和土壤、水分、大气、日光、温度等非生物因子组成的相互联系、相互依存、相互制约、不可分割的整体。在广义上，森林资源涵盖了森林生态系统的全部内容。

森林资源是一种重要的自然资源，又是重要的环境要素，不仅提供木材森林产品满足人们的需要，而且在蓄水保土、调节气候、防风固沙、保障农牧业生产、保存生物物种、维持生态平衡等方面都发挥着不可替代的作用。但森林资源是极其有限的，人们对木材的需要往往导致对森林的过度开采，各种病虫害、火灾等也会造成森林面积的大量减少。而森林的营造又需要很长的时间。因此、森林资源就特别珍贵，保护森林资源是关系到农业发展和国民经济发展，关系到子孙后代的大事。国家制定了大量的法律法规，建立了系统的森林资源保护法律制度，加强对森林资源的有效保护。

55. 森林分几类？

答：《中华人民共和国森林法》第四条规定：森林分为以下五类：

（1）防护林：以防护为主要目的的森林、林木和灌木丛。包括水源涵养林，水土保持林，防风固沙林，农田、牧场防护林，护岸林，护路林。

（2）用材林：以生产木材为主要目的的森林和林木，包括以生产竹材为主要目的的竹林。

（3）经济林：以生产果品，食用油料、饮料、调料，工业原料和药材等为主要目的的林木。

（4）薪炭林：以生产燃料为主要目的的林木。

（5）特种用途林：以国防、环境保护、科学实验等为主要目的的森林和林木。包括国防林、实验林、母树林、环境保护林、风景林，名胜古迹和革命纪念地的林木，自然保护区的森林。

56. 什么是森林分类经营管理制度？

答：森林分为公益林和商品林。公益林包括防护林和特种用途林，由各级人民政府组织管理和保护；商品林包括用材林、经济林和薪炭林，由经营者依法自主经营，自负盈亏。

森林、林木划为公益林的，除林权单位或者个人依法转让所有外，森林、林木所有权不变。

57. 国家对森林资源采取哪些保护措施？

答：《中华人民共和国森林法》第八条规定：国家对森林资源实行以下保护性措施：

（1）森林实行限额采伐，鼓励植树造林、封山育林，扩大森林覆盖面积；

（2）根据国家和地方人民政府有关规定，对集体和个人造林、育林给予经济扶持或者长期贷款；

（3）提倡木材综合利用和节约使用木材，鼓励开发、利用木材代用品；

（4）征收育林费，专门用于造林育林；

（5）煤炭、造纸等部门，按照煤炭和木浆纸张等产品的产量提取一定数额的资金，专门用于营造坑木、造纸等用材林；

（6）建立林业基金制度。

国家设立森林生态效益补偿基金，用于提供生态效益的防护林和特种用途林的森林资源、林木的营造、抚育、保护和管理。森林生态效益补偿基金必须专款专用，不得挪作他用。

58. 未经批准把防护林和特种用途林改变为其他林种会受到什么处罚？

答：《中华人民共和国森林法实施条例》第四十六条规定：未经批准，擅自将防护林和特种用途林改变为其他林种的，由县级以上人民政府林业主管部门收回经营者所获取的森林生态效益补偿，并处所获取森林生态效益补偿3倍以下的罚款。

59. 山林权属应如何确认？

答：《中华人民共和国森林法实施条例》第五条规定：集体所有的森林、林木和林地，由所有者向所在地的县级人民政府林业主管部门提出登记申请，由该县级人民政府登记造册，核发证书，确认所有权。

单位和个人所有的林木，由所有者向所在地的县级人民政府林业主管部门提出登记申请，由该县级人民政府登记造册，核发证书，确认林木所有权。

使用集体所有的森林、林木和林地的单位和个人，应当向所在地的县级人民政府林业主管部门提出登记申请，由该县级人民政府登记造册，核发证书，确认森林、林木和林地使用权。

60. 森林经营者有什么权益？

答：《中华人民共和国森林法实施条例》第十五条规定：国家依法保护森林、林木和林地经营者的合法权益。任何单位和个人不得侵占经营者依法所有的林木和使用的林地。

用材林、经济林和薪炭林的经营者，依法享有经营权、收益权和其他合法权益。

防护林和特种用途林的经营者，有获得森林生态效益补偿的权利。

61. 发生山林权属纠纷怎么办？

答：《中华人民共和国森林法》第十七条规定：单位之间发生的林木、林地所有权和使用权争议，由县级以上人民政府依法处理。

个人之间、个人与单位之间发生的林木所有权和林地使用权争议，由当地县级或者乡级人民政府依法处理。

当事人对人民政府的处理决定不服的，可以在接到通知之日起一个月内，向人民法院起诉。

在林木、林地权属争议解决以前，任何一方不得砍伐有争议的林木。

62. 林农的合法权益受到侵犯时怎么办？

答：林农合法权益受到侵犯时，可以向县级以上人民政府及其有关主管部门投诉，或者依法向人民法院提起诉讼。

63. 什么森林可以转让？

答：《中华人民共和国森林法》第十五条规定：下列森林、林木、林地使用权可以依法转让，也可以依法作价入股或者作为合资、合作造林、经营林木的出资、合作条件，但不得将林地改为非林地：

（1）用材林、经济林、薪炭林；

（2）用材林、经济林、薪炭林的林地使用权；

（3）用材林、经济林、薪炭林的采伐迹地、火烧迹地的林地使用权；

（4）国务院规定的其他森林.林木和其他林地使用权。

依照前款规定转让、作价入股或者作为合资合作造林、经营林木的出资合作条件的，已经取得的林木采伐许可证可以同时转让，同时转让双方都必须遵守本法关于森林、林木采伐和更新造林的规定。

除本条第一款规定的情形外，其他森林、林木和其他林地使用权不得转让。

64. 采伐林木应当遵守哪些规定?

答：根据《森林法》的规定采伐林木应当遵守以下规定：

（1）成熟的用材林应根据不同情况，分别采取择伐、皆伐和渐伐方式，皆伐应严格控制，并在开采的当年或者次年内完成更新造林。

（2）防护林和特种用途林中的国防林、母树林、环境保护林、风景林、只准进行抚育和更新性质的采伐。

（3）特种用途林中的名胜古迹和革命纪念地的林木、自然保护区的森林，严禁开采。

采伐林木必须申请采伐许可证，按许可证的规定进行采伐；农村居民采伐自留地和房前屋后个人所有的零星林木除外。国有林业企业事业单位、机关、团体、部队、学校和其他国有企业事业单位采伐林木，由所在地县级以上林业主管部门依照有关规定审核发放采伐许可证。其中，县属国有林场，由所在地的县级人民政府林业主管部门核发；省、自治区、直辖市和设区的市、自治州所属的林业企业事业单位、其他国有企业事业单位，由所在地的省、自治区、直辖市的人民政府林业主管部门核发；重点林区的国有林业企业事业单位，由国务院林业主管部门核发。铁路、公路的护路林和城镇林木的更新采伐，由有关主管部门依照有关规定审核发放采伐许可证。农村集体经济组织采伐林木，由县级林业主管部门依照有关规定审核发放采伐许可证。农村居民采伐自留山和个人承包集体的林木，由县级林业主管部门或者其委托的乡、镇人民政府依照有关规定审核发放采伐许可证。采伐以生产竹材为主要目的的竹林，同样应遵守上述规定。

65. 森林、林木、林地的使用权可否转让?

答；根据我国《森林法》规定，用材林、经济林、薪炭林的林地使用权，用材林、经济林、薪炭林的采伐迹地、火烧迹地的林地使用权和国务院规定的其他森林、林木和其他林地使用权可以依法转让，也可以依法作价入股或者作为合资、合作造林、经营林木的出资、合作条件，但不得将林地改为非林地。森林、林木和林地使用权依作价入股或者作为合资、合作造林、经营林木的出资、合作条件的，已经取得的林木采伐许可证可以同时转让，转让双方都必须遵守本法关于森林、林木采伐和更新造林的规定。除上述情形外，其他森林、林木和其他林地使用权不得转让。

66. 森林资源转让如何操作?

答: 森林资源转让是指林木所有权和林地使用权按一定的程序，以有偿方式，由一方转移给另一方的经济行为。森林资源转让不包括森林内的野生动物、矿藏物和埋藏物。

森林资源转让采取拍卖、招标、协议方式进行，但国有森林资源的转让不得采取协议方式。

集体森林资源的转让，须经集体经济组织代表会议或村民代表会议讨论通过。

转让森林资源应具备以下条件：

（1）持有转让的林木所有权证书或林地使用权证书；

（2）持有有权部门同意转让的文件；

（3）转让合资、合作经营的森林，必须征得合资、合作各方同意。

67. 如何保护珍贵树木?

答: 根据我国《森林法》的规定，在珍贵植物生长繁殖的林区内划定自然保护区，加强保护管理。特种用途林中的名胜古迹和革命纪念地的林木、自然保护区的森林、严禁采伐。对自然保护区外的珍贵树木，应当认真保护；未经省、自治区、直辖市林业主管部门批准，不得采伐。同时，禁止以毁林开垦、毁林采种和违反操作技术规程采脂、挖笋、掘根、剥树皮及过度修枝等方式毁坏珍贵树木。违反《森林法》规定的，非法采伐、毁坏珍贵树木的，依法追究刑事责任。

根据我国《刑法》的规定，非法采伐、毁坏珍贵树木的，处三年以下有期徒刑、拘役或者管制，并处罚金；情节严重的，处三年以上七年以下有期徒刑，并处罚金。这里说的非法采伐珍贵树木，是指违反《森林法》禁止在自然保护区内采伐一切树木、对自然保护区外的珍贵树木未经批准不得采伐的规定，砍伐珍贵树木的行为；毁坏珍贵树木，是指违反《森林法》的规定，以毁林开垦、毁林采种和违反操作技术规程采脂、挖笋、掘根、剥树皮及过度修枝等方式，致使珍贵树木死亡或者影响其正常生长的行为。

珍贵树木，按照最高人民法院《关于审理破坏森林资源刑事案件具体应用法律若干问题的解释》（以下简称《解释》）的规定，包括由省级以上林业主管部门或者其他部门确定的具有重大历史纪念意义、科研价值的古树名木，国家禁止、限制出口的珍贵树木及列入国家重点保护野生植物名录的树木。《解释》第2条规定："具有下列情形之一的，属于非法采伐、毁坏珍贵树木行为'情节严重'：

（1）非法采伐珍贵树木二棵以上或毁坏珍贵树木致使珍贵树木死亡三株以上的；

（2）非法采伐珍贵树木二立方米以上的；

（3）为首组织、策划、指挥非法采伐或毁坏珍贵树木的；

（4）其他情节严重的情形。"

《刑法》354条第三款规定："以牟利为目的，在林区非法收购明知是盗伐、滥伐的林木，情节严重的，处三年以下有期徒刑、拘役或者管制，并处或者单处罚金；情节特别严重的，处三年以上七年以下有期徒刑，并处罚金。"根据最高人民法院《关于审理破坏森林资源刑事案件具体应用法律若干问题的解释》的规定，非法收购盗伐、滥伐的正规树木二立方米以上或者五株以上的，属于在林区非法收购盗伐、滥伐林木"情节严重"；非法收购盗伐、滥伐的珍贵树木五立方米以上或者十株以上的，属于在林区非法收购盗伐、滥伐的林木"情节特别严重"，应当依法追究其刑事责任。

68. 对非法收购林木的行为，应当如何处罚？

答：我国《森林法》规定，在林区非法收购明知是盗伐、滥伐的林木的，由林业主管部门责令停止违法行为，没收违法收购的盗伐、滥伐的林木或者变卖所得，可以并处违法收购林木的价款1倍以上3倍以下的罚款；构成犯罪的，依法追究刑事责任。《森林法实施条例》规定，在林区经营（含加工）木材，必须经县级以上人民政府林业主管部门批准。木材收购单位和个人不得收购没有林木采伐许可证或者其他合法来源证明的木材。未经批准，擅自在林区经营（含加工）木材的，由县级以上人民政府林业主管部门没收非法经营的木材和违法所得，并处违法所得2倍以下的罚款。

《刑法》第345条第3款规定："以牟利为目的，在林区非法收购明知是盗伐、滥伐的林木，情节严重的，处三年以下有期徒刑、拘役或者管制，并处或者单处罚金；情节特别严重的，处三年以上七年以下有期徒刑，并处罚金。"根据最高人民法院《关于审理破坏森林资源刑事案件具体应用法律若干问题的解释》的规定，这里所说的"非法收购明知是盗伐、滥伐的林木"中的"明知"是指知道或者应当知道。具有以下情形之一的，可视为应当知道，但是有证据证明确属被蒙骗的除外：

（1）在非法的木材交易场所或者销售单位收购木材的；

（2）收购以明显低于市场价格出售的木材的；

（3）收购违反规定出售的木材的。

具有下列情形之一的属于在林区非法收购盗伐、滥伐林木“情节严重”：

（1）非法收购盗伐、滥伐的林木二十立方米以上或者幼树一千株以上的；

（2）非法收购盗伐、滥伐的正规树木二立方米以上或者五株以上的；

（3）其他情节严重的情形。

具有下列情形之一的，属于在林区非法收购盗伐、滥伐的林木“情节特别严重”：

（1）非法收购盗伐、滥伐的林木一百立方米以上或者幼树五千株以上的；

（2）非法收购盗伐、滥伐的珍贵树木五立方米以上或者十株以上的；

（3）其他情节特别严重的情形。

69. 没有按规定转让森林资源会受到什么处罚？

答：未经县级以上林业行政主管部门批准，集体所有的森林未经集体经济组织代表会议或村民代表会议讨论通过，擅自转让森林资源的，其转让行为无效，由县级以上林业行政主管部门对转让方处以该森林资源转让价款总额1%至3%的罚款，其中20%至30%由转让方直接负责的主管人员和其他直接责任人员承担。

70. 哪些林木采伐必须办理林木采伐许可证？

答：《中华人民共和国森林法》第三十二条规定：采伐林木必须申请采伐许可证，按许可证的规定进行采伐；农村居民采伐自留地和房前屋后个人所有的零星林木除外。

国有林业企业事业单位、机关、团体、部队、学校和其他国有企业事业单位采伐林木，由所在地县级以上林业主管部门依照有关规定审核发放采伐许可证。

铁路、公路的护路林和城镇林木的更新采伐，由有关主管部门依照有关规定审核发放采伐许可证。

农村集体经济组织采伐林木，由县级林业主管部门依照有关规定审核发放采伐许可证。

农村居民采伐自留山和个人承包集体的林木，由县级林业主管部门或者其委托的乡、镇人民政府依照有关规定审核发放采伐许可证。

采伐以生产竹材为主要目的的竹林，适用以上各款规定。

71. 采伐森林和林木必须遵守哪些规定？

答：《中华人民共和国森林法》第三十一条规定：采伐森林和林木必须遵守下列规定：

（1）成熟的用材林应当根据不同情况，分别采取择伐、皆伐和渐伐方式，皆伐应当严格控制，并在采伐的当年或者次年内完成更新造林；

（2）防护林和特种用途林中的国防林、母树林、环境保护林、风景林，只准进行抚育和更新性质的采伐；

（3）特种用途林中的名胜古迹和革命纪念地的林木、自然保护区的森林，严禁采伐。

72. 采伐林木的单位或个人如何完成更新造林任务？

答：《中华人民共和国森林法》第三十五条规定：采伐林木的单位或者个人，必须按照采伐许可证规定的面积. 株数. 树种. 期限完成更新造林任务，更新造林的面积和株数不得少于采伐的面积和株数。

73. 生态公益林保护等级如何划分？

答：生态公益林保护等级划分为：

（1）一级保护：包括自然保护区（保护小区）的森林、名胜古迹和革命纪念地的森林、沿海防护林基干林带，以及生态区位极端重要和生态环境极端脆弱地区的森林。

（2）二级保护：包括重点防护林中的天然林、重点特用林中的国防林、风景林、环境保护林、母树林、科学实验林。

（3）三级保护：包括重点防护林中的人工林（沿海防护林基干林带除外）、竹林。

74. 采伐生态公益林有哪些规定？

答：严格生态公益林采伐管理，禁止以生产木材为主要目的采伐。

一级保护的生态公益林禁止一切形式的采伐；二级和三级保护的生态公益林可进行更新或者抚育性质的采伐。

二级和三级保护的生态公益林更新采伐和抚育采伐，由林权单位提出申请，经县级林业主管部门和设区林业主管部门审核后，报省级以上林业主管部门批准。

75. 盗伐、滥伐森林或者其他林木将受到什么处罚？

答：《中华人民共和国森林法》第三十九条规定：盗伐森林或者其他林木的，依法赔偿损失；由林业主管部门责令补种盗伐株数十倍的树木，没收盗伐的林木或者变卖所得，并处盗伐林木价值三倍以上十倍以下的罚款。

滥伐森林或者其他林木，由林业主管部门责令补种滥伐株数五倍的树木，并处滥伐林木价值二倍以上五倍以下的罚款。

拒不补种树木或者补种不符合国家有关规定的，由林业主管部门代为补种，所需费用由违法者支付。

盗伐、滥伐森林或者其他林木，构成犯罪的，依法追究刑事责任。

76. 运输木材需要办理什么手续?

答: 从林区运出木材或者运输木材经过林区，必须持有县级以上人民政府林业主管部门核发的木材运输证件。

省林业厅经省人民政府授权，公布全省林区范围，泉州市所属的所有县、市、区全部作为林区。

77. 木材凭证运输的范围有哪些?

答: 木材包括: 原木、锯材、竹材、木片、胶合板、商品薪材、木炭、大宗木竹半成品。

78. 没有凭木材运输证运输木材会受到什么处罚?

答:《中华人民共和国森林法实施条例》第四十四条规定: 无木材运输证运输木材的，由县级以上人民政府林业主管部门没收非法运输的木材，对货主可以并处非法运输木材价款30%以下的罚款。

运输的木材数量超出木材运输证所准运的运输数量的，由县级以上人民政府林业主管部门没收超出部分的木材; 运输的木材树种、材种、规格与木材运输证规定不符又无正当理由的，没收其不相符部分的木材。

使用伪造、涂改的木材运输证运输木材的，由县级以上人民政府林业主管部门没收非法运输的木材，并处没收木材价款10%至50%的罚款。

承运无木材运输证的木材的，由县级以上人民政府林业主管部门没收运费，并处运费1倍至3倍的罚款。

79. 经营加工木材为什么要经批准?

答:《中华人民共和国森林法实施条例》第三十四条规定: 在林区经营（含加工）木材，必须经县级以上人民政府林业主管部门批准。

木材收购单位和个人不得收购没有林木采伐许可证或者其他合法来源证明的木材。

80. 经营加工木材没有经县级林业主管部门批准会受到什么处罚?

答:《中华人民共和国森林法实施条例》第四十条规定: 未经批准，擅自在林区经营（含加工）木材的，由县级以上人民政府林业主管部门没收非法经营的木材和违法所得，并处违法所得2倍以下的罚款。

81. 木材经营加工单位收购没有合法来源证明的木材会受到什么处罚?

答:《中华人民共和国森林法》第四十三条规定：在林区非法收购明知是盗伐、滥伐的林木的，由林业主管部门责令停止违法行为，没收违法收购的盗伐、滥伐的林木或者变卖所得，可以并处违法收购林木的价款一倍以上三倍以下的罚款；构成犯罪的，依法追究刑事责任。

82. 什么叫森林防火?

答：森林防火是指森林、林木和林地火灾的预防和扑救。

83. 什么叫森林火灾?

答: 凡是失去人为控制，在森林内自由蔓延和扩展，对森林、森林生态系统和人类带来一定危害和损失的森林起火都称森林火灾。

84. 森林防火的方针是什么?

答：森林防火的方针是“预防为主，积极消灭”。

85. 我国公民对森林防火的义务是什么?

答：在《森林防火条例》第五条款明确规定：预防和扑救森林火灾，保护森林资源，是每个公民应尽的义务。

86. 森林火灾分为哪几种?

答：森林火灾分为（1）森林火警：受害森林面积不足1公顷或者其他林地起火的；（2）一般森林火灾：受害森林面积在1公顷以上，不足100公顷的；（3）重大森林火灾：受害森林面积在100公顷以上，不足1000公顷的；（4）特大森林火灾：受害森林面积在1000公顷以上的。

87. 什么叫火险天气等级，火险天气共分为几个等级?

答: 根据以往森林火灾发生与相应气象要素的关系，采用量化、综合的手段将与森林火灾有关的天气作一划分；火险天气共划分为五个等级。

88. 森林防火期内，在林区禁止野外用火，因特殊情况需要用火的，须履行什么手续?

答: 森林防火期内，在林区禁止野外用火，因特殊情况需要用火的，须经过县级人民政府或者县级人民政府授权的单位批准，领取生产用火许可证方可在野外用火。

89. 扑救森林火灾中负伤致残牺牲的由谁承担医疗抚恤费用?

答；扑救森林火灾是一项急迫、艰苦和危险性非常大的工作。在扑救火灾的过程中受伤、致残、牺牲的情况经常发生。解决好在森林火灾扑救过程中受伤、致残、牺牲人员的医疗、抚恤问题，对于调动全民保护森林资源、扑救森林火灾的积极性，有积极的意义。因此，我国《森林法》规定，因扑救森林火灾的过程中负伤、致残、牺牲的，国家职工由所在单位给予医疗、抚恤；非国家职工由起火单位按照国务院有关主管部门的规定给予医疗、抚恤，起火单位对起火没有责任或确实无力负担的，由当地人民政府给予医疗、抚恤。

90. 如何扑救森林火灾?

答：根据《森林法》的规定，一旦发生森林火灾，各级地方人民政府必须立即组织当地军民和有关部门扑救。我国《森林防火条例》也规定，任何单位和个人一旦发现森林火灾，必须立即扑救，并及时向当地人民政府或者森林防火指挥部报告。当地人民政府或者森林防火指挥部接到报告后，必须立即组织当地军民扑救，同时逐级上报省级森林防火指挥部或者林业主管部门对下列森林火灾，应当立即报告中央森林防火总指挥办公室：

（1）国界附近的森林火灾；

（2）重大、特大森林火灾；

（3）造成一人以上死亡或者三人以上重伤的森林火灾；

（4）威胁居民区和重要设施的森林火灾；

（5）二十四小时尚未扑灭明火的森林火灾；

（6）未开发原始林区的森林火灾；

（7）省、自治区、直辖市交界地区危险性大的森林火灾；

（8）需要中央支援扑救的森林火灾。

扑救森林火灾，由当地人民政府或者森林防火指挥部统一组织和指挥。接到扑火指令的单位和个人，必须迅速赶赴指定地点，投入扑救。武装森林警察部队执行国家赋予的预防和扑救森林火灾的任务。扑救森林火灾不得动员残疾人员、孕妇和儿童参加。扑救森林火灾时，气象部门应做好与火灾有关的气象预报；铁路、交通、民航等部门，应优先提供交通运输工具；邮电部门应保证通信的畅通；民航部门应当妥善安置灾民；公安部门应当及时查处森林火灾案件，加强治安管理；商业、供销、粮食、物资和卫生等部门，应当做好物资供应和医疗救护等工作。森林火灾扑灭后，对火灾现场必须全面检查，清理余火，并留有足够人员看守火场，经当地人民政府或者森林防火指挥部检查验收合格后，方可撤出看守人员。

91. 违反森林防火管理的，应如何处置？

答：《森林防火条例》第三十四条规定：违反森林防火管理，依照《中华人民共和国治安管理处罚条例》的规定应当处以拘留的，由公安机关决定；情节和危害后果严重，构成犯罪的，由司法机关依法追究刑事责任。

92. 什么是放火毁林罪？犯该罪要受何处罚？

答：放火毁林罪，是指故意放火烧毁森林或者其他林木的行为。刑法第114条规定：“放火破坏森林，危害公共安全，尚未造成严重后果的，处三年以上十年以下有期徒刑”；刑法第115条第1款规定：“放火致人重伤、死亡或者使森林或者其他林木遭受重大损失的，处十年以上有期徒刑、无期徒刑或者死刑。”

93. 什么是失火毁林罪？犯该罪要受何处罚？

答：失火毁林罪，是指违反森林防火管理，过失烧毁森林或者其他林木，造成严重后果，危害公共安全的行为。刑法第115条第2款规定：“犯过失毁林罪，情节严重的，处三年以上七年以下有期徒刑；情节较轻的处三年以下有期徒刑或者拘役。”

94. 何谓森林病虫害防治？

答：森林病虫害防治，是指对森林、林木、林木种苗及木材、竹材的病害和虫害的预防和除治。

95. 防治森林病虫害的方针是什么？

答：国务院发布实施的《森林病虫害防治条例》中明确规定了我国的森林病虫害防治工作要实行“预防为主，综合治理”的方针。

96. 森林病虫害防治工作由谁负责？

答：森林病虫害防治实行“谁经营，谁防治”的责任制度。防治工作由各级林业主管部门主管。县级以上地方各级人民政府林业主管部门主管本行政区域内的森林病虫害防治工作，其所属的森防机构负责森林病虫害防治的具体组织工作。区、乡林业工作站负责组织本区、乡的森林病虫害防治工作。

97. 要做好森林病虫害的预防工作，森林经营单位和个人在森林经营活动中应当遵守什么规定?

答: 森林病虫害的发生和危害，与人类不恰当的生产经营活动有着直接的关系，为了防止病虫害的进一步危害，森林生产.经营单位或个人应当遵守下列规定：

（1）植树造林应当遵循适地适树的原则，造林设计方案必须有森林病虫害防治措施，提倡营造混交林，合理搭配树种，依照国家规定选用林木良种。

（2）禁止使用带有危险性病虫害的林木种苗进行育苗和造林。

（3）对幼龄林和中龄林应当及时进行抚育管理，清除已经感染病虫害的林木。

（4）有计划地实施封山育林，改变纯林生态环境。

（5）及时清理火烧迹地，伐除受害严重的过火林木。

（6）采伐后的林木应当及时运出伐区并清理现场。

98. 发生暴发性和危险性森林病虫害时，当地人民政府的职责是什么?

答: 发生暴发性和危险性森林病虫害时，当地人民政府根据实际需要，组织有关部门建立森林病虫害防治临时指挥机构，负责制定紧急除治措施，协调解决工作中的问题。

99.《森林病虫害防治条例》中对森林病虫害防治费用有什么规定?

答:《森林病虫害防治条例》规定：对全民所有的森林和林木，依照国家有关规定，分别从育林基金、木竹销售收入、多种经营收入和事业费中解决。集体和个人所有的森林和林木，由经营者负担，地方各级人民政府可以给予适当扶持。

对暂时没有经济收入的森林、林木和长期没有经济收入的防护林、水源林、特种用途林的森林经营单位和个人，其所需的森林病虫害防治费用由地方各级人民政府给予适当扶持。

发生大面积暴发性或危险性病虫害，森林经营单位或者个人确实无力负担全部防治费用的，各级人民政府给予补助。

100.《森林病虫害防治条例》对违反条例规定者，有哪些处罚规定?

答:《森林病虫害防治条例》对有下列行为之一者，规定可处以50-2000元罚款，构成犯罪的移交司法机关处理：

（1）用带有危险性病虫害的林木种、苗进行育苗或者造林的。

（2）发生森林病虫害不除治或除治不力，造成森林病虫害蔓延成灾的。

（3）隐瞒或者虚报森林病虫害情况，造成森林病虫害蔓延成灾的。

101.《限期除治通知书》是怎么回事?

答:《限期除治通知书》是森防管理部门依法防治森林病虫害的一项措施。即在森林病虫害发生危害后,或预测可能发生危害时,按照防治设计要求对需要统一进行防治的森林经营单位和个人,由林业主管部门对其发送限定时间内进行除治的书面通知。

102.对林木病虫害除治单位和个人发了《限期除治通知书》后,仍不除治的怎么办?

答:对下发了森林病虫害《限期除治通知书》仍不除治或除治不力者,林业主管部门或者其授权的单位可以代为除治,代为除治者的除治费用由被限期除治者承担。代为除治森林病虫害的工作,不因被限期除治者申请复议或者向法院起诉而停止执行。

103.何谓植物检疫?

答:植物检疫是以法规为依据,通过法律.行政和技术手段,对生产和流通中的某些感染特定病虫害的植物和植物产品采取禁止和限制措施,以防止这些病虫杂草和其他有害生物的人为传播,保障国家农、林业生产安全的各种措施的总称。

104.应施检疫的种苗等繁殖材料包括哪些?

答:繁殖材料包括野生、栽培种子、果实、苗木(含试管苗)、插条、接穗、砧木、叶片、芽体、块根、块茎、鳞茎、球茎、花粉、细胞培养材料等。

105.产地检疫发现检疫对象和其他危险性病虫应如何处理?

答:对产地检疫发现的检疫对象和其他危险性病、虫,指导生产(经营)单位(个人)进行除害处理。对新发生的检疫对象和危险性病、虫,必须采取措施彻底扑灭,并向当地森检机构和省级林业主管部门报告疫情。

106.《植物检疫条例实施细则(林业部分)》对种苗繁育基地有哪些检疫方面的要求?

答:林木种子、苗木和其他繁殖材料的繁育单位,必须有计划地建立无森检对象的种苗繁育基地、母树林基地。禁止使用带有危险性病、虫的林木种子、苗木和其他繁殖材料育苗和造林。

107.调运哪些植物和植物产品必须经过检疫?

答:调运植物和植物产品属于下列情况的必须经过检疫:

（1）列入应施检疫的植物、植物产品名单的，运出发生疫情的县级行政区域之前，必须经过检疫。

（2）凡种子、苗木和其他繁殖材料，不论是否列入应施检疫的植物、植物产品名单和运往何地，在调运之前，都必须经过检疫。

108. 如何办理调运检疫手续?

答：调运检疫是植物检疫机构对植物及其产品在调运时实施检疫检验和检疫处理，防止危险性病、虫随植物及其产品传播蔓延的重要措施。有关省、自治区、直辖市间调运必须经过检疫的植物和植物产品，调入单位必须事先征得所在地的省、自治区、直辖市植物检疫机构的同意，并向调出单位提出检疫要求。调出单位必须根据该检疫要求向所在地的省、自治区、直辖市植物检疫机构申请检疫。

109. 调运检疫包括哪些内容?

答：调运检疫包括调出检疫和调入检疫。

110. 调入检疫应如何操作?

答：省际调运森林植物及其产品，调入单位应事先向当地森检机构取得《森林植物检疫要求书》，交调出单位。对调入的森林植物及其产品，调入单位（个人）所在地的省、自治区、直辖市或其委托的森检机构应当查验《植物检疫证书》，必要时可以进行复检。

111. 制定新《水法》的目的是什么?

答：为了合理开发、利用、节约和保护水资源，防治水害，实现水资源的可持续利用，适应国民经济和社会发展的需要制定本法。

112.《水法》适用于什么地方?

答：在中华人民共和国领域内开发、利用、节约、保护、管理水资源，防治水害，适用本法。

113. 水资源属于哪级组织所有，其所有权由什么组织代表国家行使?

答：水资源属于国家所有，水资源的所有权由国务院代表国家行使。

114. 什么是水工程管理范围?

答：水工程管理范围是为了保证水工程正常运行，水工程周边必须由工程管理单位直接管理的土地，比如堤防的护堤地、护渠地、水库大坝的管理范围等。水利工程管理单位依照《土地管理法》及其相关的法规的规定取得管理范围内土地的使用权，因此水工程管理范围应当视为水工程设施的组成部分。

115. 在堤防和护堤地，禁止进行哪些活动？

答：禁止建房、放牧、开渠、打井、挖窖、葬坟、晒粮、存放物料、开采地下资源、进行考古发掘以及开展集市贸易活动。

116.《水法》对侵占、毁坏水工程或在水工程保护范围内从事影响水工程运行和危害水工程安全的行为应如何处罚？

答：《水法》第七十二条规定：构成犯罪的，依照刑法的有关规定追究刑事责任，尚不够刑事处罚，且防洪法未作规定的，由县级以上地方人民政府水行政主管部门或者流域管理机构依据职权，责令停止违法行为，采取补救措施，处一万元以上五万元以下的罚款，违反治安管理处罚条例的，由公安机关依法给予治安管理处罚；给他人造成损失的，依法承担赔偿责任。

117. 为保护河道安全，禁止在河道管理范围内从事哪些活动？

答：（1）非法占用护堤地；

（2）修建围堤、阻水渠道、阻水道路，设置拦河渔具，弃置阻碍行洪的固体废物，种植阻碍行洪的林木或作物（护堤护岸林木除外）；

（3）在堤防和护堤地建房、挖坑、扒口、掘草皮、打井、开渠、爆破钻探、葬坟、存放物料、开采地下资源以及开展集市贸易；

（4）损毁堤防、护岸、闸坝等水工程建筑和防汛设施、水文监测和轲量设施、河岸地质监测设施以及通信照明等设施；

（5）在堤顶行驶车辆（防汛抢险车及堤顶兼做路面除外）；

（6）非管理人员操作河道涵闸闸门。

118.《水法》对水资源费有哪些规定？

答：（1）新《水法》在总则第七条中规定：国家对水资源依法实行有偿使用制度。

（2）明确规定了水资源费的征收主体是各级水行政主管部门。

（3）明确规定征收水资源费的对象是“直接从江河，、湖泊或者地下取用水资源的单位和个人”，不论城市还是农村。但是，家庭生活和零星散养、圈养畜禽饮用等少量取水除外。

（4）规定了农村集体经济组织及其成员使用本集体经济组织水塘、水库中的水，不缴纳水资源费。

（5）《水法》第七十条规定了对拒不缴纳、拖延缴纳或者欠缴水资源费行为的处罚。

119. 简答如何取得取水权?

答：直接从江河、湖泊或者地下取用水资源的单位和个人，应当按照国家取水许可制度和水资源有偿使用制度的规定向水行政主管部门或者流域管理机构申请领取取水许可证，并缴纳水资源费，取得取水权。

120.《水法》对节约用水有哪些新的规定?

答：《水法》在节约用水方面做出了多项规定：

第一，把发展节水型工业、农业和服务业，建立节水型社会，作为发展目标写入总则，实行“开源与节流相结合，节流优先，大力建设节水型社会”的战略调整。

第二，根据水资源的宏观管理和配置，在水资源的微观分配和管理上，实行总量控制和定额管理相结合的制度，以及取水许可制度和水资源有偿使用制度。

第三，强化工业、农业、城市生活节水管理，大力推行采用节水先进技术、工艺和设备，逐步淘汰落后的、耗水量高的工艺、产品和设备。

第四，新建、扩建、改建建设项目，应当制定节水措施方案，配套建设节水设施，其节水设施应当与主体工程同时设计、同时施工、同时投产。

第五，实行计划用水、超定额用水累进加价制度。

121. 加强水资源管理的重大意义是什么?

答：第一，加强水资源管理是贯彻落实科学发展观、增强可持续发展能力的迫切需要。

第二，加强水资源管理是应对国际金融危机、促进经济平稳较快发展的迫切需要。

第三，加强水资源管理是统筹城乡和区域发展、增强发展协调性的迫切需要。

第四，加强水资源管理是加快发展民生水利、保障人民群众共享水利发展改革成果的迫切需要。

第五，加强水资源管理是提高水利社会管理和公共服务能力、推进水利又好又快发展的迫切需要。

122. 到2020年，全面建设小康社会目标实现之时，水资源管理要努力实现的六项目标是什么?

答：基本建立完善的水资源管理制度和监督管理体系。基本建成饮水安全和经济社会用水安全保障体系。基本建成水资源合理配置和高效利用体系。基本建成水资源保护和河湖健康保障体系。基本建成水资源管理能力和科技支撑保障体系。基本建成完善的水资源管理和运行保障体系。

123. 当前我国正处于传统水利向现代水利、可持续发展水利转变的关键阶段，适应水资源和经济社会发展形势的变化，要加快推进哪六个转变?

答：一是在管理理念上，要加快从供水管理向需水管理转变。二是在规划思路上，要把水资源开发利用优先转变为节约保护优先。三是在保护举措上，要加快从事后治理向事前预防转变。四是在开发方式上，要加快从过度开发、无序开发向合理开发、有序开发转变。五是在用水模式上，要加快从粗放利用向高效利用转变。六是在管理手段上，要加快从注重行政管理向综合管理转变。

124. 审批机关可以对取水单位或者个人的年度取水量予以限制的情形是什么?

答：（1）因自然原因，水资源不能满足本地区正常供水的；

（2）取水、退水对水功能区水域使用功能、生态与环境造成严重影响的；

（3）地下水严重超采或者因地下水开采引起地面沉降等地质灾害的；

（4）出现需要限制取水量的其他特殊情况的。

发生重大旱情时，审批机关可以对取水单位或者个人的取水量予以紧急限制。

125. 水资源管理的三条“红线”?

答：明确水资源开发利用红线，严格实行用水总量控制；明确水功能区限制纳污红线，严格控制入河排污总量；明确用水效率控制红线，坚决遏制用水浪费。

126. 我国有多少水资源?

答：我国是一个水资源大国，年均水资源总量 2. 81 万亿立方米，占世界总量的 5. 8% 左右，仅次于巴西、前苏联、加拿大、美国和印度尼西亚、居世界第六位。（但我国却同时是一个严重缺水的国家，人均水量为 2231 立方米，仅为世界人均水平的 1/4，居世界第 121 位）

127. 珍惜水资源、保护水环境，我们要做到什么?

答：（1）必须懂得如何科学用水；（2）从每个家庭做起，建设节水型家庭；（3）大力加强节水型社会建设，坚持开源与节流并重、节流优先的原则，提高水资源的利用效率和效益，实现水资源可持续利用；(4)控制污水及污染物排放，建设污水处理系统，加强水环境监测，强化法律意识，依法管理水资源、水环境。

128. 地球上的淡水资源是无限的吗?

答：地球虽然有70.8%的面积为水所覆盖，但淡水资源却极其有限。在全部水资源中，97.5%是咸水，无法饮用。在余下的2.5%的淡水中，有87%是人类难以利用的两极冰盖、高山冰川和永冻地带的冰雪。人类真正能够利用的是江河湖泊以及地下水中的一部分，仅占地球总水量的0.26%，而且分布不均。约65%的水资源集中在不到10个国家，而约占世界人口总数40%的80个国家和地区却严重缺水。据联合国公布的统计数据，全球目前有11亿人生活缺水，26亿人缺乏基本的卫生设施。

129. 我国最长的内陆河是那条河？全长是多少公里?

答：是新疆境内的塔里木河，自源流叶尔羌河的源头至台特玛湖，全长2486公里，干流自三河汇合口的肖夹克至台特玛湖全长1321公里。

130. 为什么实行流域管理?

答：水作为一种自然资源和环境要素，其形成和运动具有明显的地理特征，以流域或水文地质单元构成一个统一体。水资源与矿产、土地、森林等其他自然资源不同，它是可再生的动态资源，地表水和地下水之间相互转化，上下游、左右岸、干支流之间相互影响。水又是多功能的，它有灌溉、发电、航运、供水、渔业、旅游、自然保护等多方面的功能。这些功能之间是相互联系的，要在流域内实行统一规划，统筹兼顾，才能更好地发挥水资源的综合效益。

131.《取水许可和水资源费征收管理条例》何时颁布实施?

答：2006年2月21日，温家宝总理签署国务院第460号令，发布《取水许可和水资源费征收管理条例》，自2006年4月15日起施行。

132.《取水许可和水资源费征收管理条例》对原《取水许可制度实施办法》做了哪些修订?

答：《条例》在对1993年国务院发布的《取水许可制度实施办法》进行全面修订的基础上，新增了水资源费征收管理的规定。《条例》共7章58条，对取水许可的申请和受理、审查和决定，水资源费的征收和使用管理，监督管理和法律责任等作出了详细规定。

133. 我国为什么要实行取水许可制度和水资源费征收制度？

答：我国水资源短缺，人均占有的水资源量只有世界人均占有量的1/3，加之我国水资源时空分布与经济社会用水需求难以匹配的客观情势，又进一步加剧了我国水资源紧缺的形势。按照2002年修订的《水法》规定，水资源属于国家所有，由国务院代表国家行使所有权。对水资源依法实行取水许可制度和水资源费征收制度，是国家调控水资源、优化配置水资源、促进节约用水和有效保护水资源的需要。取水许可和征收水资源费，是国家作为公共管理者和资源所有人，对有限自然资源开发利用进行调节的一种行政管理措施。

134. 实行取水许可和水资源费征收制度的范围有哪些？

答：《条例》规定除几种例外情况外，凡是利用取水工程或者设施直接从江河、湖泊或者地下取水的单位和个人，都应当按照国务院规定，申请领取取水许可证，并向国家缴纳水资源费。几种例外情况分别是：（1）农村集体经济组织及其成员使用本集体经济组织的水塘、水库中的水的；（2）家庭生活和零星散养、圈养畜禽饮用等少量取水的；（3）为保障矿井等地下工程施工安全和生产安全必须进行临时应急取（排）水的；（4）为农业抗旱和维护生态与环境必须临时应急取水的。

135. 有哪些情形，取水许可不予批准？

答：（1）在地下水禁采区取用地下水的；（2）在取水许可总量已经达到取水许可控制总量的地区增加取水量的；（3）可能对水功能区水域使用功能造成重大损害的；（4）取水、退水布局不合理的；（5）城市公共供水管网能够满足用水需要时，建设项目自备取水设施取用地下水的。（6）可能对第三者或者社会公共利益产生重大损害的；（7）属于备案项目，未报送备案的；（8）法律、行政法规规定的其他情形。

136. 取水单位要履行哪些法定义务？

答：（1）取水单位或者个人应当申请领取取水许可证，并缴纳水资源费。

（2）取水单位或者个人应当按照经批准的年度取水计划取水。

（3）取水单位或者个人应当在每年的12月31日前向审批机关报送本年度的取水情况和下一年度取水计划建议。

（4）取水单位或者个人应当依照国家技术标准安装计量设施，保证计量设施正常运行，并按照规定填报取水统计报表。

137. 县级以上人民政府水行政主管部门或者流域管理机构在进行监督检查时，有权采取哪些措施?

答：有权采取以下措施：(1)要求被检查单位或者个人提供有关文件、证照、资料；(2)要求被检查单位或者个人就执行本条例的有关问题作出说明；(3)进入被检查单位或者个人的生产场所进行调查；(4)责令被检查单位或者个人停止违反本条例的行为，履行法定义务。监督检查人员在进行监督检查时，应当出示合法有效的行政执法证件。有关单位和个人对监督检查工作应当给予配合，不得拒绝或者阻碍监督检查人员依法执行公务。

138.《条例》规定管理工作人员有哪些行为要承担法律责任?

答：第四十七条规定：县级以上地方人民政府水行政主管部门、流域管理机构或者其他有关部门及其工作人员，有下列行为之一的，由其上级行政机关或者监察机关责令改正；情节严重的，对直接负责的主管人员和其他直接责任人员依法给予行政处分；构成犯罪的，依法追究刑事责任：

(1)对符合法定条件的取水申请不予受理或者不在法定期限内批准的；

(2)对不符合法定条件的申请人签发取水申请批准文件或者发放取水许可证的；

(3)违反审批权限签发取水申请批准文件或者发放取水许可证的；

(4)对未取得取水申请批准文件的建设项目，擅自审批、核准的；

(5)不按照规定征收水资源费，或者对不符合缓缴条件而批准缓缴水资源费的；

(6)侵占、截留、挪用水资源费的；

(7)不履行监督职责，发现违法行为不予查处的；

(8)其他滥用职权、玩忽职守、徇私舞弊的行为。

139.《条例》的哪些条款对取水单位或个人要承担的法律责任作了规定?

答：第四十八条　未经批准擅自取水，或者未依照批准的取水许可规定条件取水的，依照《中华人民共和国水法》第六十九条规定处罚；

第四十九条　未取得取水申请批准文件擅自建设取水工程或者设施的，责令停止违法行为，限期补办有关手续；逾期不补办或者补办未被批准的，责令限期拆除或者封闭其取水工程或者设施；逾期不拆除或者不封闭其取水工程或者设施的，由县级以上地方人民政府水行政主管部门或者流域管理机构组织拆除或者封闭，所需费用由违法行为人承担，可以处5万元以下罚款。

第五十条申请人隐瞒有关情况或者提供虚假材料骗取取水申请批准文件或者取水许可证的，取水申请批准文件或者取水许可证无效，对申请人给予警告，责令其限期补缴应当缴纳的水资源费，处2万元以上10万元以下罚款；构成犯罪的，依法追究刑事责任。

第五十一条拒不执行审批机关作出的取水量限制决定，或者未经批准擅自转让取水权的，责令停止违法行为，限期改正，处2万元以上1 0万元以下罚款；逾期拒不改正或者情节严重的，吊销取水许可证。

第五十二条　有下列行为之一的，责令停止违法行为，限期改正，处5 0 0 0元以上2万元以下罚款；情节严重的，吊销取水许可证：

（1）不按照规定报送年度取水情况的；

（2）拒绝接受监督检查或者弄虚作假的；

（3）退水水质达不到规定要求的。

第五十三条未安装计量设施的，责令限期安装，并按照日最大取水能力计算的取水量和水资源费征收标准计征水资源费，处5000元以上2万元以下罚款；情节严重的，吊销取水许可证。

计量设施不合格或者运行不正常的，责令限期更换或者修复；逾期不更换或者不修复的，按照日最大取水能力计算的取水量和水资源费征收标准计征水资源费，可以处1万元以下罚款；情节严重的，吊销取水许可证。

第五十四条　取水单位或者个人拒不缴纳、拖延缴纳或者拖欠水资源费的，依照《中华人民共和国水法》第七十条规定处罚。

第五十六条　伪造、涂改、冒用取水申请批准文件、取水许可证的，责令改正，没收违法所得和非法财物，并处2万元以上10万元以下罚款；构成犯罪的，依法追究刑事责任。

140. 为什么会将取水许可和水资源费征收管理列入同一部行政法规予以规范？

答：取水许可制度和水资源有偿使用制度是《水法》规定的两项十分重要的水资源管理制度，二者密切相关。《水法》第四十八条规定，“直接从江河、湖泊或者地下取用水资源的单位和个人，应当按照国家取水许可制度和水资源有偿使用制度的规定，向水行政主管部门或者流域管理机构申请领取取水许可证，并缴纳水资源费，取得取水权”，该规定明确了领取取水许可证、缴纳水资源费是取得取水权的两个必要条件。由于1993年实施的《取水许可制度实施办法》（以下简称《办法》）没有规范水资源费问题，导致各地在实践中出现水资源费政策不统一、征收程序不规范等问题。因此，《取水许可和水资源费征收管理条例》（以下简称《条例》）在总结地方实践经验的基础上，将两项制度一并作出规定。

141.《水法》规定“国家对用水实行总量控制和定额管理相结合的制度”，《条例》对此项制度是如何具体落实的？

答：《水法》第四十七条规定“国家对用水实行总量控制和定额管理相结合的制度”。为落实《水法》这一规定，《条例》在总则中规定“实施取水许可实行总量控制与定额管理相结合”的原则。在第十五条规定了取水许可总量控制的依据，包括水量分配方案、有关地方人民政府间签订的协议、取水许可总量控制指标，以及取水许可总量控制指标的制定。第十六条规定，按照行业用水定额核定的用水量是取水量审批的主要依据，并规定了有关部门制定并组织实施行业用水定额的职责。第三十九条规定，年度水量分配方案和年度取水计划是年度取水总量控制的依据，并规定了二者的制定和实施程序。

142.《条例》规定了取水受理实行“谁审批、谁受理”，与原来的“县级受理、逐级上报”相比有什么好处？

答：原《办法》的配套规章《取水许可申请审批程序规定》中规定：“受理机关受理取水许可申请书后，按规定的审批权限审批；需要由上级审批机关审批的，应逐级审核上报，由具有审批权限的审批机关审批。”《条例》依照《行政许可法》“谁许可，谁受理”的一般原则，按照便民、高效的要求，在取水申请受理方面，将“县级受理、逐级上报”的受理方式改为“谁审批、谁受理”的规定，“申请取水的单位或者个人，应当向具有审批权限的审批机关提出申请”。同时，基于方便取水申请人、提高取水许可效率的考虑，规定了两种例外情况——“申请利用多种水源，且各种水源的取水许可审批机关不同的，应当向其中最高一级审批机关提出申请”“取水许可权限属于流域管理机构的，应当向取水口所在地的省、自治区、直辖市人民政府水行政主管部门提出申请”由其受理并转报。

143.《条例》较之原《办法》新增了建设项目水资源论证的内容，是出于什么考虑？

答：《水法》第二十三条确立了水资源论证制度。我国水资源论证工作自2002年开始实施以来，取得了良好的效果和经验，实施水资源论证成为保障科学、合理地审批取水许可的重要技术支撑。因此，《条例》将水资源论证制度与取水许可制度的实施紧密结合起来，在申请取水应当提交的材料中特别强调：“建设项目需要取水的，申请人还应当提交由具备建设项目水资源论证资质的单位编制的建设项目水资源论证报告书。论证报告书应当包括取水水源、用水合理性以及对生态与环境的影响等内容。”这一规定将进一步规范取水审批行为，为水资源的优化配置、高效利用、有效保护提供了技术支撑和科学依据。有关建设项目水资源论证管理、水资源论证单位资质管理的具体事项，将在有关规章中作出规定。

144.取水许可审批权限是如何划分的？

答：根据《水法》第七条、第十二条和第四十八条的规定，取水审批权属于水行政主管部门或者流域管理机构。《条例》第十四条规定取水许可实行分级审批，明确规定了由流域管理机构负责审批取水的六种情形，即：（1）长江、黄河、淮河、海河、滦河、珠江、松花江、辽河、金沙江、汉江的干流和太湖以及其他跨省、自治区、直辖市河流、湖泊的指定河段限额以上的取水；（2）国际跨界河流的指定河段和国际边界河流限额以上的取水；（3）省际边界河流、湖泊限额以上的取水；（4）跨省、自治区、直辖市行政区域的取水；（5）由国务院或者国务院投资主管部门审批、核准的大型建设项目的取水；（6）流域管理机构直接管理的河道（河段）、湖泊内的取水。

除此之外，其他取水由县级以上地方人民政府水行政主管部门按照省级人民政府规定的权限审批。同时，《条例》在取水申请受理和取水监督管理等方面，也进一步明确了流域管理机构与地方水行政主管部门的权限划分和相互协作。

145.《条例》第四十一条规定了特殊情形下对年度取水量予以限制和发生重大旱情时对取水量予以紧急限制，是基于什么考虑？

答：由于自然原因，不同时段来水量不同，可能出现水资源不能满足本地区正常供水的情况，为了公平取水和保护水生态与环境，《条例》规定了第（一）项限制年取水量的情形。为了保障水功能区水域使用功能、保护水生态与环境，保护地下水资源，《条例》规定了第（二）、（三）项限制年取水量的情形。基于相同的理由，《条例》还规定，发生重大旱情时，可以对取水量予以紧急限制。

146.《条例》对强化取水审批的层级监督是怎样规定的？

答：《条例》依照《行政许可法》关于上级行政机关应当加强对下级行政机关实施行政许可的监督检查的规定，结合取水许可的实际情况，进一步明确和加强了取水审批的层级监督。包括两个方面：（1）下级水行政主管部门应当向上一级水行政主管部门或者流域管理机构，流域管理机构应当向国务院水行政主管部门，报送本行政区域上一年度取水许可证发放情况；（2）上一级水行政主管部门或者流域管理机构发现越权审批、取水许可证核准的总取水量超过水量分配方案或者协议规定的数量、年度实际取水总量超过下达的年度水量分配方案和年度取水计划的，应当及时要求有关水行政主管部门或者流域管理机构纠正。

147. 在饮用水源保护区内擅自设置排污口的，应如何处理？

答：饮用水安全关系到人民群众的生命健康和社会的稳定与发展。近些年来由于饮用水水源被污染而导致居民中毒、孕妇流产、幼儿畸形的事件屡屡发生。发展经济绝不能以污染环境和损害人民基本利益为代价。为此，国家建立饮用水水源保护区制度，以法律的手段防止水源枯竭和水体污染，保证城乡居民的饮用水安全。

根据我国《水污染防治法》的有关规定，生活饮用水地表水源保护区由省级以上人民政府依法划定。生活饮用水地表水源保护区分为一级保护区和其他等级保护区。在生活饮用水地表水源取水口附近可以划定一定的水域和陆域为其他等级保护区。各级保护区应有明确的地理界限。禁止向生活饮用水地表水源一级保护区的水体排放污水。禁止在生活饮用水地表水源一级保护区从事旅游、游泳和其他可能污染生活饮用水水体的活动。禁止在生活饮用水地表水源一级保护区内新建、扩建与供水设施和保护水源无关的建设项目。在生活饮用水地表水源一级保护区内已设置的排污口，由县级以上人民政府按国务院规定的权限责令限期拆除或限期治理。在生活饮用水地表水源一级保护区内新建、扩建与供水设施和保护水源无关的建设项目的，由县级以上人民政府按国务院规定的权限责令停业或关闭。在生活饮用水源保护内不得新建排污口。在保护区附近新建排污口，必须保证保护区水体不受污染。已有的排污口排放污染物超过国家或地方标准的，应当治理；危害饮用水源的排污口，应当搬迁。

我国《水法》也做了相应规定。《水法》第34条规定，禁止在饮用水水资源保护区内设置排污口，在江河湖泊新建、改建或扩大排污口，应该经过有管辖权的水行政主管部门或者流域管理机构同意，再由环境保护行政主管部门负责对该建设项目的环境影响报告书进行审批。第67条规定："在饮用水水源保护区内设置排污口的，由县级以上地方人民政府责令限期拆除，恢复原状；逾期不拆除、不恢复原状的，强行拆除、恢复原状，并处以五万元以上十万元以下的罚款。未经水行政主管部门或者流域管理机构审查同意，擅自在江河、湖泊新建、改建或者扩大排污口的，由县级以上人民政府水行政主管部门或者流域管理机构依据职权，责令停止违法行为，限期恢复原状，处五万元以上十万元以下的罚款。"

148. 在河道、湖泊的管理范围内从事生产建设活动应当遵守哪些法律规定?

答：根据我国《防洪法》的规定，河道、湖泊管理实行按水系统一管理和分级管理相结合的原则，加强防护，确保畅通。有堤防的河道、湖泊，其管理范围为两岸堤防之间的水域、沙洲、滩地、行洪区和堤防及护堤地；无堤防的河道、湖泊，其管理范围为历史最高洪水位湖设计洪水位之间的水域、沙洲、滩地、行洪区。为保持河道畅通，维护河势稳定和确保防洪安全，在河道、湖泊管理范围内从事生产建设活动应当遵守有关的法律规定。

（1）河道、湖泊管理范围内的土地和岸线的利用，应当符合行洪、输水的要求。不得在河道、湖泊管理范围内建设妨碍行洪的建筑物、构筑物、倾倒垃圾、渣土，从事影响河势稳定，危害河岸堤防安全和其他妨碍河道行洪的活动，不得在行洪河道内种植阻碍行洪的林木和高秆作物。

（2）不得围湖造地。已经围垦的，应按照国家规定的防洪标准进行治理，有计划地退地还湖。不得围垦河道。确需围垦的，应进行科学论证，经水行政主管部门确认不妨碍行洪、输水后，报省级以上人民政府批准。

（3）建设跨河、穿河、穿堤、临河的桥梁、码头、道路、渡口、管道、缆线、取水、排水等工程设施，应符合防洪标准、岸线规划、航运要求和其他技术要求，不得危害堤防安全，影响河势稳定，妨碍行洪畅通；其可行性研究报告按照国家规定基本建设程序报请批准前，其中的工程建设方案应经有关水行政主管部门根据前述防洪要求审查同意。上述工程设施需要占用河道、湖泊管理范围内的土地、跨越河道、湖泊空间或者穿越河床的，建设单位应经有关水行政主管部门对该工程设施建设的位置和界限审查批准后，方可依法办理开工手续；安排施工时，应按照水行政主管部门审查批准的位置和界限进行。

（4）国家实行河道采砂许可制度。在河道管理范围内从事采砂活动的，应申请采砂许可。在河道管理范围内采砂，影响河势稳定或危及堤防安全的，由有关县级以上人民政府水行政主管部门划定禁采区和规定禁采期，并予以公告。

在河道、湖泊管理范围内从事生产建设活动，违反上述法律规定的，应承担相应的法律责任。

（1）在河道、湖泊管理范围内建设妨碍行洪的建筑物、构筑物的；在河道、湖泊管理范围内倾倒垃圾、渣土，从事影响河势稳定，危害河岸堤防安全和其他妨碍河道行洪的活动的；在行洪河道内种植阻碍行洪的林木和高秆作物的，由河道、湖泊管理机构责令其停止违法行为，排除妨碍或者采取其他补救措施，可以处以五万元以下罚款。

（2）围湖造地、围垦河道的，由河道、湖泊管理机构责令其停止违法行为，恢复原状或者采取其他补救措施，可以处五万元以下的罚款；既不恢复原状又不采取其他补救措施的，代为恢复原状或采取其他补救措施所需费用由违法者承担。

（3）未经水行政主管部门对其工程建设方案审查同意或者未按照有关水行政主管部门审查批准的位置、界限，在河道、湖泊管理范围内从事工程设施建设活动的，由管理机构责令其停止违法行为，补办审查同意或者审查批准手续；工程设施建设严重影响防洪的，责令限期拆除，逾期不拆除的，强行拆除，所需要的费用由建设单位承担；影响行洪但尚可采取补救措施的，责令限期采取补救措施，可以处一万以上十万以下的罚款。

149. 向农田灌溉渠道排放污水，法律是如何规定的？

答：农业灌溉用水是农业生产的生命线。一旦农业灌溉用水受到污染，将对农业生产和农产品的供给产生严重影响。所以，向农田灌溉渠道排放废水、污水，应当遵守相应的法律规定，避免造成农业灌溉用水的污染，危及农业生产的正常进行。对此，《水污染防治法》规定，向农田灌溉渠道排放工业废水和城市污水，应当保证其下游最近的灌溉取水点的水质符合农田灌溉水质标准。同时，利用工业废水和城市污水进行灌溉，应当防止污染土壤、地下水和农产品。

150. 法律如何保障农田用水？

答：基于农业用水的特殊重要性，我国先后颁布了一系列法律、法规，加强对农田用水的保护，如《水法》、《农业法》、《水土保持法》等法律法规中均有相应的规定。

根据上述法律规定，农田用水的保护应当遵循以下基本原则：（1）开发利用和保护相结合的原则。在利用水资源过程中，同时做好农田用水和生态环境的保护工作，不能只强调对水资源的开发利用，忽视生态环境和水资源的保护；也不能片面强调保护，而不把水资源的保护与发展农业生产和提高农民生活水平结合起来。农业用水要坚持开发利用与保护相结合的原则，就必须兴修水利工程设施，使农业摆脱单纯的靠天吃饭、靠天种地、养殖的局面；（2）全面规划、统筹兼顾、综合利用、讲求效益的原则。（3）节约用水的原则。国家实行计划用水，厉行节约用水。我国农业用水存在着惊人的浪费现象，对农业生产产生不利影响，也浪费了宝贵的水资源。

对农田用水应当加强管理。根据我国《水法》的规定，农田用水的管理包括以下几个内容：（1）计划用水。目的在于谋求稳定供水，合理分配水资源，以满足不同地区和不同时期的用水需要和生态环境保护。（2）实行用水许可制度。实行用水许可的范围限于直接从地下或者江河、湖泊取水，不包括为家庭生活、畜禽饮用取水和其他少量取水。实行用水许可制度是国家加强对水资源管理的一项重要措施，也是厉行节约用水的有效方法，是协调水资源供求关系和实现水资源有序利用的可靠保障。（3）征收水资源费。是运用经济手段促进节约用水的措施。

目前由于我国农业水利设施比较落后，对水资源的开发利用一方面要靠天吃饭，水资源浪费情况普遍；另一方面，在遇到旱灾的时候广大农村地区又缺乏水资源的供给。这造成了我国农业用水极不合理的现状。我国农田用水在计划用水和实行取水许可制度方面还很落后，农田用水基本谈不上计划用水，对于广大农民来说，还没有形成计划用水的意识和习惯。至于取水许可制度，在很多农村地区还没有贯彻落实。因此，不但农田用水得不到有效保障，而且在遭遇天灾的时候大量地开采地下水，造成生态环境的破坏，而对这种农田用水的现状，加强对农田用水的管理，通过法律手段保障农田用水，是十分必要的。

151. 实施的新的《水污染防治法》新增了哪些内容？

答：新的《水污染防治法》规定，将加强水污染源头的管理，完善水污染监测网络，全面推行《排污许可证》制度，加强饮用水水源保护区管理，加大处罚力度，更加明确了法律责任的界定。

152. 强化地方政府责任，地方政府对水环境承担了实实在在的责任，在新修订的《水污染防治法》中有哪些明确规定？

答：新法强化了政府的责任。新法第四条明确规定：县级以上人民政府应当将水环境保护工作纳入国民经济和社会发展规划。采取防治水污染的对策和措施，对本行政区域的水环境质量负责。还规定国家施行水环境保护目标责任制和考核评价制度，将水环境保护目标完成情况列入对地方各级人民政府考核评价的内容。

153. 国家全面推行排污许可制度有何新规定？

答：排污许可制度是落实污染物排放总量控制制度，加强污染物排放监管的重要手段。新法第二十条规定，直接或者间接向水体排放工业废水和医疗污水以及其他按照规定应当取得《排污许可证》方可排放的废水、污水的企业事业单位，应当取得《排污许可证》；城镇污水集中处理设施的运营单位，也应当取得《排污许可证》。排污许可的具体办法和实施步骤由国务院规定。禁止企业事业单位无《排污许可证》或者违反《排污许可证》的规定向水体排放前款规定的废水、污水。

为规范排污行为，修订后的《水污染防治法》第二十二条规定，向水体排放污染物的企业事业单位和个体工商户，应当按照法律、行政法规和国务院环境保护主管部门的规定设置排污口；在江河、湖泊设置排污口的，还应当遵守国务院水行政主管部门的规定。禁止私设暗管或者采取其他规避监管的方式排放水污染物。

154. 新修订后的《水污染防治法》在农业和农村水污染防治方面与原有法律相比增加了哪些规定？

答：对农业和农村水污染防治，新法与原有法律相比增加了一些明确的规定，主要体现在：

第四十九条规定：国家支持畜禽养殖场、养殖小区建设畜禽粪便、废水的综合利用或者无害化处理设施。畜禽养殖场、养殖小区应当保证其畜禽粪便、废水的综合利用或者无害化处理设施正常运转，保证污水达标排放，防止污染水环境。

第五十条规定：从事水产养殖应当保护水域生态环境，科学确定养殖密度，合理投饵和使用药物，防止污染水环境。

第五十一条规定：向农田灌溉渠道排放工业废水和城镇污水，应当保证其下游最近的灌溉取水点的水质符合农田灌溉水质标准。

利用工业废水和城镇污水进行灌溉，应当防止污染土壤、地下水和农产品。

第六十三条规定：国务院和省、自治区、直辖市人民政府根据水环境保护的需要，可以规定在饮用水水源保护区内，采取禁止或者限制使用含磷洗涤剂、化肥、农药以及限制种植养殖等措施。

155. 为推动城镇污水防治工作，有哪些新的举措？

答：第四十四条规定：县级以上地方人民政府应当通过财政预算和其他渠道筹集资金，统筹安排建设城镇污水集中处理设施及配套管网，提高本行政区域城镇污水的收集率和处理率。

第四十五条规定：向城镇污水集中处理设施排放水污染物，应当符合国家或者地方规定的水污染物排放标准。城镇污水集中处理设施的出水水质达到国家或者地方规定的水污染物排放标准的，可以按照国家有关规定免缴排污费。城镇污水集中处理设施的运营单位，应当对城镇污水集中处理设施的出水水质负责。环境保护主管部门应当对城镇污水集中处理设施的出水水质和水量进行监督检查。

156. 饮用水水源保护区管理制度更为完善，新法有哪些新的阐述？

答：修订后的《水污染防治法》在第一条立法宗旨中明确增加了“保障饮用水安全”的规定，并专门增设了“第五章——饮用水水源和其他特殊水体保护”一章。

一是饮用水水源保护区实行分级管理制度。饮用水水源保护区划分为一级保护区和二级保护区，必要时可在饮用水水源保护区外围划定一定的区域作为准保护区。

二是对饮用水水源保护区的管理。新法规定，在饮用水水源保护区内，禁止设置排污口。禁止在饮用水水源一级保护区内新建、改建、扩建与供水设施和保护水源无关的建设项目；已建成的与供水设施和保护水源无关的建设项目，由县级以上人民政府责令拆除或者关闭。

三是禁止在饮用水水源一级保护区内从事网箱养殖、旅游、游泳、垂钓或者其他可能污染饮用水水体的活动。

四是对饮用水准保护区保护措施。新法第六十一条规定，县级以上地方人民政府应当根据保护饮用水水源的实际需要，在准保护区内采取工程措施或者建造湿地、水源涵养林等生态保护措施，防止水污染物直接排入饮用水水体，确保饮用水安全。

第六十三条规定：国务院和省、自治区、直辖市人民政府根据水环境保护的需要，可以规定在饮用水水源保护区内，采取禁止或者限制使用含磷洗涤剂、化肥、农药以及限制种植养殖等措施。

157. 要加大对违法排污行为的处罚，环境保护主管部门将如何加强行政执法工作?

答：修订后的《水污染防治法》加大了水污染违法的成本，增强了对违法行为的处罚力度。环境保护主管部门被赋予责令限期改正、责令限期治理、责令停产整顿、责令关闭等执法手段及可处以相应罚款等行政措施。

修订后的《水污染防治法》第七章明确规定了水污染防治各项法律责任。

例如第七十五条规定，在饮用水水源保护区内设置排污口的，由县级以上地方人民政府责令限期拆除，处十万元以上五十万元以下的罚款；逾期不拆除的，强制拆除，所需费用由违法者承担，处五十万元以上一百万元以下的罚款，并责令停产整顿。

还规定，违反法律、行政法规和国务院环境保护主管部门的规定设置排污口或者私设暗管的，由县级以上地方人民政府环境保护主管部门责令限期拆除，处二万元以上十万元以下的罚款；逾期不拆除的，强制拆除，所需费用由违法者承担，处十万元以上五十万元以下的罚款；私设暗管或者有其他严重违法情节的，县级以上地方人民政府环境保护主管部门可以提请县级以上地方人民政府责令停产整顿。

未经水行政主管部门或者流域管理机构同意，在江河、湖泊新建、改建、扩建排污口的，由县级以上地方人民政府水行政主管部门或者流域管理机构依据职权，依照前款规定采取措施给予处罚。

新法对排污者违法承担必要的民事责任也有明确规定。例如第八十五条规定：因水污染受到损害的当事人，有权要求排污方排除危害和赔偿损失。第八十六条规定：因水污染引起的损害赔偿责任和赔偿金额的纠纷，可以根据当事人的请求，由环境保护主管部门或者海事管理机构、渔业主管部门按照职责分工调解处理，调解不成的，当事人可以向人民法院提起诉讼。当事人也可以直接向人民法院提起诉讼。第八十七条规定：因水污染引起的损害赔偿诉讼，由排污方就法律规定的免责事由及其行为与损害结果之间不存在因果关系承担举证责任。

总之，新法强化了地方政府责任，全面推行了排污许可制度，完善了饮用水水源保护区管理制度，加大行政处罚力度，强化违法排污者的民事责任和治理责任。

158. 什么是矿产资源?

答：矿产资源是指由地质作用形成的，具有利用价值的，呈固态、液态、气态的自然资源。

根据《中华人民共和国矿产资源法实施细则》所附的《矿产资源分类细目》，地下水、矿泉水、地热、用作普通建筑材料的砂、石、粘土均属矿产资源。

159. 什么是矿产品?

答：矿产品是指矿产资源经过开采或者采选后，脱离自然赋存状态的产品。

160. 什么是探矿权?

答：是指在依法取得的勘查许可证规定的范围内，勘查矿产资源的权利。

161. 什么是探矿权人?

答：取得勘查许可证的单位或者个人称为探矿权人。

162. 什么是采矿权?

答: 是指在依法取得的采矿许可证规定的范围内,开采矿产资源和获得所开采的矿产品的权利。

163. 什么是采矿权人?

答：取得采矿许可证的单位或个人称为采矿权人。

164. 什么是探矿权采矿权招标?

答: 是指县级以上国土资源主管部门发布招标公告,邀请特定或者不特定的投标人参加投标，根据投标结果确定探矿权采矿权中标人的活动。

165. 什么是探矿权采矿权拍卖?

答: 是指县级以上国土资源主管部门发布拍卖公告,由竞买人在指定的时间、地点进行公开竞价，根据出价结果确定探矿权采矿权竞得人的活动。

166. 什么是探矿权采矿权挂牌?

答: 是指县级以上国土资源主管部门发布挂牌公告,在挂牌公告规定的期限和场所接受竞买人的报价申请并更新挂牌价格,根据挂牌期限截止时的出价结果确定探矿权采矿权竞得人的活动。

167. 什么是开采回采率?

答: 露天和地下开采的矿山，计算开采区域（范围）内实际采出矿量与该范围内地质储量的百分比，叫做回采率。根据计算范围大小，分为工作面、采区（矿块）、阶段和全矿进井回采率。开采回采率系指全矿井或矿务局的回采率。

168. 什么是采矿贫化率？

答：品位的现象，叫做矿石贫化。计算区域（范围）内原矿地质品位与采出矿石品位之差与原矿地质品位的比值，以百分数表示，叫做采矿贫化率。

169. 什么是选矿回收率？

答：选矿精矿中所含被回收有用成分的重量占入选矿石中该有用成分重量的百分数，叫做选矿回收率。

170. 矿产资源的所有权属于谁？根据什么来确定的？

答：《中华人民共和国宪法》规定："矿藏、水流、森林、山岭、草原、荒地、滩涂等自然资源，都属于国家所有，即全民所有；由法律规定属于集体所有的森林和山岭、草原、荒地、滩涂除外。"

矿藏指的就是矿产资源。

在各种自然资源中，森林、山岭、草原、荒地、滩涂等按照宪法规定，可以有集体所有的，矿产资源只能是国家所有，不允许有集体所有。

171.《矿产资源法》为什么要规定矿产资源的国家所有权不因其所依附的土地的所有权或者使用权的不同而改变？

答：在一些干部和群众中，对矿产资源的国家所有的认识还模糊，虽然宪法对此已有明确的规定，但他们还误认为矿产资源是"长"在地面和地下的，取得了土地的所有权或使用权，就据有赋存于这块土地地表和地下的矿产资源的所有权或使用权，因此无理阻挡矿产资源勘查工作或者侵犯他人已取得的采矿权。把矿产资源的所有权看成是依附于土地的所有权或使用权的认识是不对的，是与宪法规定相违背的。针对这种比较普遍的模糊认识，《矿产资源法》第三条规定："矿产资源属于国家所有，由国务院行使国家对矿产资源的所有权。地表或者地下的矿产资源的国家所有权，不因其所依附的土地的所有权或者使用权的不同而改变。"

172. 怎样体现国家对矿产资源的所有权？

答：矿产资源的所有权同使用权是可以适当分开的。矿产资源的使用权主要是探矿和采矿权。国家对矿产资源的所有权，是通过国家对探矿权、采矿权的授予和对勘查和开采矿产资源的监督管理以及对矿产资源实行有偿开采等来体现的。

国家保护合法的探矿权和采矿权不受侵犯，保障矿区和勘查作业区的生产秩序、工作秩序不受影响的破坏。

173. 为什么国家对矿产资源实行有偿开采？

答：矿产资源属于国家所有，是国家的宝贵财富，开采国家所有的矿产资源，当然应该向国家偿付一定的代价。过去相当长的时期，我国实行无偿开采矿产资源的政策，使一些从事矿产开采的单位和个人轻易地获得利润和收入，实际上是把一部分国家财富转化为集体或者个人所有，这是不合理的。无偿开采国家的矿产资源，也掩盖了一些矿山企业薄弱的经营管理，不利于促进矿山提高经营管理水平，提高经济社会效益，不利于矿产资源的合理开发利用与保护。

174. 国家通过什么形式实行矿产资源的有偿开采？

答：按照《矿产资源法》第五条规定，国家对矿产资源实行有偿开采，主要形式是收资源税和资源补偿费，是对资源耗竭的一种经济补偿。

175. 为什么对矿产资源的勘查与开发要进行统一规划、合理布局？

答：矿产资源在地区的分布上是有规律的，各个地区之间也是有区别而各具特色的，通过勘查工作，要将这些矿产的分布规律阐明清楚。开发利用矿产资源更必须在掌握这些科学资料的基础上，作出统一的开发规划，才能保证充分合理地利用矿产资源。所以说，对矿产资源的勘查、开发实行统一规划、合理布局，是合理开发利用与保护矿产资源的先决条件。

176. 矿产资源勘查、开采的监督管理由什么机关主管？

答：《矿产资源法》第十一条规定：“国务院地质矿产主管部门主管全国矿产资源勘查、开采的监督管理工作。国务院有关主管部门协助国务院地质矿产主管部门进行矿产资源勘查、开采的监督管理工作”。“省、自治区、直辖市人民政府地质矿产主管部门主管本行政区域内矿产资源勘查、开采的监督管理工作。省、自治区、直辖市人民政府有关主管部门协助同级地质矿产主管部门进行矿产资源勘查、开采的监督工作。”

177. 矿产资源勘查为什么要进行登记？

答：在我国，矿产资源属于国家所有，任何单位和个人都无权随意占有或处理。因此任何勘查单位进行矿产资源勘查工作都必须按照国家的规定履行勘查登记手续，领取合法的凭证，即勘查许可证，取得探矿权。同时，勘查单位取得探矿权后，即在法律上确定了他们勘查矿产资源的权利和在勘查活动中的地位，使他们正常工作有了法律保证，这就可以充分发挥他们找矿的积极性、主动性。此外，还可以防止各类非法活动侵犯他们合法的探矿权，保障勘查工作顺利进行，保障合法勘查工作不受干扰。

178. 为什么任何单位或个人不得进入他人已取得采矿权的矿山企业矿区范围内采矿？

答：各类矿山企业的矿区范围，一经依法划定（或核定），就受到法律的保护，为了保护依法取得采矿权的矿山企业和个体采矿者的合法权益，保障正常生产秩序不受干扰，做到安全生产，任何其他单位和个人，都不得非法进入开采。

179. 什么是矿产资源勘查工作？包括哪些内容？

答：矿产资源勘查工作是指发现矿产、探明矿产的地质工作，主要是依靠地质科学的成矿理论，使用地质测量、地球物理探矿、地球化学探矿、地质遥感、钻探和坑探、采样测试、加工试验等手段和方法，发现并探明一定数量的合乎工业要求的矿产资源。

矿产资源勘查工作主要包括区域地质调查、矿产普查和矿床勘探三个阶段。

180. 矿产资源勘查资料为什么可以实行有偿使用？

答：矿产资源勘查资料是矿产资源勘查工作的成果，具有商品性质。因为，一方面勘查资料是投入了大量的活劳动和物化劳动所取得的，具有价值；另一方面勘查的成果资料，虽不直接形成物质产品，但以文字、图表形式反映地下矿产资源的重要信息，为矿山生产提供了劳动对象，生产出矿产品，具有使用价值。

181. 开采矿产资源对环境保护与土地使用有什么要求？

答：《矿产资源法》第三十二条规定：“开采矿产资源，必须遵守有关环境保护的法律规定，防止污染环境。耕地、草原、林地因采矿受到破坏的，矿山企业应当因地制宜采取复垦利用、植树种草或者其他利用措施”。“开采矿产资源给他人生产、生活造成损失的，应当负责赔偿，并采取必要的补救措施。”

182. 收购矿产品有什么特别的规定？

答：《矿产资源法》第三十四条规定：“国务院规定由指定的单位统一收购的矿产品，任何其他单位或个人不得收购；开采者不得向非指定单位销售。”

183. 允许个人采挖哪些矿产资源？

答:《矿产资源法》第三十五条规定:“允许个人采挖零星分散资源和只能用作普通建筑材料的砂、石、粘土以及为生活自用采挖少量矿产。”

184. 为什么要求矿山企业必须要有井上、井下对照图？

答: 井上、井下对照图是矿山企业为了便于研究井下采掘工程进度及其与地面工程布置的相互关系，正确地指导采矿工作，保护矿区地面建筑和设施的安全，提高科学管理而测制的。通过井上、井下对照图，可以检查矿山企业是否按照批准的矿区范围开采，监督检查矿山企业合理开发利用和保护矿产资源的情况。所以，要求乡镇集体矿山企业和个体采矿都必须测绘井上、井下对照图。

185. 什么是无证采矿的行为？

答：无证采矿，即《矿产资源法》第三十九条中所说的“未取得采矿许可证擅自采矿”的行为，是指矿山企业违反有关规定，未经审查批准，未取得采矿许可证而擅自采矿的行为。

在未取得采矿许可证而擅自采矿的行为中，包括无证擅自进入国家规划矿区、对国民经济具有重要价值的矿区范围和他人矿区范围采矿，以及无证擅自开采国家规定实行保护性开采的特定矿种的行为。

186. 什么是越界采矿的行为？

答：越界采矿的行为，即《越界采矿的行为四十条所说的“超越批准的矿区范围采矿”的行为，是指矿山企业擅自超出原采矿审批机关批准划定的矿区范围，在批准的矿区范围外开采矿产资源的行为。

同无证采矿一样，越界采矿既包括越界进入国家规划矿区、对国民经济具有重要价值的矿区和他人矿区采矿的行为，也包括越界在上述三类矿区以外的区域采矿的行为。由于擅自越界进入前三类矿区的危害性更大，在处罚程度上也应酌情适当从重。

187. 什么是采取破坏性方法开采矿产资源的行为？

答:《矿产资源法》第四十四条所说的“采取破坏性的开采方法开采矿产资源”是指违反《矿产资源法》第二十九条中关于开采矿产资源必须采取合理的开采顺序、开采方法的规定，和第三十七条中关于“禁止乱挖滥采，破坏矿产资源”的规定，采用有关主管部门颁布的技术规范中禁止使用的方法采矿，造成矿产资源严重破坏，或者严重违反合理的开采顺序，采富弃贫、采厚弃薄、采易弃难，情节比较严重，造成矿产资源严重损失浪费的；以及在矿区乱采滥挖，使整体矿床受到严重破坏的行为。

188. 转让探矿权、采矿权应遵守哪些规定？

答：探矿权、采矿权可以依法转让，转让探矿权、采矿权，必须遵守《探矿权采矿权转让管理办法》。

189. 国家规定实行保护性开采的特定矿种有哪些？

答：目前已明确列为国家规定实行保护性开采的特定矿种有：黄金、钨、锡、锑、离子型稀土。

190. 违法开采矿产资源应承担哪些法律责任？

答：《刑法》第三百四十三条规定，违反矿产资源法的规定，未取得采矿许可证擅自采矿的，擅自进入国家规划矿区、对国民经济具有重要价值的矿区和他人矿区范围采矿的，擅自开采国家规定实行保护性开采的特定矿种，经责令停止开采后拒不停止开采，造成矿产资源破坏的，处三年以下有期徒刑、拘役或者管制，并处或者单处罚金；造成矿产资源严重破坏的，处三年以上七年以下有期徒刑，并处罚金。违反矿产资源法的规定，采取破坏性的开采方法开采矿产资源，造成矿产资源严重破坏的，处五年以下有期徒刑或者拘役，并处罚金。

191. 矿产资源的权属如何界定？

答：矿产资源属于国家所有，由国务院行使国家对矿产资源的所有权。地表或者地下的矿产资源的国家所有权，不因其所依附的土地的所有权或者使用权的不同而改变。国家保障矿产资源的合理开发利用。禁止任何组织或个人用任何手段侵占或者破坏矿产资源。各级人民政府必须加强矿产资源的保护工作。勘查、开采矿产资源，必须依法分别申请、经批准取得探矿权、采矿权，并办理登记；但是，已经依法申请取得采矿权的矿山企业在划定的矿区范围内为本企业的生产而进行的勘查除外。国家保护探矿权和采矿权不受侵犯，保障矿区和勘查作业区的生产秩序、工作秩序不受影响和破坏。从事矿产资源勘查和开采的，必须符合规定的资质条件。

192. 如何办理采矿许可证？

答：根据矿产资源相关法律法规规定，只能用作普通建筑的砂石、粘土、页岩、石材由县级国土资源管理部门登记发证。分两步办理。

第一步：申请划定矿区范围所需资料：（1）划定矿区范围申请报告（包括：办矿理由及

简要论证；地质工作概况；矿产资源开发利用方案以及办矿投资等）；

（2）申请开采的以地质地形图、以国家直角坐标标定的矿区范围；

（3）申请人营业执照或预先核准企业名称通知。

第二步：采矿权登记发证所需资料

（1）采矿权申请登记书；

（2）矿区范围图（以地质地形图为底图、以拐点标定，并附国家直角坐标和矿区面积）；

（3）简要开发利用方案（包括：位置、地形、地貌，储量、质量及其可靠程度等；矿区范围、开采矿种、生产规模、服务年限、开采方式。）；

（4）法人营业执照或个体执照（验原件或经工商部门签字的复印件）；

（5）具有相应的资金、技术和设备条件的证明材料；

（6）环境影响报告及环保部门的审批意见（表格或文字材料）；

（7）地质环境评估报告；

（8）安全生产管理部门的审查意见；

（9）其他材料：涉及林业、水利、路政、需办理相关部门手续。

193. 办理采矿许可证有哪些程序？

答：（1）申请人向国土资源局矿产资源管理部门提出申请，受理部门收件（采矿权受让人持采矿权出让文件、确认书、收取材料并作登记，出具受理通知书）；

（2）现场勘查（矿产资源管理科对申报矿区进行勘查）；

（3）审查（经办人对申报材料及现场勘查情况进行审查，并提出审查意见）；

（4）审核（矿产资源管理科对受理申请进行审核并提出意见）；

（5）报批（经矿产资源管理科审核符合条件的申报材料送局领导批准）；

（6）颁发采矿许可证归档、上报（同意登记、审查合格的申请人交纳有关费用，颁发采矿许可证、矿产资源管理科对审批材料归档，并报市国土资源局备案）。

194. 开采矿产资源必须按规定缴纳哪些税费？

答：开采矿产资源，必须照国家有关规定缴纳资源税和资源补偿费。

195. 允许个人开采的矿产资源有哪些？

答：国家对集体矿山企业和个体采矿实行积极扶持、合理规划、正确引导、加强管理的方针，鼓励集体矿山企业开采国家指定范围内的矿产资源，允许个人采挖零星分散资源和只能用作普通建筑材料的砂、石、粘土以及为生活自用采挖少量矿产。

196. 根据矿产资源法规定，地质矿产主管部门、地质工作单位和国有矿山企业向集体矿山企业和个体采矿提供地质资料和技术服务的原则是什么？

答：国家对集体矿山企业和个体采矿实行积极扶持、合理规划、正确引导、加强管理的方针，鼓励集体矿山企业开采国家指定范围内的矿产资源，允许个人采挖零星分散资源和只能用作普通建筑材料的砂、石、粘土以及为生活自用采挖少量矿产。矿产储量规模适宜由矿山企业开采的矿产资源、国家规定实行保护性开采的特定矿种和国家规定禁止个人开采的其他矿产资源，个人不得开采。国家指导、帮助集体矿山企业和个体采矿不断提高技术水平、资源利用率和经济效益。地质矿产主管部门、地质工作单位和国有矿山企业应当按照积极支持、有偿互惠的原则向集体矿山企业和个体采矿提供地质资料和技术服务。

197. 什么情况下，应办理采矿权变更登记手续？

答：有下列情况之一的，采矿权人应当在采矿许可证有效期内，向登记管理机关申请变更登记：变更矿区范围；变更主要开采矿种；变更开采方式；变更矿山企业名称；经依法批准转让采矿权。

198.《矿产资源法》对矿山土地复垦有什么规定？

答：《矿产资源法》第三十二条规定："开采矿产资源，应当节约用地。耕地、草原、林地因采矿受到破坏的，矿山企业应当因地制宜采取复垦利用、植树种草或者其他利用措施。土地复垦实行"谁破坏、谁复垦"的原则。开发利用矿产资源，土地复垦主要包括恢复农田、改土造田及土地他用等项。复垦的内容包括塌陷区、采空区复原，尾矿库造田，排土场改土造林及建成新风景观赏区，美化环境。

199. 开采矿产资源必须按照国家有关规定缴纳什么费用？

答：目前，根据国家有关法律、法规规定，矿业收费有矿产资源补偿费、采矿权使用费及采矿权价款、采矿登记费共计四项费用。

（1）矿产资源补偿费

矿产资源补偿费是国家矿产资源收益的一种体现，它的主要用途是用于矿产资源勘查。它的收费依据是《中华人民共和国矿产资源法》及《中华人民共和国矿产资源法实施细则》（国务院150号令）。矿产资源补偿费的征收是按照矿产品销售收入的一定比例计征。我区目前只有原盐、溴素等两种主要矿产，原盐的计征费率为销售收入的0.5%，溴素的计征费率为销售收入的2%。

（2）采矿权使用费

采矿权使用费是采矿权人向国家支付的准予使用权利的费用，其实质是国家将矿产资源采矿权授予采矿权申请人，按规定向采矿权人收取的使用费。采矿权使用费的征收标准是按矿区面积逐年缴纳，每平方公里每年1000元，不足0.5平方公里的，按500元征收。

采矿权使用费的征收依据是《中华人民共和国矿产资源法》、《矿产资源勘查区块登记管理办法》及《矿产资源开采登记管理办法》。

（3）采矿权价款

采矿权价款是采矿权人申请国家出资探明的矿产地采矿权的一种经济回报，是偿还国家作为勘查投资者的利益。采矿权价款的征收是由地质矿产主管部门认定的评估机构进行评估，评估结果由地质矿产主管部门确认。评估所考虑的因素包括产量、销售量、技术水平、矿区面积、销售价格等。

采矿权价款的征收依据是《中华人民共和国矿产资源法》、《矿产资源勘查区块登记管理办法》及《矿产资源开采登记管理办法》。

以前的评估结果是：盐0.30元/吨，溴素30元/吨。

（4）采矿登记费

采矿登记费是依据地质矿产部、财政部地发[1987]289号文件执行。标准是大型矿山500元、中型矿山300元、小型矿山200元。延续、变更登记100元。在领取采矿许可证时一次付清。

200. 未取得采矿许可证擅自采矿的应如何处理?

答：未取得采矿许可证擅自采矿的，由地质矿产主管部门责令停止开采，赔偿损失，没收采出的矿产品和违法所得，可以并处违法所得百分之五十以下罚款，没有违法所得的，可以并处五万元以下的罚款；拒不停止开采的，县级地质矿产主管部门可以封闭井口，查封采矿设备和工具；造成矿产资源破坏构成犯罪的，依法追究刑事责任。

201. 超越批准的矿区采矿的应如何处理?

答：超越批准的矿区范围采矿的，由地质矿产主管部门责令退回本矿区范围内开采、赔偿损失，没收越界开采的矿产品和违法所得，可以并处违法所得百分之三十以下的罚款，没有违法所得的，可以并处三万元以下的罚款；拒不退回本矿区内开采，造成矿产资源破坏的，吊销采矿许可证，构成犯罪的，依法追究刑事责任。

202. 矿产资源综合利用的主要内容是什么?

答：矿产资源综合利用矿产中的各种有用成分；同时开采矿体中的及其邻近部位的其他

矿产；从多种用途出发合理利用不同质量和特点的同一种矿产等。为此，必须在地质勘探工作中实行综合找矿和评价，从而为矿产资源的综合利用提供所需要的储量和地质资料。

203. 什么是土地法？

答：是调整以土地为客体而形成的各种社会关系的法律规范的总称。具体地说，就是调整在土地的规划、管理、保护、利用、监督过程中所发生的社会关系的法律规范的总称。

204. 修订后的土地管理法是何时颁布实施的？

答：修订后的土地管理法，于1998年8月29日经第九届全国人民代表大会常务委员会第三次会议通过，自1999年1月1日起施行。

205. 土地管理法的立法目的有哪些方面的内容？

答：有以下几个方面的内容：一是维护土地的社会主义公有制；二是保护、开发土地资源，合理利用土地；三是切实保护耕地；四是促进社会经济的可持续发展；五是根据依法治国，建设社会主义法治国家的治国方略，使土地管理规范化、制度化，纳入法制轨道，依法得到加强。

206. 什么是土地的社会主义公有制？

答：我国实行土地的社会主义公有制。中华人民共和国建国以后，我国土地的社会主义公有制逐步确立，形成了全民所有土地，即国家所有土地；劳动群众集体所有土地，即农民集体所有土地，这样两种基本的土地所有制形式。

207. 什么是土地所有制的法律表现形式？

答：土地所有制的法律表现形式是土地所有权，即土地所有者对其土地享有占有、使用、收益和处分的权利。我国土地公有制的法律表现形式是国有土地所有权和农民集体土地所有权。

208. 土地所有权的主要特点是什么？

答：土地所有权的主要特点是具有排他性，也就是同一块土地上只能有一个所有权存在，而不能同时存在两个以上的所有权。

209. 国家所有土地的所有权为什么由国务院代表国家行使？

答：国有土地所有权由国务院代表国家行使，是指国务院代表国家依法行使对国有土地的占有、使用、收益和处分的权利。在法律上规定国务院是国有土地所有权的代表，一是明确地方各级人民政府不是国有土地所有权代表，无权擅自处置国有土地，只能依法根据国务院的授权处置国有土地；二是赋予中央人民政府行使国有土地资产经营管理的职能；三是明确国有土地的收益权归中央人民政府，国务院有权决定国有土地收益的分配办法。

210. 为什么不得侵占、买卖或者以其他形式非法转让土地？

答：买卖行为的法律特征是将财产的所有权由出卖人转移给买受人，因此买卖行为的法律后果是改变财产的所有权。我国公有土地所有权的主体只能是国家和有关农民集体，除国家为了公共利益的需要可以依法征用农民集体所有土地外，公有土地的所有权是不能改变的。因此，任何通过买卖和变相买卖土地，改变土地所有权的行为都是非法的，都必须依法禁止。

211. 土地征用具有哪些特征？

答：土地征用具有强制性和补偿性的特征，即被征地单位（集体土地所有权人）不得以其所有权从事对抗行为，不得阻挠；国家在一定的范围内依法对被征地单位予以适当补偿，而不是赔偿。

212. 什么是国有土地有偿使用制度？

答：是指国家将国有土地使用权在一定年限内出让给土地使用者，由土地使用者向国家支付土地使用权出让金的一种制度。

213. 什么是划拨国有土地使用权？

答：是指县级以上人民政府依照土地法的有关规定批准，在土地使用者缴纳有关补偿、安置等费用后将一定数量的国有土地交付其使用，或者直接将一定数量的国有土地无偿交付给土地使用者使用。对建设用地，我国长期以来一直采用这种方式。

214. 什么是耕地占用补偿制度？

答：是指非农业建设经批准占用耕地的，按照“占多少、垦多少”的原则，由占用耕地的单位负责开垦与所占用耕地的数量和质量相当的耕地；没有条件开垦或者开垦的耕地不符合要求的，缴纳耕地开垦费，专款用于开垦新的耕地。

215. 什么是土地的用途管制制度?

答：是指国家为保证土地资源的合理利用，经济、社会和环境的协调发展，通过编制土地利用总体规划划定土地用途区域，确定土地使用限制条件，土地的所有者、使用者严格按照国家确定的用途利用土地的制度。

216. 什么是土地利用总体规划?

答：是在一定区域内，根据国家社会经济可持续发展的要求和当地自然、经济、社会条件，对土地的开发、利用、治理、保护在空间上、时间上所作的总体安排。

217. 国家编制土地利用总体规划的原则是什么?

答：一是严格保护基本农田，控制非农业建设占用农用地；二是提高土地利用率；三是统筹安排各类、各区域用地；四是保护和改善生态环境，保障土地的可持续利用；五是占用耕地与开发复垦耕地相平衡。

218. 什么是建设用地?

答：是指建造建筑物、构筑物的土地。包括城乡住宅和公共设施用地、工矿用地、交通水利设施用地、旅游用地、军事设施用地等。

219. 什么是农用地?

答：是指直接用于农业生产的土地，包括耕地、林地、草地、农田水利用地、养殖水面等。

220. 什么是未利用地?

答：是指农用地和建设用地以外的土地，例如沙漠、冰川等。

221. 什么是土地登记制度?

答：是指县级以上人民政府依法将土地的权属、用途、面积等情况登记在专门的簿册上，同时向土地所有者和使用者颁发土地证书以确认土地所有权和使用权的一种法律制度。根据土地管理法规定，国有土地的使用者、农民集体土地的所有者、农民集体土地的建设用地使用者，须进行土地登记。依法登记的土地所有权、土地使用权，受国家法律保护，任何单位和个人不得侵犯。

222. 什么是土地使用权?

答: 是指使用土地的单位和个人在法律所允许的范围内对依法交由其使用的国有土地和农民集体所有土地的占有、使用、收益以及依法处分的权利。

223. 土地使用权具有哪些特征?

答: 一是土地使用权是基于法律的规定而产生的，如果没有法律的规定，也就不会有土地使用权的合法存在；二是土地使用权是在国有土地和农民集体土地所有权的基础之上派生出来的一种权利，也就是说这一权利是依据土地所有权的存在而存在，没有土地所有权也就没有土地使用权；三是土地使用权是一种对土地的直接占有支配权；四是土地使用权的目的是获得土地的使用价值，从土地利用活动中获得经济利益和为其他活动提供空间场所；五是土地使用权具有一定的稳定性；六是土地使用权一般仅仅限于地面。

224. 土地证书分为哪几种?

答: 可分为:（1）集体土地所有权证书。（2）集体土地建设用地使用权证书。（3）国有土地使用权证书。

225. 什么是土地变更登记?

答: 是指国有土地使用权、集体土地所有权、集体土地建设用地使用权及土地的用途发生变化，由土地使用者、所有者到登记机关进行登记。

226. 什么是土地承包经营权?

答: 是指我国农村经济体制改革中产生的反映土地承包关系的一种新型的土地使用权利。这种权利是通过土地承包关系转移到承包者手中的，但土地的所有权仍然属于集体所有。

227. 土地承包经营合同中土地发包方的权利有哪些?

答: 权利主要有:（1）依法维护集体土地的所有权不受侵犯。（2）依法享有农民集体土地的收益权。（3）依法具有监督管理权。

228. 土地承包经营合同中土地发包方的义务有哪些?

答: 义务主要有:（1）不得违反合同的约定干涉承包方的经营自主权;（2）应当按照合同的约定向承包方提供农业生产所需要的生产条件并按照农时完成承包合同规定的服务项目。

229. 土地承包经营合同中承包经营方的权利有哪些?

答：权利主要有：（1）生产经营决策；（2）产品处分权；（3）收益权。但上述权利的行使必须依法进行。

230. 土地承包经营合同中承包经营方的权利有哪些?

答：义务主要有：（1）有保护和按照承包合同约定的用途合理利用土地的义务。（2）承包经营方应依照合同或者法律的要求缴纳有关税费等。

231. 什么是土地利用年度计划?

答：是根据土地利用总体规划和国民经济发展计划，对年度各项用地数量的具体安排，是实施土地利用总体规划的重要措施，是农用地转用审批、建设项目立项审查和用地审批、土地开发和土地整理审批的数据。

232. 土地调查有哪几种形式?

答：根据调查内容不同分为三种形式，即土地利用现状调查、土地权属调查（地籍调查）和土地条件调查。

233. 什么是地籍调查?

答：是根据土地登记的需要，查清每一宗土地的权属、界址、面积、用途（类别）等级等内容的一项法律措施。一般在城市和村镇范围内进行，是土地登记程序中的一个步骤，土地登记的内容靠地籍调查取得或落实。

234. 什么是土地统计制度?

答：是国家对土地的数量、质量、分布、利用状况和权属状况进行调查、汇总、统计分析和提供土地统计资料的制度。

235. 什么是基本农田?

答：所谓基本农田，是指根据一定时期人口和国民经济对农产品的需求以及对建设用地的预测而确定的在土地利用总体规划期内未经国务院批准不得占用的耕地，是从战略高度出发，为了满足一定时期人口和国民经济对农产品的需求而必须确保的耕地的最低需求量，老百姓称之为“吃饭田”、“保命田”。

236. 什么是国有土地?

答: 国有土地包括国家所有的土地和国家征用的原属于农民集体所有的土地。国家所有的土地是指土地的所有权已经属于国家的土地，包括：城市市区的土地，国营农场的土地，城市市区外能源、交通、水利、矿山、军事设施及其他建设项目使用的国有土地、国有荒山、荒滩、荒地等，国有林地、国有草地及其他未依法确定给农民集体所有的土地。

237. 什么是农民集体所有的土地?

答: 是指农村和城市郊区的土地除法律规定属于国家所有的之外的土地，包括乡、村和村民组所有的土地，农民的宅基地、自留地、自留山，农民承包的除规定为国家所有的耕地、林地、草地等。

238. 征用土地的情况可分为哪几类?

答：按目前的规定征用土地情况可分为两类：一类是城市建设需要占用农民集体所有的土地；另一类是城市外能源、交通、水利、矿山、军事设施等项目建设占用集体土地的。

239. 省级人民政府对征用土地的批准权限有哪些?

答: 其批准权限有：基本农田以外的耕地35公顷以下的，其他土地70公顷以下的，包括基本农田以外的耕地和其他土地之和不足70公顷的。

240. 征用耕地的补偿费用包括哪些具体项目?

答：包括土地补偿费、安置补助费、地上附着物补偿费和青苗补偿费。

241. 什么是土地补偿费?

答：是因国家征用土地对土地所有者和土地使用者对土地的投入及收益造成损失的补偿。补偿的对象包括土地所有权人和使用权人。

242. 什么是安置补助费?

答: 是为了安置以土地为主要生产资料并取得生活来源的农业人口的生活所给予的补助费用。征用耕地的安置补助费，按照需要安置的农业人口计算。

243. 什么是地上物的补偿费?

答：地上物的补偿费，包括地上地下的各种建筑物、构筑物如房屋、水井、道路、地上地下管线、水渠的拆迁和恢复费用，被征用土地上林木的补偿或砍伐费等。

244. 什么是青苗补偿费?

答: 是指农作物正处于生长阶段而未能收获的,因征用土地需要及时让出土地而致使农作物不能收获而使农民造成损失的，应当给予土地承包者或土地使用者以经济补偿。

245. 建设占用土地，涉及农用地转为建设用地的应当办理什么手续?

答：建设占用土地，涉及农用地转为建设用地的，应当办理农用地转用审批手续。

246. 什么是国有土地使用权出让?

答: 是指国家将一定的年限内的土地使用权出让给土地使用者,由土地使用者一次性向国家支付土地使用权出让金和其他费用的行为。

247. 国家对土地出让的年限有哪些规定?

答：国家对土地出让的最高年限有具体规定，即：居住用地 70 年；工业用地 50 年；教育、科技、文化、卫生、体育用地 50 年；商业、旅游、娱乐用地 40 年；综合或其他用地 50 年，合同约定的年限不得超过国务院规定的最高年限，超过最高年限的无效。

248. 国家对大中型水利、水电征地补偿及移民安置采取的主要办法有哪些?

答：一是由地方政府统一组织、制定移民安置规划并组织实施，根据工作的需要，一些地方政府还设立了专门的水利水电移民安置机构，负责移民安置工作；二是采用开发性移民、就地后靠和外迁结合的办法，主要通过开发荒地、滩涂和调剂土地，解决移民的生活和生产；三是采取前期补偿和后期扶持相结合的办法。

249. 什么是国家重点扶持的能源、交通、水利等项目用地?

答：是指中央投资、中央和地方共同投资以及国家采取各种优惠政策重点扶持的煤炭、石油、天然气、电力等能源项目，铁路、公路、港口、机场等交通项目，水库、防洪、江河治理等水利项目用地。

250. 什么是临时用地?

答：是指建设过程中或勘查勘测过程中一些暂设工程和临时设施所需临时使用的土地。

251. 临时用地有哪些特点?

答：其特点为：（1）临时用地不改变土地用途的性质；（2）临时用地不改变土地权属；（3）临时用地经批准后，应当签定临时用地合同，并给土地的所有权人和原使用权人的损失予以补偿。使用结束后，使用者应当负责恢复原貌，并交还原土地使用者或土地所有者；（4）临时用地是临时使用城市内的空闲、农用地和未利用地。

252. 土地管理监督检查人员必须具备哪些条件?

答：必须具备下列条件：（1）熟悉土地管理法律、法规；（2）忠于职守、秉公执法。

253. 在土地管理中，单位和个人的义务和权利是什么?

答：在土地管理中，单位和个人都有遵守土地管理法律、法规的义务，并有权对违反土地管理法律、法规的行为提出检举和控告。

254. 取得土地权利的法律依据和凭证是什么?

答：根据《土地管理法》、《土地登记规则》的有关规定，依法取得的土地权利都必须进行登记。经土地管理部门依法注册登记的土地登记卡是土地权利人取得土地权利的法律依据；由县级以上人民政府颁发的土地证书是土地权利人取得土地权利的法律凭证。

255. 土地登记申请期限有哪些规定？不按规定期限申请的应如何处理?

答：根据《土地登记规则》的有关规定，当事人自土地使用权、抵押权、承租权及其他土地他项权利的设定、变更（不含继承）终止之日起十五日内应当申请土地登记；所有其他类型的变更土地登记，当事人自发生之日起三十日内应当申请变更土地登记。

《土地登记规则》第六十九条规定："土地使用者、所有者凡不按规定如期申请初始土地登记的，按照非法占地的处理办法论处；对凡不按规定如期申请变更土地登记的，除按违法占地处理外，视情节轻重报经县级以上人民政府批准，注销土地登记，注销土地证书。"

256. 申请土地登记应提交哪些文件材料?

答：申请土地登记应提交下列文件材料：

（1）土地登记申请书；

（2）单位、法定代表人证明，个人身份证明或者户籍证明；

（3）土地权属来源证明；

（4）地上附着物权属证明。

委托代表人申请土地登记的，还应当提交授权委托书和代理人身份证明。

257. 土地权利人在什么情况下，必须申请变更土地登记？

答：依法改变土地权属和用途的，应当办理土地变更登记手续。具体包括：土地使用权、所有权和土地使用权出租、抵押等土地他项权利的设定、变更和土地权利注销、土地用途变更以及更名、更址等登记项目内容变更。

258. 土地权属争议由哪一级政府处理？

答：土地所有权和使用权争议，由当事人协商解决，协商不成的，由人民政府处理。

单位之间的争议，由县级以上人民政府处理；个人之间、个人与单位之间的争议，由乡级人民政府或者县级以上人民政府处理。

259. 土地利用总体规划与城市总体规划、村庄和集镇规划的关系是什么？

答：城市总体规划、村庄和集镇规划，应当与土地利用总体规划相衔接，城市总体规划、村庄和集镇规划中建设用地规模不得超过土地利用总体规划确定的城市和村庄、集镇建设用地规模。

在城市规划区内，村庄和集镇规划区内，城市和村庄、集镇建设用地应符合城市规划、村庄和集镇规划。

260. 各级人民政府保护耕地的职责是什么？

答：（1）要组织编制好土地利用总体规划；

（2）要采取得力措施，确保本行政区域内耕地总量不减少；

（3）抓好耕地占用补偿制度落实；

（4）抓好基本农田保护区制度落实；

（5）要采取措施，维护好水利工程设施，改良土壤，提高地力；

（6）非农建设必须节约使用土地；

（7）要组织农村集体经济组织整理土地，增加耕地面积。

261. 哪些耕地应划入农田保护区？

答：（1）经国务院有关主管部门或者县级以上地方人民政府批准确定的粮、棉、油生产基地内的耕地；

（2）有良好的水利与水土保持设施的耕地，正在实施改造计划以及可以改造的中、低产田；

（3）蔬菜生产基地；

（4）农业科研、教学试验田；

（5）国务院规定应当划入基本农田保护区的其他耕地。

262. 国家对基本农田保护有什么政策规定?

答:（1）国家实行基本农田保护制度。对划入基本农田保护区的耕地实行严格管理。

（2）国家建设需占用基本农田保护区内耕地，一律要上报国务院批准。

（3）禁止占用基本农田发展林果业和挖塘养鱼。

263. 国家对闲置、荒芜耕地有什么政策规定?

答:（1）禁止任何单位和个人闲置、荒芜耕地；

（2）已经办理审批手续的非农业建设占用耕地，一年内不用而又可以耕种并收获的，应当由原耕种该幅耕地的集体或者个人恢复耕种，也可以由用地单位组织耕种；

（3）一年以上未动工建设的，应当按照省、自治区、直辖市的规定缴纳闲置费；

（4）连续两年未使用的，经原批准机关批准，由县级以上人民政府无偿收回用地单位的土地使用权；

（5）该幅土地原为农民集体所有的，应当交由原农村集体经济组织恢复耕种；

（6）承包经营耕地的单位或者个人连续两年弃耕抛荒的，原发包单位应当终止承包合同，收回发包的耕地；

（7）在城市规划区内，以出让方式取得土地使用权进行房地产开发的闲置土地，依照《中华人民共和国城市房地产管理法》的有关规定办理。

264. 农用地转为建设用地的审批权限有何规定?

答: 农用地转为建设用地需报国务院和省人民政府审批。需要由国务院审批的农用地转用包括:

（1）由国务院批准的建设项目；

（2）由省政府批准的道路、管线工程和大型基础建设项目；

（3）省会所在地的市和人口在100万以上的城市及国务院指定的城市。

除了由国务院审批的以外，其他建设用地涉及农用地转用的，都由省级人民政府审批。但是，如果省人民政府已经授权地级市人民政府审批乡镇土地利用总体规划的，在规划中确定的村庄、集镇建设用地规模范围内的乡镇企业、公共设施、公益事业、农民住宅的建设用地需要占用农用地的，仍由地级市人民政府审批。

265. 征用土地的审批权限如何？

答：征用下列土地的，由国务院批准：

（1）基本农田；

（2）基本农田以外的耕地超过三十五公顷的；

（3）其他土地超过七十公顷的。

征用上述规定以外的土地的，由省、自治区、直辖市人民政府批准，并报国务院备案。

266. 征用土地的补偿和安置有哪些规定？

答：征用土地的，按照被征用土地的原用途给予补偿。征用耕地的补偿费用包括土地补偿费、安置补助费以及地上附着物和青苗的补偿费。征用耕地的土地补偿费，为该耕地被征用前三年平均年产值的六至十倍。征用耕地安置补助费，按照需要安置的农业人口数计算。需要安置的农业人口数按照被征用的耕地数量除以征地前被征用单位平均每人占有耕地的数量计算，每一个需要安置的农业人口的安置补助费标准，为该耕地被征用前三年平均年产值的四至六倍。但是，每公顷被征用耕地的安置补助费，最高不得超过被征用前三年平均年产值的十五倍。依照上述有关规定支付土地补偿费和安置补助费，尚不能使需要安置的农民保持原有生活水平的，经省、自治区、直辖市人民政府批准，可以增加安置补助费。但是，土地补偿费和安置补助费的总和不得超过土地被征用前三年平均年产值的三十倍。

征用其他土地的土地补偿费和安置补助费标准，由省、自治区、直辖市参照征用耕地的土地补偿费和安置补助费的标准规定。

被征用土地上的附着物和青苗的补偿标准，由省、自治区、直辖市规定。

征用城市郊区的菜地，用地单位应按照有关规定缴纳新菜地开发建设基金。

国务院根据社会、经济发展水平，在特殊情况下，可以提高征用耕地的土地补偿费和安置补助费的标准。

大中型水利、水电工程建设征用土地的补偿费标准和移民安置办法，由国务院另行规定。

267. 国有建设用地使用权的取得方式有哪几种？

答：国有建设用地使用权的取得方式有以下两种：

（1）有偿方式。包括出让、租赁和作价入股方式。出让方式又可以分为招标、拍卖、协议出让三种方式。

（2）划拨方式。下列建设用地，经县级以上人民政府依法批准，可以以划拨方式取得土地使用权：

①国家机关用地和军事用地；

②城市基础设施用地和公益事业用地；

③国家重点扶持的能源、交通、水利等基础设施用地；

④法律、行政法规规定的其他用地。

268. 建设项目使用国有建设用地的，如何办理用地申请和审批手续?

答:经批准的建设项目需要使用国有建设用地的，建设单位应当持法律、行政法规规定的有关文件，向有批准权的县级以上人民政府土地行政主管部门提出建设用地申请，经土地行政主管部门审查，报本级人民政府批准。

269. 临时使用土地有何规定?

答:建设项目施工和地质勘查需要临时使用国有土地或者农民集体所有的土地的，由县级以上人民政府土地行政主管部门批准。其中，在城市规划区内的临时用地，在报批前，应当先经有关城市规划行政主管部门同意。土地使用者应当根据土地权属，与有关土地行政主管部门或者农村集体经济组织、村民委员会签订临时使用土地合同，并按照合同的约定支付临时使用土地补偿费。

临时使用土地的使用者应当按照临时使用土地合同约定的用途使用土地，并不得修建永久性建筑物。

270. 乡（镇）公共设施、公益事业建设需要使用土地，如何申请和报批?

答:要经乡（镇）政府审核后，向县级以上人民政府土地行政主管部门提出申请，由县级以上人民政府批准。其中，涉及占用农用地的，应当先办理农地转用手续。

271. 乡（镇）村企业需要用地如何申请和报批?

答:农村集体经济组织使用乡镇土地利用总体规划确定的建设用地兴办企业或者与其他单位、个人以土地使用权入股、联营等形式共同举办企业的，应当持有关批准文件，向县级以上人民政府土地行政主管部门提出申请，由县级以上人民政府批准。其中，涉及占用农用地的，应当先办农地转用手续。

272. 农村村民宅基地需要用地如何申请和报批?

答:农村村民住宅用地，经乡（镇）人民政府审核，由县级人民政府批准。其中，涉及占用农用地的，应当先办理农地转用审批手续。

农村村民一户只能拥有一处宅基地，其面积不得超过省规定的标准。农村村民出卖、出租住宅后，再申请宅基地的，不予批准。

273. 土地违法案件的处罚主体是谁？被处罚的对象是谁？

答: 处罚主体是县级以上各级人民政府土地行政主管部门,被处罚对象是一切违反土地管理法律法规的单位和个人。

274. 土地管理监督检查人员履行职责时应如何表示身份？

答：土地管理监督检查人员履行职责时应当出示土地管理监督检查证件。

275. 土地管理监督检查人员履行职责时,有关单位和个人应如何给予配合？

答: 有关单位和个人对县级以上各级人民政府土地行政主管部门就土地违法行为进行的监督检查应当支持和配合,并提供工作方便,不得拒绝与阻碍土地管理监督检查人员依法执行公务。

276. 买卖或以其他形式非法转让土地的行政处罚的种类有哪些？

答:（1）没收非法所得；

（2）限期拆除或没收在非法转让的土地上新建的建筑物和其他设施；

（3）罚款。

277. 擅自毁坏耕地的行政处罚种类有哪些？

答:（1）责令限期改正或治理；

（2）罚款。

278. 对拒不履行土地复垦义务的行政处罚种类有哪些？

答:（1）责令限期改正；

（2）责令缴纳复垦费；

（3）罚款。

279. 对未经批准或采取欺骗手段骗取批准,非法占用土地的行政处罚种类有哪些？

答:（1）责令退还非法占用的土地；

（2）限期拆除或没收在非法占用的土地上新建的建筑物和其他设施；

（3）罚款。

280. 农村村民未经批准或采取欺骗手段骗取批准，非法占用土地建住宅的行政处罚种类有哪些？

答：（1）责令退还非法占用的土地；

（2）限期拆除在非法占用的土地上的新建的房屋。

281. 违法批地的处罚种类有哪些？

答：（1）认定批准文件无效；

（2）收回非法批准、使用的土地。

282. 对依法收回国有土地使用权当事人拒不交出土地的，临时使用土地期满拒不归还的，或者不按照批准用途使用国有土地的行政处罚种类有哪些？

答：（1）责令交还土地；

（2）罚款。

283. 擅自将农民集体所有的土地的使用权出让、转让或出租用于非农建设的行政处罚种类有哪些？

答：（1）责令限期改正；

（2）没收违法所得；

（3）罚款。

284. 土地违法行为是否构成犯罪的依据是什么？

答：土地违法行为是否构成犯罪取决于：一是行为人是否具有权力能力和行为能力；二是行为人在主观上是否有犯罪的故意；三是行为人是否实施了违反土地管理法律、法规的行为；四是行为人的违法行为是否侵犯了国家的土地管理制度，并且在情节和对社会造成的危害后果上达到了刑法规定的定罪标准。

285. 哪些土地违法行为，尚不构成犯罪的，由县级以上人民政府土地行政主管部门依法给予行政处罚？

答：根据《土地管理法》的规定，有下列土地违法行为之一，尚不构成犯罪的，由县级以上人民政府土地行政主管部门，依法给予行政处罚：（1）买卖或者以其他形式非法转让土地的；（2）非法占用耕地建窑、建坟或者擅自在耕地上建房、挖砂、采石、采矿、取土等，破坏种植条件的；（3）因开发土地造成土地荒漠化、盐渍化的；（4）违反本法规定，拒不履行土地复垦义务的；（5）未经批准或者采取欺骗手段骗取批准，非法占用土地的；（6）超过批准的数量或者规定的标准占用土地的；（7）无权批准征用、使用土地的单位或者个人非法批准占用土地的；（8）超越批准权限非法批准占用土地的；（9）不按照土地利用总体规划确定的用途批准用地的；（10）违反法律规定的程序批准占用、征用土地的；（11）依法收回国有土地使用权当事人拒不交出土地的；（12）临时使用土地期满拒不归还的；（13）不按批准的用途使用国有土地的；（14）擅自将农民集体所有的土地的使用权出让、转让或者出租用于非农业建设的；（15）不依法办理土地变更登记的。

286. 农民集体所有土地有哪几种形式?

答：农民集体所有土地是指农民集体享有所有权那一部分土地。在我国，依照法律规定，农民集体有三种基本形式：一是乡（镇）农民集体；二是村农民集体；三是村内两个以上农村集体经济组织的农民集体。相应的，我国农民集体所有土地也有三种基本形式，即一是乡（镇）农民集体所有土地；村农民集体所有土地；村内两个以上农村集体经济组织的农民集体所有；村内两个以上农村集体经济组织的农民集体所有土地，村内各该村农村集体经济组织的农民集体所有。

由于我国的特殊情况，农民集体所有土地的所有者与经营、管理者在法律上有所不同。根据《土地管理法》的规定，乡（镇）农民集体所有土地，由乡（镇）农村集体经济组织经营、管理；村农民集体所有土地由村集体经济组织或者村民委员会经营、管理；村内两个以上农村集体经济组织的农民集体所有土地，由村内各该村农村集体经济组织或者是村民小组经营、管理。

287. 农用地转为建设用地如何审批?

答：农用地是指直接用于农业生产的土地，包括耕地、林地、草地、农田水利用地、养殖水面等；建设用地是指建造建筑物、构筑物的土地，包括城乡住宅和公共设施用地、工矿用地、交通水利设施用地、旅游用地、军事设施用地等。国家严格限制农用地转为建设用地。凡是建设占用土地，涉及农用地转为建设用地的，都必须依法办理农用地转用审批手续。

288. 以出让方式取得土地使用权，转让房地产应符合什么条件?

答：按照《城市房地产管理法》第38条的规定，以出让方式取得土地使用权的，转让房地产时，应符合下列条件：（1）按照出让合同约定已经支付全部土地使用权出让金，并取得土地使用权证书；（2）按照出让合同约定进行投资开发，属于房屋建设工程的，完成开发投资总额的25%以上，属于成片开发土地的，形成工业用地或者其他建设用地条件；（3）转让房地产时房屋已经建成的，还应当持有房屋所有权证书。

设定这些条件的目的，一是确保转让土地使用权的合法性。只有完全支付了土地使用权出让金，并取得了土地使用证，才能保证转让人完全合法享有土地使用权转让的处置权；二是有效防止囤积土地和炒买炒卖的行为。只有对取得土地进行开发，才被允许转让，才能防止以囤积土地、炒买炒卖土地为目的的受让国有土地使用权的行为；三是通过对已建成房屋所有权的明确，保障当事人的合法利益。

289. 哪些情况下必须以招标、拍卖方式出让土地？

答：属于以下情况之一的，必须以拍卖方式出让土地：

（1）以获取最高出让金为主要目标，以出价最高为条件确定受让人的；

（2）对土地使用者资格没有特别限制，一般单位或个人均可能有受让意向的；

（3）土地用途无特别限制及要求的。

对不具备拍卖条件，但属以下情况之一的，必须以公开招标方式出让土地：

（1）除获取较高出让金外，还具有其他综合目标或特定的社会、公益建设条件；

（2）土地用途受严格限制，仅少数单位或个人可能有受让意向的。

对土地使用者有资格限制或特别要求的，可对符合条件的用地申请者进行邀请招标。

290. 土地使用权出让合同规定的用途或条件是否可以变更？

答：一般情况下，土地使用者应按土地使用权出让合同规定的用途、期限和条件开发、利用土地。

对确需改变出让合同规定的土地用途或条件的，应征得土地管理部门的同意。土地管理部门应与土地使用者以书面形式变更出让合同，重新调整土地使用权出让金标准，并按有关规定办理变更登记。

291. 土地使用权的出让方式有哪些

答：土地使用权出让包括招标、拍卖或挂牌出让四种方式。

292. 房屋买卖中应注意的问题是什么？

答：房屋买卖中应注意的是土地的使用权问题。根据规定，我国公民必须在土地证和房产证齐全的情况下才能取得房屋的合法居住权。不论是村民住宅还是城市房屋，买卖中有一个问题是一样关键的，就是能不能拿到房屋真正的产权，能不能真正成为房屋的所有权人。城市房屋的买卖要注意房产商的“五证”（含土地使用权证书）是否健全，农村房屋的买卖涉及土地使用权转移的必须经县级以上地方人民政府土地行政主管部门批准，如果上述手续没有保证，就不能成为房屋真正的主人。

293. 购买商品房应具备哪五证？它们各有什么作用？

答：通常所说的五证是指：第一是《国有土地使用证》，这是证明开发商已合法取得该土地的使用权，并缴纳了土地出让金；第二是《建设工程规划许可证》，这个证书证明该房屋的规划已取得规划部门的许可；第三是《建设用地规划许可证》，表明被允许在该土地上进行该项目的开发建设；第四就是《建设工程开工许可证》，允许该项目的工程进行施工建设；第五就是《预售许可证》，允许期房预售和现房销售。

294. 为什么不是所有的商品房都能办理土地证？

答：国有土地使用证同房屋所有权证一样，都需房地产开发商先办理总证，然后将总证分给各住户。由于部分房地产开发商没有办理总的国有土地使用证，所以即使拿到了房屋所有权证，缴纳了相关税费，也没有办法凭借手里所有的资料办理国有土地使用权分证。

295. 土地用途包括哪些种类？

答：土地分为农用地、建设用地和未利用地。

农用地是指直接用于农业生产的土地，包括耕地、林地、草地、农田水利用地、养殖水面等；建设用地是指建造建筑物、构筑物的土地，包括城乡住宅和公共设施用地、工矿用地、交通水利设施用地、旅游用地、军事设施用地等；未利用地是指农用地和建设用地以外的土地。

296. 哪些国有土地可以抵押？

答：（1）以出让方式取得的国有土地使用权单独抵押；

（2）以出让方式取得的国有土地使用权，其地上的房屋等建筑物抵押时，该房屋等建筑物占用范围内的国有土地使用权同时抵押；

（3）以划拨方式取得的国有土地使用权，其地上的房屋等建筑物抵押时，该房屋等建筑物占用范围内的国有土地使用权同时抵押。

下列国有土地不得抵押：

（1）以划拨方式取得的国有土地使用权不得单独抵押：

（2）所有权、使用权不明或者有争议的国有土地；

（3）依法被查封的国有土地；

（4）未确定使用权的国有土地。

297. 有时候土地所有权和使用权会发生争议，这是怎么回事？如何处理土地权属争议？

答：土地所有权和使用权争议即土地权属争议，是指两个以上单位或个人同时对未经确权的同一块土地各据理由主张权属，从而产生的土地权属矛盾。

单位之间的争议，由县级以上人民政府处理；个人之间、个人与单位之间的争议，由乡级人民政府或者县级以上人民政府处理。

当事人对有关人民政府的处理决定不服的，可以自接到处理决定通知之日起30日内，向人民法院起诉。

在土地所有权和使用权争议解决前，任何一方不得改变土地利用现状。

298. 什么情况下可无偿收回土地使用权？

答：无偿收回土地使用权是指县级以上人民政府和农村集体经济组织依照法律规定，无偿收回用地单位或个人的土地使用权限行为。无偿收回国有土地使用权主要有以下几种情况：

（1）经批准非农业建设占用耕地连续两年未使用的；

（2）以出让方式取得土地使用权进行房地产开发，满两年未动工开发的；

（3）土地出让等有偿使用合同约定的使用期限届满，土地使用者未申请续期或者申请续期未获批准的；

（4）因单位撤销、迁移等原因，停止使用原划拨的国有土地的；

（5）公路、铁路、机场、矿场等经核准报废的。

无偿收回农民集体土地所有权主要有以下几种情况：

（1）不按批准的用途使用土地的；

（2）因撤销、迁移等原因停止使用土地的。

299. 为什么我土地证上的面积与产权证面积不一致？

答：产权证上的面积主要是指套内面积。国有土地使用证上的面积是土地分摊面积。土地证上的面积，简单地说，它表示的是该土地使用者持有的证书附页中地图内（黑色加粗封闭区间内）所有有产权住户共同分摊的土地面积。根据各户产权证上的建筑面积分摊。因此，土地证上的面积与产权证面积不一致是正常的。

300. 什么是挂牌交易?

答: 挂牌出让国有土地使用权，是指出让人发布挂牌公告，按公告规定的期限将拟出让宗地的交易条件在指定的土地交易场所挂牌公布，接受竞买人的报价申请并更新挂牌价格，根据挂牌期限截止时的出价结果确定土地使用者的行为。挂牌出让综合体现了招标、拍卖和协议方式的优点，并同样是具有公开、公平、公正特点的国有土地使用权出让的重要方式，尤其适用于当前我国土地市场现状，具有招标、拍卖不具备的优势：一是挂牌时间长，且允许多次报价，有利于投资者理性决策和竞争；二是操作简便，便于开展；三是有利于土地有形市场的形成和运作。挂牌出让是招标拍卖方式出让国有土地使用权的重要补充。

301. 为什么对经营性用地要实行招标拍卖或挂牌交易?

答：国土资源部发布的《招标拍卖挂牌出让国有土地使用权规定》明确：商业、旅游、娱乐和商品住宅等各类经营性用地，必须以招标、拍卖或者挂牌方式出让。大力推行招标拍卖挂牌方式出让国有土地使用权，不仅能够实现国家土地资产的最大效益，而且能够提高政府供地的市场化程度，促进规范统一的土地市场的建立和完善。

302. 土地利用总体规划的内容是什么?

答：（1）区域内土地利用规划目标和为实现这一目标所需采取的土地利用基本方针。

（2）区域内土地利用结构和各业用地指标。

（3）土地利用区的划分、各地块的土地用途和土地使用规则。

（4）重点工程项目用地范围。

（5）实施规划有关的政策和措施。

303. 什么是土地用途管制制度?

答: 土地用途管制制度就是国家为保证土地资源的合理利用和优化配置，促进经济、社会和环境的协调发展，通过土地利用总体规划等国家强制力，规定土地用途，明确土地使用条件，土地所有者、使用者必须严格按照规划所确定的土地用途和条件使用土地的制度。

土地用途管制的内容包括：土地按用途进行合理分类、土地利用总体规划规定土地用途、土地登记注明土地用途、土地用途变更实行审批、对不按照规定的土地用途使用土地的行为进行处罚等。

304. 什么是草原?

答: 草原是指由草本植物和灌木为主的植被覆盖的土地，包括天然草原和人工草地。天然草原包括草地、草山和草坡。人工草地是指通过人工种植牧草而形成的草地，包括改良草地和退耕还草地。

305. 为什么要保护和建设草原？

答：我国草原面积近60亿亩，约占国土总面积的40%。草原有着重要的生态、经济和社会功能：（1）草原是我国面积最大的绿色生态屏障，对维护国家生态安全至关重要；（2）草原是发展畜牧业的物质基础，农牧民的生产生活都离不开草原；（3）草原上生长着许多有重要经济和药用价值的野生植物，对开发优良遗传资源和发展医药业具有重要作用；（4）草原还是众多野生动植物的生长和栖息地，对维护生物多样性十分重要。因此，广大农牧民要切实发挥主人翁作用，高度重视草原保护建设，实现草原可持续利用。

306. 国家为什么要制定《草原法》？

答：国家制定《草原法》的目的是为了依法治草，有效保护、建设和合理利用草原，改善生态环境，维护生物多样性，发展现代畜牧业，促进经济和社会的可持续发展。

307. 农牧民为什么要学习《草原法》？

答：农牧民是草原保护建设的主体，草原是农牧民赖以生存和发展的物质基础。农牧民学习《草原法》是十分必要的，一方面能够增强自身法律意识，避免因不了解法律规定而做违法的事情；另一方面，当自己的合法权益受到侵犯时，能够正确运用法律武器来维护自己的权益。

308. 国家管理草原的方针是什么？

答：国家对草原实行科学规划、全面保护、重点建设、合理利用的方针，促进草原的可持续利用和生态、经济、社会的协调发展。

309. 我国公民在草原保护方面有哪些权利和义务？

答：《草原法》规定，任何单位和个人都有遵守草原法律法规、保护草原的义务，同时享有对违反草原法律法规、破坏草原的行为进行监督、检举和控告的权利。这就是说，公民不但要自觉遵守草原法律法规，不做违反法律法规的事情，同时对其他单位或个人破坏草原、违反草原法的行为，有权向草原行政主管部门或者向人民政府其他机关提出举报、控告和检举。

310. 什么部门负责草原的监督管理工作？

答：农业部主管全国草原监督管理工作。县级以上地方政府草原行政主管部门（畜牧局、农牧局、农业局等）主管本行政区域内草原监督管理工作。乡（镇）人民政府可以根据需要设专职或者兼职人员负责具体监督检查工作。

311. 草原监理部门的性质和职能是什么?

答: 各级草原监理部门是专门负责草原监督和管理的执法机构，是各级人民政府依法保护草原的主要力量。草原监理机构的职责是负责对草原法律、法规执行情况的监督检查，对违反草原法律、法规行为进行查处。

312. 我国草原所有权形式有哪几种?

答: 我国草原所有权有国家所有和集体所有两种形式。国家所有的草原由国务院代表国家行使所有权；集体所有的草原由村集体经济组织、村民委员会或村民小组行使所有权。草原所有权一般情况下是不能改变的，但为了公共利益的需要，国家可以依法征用集体所有的草原，征用之后，集体所有草原变为国家所有。

313. 如何确定国有草原的使用权?

答: 国家所有的草原，可以依法确定给全民所有制单位、集体经济组织等使用，由县级以上人民政府登记，核发使用权证，确认草原使用权。未确定使用权的国家所有草原，由县级以上人民政府登记造册，并负责保护管理。

314. 如何确定集体所有草原的所有权?

答：集体所有的草原，由县级人民政府登记，核发所有权证，确认草原所有权。

315. 依法改变草原所有权和使用权，应当办理什么手续?

答: 依法改变草原所有权和使用权，应当在原登记机关办理草原权属变更登记手续。如不进行变更登记，草原权属变更则不具有法律效力。

316. 什么人可以承包草原?

答: 集体所有的草原或者依法确定给集体经济组织使用的国有草原，可以由本集体经济组织内的家庭或者联户承包经营。本集体经济组织以外单位或者个人承包经营的，必须经本集体经济组织成员的村（牧）民会议三分之二以上成员或者三分之二以上村（牧）民代表的同意，并报乡（镇）人民政府批准。

317. 草原承包的期限为多少年?

答：按照《农村土地承包法》的规定，草原的承包期限为30年至50年。

318. 在承包经营期限内，能否对已承包的草原进行调整?

答：在草原承包经营期内，不得对承包经营者使用的草原进行调整；个别确需适当调整的，必须经本集体经济组织成员的村（牧）民会议三分之二以上成员或者三分之二以上村（牧）民代表的同意，并报乡（镇）人民政府和县级人民政府草原行政主管部门批准。

319. 草原承包合同应当包括哪些内容?

答：承包经营草原，发包方和承包方应当签订书面合同。草原承包合同的内容应当包括双方的权利和义务、承包草原的边界、面积和等级、承包期和起止日期、承包草原用途和违约责任等。

320. 草原承包经营者享有哪些权利，应当履行哪些义务?

答：草原承包经营者主要享有以下权利：（1）享有按照承包合同规定的内容自主利用草原，并从中获取收益的权利；（2）享有生产经营自主权、产品处置权、收益权和转让权；（3）当承包草原被依法征用、占用时，有权获得补偿；（4）在草原承包期届满后，原承包经营者在同等条件下享有优先承包权；（5）享有对违反草原法律法规、破坏草原的行为进行监督、检举和控告的权利，以及法律、行政法规规定的其他权利等。草原承包经营者应当遵守草原法律法规，履行保护、建设和按照承包合同约定的用途合理利用草原的义务。

321. 转让草原承包经营权应当注意什么问题?

答：草原承包经营权受法律保护，转让草原承包经营权应当注意以下问题：（1）要按照自愿、有偿的原则依法转让；（2）受让方必须具有从事畜牧业生产的能力，并应当履行保护、建设和按照承包合同约定的用途合理利用草原的义务；（3）转让应当经发包方同意；（4）转让期限不得超过原承包合同剩余的期限。

322. 草原所有权、使用权发生争议，应当如何处理?

答：草原所有权、使用权的争议，由当事人协商解决；协商不成的，由有关人民政府处理。单位之间的争议，由县级以上人民政府处理；个人之间、个人与单位之间的争议，由乡（镇）人民政府或者县级以上人民政府处理。当事人对有关人民政府的处理决定不服的，可以依法向人民法院起诉。在草原权属争议解决前，任何一方不得改变草原利用现状，不得破坏草原和草原上的设施。

323. 草原承包经营权发生纠纷，应当如何解决？

答：草原承包经营权发生纠纷时，双方当事人可以通过协商来解决。如果协商不成，可以请村民委员会、乡（镇）人民政府等协调解决。当事人不愿协商、调解或者协商、调解不成的，可以向有关草原承包仲裁机构申请仲裁，也可直接向人民法院提起诉讼。

324. 国家开展草原监测工作的目的是什么？

答：了解和掌握草原植被、生产力等状况，是做好草原保护建设工作，实现草原资源合理利用的基础。由于受气候等自然条件变化的影响，草原植被、产草量等状况都处在动态变化的过程中。开展草原监测工作的目的，就是为了及时、准确掌握草原面积、植被、生产力等动态变化情况，为指导农牧民做好草原保护建设和利用工作提供科学依据。

325. 国家如何保护草原投资建设者的权益？

答：国家鼓励单位和个人投资建设草原，按照“谁投资、谁受益”的原则保护草原投资建设者的合法权益。

326. 各级人民政府应当支持、鼓励和引导农牧民开展哪些草原建设？

答：县级以上人民政府应当支持、鼓励和引导农牧民开展草原围栏、饲草饲料储备、牲畜圈舍、牧民定居点等生产生活设施的建设。同时，国家还应当鼓励与支持人工草地建设、天然草原改良、饲草饲料地建设以及人畜饮水设施、草种基地等基础设施建设，稳定和提高草原生产能力，改善农牧民生产生活条件。

327. 农牧民为什么要维护好草原围栏等基础设施？

答：草原围栏是保护草原的重要基础设施。首先，建设草原围栏能够明确农牧民承包草原的界限，对减少草原纠纷至关重要；其次，建设草原围栏，是实行禁牧、休牧和划区轮牧的基础，对恢复草原植被和合理利用草原具有重要作用。近年来，国家为改善农牧民的生产生活条件，投入大量资金帮助农牧民建设草原围栏。农牧民应当维护好围栏设施，不能随意拆除，否则将受到处罚。同时，农牧民发现他人破坏草原围栏，应当立即制止，并及时向当地的草原监理部门报告。

328. 什么是草畜平衡?

答: 草畜平衡是指在一定区域和时间内,通过草原和其他途径提供的饲草饲料量与所饲养的牲畜所需的饲草饲料量保持相对的动态平衡，也就是说，既保证牲畜有充足的饲草料，又不至破坏草原。

329. 国家为什么要实行草畜平衡制度?

答：当前，我国草原超载过牧问题十分严重，草畜矛盾日益突出，导致草原退化、沙化和盐碱化，不仅严重影响到国家的生态安全，还制约了草原牧区经济发展和农牧民增收。为此，《草原法》规定，国家对草原实行以草定畜、草畜平衡制度。实行这一制度的目的，是为了尽快解决草原超载过牧问题，保护草原生态环境，促进草原畜牧业健康发展，增加农牧民收入。

330. 什么是草原载畜量?

答：草原载畜量是指在放牧期内，在保证草原可持续利用和牲畜正常生长发育的前提下，一定草原面积所能容纳放牧家畜的最大数量，通常以“羊单位”作为计算单位。

331. 什么是羊单位?

答：羊单位是牲畜的计算单位。一只体重50公斤、每天采食1.8公斤标准干草的成年母绵羊规定为一个羊单位。一般情况下，一只羊约为1个羊单位，一头（匹）牛、马、骡约折合5个羊单位，一峰骆驼约折合7个羊单位。

332. 草原载畜量是如何核定的?

答: 草原载畜量由草原行政主管部门或者草原监理部门依据草原载畜量标准进行核定，并及时向农牧民公布，用于指导牧业生产和草原保护建设。草原载畜量的核定以草畜平衡为前提，具体核定方法是：某一面积草原载畜量 =（草原全年牧草产量 + 其他来源补饲饲草量）/一个羊单位全年的耗草量。农牧民应当根据核定的草原载畜量自觉调整放牧家畜数量，防止超载过牧。

333. 草原使用者或承包经营者对草原行政主管部门核定的草原载畜量有异议时，应当怎么办?

答: 草原使用者或承包经营者对草原行政主管部门核定的草原载畜量有异议的，可以自收到核定通知之日起30日内向县级人民政府草原行政主管部门申请复核一次，县级人民政府草原行政主管部门应当在30日内作出复核决定。

334. 农牧民应当如何保持草畜平衡?

答: 农牧民首先应当认识到，实行以草定畜、草畜平衡制度，是保护草原生态环境和促进草原畜牧业可持续发展的一项重要措施，与自身的长远利益是密切相关的。因此，农牧民应当严格按照核定的载畜量，调整天然草原的放牧强度，确保天然草原不超载。牲畜饲养量超过核定载畜量时，应当采取种植和储备饲草饲料、改良牲畜品种、调剂处理牲畜和提高牲畜出栏率等措施，保持草畜平衡。

335. 草畜平衡责任书应当写明哪些事项?

答: 县级草原行政主管部门与草原使用者或承包经营者签订的草畜平衡责任书，应当写明以下事项:（1）草原现状：包括承包草原的边界、面积、类型、等级，草原退化面积及程度;（2）现有的牲畜种类和数量;（3）核定的草原载畜量;（4）实现草畜平衡的主要措施;（5）草原使用者或承包经营者的责任;（6）责任书的有效期限;（7）其他有关事项。

336. 草原行政主管部门对草畜平衡情况进行抽查时，主要抽查哪些内容?

答: 各地县级以上草原行政主管部门应当每年组织对草畜平衡情况进行抽查，抽查的内容包括:（1）测定和评估天然草原的利用状况;（2）测算饲草饲料总量，即当年天然草原、人工草地和饲草饲料基地以及其他来源的饲草饲料数量之和;（3）核查牲畜数量。

337. 国家对实行退耕还草和禁牧、休牧的草原承包经营者有哪些扶持政策?

答:《草原法》规定，对水土流失严重、有沙化趋势、需要改善生态环境的已垦草原，应当有计划、有步骤的退耕还草；对严重退化、沙化、盐碱化、石漠化的草原，实行禁牧、休牧制度。为保证这些规定和制度得到落实，国家对规划范围内实施退耕还草的农牧民，给予粮食、现金和草种费补助；对实行禁牧、休牧的农牧民，给予围栏建设、饲料粮、补播草种费等补助。今后，随着经济发展和国力增强，国家还将根据草原保护建设的需要，进一步制定和完善有关扶持政策。

338. 割草场为什么要实行轮割?

答: 割草场也叫打草场，是不用于放牧而仅用于打草的草场。割草场对贮备越冬饲草，减少因饲草供给不足造成牲畜死亡，减轻草原畜牧业损失具有重要意义。为防止割草场退化，充分发挥割草场的作用，根据当地气候条件和牧草生长繁育的规律和特点，有计划地确定割草场轮割周期和年限，采取轮流休闲与培育等措施，促进牧草生长和繁育更新。割草场实行轮割，有利于提高割草场的生产力，实现割草场的合理利用。

339. 遇到自然灾害时，农牧民应当如何调剂使用草原？

答：遇到雪灾、火灾和旱灾等自然灾害时，家畜缺乏足够的饲草料，农牧民需要通过临时调剂的办法借用其他单位或者个人的草场放牧牲畜，以减少灾害带来的损失。调剂使用草原应当遵循自愿和互利的原则，由双方协商解决，只能临时使用，不能长期占用。在本县（旗）内临时调剂使用的，需双方协商同意，签订协议，报县级草原行政主管部门备案；跨县（旗）临时调剂使用草原的，由受灾方提出，接受方县级人民政府草原行政主管部门组织有关双方协商，签订协议，报上一级人民政府草原行政主管部门备案。

340. 因建设征用或使用草原，草原承包经营者应当得到什么补偿？

答：征用草原是指国家因建设需要，将集体所有的草原依法变为国家所有并用于工程建设、矿藏开采等。使用草原是指国家将国有草原用于工程建设、矿藏开采等。征用集体所有草原，草原承包经营者可获得草原补偿费、安置补助费以及地上附着物（草原围栏、棚圈等畜牧业生产设施）和人工草地青苗补助费，其中草原补偿费和安置补助费标准，由省、自治区、直辖市参照征用耕地的标准规定。地上附着物和人工草地青苗补助费标准，由省、自治区、直辖市规定。使用国有草原的，草原承包经营者可获得失去草原的补偿和畜牧业生产基础设施建设投入损失的补偿。

341. 征用或使用草原为什么要缴纳草原植被恢复费？

答：不论使用国有草原，还是征用集体所有草原，都不可避免造成草原资源总量减少，加剧草畜矛盾。草原植被恢复费，主要用于恢复草原植被，改良和治理退化草原，从而保持草原总量和质量的稳定。草原植被恢复费必须由草原主管部门收取，并专款专用，按照规定用于建设人工草地和对现有低产、退化草原进行治理改良，任何单位和个人不得截留和挪用。

342. 临时占用草原必须遵守哪些规定？

答：临时占用草原是指工程建设、勘查、旅游和其他临时性使用草原的行为。临时占用草原必须遵守以下规定：（1）临时占用草原须经县（旗）级以上草原行政主管部门审核同意，并签订临时占用草原合同；（2）临时占用草原的期限不得超过二年，不得在临时占用的草原上修建永久性建筑物、构筑物；（3）占用期满，用地单位必须恢复草原植被并及时退还；（4）临时占用草原不能改变草原性质，即草原用于放牧的农用地属性不变，不能将临时占用的草原开垦种植粮食或经济作物，更不能将草原变为建设用地。

343. 在草原上修建直接为草原保护和畜牧业生产服务的工程设施由哪个部门审批?

答：直接为草原保护和畜牧业生产服务的工程设施包括：（1）生产、贮存草种和饲草饲料的设施；（2）牲畜圈舍、配种点、剪毛点、药浴池、人畜饮水设施；（3）科研、试验、示范基地；（4）草原防火和灌溉设施。在草原上修建直接为草原保护和畜牧业生产服务的工程设施，使用草原超过七十公顷的，由农业部审批；使用草原七十公顷及其以下的，由县（旗）级以上地方人民政府草原行政主管部门依据所在省、自治区、直辖市确定的审批权限审批。

344. 哪些草原应当划为基本草原?

答：按照《草原法》的规定，下列草原应当划为基本草原：（1）重要放牧场；（2）割草地；（3）用于畜牧业生产的人工草地、退耕还草地以及改良草地、草种基地；（4）对调节气候、涵养水源、保持水土、防风固沙具有特殊作用的草原；（5）作为国家重点保护野生动植物生存环境的草原；（6）草原科研、教学试验基地；（7）国务院规定应当划为基本草原的其他草原。

345. 国家为什么要实行基本草原保护制度?

答：国家实行基本草原保护制度，就是要用法律的手段对重要的草原实行最严格保护，防止乱采滥挖、乱开滥占等各种破坏草原违法行为的发生，确保草原生态环境不再遭受破坏，草原畜牧业发展和农牧民增收得到有效保证。

346. 什么是草原自然保护区?

答：草原自然保护区就是将具有代表性的草原类型、珍稀濒危野生动植物分布区和具有重要生态功能和经济科研价值的草原划定为自然保护区，并按照自然保护区管理的有关规定加以严格保护。建立草原自然保护区，有利于防止草原退化、沙化和盐碱化，也有利于保护国家重点野生动物和植物的种质资源，维护草原生物的多样性。广大农牧民应当自觉遵守自然保护区管理的有关规定，禁止在草原自然保护区内进行砍伐、放牧、狩猎、捕捞、采药、开垦、烧荒、开矿、采石、捞沙等活动。

347. 国家为什么要禁止开垦草原?

答：开垦草原是人为破坏草原最主要的形式之一。据不完全统计，自上世纪五十年代以来，全国共开垦草原近3亿亩。由于草原地区普遍比较干旱，不适宜种植农作物，草原被开垦后大量被撂荒，造成土壤沙化，并且很难在短时间内恢复。“一年两年打点粮，三年四年变沙梁”，就是老百姓对开垦草原对生态破坏的形象比喻。开垦草原不仅直接造成草原面积不断减少，同时还加剧了草畜矛盾，造成其他草原的超载过牧和退化，对生态环境和草原畜牧业发展以及农牧民增收都会产生十分不利的影响。因此，《草原法》明确规定禁止开垦草原，对开垦草原行为应负的法律责任也作出了严厉的规定。

348. 哪些草原应当实行禁牧、休牧制度?

答：禁牧是指对草原实行一年以上禁止放牧利用。休牧是指为保护牧草正常生长，在春季牧草返青期和秋季结实期对草场实行季节性禁止放牧。国家规定对严重退化、沙化、盐碱化、石漠化的草原和生态脆弱区的草原实行禁牧、休牧制度。

349. 退耕还草地为什么要依法履行土地变更手续，发放草原权属证书?

答：大多数退耕还草地是在不同时期通过开垦草原得来的，并且大部分都是中低产田。已垦草原实行退耕还草，目的就是为了防止水土流失，改善生态环境，同时促进草原畜牧业发展。但一些地方为了追求眼前利益，对退耕还草地进行复垦，再度引发水土流失等生态问题。因此，《草原法》规定，退耕还草完成后，由县级以上人民政府草原行政主管部门核实登记，依法履行土地用途变更手续，确认草原权属，发放草原权属证书。

350. 在草原上采土、采砂、采石应当注意哪些问题?

答：在草原上从事采土、采砂、采石等活动，应当注意以下四个方面的问题：（1）应当报县级草原行政主管部门批准。如果是开采矿藏的，还应当按照国家矿藏资源管理方面的法律法规办理有关手续；（2）经批准在草原上从事采土、采砂、采石等活动的，应当在规定的时间、区域内，按照准许的方式采挖，并采取保护草原植被的措施；（3）在他人使用的草原上从事采土、采砂、采石活动，还应当事先征得草原使用者的同意；（4）违反规定从事采土、采砂、采石等活动的，将受到处罚。

351. 在草原上种植牧草或者饲料作物，为什么应当符合草原保护、建设、利用规划?

答：在草原上选择气候、水源条件适宜的地方种植牧草或者饲料作物，是提高饲草料供给能力，缓解天然草原放牧压力的一项重要措施，国家对此是鼓励和支持的。但由于草原生态环境比较脆弱，在草原上种植牧草或饲料作物，如果种植不当，不仅难以达到增加饲草的目的，还会造成草原沙化和水土流失。还有一些地方以种植牧草或饲料作物为名，开垦草原种植粮食或经济作物，对草原造成严重破坏。为此，《草原法》规定，在草原上种植牧草或者饲料作物，应当符合草原保护、建设、利用规划。草原保护、建设、利用规划是在充分调查、了解各地气候、水源、土壤等条件的基础上科学编制的，是指导草原保护、建设、利用的重要基础和主要依据。只有在规划确定的区域内种植牧草或者饲料作物，才能有效防治草原退化和水土流失。

352. 在草原上开展经营性旅游活动应当注意哪些问题?

答：合理开发草原旅游资源，对发展地方经济、增加农牧民收入、弘扬草原文化都具有重要的作用。但如果无序开展经营性旅游活动，必然会对草原造成严重破坏，损害草原承包经营者的利益。为规范草原旅游活动，开展经营性旅游活动的单位或者个人，应当注意以下几个问题：（1）在草原上开展经营性旅游活动，应当符合有关草原保护、建设、利用规划，规划不得开展旅游活动的草原，不能开展旅游活动；（2）在办理有关手续之前，应当首先征得各地县级以上草原行政主管部门的同意；（3）不得侵犯草原所有者、使用者和承包经营者的合法权益，不得破坏草原植被；（4）违反规定擅自在草原上开展经营性旅游活动，破坏草原植被的，将受到处罚。

353. 为什么要加强草原鼠虫害防治工作?

答：我国草原鼠害、虫害发生十分严重，每年鼠害发生面积约4. 5亿亩，虫害1. 5亿亩。草原鼠虫害的频繁发生，对草原植被造成严重破坏，不仅导致草原退化、沙化加剧，还直接影响到草原畜牧业的健康发展和农牧民增收。为此，加强草原鼠虫害防治工作，不仅是保护草原植被，维护生态安全的迫切需要，也是促进草原畜牧业可持续发展，增加农牧民收入的迫切需要。

354. 为什么禁止在草原上使用剧毒、高残留以及可能导致二次中毒的农药?

答：在草原上使用剧毒、高残留农药进行草原鼠虫害治理后，残留的农药将对草原生态环境造成污染。这些农药残留在牧草上，牲畜食用后会发生中毒现象；农药随雨水流入河中，人畜饮用后也会导致中毒。此外，使用可能导致二次中毒的农药，在消灭鼠害的同时，也会导致鼠类天敌（如鹰、狐狸等）的中毒死亡，造成生态系统的破坏。因此，广大农牧民应当在有关技术推广部门的指导下开展鼠虫害防治，以避免使用农药不当造成环境污染。

355. 为什么要禁止机动车辆离开道路在草原上行驶?

答：机动车辆离开道路在草原上行驶，会对草原植被造成严重破坏，特别是重型车辆在草原上行驶，将造成草原土壤板结，植被难以恢复。因此，《草原法》明确规定，禁止机动车辆离开道路在草原上行驶。但抢险救灾（如草原扑火）和牧民搬迁的机动车辆除外。同时，也考虑到地质勘探、科学考察等活动的特殊性，《草原法》规定，因从事地质勘探、科学考察等活动确需离开道路在草原上行驶的，应当向县级草原行政主管部门提交行驶区域和行驶路线方案，经确认后执行。做出这样的规定就是为了尽可能避免或者减少机动车辆对草原造成的破坏。

356. 草原监督检查人员履行监督检查职责时，有权采取哪些措施？

答：草原监督检查人员履行监督检查职责时，有权采取以下措施：（1）要求被检查单位或者个人提供有关草原权属的文件和资料，进行查阅或者复制；（2）要求被检查单位或者个人对草原权属等问题作出说明；（3）进入违法现场进行拍照、摄像和勘测；（4）责令被检查单位或者个人停止违反草原法律、法规的行为，履行法定义务。

357. 草原监督管理人员依法执行职务时，农牧民应当怎样配合？

答：草原监督管理人员是草原的忠诚卫士，是保护草原、维护农牧民合法权益的专门队伍。草原监督管理人员依法执行职务时，农牧民应当积极支持、配合，不得拒绝或者阻碍草原监督管理人员依法执行职务。

358. 草原行政主管部门工作人员玩忽职守、滥用职权，不依法履行监督管理草原职责，应当承担什么责任？

答：《草原法》规定，草原行政主管部门工作人员玩忽职守、滥用职权，不依法履行监督管理草原职责，或者发现违法行为不予查处，造成严重后果，构成犯罪的，依法追究刑事责任；尚不够刑事处罚的，依法给予行政处分。

359. 农牧民受骗买了假劣草种，应当找哪个部门处理？

答：农牧民因受骗买了假劣草种，应当及时向当地的草原主管部门反映。草原主管部门将依法对经营销售假劣草种的企业进行调查，如果证据确凿，可以对其处以罚款，吊销草种经营许可证，并可提请工商部门吊销企业营业执照。该企业还应当赔偿农牧民的损失，包括购买草种的价款、有关费用和可得利益损失。

360. 草原征占用应当符合什么条件？

答：草原征占用应当符合以下条件：（1）符合国家的产业政策，国家明令禁止的项目不得征占用草原；（2）符合所在地县级以上草原保护建设利用规划，有明确的使用面积或临时占用期限；（3）对所在地生态环境、畜牧业生产和农牧民生活不会产生重大影响；（4）应当征得草原所有者或使用者的同意；征占用已承包经营草原的，还应当与草原承包经营者达成补偿协议；（5）临时占用草原的，应当具有恢复草原植被的方案；（6）申请材料齐全、真实；（7）应当符合法律、法规规定的其他条件。

361. 为什么征用、使用草原的单位或个人在提出用地申请前，必须与草原所有权者、使用者或承包经营者签订草原补偿费和安置补助费等补偿协议？

答：草原是畜牧业发展的物质基础，是广大农牧民赖以生存的生产资料。开展工程建设或矿藏开采征用、使用草原后，失去草原的农牧民就失去了生活的依靠。为妥善解决农牧民失去草原后的生产生活问题，征用、使用草原的单位或个人必须给予补偿。因此，农业部依据《草原法》和《土地管理法》制定的《草原征占用审核审批管理办法》中明确规定，矿藏开采和工程建设等确需征用、使用草原的单位或个人，在提出草原征占用申请前，必须与草原所有权者、使用者或承包经营者签订草原补偿费和安置补助费等补偿协议。

362. 国家为什么对甘草和麻黄草采集实行采集证制度？

答：甘草和麻黄草是我国二级保护野生植物。甘草和麻黄草不仅具有重要的固沙作用，同时也具有较高的药用价值。无序采集甘草和麻黄草，不仅造成甘草、麻黄草资源的枯竭，影响到医药行业的健康发展，还对草原生态环境造成严重破坏，对农牧民生产生活造成严重影响。为加强甘草和麻黄草的采集管理，实现甘草、麻黄草资源的有序开发、永续利用，国务院规定，国家对甘草和麻黄草采集实行采集证制度。农业部也专门制定《甘草和麻黄草采集管理办法》，依法规范了甘草和麻黄草采集活动。

363. 如何申请甘草和麻黄草采集证？

答：申请采集甘草和麻黄草的单位和个人必须填写由省级草原行政主管部门统一印制的采集审批表，由采集地县级草原行政主管部门签署意见后，向省级草原行政主管部门申请办理采集证。省级草原行政主管部门按照本地年度采集计划颁发采集证。采集证须写清楚持证人年度采集数量、采集地点、采集时间和采集方式。采集证有效期为一年。

364. 采集甘草和麻黄草时应当注意哪些问题？

答：依法取得甘草和麻黄草采集证后，在进行采集时还应当注意以下三个问题：（1）采集活动应当控制在属地范围内，禁止非法进入他人享有使用权或承包经营权的草原上采集甘草和麻黄草，也不能在存在边界纠纷的草原上采集；（2）必须按照采集证规定的时间、地点、种类、数量、采集工具和方法进行采集，在省级草原行政主管部门规定的禁采期内应停止采集活动；（3）采集甘草和麻黄草时，要注意保护草原生态环境，应当按照“采育结合，永续利用”的原则，做好更新复壮工作。采挖甘草时，必须按自然土层随挖随填；采集麻黄草时，严禁连根采集，必须保证麻黄草根部无损毁，不影响再生。

365. 违反规定采集甘草和麻黄草造成草原生态环境破坏的，应当承担什么责任？

答：违反《草原法》、《甘草和麻黄草采集管理办法》等法律、规章的规定，采集甘草和麻黄草造成草原生态环境破坏的，由县级以上草原行政主管部门取消采集证，并责令恢复植被，拒不恢复的，指定有关单位和个人代为恢复植被，所需费用由责任人承担。并可处以违法所得1倍以上3倍以下的罚款，但最高不得超过3万元。

366. 国家为什么要禁止采集和销售发菜？

答：发菜是我国一级保护野生植物，主要生长在荒漠草原上。由于发菜与“发财”谐音，一些地方，特别是南方地区的消费者受迷信思想影响，有消费发菜的习惯。受利益驱动，我国一些草原地区采集发菜的活动较为严重。采集发菜不仅直接造成发菜资源日益减少，也会导致大面积草原退化、沙化，影响农牧民的正常生产生活和社会稳定。为此，国务院于2000年采取果断措施，下发文件明确规定要禁止采集和销售发菜，取缔发菜市场。

367. 为什么要注意草原防火？

答：草原一旦发生火灾，极易烧死牲畜，甚至造成人员伤亡。草原被烧以后，牧草荡然无存，对牲畜越冬也造成严重影响。此外，草原火灾还容易引发森林火灾，造成更加严重的损失。因此，农牧民应当进一步增强草原防火意识，自觉按照规定使用火源，尽可能降低草原火灾隐患。如果发生了草原火灾，农牧民应当立即扑救，并及时向当地人民政府或者草原防火主管部门报告。

368. 草原防火期内，在草原上因特殊情况需要用火应当遵守哪些规定？

答：草原防火期内，在草原上禁止野外用火。因特殊情况需要用火的，必须遵守下列规定：（1）因烧荒、烧茬、烧灰积肥、烧秸秆、烧防火隔离带等，需要生产性用火的，须经县级人民政府或者其授权单位批准。生产性用火经批准的，用火单位应当确定专人负责，事先开好防火隔离带，准备扑火工具，落实防火措施，严防失火；（2）在草原上从事牧业或者副业生产的人员，需要生活性用火的，应当在指定的安全地点用火，并采取必要的防火措施，用火后必须彻底熄灭余火；（3）进入草原防火管制区的人员，必须服从当地县级以上地方人民政府草原防火主管部门或者其授权单位的防火管制。

369. 草原防火期内，在草原上作业和通过草原的各种机动车辆应当遵守哪些规定？

答：草原防火期内，在草原上作业和通过草原的各种机动车辆，必须安设防火装置，采取有效措施，严防漏火、喷火和机动车闸瓦脱落引起火灾。行驶在草原上的旅客列车和公共汽车，司机和乘务人员应当对旅客进行防火安全教育，严禁旅客随意丢弃火种。在野外操作机械设备的人员，必须遵守防火安全操作规程，严防失火。

370. 国家对因扑救草原火灾负伤、致残或者牺牲的人员有什么规定？

答：因扑救草原火灾负伤、致残或者牺牲的，国家职工（包括国家机关、国有企业事业单位的合同制工人和临时工）由其所在单位按照有关规定承担医疗费用、给予抚恤。非国家职工由火灾肇事单位按照国务院有关部门的规定承担医疗费用、给予抚恤，火灾肇事单位确定无力承担的，由有关地方人民政府承担医疗费用、给予抚恤。对在扑救火灾中牺牲的人员，按照《革命烈士褒扬条例》的规定，应当追认为烈士的，由有关部门按照规定办理。

371. 草原扑火经费应当按照哪些规定支付？

答：草原扑火经费按照以下规定支付：（1）国家职工参加扑火期间的工资、差旅费，由所在单位支付；（2）国家职工参加扑火期间的生活补助费，非国家职工参加扑火期间的误工补贴和生活补助费，以及扑火期间所消耗的其他费用，按照省、自治区、直辖市人民政府规定的标准，由火灾肇事单位或者肇事人支付；火因不清的，由起火单位支付；火灾肇事单位、肇事人或者起火单位确定无力支付的部分，由有关地方人民政府支付。

372. 草原防火期内，哪些行为将受到处罚？

答：草原防火期内，以下七种行为将受到处罚：（1）擅自进入草原防火管制区的；（2）在草原上使用枪械狩猎、吸烟、随意用火；（3）违反规定使用机动车辆和机械设备，成为火灾隐患的；（4）有草原火灾隐患，经草原防火主管部门通知仍不清除的；（5）拒绝或者妨碍草原防火主管部门实施防火检查的；（6）损毁防火设施设备的；（7）过失引起草原火灾，尚未造成重大损失的。有上述行为的责任人，将受到警告或者罚款的处罚；造成损失的，应当负赔偿责任；构成犯罪的，依法追究刑事责任。

373. 重点草原防火区的地方人民政府，应当开展哪些草原防火设施建设？

答：重点草原防火区的地方人民政府，应当根据当地实际情况，组织有关单位有计划地进行下列草原防火设施建设：（1）设置火情瞭望台；（2）在国界内侧及重要设施、工矿企业、学校和居民点等周围，开设防火隔离带；（3）配备草原防火交通工具、灭火器械和观察、通信器材等，修筑防火公路，储备必要的防火物资。进行大面积的草原建设，应当同时制定草原防火设施的建设规划，并组织实施。

374. 什么是清洁生产？

答：2002年6月29日，第九届全国人民代表大会常务委员会第二十八次会议通过并正式颁布了《中华人民共和国清洁生产促进法》（以下简称《清洁生产促进法》）。该法的第一章第二条指出："本法所称清洁生产，是指不断采取改进设计、使用清洁的能源和原料、采用先进的工艺技术与设备、改善管理、综合利用等措施，从源头削减污染，提高资源利用效率，减少或者避免生产、服务和产品使用过程中污染物的产生和排放，以减轻或者消除对人类健康和环境的危害。"这一定义概述了清洁生产的内涵、主要实施途径和最终目的。

清洁生产（CleanerProduction）是在回顾和总结工业化实践的基础上，提出的关于产品和生产过程预防污染的一种全新战略。它综合考虑了生产和消费过程的环境风险（资源和环境容量）、成本和经济效益，是社会经济发展和环境保护对策演变到一定阶段的必然结果。与以往不同的是，清洁生产突破了过去以末端治理为主的环境保护对策的局限，将污染预防纳入到产品设计、生产过程和所提供的服务之中，是实现经济与环境协调发展的重要手段。

1992年在巴西里约热内卢召开的联合国环境与发展大会制定的《21世纪议程》，将清洁生产作为实现可持续发展的重要内容，号召各国工业界提高能效，开发更先进的清洁技术，更新、替代对环境有害的产品和原材料，实现环境和资源的保护与合理利用。

1994年，我国制定了《中国21世纪议程》，把建立资源节约型工业生产体系和推行清洁生产列入了可持续发展战略与重大行动计划中。

2000年在加拿大蒙特利尔召开的国际清洁生产高层研讨会（CP6）提出：清洁生产已经成为技术进步的推动者、改善管理的催化剂、革新者的典范、连接工业化和可持续发展的桥梁。

推行清洁生产的特点在于揭示传统生产技术与管理的缺陷和不足，针对生产全过程，不断提高资源、能源利用效率，采取改造、替代、淘汰和科学管理等方法，谋求实现以最小的资源环境代价，获取最大的社会经济效益。

推行清洁生产的侧重点是强调更加"清洁"的、更加科学合理的生产，特别要求在社会经济发展过程中转变生产和消费方式，通过持续的改进以达到节能、降耗、减污和增效的目的。推行清洁生产不仅是某个部门或某个工业领域的责任，而且是国民经济的整体战略部署，需要转变传统的发展观念，建立新的生产与消费方式，实现一场新的产业革命。

375. 清洁生产主要包括哪些内容?

答：清洁生产的主要内容通常由以下几个方面来表述

（1）清洁及高效的能源和原材料利用。清洁利用矿物燃料，加速以节能为重点的技术进步和技术改造，提高能源和原材料的利用效率。

（2）清洁的生产过程。采用少废、无废的生产工艺技术和高效生产设备；尽量少用、不用有毒有害的原料；减少生产过程中的各种危险因素和有毒有害的中间产品；组织物料的再循环；优化生产组织和实施科学的生产管理；进行必要的污染治理，实现清洁、高效的利用和生产。

（3）清洁的产品。产品应具有合理的使用功能和使用寿命；产品本身及在使用过程中，对人体健康和生态环境不产生或少产生不良影响和危害；产品失去使用功能后，应易于回收、再生和复用等。

清洁生产要求两个“全过程”控制：

——产品的生命周期全过程控制。即从原材料加工、提炼到产品产出、产品使用直到报废处置的各个环节采取必要的措施，实现产品整个生命周期资源和能源消耗的最小化。

——生产的全过程控制。即从产品开发、规划、设计、建设、生产到运营管理的全过程，采取措施，提高效率，防止生态破坏和污染的发生。

清洁生产的最大特点是持续不断地改进。清洁生产是一个相对的、动态的概念。所谓清洁的工艺技术、生产过程和清洁产品是和现有的工艺和产品相比较而言的。推行清洁生产，本身是一个不断完善的过程，随着社会经济发展和科学技术的进步，需要适时地提出新的目标，争取达到更高的水平。

376. 实施清洁生产有哪些途径和方法?

答：实施清洁生产的主要途径和方法包括合理布局、产品设计、原料选择、工艺改革、节约能源与原材料、资源综合利用、技术进步、加强管理、实施生命周期评估等许多方面，可以归纳如下：

（1）合理布局，调整和优化经济结构和产业产品结构，以解决影响环境的“结构型”污染和资源能源的浪费。同时，在科学区划和地区合理布局方面，进行生产力的科学配置，组织合理的工业生态链，建立优化的产业结构体系，以实现资源、能源和物料的闭合循环，并在区域内削减和消除废物。

（2）在产品设计和原料选择时，优先选择无毒、低毒、少污染的原辅材料替代原有毒性较大的原辅材料，以防止原料及产品对人类和环境的危害。

（3）改革生产工艺，开发新的工艺技术，采用和更新生产设备，淘汰陈旧设备。采用能够使资源和能源利用率高、原材料转化率高、污染物产生量少的新工艺和设备，代替那些资源浪费大、污染严重的落后工艺设备。优化生产程序，减少生产过程中资源浪费和污染物的产生，尽最大努力实现少废或无废生产。

（4）节约能源和原材料，提高资源利用水平，做到物尽其用。通过资源、原材料的节约和合理利用，使原材料中的所有组分通过生产过程尽可能地转化为产品，消除废物的产生，实现清洁生产。

（5）开展资源综合利用，尽可能多地采用物料循环利用系统，如水的循环利用及重复利用，以达到节约资源，减少排污的目的。使废弃物资源化、减量化和无害化，减少污染物排放。

（6）依靠科技进步，提高企业技术创新能力，开发、示范和推广无废、少废的清洁生产技术装备。加快企业技术改造步伐，提高工艺技术装备和水平，通过重点技术进步项目（工程），实施清洁生产方案。

（7）强化科学管理，改进操作。国内外的实践表明，工业污染有相当一部分是由于生产过程管理不善造成的，只要改进操作，改善管理，不需花费很大的经济代价，便可获得明显的削减废物和减少污染的效果。主要方法是：落实岗位和目标责任制，杜绝跑冒滴漏，防止生产事故，使人为的资源浪费和污染排放减至最小；加强设备管理，提高设备完好率和运行率；开展物料、能量流程审核；科学安排生产进度，改进操作程序；组织安全文明生产，把绿色文明渗透到企业文化之中等等。推行清洁生产的过程也是加强生产管理的过程，它在很大程度上丰富和完善了工业生产管理的内涵。

（8）开发、生产对环境无害、低害的清洁产品。从产品抓起，将环保因素预防性地注入产品设计之中，并考虑其整个生命周期对环境的影响。

这些途径可单独实施，也可互相组合起来加以综合实施。应采用系统工程的思想和方法，以资源利用率高、污染物产生量小为目标，综合推进这些工作，并使推行清洁生产与企业开展的其他工作相互促进，相得益彰。

377. 清洁生产的目标是什么?

答：清洁生产的基本目标就是提高资源利用效率，减少和避免污染物的产生，保护和改善环境，保障人体健康，促进经济与社会的可持续发展。

对于企业来说，应改善生产过程管理，提高生产效率，减少资源和能源的浪费，限制污染排放，推行原材料和能源的循环利用，替换和更新导致严重污染、落后的生产流程、技术和设备，开发清洁产品，鼓励绿色消费。

引入清洁生产方式应是实现这些目标的关键，但是当末端治理方案构成合理对策的一部分时，也应当加以采用。

从更高的层次来看，应当根据可持续发展的原则来规划、设计和管理生产，包括工业结构、增长率和工业布局等内容。应采用清洁生产理念开展技术创新和攻关，为解决资源有限性和未来日益增长的原材料和能源需求提供解决途径；应建立推行清洁生产的合理管理体系，包括改善有关的实用技术，建立人力培训规划机制，开展国际科技交流合作，建立有关的信息数据库；最终要通过实施清洁生产，提高全民对清洁生产的认识，最终实现可持续发展的目标。

还应当说明，从清洁生产自身的特点看，清洁生产是一个相对的概念，是个持续不断的创新的过程。

378. 清洁生产是如何产生和发展的?

答：环境问题自古一直伴随着人类文明的进程，但近代开始趋于严重。尤其是在上个世纪，随着科技与生产力水平的提高，人类干预自然的能力大大增强，社会财富迅速膨胀，环境污染日益严重。世界上许多国家因经济高速发展而造成了严重的环境污染和生态破坏，并导致了一系列举世震惊的环境公害事件。到了20世纪80年代后期，环境问题已由局部性、区域性发展成为全球性的生态危机，如酸雨、臭氧层破坏、温室效应（气候变暖）、生物多样性锐减、森林破坏等，成为危及人类生存的最大隐患。

20世纪60年代，工业化国家开始通过各种方法和技术对生产过程中产生的废弃物和污染物进行处理，以减少其排放量，减轻对环境的危害，这就是所谓的“末端治理”。同时，末端治理的思想和做法也逐渐渗透到环境管理和政府的政策法规中。随着末端治理措施的广泛应用，人们发现末端治理并不是一个真正的解决方案。很多情况下，末端治理需要投入昂贵的设备费用、惊人的维护开支和最终处理费用，其工作本身还要消耗资源、能源，并且这种处理方式会使污染在空间和时间上发生转移而产生二次污染。人类为治理污染付出了高昂而沉重的代价，收效却并不理想。因此，从70年代开始，发达国家的一些企业相继尝试运用如“污染预防”、“废物最小化”、“减废技术”、“源削减”、“零排放技术”、“零废物生产”和“环境友好技术”等方法和措施，来提高生产过程中的资源利用效率、削减污染物以减轻对环境和公众的危害。这些实践取得了良好的环境效益和经济效益，使人们认识到革新工艺过程及产品的重要性。在总结工业污染防治理论和实践的基础上，联合国环境规划署（UNEP）于1989年提出了清洁生产的战略和推广计划。

清洁生产是国际社会在总结工业污染治理经验教训的基础上提出的一种新型污染预防和控制战略，随着清洁生产实践的不断深入，其定义一再更新，其内容又逐步扩展到服务业、农业、产品、消费等方面，其原则和方法已经融合到环境保护和经济发展的各个方面，不仅广泛应用于废水、废气、固体废物的污染防治，而且还延伸到技术改造、生产管理、经济结构调整、环保产业、环境贸易和法制建设等领域，并开始探索建立"循环经济"和"循环社会"等。

379. 国际上开展清洁生产的现状如何?

答：经过20多年的发展，清洁生产逐渐趋于成熟，并为各国企业和政府所普遍认可。加拿大、荷兰、法国、美国、丹麦、日本、德国、韩国、泰国等国家纷纷出台有关清洁生产的法规和行动计划，世界范围内出现了大批清洁生产国家技术支持中心、非官方倡议以及手册、书籍和期刊等，实施了一大批清洁生产示范项目。至今，清洁生产已经建立了全球、区域、国家、地区多层次的组织与交流网络。UNEP自1990年起每两年召开一次清洁生产国际高级研讨会，在1998年的第五次会议上推出了《国际清洁生产宣言》。截止到2002年3月底，已有300多个国家、地区或地方政府、公司以及工商业组织在《国际清洁生产宣言》上签名。

到20世纪90年代末期，一部分企业接受了清洁生产的理念并在技术和信息支持下开展了一些活动，大量的实践表明清洁生产可以达到环境效益和经济效益的统一。联合国环境规划署在2000年的第六届清洁生产国际高级研讨会上对清洁生产发展状况的概括是："对于清洁生产，我们已经在很大程度上达成全球范围内的共识，但距离最终目标仍有很长的路，因此，必须做出更多的承诺"。在2002年第七次清洁生产国际高级研讨会上，联合国环境规划署建议各国进一步加强政府的政策制定，使清洁生产成为主流，尤其是提高国家清洁生产中心在政策、技术、管理以及网络等方面的能力。此次会议上，联合国环境规划署与环境毒理学与化学学会（SETAC）共同发起了"生命周期行动"，旨在全球推广生命周期的思想。会议还提出，清洁生产和可持续消费密不可分，建议改变生产模式与改变消费模式并举，进一步把可持续生产和消费模式融入商业运作和日常生活，乃至国际多边环境协议的执行中。

在推行清洁生产的过程中，世界各国都面临着不同的困难和阻力，并普遍呼唤促进清洁生产的新模式，各国也从各自的实际出发，采取了相应的措施和行动，许多发展中国家正在开展推动清洁生产的基础工作。一些发达国家如德国于1996年颁布了《循环经济和废物管理法》；日本为适应其经济软着陆时期的发展需求，在2000年前后相继颁布了《促进建立循环社会基本法》、《提高资源有效利用法（修订）》等一系列法律，来建立循环社会；美国和加拿大也建立了污染预防方面的法律制度，大力推进污染预防工作。

380. 清洁生产与可持续发展的关系是什么?

答：可持续发展（SustainableDevelopment）理论的形成经过了相当长的历史过程。20世纪50到60年代，人们在经济飞速增长、工业化、城市化等所造成的人口、资源的压力下，对“增长=发展”的模式产生了怀疑。1987年，联合国世界环境与发展委员会发表了《我们共同的未来》的报告，提出了“可持续发展”等概念。在1992年的联合国环境与发展大会上，“可持续发展”的理念得到与会者的认同，此后，“可持续发展”的思想随着这一词语迅速传遍各国，渗透到经济、社会生活的诸多领域。

联合国环境规划署把可持续发展定义为“满足当前需要而又不削弱子孙后代满足其需要之能力的发展。”根据中国的具体国情，中国对可持续发展的认识和理解，主要强调以下几个方面：

（1）可持续发展的核心是发展。从历史的经验和教训出发，中国把发展经济放在了首位。无论是社会生产力的提高，综合国力的增强，还是资源的有效利用，环境和生态的保护，都依赖经济发展和物质基础。

（2）可持续发展的重要标志是资源的永续利用和良好的生态环境。因此，中国把环境保护作为一项战略任务和基本国策。

（3）可持续发展要求既要考虑当前发展的需要，又要考虑未来发展的需要，不以牺牲后代人的利益为代价。中国现阶段实施可持续发展战略的实质，是要开创一种新的发展模式，实现经济体制由计划经济向社会主义市场经济体制转变和经济增长方式由粗放型向集约型转变，使国民经济和社会发展逐步走上良性循环的道路。

（4）实施可持续发展战略必须转变思想观念和行为规范。要正确认识和对待人与自然的关系，用可持续发展的新思想、新观点、新知识，改变人们传统的不可持续发展的生产方式、消费方式、思维方式，从整体上转变人们的观念和行为规范。

清洁生产是人类总结工业发展历史经验教训的产物，二十多年来全球的研究和实践，充分证明了清洁生产是有效利用资源、减少工业污染、保护环境的根本措施，它作为预防性的环境管理策略，已被世界各国公认为实现可持续发展的技术手段和工具，是可持续发展的一项基本途径，是可持续发展战略引导下的一场新的工业革命，是21世纪工业生产发展的主要方向，是现代工业发展的基本模式和现代工业文明的重要标志。联合国环境规划署将清洁生产从四个层次上形象地概括为技术改造的推动者、改善企业管理的催化剂、工业运行模式的革新者、连接工业化和可持续发展的桥梁。

《中国21世纪议程》明确指出，推行清洁生产是中国实施可持续发展战略优先考虑的重点领域之一。中国政府已认识到这种预防性战略必须贯穿于重大经济和技术政策、社会发展规划以及重大经济开发计划的制订过程中。通过实施清洁生产，可以把工业污染尽可能消灭在生产过程中，使工业生产废物最小化，变被动治理污染为积极预防污染。同时，开展清洁生产工作有助于企业节能降耗，减少生产成本，提高经济效益。中国工业的特点决定了中国必须大力推行清洁生产，摈弃高消耗、高投入的粗放型发展模式，走技术进步、高效益、节约资源的集约化发展模式。

381. 清洁生产与传统的污染治理方式有什么不同?

答：国内外的实践表明，清洁生产作为污染预防的环境战略，是对传统的末端治理手段的根本变革，是污染防治的最佳模式。传统的末端治理与生产过程相脱节，即“先污染，后治理”，侧重点是“治”；清洁生产从产品设计开始，到生产过程的各个环节，通过不断地加强管理和技术进步，提高资源利用率，减少乃至消除污染物的产生，侧重点是“防”。传统的末端治理不仅投入多、治理难度大、运行成本高，而且往往只有环境效益，没有经济效益，企业没有积极性；清洁生产从源头抓起，实行生产全过程控制，污染物最大限度地消除在生产过程之中，不仅环境状况从根本上得到改善，而且能源、原材料和生产成本降低，经济效益提高，竞争力增强，能够实现经济与环境的“双赢”。清洁生产与传统的末端治理的最大不同是找到了环境效益与经济效益相统一的结合点，能够调动企业防治工业污染的积极性。

中国和其他工业国家一样，环境保护工作都经历过点源治理→综合防治、末端治理→全过程控制这样一个漫长的转变过程，这种转变付出了高昂而沉重的代价，而且治理效果并不理想。中国现行环境保护法律、法规体系和环境管理体系的重点是在生产、生活与环境的交互界面上，把保护环境的人力、物力、财力大多放在了生产过程的末端污染处置上。中国污染控制政策的主体，是以排放标准为依据的排污收费制度，尽管实践证明这一政策体系是有一定效果的，但在我国工业环境管理的实践中却面临越来越严峻的挑战。

清洁生产是要引起全社会对于产品生产及使用全过程对环境影响的关注。使污染物产生量、流失量和处置量达到最小，资源得以充分利用，是一种积极、主动的态度，是关于产品和产品生产过程的一种新的、持续的、创造性的思维，它是指对产品和生产过程持续运用整体性的预防战略。

从环境保护的角度，末端治理与清洁生产两者并非互不相容，也就是说推行清洁生产还需要末端治理。这是由于：工业生产无法完全避免污染的产生，最先进的生产工艺也不能避免产生污染物；用过的产品还必须进行最终处理、处置。因此，完全否定末端治理是不现实的，清洁生产和末端治理是并存的。只有不断努力，实施生产全过程和治理污染过程的双控制才能保证最终环境目标的实现。

382. 为什么要制定《清洁生产促进法》?

答：《清洁生产促进法》第一条阐明了制定本法的目的：提高资源利用效率，减少和避免污染物的产生，保护和改善环境，保障人体健康，促进社会经济的可持续发展。具体地说，制定《清洁生产促进法》的必要性主要体现在以下方面：

（1）是提高自然资源利用效率的必然选择

我国人口众多、资源相对不足、生态环境脆弱，在现代化建设中必须实施可持续发展战略。核心问题是要正确处理经济发展同人口、资源、环境的关系，努力开创一条生产发展、生活富裕、生态良好的文明发展道路。

我国经济发展面临的资源形势相当严峻：水资源短缺、耕地减少、矿产资源保证程度下降等，成为我国经济持续发展的制约因素。面对日益严峻的资源形势，要实现经济社会的可持续发展，唯一的出路就是大力推行清洁生产。必须通过调整结构，革新工艺，提高技术装备水平，加强科学管理，合理高效配置资源，包括最大限度地节约能源和原材料、利用可再生能源或清洁能源、利用无毒无害原材料、减少使用稀有原材料、循环利用物料等措施，以最少的原材料和能源投入，生产出尽可能多的产品，提供尽可能多的服务，最大限度地减少污染物的排放。

（2）是对环境末端治理战略的根本变革

工业革命以来，随着科技的迅猛发展，人类征服自然和改造自然的能力大大增强，人类创造了前所未有的物质财富，人们的生活发生了空前的巨大变化，极大地推进了人类文明的进程。另一方面，人类在充分利用自然资源和自然环境创造物质财富的同时，却过度地消耗资源，造成了严重的资源短缺和环境污染。“先污染、后治理”的“末端治理”模式虽然取得了一定的效果，但并没有从根本上解决经济发展对资源环境造成的巨大压力，资源短缺和生态破坏日益加剧，“末端治理”战略的弊端日益显现。

国内外的实践表明，清洁生产是污染防治的最佳模式。它不仅可以使环境状况得到根本的改善，而且能使能源、原材料和生产成本降低，经济效益提高，竞争力增强，实现经济与环境的“双赢”。

（3）清洁生产是应对入世挑战，冲破绿色贸易壁垒的重要途径

在当前的国际贸易中，与环境相关的绿色壁垒已成为一个重要的非关税贸易壁垒。按照WTO有关例外措施的规定，进口国可以以保护人体健康、动植物健康和环境为由，制定一系列相关的环境标准或技术措施，限制或禁止外国产品进口，从而达到保护本国产品和市场的目的。在WTO新一轮谈判中，环境与贸易问题将成为焦点问题之一。近年来，发达国家为了保护本国利益，设置了一些发展中国家目前难以达到的资源环境技术标准，不仅要求产品符合环保要求，而且规定从产品开发、生产、包装、运输、使用、回收等环节都要符合环保要求。为了维护我国在国际贸易中的地位，避免因绿色贸易壁垒对我国出口产品造成影响，只有实施清洁生产，提供符合环境标准的“清洁产品”，才能在国际市场竞争中处于不败之地。

（4）从我国的实践看，必须依法推行和实施清洁生产

我国推行清洁生产已近10年，虽取得了不少的成果，但从总体上看进展比较缓慢。目前，推行清洁生产存在的主要问题有：一是各级领导特别是企业领导对清洁生产在可持续发展中的重要作用缺乏足够的认识，重外延、轻内涵，重治标、轻治本，还没有转到从源头抓起，实施生产全过程控制，减少污染物产生的清洁生产上来；二是缺乏必要的政策环境和保障措施，企业遇到大量自身难以克服的障碍。从已经开展清洁生产的企业看，由于缺乏资金，绝大多数还停留在清洁生产审核阶段，重点放在无费和低费方案；三是现行环境管理制度和措施在某些方面侧重于“末端治理”，在一定程度上影响了清洁生产战略的实施。

近年来，一些发达国家积累了不少有益的经验，立法是重要的手段之一。美国1990年通过了《污染预防法》；德国1994年公布了《循环经济和废物消除法》；日本1991年以来先后制定了《资源有效利用促进法》、《推动建立循环社会基本法》、《容器包装再利用法》和《特定家用电器回收和再商品化法》等；加拿大和欧盟许多国家也在其环境与资源立法中增加了大量推行清洁生产的法律规范和政策规定。

因此，借鉴国外经验，我国政府出台了《清洁生产促进法》。该法的出台和实施，可以使各级政府、企业界和全社会更好地了解实施清洁生产的重要意义，提高企业自觉实施清洁生产的积极性。可以明确各级政府及有关部门推行清洁生产的责任，为企业实施清洁生产创造良好的外部环境，帮助企业克服技术、资金、市场等方面的障碍，增强企业实施清洁生产的能力。

383. 为什么本法称为《清洁生产促进法》？

答：清洁生产在很大程度上应当是企业的自主行为，是企业通过生产过程控制，从源头削减污染，以实现更清洁的生产，它不完全属于政府监督的范畴。在市场经济条件下，政府应当更多地注重对企业清洁生产行为的引导、鼓励和支持，而不应当对其生产和经营过程进行过多的直接行政控制。《清洁生产促进法》以对清洁生产进行引导、鼓励和支持保障的法律规范为主要内容，不侧重直接行政控制和制裁，这是本法称为“清洁生产促进法”的原因。国外有不少法律也称为“促进法”，如日本的《资源有效利用促进法》等，我国全国人大常委会制定的《促进科技成果转化法》也是一个例子。因此，本法采用《清洁生产促进法》这一法律名称有助于准确反映本法的特点和主要内容。

384. 制定《清洁生产促进法》的指导思想和基本原则是什么？

答：《清洁生产促进法》的指导思想是引导企业、地方和行业领导者转变观念，从传统的末端治理转向污染预防和全过程控制。由于我国过去的环境保护法律主要侧重于末端治

理，因此促进这一转变是制订《清洁生产促进法》的一个核心要求。在这一要求下，制订《清洁生产促进法》遵循了如下的指导思想和基本原则：

（1）清洁生产促进政策包括了支持性政策、经济政策和强制性政策几个方面，而鼓励和支持性政策是《清洁生产促进法》的主要方面。

支持性政策的涉及面很宽，包括国家宏观政策及国家和地方规划、行动计划以及宣传与教育、培训等能力建设。在国家宏观调控方面，今后制定的产业政策应把清洁生产作为工业生产的指导方针之一，按照污染预防的原则，鼓励发展物耗少、污染轻的工业企业，限制发展高物耗、重污染的工业企业。在编制社会经济发展中长期规划和年度计划时，对一些主要行业特别是原材料和能源行业应有推进清洁生产的具体目标和要求，不仅要纳入环境保护计划，还应列为工业部门的发展目标。

经济政策是通过市场的作用将经济与环境决策结合起来，力图利用市场信号以一种与环境目标相一致的方式影响人们的行为。与行政手段相比，经济手段可以给予企业决策者以更大的灵活性。随着经济改革的不断深化，目前我国在与清洁生产相关的领域内已经开始实施经济政策。为了有效地推进清洁生产的开展，还应当加强有针对性的经济政策的制定和实施。例如，财政和金融部门对实施清洁生产的企业应在信贷、税收方面加以扶持；财政和金融部门应把实施清洁生产作为制定信贷和税收政策的准则之一，对那些环境效益和社会效益显著，而经济效益不明显的清洁生产项目，采取信贷上倾斜、税收减免等措施，鼓励开展清洁生产。为此，《清洁生产促进法》中提出了一系列经济优惠政策，如该法第二十九条规定的自愿削减污染物排放协议中载明的技术改造项目，列入国务院和县级以上地方人民政府同级财政安排的有关技术进步专项资金的扶持范围；第三十五条提出的对利用废物生产产品的和从废物中回收原料的，税务机关按照国家有关规定，减征或者免征增值税，等等。

强制性政策在清洁生产促进法中不是主要内容，但它仍发挥着必要的作用。例如清洁生产审核应当是企业的自主行为，但对于一些特定的情况，如使用有毒有害原料进行生产或排放有毒有害废弃物的企业要实行强制的审核。

（2）推动清洁生产工作的一个重要内容是资金问题。就我国而言，应当考虑采取多种途径支持清洁生产工作。《清洁生产促进法》中也提出了一些资金方面的推动措施，如该法第三十三条提出，对从事清洁生产研究、示范和培训，实施国家清洁生产重点技术改造项目和本法第二十九条规定的自愿削减污染物排放协议中载明的技术改造项目，列入国务院和县级以上地方人民政府同级财政安排的有关技术进步专项资金的扶持范围。第三十四条提出，在依照国家规定设立的中小企业发展基金中，应当根据需要安排适当数额用于支持中小企业实施清洁生产。

（3）清洁生产虽是企业的事情，但却离不开政府的引导。国外的工业部门、环境保护部门等在清洁生产中都发挥着重要作用。因为在某些情况下，企业不愿意主动采取清洁生产措施解决存在的问题，除非是这些问题已危及当前的利益。因此，中央和地方的各个政府部门在促进清洁生产发展及将其运用于经济建设过程中起着至关重要的作用。在规范政府部门的职责时，应考虑到各方面的相互协调。《清洁生产法》的第二章对于各级政府部门的职责进行了详细的规范。

（4）由于我国一些政府部门、企业和公众对清洁生产的认识还不是很清楚，尤其是企业对于清洁生产还存在很多糊涂认识，往往认为清洁生产只是从环境保护角度出发而提出的一种措施，对于清洁生产可能带来的经济效益和资源节约效益往往认识不到位，因此，加强清洁生产培训和教育是十分必要的。

（5）清洁生产是近些年来提出的一个新概念，但其实质内容的许多部分在我国以往的环保、经济、技术、管理等方面的法规和政策中都有所体现，只是较为分散。《清洁生产促进法》应当与过去的有关立法和政策衔接和协调好，使之发挥最大作用。例如，该法第十八条提出，对新建、改建和扩建项目应当进行环境影响评价，对原料使用、资源消耗、资源综合利用以及污染物产生与处置等进行分析论证，优先采用资源利用率高以及污染物产生量少的清洁生产技术、工艺和设备。这一要求与《环境影响评价法》及其他相关法律要求是紧密相关的。

（6）清洁生产工作虽然以工业部门为重点，但也不限于工业部门，在农业、服务业等领域也可以发挥重要的作用。因此，在该法中也适当体现了这些方面的要求。

385.《清洁生产促进法》适用于哪些领域？

答：清洁生产促进法的适用领域，与清洁生产本身的适用领域密切相关。《清洁生产促进法》的适用领域，既参考了联合国环境规划署清洁生产定义中有关清洁生产的适用范围，也结合了中国的国情。

《清洁生产促进法》第三条规定："在中华人民共和国领域内，从事生产和服务活动的单位以及从事相关管理活动的部门依照本法规定，组织、实施清洁生产。"也就是说，适用范围包括两个方面：一是全部生产和服务领域的单位，二是从事相关管理活动的部门。适用范围之所以包括全部生产和服务领域，主要原因有以下的考虑：一是目前国内外对清洁生产的认识已经突破了传统的工业生产领域，农业、建筑业、服务业等领域也已开始推行清洁生产，有些还取得了不少的成绩，积累了有益的经验；二是法律规定的政府责任，是以支持、鼓励为主，从这一角度出发，清洁生产的范围宜宽不宜窄，以免使一些领域开展的清洁生产得不到国家的政策优惠或资金支持，事实上也没有必要对不同的领域制定不同的清洁生产促进法；三是推行清洁生产是一个渐进的过程，法律应当为未来的发展留有空间，如果范围规定过窄，对今后推行清洁生产不利。

考虑到法律的可操作性，从我国的国情出发，《清洁生产促进法》对工业领域推行和实施清洁生产做了具体规定，而对农业、建筑业、服务业等领域实施清洁生产则提出了原则要求。这样的规定，既满足了当前工业领域推行清洁生产的迫切需要，又为今后在其他领域推行清洁生产提供了法律依据；既突出了重点又兼顾了方方面面。

清洁生产最早是从工业领域开始的，因此，工业领域的清洁生产已经广泛开展。与工业领域推行清洁生产一样，农业领域推行清洁生产的实质是在农业生产全过程中，通过生产和使用对环境友好的“绿色”农用化学品，或不用化学品，减少农业污染的产生，减少农业生产及其产品和服务过程对环境和人类健康的风险。

服务业的清洁生产，也得到越来越多的重视。例如，旅游业清洁生产的重点是提高旅游资源的利用效率和保护环境。又如，政府服务方面的清洁生产也得到很多的关注。在政府服务过程中，如何减少资源和能源的消耗，减少服务活动对环境的影响，具体体现在节能、节水、办公用品的重复利用等方面，这是政府服务中实施清洁生产的重要内容。我国政府机构的能源消费量巨大，在政府部门的建筑、车辆等用能上，浪费现象也相当严重。因此，为了树立良好的政府形象，推动全社会的节能工作，政府和公共机构必须率先使用节能设备和办公用品，并将建筑节能作为重点，如将办公楼建设成节能型的服务场所。又如，提高资源的利用效率，可以从日常小事入手，像减少保温瓶中开水的浪费、复印纸的正反面使用及回收、随手关灯、减少办公设备的待机消耗能源等。通过政府的垂范，引导全社会的清洁生产，促进经济发展与资源环境的协调。

386. 国务院及其相关职能部门在清洁生产促进工作中的主要职责是什么？

答:《清洁生产促进法》对国务院及其有关职能部门，特别是经济贸易行政主管部门和环境保护行政主管部门在清洁生产促进工作中的职责进行了详细的规范，有关的规定体现在该法的第四、五、七、八、十至十六、二十一、二十七至三十五条中，主要包括以下内容:

国务院应当将清洁生产纳入国民经济和社会发展计划以及环境保护、资源利用、产业发展、区域开发等规划，应当制定有利于实施清洁生产的财政税收政策、产业政策、技术开发和推广政策。

国务院经济贸易行政主管部门负责组织、协调全国的清洁生产促进工作，负责制订强制回收的产品和包装物的目录和具体回收办法。此外，还应当会同其他有关行政主管部门制定清洁生产的推行规划，定期发布清洁生产技术、工艺、设备和产品导向目录，组织编制有关行业或者地区的清洁生产指南和技术手册，制定并发布限期淘汰的生产技术、工艺、设备以及产品的名录，制定清洁生产审核办法等。

国务院环境保护、计划、科学技术、农业、建设、水利和质量技术监督等行政主管部门，按照各自的职责，负责有关的清洁生产促进工作。例如，国务院教育行政主管部门，应当将清洁生产技术和管理课程纳入有关高等教育、职业教育和技术培训体系。

387. 地方人民政府及其相关职能部门在清洁生产促进工作中的职责是什么?

答:《清洁生产促进法》对县级以上地方人民政府及其有关职能部门，特别是经济贸易行政主管部门和环境保护行政主管部门在清洁生产促进工作中的职责进行了详细的规范，有关的规定体现在该法的第四、五、七至十一、十四至十七、二十七至二十九、三十二至三十五、三十七、三十九至四十一条中，主要包括以下内容：

县级以上地方人民政府负责领导本行政区域内的清洁生产促进工作，应当将清洁生产纳入国民经济和社会发展计划以及环境保护、资源利用、产业发展、区域开发等规划。

县级以上地方人民政府经济贸易行政主管部门负责组织、协调本行政区域内的清洁生产促进工作。应当定期检查强制回收产品和包装物的实施情况，并及时向社会公布检查结果。应当会同环境保护、计划、科学技术、农业、建设、水利等有关行政主管部门制定清洁生产的推行规划。其中，省、自治区、直辖市人民政府的经济贸易行政主管部门和环境保护、农业、建设等有关行政主管部门，应当组织编制有关行业或者地区的清洁生产指南和技术手册，指导实施清洁生产。

省、自治区、直辖市人民政府环境保护行政主管部门，可以根据企业污染物的排放情况，在当地主要媒体上定期公布污染物超标排放或者污染物排放总量超过规定限额的污染严重企业的名单。

388. 国家如何鼓励清洁生产的科学研究和技术开发?

答: 开展清洁生产工作需要对现有的原料和能源利用方式、生产方式、产品利用方式以及废弃物处置方式进行全方位的改进，为此，除了从管理上要采取一些新措施之外，还需要在相关的科学和技术领域有新的突破，以提高能源和资源的利用效率，改进生产工艺，减少废弃物的产生。增加科研与技术开发的投入是促进清洁生产的重要手段。

国内外的经验证明，必须有充足的科研投入，以支持与清洁生产相关的科技发展。必须改变现行的低投入局面，通过多种途径争取资金，在科研中引进竞争机制，有效使用现有资源。

在清洁生产的科学研究和技术开发方面，企业和各类科研机构应当是主体，但各级政府可以在此方面发挥重要的作用。《清洁生产促进法》第六条提出，国家鼓励开展有关清洁生产的科学研究和技术开发。第五条规定了相关的机构职责，即：国务院科学技术行政主管部门，按照各自的职责，负责有关的清洁生产促进工作。县级以上地方人民政府科学技术行政主管部门，按照各自的职责，负责有关的清洁生产促进工作。第七条则要求国务院制定有利于实施清洁生产的财政税收政策，要求国务院及其有关行政主管部门和省、自治区、直辖市人民政府，制定有利于实施清洁生产的产业政策、技术开发和推广政策。第十四条也指出，县级以上人民政府科学技术行政主管部门和其他有关行政主管部门，应当指导和支持清洁生产技术和有利于环境与资源保护的产品的研究、开发以及清洁生产技术的示范和推广工作。

因此，各级政府应当在各个方面对清洁生产科学研究和技术开发提供支持，包括制定相应的财税政策、提供相关信息、组织科技攻关等。对此，《清洁生产促进法》中有许多具体的规定，例如，该法第三十三条提出，对从事清洁生产研究、示范和培训，实施国家清洁生产重点技术改造项目和本法第二十九条规定的自愿削减污染物排放协议中载明的技术改造项目，列入国务院和县级以上地方人民政府同级财政安排的有关技术进步专项资金的扶持范围。

国家和行业科技部门，应将阻碍清洁生产的重大技术问题列入国家或行业科研计划，组织跨行业、跨部门的研究力量进行联合攻关，或直接从国外引进此类技术；国家有关部门应针对行业清洁生产技术规范、与清洁生产相关的科研成果及引进的清洁生产关键技术，组织有关专家进行评价、筛选，为实施清洁生产的企业减少技术风险。

此外，国家还应促进相应研究和开发的支持与服务系统的建设，加强、改进信息的搜集与交流、各类标准的制定与实施、科研设备的配置等。《清洁生产促进法》第十条提出，国务院和省、自治区、直辖市人民政府的经济贸易、环境保护、计划、科学技术、农业等有关行政主管部门，应当组织和支持建立清洁生产信息系统和技术咨询服务体系，向社会提供有关清洁生产方法和技术、可再生利用的废物供求以及清洁生产政策等方面的信息和服务。

加快技术成果的产业化是我国面临的一个主要问题。我国目前清洁生产的某些技术研究水平较高，一些研究基本与国际同步，但研究与生产脱节的现象严重，因此，国家应努力推动技术成果的转化，推进科技成果的产业化。

应当推进清洁装备的国产化进程。我国目前的清洁装备，从大气、水，到固体废弃物的处理处置，有不少是进口的，推进清洁设备的国产化进程，既是我国资源利用和环境保护的现实需要，也是我国的综合国力所决定的。应当通过有效的政策措施，鼓励企业消化吸收国外的先进技术和设备，提高清洁装备的国产化水平。

此外，《清洁生产促进法》中提出的许多措施也在一定程度上间接地对清洁生产的科学研究和技术开发起着重要的推动作用。例如，第十六条提出的优先采购手段、第十一条提出的发布清洁生产技术、工艺、设备和产品导向目录、编写行业或者地区的清洁生产指南和技术手册、第十二条对浪费资源和严重污染环境的落后生产技术、工艺、设备和产品实行限期淘汰制度、第十七条公布污染物超标排放或者污染物排放总量超过规定限额的污染严重企业的名单、第二十七条的强制回收制度、第二十九条自愿协议制度、第三十一条污染物排放公开制度等。

389. 国家如何鼓励清洁生产的国际合作?

答：在吸取末端治理经验教训的基础上，西方工业国家从20世纪80年代开始探索预防为主的环境战略。在二十多年的实践中，西方国家逐渐形成了从立法、管理、机构建设到企业的完整的清洁生产促进机制。与清洁生产先进国家开展广泛合作是我国加快清洁生产推进步伐的重要措施。

《清洁生产促进法》第六条提出，国家鼓励开展有关清洁生产的国际合作。在具体的国际合作方面，合作类型是十分广泛的，包括各种多边及双边合作。合作的方式也是多样的，如合作开发、技术转让、培训、建立机构、资金支持、政策与法律支持等。

近些年来，国家在鼓励清洁生产领域的国际合作方面做了很多工作，从中央政府到地方政府，都对这一领域的合作予以广泛的关注。近年来，多边以及双边合作广泛得到开展。例如，联合国环境规划署参与，世界银行贷款支持的“中国环境技术援助项目，清洁生产子项目”（B－4项目）、世界银行赠款的JGF项目——“中国乡镇工业废物最少化管理体系的建立研究”、中加清洁生产合作项目以及亚行资助的清洁生产项目等都对我国的清洁生产工作发挥了重要作用。

在我国当前经验缺乏、资金也不十分充裕的条件下，通过国际合作，学习国外的先进经验，吸引外资和国外的先进技术，开展清洁生产，是一条行之有效的途径。国家可以通过多种途径鼓励国际合作。例如，可以通过制订计划和加强引导，鼓励开展全面的立法和政策领域的合作研究，以吸收国外的先进经验，用较短的时间提高我国的立法和政策水平。

国家应当通过外商投资政策、产业政策和进出口贸易政策的调整，鼓励引进国外的先进技术和设备，鼓励外商直接投资于先进的清洁设备制造、技术开发、环境无害技术转让等，通过国际合作，提高我国清洁工艺和产品的技术水平。

国家应当鼓励各种多边和双边合作项目，支持国内建立相应的示范工程，培训人员。通过国际合作不但可以从国外引进当前急需的清洁生产技术，更重要的是，科学和技术领域的国际合作可以为我国清洁生产未来的发展奠定良好的基础。

另外，政府应当鼓励并提供更多的机会，使中国的科学家、企业家、立法者以及管理者能更多地参与清洁生产领域的国际活动，了解国外在这一领域的最新进展。

国家在鼓励清洁生产领域国际合作的同时，也应当注意，清洁生产不能仅仅通过从国外获得技术，然后直接运用于我国的企业。许多国外的清洁生产方式在技术上很有效，但并不符合中国的国情，尤其不适合中国的中小企业。因此，一方面清洁生产技术必须立足于国内开发，另一方面在引进和吸收国外的先进技术时必须对对方的技术进行深入认真的考察，挑选和采用符合我国国情的清洁生产技术。

390. 国家如何组织宣传、普及清洁生产知识?

答：根据《清洁生产促进法》，国家鼓励组织宣传、普及清洁生产知识。一方面县级以上人民政府有关行政主管部门要组织开展清洁生产的宣传和培训，提高国家工作人员、企业经营管理者和公众的清洁生产意识，培养清洁生产管理和技术人员；另一方面，新闻出版、广播影视、文化等单位以及社会团体、公众，也应发挥各自优势做好清洁生产宣传工作。如太原市成立了市长挂帅的清洁生产领导小组，组织了针对市、县各级政府领导班子、各局、重点企业主要领导以及企业清洁生产审核人员的清洁生产培训，组织了全市万人在《清洁生产宣言》上签名，并在报纸、电视上开辟专栏，在街头展开大规模的清洁生产和可持续发展的宣传教育，极大地推动了社会各界对清洁生产的认识。

国务院教育行政主管部门，还应将清洁生产技术和管理课程纳入有关高等教育、职业教育和技术培训体系中去。澳大利亚中小学生的课本使用完后转给下一年级的学生使用，这种做法既节约资源，又能从小培养学生的循环利用意识，很值得我国教育部门推广。

391. 推行清洁生产有哪些财政政策?

答：财政政策是世界各国推行清洁生产的重要手段。通常采用优先采购、补贴或奖金、贷款，或贷款加补贴的形式鼓励企业实施清洁生产计划及节约能源项目。在推行清洁生产中可以采取的财政政策如：

（1）各级政府应优先采购或者按国家规定比例采购节能、节水、废物再生利用等有利于环境与资源保护的产品，并应通过宣传、教育等措施，鼓励公众购买和使用这些产品；

（2）建立清洁生产表彰奖励制度。对在清洁生产工作中做出显著成绩的单位和个人，由人民政府给予表彰和奖励；

（3）国务院和县级以上地方人民政府应当在本级财政中安排资金，对从事清洁生产研究、示范和培训，实施国家清洁生产重点技术改造项目和自愿削减污染物的符合规定的技术改造项目，给予资金补助；

（4）县级以上政府应当鼓励和支持国内外经济组织通过金融市场、政府拨款、环境保护补助资金、社会捐款等渠道依法筹集中小企业清洁生产投资基金。开展清洁生产审核以及实施清洁生产的中小型企业，可以向投资基金经营管理机构申请低息或无息贷款；

（5）列入国家重点污染防治和生态保护的项目，国家给予资金支持；城市政府可将城市维护费用于环境保护设施建设；国家征收的排污费必须用于污染防治；

（6）企业用于清洁生产审核和培训的费用，列入企业经营成本。

392. 推行清洁生产有哪些税收政策?

答：我国为加大环境保护工作的力度，制订了一系列的环保税收优惠政策，在推行清洁生产过程中，企业可充分利用这些优惠政策，主要有：

（1）所得税优惠：对利用废水、废气、废渣等废弃物作为原料进行生产的，在5年内减征或免征所得税；

（2）增值税优惠：对利用废物生产产品的和从废物中回收原料的，税务机关按照国家有关规定，减征或者免征增值税。如对以煤矸石、粉煤灰和其他废渣为原料生产的建材产品，以及利用废液、废渣提炼黄金、白银等免征增值税；

（3）建筑税优惠：建设污染源治理项目，在可以申请优惠贷款的同时，该项目免交建筑税；

（4）关税优惠：对城市污水和造纸废水部分处理设备等实行进口商品暂定税率，享受关税优惠；

（5）消费税优惠：对生产、销售达到低污染排放限值标准的小轿车、越野车和小客车减征30%的消费税；

以上各税收减免优惠，需按有关规定进行申报和审批。

393. 谁来制定清洁生产推行规划，有哪些内容?

答：《清洁生产促进法》第八条规定：县级以上人民政府经济贸易行政主管部门，应当会同环境保护、计划、科学技术、农业、建设、水利等有关行政主管部门制定清洁生产的推行规划。

“清洁生产推行规划”的制定应按照《清洁生产促进法》中对县级以上地方人民政府赋予的职责和要求来考虑。在本法中主要有以下几个方面：

第九条县级以上地方人民政府应当合理规划本行政区域的经济布局，调整产业结构，发展循环经济，促进企业在资源和废物综合利用等领域进行合作，实现资源的高效利用和循环使用。

第十四条县级以上人民政府科学技术行政主管部门和其他有关行政主管部门，应当指导和支持清洁生产技术和有利于环境与资源保护的产品的研究、开发以及清洁生产技术的示范和推广工作。

第十五条第二款县级以上人民政府有关行政主管部门组织开展清洁生产的宣传和培训，提高国家工作人员、企业经营管理者和公众的清洁生产意识，培养清洁生产管理和技术人员。

第十六条各级人民政府应当优先采购节能、节水、废物再生利用等有利于环境与资源保护的产品。

各级人民政府应当通过宣传、教育等措施，鼓励公众购买和使用节能、节水、废物再生利用等有利于环境与资源保护的产品。

各地政府的相关部门应当围绕上述法律规定的内容，制定出本地区推行清洁生产的工作内容、目标、机构、职责以及实施进度等。

394. 县级以上地方人民政府如何推行清洁生产?

答：地方政府推行清洁生产应重点考虑以下几项主要工作：

（1）转变观念、加强领导

实施清洁生产的首要问题是更新观念。更新观念的关键是各级政府官员与企业领导观念的更新，要通过举办各种学习班、培训班，对他们进行清洁生产法律法规、政策、实施的意义、实现途径、实施方法与运行机制的培训，从而转变观念，提高认识。

实施清洁生产涉及经济贸易、发展计划、财政、金融、科技教育、环保等多个部门，只有各有关部门协调配合，共同努力，清洁生产才能取得实效。

应将清洁生产纳入宏观经济政策中，把产业政策和环境政策衔接起来，使工业增长同提高能源、资源利用率、减少污染相协调。使环境政策由末端治理转向生产全过程控制，改变环保与经济发展对立的状况。

必须加强组织协调和宏观决策，政府主管部门要制定和指导实施清洁生产规划，制定清洁生产的经济政策与措施，建立清洁生产示范工程和示范区，总结、推广清洁生产经验。

（2）明确地方推行清洁生产的目标

目前，一些地方的工业、农业、科技和环保部门在本地区发展规划中对经济发展、科技进步以及节能、降耗、控制污染和改善生态环境都有明确目标，这构成了一个综合目标的集合体，可作为推行清洁生产行动的起点。在此基础上根据各地方的实际情况制定地方推行清洁生产的目标，清洁生产目标可以有短期目标和长期目标。

（3）统筹规划，分步实施

我国尚处于工业化进程的初级阶段，生产力水平普遍还比较低，仍以粗放经营的传统工业发展模式为主，主要工业产品的单位能耗、物耗、水耗等大大高于世界先进水平。我国又是个发展中国家，经济发展刚刚起步，不少地区刚刚摆脱贫困，资金短缺，人均资源拥有量低，文化教育水平比较落后。因此，我国开展清洁生产工作，必须坚持从基本国情出发，按照国家总体部署和地方推行清洁生产的目标，统一规划，突出重点，分步实施，落实职责，全面推进。

（4）组织建立专门的机构

建立相应的机构是推行清洁生产的一个重要措施。由于清洁生产立足于生产环保一体化的原则，所以不能单独由某一个部门来独立完成，应由主管部门统一负责，建立相应机构，广泛听取专家的建议和评估意见，指导工作的开展。要建立地方或行业清洁生产技术中心和必要的专家队伍，协助决策部门制定政策，制订工作计划，提供技术咨询，组织协调清洁生产工作的开展。

（5）建立示范工程

在推行清洁生产的初始阶段，有必要建立示范工程，以树立榜样，以点带面，推动全面工作。各地可以选择有代表性的行业和企业，率先开展示范试点，总结经验，逐步推广。

395. 国务院和省级人民政府有关部门如何推行清洁生产?

答: 政府部门在实施清洁生产工作中的角色和职责主要是促进和推动，国务院和省级人民政府推行清洁生产应采取的行动主要有以下几个方面：

（1）国家和地方在制定发展政策时，应将清洁生产作为经济发展、生态环境保护两大系统的结合点，确定推行清洁生产是实现可持续发展战略的重要措施。

（2）回顾和重新审视资源开发利用、经济发展、污染防治有关的现行法律、法规和政策，研究解决对于推行清洁生产具有激励或阻碍作用的因素，重申和制订有利于促进清洁生产的各项政策，修正和制定相应的法律、法规，使其进一步完善和相互配套。

（3）制定推行清洁生产的国家计划，并将其纳入经济—环保一体化的发展计划之中，运用宏观调控手段促进计划的实施。

（4）建立必要的机构，包括行政管理机构和国家推行清洁生产的技术支持机构。清洁生产技术支持机构是非政府机构，作为政府和工业界之间的桥梁，负责政策研究、技术开发和推广、教育培训、信息收集和交流以及开展国际合作等事务。通过建立行业和地区的清洁生产中心，可以形成全国范围内的立体式网络，为推行清洁生产提供技术保障。

（5）利用报刊、广播、电视、广告等各种大众媒介，开展宣传活动，提倡朴素节俭，反对奢侈浪费，提高全社会的清洁生产意识，吸引公众参与，特别是企业的广大工人、技术人员和管理人员的积极参与。

（6）开展多层次的教育、培训活动。培训活动有的是倡导型的，着重于促进观念的转变，认识当代环境问题的紧迫性、传统环保战略的不足以及推行清洁生产的重要意义；有的是专业型的，如将清洁生产纳入到高等教育（工程、金融和商业管理等）的基础课程中，以传授理论方法为目的。通过培训教育可以传播知识，建立队伍。

（7）制订国家层次上的开发研究计划。

396. 建立清洁生产信息系统的目的、意义及主要内容是什么?

答：信息是任何组织活动的基础。国内外的大量清洁生产实践表明，缺乏各种有关信息是制约清洁生产实施的重要障碍之一。由于清洁生产涉及政府、企业界、社会公众等多个方面，需要相互沟通和共同行动。有效的清洁生产信息收集、发布、传播对于促进清洁生产开展具有重要的意义。作为推行清洁生产的一项基础工作，清洁生产信息系统的建设不仅能为企业提供大量丰富的清洁生产政策、管理、技术信息，支持企业清洁生产工作的开展，而且可为政府组织与推进清洁生产提供管理与决策依据。同时，它还可以有力地提高社会公众对清洁生产的认识、推动他们积极参与到清洁生产工作中来，发挥对政府与企业界实施清洁生产的支持与监督作用。为此，各国促进清洁生产的对策中，都把建立清洁生产信息系统，提供清洁生产的信息支持服务作为政府有效推动清洁生产的重要措施。例如，联合国环境规划署（UNEP）与美国环保局联合建立了国际清洁生产信息交换中心（ICPIC），美国环保局成立了污染预防信息交换中心等。

一般来说，清洁生产信息系统可泛指包括各种有关清洁生产信息的收集、发布、传播等活动的综合体系。它可由各种服务于特定目的或需要、支持推动清洁生产的专门信息系统组成。例如清洁生产技术信息系统、清洁生产政策法规信息系统、企业清洁生产实施信息披露系统、清洁生产数据统计系统、废物交换信息系统等等。

《清洁生产促进法》第十条规定：“国务院和省、自治区、直辖市人民政府经济贸易、环境保护、科学技术、农业等行政主管部门，应当组织和支持建立清洁生产信息系统……，向社会提供有关清洁生产方法和技术，可再生利用的废物供求以及清洁生产政策等方面的信息和服务。”大力开展清洁生产信息系统方面的基础设施建设、通过信息支持清洁生产的推广实施是转变政府职能，提供清洁生产服务的重要手段。利用信息技术包括互联网技术、音像设施、出版物等多种形式提供清洁生产信息支持与服务将会有力地促进我国清洁生产工作的开展。

397. 建立清洁生产技术咨询服务体系的目的、意义及主要内容是什么?

答：依靠科技进步是发展清洁生产技术，不断深化清洁生产的重要支撑与保障。为了克服我国企业尤其是中小企业现有技术条件落后、清洁生产技术支持不足、清洁生产技术人员缺乏等一系列实施清洁生产过程中普遍存在的技术障碍，建立并发展清洁生产技术咨询服务体系，对促进企业清洁生产有着重要的意义。

清洁生产技术咨询服务体系是一个以提供信息、技术以及人力资源支持服务为目的，活动范围十分广泛的综合系统。它可包括清洁生产的宣传培训、信息收集与发布、清洁生产技术研究开发及推广、清洁生产审核和清洁产品评估、ISO14000环境管理标准实施咨询认证等。在我国的清洁生产实践中，已在全国各地或不同部门层次，建立了不少支持清洁生产，提供清洁生产技术咨询服务的机构。例如，国家环保总局组建的国家清洁生产中心和国家科委下属的环境无害化技术转移中心；辽宁、陕西、江苏等省市建立的推进清洁生产的组织机构；化工、冶金等行业成立的行业清洁生产技术中心。此外还有许多部门、科研单位建立的节能或提高能效的机构，农业部门中已有的农业技术推广机构等，这些散布在各领域的众多组织机构，程度不同地支持着多样化的清洁生产实践，成为我国推行清洁生产的重要组织力量，为我国各个领域不同行业的清洁生产实施发挥着重要的推动作用。但是从总体上看，现有这些涉及清洁生产方方面面工作的技术咨询服务组织机构，它们的技术水平、人员素质、服务意识和能力与推行清洁生产的需要还存在着较大的差距。

有计划地大力支持建立清洁生产技术咨询服务体系，是国家促进清洁生产、进行清洁生产能力建设的重要工作内容。清洁生产技术咨询活动作为服务行业的重要组成部分，在我国向市场经济转轨过程中，特别是在我国已加入WTO的形势下，它们的建设与发展既面临着挑战也存在着机遇与空间。根据《清洁生产促进法》的规定和推进清洁生产的需要，结合目前的国情与条件，各级政府的经济贸易、环境保护、科学技术、农业等行政主管部门特别需要通过各类产业政策，在依托现有专业技术组织和科研院所与高等院校科技力量的基础上，积极扶持和发展社会上的技术服务中介机构，形成在市场机制条件下多层次的推进我国清洁生产工作的技术咨询服务网络体系。

398. 什么是清洁生产技术、工艺、设备和产品导向目录?它的作用是什么?

答：清洁生产技术、工艺、设备和产品导向目录，通常是指政府有关行政管理部门，为推动、指导企业通过技术进步与技术创新实施清洁生产，根据国家的技术、经济政策或条件，对适应清洁生产要求的技术、工艺、设备与产品适时发布的相应名录清单或其技术性描述文件。

通常，这类清洁生产技术、工艺、设备与产品目录是在全国范围内，根据技术先进、运行可靠、经济可行、在同行业或同类生产过程中具有广泛的推广应用意义等因素综合考虑，经过一定的筛选和评审程序确定的。例如，我国已发布的《国家重点行业清洁生产技术导向目录》（第一批）、《国家资源综合利用优秀实用技术目录》（第一批）、《当前国家鼓励发展的环保产品目录》（第一批和第二批）、《当前国家鼓励发展的节水设备（产品）目录》（第一批）等。

《清洁生产促进法》明确规定：国务院经济贸易行政主管部门会同国务院有关行政主管部门定期发布清洁生产技术、工艺、设备和产品导向目录。通过政府管理部门制定发布清洁生产技术、工艺、设备和产品导向目录，不仅对于推进清洁生产技术、工艺、设备、产品的升级换代，节约资源能源、减少废物的产生数量与毒性具有重要的促进作用，而且对于促进经济增长由粗放型向集约型转变，实现资源优化配置，推动绿色消费也具有重要的现实意义。

399. 什么是行业或地区的清洁生产指南与技术手册？其目的和意义是什么？

答：清洁生产指南、技术手册，一般可泛指为指导和帮助企业实施清洁生产而对清洁生产所涉及的某些特定活动或工作，就其目的和原则、概念和内容、程序和步骤、方法和要求等共性问题，由政府有关行政管理部门或权威机构编制发布的规范性技术文件的总称。例如，美国环保局编制的设施污染预防指南，联合国环境规划署与联合国工业发展组织联合编制的工业排放物和废弃物审核与削减手册等。通常，清洁生产指南或技术手册并不具有强制性的作用。

清洁生产实施过程中，由于不同行业或地区特点的复杂多样性，这类规范性技术文件多以行业为基础或分地区进行编制，以便分类指导，使其更具有针对性与可操作性。根据我国的习惯，各种清洁生产技术指导文件依其编制内容的层次特征与详尽程度，可分别称为技术指南和技术手册。清洁生产指南更多地针对清洁生产活动中所涉及的原则、方法和步骤，而技术手册则更侧重于清洁生产活动中的具体技术过程和操作要求。

清洁生产是一项持续应用于生产过程或产品（服务）中综合的环境预防措施，为了适应预防性及其持续改进的需要，支持企业开展积极主动的清洁生产行动，各种各样的清洁生产指南或技术手册不断推出。在美国，联邦环保局为推动和指导各种组织的污染预防活动，先后制定和发布了针对企业运行管理以及工业通用和钢铁、化工、金属铸造、农药配制、照相洗印、甚至科研教育等二十多种分行业的污染预防指南。在以加强运行管理为手段的污染预防指南中，分别从物料存贮、设备维护、岗位培训、企业监督管理、职工参与、生产计划制定等多方面提供了开展污染预防活动的措施建议。在通用和分行业领域的污染预防指南中，依据不同生产或活动过程的各个环节，分别按废物产生来源、废物类型以及污染预防与废物循环利用措施等方面给出了大量指导意见或具体建议。在加拿大，一个典型的指南是由其工业部消费者事务办公室与财政委员会法规事务部联合发布的有关实施自愿协议活动的指南。该指南旨在帮助个人和组织了解如何使自愿协议活动获得成功，并建立可靠的制定与执行程序。指南基本内容包括：自愿协议活动的概念及其优缺点与有关特征；自愿协议活动获得成功的条件；自愿协议制定与实施的建议等。在我国，也曾推出过一些清洁生产审核指南与重点行业的清洁生产技术指南。

为了促进企业清洁生产的实施，《清洁生产促进法》中专门将编制清洁生产指南或技术手册作为一项政府支持清洁生产的措施，并在第十一条明确规定：“国务院和省、自治区、直辖市人民政府的经济贸易行政主管部门和环境保护、农业、建设等有关行政主管部门组织编制有关行业或地区的清洁生产指南和技术手册，指导实施清洁生产”。

国内外的清洁生产实践表明：企业在科学合理地实施清洁生产过程中，多种形式的清洁生产指南或技术手册有着重要的指导作用，它是一项直接推动清洁生产有效实施的重要措施和工具。

400. 为什么要实行落后生产技术、工艺、设备和产品的限期淘汰制度?

答:《清洁生产促进法》第十二条指出:“国家对浪费资源和严重污染环境的落后生产技术、工艺、设备和产品实行限期淘汰制度。”我国是一个发展中国家，整体工艺水平与发达国家还有很大的差距。除了少数引进和自己开发的技术外，大部分工艺技术相对落后，特别是相当数量的老工艺技术还在运行，其特点是：装置规模小，产品的生成率低，资源利用率低，生产成本高，污染物产生量大，治理费用大。为了促进生产工艺技术的更新换代，在发布清洁生产技术导向目录，推广应用清洁生产技术的同时，逐步对落后的生产技术、工艺、设备和产品实行限期淘汰，有利于提高整体的工艺技术水平，促进经济的健康和快速发展。

技术的发展是一个漫长的历史过程，先进与落后，清洁与不清洁是相对的，目前被认为是先进的技术，若干年后也可能变成落后的技术，落后了就需要被淘汰。另外，一些国外淘汰的落后工艺或禁用的污染严重的工艺转移到我国来，被一些乡镇企业采用，美其名曰“引进外资”；一些国有企业淘汰下来的设备，被有的投资者在乡村重建起来；一些东部发达地区的淘汰设备，被转运到西部地区投入生产。为了防止上述现象的发生，制止落后工艺技术的重复建设、提高资源利用率、防止污染转移，必须建立对落后工艺技术、设备进行限期淘汰的制度。到目前为止，国家经贸委已经发布了三批“淘汰落后生产能力、工艺和产品的目录”，涉及十多个行业，353个项目。

401. 限期淘汰的生产技术、工艺、设备以及产品的目录由谁制定和发布?

答:《清洁生产促进法》第十二条指出:“国务院经济贸易主管部门会同国务院有关行政主管部门制定并发布限期淘汰的生产技术、工艺、设备以及产品的目录。”

1998年的国务院机构改革中，撤销了一批工业部门，相应的一些职责划分给了国家经贸委。2001年国家经贸委及委管国家局机构再次进行重大改革和调整。这次改革撤销了国家经贸委管的9个国家局，有关行政职能并入国家经贸委。

国家经贸委是全国经济、贸易的主管部门，其他有关的行政主管部门也汇集有一批工业规划的专家。他们对各行业的技术工艺、装置规模大小、国外技术水平状况都非常熟悉，在其他相关专家的参与和协助下，国家经贸委和有关的行政主管部门制定并由国家经贸委发布限期淘汰的生产技术、工艺、设备以及产品的目录。

402. 节能、环保产品标志的实施沿革情况怎样？由谁负责实施这些标志？

答:《清洁生产促进法》第十三条规定:“国务院有关行政主管部门可以根据需要批准设立节能、节水、废物再生利用等环境与资源保护方面的产品标志”。

节能产品标志首先从国外兴起，并产生了积极的效果。1976年，法国和德国首先实施了强制性的节能比较标志。1978年加拿大实施了强制性节能标志，覆盖的产品有房间空气调节器、冷冻箱、冷藏箱等。1980年，美国推出强制性的“能源指南”能效标识项目，产品包括房间空气调节器、洗衣机、洗碗机、冰箱、炉具、热水器等。同年，澳大利亚针对燃气器具推出了自愿性的比较标志，强制性电器标识也于1986年生效，覆盖了主要的家用电器产品。1994年欧盟开始实施统一的强制性比较标志，产品包括冰箱、洗衣机、干衣机、洗碗机等。20世纪80年代末，德国和加拿大分别实施了保证标志；到90年代，许多国家相继推出了自己的保证标志，其中最成功的是1992年美国推出的“能源之星”项目，涉及产品种类多，影响深远，已经逐步成为全球性的节能基准。我国于1998年开始实施自愿性的保证标识项目，即节能产品认证。

早在1994年5月，中国环境标志产品认证委员会成立之初，就同时颁布了七项环境标志产品技术要求，即《低氟氯化碳家用制冷器具》、《无氟氯化碳气溶胶制品（发用摩丝、定型发胶）》、《无铅车用汽油》、《水性涂料》、《卫生纸（厕用）》、《真丝绸类》和《无汞镉铅充电电池》。5年的实践证明，七项环境标志产品技术要求为中国开展环境标志产品认证奠定了基础,为我国环境标志产品的认证提供了科学依据,并基本构筑起了中国环境标志产品技术要求的主体框架。经过不断探索,我国环境标志产品技术要求已初步形成了一套适应我国国情，具有中国特色的编制模式。以政府颁布、双优特性、全过程管理、环境行为明确、定量检验和国际接轨六个基本要点支撑起总体框架,这将是今后相当长一段时间内我国环境标志产品技术要求的制定方针。

我国的节能、环保产品标志，分别由国家职能管理部门批准授予。目前，我国的节能产品标志由国家经贸委组织实施，环境标志由国家环保总局组织实施。

403. 设立节能产品标志的目的、意义和作用?

答:《清洁生产促进法》第十三条提出:“国务院有关行政主管部门可以根据需要批准设立节能、节水、废物再生利用等环境与资源保护方面的产品标志，并按照国家规定制定相应标准”。

所谓产品标志，是贴在产品上的一种反映某方面信息的标签，其目的是为政府、企业和社会公众提供必要的信息，引导消费者行为和对产品的选择。

目前，能效标识制度以其投入少、见效快、对消费者影响大等优点，得到了许多国家的认可，在世界范围内得到普及。据国际能源署（IEA）的统计，到2000年，世界上已有欧盟、美国、加拿大、澳大利亚、巴西、日本、韩国、菲律宾、泰国和香港等37个国家和地区实施了能效标识制度，广泛应用于家用电冰箱、房间空气调节器、洗衣机等家用电器和计算机、传真机等办公设备，以及中央空调、锅炉、电机等商业和工业设备。能效标识制度的实施，有利于减缓电器、工业设备等的能源消耗增长势头，减少温室气体排放，可以带来明显的经济和社会效益。值得注意的是，国际上大多数的能效标识制度是由政府节能主管部门直接组织并且强制实施的。

随着我国市场经济体制的逐步完善，政府职能逐步有所转变，对节能的管理方式将由过去对企业的直接管理向引导性的间接管理转变。实施能效标识制度，是市场经济条件下政府加强节能管理、提高能源利用效率、推动用能产品技术进步、规范用能产品市场的一项重要措施。

能效标识是消除绿色贸易壁垒，巩固和提高我国机电设备、家用电器等用能产品国际市场占有率、扩大出口的必然要求。

随着科技进步和对外开放的扩大，我国节能产品的质量日益提高，越来越多的节能产品走向国际市场，特别是机电设备、家用电器等用能产品的国际市场占有率逐步提高。近几年，发达国家为了提高能源效率，减排温室气体，保护本国利益，通过制定严格的强制性的技术标准，以限制不符合能耗、环保标准的产品进口，这些对国际贸易在客观上形成了一种“绿色壁垒”。如澳、日、美、欧等国家提出，节能产品进入本国市场，首先必须申请注册能效标识。

与国际上相比，我国的能效标识是空白，一些冰箱生产企业出于扩大出口的需要，参照欧盟能效标识样式在产品上粘贴欧盟的能效标识。同时，由于没有实施能效标识制度，也在一定程度上影响了国内机电设备、家用电器的出口。目前，美、日、欧等国在商讨签订能效标识相互认可的协议，以消除潜在的贸易壁垒。我国实施能效标识制度，是消除这种绿色贸易壁垒，促进机电产品、家用电器扩大出口的有效手段，也是加入WTO后，按照国际惯例建立与国际接轨的节能产品市场准入制度的必然要求。

404. 节水、废物再生利用等领域有哪些产品标志？

答:《清洁生产促进法》第十三条提出:“国务院有关行政主管部门可以根据需要批准设立节能、节水、废物再生利用等环境与资源保护方面的产品标志，并按照国家规定制定相应标准”。

节水产品标志是贴在耗水产品上的标志，如家庭用的节水型卫生洁具、节水型的水龙头等。

作为国家认监委授权对节水产品实施权威认证的机构，中国节能产品认证中心是唯一有权颁发节水产品认证标志的机构。根据有关规定，凡是不符合认证标准的节水器具，2005年以前需全部更换。制定和实施节水产品标志的目的，是提高水资源的利用率，特别是提高工业和生活用水的效率，缓解我国经济发展中面临的水资源紧缺的矛盾。

废物再生利用产品标志，是说明产品是用再生原料生产的标志，如再生纸、再生胶等，并需将这些标志贴在相应的产品上。

目前，我国正在研究制定废物再生利用产品的标志，但迄今还没有正式出台。制定这些产品标志的目的主要是通过废物利用减少自然资源的消耗，防止资源耗竭，同时减少污染的产生。

405. 如何推广和应用清洁生产技术?

答：《清洁生产促进法》第二章规定了政府在实施清洁生产中的责任，其中，重要职责之一是推广清洁生产技术，推动企业采用清洁技术。首先，政府应当制定有利于清洁生产技术开发、推广的政策，从宏观上对企业加以引导。如制定有利于开发具有自主知识产权的国际先进水平技术的政策；支持、保护和规范技术市场，促使技术市场健康发展；严厉打击侵犯知识产权的违法行为，保障技术产权的所有者应得的经济实惠，使投入的技术开发资金能得到回报；制订鼓励企业加大技术开发资金的政策，使企业的技术开发力量逐步发展、壮大，逐步扭转国家出钱搞科研，研究成果脱离企业的局面；制定有利于科研成果产业化的政策等。其次，组织和支持建立清洁生产信息系统和技术咨询体系，向企业提供方便的服务。对已建立的清洁生产网站继续充实、更新。此外，政府对科研单位、大专院校以及企业开发的清洁生产技术进行收集、整理、评定，并分期分批发布清洁生产技术导向目录。国家经济贸易委员会已发布了两批清洁生产技术导向目录，涉及9个行业，100多项技术。

行业协会在推广清洁生产技术方面也可发挥很大作用，协会人员熟悉本行业的工艺技术，了解行业技术整体水平与国外先进水平的差距。协会可组织本行业的清洁生产技术经验交流，企业间相互促进，取长补短，达到推广清洁生产技术的目的。

企业采用清洁生产技术可以分为两个类型：一是新建项目，采用最先进的成套技术及配套设备。如燕山石化和宝钢的建设，就是引进国外的较先进的成套技术和设备建立起来的。技术引进对缩小与先进国家的差距相当重要，但引进后的自我开发、消化吸收和创新，则是赶上并超过技术先进国家的根本所在。在引进先进技术的同时，要切实加强对引进技术的消化吸收和进一步创新，同时要避免重复引进；二是在改建扩建项目中，局部地采用清洁生产技术，更换部分设备，采用自动化的控制系统，优化操作参数，提高产品效率，减少废物的产生。这种情况是非常普遍的。到目前为止，我国进行清洁生产示范审核的所有企业都是局部的技术改造，在清洁生产审核中提出的清洁生产中、高费方案也都是如此。

406. 如何将清洁生产理论（思想）纳入国家教育培训体系？

答：鉴于实施清洁生产战略的重要性，将清洁生产理论纳入国家教育培训体系是十分必要的。清洁生产应从娃娃抓起，中、小学期间，是人们世界观形成的重要时期，青少年在此期间受到清洁生产教育，有助于提高环境保护和清洁生产的意识。将清洁生产理论纳入国家教育培训体系，首先要在中、小学教材中编入清洁生产的基本常识。在大学和成人教育的环境、经济、管理等专业中应将清洁生产理论作为必修课，其他专业将其作为选修课。

政府主管清洁生产的部门应组织专家学者编写有关清洁生产的科普读物，知识画册等，让公众了解清洁生产知识。新闻出版、广播电视、文化等单位和有关社会团体，应当发挥各自优势做好清洁生产宣传工作。在广播、电视、报纸、杂志的相关栏目宣传清洁生产。各省市自治区、直辖市经贸委在落实《清洁生产促进法》中，可举办各种不同类型的培训班，让各级干部了解推行清洁生产的重要意义，让广大技术人员和职工了解实施清洁生产的途径、方法和步骤。教育是立国之本，教育也是推行清洁生产的根本。当前，贯彻落实《清洁生产促进法》的当务之急是对广大群众进行该法的宣传教育，使之家喻户晓。

407. 如何鼓励使用有利于环境和资源保护的产品？

答：《清洁生产促进法》虽然没有直接涉及消费领域，但为消费领域实施清洁生产预留了空间。就污染预防、可持续发展的整体战略而言，不但应包括生产过程，还应包括消费过程。由于消费涉及社会的全体公民，其意义更为巨大，更为深远。鼓励使用有利于环境和资源保护的产品，是实施清洁生产战略、保护环境的重要环节之一。那么，如何鼓励公众购买、使用有利于环境和资源保护的产品呢？首先要提高公众的环境保护意识、清洁生产意识、节约资源意识和可持续发展意识。人民群众有了保护资源、保护环境的思想，自然就有购买、使用有利于环境和资源保护的产品的自觉性。甚至，他们在日常生活中也能自觉地节水、节电、节约各种资源，自觉地爱护花草树木，森林绿地。应该指出，公众的“绿色意识”在一定程度上要靠政府来引导。例如：北京市政府发布空气质量预报这一举动，极大地促进了广大群众大气环境意识的提高，使得大家更加关心北京的大气环境。反过来，又推动政府进一步采取措施，改进空气质量。

其次，为了鼓励公众购买、使用有利于环境和资源保护的产品，应制定产品的环境标志，使公民的消费科学化、绿色化，积极购买和使用标有环境标志的产品。目前，我国已经推出了一些环境和相关领域的标志，已有大量产品获得了不同类型的环境标志。具有环境标志的产品得到广大公众的认同，对企业实施清洁生产、预防环境污染起到了很好的作用。

第三，各级人民政府优先采购具有节能、节水、废物再生利用等有利于环境和资源保护的产品，让生产清洁产品的企业得到经济实惠，发展壮大。

408. 环保部门如何加强对清洁生产实施的监督？

答：《清洁生产促进法》第五条规定："国务院经济贸易行政主管部门负责组织、协调全国的清洁生产促进工作。国务院环境保护、计划、科学技术、农业、建设、水利和质量技术监督等行政主管部门，按照各自的职责，负责有关的清洁生产促进工作"。

根据我国的法律，新建、扩建、改建项目的环境影响评价工作由环保部门负责。首先，在审查环境影响报告书（表）过程中，要贯彻落实清洁生产的原则，必要的时候要对清洁生产做专题论述，要求新工艺尽可能使用清洁的原料，采用清洁的技术，生产清洁的产品；其次，在初步设计的审查中应督查清洁生产技术的落实；最后，在施工、验收时，要仔细检查清洁生产技术、环保设施的"三同时"落实情况。

《清洁生产促进法》第四十条规定："环保部门会同经贸委组织、审查企业提交的清洁生产审核报告。对不实施清洁生产审核或者虽经审核但不如实报告审核结果的责令限期改正；拒不改正的，处以十万元以下的罚款"。

《清洁生产促进法》第十七条规定，环保部门应按照促进清洁生产的需要，"根据企业污染物的排放情况，在当地主要媒体上定期公布污染物超标排放或者污染物排放总量超过规定限额的污染严重企业的名单，为公众监督企业实施清洁生产提供依据"。

409. 污染严重企业名单由谁公布？

答：《清洁生产促进法》第十七条规定："省、自治区、直辖市人民政府环境保护行政主管部门，应当加强对清洁生产实施的监督；可以按照促进清洁生产的需要，根据企业污染物的排放情况，在当地主要媒体上定期公布污染物超标排放或者污染物排放总量超过规定限额的污染严重企业的名单"。

环保部门是环境执法的主管部门，承担着日常对一切排污单位进行监督、抽查的职责，负责新建、扩建、改建项目的环境影响评价以及环境污染的统计分析工作。因此，由环保部门公布污染严重企业名单是符合我国国情的，但污染严重企业名单必须由省级环保部门公布，地区级和县级环保部门不得擅自公布污染严重企业名单。

410. 在新建、改建和扩建项目中，如何实施清洁生产？

答：清洁生产是对生产全过程以及产品整个生命周期采取污染预防的综合措施，它涉及产品的研究开发、设计、生产制造、工艺流程/参数、设备、操作规程以及产品在使用中的表现等方面，因此企业在新建、改建和扩建过程中，应从上述每一个环节研究分析减少污染物产生的可能性，寻找清洁生产的机会和潜力。应特别注重以下几个方面：

（1）产品、生产规模的设计

产品设计应该能够做到充分和合理地利用资源，产品应无害于人体的健康和生态环境，反之则应限制或淘汰。如含铅汽油作为汽车的动力油，因为使用中产生对人体有害的含铅物质而被淘汰。

工业生产规模对资源的利用和污染物的排放数量以及企业经济效益有直接的影响。例如制浆造纸企业碱回收的经济效益与制浆规模有直接关系，日产50吨草浆厂为碱回收的最小规模，日产100吨浆和更大规模才有可能产生碱回收的经济效益。

（2）原材料的选择

原材料的选择与生产过程中污染物的产生有直接的关系。例如化工行业的聚氯乙烯生产，如采用电石（乙炔）为原料，将产生大量电石渣、电石粉尘和含硫废水，对环境危害很大，同时加重了末端治理负担。对于某种特定的产品来说，原材料的选择由多种因素决定，但不能以牺牲环境为代价和以提高处理、处置费用来弥补由原材料选择不当带来的缺陷。因此减少、替代或淘汰有毒、有害物料的使用，减少生产过程和产品使用过程中的危害是企业在新、扩、改建过程中应遵循的一个重要原则。

（3）改革工艺，加强物料循环

企业在改、扩建过程中，应积极改革生产工艺、更新生产设备，提高原材料和能源的利用率，减少生产过程中资源的流失浪费和污染物的产生；在提高利用率的同时，加强物料的回收利用。我国农药、染料行业主要原料利用率只有30%～40%，其余都进入了环境，有的产生很大危害。企业在新、改、扩建过程中要特别注意建立从原料的投入到废物循环回收利用的生产闭合圈，以尽可能地减少生产对环境产生的危害。

新、扩、改建设项目的4个阶段（项目建议书阶段、可行性研究阶段、设计阶段和施工阶段），都应注意清洁生产的要求，分述如下：

项目建议书阶段。项目申报单位要按照国家、行业的发展规划，遵循规划中有关清洁生产、环境保护和可持续发展的要求，选择项目，编制项目建议书，申报项目。

可行性研究阶段。项目建设单位务必选择具有相应资质且有专业技术的设计、环评单位分别承担可研报告和环评报告的编制工作。在可研中应对采用的工艺技术进行充分论述，尽可能选择国内外较为先进的技术；尽可能采用无毒、无害或低毒、低害的原料；采用资源利用率高、污染物产生量少的工艺技术以及相应的设备；对生产过程中产生的废水、固体废物、废气和余热等进行综合利用或者循环利用；采用适宜的治理技术确保污染物达标排放。

在环评报告中应有清洁生产的专门论述。

设计阶段（含初步设计、施工图设计）。这一阶段是把可研、环评的方案绘图，以便实施。可研、环评人员和环保主管应参加对初步设计的审查，以保证清洁生产技术和环保设施的落实。

施工阶段。施工过程本身也应是清洁生产的过程，要尽可能地做到节水、节能、节约原材料，将其产生的废物、噪音降到最低水平，施工完成后，做到料净场地清。

411. 在技术改造过程中，如何实施清洁生产？

答：我国正处在加速工业化发展的重要时期，工业结构的调整和优化是当前的主要任务，加快淘汰落后工艺、技术、产品和装备，采用高新技术改造传统产业，积极创新，加快技术升级步伐，提高经济运行质量是工业企业面临的主要问题。

根据《清洁生产促进法》的要求，并结合我国的实际情况，企业在进行技术改造过程中，应当采取以下清洁生产措施：

（1）尽可能采用无毒或者低毒、低害的原料，替代毒性大、危害严重的原料。我国工业原料主要有石油、天然气、煤炭、矿石、盐、空气等。石油和天然气是比煤炭清洁的原料，但是，我国已经从一个石油出口国变成净进口国，每年需进口6000万吨石油，并且这个数量还在增加，预计5年后将达1亿吨。而我国的煤炭资源极其丰富，较长时间内，煤炭将仍然是主要原料之一，应加大对洁净煤技术的研究和开发利用，使其在进入生产系统前成为精料。

（2）采用资源利用率高、污染物产生量少的工艺和设备，替代资源利用率低、污染物产生量多的工艺和设备。采用清洁技术是推行清洁生产的重要环节，先进的设备是清洁技术的物化表现。先进的技术必然带来高产率，低成本，低污染。

（3）对生产过程中产生的废物和余能等进行综合利用或者循环使用。综合利用技术是非常适合我国国情的污染防治技术，它不但能够带来环境效益，而且有经济效益。一些综合利用产品还能得到免税的优惠政策，因此受到企业的普遍欢迎。

（4）采用能够达到国家或者地方规定的污染物排放标准和污染物排放总量控制要求的污染控制技术。虽然先进的生产技术可以消除某一种污染物，但不可能消除所有污染物。在发达国家，虽然他们的工艺技术是先进的，生产规模是巨大的，管理也是先进的，但在90年代初，还是投入大量资金建立了不少的大型处理装置。我国生产技术及管理相对落后，末端控制在污染物稳定达标方面仍将起重要作用。

412. 在产品和包装物的设计中，如何实施清洁生产？

答：《清洁生产促进法》第二十条规定："产品和包装物的设计，应当考虑其在生命周期中对人类健康和环境的影响，优先选择无毒、无害、易于降解或者便于回收利用的方案”。

在产品的设计方面，企业决定生产什么产品，主要看市场的需要，看是否赢利。从清洁生产的角度来看，在产品的设计中，还要对产品进行生命周期分析，使其在整个生命过程中对生态系统、对环境没有影响或者将影响降低到最低程度。在工业生产中，一个企业的产品往往是另一个企业的原料，生产者为下家提供清洁产品，下家要对上家的产品进行监督。当产品完成历史使命后，任意丢弃会污染环境，集中堆存也要占用土地资源。在产品设计中要使它们易于回收、易于资源化。生产厂家和消费者都应当担负起相应的责任。随着改革的深入，一些特大企业，像中国石油、中国石化已囊括了上、中、下游的全过程，即从石油的勘探、采集、炼油到销售一条龙的体系。环节的减少，效率的提高，有利于产品生命全过程的清洁化。

在包装物的设计方面，从本质上说，包装物也是一种产品，其生命周期分析与上述产品一样。之所以单独提出包装物的问题，是在于当今市场化的时代，特别强调包装，追求外表华丽、鲜艳夺目，甚至到了“喧宾夺主”的程度。这些包装材料体积虽小，但数量巨大，对环境的影响特别显著。企业应当对产品进行合理包装，减少包装材料的过度使用和包装性废物的产生，并使包装材料本身易于降解，或易于回收利用。

413. 企业在生产哪些产品时需要在其主体构件上注明材料成分的标准牌号?

答:《清洁生产促进法》第二十一条指出:“生产大型机电设备、机动运输工具以及国务院经济贸易行政主管部门指定的其他产品的企业，应当按照国务院标准化行政主管部门或者其授权机构制定的技术规范，在产品的主体构件上注明材料成分的标准牌号”。

牌号通常是给定组成的铁合金的代号，由汉语拼音字母、化学元素符号及阿拉伯数字组成。汉语拼音字母用来表示铁合金产品工艺和产品特性；化学元素符号用来表示铁合金产品中的元素；阿拉伯数字用来表示该元素的百分含量。如含硅量为2. 75—3. 25%的铸造用生铁，其牌号表示为“Z30”；含硅量为0. 85—1. 25%的炼钢用生铁，其牌号为“L10”；等等。

大型机电设备，如机床、电机、高炉、反应釜塔罐等，机动运输工具，如飞机、轮船、火车、汽车等，它们的主体构件的成分为钢铁。企业应在这些大型设备和工具上注明其标准牌号，当这些设备报废后，可以有区别地、很方便地回炉再利用，或将部分可以重复使用的部件进行重复利用，使之继续发挥作用，从而达到节约资源、减少污染的目的。

414. 在农业生产中，如何实施清洁生产?

答:《清洁生产促进法》第二十二条提出:“农业生产者应当科学地使用化肥、农药、农用薄膜和饲料添加剂，改进种植和养殖技术，实现农产品的优质、无害和农业生产废物的资源化，防止农业环境污染”。

《清洁生产促进法》对农业实施清洁生产也提出了一些要求，这是符合我国国情的。我国当前的农业生产确实存在着对土地、空气、水体的污染问题，也存在着对资源和能源的浪费问题。

使农业生产成为一个清洁生产的过程，采取的措施有很多，如：

（1）应当科学地使用化肥、农药、农用薄膜。为了达到增产而又不污染环境的目的，要组织专家学者帮助、指导农民科学施肥。依据土壤条件、气候环境和作物种类以及生长期定量施肥和施药；帮助、指导农民平衡施肥，倡导使用复合肥料，使肥料中的氮、磷、钾等成分比例适当。同时，要认识到有机肥料在收集、保管和堆存过程中存在着对环境的污染，因此，要加强对有机肥料的管理。在已经淘汰了高毒、不易降解的有机氯农药后，应逐步减少有机磷农药的使用。使用过的或废弃的农膜应收集起来，集中处置。

（2）农业生产是用水大户，科学灌溉是确保农业可持续发展的前提。灌溉用水应符合农田灌溉水质的标准，重金属含量高的废水不能灌溉。节约用水是农业生产者必须遵循的原则，特别是北方缺水地区，大水漫灌是不可持续的，也不利于提高农作物产量。

（3）蔬菜水果上市前的半月内不能再喷洒农药；农作物的秸秆可以做肥料，不能就地焚烧，因为焚烧过程会产生许多污染物，包括一些致癌物。既污染了空气，还可能损害人体健康。收获的粮食不要放在公路上，尤其在沥青路面上晾晒，以免受到污染。

（4）禁止将有毒、有害废物用作肥料或者用于造田或不加任何处置地在田地堆放。废物的填埋场必须符合标准，防渗措施合格，以防污染地下水。

415. 在服务性行业中，如何实施清洁生产?

答：服务性行业涉及的领域众多，包含的内容十分丰富，在服务性行业实施清洁生产的机会和潜力很大，近年来广受关注。现以旅游业和酒店业为例，简要说明服务性行业实施清洁生产应考虑的内容。

旅游业对于环境的影响不容忽视。因为旅游业与其他行业，如运输业、建筑业以及餐饮业等息息相关。据统计，全球旅游业的增长速度非常惊人，全世界每13个就业人口中，就有一个与旅游业有关。

旅游业发展如此之快，而其使用的大多是天然的资源，除了水、能源、原材料等日益枯竭的资源外，文物、自然景观、海滩等一旦破坏就无法恢复。若没有妥善规划和管理会给环境带来无法估量的负面影响。因此，实施合理的规划和管理，采取清洁生产措施是旅游业实现可持续发展的根本出路。

以酒店业为例，所有酒店不论大小均对环境有影响，例如：

（1）水、电、燃料等的消耗量巨大，一般三星级以上的酒店的人均消耗水量为城市居民人均用水量的2～10倍；

（2）酒店运营过程中排放大量的废热、废气、污水、生活垃圾等，对环境造成污染；

（3）酒店的各种服务物资消耗量巨大（有大量一次性清洁用品）。

针对这些问题，酒店必须重新审视自己的经营理念，采取清洁生产措施，确保自身的可持续发展，具体来说，可以采取以下方法：

（1）节能降耗，降低经营成本，增强酒店的竞争实力，如注意保温、杜绝“长明灯”现象等；

（2）优化酒店管理，提高企业管理水平，如降低能耗、物资消耗、废弃物最小化以及最低成本控制等；

（3）树立企业形象，创造良好的企业声誉，如创造新型经营理念，以提高环保效益为荣，争取赢得政府和消费者的好评。

416. 在建筑工程中，如何实施清洁生产?

答：在建筑工程中实施清洁生产是指建筑设计、建造、使用过程中充分考虑环境保护的要求，进而把建筑物与种植业、养殖业、能源、环保、美学、高新技术等紧密地结合起来，营造绿色建筑。在有效满足各种使用功能的同时，能够有益于使用者身心健康，并创造符合环境保护要求的工作和生活空间结构。

建筑工程实施清洁生产应遵循以下原则：资源经济和较低费用的原则；全寿命设计原则；宜人性设计的原则；灵活性原则；传统特色与现代技术相统一的原则；建筑理论与环境科学相融合的原则。建筑设计的指导思想是要体现可持续发展的要求。例如，强调能源使用的集约化，运用建筑热工原理使用能源，利用高技术创造低能耗环境；结合气候条件进行设计；充分考虑建筑如何有利于通风，而不是滥用空调；强调节约资源，减少各种资源和材料的消耗；发展各种生态建筑和生态城市的思想，强调设计与生态相结合，尽量减少对自然界和环境的不良影响等。这些思想的逐步推动，丰富和发展了传统的设计理论和设计实践。具体体现在：①在材料与建造方面：限制排放温室气体和氟利昂气体；慎重利用热带森林木材；使用对人体无害的材料；使用可循环使用的材料；使用耐久材料；使用对环境影响小的材料；②实现功能的可持续性：易于维护的建筑和服务体系；灵活的空间规划；采取防护措施：隔热、密封、遮阳板；③自然资源的利用：利用地热资源、利用太阳的光和热、自然通风和通气道、利用自然光、利用水利和生物能、利用风能；④自然资源与能源的有效利用：循环使用建筑材料、废物再生利用、水的循环利用、有效利用未开发的能源、能源的多层次利用、使用高效的设备和控制系统；⑤保证健康和舒适的环境：高质量的声环境、高质量的空气环境、高质量的热环境、高质量的采光和良好的视觉景观；⑥设计与地方结合：使社区充满活力、保护和复兴历史、表现地方特色；⑦保护生态系统，控制城市气候的变化。

417. 矿产资源的勘查开采中，如何实施清洁生产?

答: 矿产资源是一种十分重要的非再生性自然资源，是人类社会赖以生存和发展的不可缺少的物质基础。它既是人们生活资料的重要来源，又是极其重要的社会生产资料。据统计，当今世界95%以上的能源和80%以上的工业原料都取自矿产资源。矿产资源对国家经济建设和国防建设都十分重要，所以，很多国家都将矿产资源视为重要的国土资源，当作衡量国家综合国力的一个重要指标。

矿产资源开发与利用涉及的环境问题十分广泛，必须从多方面进行有关的防治与保护，而且要运用清洁生产的原理和方法来解决环境与资源保护问题。《清洁生产促进法》第二十五条规定："矿产资源的勘查、开采，应当采用有利于合理利用资源、保护环境和防止污染的勘查、开采方法和工艺技术，提高资源利用水平"。依照这一规定，在矿产资源的勘查和开采中，实施清洁生产要抓好四个方面的工作：

（1）加强管理

政府有关部门要加强对矿产资源的环境管理，严格执行矿产开发项目的环境影响评价制度和清洁生产审核制度，要把这两项法律制度作为采矿许可证发放的重要前提。

（2）减少矿藏开发时的损失

首先应该加强和改进勘探工作，对地质情况进行充分和仔细的研究，改进计算储量的方法，给出可靠和确切的数据，同时必须对矿区内的矿产进行综合评价。按照清洁生产的要求，对矿区的岩石、粘土、砂的组成也应进行研究，作出评价。

其次是改进开采方法。地下开采损失相当可观，一般为3%～8%，在复杂地质条件下为10%～12%。因此，有些国家把优先发展露天开采作为重要的矿业政策。地下开采时，采区的回填，特别是固化回填，能大大减少矿产的损失，提高开采密度，目前已在许多有色金属地下矿山中采用，并向煤矿、铁矿推广。

第三是加强选矿。选矿已成为合理利用矿产资源的重要环节，其实质是分离混合物，而分离方法的基础在于利用被分组分物理、化学性质的差别。对各种矿石可选性资料应加以系统化，在此基础上建立自动检索系统，以便选择选矿方案。

第四是力争减少矿产在运输途中的损失。为此，精矿砂或煤块装车后可在表面喷洒乳化剂，使其生成一层薄膜，以减少洒落和避免被吹跑。

最后，就是要对采出的矿石进行综合利用。特别是开发新工艺，加强对贫矿和地下废弃矿石的利用，如采用地下浸出、地下熔化、地下气化等方法。

（3）矿业废料的利用

矿业产出大量剥离废石和选矿尾矿。对于废石，首先是设法尽量减少其到达地面的数量，将其用于采区的回填，国外设计了可将废石留在地下的采掘机械；其次是根据废石的组成确定其利用方向，将其列入伴生矿石之列。大量的废石可用于填坑造田、修筑道路、生产建筑材料，有些还可作为农田微肥、土壤改良剂。

为减少矿山的废水量，可组织闭路用水循环。目前已有很多选矿厂建立了无废水排放流程。矿山废水经过适当净化后可补充工业用水的需要，也可用于农业灌溉和用作生活用水。

矿山废气的利用目前仅限于从地下煤矿引出的气体，其中含有甲烷和煤粉。但大部分煤矿通风气体中甲烷含量不高，约为15%～50%，不能直接作为生活燃料。一般需要补充一定量的天然气后方可作为锅炉燃料供应矿区所需热量。从矿井引出的空气，一般温度和湿度都比较高，冬季可用于加热温室。

（4）土地复垦

开发矿业不可避免地要对自然地貌和地表植被造成破坏，而且破坏速度往往超过开采量的增长速度。因此从保护和合理利用土地资源的角度来看，必须引起高度重视。我国《矿产资源法》规定："开采矿产资源，应当节约用地，耕地、草原、林地因采矿受到破坏的，矿山企业应当因地制宜地采取复垦利用、种树植草或者其他利用措施"。

复垦的目的在于恢复被破坏土地的生产效能及其经济价值。复垦的方向应根据复垦地区的自然条件和社会条件来选择，如地理位置、水文地质条件、周围地区的土质和植被状况、废石的物理化学性质以及该地区工业、农业和林业的发展水平和方向，附近是否有居民区及其规模等因素。

在进行复垦时，特别应注意复垦土地表层废石的性质，这一点将决定生物复垦时对这些废石的利用方式。

现代化矿山的复垦工作是和矿山开发同步进行的，尤其是对含有内部废石场的露天开采矿藏，需制订统一的"剥离复垦"工艺规程。

418. 企业对废物、余热等应如何回收利用?

答:《清洁生产促进法》将"源削减"和"综合利用"列为实现清洁生产的重要措施，该法第二十六条规定："企业应当在经济技术可行的条件下对生产和服务过程中产生的废物、余热等自行回收利用或者转让给有条件的其他企业和个人利用"。企业废物的综合利用方式可分为厂内循环利用和厂外循环利用，分别介绍如下：

（1）组织厂内循环利用的途径与方法

①将流失的物料回收后作为原料返回原工序中。如造纸废水中回收纸浆，印染废水中回

收染料，收集跑、冒、滴、漏的物料等等。

②将生产过程中生成的废料经适当处理后作为原料或原料替代物返回原生产流程中。如钢电解精炼中的废电解液，经处理后提取其中的铜再返回到电解精炼流程中；鞣革废液除去固体夹杂物，用碱性材料生成氢氧化铬，再用硫酸溶解后重新用于鞣革。

③将生产过程中生成的废料经适当处理后作为原料用于本厂其他生产过程中。如发酵过程中产生的二氧化碳可作为制造饮料的原料；有色熔炼尾气中的二氧化硫可用作硫酸车间的原料。

④余热循环利用。工业生产中用于各种工艺加热过程的蒸汽，虽然压力和温度比较低，但由于消耗量很大，往往占企业能耗的较大比重。热能有效利用的重要内容之一是工业余热的回收，将生产工艺中排放的热能进行再利用或作为另一加热过程的热源。

（2）厂外的循环利用

一般来说，企业废物和余热尽量在厂内循环利用，这样物料的运输路程短，额外的处理要求低，经济效益好。但是，有些物料不能实现厂内循环利用，为了达到综合利用原料的目的，往往需要综合的加工手段和过程，使原料转化成多种多样的产品，亦即需要跨行业、跨地区的共同协作。厂外循环利用是实现综合利用的重要途径之一。

①围绕优势资源的开发利用，实现生产力的科学配置，组织工业链，建立优化的产业结构体系。如：建材工业可以消化大量的工业废料，特别是矿山工业、冶金工业、电力工业、化学工业的固体废料，作为原料流的收尾行业，具有十分突出的生态效果，在建立优化的产业结构体系时，应特别重视发挥建材工业消化废料的能力。

②地方政府应从当地自然条件及环境出发进行科学的区划。根据产业特点及物料流向合理布局。如：广西贵港糖业集团发展生态工业，开发出甘蔗、制糖、废糖蜜制酒精、酒精废液复合肥、复合肥种甘蔗以及甘蔗、制糖、蔗渣制浆造纸——碱回收制浆两条生态工业链。

③跨行业的厂外物料循环，特别是大吨位固体废料的二次资源化。如：钢铁厂和有色冶炼厂的冶金炉渣，火力发电厂的粉煤灰，化工厂的电石渣，污水处理厂的污泥，工厂化养猪、养鸡场的排泄物等等，都适合于在区域范围内加以利用，转化成有用的产品。

419. 为什么要制定并实施强制性回收产品和包装物的目录？目录的主要内容是什么？

答：《清洁生产促进法》第二十七条提出：“生产、销售被列入强制回收目录的产品和包装物的企业，必须在产品报废和包装物使用后对该产品和包装物进行回收。强制回收产品和包装物目录由国家经济贸易主管部门制定”。

目前，国内还没有制定和发布强制性产品和包装物的目录，但国家经贸委已经开展了这方面的研究。预计在不远的将来，强制性回收产品和包装物目录将出台。

制定与实施强制性回收产品和包装物目录，其意义主要有以下几个方面，一是防止有毒有害物质污染环境，并影响人体健康；二是通过回收和综合利用，减少原材料的消耗，从而实现资源的可持续利用；三是提高资源再利用率，达到降低成本、提高经济效益的目的，从而实现经济效益、社会效益和环境效益的统一。

为了实现这一目标，强制性回收产品和包装物目录所包含的内容，大致有几大类：

一是有毒有害的废家电或电子产品，特别是那些含汞、镉、铬、砷等毒物的产品，如废电池、废日光灯管等；

二是含有危害全球环境的物质，如废旧家电、冷冻机、冰箱等中的氟利昂等；

三是不回收将产生危险的物质，如报废汽车、报废农用车中的各类汽油、润滑油等；

四是含有危害人体健康的物质，如各类医疗废弃物、包装物，以及含放射性的废弃物如勘测仪器等；

五是常用包装物，主要由纸张、钢铁、木材、塑料或玻璃等物质构成。目前，我国的产品包装过度与不足并存。一方面，一些产品的包装不够，影响其形象和价值，这一问题在一些经济欠发达地区尤为突出。另一方面，一些产品包装过度，按照国际上的惯例，包装物的价值不应超过产品的7%，而我国一些产品的包装物价值超过产品的20%，甚至更多，如月饼、高档食品等就是如此。过度包装造成资源的极大浪费，应该禁止。

420. 企业对其生产的列入强制回收的产品和包装目录的产品，应承担什么样的责任？

答：根据《清洁生产促进法》第二十七条的规定，生产、销售被列入强制回收目录的产品和包装物的企业，必须在产品报废和包装物使用后，对该产品和包装物进行回收。也就是说，企业回收报废的产品和用过的包装物，是其基本义务。

国际上开展强制性回收的实践表明，要真正达到预期的目标，除了有法律外，还必须有相应的配套措施，以保证进入强制性回收产品和包装物目录的产品和包装物顺利进入回收环节，以减少对环境和人体健康的危害，同时达到提高资源利用效率的目的。

有毒有害废物的回收一直是世界各国头疼的事情，因为总有一些环节会出现问题，导致那些强制性回收的产品和包装物不能顺利回收。例如，使用者没有将那些废旧物资送回到指定的地点，回收企业没有按规定回收，回收来的废旧物资无法处理等，都影响该工作的推进。即使在法治非常健全的美国和欧洲国家，虽然废旧物资的分类、回收、运输、处理处置等非常规范，但也会出现乱弃老旧汽车这种大型报废物的情况，更不用说一些小件废旧物资的回收处理了。因此，对那些强制性回收的产品和包装物，既要有强制性的法律法规做依据，更要有社会的责任感。除了生产或销售那些强制性回收的产品或包装物的企业之外，社会各界也都应承担起相应的责任，消费者要将那些废弃的东西送到指定的回收地点或回收企业，销售商要负责具体的回收工作，生产厂商要负责回收后产品或包装物的处理、再利用或最终处置，这样才能形成物质流的封闭环路，保证回收工作的顺利实施。

421. 对列入强制回收的产品和包装目录的产品，国家将采取哪些措施？

答：《清洁生产促进法》第二十七条提出："国家对列入强制回收目录的产品和包装物，实行有利于回收利用的经济措施；县级以上地方人民政府经济贸易行政主管部门应当定期检查强制回收产品和包装物的实施情况，并及时向社会公布检查结果"。

国家对列入强制性回收的产品或包装物，将采取三个方面的措施：

一是激励政策。由于回收那些强制性回收产品和包装物的企业，其社会效益和环境效益要好于经济效益，这与企业追求利益最大化的目标是不一致的。因此，为了鼓励企业参与废旧产品和包装物的回收及综合利用工作，政府必须采取一定的激励措施，鼓励企业从事废旧物资的回收和综合利用工作。国家已经出台了不少这方面的激励政策，例如，在《国务院批转国家经贸委等部门关于进一步开展资源综合利用意见的通知》（国发［1996］36号）中指出，进行资源回收和综合利用的企业所享受的优惠政策的范围，按照《资源综合利用目录》执行。国家现行的有关资源综合利用税收优惠政策具体体现在以下文件中：《关于企业所得税若干优惠政策的通知》（财税字［1994］001号）、《关于继续对部分资源综合利用产品等实行增值税优惠政策的通知》（财税字［1996］20号）、《关于继续对废旧物资回收经营企业等实行增值税优惠政策的通知》（财税字［1996］21号）等。此外，国家将进一步研究、制订有关资源综合利用的价格、投资、财政、信贷等方面的优惠政策。企业从有关优惠政策中获得的减免税（费）款，要专项用于资源综合利用。

至于由谁来付废旧物资回收的费用，世界各国的情况并不一样。一般采取的做法是，生产者、销售商和消费者共同负责。押金返还制度是促进废旧物质和包装物回收利用的一个重要措施，也是国际上已取得成功的办法。所谓押金返还制度，是指对可能污染环境的各种产品收取一定的押金，当这些产品回到指定地点或处理厂时再返还押金。这一制度能促使生产者和消费者共同承担起保护环境的责任，并分担环境税或环境费，从而达到回收处理或安全存放废品的目的。可以收取押金的产品很多，例如干电池、饮料罐、杀虫剂等化学品或其他类型的包装物。欧洲的许多国家都在积极推行这一制度。从发展趋势看，这一手段的应用将越来越广泛，对绝大多数包装材料的回收处理，均可以采用这一措施，从源头减少废弃物的产生。

二是检查监督制度。从国内的实际看，无论是环境保护，还是资源综合利用，甚至其他法律法规、制度的执行，检查监督的力度都需要进一步加强。要转变政府的职能，充分发挥社会公众的力量，发挥舆论的监督作用。

三是信息披露制度。信息披露对政策的执行具有重要的促进作用，通过各种媒介进行信息公开，反映一些真实信息，是社会开放和进步的具体表现。我国已开展对城市的环境质量进行公布的工作，但如何公布强制性回收产品和包装物的执行情况，正在调查研究中。《清洁生产促进法》提出了公布检查结果的要求。但是，如何公布，在哪一级的媒体上公布，需要制定具体的管理办法，以保证信息披露对强制性回收产品和包装物的回收起到积极的促进作用。

422. 什么是清洁生产审核?

答: 组织的清洁生产审计是一种对污染来源、废物产生原因及其整体解决方案的系统化的分析和实施过程，其目的旨在通过实行预防污染分析和评估，寻找尽可能高效率利用资源（如：原辅材料、能源、水等），减少或消除废物的产生和排放的方法，是组织实行清洁生产的重要前提，也是组织实施清洁生产的关键和核心。持续的清洁生产审计活动会不断产生各种的清洁生产方案，有利于组织在生产和服务过程中逐步的实施，从而使其环境绩效实现持续改进。通过清洁生产审计，达到：

（1）核对有关单元操作、原材料、产品、用水、能源和废物的资料；

（2）确定废物的来源、数量以及类型，确定废物削减的目标，制定经济有效的削减废物产生的对策；

（3）高组织对由削减废弃物获得效益的认识和知识；

（4）判定组织效率低的瓶部位和管理不善的地方；

（5）提高组织经济效益、产品和服务质量。

423. 企业如何开展清洁生产审核?

答：清洁生产审核是企业实施清洁生产的有效途径，《清洁生产促进法》第二十八条规定：“企业应当对生产和服务过程中的资源消耗以及废物的产生情况进行监测，并根据需要对生产和服务实施清洁生产审核。污染物排放超过国家和地方规定的排放标准或者超过经有关地方人民政府核定的污染物排放总量控制指标的企业，应当实施清洁生产审核。使用有毒、有害原料进行生产或者在生产中排放有毒、有害物质的企业，应当定期实施清洁生产审核，并将审核结果报告所在地县级以上地方人民政府环境保护行政主管部门和经济贸易行政主管部门”。按照这一规定，清洁生产审核可分为两种类型：自愿性审核和强制性审核，即企业根据需要进行的自我审核与企业在一定条件下应实施的必要审核。目前，具体的清洁生产审核实施办法与相应要求，特别是依法要求进行的强制性审核程序办法正在制定中。但是，企业应积极主动地开展自我清洁生产审核，以便系统地实施清洁生产。

为了支持企业清洁生产审核的开展，国内外都编制了形式多样的指导企业进行清洁生产审核的指南或手册。应参照这些指南或手册，结合企业的特点，通过不断的实践，改进其清洁生产审核，进而深化其清洁生产工作。一般情况下，实施以自愿为基础的企业清洁生产审核，主要应注意两个方面的问题：

（1）强有力的组织与筹划

清洁生产审核是一项涉及企业各个部门与生产全过程的系统性活动，有效的组织与筹划可为清洁生产审核奠定坚实的基础。首先，企业高级管理层，特别是最高决策者的支持，对于保证企业各级管理部门的协调配合与全体员工的投入参与、获取清洁生产审核过程中人财物等方面的充分支持、顺利组织清洁生产计划方案的实施等具有重要意义；其次，组建掌握审核技能、有经验、懂技术的审核队伍是确保清洁生产审核有效实施的组织保证。特别对于生产过程复杂，工艺技术要求高的企业，多种专业人才的配备十分重要。必要时，还可聘请企业外部专家或咨询机构实施审核；此外，制定合理的清洁生产审核实施计划，包括职责分工、活动安排、时间进度以及人财物的分配等，以便使清洁生产审核按照预定目标与程序步骤有效地进行。

宣传与培训是清洁生产审核组织与筹划中一项重要的基本工作。一方面应注意广泛进行宣传教育，以转变企业各种人员的传统观念，提高清洁生产的思想意识；另一方面还应包括以提高审核方法与技能为目的的专业培训活动。

（2）系统科学的清洁生产审核过程

通常，实施一个完整的清洁生产审核，可参照现有清洁生产审核指南或手册提出的程序与内容进行。其核心工作包括：生产过程的评价、清洁生产机会的识别和清洁生产方案的制订与实施。生产过程评价是一个对企业生产各构成环节的运行管理现状，特别是物质流（包括废物流）的调查了解、全面认识的活动。它可从生产过程系统及其投入产出上分析和确定企业“不清洁”的生产部位。生产工艺流程图、物料平衡分析等是生产过程评价最常用的技术方法。清洁生产机会识别是指在生产过程评价、特别是重点审核部位评价的基础上，对企业生产过程存在的问题、差距，从其影响因素等方面进行因果关系分析，以发现提高资源和能源利用效率、降低废物产生途径的过程。这也是清洁生产审核过程中最富于发挥人们、特别是企业一线员工清洁生产主动性与创造性的环节。大量清洁生产机会的识别和挖掘会有力地支持清洁生产方案的产生与制定。实施清洁生产审核的第三个内容是清洁生产方案的形成、筛选与确定。清洁生产方案内容广泛多样，对那些简单易行，投入较低的清洁生产方案，例如杜绝跑冒滴漏等问题，应边审核边实施，及时行动。但对涉及生产全过程的技术、工艺或设备更新改造等方案，应在充分的可行性分析，包括技术可行性、经济可行性以及环境可行性等多种因素综合论证的基础上形成建议。

虽然已有的清洁生产审核程序指南或手册中，通常都包含有清洁生产方案的实施以及持续清洁生产的步骤。但从狭义上来看，当完成清洁生产方案的筛选、可行性分析及其建议后，即可认为一个清洁生产审核过程已经结束。对于属于由企业外部机构实施的清洁生产审核，采用这一概念是可行的。当然就企业而言，狭义清洁生产审核后自然是方案的实施，只有实施才能检验与衡量审核的效果，成为本次清洁生产审核工作的归宿。因此，对清洁生产审核得到的建议方案通过决策过程，进一步制定实施计划，并付诸实施可视为广义上清洁生产审核的一部分。它实质上是将审核作为清洁生产的一个有机组成，反映了清洁生产的P(计划)、D（实施)、C（检查)、A（改进）动态与持续改进的本质特征。

424.哪些企业必须进行清洁生产审核？审核办法由谁制定？

答:《清洁生产促进法》第二十八条规定:“污染物排放超过国家和地方规定的排放标准或者超过经有关地方人民政府核定的污染物排放总量控制指标的企业，应当实施清洁生产审核。

使用有毒有害原料进行生产或者在生产中排放有毒、有害物质的企业，应当定期实施清洁生产审核，并将审核结果报告所在地的县级以上地方人民政府环境保护行政主管部门和经济贸易行政主管部门”。

污染物浓度超标的企业应当进行清洁生产审核。这是因为，污染物浓度达标是长期的环境执法中提出的基本要求。污染物浓度超标意味着环境质量可能受到严重的影响，从而使生态系统和人体健康受到影响。因此，污染物浓度超标的企业应当进行清洁生产审核。

污染物排放总量超标的企业，也应当进行清洁生产审核。这是因为，长期的实践表明，只要求浓度达标是不够的。在许多情况下，即使污染物排放浓度达标了，由于污染物数量巨大，仍可能造成对生态环境和人体健康的巨大危害。因此，近年来我国又提出了企业污染物排放总量达标的要求。达不到此要求的企业，有必要实施清洁生产审核，找出存在的问题，从而通过清洁生产措施，减少污染排放，满足总量控制目标。

使用有毒有害原料进行生产或者在生产中排放有毒、有害物质的企业，也应当定期实施清洁生产审核。这是因为，使用有毒有害原料进行生产或者在生产中排放有毒、有害物质都有可能使有毒有害物质扩散到环境中，从而严重影响生产工人的身体健康，或对周围环境中的生态系统成分和人体健康产生有害影响。

根据《清洁生产促进法》第二十八条，清洁生产审核办法，由国务院经济贸易行政主管部门会同国务院环境保护行政主管部门制定。

由国家经贸委牵头制定这个办法的原因是: 第一，国家经贸委对于工业生产及其相关问题非常熟悉；第二，清洁生产工作目前主要集中在工业生产领域；第三，长期以来，全国的清洁生产工作由国家经贸委负责，有比较好的工作基础。

国家环保总局一直负责全国的环保执法工作，了解企业的污染排放、达标情况等。因此，由国家经贸委牵头，会同国家环保总局制定清洁生产审核办法是非常符合我国实际情况的。

425. 什么是进一步节约资源、削减污染排放量协议？

答：进一步节约资源、削减污染排放量协议是指企业在污染物排放达到国家和地方排放标准或总量控制指标的基础上，可以自愿与有管辖权的经济贸易和环境保护行政主管部门协商，达成并遵守取得节能、降耗、减污特定效果的协议。

协议应为工业企业参与者规定清晰的、可测量的资源消耗和环境效益目标，并包含有效的责任机制。经济贸易和环境保护行政主管部门则通过推动信息交流来支持相关的协议并对协议行为（表现）进行监督，也可以包括提供激励措施，比如对好的表现进行公开承认和奖励，在当地主要媒体上公布这些企业的名称及节约资源、防治污染的成果，引导公众、政府优先采购这些企业的产品等。企业则通过履行协议，节约了资源、减少了污染，提高了信誉，实现可持续发展。

从1981年开始，发达国家就着力于开展政府与企业（组织）就进一步节约资源、削减污染排放量进行多方协议，如美国国家环保局于1991年2月实施的预防污染的33/50计划。该计划是一项以美国环保局的污染预防政策和计划为基础的自愿的污染预防协议。旨在通过自愿的源削减，减少生产中使用的17种化学品和化合物的排放及厂外转移，使排放总量由1988年的14亿磅减少到1995年的7亿磅，减少50%。

426. 企业如何签订进一步节约资源、削减污染排放量协议？

答：企业在签订进一步节约资源、削减污染排放量协议时，应遵循如下指导原则：

（1）成效性：协议能体现可度量的资源节约和环境保护结果；

（2）可信性：协议各方有能力完成他们承担的职责；

（3）透明度和责任：协议的所有成员对他们要承担的义务和要达到的表现做出公开的解释和说明；

（4）效率：协议应不会让协议各方承担比使用其他方法达到同样资源利用率和环境效果更高的成本。

根据上述原则，在签订进一步节约资源、削减污染排放量协议时，应考虑以下几点：

（1）协议成员高层官员的承诺。当协议成员单位的高级管理部门明确表示支持通过协议来节约资源和保护环境时，自愿行为被证明是最有效的。经济贸易和环境保护主管部门可以要求参与协议的高级管理部门书面签署要承担的义务。

（2）明确的目标和可度量。协议包括切实的量化指标和期限。一旦标准、方针或指标得以使用，它们与协议目标的关联应该得到定期的检查。

（3）明确作用和责任。协议应明确规定协议中所有成员的作用和责任，包括经济贸易和环境保护主管部门的责任。

（4）公开报告。为使协议透明和可信，应该公布于众，并明确报告的内容、公布频率和地点。

（5）确认结果。协议效果的确认，包括内部审核和第三方认证等。

（6）激励措施与持续改进。经济贸易和环境保护主管部门通过提供科学技术方面的专业服务、经济手段等措施激励企业持续改进资源节约和环境保护状况。

427. 什么是环境管理体系和环境管理体系认证?

答：联合国世界环境与发展委员会于1987年出版了《我们共同的未来》这一报告，在提出“可持续发展”概念的同时，也敦促工业界建立有效的环境管理体系。国际标准化组织（ISO）于1993年6月成立了ISO/TC207环境管理技术委员会，正式开展ISO14000系列环境管理标准的制定工作，希望以此规范企业和社会团体等所有组织的活动、产品和服务的环境行为，支持全球的环境保护工作。

根据ISO14001的定义：环境管理体系是一个组织内全面管理体系的组成部分，它包括为制定、实施、实现、评审和保持环境方针所需的组织机构、规划活动、机构职责、惯例、程序、过程和资源。还包括组织的环境方针、目标和指标等管理方面的内容。

可以这样描述环境管理体系：这是一个组织有计划，而且协调的管理活动，其中有规范的动作程序，文件化的控制机制。它通过有明确职责、义务的组织结构来贯彻落实，目的在于防止对环境的不利影响。

环境管理体系是一项内部管理工具，旨在帮助组织实现自身设定的环境表现水平，并不断地改进环境行为，不断达到更新更佳的高度。

所谓环境管理体系认证是指由获得认可资格的环境管理体系认证机构依据审核准则，对受审核方的环境管理体系通过实施审核及认证评定，确认受审核方的环境管理体系的符合性及有效性，并颁发证书与标志的过程。认证的要点是（1）认证的对象是产品、过程或服务；（2）认证应以一个客观的标准作为认证依据；（3）认证应有一套科学、公正的认证手段（程序）；（4）认证活动由第三方实施；（5）认证应有明确的书面保证，如认证证书或认证标志。

环境管理体系认证机构是指具备一定的能力和资格，根据颁布的环境管理体系标准和体系所要求的其他辅助文件对组织的环境管理体系进行认证的第三方机构（即与审核方无任何利益关系的机构）。对认证机构能力与资格的认定由认可机构实施。

我国环境管理体系认证国家认可制度的建立与运行均以国际惯例为依据。根据规定，在我国实施环境管理体系认证的认证机构（包括国家认证机构）必须接受环认委的评审，获得认可资格后方可开展环境管理体系认证活动；在我国实施环境管理体系认证的审核员必须经环注委评审，取得国家注册资格

428. 企业如何申办环境管理体系认证？

答：《清洁生产促进法》第三十条规定："企业可以根据自愿原则，按照国家有关环境管理体系认证的规定，向国家认证认可监督管理部门授权的认证机构提出认证申请，通过环境管理体系认证，提高清洁生产水平。"

那么企业如何申办环境管理体系认证呢，一般可分为两个阶段：

第一阶段，建立并实施环境管理体系阶段。

这一阶段，企业应建立并实施环境管理体系，从形式上符合ISO14001标准的要求。

环境管理体系的建立和实施遵循自愿原则，由企业最高管理者决策决定。如果一旦决定建立该体系，应做好以下几个方面的工作：

首先，做好人、财、物的准备。最高管理者应授权建立相应的机构，并给予人力和财物方面的支持，书面任命环境管理者代表，以满足体系建立和运行的需要。

第二，做好初始环境评审。这项工作是对企业过去和现在的环境管理情况进行评价，总结经验，找出存在的主要环境问题并分析其风险，以确定控制方法和将来的改进方向。

第三，完成环境管理体系策划工作。所谓的环境管理体系策划，就是根据初始环境评审的结果和企业的经济技术实力，制定环境方针；确定环境管理体系构架；确定组织机构与职责；制定目标、指标、环境管理方案；确定哪些环境活动需要制定运行控制程序。

第四，编制体系文件。ISO14001环境管理体系是一个文件化的环境管理体系，需编制环境管理手册、程序文件、作业指导书等。

第五，运行环境管理体系。环境管理体系文件编制完成，正式颁布，就标志着环境管理体系已经建立并投入运行。

在体系运行期间，为审查企业的环境管理活动是否已按环境管理体系文件的规定进行，环境管理体系是否得到了正确的实施和保持，为确定体系的持续适用性、充分性、有效性，企业应组织内部审核和管理评审。

贯穿这些工作始终的另一项重要工作是全员培训。培训内容包括ISO14001标准、环境方针、法律法规，重要环境因素、体系文件、作业指导书、运行记录等。

第二阶段，认证取证阶段。

经过内审和管理评审，企业如果确认其环境管理体系基本符合ISO14001标准要求，可向已获得中国环境管理体系认证机构认可委员会认可有认证资格的认证机构提出认证申请并签订认证合同，进入环境管理体系认证审核阶段。

认证审核是认证机构受组织委托，以第三方身份对企业的环境管理体系与ISO14001环境管理体系标准的符合性和运行、保持的有效性进行审核验证，并确定是否向企业发放认证证书的过程。

认证证书有效期三年，三年后，组织要申请复审，重新注册获得证书，此过程同第一次认证取证。

在组织获取认证证书的两个阶段中，第一阶段是基础，第二阶段是对第一阶段工作的验证和肯定，两个阶段的工作相互联系，不可偏废。只有第一阶段工作充分有效，才有可能在第二阶段取得令人满意的结果。

申请认证企业有下列权利与义务

（1）权利

①确定审核目的；

②与认证机构协商确定审核时间；

③遴选审核机构或审核组长，如果有合理的理由，可以对不适宜参加本次审核的人员提出异议；

④与审核组确定审核范围；

⑤批准审核计划；

⑥接受审核报告并决定其分发范围；

⑦对认证机构的认证活动或认证结果有争议时，可向环境认可委或国家环境保护总局提出或投诉。

（2）义务

①按标准交纳审核费；

②积极配合审核组工作；

③按审核组要求做好文件、资料和人员的准备。

企业实施ISO14000，按照有关专家的总结，有七大好处：一是提高了企业的管理水平；二是树立了企业的良好形象，增强了在国内外市场中的竞争力；三是提高了企业员工的素质、责任心和环境意识；四是有利于企业遵守国家法律法规及其他要求；五是有利于污染防治、节能降耗和降低生产成本；六是有利于企业的良性发展；七是有利于企业打破“绿色贸易壁垒”，进入国际市场。

429. 什么样的企业必须公布其主要污染物的排放情况？如何公布？

答：《清洁生产促进法》第十七条和第三十一条提出：“列入污染严重企业名单的企业，必须按照国务院环境保护行政主管部门的规定，公布其主要污染物的排放情况，并接受公众的监督”。

哪些企业应该公布其污染物的排放情况，如何公布污染物的排放情况，国家环保总局正在制定有关管理办法。但根据有关的法律、法规，超标排放的企业必须公布其主要污染物的排放情况。另外，污染物排放总量超过地方人民政府核定指标的企业亦应公布其主要污染物的排放情况。公布的方式主要是在媒体上发布。

随着人民生活水平的提高，人们对环境质量有了较高的要求，而污染物排放的信息披露将成为促使企业积极治理污染的一个重要途径。国外的经验表明，政府、企业、中介组织等都可以在环境信息披露中发挥重要的作用。目前，英美等一些国家的政府、国际组织、专业会计师协会、专业服务机构等都在关注着自己的环境信息披露。本着负责任的态度，加拿大、美国、日本、欧洲等一些国家和地区的企业编制自己的环境报告，并向公众公布，许多非赢利组织在这方面也发挥着积极作用。

430. 如何建立清洁生产评价指标体系？

答：随着我国清洁生产工作的深入开展，非常需要建立科学的清洁生产评价体系。这一评价体系将有助于评价企业开展清洁生产的状况，同时，也便于指导企业（组织）正确选择符合可持续发展要求的清洁生产技术。

考虑到清洁生产涉及面广、指标多，建议在选取评价指标时遵循如下原则：

（1）从产品生命周期全过程考虑

生命周期分析方法是清洁生产指标选取的一个最重要原则，它是从一个产品的整个寿命周期全过程地考察其对环境的影响，如从原材料的采掘，到产品的生产过程，再到产品销售，直至产品报废后的处置。“生命周期评价是对一个产品系统的生命周期中输入、输出及其潜在环境影响的汇总和评价”。

（2）体现污染预防思想

清洁生产指标的范围不需要涵盖所有的环境、社会、经济等指标，主要应反映出项目实施过程中所使用的资源量及产生的废物量，包括使用能源、水或其他资源的情况，通过对这些指标的评价，反映出项目的资源利用情况和节约的可能性，达到保护自然资源的目的。

（3）容易量化

清洁生产指标涉及面比较广，有些指标难以量化。为了使所确定的清洁生产指标既能够反映项目的主要情况，又简便易行，在设计时要充分考虑到指标体系的可操作性，因此，应尽量选择容易量化的指标项，这样，可以给清洁生产指标的评价提供有力的依据。

（4）数据易得

清洁生产指标体系是为评价一个活动是否符合清洁生产战略而制定的，是一套非常实用的体系，所以在设计时，既要考虑到指标体系构架的整体性，又要考虑到体系在使用时，容易获得较全面的数据支持。

根据上述原则，清洁生产评价指标应能覆盖原材料、生产过程和产品的各个主要环节，尤其对生产过程，既要考虑对资源的使用，又要考虑污染物的产生。这里给出了一个按照四大类（即原材料指标、产品指标、资源指标和污染物产生指标）建立指标的例子：

（1）原材料指标

原材料指标应能体现原材料的获取、加工、使用等各方面对环境的综合影响，因而可从毒性、生态影响、可再生性、能源强度以及可回收利用性这五个方面建立指标。

①毒性。原材料所含毒性成分对环境造成的影响程度。

②生态影响。原料取得过程中的生态影响程度。例如，露天采矿就比矿井采矿的生态影响大。

③可再生性。原材料可再生或可能再生的程度。例如，矿物燃料的可再生性就很差，而麦草浆的原料麦草的可再生性就较好。

④能源强度。原材料在采掘和生产过程中消耗能源的程度。例如，铝的能源强度就比铁高，因为铝的炼制过程需要消耗更多的能源。

⑤可回收利用性。原材料的可回收利用程度。例如，金属材料的可回收利用性比较好，而许多有机原料（例如酿酒的大米）则几乎不能回收利用。

（2）产品指标

对产品的要求是清洁生产的一项重要内容，因为产品的销售、使用过程以及报废后的处理处置均会对环境产生影响，有些影响是长期的，甚至是难以恢复的。此外，应考虑产品的寿命优化，因为这也影响到产品的利用效率。

①销售。产品的销售过程中，即从工厂运送到零售商和用户过程中对环境可能造成的影响程度。

②使用。产品在使用期内可能对环境造成的影响程度。

③寿命优化。在多数情况下产品的寿命是越长越好，因为可以减少对生产该种产品物料的需求。但有时并不尽然，例如，某一高耗能产品的寿命越长则总能耗越大，随着技术进步有可能产生同样功能的低耗能产品，而这种节能产生的环境效益有时会超过节省物料的环境效益，在这种情况下，产品的寿命越长对环境的危害越大。寿命优化就是要使产品的技术寿

命（指产品的功能保持良好的时间）、美学寿命（指产品对用户具有吸引力的时间）和初设寿命处于优化状态。

④报废。产品报废后对环境的影响程度。

（3）资源指标

在正常的操作情况下，生产单位产品对资源的消耗程度可以部分地反映一个企业的技术工艺和管理水平，即反映生产过程的状况。从清洁生产的角度看，资源指标的高低同时也反映企业的生产过程在宏观上对生态系统的影响程度，因为在同等条件下，资源消耗量越高，则对环境的影响越大。资源指标可以由单位产品的新鲜水耗量、单位产品的能耗和单位产品的物耗来表达。

①单位产品新鲜水耗量。在正常的操作下，生产单位产品整个工艺使用的新鲜水（不包括回用水）。

②单位产品的能耗。在正常的操作下，生产单位产品的电耗、油耗和煤耗等。

③单位产品的物耗。在正常的操作下，生产单位产品消耗的构成产品的主要原料和对产品起决定性作用的辅料量。

（4）污染物产生指标

除资源（消耗）指标外，另一类能反映生产过程状况的指标便是污染物产生指标，污染物产生指标较高，说明工艺相应的比较落后或管理水平较低。通常情况下，污染物产生指标分三类，即废水产生指标、废气产生指标和固体废物产生指标。

①废水产生指标。废水产生指标首先要考虑的是单位产品的废水产生量，因为该项指标最能反映废水产生的总体情况。但是，许多情况下单纯的废水量并不能完全代表产污状况，因为废水中所含的污染物量的差异也是生产过程状况的一种直接反映。因而对废水产生指标又可细分为两类，即单位产品废水产生量指标和单位产品主要水污染物产生量指标。

②废气产生指标。废气产生指标和废水产生指标类似，也可细分为单位产品废气产生量指标和单位产品主要大气污染物产生量指标。

③固体废物产生指标。对于固体废物产生指标，可简单地定义为“单位产品主要固体废物产生量”。

431. 清洁生产表彰奖励有哪些内容，将起什么样的作用？

答：《清洁生产促进法》第三十二条提出：“国家建立清洁生产表彰奖励制度。对在清洁生产工作中做出显著成绩的单位和个人，由人民政府给予表彰和奖励”。表彰可以通过发给证书，或在媒体上公布的形式进行，奖励可以以物质的方式进行。通过表彰和奖励，可以从精神和物质上推动企业、个人开展清洁生产活动。

《清洁生产促进法》于2003年1月1日正式施行，奖励制度还有待于建立。在具体的奖励设定以及执行中，应制定必要的程序性要求，保证奖励的公正性和权威性。要有一定的授奖规模，以便产生激励和示范作用。要制定一套规范性的评奖条件，只有达到一定条件的企业或个人才能获得参与评奖的资格。因此，在清洁生产方面做了多大贡献，产生了什么样的影响，或清洁产品替代了多少污染型、高能耗的产品等，需要给出具体的指标。而评奖过程可采取部门推荐、个人申请、专家评议、授奖部门核准等方式进行。

432. 中小企业实施清洁生产如何获得国家的特别扶持?

答:《中华人民共和国中小企业促进法》第二条规定:“中小企业是指在中华人民共和国境内依法设立的有利于满足社会需要，增加就业，符合国家产业政策，生产经营规模属于中小型的各种所有制和各种形式的企业”。

中小企业实施清洁生产要获得国家的特别扶持，可从如下几个方面考虑：

（1）企业本身是否符合“中小企业发展产业指导目录”的内容。若符合，可以向“中小企业发展专项资金”申请支持。

（2）项目是否具有“自主知识产权、高技术、高附加值，能大量吸纳就业，节能降耗，有利于环保和出口的项目”。该类项目可以向“国家技术创新基金”申请支持。

（3）企业的产品是否符合国家经贸委和国家税务总局联合发布的第一批和第二批《当前国家鼓励发展的环保产业设备（产品）目录》的要求。根据具体情况，可以获得相关的鼓励和扶持政策支持，如抵免企业所得税、加快设备折旧、贴息支持或补助等。

（4）对利用废水、废气、废渣等废弃物作为原料进行生产的中小企业，自投产之日起，5年内可以申请减征或免征所得税。对以煤矸石、粉煤灰和其他废渣为原料生产建材产品的中小企业，以及利用废液、废渣提炼黄金、白银等的中小企业，可以申请减免所得税。从事废旧物资回收的中小企业，可以申请减免所得税。

433. 哪些环保产品可以享受国家减免税优惠?

答: 国家经贸委和国家税务总局联合发布公告，公布了第一批（2000年）和第二批（2002年）《当前国家鼓励发展的环保产业设备（产品）目录》。“目录”旨在加快环保产业产品结构调整，提高环保产业技术水平，促进我国环保产业健康发展。

目录公布的环保产业设备（产品），包括水污染治理设备、空气污染治理设备、固体废弃物处理设备、噪声控制设备、环保监测设备、节能与可再生能源利用设备、资源综合利用与清洁生产设备、环保材料与药剂等八类。这些设备（产品）均符合当前和今后一个时期环保产业市场需求，有比较广阔的发展前景。同时，也具有较高的技术含量，有利于企业的设备更新和技术改造，能促进环保产业的结构优化和升级，提高企业经济效益。相关的鼓励和扶持政策主要包括：

（1）企业技术改造项目凡使用目录中的国产设备，按照财政部、国家税务总局《关于印发（技术改造国产设备投资抵免企业所得税暂行办法）的通知》（财税字[1999]290号）的规定，享受投资抵免企业所得税的优惠政策。

（2）对企业使用目录中的国产设备实行折旧政策。企业使用目录中的国产设备，经企业提出申请，报主管税务机关批准后，可实行加速折旧办法。

（3）对专门生产目录内设备（产品）的企业（分厂、车间），在符合独立核算、能独立计算盈亏的条件下，其年净收入在30万元（含30万元）以下的，暂免征收企业所得税。

（4）为引导环保产业发展方向，国家经贸委将在技术创新和技术改造项目中，重点鼓励开发、研制、生产和使用列入目录的设备（产品）；对符合条件的国家重点项目，将给予贴息支持或适当补助。

（5）使用财政性资金进行的建设项目或政府采购，应优先选用符合要求的目录中的设备（产品）。

434. 如何对违反《清洁生产促进法》的行为进行处罚？

答：法律责任是《清洁生产促进法》不可缺少的组成部分。该法的法律责任包括四种类型：未标注产品材料的成分或不如实标注的；不履行产品或包装回收义务的；不实施清洁生产审核或者虽经审核但不如实报告审核结果的；不公布或者未按规定要求公布污染物情况的。凡违反上述法律规定行为之一的，由县级以上人民政府行政主管部门或其他依法行使监督管理权的部门，按照本法法律责任的规定及不同情节进行处罚。具体作法如下：

《清洁生产促进法》第二十一条规定："生产大型机电设备，机动运输工具以及国务院经济贸易行政主管部门制定的其他产品的企业，应当按照国务院标准化行政主管部门或其授权机构制定的技术规范，在产品的主体结构上注明材料成分的标准牌号"。违反该条规定，未标明产品的材料成分，或者不如实标注的，按本法三十七条规定，由县以上地方人民政府质量技术监督行政主管部门责令限期改正，拒不改正的，处以五万元以下罚款。

《清洁生产促进法》第二十八条第三款规定："使用有毒，有害材料进行生产或者在生产中排放有毒、有害物质的企业，应定期实施清洁生产审核，并将清洁生产审核结果报告所在的县级以上人民政府环境保护主管部门和经济贸易行政主管部门"。违反该款规定，不实施清洁生产审核或者虽经清洁生产审核但不如实报告审核结果的，依照该法第四十条规定，由县级以上人民政府环境保护行政主管部门责令限期改正；拒不改正的，处以十万元以下罚款。

《清洁生产促进法》第二十七条规定："生产、销售被列入强制回收目录的产品和包装物的企业，应当在产品报废和包装物使用后对该产品和包装物进行回收”。违反该条规定，不履行产品或包装物回收义务的，依照该法第三十九条规定，由县级以上地方人民政府经济贸易行政主管部门责令限期改正；拒不改正的，处十万元以下的罚款。

《清洁生产促进法》第三十一条规定：“列入污染严重企业名单的企业，应当按照国务院环境保护行政主管部门的规定公布重要污染物排放的情况，接受公众监督”。违反该条规定的，依照该法第四十一条的规定，由县级以上地方人民政府环境保护主管部门公布，可以并处十万元以下罚款。

435.《清洁生产促进法》与《环境保护法》的关系如何?

答：清洁生产促进法与环境保护法紧密相关，两者为了共同的目标，按照各自的职能，运用不同的手段，互为补充，从不同的角度推动，实现经济与环境协调发展，经济效益与环境效益相统一。

1979年我国颁布了《环境保护法》(试行)，1989年经修订后正式实施，该法所称环境是指影响人类生存和发展的各种天然和经过人工改造的自然因素的总体，包括大气、水、海洋、矿藏、草原、野生生物等。法中涵盖了保护和改善环境、污染防治、环境监督管理等内容。该法有些内容与《清洁生产促进法》有密切的关系，如：国家制定的环境保护规划，必须纳入国民经济和社会发展计划。国家采取有利于环境保护的经济、技术政策和措施，使环境保护工作同经济建设和社会发展相协调(第四条)；国务院环境保护行政主管部门根据国家环境质量标准和国家经济技术条件，制定国家污染物排放标准。省、自治区、直辖市人民政府对国家污染物排放标准中已作规定的项目，可以制定严于国家污染物排放标准的地方污染物排放标准(第十条)；建设污染环境的项目，必须遵守国家有关建设项目环境保护管理规定。建设项目的环境影响报告书，必须对建设项目产生污染和对环境的影响做出评价，规定防治措施，经项目主管部门预审并依照规定的程序报环境保护行政主管部门批准(第十三条)；新建工业企业和现有工业企业的技术改造，应当采用资源利用效率高，污染物排放量少的工艺和采用经济合理的废物综合利用技术和污染处理技术(第二十五条)。

《环境保护法》的颁布实施，对我国专项环境保护法(包括大气、水、固体废物、噪声等方面的法律)和环境管理体系的建立提供了重要法律依据，同时对控制环境污染和改善环境发挥了重要作用。

但是，由于认识上的局限性，受传统环境保护思想的影响，在保护环境的指导思想、污染控制模式、环境管理等方面还存在着许多问题，具体表现在：

在指导思想方面，较多注重控制污染，忽视了资源有效利用、环境效益与经济效益相统一的原则；

在污染控制模式方面，侧重于末端治理，追求污染源的达标排放，忽视源头削减、过程控制与“节能、降耗、减污增效”相结合，致使治标与治本相脱离，出现治不胜治的局面；

在环境监督管理方面，强调行政命令式环境管理，忽视行政命令与市场手段的结合。

《清洁生产促进法》针对上述问题，提出了一些新的措施，例如，该法第十八条在“环境影响评价”管理制度方面提出：对原材料使用、资源消耗、资源综合利用以及污染物产生与处置等进行分析论证，优先采用资源利用率高以及污染产生量少的清洁工艺、清洁设备和清洁技术。第二十八条规定，对污染物排放超过污染物浓度或总量控制指标的企业，要进行清洁生产审核，查找产生污染的原因，这体现了环境管理思想的深化。

《清洁生产促进法》的贯彻实施，将对环境保护的传统控制模式、环境监督管理等产生重要的积极影响。

436.《清洁生产促进法》与《水污染防治法》的关系如何?

答：我国水污染的主要特征是：工业结构不合理，原材料选择不当，生产工艺设备技术落后，单位产品水耗高，从而导致废水排放量大、污染物成分复杂等问题。

1996年，为了更有效地保护水环境和节约水资源，对《水污染防治法》进行了修订，新的条款如：“企业应当采用原材料利用率高，污染物产生量少的清洁生产工艺，并加强管理，减少污染物的产生量”（第二十二条）；“国家对严重污染水环境的落后设备实行淘汰制度”（第二十二条二款），国务院经济综合部门会同国务院有关部门公布限期禁止采用的严重污染水环境的工艺名录和限期禁止生产、禁止销售、禁止进口、禁止使用的严重污染水环境的设备名录（第二十二条三款）。

《清洁生产促进法》更加强调了源头削减和全过程控制，除重申国家对浪费资源和严重污染环境的落后生产技术、工艺、设备和产品实行限期淘汰外，还增加了授权国务院经济贸易主管部门会同国务院有关行政主管部门定期发布清洁生产技术、工艺、设备和产品导向目录的条款，并要求国务院和省、自治区、直辖市人民政府的经济贸易行政主管部门和环境保护及有关行政主管部门组织编制有关行业或者地区的清洁生产指南和技术手册，指导实施清洁生产。为了加大对违反环境保护法律的企业的监督力度，《清洁生产促进法》增加了对污染物超标排放或者污染物排放总量未达到规定要求的污染企业，授权省、自治区、直辖市人民政府环境保护行政主管部门，可通过当地新闻媒体定期公布上述企业名单，为公众监督企业实施清洁生产提供依据，这将增强企业的清洁生产意识和环境保护意识，提高控制污染的积极性和主动性。

《清洁生产促进法》与《水污染防治法》相互配合，将对有效地引导和促进水污染防治产生积极影响。

437.《清洁生产促进法》与《大气污染防治法》的关系如何?

答: 我国大气污染很大程度是由于能源结构不合理造成的。我国是以煤为主要能源的国家, 煤炭在一次能源消耗中的比重为73%, 煤炭开采、洗选加工水平低, 燃烧工艺、技术和装备落后。这些不仅造成严重的大气污染, 而且严重浪费能源。为了保护大气环境和节约能源资源, 在总结防治大气污染工作的经验的基础上, 对原《大气污染防治法》进行了两次修订, 现行的《大气污染防治法》是2000年修订实施的。

《大气污染防治法》第九条规定: “企业应当优先采用能源利用率高, 污染物排放量少的清洁生产工艺, 减少大气污染的产生, 国家对严重污染大气环境的落后生产工艺和严重污染大气环境的落后设备实行淘汰制度”; 第二十七条规定: “国家推行煤炭洗选加工, 降低煤炭的硫分和灰分, 限制高硫分、高灰分煤炭的开采, 提高商品煤质量”。“新建的所采煤炭属高硫分、高灰分的煤矿, 必须建设配套洗选设施, 使煤炭中的含硫分、含灰分达到规定的标准。对已建成的所采煤炭属于高硫分、高灰分的煤矿应当按照国务院批准的规划, 限期建成配套的煤炭洗选设施”; 第五条规定 “国务院有关部门和地方各级人民政府应当采取措施, 改进城市能源结构, 推广清洁能源的生产和使用。大气污染防治重点城市人民政府可以在本辖区内禁止销售、使用高污染燃料; 该区内单位和个人应当在当地人民政府规定的期限内停止燃用高污染燃料, 改用天然气、液化石油气、电能或其他清洁能源”; 第二十六条规定 “国家采取有利于煤炭清洁利用的经济、技术政策和措施, 鼓励和支持使用低硫分、低灰分的优质煤炭, 鼓励和支持洁净煤技术的开发和推广”; 第二十八条规定 “城市建设应当统筹规划, 在燃煤供热地区, 统一解决热源, 发展集中供热。在集中供热管网覆盖地区, 不得新建燃煤供热锅炉”。

从环境与能源相协调的角度看, 修订后的《大气污染防治法》为实施《清洁生产促进法》奠定了良好的基础。同时《清洁生产促进法》强调了回收生产工艺过程中产生的可燃气体和余热利用等问题, “两法” 相互补充和支持, 共同为改善我国大气环境质量发挥作用。

438.《清洁生产促进法》与《固体废物污染防治法》的关系如何?

答: 在经济和生活活动中, 由于对投入的资源未能物尽其用, 产生了包括固体废物在内的废弃物, 它不仅浪费了宝贵的资源, 而且长年存放, 占用土地, 产生二次污染, 破坏生态环境。为了保护环境和节约资源, 我国曾制定了有关固体废物的政策、法律和法规。

1995年, 我国颁布了《固体废物污染防治法》。本法涵盖了相当广泛的内容, 如: “国家对固体废物污染的防治, 实行减少固体废物的产生, 充分合理利用固体废物和无害化处置固体废物的原则”(第三条); “国家鼓励、支持开展清洁生产, 减少固体废物的产生量”(第四条）；“国家鼓励、支持综合利用资源，对固体废物实行充分回收和合理利用，并采取有利于固体废物综合利用的活动的经济、技术政策和措施”（第四条第二款）；“产品应当采用易回收利用、易处置或者在环境中易消纳的包装物”（第十七条）；“产品生产者、销售者和使用者应当按照国家有关规定对可以回收利用的产品包装物和容器等回收利用”（第十七条第二款）；“对造成固体废物严重污染环境的企业事业单位，限期治理，被限期治理的企业事业单位必须按期完成治理任务”（第二十一条）；“企业事业单位应当合理选择和利用原材料、能源和其他资源，采用先进的生产工艺和设备，减少工业固体废物产生量”（第三十条）。

尽管该法在一定程度上反映了清洁生产的要求，但是由于受传统控制污染模式的影响，该法还是侧重于对产生的固体废物进行处理和处置，而对于在源头、生产过程中减少固体废物产生量强调得不够。

《清洁生产促进法》总结了当前固体废物污染防治的经验教训，提出了一些新的思想和方法，具体表现在：

《清洁生产促进法》第九条要求“县以上地方人民政府应当合理规划本行政区域的经济布局，调整产业结构，发展循环经济，促进企业在资源和废物综合利用等领域进行合作，实现资源的高效利用和循环使用”；该法第十六条要求“各级人民政府应当优先采购节能、节水、废物再生利用等有利于环境与资源保护的产品”；该法第十六条第二款要求“各级人民政府应当通过宣传、教育等措施，鼓励公众购买和使用节能、节水、废物再生利用等有利于环境与资源保护的产品”。为了鼓励和促进固体废物综合利用，该法第十三条规定：“对利用废物生产产品和从废物中回收原料的，税务机关按照有关规定，减征或者免征增值税”。为了明确违法者承担的法律责任，该法第三十八条规定“违反本法第二十七条规定，不履行产品或者包装物回收义务的，县级以上地方人民政府经济贸易行政主管部门责令限期改正，拒不改正的，处以十万元以下的罚款”等。

《清洁生产促进法》与《固体废物污染防治法》相互配合，对有效地引导和促进固体废物污染防治将产生积极的影响。

439.《清洁生产促进法》与污染物排放总量控制的关系如何？

答：污染物排放总量控制，通常是指根据一个地区的环境特点和自净能力，依据环境质量标准，控制污染物的排放总量，把污染负荷总量控制在环境承载能力范围之内。长期以来，我国环境管理主要采取的是污染物排放浓度控制，有的企业为了单纯追求废水或废气浓度达标排放，采取用水稀释废水或高烟囱排放废气（包括可燃气体），以实现浓度达标排放。随着经济的快速发展和环境污染的加剧，尤其是在一些人口、工业、水资源和能源消耗集中的地区，即使污染源实现浓度达标排放，也难以遏止环境质量继续恶化的趋势。为了有效控制环境污染，改善环境质量，节约水资源和能源，国家把控制污染物浓度标准与污染物排放总量指标结合起来，进行环境管理。近年来，国家颁布的一些环境保护法律、法规中都强调了污染物排放总量控制的制度。

1996 年颁布的《国务院关于环境保护的若干意见》中提出了要实施污染物总量控制；1995 年我国颁布的《水污染防治法》（修正）第六条规定，省级以上人民政府对水污染物排放仍不能达到国家规定的水环境质量标准的，可实施重点污染物排放的总量控制制度，并对有排放削减任务的企业实施重点污染物排放量的核定制度。2000 年我国颁布的《大气污染防治法》（修正）第三条规定，国家采取措施，有计划地控制或者逐步削减各地方主要污染物的排放量。

以上环境法律、法规的实施，对促进企业加强生产管理，进一步搞好水的清污分流、净化水的循环利用、废水串级使用及回收利用放散的可燃气体（如钢铁企业高炉煤气、转炉煤气等），保护环境，节约水资源和能源，减轻末端污染负荷压力，节约生产成本可以起到积极的作用。

《清洁生产促进法》则在某些方面提出了进一步的措施，如该法强调了源头削减和全过程控制的原则，要求“企业在进行技术改造中，应当采取以下清洁生产措施”：“采用无毒、无害或者低毒、低害的原料，替代毒性大、危害严重的原料”（第十九条第一款），“采用资源利用率高、污染物产生量少的工艺设备，替代资源利用率低、污染物产生量多的工艺和设备”（第十九条第二款），“对生产过程中的废物、废水和余热等进行综合利用或者循环使用”（第十九条第三款），“采用能够达到国家或地方规定的污染物排放标准和总量控制指标的污染防治技术”（第十九条第四款）。该法第二十八条第二款中还规定“污染物排放超过国家或地方规定的排放标准或者超过经过有关地方人民政府核定的污染物排放总量指标的企业，应当实施清洁生产审核”；为了加大对企业实施污染物排放总量控制的监督力度，该法规定，“省、自治区、直辖市人民政府环境保护行政主管部门，应加强对清洁生产实施的监督，可以按照清洁生产的需要，根据企业污染物排放的情况，在当地主要媒体上定期公布污染物超标排放或者污染物排放总量未达到规定要求的污染企业的名单，为公众监督企业实施清洁生产提供依据”（第十七条）。

《清洁生产促进法》不仅重申了污染物排放总量控制的重要性，而且强调了控制污染物排放的途径，同时增加了新闻媒体和社会公众对污染物排放总量指标超标企业监督的规定。因此，《清洁生产促进法》的实施，对污染物排放总量控制将起到重要的推动作用。

440. 什么是循环经济?

答:《清洁生产促进法》第九条提出，县级以上地方人民政府应当合理规划本行政区域的经济布局，调整产业结构，发展循环经济，促进企业在资源和废物综合利用等领域进行合作，实现资源的高效利用和循环使用。

循环经济的概念于20世纪90年代后期在工业化国家出现，它是相对于传统经济发展模式而言的，代表了新的发展模式和发展趋势。什么是循环经济，迄今并没有一个公认的定义。其基本含义是指：在物质的循环再生利用基础上发展经济。用一句通俗的话说，循环经济是一种建立在资源回收和循环再利用基础上的经济发展模式。按照自然生态系统中物质循环共生的原理来设计生产体系，将一个企业的废物或副产品，用作另一个企业的原料，通过废弃物交换和使用将不同企业联系在一起，形成"自然资源→产品→资源再生利用"的物质循环过程，使生产和消费过程中投入的自然资源最少，将人类生产和生活活动对环境的危害或破坏降低到最小程度。

循环经济是对物质闭环流动型经济的简称，是以物质、能量梯次使用为特征的，在环境方面表现为低排放，甚至零排放。循环经济要求以"减量化、再使用、再循环"为经济活动的行为准则，有人将之称为3R原则。其中：

减少原则（Reduce）。要求用较少的原料和能源投入，达到既定的生产或消费目的，在经济活动的源头就注意节约资源和减少污染物排放。在生产中，减量化原则常常表现为要求产品体积小型化和产品重量轻型化，既小巧玲珑又经久耐用。此外，要求产品包装追求简单朴实而不是豪华浪费，既要充分又不过度，从而达到减少废弃物排放的目的。

再用原则（Reuse）。要求产品和包装容器能够以初始的形式被多次重复使用，而不是用过一次就废弃，以抵制当今世界一次性用品的泛滥。在产品设计开始，就研究零件的可拆性和重复利用性，从而实现零件的再使用。

循环原则（Recycle）。要求生产出来的物品在完成其使用功能后，能重新变成可以利用的资源而不是无用的垃圾。因此，一些国家要求在大型机械设备上标明原料成分，以便找到循环利用的途径或新的用途，《清洁生产促进法》亦有同样的规定。

循环经济的发展，从企业的角度看有两种形式，一是企业内部，二是企业之间。循环经济的发展不仅得到了有关国家政府部门的推动，也得到了企业，特别是跨国公司的积极响应。例如，从20世纪80年代末起，杜邦化学公司为了少排放废弃物，以减少、再用和循环为原则组织企业内部的物料循环，创造性地形成了化学工业的"3R制造法"。他们采取不用某些有害环境的化学物质、减少化学物质的使用量以及回收产品等途径，节省了大量的开支，降低了废物的处理成本。

在实现循环经济的技术路线中，生态效率是一个重要的概念。生态效率是世界可持续发展工商理事会（WBCSD）在1992年向联合国环发大会提交的报告《改变航向：一个关于发展与环境的全球商业观点》中提出来的。WBCSD将生态效率定义为："提供有价格竞争优势的、满足人类需求并保证生活质量的产品或服务，同时逐步降低对生态的影响和资源消耗强度，使之与地球的承载能力相一致”。生态效率有两层含义：其一，在资源投入不增加甚至减少条件下实现经济增长；其二，在经济产出不变甚至增加的条件下，向环境排放的废弃物大大减少。

441. 什么叫循环经济?

答：循环经济，是指在生产、流通和消费等过程中进行的减量化、再利用、资源化活动的总称，也是资源节约和循环利用活动的总称。所谓减量化，是指在生产、流通和消费等过程中减少资源消耗和废物产生。所谓再利用，是指将废物直接作为产品或者经修复、翻新、再制造后继续作为产品使用，或者将废物的全部或者部分作为其他产品的部件予以使用。所谓资源化，是指将废物直接作为原料进行利用或者对废物进行再生利用。

442. 发展循环经济应当遵循什么方针和原则?

答：发展循环经济是国家经济社会发展的一项重大战略，应当遵循统筹规划、合理布局，因地制宜、注重实效，政府推动、市场引导，企业实施、公众参与的方针。

发展循环经济应当在技术可行、经济合理和有利于节约资源、保护环境的前提下，按照减量化优先的原则实施。在废物再利用和资源化过程中，应当保障生产安全，保证产品质量符合国家规定的标准，并防止产生再次污染。

443. 对建立循环经济规划制度是怎样规定的?

答：循环经济规划是国家对循环经济发展目标、重点任务和保障措施等进行的安排和部署。循环经济促进法规定，国务院循环经济发展综合管理部门会同国务院环境保护等有关主管部门编制全国循环经济发展规划，报国务院批准后公布施行。设区的市级以上地方人民政府循环经济发展综合管理部门会同本级人民政府环境保护等有关主管部门编制本行政区域循环经济发展规划，报本级人民政府批准后公布施行。循环经济发展规划应当包括规划目标、适用范围、主要内容、重点任务和保障措施等，并规定资源产出率、废物再利用和资源化率等指标。

444. 对建立抑制资源浪费和污染物排放的总量调控是怎样规定的?

答：循环经济促进法规定，县级以上地方人民政府应当依据上级人民政府下达的本行政区域主要污染物排放、建设用地和用水总量控制指标，规划和调整本行政区域的产业结构，促进循环经济发展。新建、改建、扩建建设项目，必须符合本行政区域主要污染物排放、建设用地和用水总量控制指标的要求。

445. 国家对哪些高耗能、高耗水企业强化监督管理?

答：循环经济促进法规定，国家对钢铁、有色金属、煤炭、电力、石油加工、化工、建材、建筑、造纸、印染等行业年综合能源消费量、用水量超过国家规定总量的重点企业，实行能耗、水耗的重点监督管理制度。

446. 对建立以生产者为主的责任延伸制度是怎样规定的?

答：在传统的法律领域，产品的生产者只对产品本身的质量承担责任，而现代社会发展要求生产者还应依法承担产品废弃后的回收、利用、处置等责任。为此，循环经济促进法规定：（1）生产列入强制回收名录的产品或者包装物的企业，必须对废弃的产品或者包装物负责回收；对其中可以利用的，由各该生产企业负责利用；对因不具备技术经济条件而不适合利用的，由各该生产企业负责无害化处置。（2）对规定的废弃产品或者包装物，生产者委托销售者或者其他组织进行回收的，或者委托废物利用或者处置企业进行利用或者处置的，受托方应当依照有关法律、行政法规的规定和合同的约定负责回收或者利用、处置。（3）对列入强制回收名录的产品和包装物，消费者应当将废弃的产品或者包装物交给生产者或者其委托回收的销售者或者其他组织。

447. 循环经济促进法在强化产业政策的规范和引导方面作了哪些规定?

答：产业政策是政府规范和引导产业发展的重要依据。循环经济促进法规定，国务院循环经济发展综合管理部门会同国务院环境保护等有关主管部门，定期发布鼓励、限制和淘汰的技术、工艺、设备、材料和产品名录。禁止生产、进口、销售列入淘汰名录的设备、材料和产品，禁止使用列入淘汰名录的技术、工艺、设备和材料。

448. 工业企业在节水方面应当符合哪些规定?

答：（1）工业企业应当采用先进或者适用的节水技术、工艺和设备，制定并实施节水计划，加强节水管理，对生产用水进行全过程控制。（2）工业企业应当加强用水计量管理，配备和使用合格的用水计量器具，建立水耗统计和用水状况分析制度。（3）新建、改建、扩建建设项目，应当配套建设节水设施。节水设施应当与主体工程同时设计、同时施工、同时投产使用。（4）国家鼓励和支持沿海地区进行海水淡化和海水直接利用，节约淡水资源。

449. 在鼓励和支持企业使用高效节油产品方面有哪些规定?

答：国家鼓励和支持企业使用高效节油产品。电力、石油加工、化工、钢铁、有色金属和建材等企业，必须在国家规定的范围和期限内，以洁净煤、石油焦、天然气等清洁能源替代燃料油，停止使用不符合国家规定的燃油发电机组和燃油锅炉。

内燃机和机动车制造企业应当按照国家规定的内燃机和机动车燃油经济性标准，采用节油技术，减少石油产品消耗量。

450. 对开采矿产资源有哪些规定？

答：开采矿产资源，应当统筹规划，制定合理的开发利用方案，采用合理的开采顺序、方法和选矿工艺。采矿许可证颁发机关应当对申请人提交的开发利用方案中的开采回采率、采矿贫化率、选矿回收率、矿山水循环利用率和土地复垦率等指标依法进行审查；审查不合格的，不予颁发采矿许可证。采矿许可证颁发机关应当依法加强对开采矿产资源的监督管理。

矿山企业在开采主要矿种的同时，应当对具有工业价值的共生和伴生矿实行综合开采、合理利用；对必须同时采出而暂时不能利用的矿产以及含有有用组分的尾矿，应当采取保护措施，防止资源损失和生态破坏。

451. 循环经济促进法对建筑设计、建设、施工等单位有哪些规定？

答：建筑设计、建设、施工等单位应当按照国家有关规定和标准，对其设计、建设、施工的建筑物及构筑物采用节能、节水、节地、节材的技术工艺和小型、轻型、再生产品。有条件的地区，应当充分利用太阳能、地热能、风能等可再生能源。

国家鼓励利用无毒无害的固体废物生产建筑材料，鼓励使用散装水泥，推广使用预拌混凝土和预拌砂浆。

在国务院或者省、自治区、直辖市人民政府规定的期限和区域内，禁止生产、销售和使用粘土砖。

452. 循环经济促进法在推进土地集约利用方面有哪些规定？

答：县级以上人民政府及其农业等主管部门应当推进土地集约利用，鼓励和支持农业生产者采用节水、节肥、节药的先进种植、养殖和灌溉技术，推动农业机械节能，优先发展生态农业。

在缺水地区，应当调整种植结构，优先发展节水型农业，推进雨水集蓄利用，建设和管护节水灌溉设施，提高用水效率，减少水的蒸发和漏失。

453. 循环经济促进法对国家机关等组织的节能方面有哪些规定？

答：国家机关及使用财政性资金的其他组织应当厉行节约、杜绝浪费，带头使用节能、节水、节地、节材和有利于保护环境的产品、设备和设施，节约使用办公用品。国务院和县级以上地方人民政府管理机关事务工作的机构会同本级人民政府有关部门制定本级国家机关等机构的用能、用水定额指标，财政部门根据该定额指标制定支出标准。

城市人民政府和建筑物的所有者或者使用者，应当采取措施，加强建筑物维护管理，延长建筑物使用寿命。对符合城市规划和工程建设标准，在合理使用寿命内的建筑物，除为了公共利益的需要外，城市人民政府不得决定拆除。

454. 对餐饮、娱乐、宾馆等服务性企业的节能有哪些要求？

答：餐饮、娱乐、宾馆等服务性企业，应当采用节能、节水、节材和有利于保护环境的产品，减少使用或者不使用浪费资源、污染环境的产品。新建的餐饮、娱乐、宾馆等服务性企业，应当采用节能、节水、节材和有利于保护环境的技术、设备和设施。

455. 对使用再生水方面是怎样规定的？

答：循环经济促进法规定，国家鼓励和支持使用再生水。在有条件使用再生水的地区，限制或者禁止将自来水作为城市道路清扫、城市绿化和景观用水使用。

456. 对限制一次性消费品方面是怎样规定的？

答：循环经济促进法规定，国家在保障产品安全和卫生的前提下，限制一次性消费品的生产和销售。具体名录由国务院循环经济发展综合管理部门会同国务院财政、环境保护等有关主管部门制定。

457. 循环经济促进法对发展区域循环经济是怎样规定的？

答：循环经济促进法规定：（1）县级以上人民政府应当统筹规划区域经济布局，合理调整产业结构，促进企业在资源综合利用等领域进行合作，实现资源的高效利用和循环使用。（2）各类产业园区应当组织区内企业进行资源综合利用，促进循环经济发展。国家鼓励各类产业园区的企业进行废物交换利用、能量梯级利用、土地集约利用、水的分类利用和循环使用，共同使用基础设施和其他有关设施。（3）新建和改造各类产业园区应当依法进行环境影响评价，并采取生态保护和污染控制措施，确保本区域的环境质量达到规定的标准。

458. 循环经济促进法对工业固体废物综合利用是怎样规定的？

答：循环经济促进法规定，企业应当按照国家规定，对生产过程中产生的粉煤灰、煤矸石、尾矿、废石、废料、废气等工业废物进行综合利用。

459. 循环经济促进法对工业用水循环利用是怎样规定的?

答：循环经济促进法规定，企业应当发展串联用水系统和循环用水系统，提高水的重复利用率。企业应当采用先进技术、工艺和设备，对生产过程中产生的废水进行再生利用。

460. 循环经济促进法对工业余热余压等综合利用是怎样规定的?

答：循环经济促进法规定，企业应当采用先进或者适用的回收技术、工艺和设备，对生产过程中产生的余热、余压等进行综合利用。建设利用余热、余压、煤层气以及煤矸石、煤泥、垃圾等低热值燃料的并网发电项目，应当依照法律和国务院的规定取得行政许可或者报送备案。电网企业应当按照国家规定，与综合利用资源发电的企业签订并网协议，提供上网服务，并全额收购并网发电项目的上网电量。

461. 循环经济促进法对建筑废物综合利用是怎样规定的?

答：循环经济促进法规定，建设单位应当对工程施工中产生的建筑废物进行综合利用；不具备综合利用条件的，应当委托具备条件的生产经营者进行综合利用或者无害化处置。

462. 循环经济促进法对农业综合利用是怎样规定的?

答：循环经济促进法规定，国家鼓励和支持农业生产者和相关企业采用先进或者适用技术，对农作物秸秆、畜禽粪便、农产品加工业副产品、废农用薄膜等进行综合利用，开发利用沼气等生物质能源。

县级以上人民政府及其林业主管部门应当积极发展生态林业，鼓励和支持林业生产者和相关企业采用木材节约和代用技术，开展林业废弃物和次小薪材、沙生灌木等综合利用，提高木材综合利用率。

463. 循环经济促进法对产业废物交换是怎样规定的?

答：国家支持生产经营者建立产业废物交换信息系统，促进企业交流产业废物信息。

企业对生产过程中产生的废物不具备综合利用条件的，应当提供给具备条件的生产经营者进行综合利用。

464. 对鼓励和推进废物回收体系建设方面有哪些规定?

答：(1)地方人民政府应当按照城乡规划，合理布局废物回收网点和交易市场，支持废物回收企业和其他组织开展废物的收集、储存、运输及信息交流。废物回收交易市场应当符合国家环境保护、安全和消防等规定。(2)对废电器电子产品、报废机动车船、废轮胎、废铅酸电池等特定产品进行拆解或者再利用，应当符合有关法律、行政法规的规定。（3）回收的电器电子产品，经过修复后销售的，必须符合再利用产品标准，并在显著位置标识为再利用产品。回收的电器电子产品，需要拆解和再生利用的，应当交售给具备条件的拆解企业。（4）国家支持企业开展机动车零部件、工程机械、机床等产品的再制造和轮胎翻新。销售的再制造产品和翻新产品的质量必须符合国家规定的标准，并在显著位置标识为再制造产品或者翻新产品。

465. 对生活垃圾、污泥的资源化方面是怎样规定的？

答：循环经济促进法规定，县级以上人民政府应当统筹规划建设城乡生活垃圾分类收集和资源化利用设施，建立和完善分类收集和资源化利用体系，提高生活垃圾资源化率。

县级以上人民政府应当支持企业建设污泥资源化利用和处置设施，提高污泥综合利用水平，防止产生再次污染。

466. 国家对发展循环经济有哪些激励措施？

答：建立的激励机制包括：（1）建立循环经济发展专项资金。国务院和省、自治区、直辖市人民政府设立发展循环经济的有关专项资金，支持循环经济的科技研究开发、循环经济技术和产品的示范与推广、重大循环经济项目的实施、发展循环经济的信息服务等；（2）对循环经济重大科技攻关项目实行财政支持。国务院和省、自治区、直辖市人民政府及其有关部门应当将循环经济重大科技攻关项目的自主创新研究、应用示范和产业化发展列入国家或者省级科技发展规划和高技术产业发展规划，并安排财政性资金予以支持；（3）对促进循环经济发展的产业活动给予税收优惠。国家对促进循环经济发展的产业活动给予税收优惠，并运用税收等措施鼓励进口先进的节能、节水、节材等技术、设备和产品。企业使用或者生产列入国家清洁生产、资源综合利用等鼓励名录的技术、工艺、设备或者产品的，按照国家有关规定享受税收优惠；（4）对有关循环经济项目实行投资倾斜。县级以上人民政府循环经济发展综合管理部门在制定和实施投资计划时，应当将节能、节水、节地、节材、资源综合利用等项目列为重点投资领域。对符合国家产业政策的节能、节水、节地、节材、资源综合利用等项目，金融机构应当给予优先贷款等信贷支持，并积极提供配套金融服务；（5）实行有利于循环经济发展的价格政策、收费制度和有利于循环经济发展的政府采购政策。国家实行有利于资源节约和合理利用的价格政策，引导单位和个人节约和合理使用水、电、气等资源性产品。对利用余热、余压、煤层气以及煤矸石、煤泥、垃圾等低热值燃料的并网发电项目，价格主管部门按照有利于资源综合利用的原则确定其上网电价。省、自治区、直辖市人民政府可以根据本行政区域经济社会发展状况，实行垃圾排放收费制度。收取的费用专项用于垃圾分类、收集、运输、贮存、利用和处置，不得挪作他用。国家实行有利于循环经济发展的政府采购政策。使用财政性资金进行采购的，应当优先采购节能、节水、节材和有利于保护环境的产品及再生产品。（6）对在循环经济管理、科学技术研究、产品开发、示范和推广工作中做出显著成绩的单位和个人给予表彰和奖励。企业事业单位应当对在循环经济发展中做出突出贡献的集体和个人给予表彰和奖励。

467.《循环经济促进法》的主要制度内容是什么?

答: 主要制度内容包括: 建立循环经济规划制度; 建立抑制资源浪费和污染物排放的总量调控制度; 建立以生产者为主的责任延伸制度; 强化对高耗能、高耗水企业的监督管理; 强化产业政策的规范和引导; 明确关于减量化的具体要求; 规定再利用和资源化的具体要求; 建立激励机制; 建立法律责任追究制度。

468.《循环经济促进法》规定国家对哪些行业实行能耗、水耗的重点监督管理制度?

答:《循环经济促进法》第二章第十六条规定: 国家对钢铁、有色金属、煤炭、电力、石油加工、化工、建材、建筑、造纸、印染等行业年综合能源消费量、用水量超过国家规定总量的重点企业，实行能耗、水耗的重点监督管理制度。

469. 什么是海洋环境保护?《中华人民共和国海洋环境保护法》的影响?

答: 是全国环境保护工作的一部分，是针对我国内水、领海、毗连区、专属经济区、大陆架以及我国管辖的其他海域的环境保护工作。凡造成我国管辖海域的污染的，都是海洋环境保护的工作对象。

发布于1982年的《海洋环境保护法》，经1999年修订后，从2000年4月开始实施。新法在海洋环境的监督管理，海洋环境的调查、监测、监视、评价和科学研究，防治海洋污染工程建设项目和遏制海洋倾倒废弃物对海洋污染损害等方面作了具体的规定。“渤海碧海行动计划”是近年来清洁海洋的举措之一，该计划对海上油（气）田、船舶的废弃物排放入海和废弃物海洋倾倒等海洋排污行为作出若干限制性的规定。目前，全国已建成各类海洋自然保护区80余个，其中国家级海洋自然保护区24个。这些海洋自然保护区保护了具有较高科研、教学、自然历史价值的海岸、河口、岛屿等海洋生境，保护了中华白海豚等珍稀濒危海洋动物及其栖息地，也保护了红树林、珊瑚礁、滨海湿地等典型海洋生态系统。

470. 什么是能源？节约能源的具体含义是什么？

答：能源是自然界中可为人类提供能量的各种物质资源，包括煤炭、石油、天然生物质能和电力、热力以及其他直接或者通过加工、转换而取得有用能的各种资源。自然界中能源的种类很多，有些尚未被人类开发利用，如火山能、地震能、雷能等。《节约能源法》所称的能源是指已被开发利用、可以为人类提供有用能的各种资源。

471. 生产、进口、销售不符合强制性能源效率标准的用能产品、设备的，应承担什么法律责任？

答：《中华人民共和国节约能源法》第七十条生产、进口、销售不符合强制性能源效率标准的用能产品、设备的，由产品质量监督部门责令停止生产、进口、销售，没收违法生产、进口、销售的用能产品、设备和违法所得，并处违法所得一倍以上五倍以下罚款；情节严重的，由工商行政管理部门吊销营业执照。

472. 应当标注能源效率标识而未标注的，应承担什么法律责任？

答：《中华人民共和国节约能源法》第七十三条规定违反本法规定，应当标注能源效率标识而未标注的，由产品质量监督部门责令改正，处三万元以上五万元以下罚款。

违反本法规定，未办理能源效率标识备案，或者使用的能源效率标识不符合规定的，由产品质量监督部门责令限期改正；逾期不改正的，处一万元以上三万元以下罚款。

伪造、冒用能源效率标识或者利用能源效率标识进行虚假宣传的，由产品质量监督部门责令改正，处五万元以上十万元以下罚款；情节严重的，由工商行政管理部门吊销营业执照。

473. 未办理能源效率标识备案，或者使用的能源效率标识不符合规定的，应承担什么法律责任？

答：承担法律责任的主体是应当依法备案和使用能源效率标识的生产商和进口商。如果生产者、进口商没有对其生产或进口的列入国家能源效率标识管理产品目录的用能产品，按照有关规定向经国务院产品质量监督部门和国务院管理节能工作的部门共同授权的机构办理能源效率标识备案，或者使用的能源效率标识不符合国务院管理节能工作的部门会同国务院产品能质量监督部门所制定的规定的，由产品质量监督部门责令限期改正。未依法办理备案或者使用的能源效率标识不符合规定的生产者和进口商，应当在规定的期限内改正，逾期不改正的，将被产品质量监督部门处以 1 万元以上 3 万元以下罚款。

474．伪造、冒用能源效率标识或者利用能源效率标识进行虚假宣传的，应承担什么法律责任？

答：承担法律责任的主体是实施违法行为的单位和个人。任何单位和个人有伪造、冒用能源效率标识或者利用能源效率标识进行虚假宣传行为的，产品质量监督部门应当责令其改正，对其处以5万元以上10万元以下罚款。违法行为情节严重的，还应由工商行政管理部门吊销营业执照。。

475. 什么是渔业资源？

答：渔业，是指从事采集、捕捞和养殖水生动植物资源的产业部门。所谓渔业资源，是指可以作为渔业生产经营对象和具有科学研究价值的水生生物及其生活的水域的总称。渔业资源包括两大部分：渔业水域和水产资源。渔业水域是指鱼、虾、蟹、贝类的产卵场、索饵场、洄游通道和鱼、虾、蟹、贝类及其他水生生物的养殖场；水产资源是作为渔业生产经营对象的水生动物、植物和其卵子、种子等，包括鱼类、虾蟹类、贝类、海藻类、淡水使用水生植物类及其他类等六大类。从广义讲，除水域中的野生的经济动、植物外，人工培育的水生经济动、植物品种、类型，也包括在渔业资源的范畴中。渔业资源还可以分为淡水渔业资源和海洋渔业资源。

476. 单位和个人使用全民所有的水域、滩涂从事水产养殖的，应遵守哪些规定？

答：根据新《渔业法》第十一条：单位和个人使用国家规划确定用于养殖业的全民所有的水域、滩涂的，使用者应当向县级以上地方人民政府渔业行政主管部门提出申请，由本级人民政府核发养殖证，许可其使用该水域、滩涂从事养殖生产。

使用全民所有的水域、滩涂从事养殖生产，无正当理由使水域、滩涂荒芜满一年的，由发放养殖证的机关责令限期开发利用；逾期未开发利用的，吊销养殖证，可以并处一万元以下的罚款。

477. 个人可否承包水域、滩涂从事水产养殖？

答：集体所有的或者全民所有由农业集体经济组织使用的水域、滩涂，可以由个人或者集体承包，从事养殖生产。

478. 因养殖生产发生争议的，应如何解决？

答：当事人因使用国家规划确定用于养殖业的水域、滩涂从事养殖生产发生争议的，由当事人协商解决；协商不成的，由人民政府处理。当事人对人民政府的处理决定不服的，可以自接到处理决定通知之日起三十日内，向人民法院起诉。

在争议解决之前，任何一方不得破坏养殖生产。

479. 对未取得养殖证而在全民所有的水域从事养殖生产的，应怎样进行处理？

答：未依法取得养殖证擅自在全民所有的水域从事养殖生产的，责令改正，补办养殖证或者限期拆除养殖设施。

未依法取得养殖证或者超越养殖证许可范围在全民所有的水域从事养殖生产，妨碍航运、行洪的，责令限期拆除养殖设施，可以并处一万元以下的罚款。

480. 对偷捕、抢夺他人养殖的水产品或者破坏他人养殖生产的行为，应如何进行处罚？

答：偷捕、抢夺他人养殖的水产品的，或者破坏他人养殖水体、养殖设施的，责令改正，可以处二万元以下的罚款；造成他人损失的，依法承担赔偿责任；构成犯罪的，依法追究刑事责任。

481. 水产新品种的推广，应经哪一级主管部门批准？

答：国家鼓励和支持水产优良品种的选育、培育和推广。水产新品种必须经全国水产原种和良种审定委员会审定，由国务院渔业行政主管部门批准后方可推广。

482. 水产苗种的进口、出口应报哪一级主管部门审批？

答：水产苗种的进口、出口由国务院渔业行政主管部门或者省、自治区、直辖市人民政府渔业行政主管部门审批。

483. 水产苗种的生产应报哪一级主管部门审批？

答：水产苗种的生产由县级以上地方人民政府渔业行政主管部门审批。但是，渔业生产者自育、自用水产苗种的除外。

484. 从事水产养殖生产，在使用饵料、饲料及保护水域生态环境方面应注意什么问题？

答：从事养殖生产不得使用含有毒有害物质的饵料、饲料。

从事养殖生产应当保护水域生态环境，科学确定养殖密度，合理投饵、施肥、使用药物，不得造成水域的环境污染。

485. 非法生产、进口、出口和经营水产苗种的，将受到何种处罚?

答：非法生产、进口、出口水产苗种的没收苗种和违法所得，并处五万元以下的罚款。经营未经审定批准的水产苗种的，责令立即停止经营，没收违法所得，可以并处五万元以下的罚款。

486. 新《渔业法》为什么要规定实施捕捞限额制度?

答：新《渔业法》规定实施捕捞限额制度是为了加强渔业资源的保护，实现渔业资源的可持续利用，加强捕捞渔船的监督管理，保障捕捞渔业的可持续发展。

487. 捕捞许可证的审批发放权限是怎样的?

答：国家对捕捞业实行捕捞许可证制度。海洋大型拖网、围网作业以及到中华人民共和国与有关国家缔结的协定确定的共同管理的渔区或者公海从事捕捞作业的捕捞许可证，由国务院渔业行政主管部门批准发放。其他作业的捕捞许可证，由县级以上地方人民政府渔业行政主管部门批准发放。

县级以上地方人民政府渔业行政主管部门批准发放的捕捞许可证，应当与上级人民政府渔业行政主管部门下达的捕捞限额指标相适应。

488. 申领捕捞许可证应具备那些条件?

答：申领捕捞许可证应同时具备下列条件：

（1）有渔业船舶检验证书；

（2）有渔业船舶登记证书；

（3）符合国务院渔业行政主管部门规定的其他条件。

489. 到他国管辖海域从事捕捞作业，应由哪一级主管部门批准?

答：到他国管辖海域从事捕捞作业的，应当经国务院渔业行政主管部门批准，并遵守中华人民共和国缔结的或者参加的有关条约、协定和有关国家的法律。

490. 单位和个人取得捕捞许可证后，在进行捕捞作业时应遵守什么规定?

答：从事捕捞作业的单位和个人取得捕捞许可证后，必须按照捕捞许可证关于作业类型、场所、时限、渔具数量和捕捞限额的规定进行作业，并遵守国家有关保护渔业资源的规定，大中型渔船应当填写渔捞日志。

491. 捕捞许可证可否买卖、出租或以其他形式转让？如有违反将受到何种处罚？

答：捕捞许可证不准涂改、买卖、出租或以其他形式转让，如有违反，将没收违法所得，吊销捕捞许可证，可以并处一万元以下的罚款；伪造、变造、买卖捕捞许可证，构成犯罪的，依法追究刑事责任。

492. 未按捕捞许可证核定范围捕捞的会受到何种处罚？

答：从事捕捞作业的单位和个人，必须按照捕捞许可证关于作业类型、场所、时限、渔具数量和捕捞限额等规定进行作业。对于违反上述规定的，没收渔获物和违法所得，可以并处五万元以下的罚款；情节严重的，并可以没收渔具，吊销捕捞许可证。

493. 对未取得捕捞许可证进行捕捞的，应怎样进行处罚？

答：未依法取得捕捞许可证擅自进行捕捞的，没收渔获物和违法所得，并处十万元以下的罚款；情节严重的，并可以没收渔具和渔船。

494. 单位或个人未经批准在水产种质资源保护区内从事捕捞的，会受到何种处罚？

答：单位或个人未经批准在水产种质资源保护区内从事捕捞的，责令其立即停止捕捞，没收渔获物和渔具，可以并处一万元以下的罚款。

495. 对违反禁渔区、禁渔期规定进行作业的应如何进行处罚？

答：对违反禁渔区、禁渔期规定进行作业的，没收渔获物和违法所得，处五万元以下的罚款；情节严重的，没收渔具，吊销捕捞许可证；情节特别严重的，可以没收渔船；构成犯罪的，依法追究刑事责任。

496. 哪些渔具、渔法禁止使用？若有违反将受到何种处罚？

答：禁止使用炸鱼、毒鱼、电鱼等破坏渔业资源的方法进行捕捞，禁止使用小于最小网目尺寸的网具进行捕捞或者渔获物中幼鱼超过规定比例。违反规定的，没收渔获物和违法所得，处五万元以下的罚款；情节严重的，没收渔具，吊销捕捞许可证；情节特别严重的，可以没收渔船；构成犯罪的，依法追究刑事责任。

497. 对制造、销售禁用渔具的，应怎样进行处罚？

答：制造、销售禁用的渔具的，没收非法制造、销售的渔具和违法所得，并处一万元以下的罚款。

498. 因科学研究、驯养繁殖、展览等特殊情况需要捕捞国家重点保护的水生野生动物的，应遵守什么规定?

答：国家对白鳍豚等珍贵、濒危水生野生动物实行重点保护，防止其灭绝。禁止捕杀、伤害国家重点保护的水生野生动物。因科学研究、驯养繁殖、展览等特殊情况需要捕捞国家重点保护的水生野生动物的，必须依法向有关部门申请特许捕捉证，并按照特许捕捉证规定的种类、数量、地点和期限进行捕捉。

499. 对于造成渔业水域生态环境破坏或者渔业污染事故的责任者，应如何进行处理?

答：对于造成渔业水域生态环境破坏或者渔业污染事故的责任者，由主管机关责令限期改正、责令限期治理，并可处以罚款；造成损失的，依法承担赔偿责任。

500. 什么是渔业资源增殖保护费？其征收对象是谁?

答：渔业资源增殖保护费是国家依法开征并专项用于渔业资源增殖和保护的费用。渔业资源增殖保护费的征收及使用实行“取之于渔、用之于渔”的原则，即依法从渔民那里征收一笔钱，专项用于开展渔业资源的增殖和保护。开展渔业资源的增殖和保护，最终受益的还是广大渔民。

渔业资源增殖保护费的征收对象是在中华人民共和国的内水、滩涂、领海、专属经济区及中华人民共和国管辖的其他海域采捕天然生长和人工增殖水生动植物的单位和个人。

501. 渔业行政处罚权由哪些机关行使?

答：渔业行政处罚权由县级以上人民政府渔业行政主管部门或者其所属的渔政监督管理机构行使。但是，对于使用全民所有的水域、滩涂从事养殖生产，无正当理由使水域、滩涂荒芜满一年，依照法律规定应予处罚的，由发放养殖证的县级以上地方人民政府作出处罚决定。

502. 当事人对渔业行政处罚决定不服的，应在什么时限内申请复议或起诉?

答：当事人对渔业行政处罚决定不服的，可在收到处罚决定书之日起六十日内申请复议，或者在收到处罚决定书之日起三个月内直接向人民法院提起诉讼。

503. 渔业行政主管部门和其所属的渔政监督管理机构及其工作人员可不可以参与和从事渔业生产经营活动?

答：不能。根据新《渔业法》第九条规定，渔业行政主管部门和其所属的渔政监督管理机构及其工作人员不能参与和从事渔业生产经营活动。

504. 什么叫水土流失?

答：水土流失是因水力、风力和重力作用对土地资源破坏和损坏的现象，如在山区、丘陵区，每当暴雨过后，雨水来不及渗入土壤，就产生地面水流，这不仅使雨水流走、而且冲刷和带走表土，岩石裸露，成为毫无农业利用价值的土地，同时，大量泥沙随水流失，沉积在下游河道，抬高河床，壅塞航道、淤积湖泊、水库、渠道，降低水工程的效益和作用，容易造成严重的洪涝灾害。

505. 为什么要制定《水土保持法》?

答:《水土保持法》第一条规定:“为预防和治理水土流失，保护和合理利用水土资源，减轻水、旱、风沙灾害，改善生态环境，发展生产制定本法”。

506. 《水土保持法》是何年何月颁布实施的?

答:《水土保持法》是1991年6月29日由中华人民共和国第七届全国人民代表大会常务委员会第二十次会议通过并予以公布，自公布之日起施行。

507. 什么是水土保持的指导方针?

答:《水保法》第四条规定:“国家对水土保持工作实行以预防为主，全面规划、综合治理、因地制宜、加强管理、注重效益的方针”。

508. 《水土保持法》的核心内容是什么?

答：新颁布的《水土保持法》共六章42条，其核心内容主要有以下几个方面：一是确立了“预防为主”的新的水土保持工作方针；二是明确了各级人民政府对水土保持工作的责任；三是明确了各级人民政府将水土保持规划确定的任务纳入国民经济和社会发展计划；四是明确了水土流失的防治责任，谁开发，谁保护，谁造成水土流失谁负责治理；五是明确水土保持工作要依靠科学，培训人才；六是明确水行政主管部门负责审批水土保持方案报告；七是规定国家对农业集体组织和农民治理水土流失实行扶持政策；八是水土流失治理实行“谁承包，谁治理，谁受益”的原则，并保护承包治理者的合法权益；九是规定开发建设单位、个人对其造成的水土流失承担防治费并负责治理，并编报《水土保持方案》；十是明确了水土保持机构的监督职能，这是贯彻《水土保持法》的重要保证。

附：相关法律法规

中华人民共和国环境保护法

第一章 总则

第一条 为保护和改善生活环境与生态环境，防治污染和其他公害，保障人体健康，促进社会主义现代化建设的发展，制定本法。

第二条 本法所称环境，是指影响人类生存和发展的各种天然的和经过人工改造的自然因素的总体，包括大气、水、海洋、土地、矿藏、森林、草原、野生生物、自然遗迹、人文遗迹、自然保护区、风景名胜区、城市和乡村等。

第三条 本法适用于中华人民共和国领域和中华人民共和国管辖的其他海域。

第四条 国家制定的环境保护规划必须纳入国民经济和社会发展计划，国家采取有利于环境保护的经济、技术政策和措施，使环境保护工作同经济建设和社会发展相协调。

第五条 国家鼓励环境保护科学教育事业的发展，加强环境保护科学技术的研究和开发，提高环境保护科学技术水平，普及环境保护的科学知识。

第六条 一切单位和个人都有保护环境的义务，并有权对污染和破坏环境的单位和个人进行检举和控告。

第七条 国务院环境保护行政主管部门，对全国环境保护工作实施统一监督管理。县级以上地方人民政府环境保护行政主管部门，对本辖区的环境保护工作实施统一监督管理。国家海洋行政主管部门、港务监督、渔政渔港监督、军队环境保护部门和各级公安、交通、铁道、民航管理部门，依照有关法律的规定对环境污染防治实施监督管理。

县级以上人民政府的土地、矿产、林业、农业、水利行政主管部门，依照有关法律的规定对资源的保护实施监督管理。

第八条 对保护环境有显著成绩的单位和个人，由人民政府给予奖励。

第二章 环境监督管理

第九条 国务院环境保护行政主管部门制定国家环境质量标准。省、自治区、直辖市人民政府对国家环境质量标准中未作规定的项，可以制定地方环境质量标准，并报国务院环境保护行政主管部门备案。

第十条　国务院环境保护行政主管部门根据国家环境质量标准和国家经济、技术条件，制定国家污染物排放标准。省、自治区、直辖市人民政府对国家污染物排放标准中未作规定的项目，可以制定地方污染物排放标准；对国家污染物排放标准中已作规定的项目，可以制定严于国家污染物排放标准的地方污染物排放标准。地方污染物排放标准须报国务院环境保护行政主管部门备案。凡是向已有地方污染物排放标准的区域排放污染物的，应当执行地方污染物排放标准。

第十一条　国务院环境保护行政主管部门建立监测制度，制定监测规范，会同有关部门组织监测网络，加强对环境监测和管理。国务院和省、自治区、直辖市人民政府的环境保护行政主管部门，应当定期发布环境状况公报。

第十二条　县级以上人民政府环境保护行政主管部门，应当会同有关部门对管辖范围内的环境状况进行调查和评价，拟订环境保护规划，经计划部门综合平衡后，报同级人民政府批准实施。

第十三条　建设污染环境的项目，必须遵守国家有关建设项目环境保护管理的规定。建设项目的环境影响报告书，必须对建设项目产生的污染和对环境的影响作出评价，规定防治措施，经项目主管部门预审并依照规定的程序报环境保护行政主管部门批准。环境影响报告书经批准后，计划部门方可批准建设项目设计任务书。

第十四条　县级以上人民政府环境保护行政主管部门或者其他依照法律规定行使环境监督管理权的部门，有权对管辖范围内的排污单位进行现场检查。被检查的单位应当如实反映情况，提供必要的资料。检查机关应当为被检查的单位保守技术秘密和业务秘密。

第十五条　跨行政区的环境污染和环境破坏的防治工作，由有关地方人民政府协商解决，或者由上级人民政府协调解决，做出决定。

第三章　保护和改善环境

第十六条　地方各级人民政府，应当对本辖区的环境质量负责，采取措施改善环境质量。

第十七条　各级人民政府对具有代表性的各种类型的自然生态系统区域，珍稀、濒危的野生动植物自然分布区域，重要的水源涵养区域，具有重大科学文化价值的地质构造、著名溶洞和化石分布区、冰川、火山、温泉等自然遗迹，以及人文遗迹、古树名木，应当采取措施加以保护，严禁破坏。

第十八条　在国务院、国务院有关主管部门和省、自治区、直辖市人民政府划定的风景名胜区、自然保护区和其他需要特别保护的区域内，不得建设污染环境的工业生产设施；建设其他设施，其污染物排放不得超过规定的排放标准。已经建成的设施，其污染物排放超过规定的排放标准的，限期治理。

第十九条　开发利用自然资源，必须采取措施保护生态环境。

第二十条　各级人民政府应当加强对农业环境的保护，防治土壤污染、土地沙化、盐渍化、贫瘠化、沼泽化、地面沉降和防治植被破坏、水土流失、水源枯竭、种源灭绝以及其他生态失调现象的发生和发展，推广植物病虫害的综合防治，合理使用化肥、农药及植物生长激素。

第二十一条　国务院和沿海地方各级人民政府应当加强对海洋环境的保护。向海洋排放污染物、倾倒废弃物，进行海岸工程建设和海洋石油勘探开发，必须依照法律的规定，防止对海洋环境的污染损害。

第二十二条　制定城市规划，应当确定保护和改善环境的目标和任务。

第二十三条　城乡建设应当结合当地自然环境的特点，保护植被、水域和自然景观，加强城市园林、绿地和风景名胜区的建设。

第四章　防治环境污染和其他公害

第二十四条　产生环境污染和其他公害的单位，必须把环境保护工作纳入计划，建立环境保护责任制度；采取有效措施，防治在生产建设或者其他活动中产生的废气、废水、废渣、粉尘、恶臭气体、放射性物质以及噪声、振动、电磁波辐射等对环境的污染和危害。

第二十五条　新建工业企业和现有工业企业的技术改造，应当采用资源利用率高、污染物排放量少的设备和工艺，采用经济合理的废弃物综合利用技术和污染物处理技术。

第二十六条　建设项目中防治污染的设施，必须与主体工程同时设计、同时施工、同时投产使用。防治污染的设施必须经原审批环境影响报告书的环境保护行政主管部门验收合格后，该建设项目方可投入生产或者使用。

防治污染的设施不得擅自拆除或者闲置，确有必要拆除或者闲置的，必须征得所在地的环境保护行政主管部门同意。

第二十七条　排放污染物的企业事业单位，必须依照国务院环境保护行政主管部门的规定申报登记。

第二十八条　排放污染物超过国家或者地方规定的污染物排放标准的企业事业单位，依照国家规定缴纳超标准排污费，并负责治理。水污染防治法另有规定的，依照水污染防治法的规定执行。

征收的超标准排污费必须用于污染的防治，不得挪作他用，具体使用办法由国务院规定。

第二十九条　对造成环境严重污染的企业事业单位，限期治理。中央或者省、自治区、直辖市人民政府直接管辖的企业事业单位的限期治理，由省、自治区、直辖市人民政府决定。市、县或者市、县以下人民政府管辖的企业事业单位的限期治理，由市、县人民政府决定。被限期治理的企业事业单位必须如期完成治理任务。

第三十条　禁止引进不符合我国环境保护规定要求的技术和设备。

第三十一条　因发生事故或者其他突然性事件，造成或者可能造成污染事故的单位，必须立即采取措施处理，及时通报可能受到污染危害的单位和居民，并向当地环境保护行政主管部门和有关部门报告，接受调查处理。

可能发生重大污染事故的企业事业单位，应当采取措施，加强防范。

第三十二条　县级以上地方人民政府环境保护行政主管部门，在环境受到严重污染威胁居民生命财产安全时，必须立即向当地人民政府报告，由人民政府采取有效措施，解除或者减轻危害。

第三十三条　生产、储存、运输、销售、使用有毒化学物品和含有放射性物质的物品，必须遵守国家有关规定，防止污染环境。

第三十四条　任何单位不得将产生严重污染的生产设备转移给没有污染防治能力的单位使用。

第五章　法律责任

第三十五条　违反本法规定，有下列行为之一的，环境保护行政主管部门或者其他依照法律规定行使环境监督管理权的部门可以根据不同情节，给予警告或者处以罚款：

（一）拒绝环境保护行政主管部门或者其他依照法律规定行使环境监督管理权的部门现场检查或者在被检查时弄虚作假的。

（二）拒报或者谎报国务院环境保护行政主管部门规定的有关污染物排放申报事项的。

（三）不按国家规定缴纳超标准排污费的。

（四）引进不符合我国环境保护规定要求的技术和设备的。

（五）将产生严重污染的生产设备转移给没有污染防治能力的单位使用的。

第三十六条　建设项目的防治污染设施没有建成或者没有达到国家规定的要求，投入生产或者使用的，由批准该建设项目的环境影响报告书的环境保护行政主管部门责令停止生产或者使用，可以并处罚款。

第三十七条　未经环境保护行政主管部门同意，擅自拆除或者闲置防治污染的设施，污染物排放超过规定的排放标准的，由环境保护行政主管部门责令重新安装使用，并处罚款。

第三十八条　对违反本法规定，造成环境污染事故的企业事业单位，由环境保护行政主管部门或者其他依照法律规定行使环境监督管理权的部门根据所造成的危害后果处以罚款；情节较重的，对有关责任人员由其所在单位或者政府主管机关给予行政处分。

第三十九条　对经限期治理逾期未完成治理任务的企业事业单位，除依照国家规定加收超标准排污费外，可以根据所造成的危害后果处以罚款，或者责令停业、关闭。

前款规定的罚款由环境保护行政主管部门决定。责令停业、关闭，由作出限期治理决定的人民政府决定；责令中央直接管辖的企业事业单位停业、关闭，须报国务院批准。

第四十条　当事人对行政处罚决定不服的，可以在接到处罚通知之日起十五日内，向作出处罚决定的机关的上一级机关申请复议；对复议决定不服的，可以在接到复议决定之日起十五日内，向人民法院起诉。当事人也可以在接到处罚通知之日起十五日内直接向人民法院起诉。当事人逾期不申请复议、也不向人民法院起诉、又不履行处罚决定的，由作出处罚决定的机关申请人民法院强制执行。

第四十一条　造成环境污染危害的，有责任排除危害，并对直接受到损害的单位或者个人赔偿损失。

赔偿责任和赔偿金额的纠纷，可以根据当事人的请求，由环境保护行政主管部门或者其他依照本法律规定行使环境监督管理权的部门处理；当事人对处理决定不服的，可以向人民法院起诉。当事人也可以直接向人民法院起诉。

完全由于不可抗拒的自然灾害，并经及时采取合理措施，仍然不能避免造成环境污染损害的，免予承担责任。

第四十二条　因环境污染损害赔偿提起诉讼的时效期间为三年，从当事人知道或者应当知道受到污染损害时起计算。

第四十三条　违反本法规定，造成重大环境污染事故，导致公私财产重大损失或者人身伤亡的严重后果的，对直接责任人员依法追究刑事责任。

第四十四条　违反本法规定，造成土地、森林、草原、水、矿产、渔业、野生动植物等资源的破坏的，依照有关法律的规定承担法律责任。

第四十五条　环境保护监督管理人员滥用职权、玩忽职守、徇私舞弊的，由其所在单位或者上级主管机关给予行政处分；构成犯罪的，依法追究刑事责任。

第六章　附则

第四十六条　中华人民共和国缔结或者参加的与环境保护有关的国际条约，同中华人民共和国法律有不同规定的，适用国际条约的规定，但中华人民共和国声明保留的条款除外。

第四十七条　本法自公布之日起施行《中华人民共和国环境保护法（试行）》同时废止。

中华人民共和国森林法

第一章　总则

第一条　为了保护、培育和合理利用森林资源，加快国土绿化，发挥森林蓄水保土、调节气候、改善环境和提供林产品的作用，适应社会主义建设和人民生活的需要，特制定本法

第二条　在中华人民共和国领域内从事森林、林木的培育种植、采伐利用和森林、林木、林地的经营管理活动，都必须遵守本法。

第三条　森林资源属于国家所有，由法律规定属于集体所有的除外。

国家所有的和集体所有的森林、林木和林地，个人所有的林木和使用的林地，由县级以上地方人民政府登记造册，发放证书，确认所有权或者使用权。国务院可以授权国务院林业主管部门，对国务院确定的国家所有的重点林区的森林、林木和林地登记造册，发放证书，并通知有关地方人民政府。

森林、林木、林地的所有者和使用者的合法权益，受法律保护，任何单位和个人不得侵犯。

第四条　森林分为以下五类：

（一）防护林：以防护为主要目的的森林、林木和灌木丛，包括水源涵养林，水土保持林，防风固沙林，农田、牧场防护林，护岸林，护路林；

（二）用材林：以生产木材为主要目的的森林和林木，包括以生产竹材为主要目的的竹林；

（三）经济林：以生产果品，食用油料、饮料、调料，工业原料和药材等为主要目的的林木；

（四）薪炭林：以生产燃料为主要目的的林木；

（五）特种用途林：以国防、环境保护、科学实验等为主要目的的森林和林木，包括国防林、实验林、母树林、环境保护林、风景林，名胜古迹和革命纪念地的林木，自然保护区的森林。

第五条　林业建设实行以营林为基础，普遍护林，大力造林，采育结合，永续利用的方针。

第六条　国家鼓励林业科学研究，推广林业先进技术，提高林业科学技术水平。

第七条　国家保护林农的合法权益，依法减轻林农的负担，禁止向林农违法收费、罚款，禁止向林农进行摊派和强制集资。

国家保护承包造林的集体和个人的合法权益，任何单位和个人不得侵犯承包造林的集体

和个人依法享有的林木所有权和其他合法权益。

第八条 国家对森林资源实行以下保护性措施：

（一）对森林实行限额采伐，鼓励植树造林、封山育林，扩大森林覆盖面积；

（二）根据国家和地方人民政府有关规定，对集体和个人造林、育林给予经济扶持或者长期贷款；

（三）提倡木材综合利用和节约使用木材，鼓励开发、利用木材代用品；

（四）征收育林费，专门用于造林育林；

（五）煤炭、造纸等部门，按照煤炭和木浆纸张等产品的产量提取一定数额的资金，专门用于营造坑木、造纸等用材林；

（六）建立林业基金制度。

国家设立森林生态效益补偿基金，用于提供生态效益的防护林和特种用途林的森林资源、林木的营造、抚育、保护和管理。森林生态效益补偿基金必须专款专用，不得挪作他用。具体办法由国务院规定。

第九条 国家和省、自治区人民政府，对民族自治地方的林业生产建设，依照国家对民族自治地方自治权的规定，在森林开发、木材分配和林业基金使用方面，给予比一般地区更多的自主权和经济利益。

第十条 国务院林业主管部门主管全国林业工作。县级以上地方人民政府林业主管部门，主管本地区的林业工作。乡级人民政府设专职或者兼职人员负责林业工作。

第十一条 植树造林、保护森林，是公民应尽的义务。各级人民政府应当组织全民义务植树，开展植树造林活动。

第十二条 在植树造林、保护森林、森林管理以及林业科学研究等方面成绩显著的单位或者个人，由各级人民政府给予奖励。

第二章 森林经营管理

第十三条 各级林业主管部门依照本法规定，对森林资源的保护、利用、更新，实行管理和监督。

第十四条 各级林业主管部门负责组织森林资源清查，建立资源档案制度，掌握资源变化情况。

第十五条 下列森林、林木、林地使用权可以依法转让，也可以依法作价入股或者作为合资、合作造林、经营林木的出资、合作条 件，但不得将林地改为非林地：

（一）用材林、经济林、薪炭林；

（二）用材林、经济林、薪炭林的林地使用权；

（三）用材林、经济林、薪炭林的采伐迹地、火烧迹地的林地使用权；

（四）国务院规定的其他森林、林木和其他林地使用权。

依照前款规定转让、作价入股或者作为合资、合作造林、经营林木的出资、合作条件的，已经取得的林木采伐许可证可以同时转让，同时转让双方都必须遵守本法关于森林、林木采伐和更新造林的规定。

除本条第一款规定的情形外，其他森林、林木和其他林地使用权不得转让。具体办法由国务院规定。

第十六条　各级人民政府应当制定林业长远规划。国有林业企业事业单位和自然保护区，应当根据林业长远规划，编制森林经营方案，报上级主管部门批准后实行。

林业主管部门应当指导农村集体经济组织和国有的农场、牧场、工矿企业等单位编制森林经营方案。

第十七条　单位之间发生的林木、林地所有权和使用权争议，由县级以上人民政府依法处理。

个人之间、个人与单位之间发生的林木所有权和林地使用权争议，由当地县级或者乡级人民政府依法处理。

当事人对人民政府的处理决定不服的，可以在接到通知之日起一个月内，向人民法院起诉。

在林木、林地权属争议解决以前，任何一方不得砍伐有争议的林木。

第十八条　进行勘查、开采矿藏和各项建设工程，应当不占或者少占林地；必须占用或者征用林地的，经县级以上人民政府林业主管部门审核同意后，依照有关土地管理的法律、行政法规办理建设用地审批手续，并由用地单位依照国务院有关规定缴纳森林植被恢复费。森林植被恢复费专款专用，由林业主管部门依照有关规定统一安排植树造林，恢复森林植被，植树造林面积不得少于因占用、征用林地而减少的森林植被面积。上级林业主管部门应当定期督促、检查下级林业主管部门组织植树造林、恢复森林植被的情况。

任何单位和个人不得挪用森林植被恢复费。县级以上人民政府审计机关应当加强对森林植被恢复费使用情况的监督。

第三章　森林保护

第十九条　地方各级人民政府应当组织有关部门建立护林组织，负责护林工作；根据实际需要在大面积林区增加护林设施，加强森林保护；督促有林的和林区的基层单位，订立护林公约，组织群众护林，划定护林责任区，配备专职或者兼职护林员。

护林员可以由县级或者乡级人民政府委任。护林员的主要职责是：巡护森林，制止破坏森林资源的行为。对造成森林资源破坏的，护林员有权要求当地有关部门处理。

第二十条　依照国家有关规定在林区设立的森林公安机关，负责维护辖区社会治安秩序，保护辖区内的森林资源，并可以依照本法规定，在国务院林业主管部门授权的范围内，代行本法第三十九条、第四十二条、第四十三条、第四十四条规定的行政处罚权。

武装森林警察部队执行国家赋予的预防和扑救森林火灾的任务。

第二十一条　地方各级人民政府应当切实做好森林火灾的预防和扑救工作：

（一）规定森林防火期，在森林防火期内，禁止在林区野外用火；因特殊情况需要用火的，必须经过县级人民政府或者县级人民政府授权的机关批准；

（二）在林区设置防火设施；

（三）发生森林火灾，必须立即组织当地军民和有关部门扑救；

（四）因扑救森林火灾负伤、致残、牺牲的，国家职工由所在单位给予医疗、抚恤；非国家职工由起火单位按照国务院有关主管部门的规定给予医疗、抚恤，起火单位对起火没有责任或者确实无力负担的，由当地人民政府给予医疗、抚恤。

第二十二条　各级林业主管部门负责组织森林病虫害防治工作。

林业主管部门负责规定林木种苗的检疫对象，划定疫区和保护区，对林木种苗进行检疫。

第二十三条　禁止毁林开垦和毁林采石、采砂、采土以及其他毁林行为。

禁止在幼林地和特种用途林内砍柴、放牧。

进入森林和森林边缘地区的人员，不得擅自移动或者损坏为林业服务的标志。

第二十四条　国务院林业主管部门和省、自治区、直辖市人民政府，应当在不同自然地带的典型森林生态地区、珍贵动物和植物生长繁殖的林区、天然热带雨林区和具有特殊保护价值的其他天然林区，划定自然保护区，加强保护管理。

自然保护区的管理办法，由国务院林业主管部门制定，报国务院批准施行。

对自然保护区以外的珍贵树木和林区内具有特殊价值的植物资源，应当认真保护；未经省、自治区、直辖市林业主管部门批准，不得采伐和采集。

第二十五条　林区内列为国家保护的野生动物，禁止猎捕；因特殊需要猎捕的，按照国家有关法规办理。

第四章　植树造林

第二十六条　各级人民政府应当制定植树造林规划，因地制宜地确定本地区提高森林覆盖率的奋斗目标。

各级人民政府应当组织各行各业和城乡居民完成植树造林规划确定的任务。

宜林荒山荒地，属于国家所有的，由林业主管部门和其他主管部门组织造林；属于集体所有的，由集体经济组织组织造林。

铁路公路两旁、江河两侧、湖泊水库周围，由各有关主管单位因地制宜地组织造林；工矿区，机关、学校用地，部队营区以及农场、牧场、渔场经营地区，由各该单位负责造林。

国家所有和集体所有的宜林荒山荒地可以由集体或者个人承包造林。

第二十七条　国有企业事业单位、机关、团体、部队营造的林木，由营造单位经营并按照国家规定支配林木收益。

集体所有制单位营造的林木，归该单位所有。

农村居民在房前屋后、自留地、自留山种植的林木，归个人所有。城镇居民和职工在自有房屋的庭院内种植的林木，归个人所有。

集体或者个人承包国家所有和集体所有的宜林荒山荒地造林的，承包后种植的林木归承包的集体或者个人所有；承包合同另有规定的，按照承包合同的规定执行。

第二十八条　新造幼林地和其他必须封山育林的地方，由当地人民政府组织封山育林。

第五章　森林采伐

第二十九条　国家根据用材林的消耗量低于生长量的原则，严格控制森林年采伐量。国家所有的森林和林木以国有林业企业事业单位、农场、厂矿为单位，集体所有的森林和林木、个人所有的林木以县为单位，制定年采伐限额，由省、自治区、直辖市林业主管部门汇总，经同级人民政府审核后，报国务院批准。

第三十条　国家制定统一的年度木材生产计划。年度木材生产计划不得超过批准的年采伐限额。计划管理的范围由国务院规定。

第三十一条　采伐森林和林木必须遵守下列规定：

（一）成熟的用材林应当根据不同情况，分别采取择伐、皆伐和渐伐方式，皆伐应当严格控制，并在采伐的当年或者次年内完成更新造林；

（二）防护林和特种用途林中的国防林、母树林、环境保护林、风景林，只准进行抚育和更新性质的采伐；

（三）特种用途林中的名胜古迹和革命纪念地的林木、自然保护区的森林，严禁采伐。

第三十二条　采伐林木必须申请采伐许可证，按许可证的规定进行采伐；农村居民采伐自留地和房前屋后个人所有的零星林木除外。

国有林业企业事业单位、机关、团体、部队、学校和其他国有企业事业单位采伐林木，由所在地县级以上林业主管部门依照有关规定审核发放采伐许可证。

铁路、公路的护路林和城镇林木的更新采伐，由有关主管部门依照有关规定审核发放采伐许可证。

农村集体经济组织采伐林木，由县级林业主管部门依照有关规定审核发放采伐许可证。

农村居民采伐自留山和个人承包集体的林木，由县级林业主管部门或者其委托的乡、镇人民政府依照有关规定审核发放采伐许可证。

采伐以生产竹材为主要目的的竹林，适用以上各款规定。

第三十三条　审核发放采伐许可证的部门，不得超过批准的年采伐限额发放采伐许可证。

第三十四条　国有林业企业事业单位申请采伐许可证时，必须提出伐区调查设计文件。其他单位申请采伐许可证时，必须提出有关采伐的目的、地点、林种、林况、面积、蓄积、方式和更新措施等内容的文件。

对伐区作业不符合规定的单位，发放采伐许可证的部门有权收缴采伐许可证，中止其采伐，直到纠正为止。

第三十五条　采伐林木的单位或者个人，必须按照采伐许可证规定的面积、株数、树种、期限完成更新造林任务，更新造林的面积和株数不得少于采伐的面积和株数。

第三十六条　林区木材的经营和监督管理办法，由国务院另行规定。

第三十七条　从林区运出木材，必须持有林业主管部门发给的运输证件，国家统一调拨的木材除外。

依法取得采伐许可证后，按照许可证的规定采伐的木材，从林区运出时，林业主管部门应当发给运输证件。

经省、自治区、直辖市人民政府批准，可以在林区设立木材检查站，负责检查木材运输。对未取得运输证件或者物资主管部门发给的调拨通知书运输木材的，木材检查站有权制止。

第三十八条　国家禁止、限制出口珍贵树木及其制品、衍生物。禁止、限制出口的珍贵树木及其制品、衍生物的名录和年度限制出口总量，由国务院林业主管部门会同国务院有关部门制定，报国务院批准。

出口前款规定限制出口的珍贵树木或者其制品、衍生物的，必须经出口人所在地省、自治区、直辖市人民政府林业主管部门审核，报国务院林业主管部门批准，海关凭国务院林业主管部门的批准文件放行。进出口的树木或者其制品、衍生物属于中国参加的国际公约限制进出口的濒危物种的，并必须向国家濒危物种进出口管理机构申请办理允许进出口证明书，海关并凭允许进出口证明书放行。

第六章　法律责任

第三十九条　盗伐森林或者其他林木的，依法赔偿损失；由林业主管部门责令补种盗伐株数十倍的树木，没收盗伐的林木或者变卖所得，并处盗伐林木价值三倍以上十倍以下的罚款。

滥伐森林或者其他林木，由林业主管部门责令补种滥伐株数五倍的树木，并处滥伐林木价值二倍以上五倍以下的罚款。

拒不补种树木或者补种不符合国家有关规定的，由林业主管部门代为补种，所需费用由违法者支付。

盗伐、滥伐森林或者其他林木，构成犯罪的，依法追究刑事责任。

第四十条　违反本法规定，非法采伐、毁坏珍贵树木的，依法追究刑事责任。

第四十一条　违反本法规定，超过批准的年采伐限额发放林木采伐许可证或者超越职权发放林木采伐许可证、木材运输证件、批准出口文件、允许进出口证明书的，由上一级人民政府林业主管部门责令纠正，对直接负责的主管人员和其他直接责任人员依法给予行政处分；有关人民政府林业主管部门未予纠正的，国务院林业主管部门可以直接处理；构成犯罪的，依法追究刑事责任。

第四十二条　违反本法规定，买卖林木采伐许可证、木材运输证件、批准出口文件、允许进出口证明书的，由林业主管部门没收违法买卖的证件、文件和违法所得，并处违法买卖证件、文件的价款一倍以上三倍以下的罚款；构成犯罪的，依法追究刑事责任。

伪造林木采伐许可证、木材运输证件、批准出口文件、允许进出口证明书的，依法追究刑事责任。

第四十三条　在林区非法收购明知是盗伐、滥伐的林木的，由林业主管部门责令停止违法行为，没收违法收购的盗伐、滥伐的林木或者变卖所得，可以并处违法收购林木的价款一倍以上三倍以下的罚款；构成犯罪的，依法追究刑事责任。

第四十四条　违反本法规定，进行开垦、采石、采砂、采土、采种、采脂和其他活动，致使森林、林木受到毁坏的，依法赔偿损失；由林业主管部门责令停止违法为，

补种毁坏株数一倍以上三倍以下的树木，可以处毁坏林木价值一倍以上五倍以下的罚款。

违反本法规定，在幼林地和特种用途林内砍柴、放牧致使森林、林木受到毁坏的，依法赔偿损失；由林业主管部门责令停止违法行为，补种毁坏株数一倍以上三倍以下的树木。

拒不补种树木或者补种不符合国家有关规定的，由林业主管部门代为补种，所需费用由违法者支付。

第四十五条　采伐林木的单位或者个人没有按照规定完成更新造林任务的，发放采伐许可证的部门有权不再发给采伐许可证，直到完成更新造林任务为止；情节严重的，可以由林业主管部门处以罚款，对直接责任人员由所在单位或者上级主管机关给予行政处分。

第四十六条　从事森林资源保护、林业监督管理工作的林业主管部门的工作人员和其他国家机关的有关工作人员滥用职权、玩忽职守、徇私舞弊，构成犯罪的，依法追究刑事责

任；尚不构成犯罪的，依法给予行政处分。

第七章 附则

第四十七条 国务院林业主管部门根据本法制定实施办法，报国务院批准施行。

第四十八条 民族自治地方不能全部适用本法规定的，自治机关可以根据本法的原则，结合民族自治地方的特点，制定变通或者补充规定，依照法定程序报省、自治区或者全国人民代表大会常务委员会批准施行。

第四十九条 本法自1985年1月1日起施行。

中华人民共和国水法

第一章　总则

第一条　为了合理开发、利用、节约和保护水资源，防治水害，实现水资源的可持续利用，适应国民经济和社会发展的需要，制定本法。

第二条　在中华人民共和国领域内开发、利用、节约、保护、管理水资源，防治水害，适用本法。

本法所称水资源，包括地表水和地下水。

第三条　水资源属于国家所有。水资源的所有权由国务院代表国家行使。农村集体经济组织的水塘和由农村集体经济组织修建管理的水库中的水，归各该农村集体经济组织使用。

第四条　开发、利用、节约、保护水资源和防治水害，应当全面规划、统筹兼顾、标本兼治、综合利用、讲求效益，发挥水资源的多种功能，协调好生活、生产经营和生态环境用水。

第五条　县级以上人民政府应当加强水利基础设施建设，并将其纳入本级国民经济和社会发展计划。

第六条　国家鼓励单位和个人依法开发、利用水资源，并保护其合法权益。开发、利用水资源的单位和个人有依法保护水资源的义务。

第七条　国家对水资源依法实行取水许可制度和有偿使用制度。但是，农村集体经济组织及其成员使用本集体经济组织的水塘、水库中的水的除外。国务院水行政主管部门负责全国取水许可制度和水资源有偿使用制度的组织实施。

第八条　国家厉行节约用水，大力推行节约用水措施，推广节约用水新技术、新工艺，发展节水型工业、农业和服务业，建立节水型社会。

各级人民政府应当采取措施，加强对节约用水的管理，建立节约用水技术开发推广体系，培育和发展节约用水产业。

单位和个人有节约用水的义务。

第九条　国家保护水资源，采取有效措施，保护植被，植树种草，涵养水源，防治水土流失和水体污染，改善生态环境。

第十条　国家鼓励和支持开发、利用、节约、保护、管理水资源和防治水害的先进科学技术的研究、推广和应用。

第十一条　在开发、利用、节约、保护、管理水资源和防治水害等方面成绩显著的单位和个人，由人民政府给予奖励。

第十二条　国家对水资源实行流域管理与行政区域管理相结合的管理体制。

国务院水行政主管部门负责全国水资源的统一管理和监督工作。

国务院水行政主管部门在国家确定的重要江河、湖泊设立的流域管理机构(以下简称流域管理机构)，在所管辖的范围内行使法律、行政法规规定的和国务院水行政主管部门授予的水资源管理和监督职责。

县级以上地方人民政府水行政主管部门按照规定的权限，负责本行政区域内水资源的统一管理和监督工作。

第十三条　国务院有关部门按照职责分工，负责水资源开发、利用、节约和保护的有关工作。

县级以上地方人民政府有关部门按照职责分工，负责本行政区域内水资源开发、利用、节约和保护的有关工作。

第二章　水资源规划

第十四条　国家制定全国水资源战略规划。

开发、利用、节约、保护水资源和防治水害，应当按照流域、区域统一制定规划。规划分为流域规划和区域规划。流域规划包括流域综合规划和流域专业规划；区域规划包括区域综合规划和区域专业规划。

前款所称综合规划，是指根据经济社会发展需要和水资源开发利用现状编制的开发、利用、节约、保护水资源和防治水害的总体部署。前款所称专业规划，是指防洪、治涝、灌溉、航运、供水、水力发电、竹木流放、渔业、水资源保护、水土保持、防沙治沙、节约用水等规划。

第十五条　流域范围内的区域规划应当服从流域规划，专业规划应当服从综合规划。

流域综合规划和区域综合规划以及与土地利用关系密切的专业规划，应当与国民经济和社会发展规划以及土地利用总体规划、城市总体规划和环境保护规划相协调，兼顾各地区、各行业的需要。

第十六条　制定规划，必须进行水资源综合科学考察和调查评价。水资源综合科学考察和调查评价，由县级以上人民政府水行政主管部门会同同级有关部门组织进行。

县级以上人民政府应当加强水文、水资源信息系统建设。县级以上人民政府水行政主管部门和流域管理机构应当加强对水资源的动态监测。

基本水文资料应当按照国家有关规定予以公开。

第十七条　国家确定的重要江河、湖泊的流域综合规划，由国务院水行政主管部门会同国务院有关部门和有关省、自治区、直辖市人民政府编制，报国务院批准。跨省、自治区、直辖市的其他江河、湖泊的流域综合规划和区域综合规划，由有关流域管理机构会同江河、湖泊所在地的省、自治区、直辖市人民政府水行政主管部门和有关部门编制，分别经有关省、自治区、直辖市人民政府审查提出意见后，报国务院水行政主管部门审核；国务院水行政主管部门征求国务院有关部门意见后，报国务院或者其授权的部门批准。

前款规定以外的其他江河、湖泊的流域综合规划和区域综合规划，由县级以上地方人民政府水行政主管部门会同同级有关部门和有关地方人民政府编制，报本级人民政府或者其授权的部门批准，并报上一级水行政主管部门备案。

专业规划由县级以上人民政府有关部门编制，征求同级其他有关部门意见后，报本级人民政府批准。其中，防洪规划、水土保持规划的编制、批准，依照防洪法、水土保持法的有关规定执行。

第十八条　规划一经批准，必须严格执行。

经批准的规划需要修改时，必须按照规划编制程序经原批准机关批准。

第十九条　建设水工程，必须符合流域综合规划。在国家确定的重要江河、湖泊和跨省、自治区、直辖市的江河、湖泊上建设水工程，其工程可行性研究报告报请批准前，有关流域管理机构应当对水工程的建设是否符合流域综合规划进行审查并签署意见；在其他江河、湖泊上建设水工程，其工程可行性研究报告报请批准前，县级以上地方人民政府水行政主管部门应当按照管理权限对水工程的建设是否符合流域综合规划进行审查并签署意见。水工程建设涉及防洪的，依照防洪法的有关规定执行；涉及其他地区和行业的，建设单位应当事先征求有关地区和部门的意见。

第三章　水资源开发利用

第二十条　开发、利用水资源，应当坚持兴利与除害相结合，兼顾上下游、左右岸和有关地区之间的利益，充分发挥水资源的综合效益，并服从防洪的总体安排。

第二十一条　开发、利用水资源，应当首先满足城乡居民生活用水，并兼顾农业、工业、生态环境用水以及航运等需要。

在干旱和半干旱地区开发、利用水资源，应当充分考虑生态环境用水需要。

第二十二条　跨流域调水，应当进行全面规划和科学论证，统筹兼顾调出和调入流域的用水需要，防止对生态环境造成破坏。

第二十三条　地方各级人民政府应当结合本地区水资源的实际情况，按照地表水与地下水统一调度开发、开源与节流相结合、节流优先和污水处理再利用的原则，合理组织开发、综合利用水资源。

国民经济和社会发展规划以及城市总体规划的编制、重大建设项目的布局，应当与当地水资源条件和防洪要求相适应，并进行科学论证；在水资源不足的地区，应当对城市规模和建设耗水量大的工业、农业和服务业项目加以限制。

第二十四条 在水资源短缺的地区，国家鼓励对雨水和微咸水的收集、开发、利用和对海水的利用、淡化。

第二十五条 地方各级人民政府应当加强对灌溉、排涝、水土保持工作的领导，促进农业生产发展；在容易发生盐碱化和渍害的地区，应当采取措施，控制和降低地下水的水位。

农村集体经济组织或者其成员依法在本集体经济组织所有的集体土地或者承包土地上投资兴建水工程设施的，按照谁投资建设谁管理和谁受益的原则，对水工程设施及其蓄水进行管理和合理使用。

农村集体经济组织修建水库应当经县级以上地方人民政府水行政主管部门批准。

第二十六条 国家鼓励开发、利用水能资源。在水能丰富的河流，应当有计划地进行多目标梯级开发。建设水力发电站，应当保护生态环境，兼顾防洪、供水、灌溉、航运、竹木流放和渔业等方面的需要。

第二十七条 国家鼓励开发、利用水运资源。在水生生物洄游通道、通航或者竹木流放的河流上修建永久性拦河闸坝，建设单位应当同时修建过鱼、过船、过木设施，或者经国务院授权的部门批准采取其他补救措施，并妥善安排施工和蓄水期间的水生生物保护、航运和竹木流放，所需费用由建设单位承担。

在不通航的河流或者人工水道上修建闸坝后可以通航的，闸坝建设单位应当同时修建过船设施或者预留过船设施位置。

第二十八条 任何单位和个人引水、截（蓄）水、排水，不得损害公共利益和他人的合法权益。

第二十九条 国家对水工程建设移民实行开发性移民的方针，按照前期补偿、补助与后期扶持相结合的原则，妥善安排移民的生产和生活，保护移民的合法权益。

移民安置应当与工程建设同步进行。建设单位应当根据安置地区的环境容量和可持续发展的原则，因地制宜，编制移民安置规划，经依法批准后，由有关地方人民政府组织实施。所需移民经费列入工程建设投资计划。

第四章 水资源、水域和水工程的保护

第三十条 县级以上人民政府水行政主管部门、流域管理机构以及其他有关部门在制定水资源开发、利用规划和调度水资源时，应当注意维持江河的合理流量和湖泊、水库以及地下水的合理水位，维护水体的自然净化能力。

第三十一条 从事水资源开发、利用、节约、保护和防治水害等水事活动，应当遵守经批准的规划；因违反规划造成江河和湖泊水域使用功能降低、地下水超采、地面沉降、水体

污染的，应当承担治理责任。

开采矿藏或者建设地下工程，因疏干排水导致地下水水位下降、水源枯竭或者地面塌陷，采矿单位或者建设单位应当采取补救措施；对他人生活和生产造成损失的，依法给予补偿。

第三十二条　国务院水行政主管部门会同国务院环境保护行政主管部门、有关部门和有关省、自治区、直辖市人民政府，按照流域综合规划、水资源保护规划和经济社会发展要求，拟定国家确定的重要江河、湖泊的水功能区划，报国务院批准。跨省、自治区、直辖市的其他江河、湖泊的水功能区划，由有关流域管理机构会同江河、湖泊所在地的省、自治区、直辖市人民政府水行政主管部门、环境保护行政主管部门和其他有关部门拟定，分别经有关省、自治区、直辖市人民政府审查提出意见后，由国务院水行政主管部门会同国务院环境保护行政主管部门审核，报国务院或者其授权的部门批准。

前款规定以外的其他江河、湖泊的水功能区划，由县级以上地方人民政府水行政主管部门会同同级人民政府环境保护行政主管部门和有关部门拟定，报同级人民政府或者其授权的部门批准，并报上一级水行政主管部门和环境保护行政主管部门备案。

县级以上人民政府水行政主管部门或者流域管理机构应当按照水功能区对水质的要求和水体的自然净化能力，核定该水域的纳污能力，向环境保护行政主管部门提出该水域的限制排污总量意见。

县级以上地方人民政府水行政主管部门和流域管理机构应当对水功能区的水质状况进行监测，发现重点污染物排放总量超过控制指标的，或者水功能区的水质未达到水域使用功能对水质的要求的，应当及时报告有关人民政府采取治理措施，并向环境保护行政主管部门通报。

第三十三条　国家建立饮用水水源保护区制度。省、自治区、直辖市人民政府应当划定饮用水水源保护区，并采取措施，防止水源枯竭和水体污染，保证城乡居民饮用水安全。

第三十四条　禁止在饮用水水源保护区内设置排污口。

在江河、湖泊新建、改建或者扩大排污口，应当经过有管辖权的水行政主管部门或者流域管理机构同意，由环境保护行政主管部门负责对该建设项目的环境影响报告书进行审批。

第三十五条　从事工程建设，占用农业灌溉水源、灌排工程设施，或者对原有灌溉用水、供水水源有不利影响的，建设单位应当采取相应的补救措施；造成损失的，依法给予补偿。

第三十六条　在地下水超采地区，县级以上地方人民政府应当采取措施，严格控制开采地下水。在地下水严重超采地区，经省、自治区、直辖市人民政府批准，可以划定地下水禁止开采或者限制开采区。在沿海地区开采地下水，应当经过科学论证，并采取措施，防止地面沉降和海水入侵。

第三十七条　禁止在江河、湖泊、水库、运河、渠道内弃置、堆放阻碍行洪的物体和种植阻碍行洪的林木及高秆作物。

禁止在河道管理范围内建设妨碍行洪的建筑物、构筑物以及从事影响河势稳定、危害河岸堤防安全和其他妨碍河道行洪的活动。

第三十八条　在河道管理范围内建设桥梁、码头和其他拦河、跨河、临河建筑物、构筑物，铺设跨河管道、电缆，应当符合国家规定的防洪标准和其他有关的技术要求，工程建设方案应当依照防洪法的有关规定报经有关水行政主管部门审查同意。

因建设前款工程设施，需要扩建、改建、拆除或者损坏原有水工程设施的，建设单位应当负担扩建、改建的费用和损失补偿。但是，原有工程设施属于违法工程的除外。

第三十九条　国家实行河道采砂许可制度。河道采砂许可制度实施办法，由国务院规定。

在河道管理范围内采砂，影响河势稳定或者危及堤防安全的，有关县级以上人民政府水行政主管部门应当划定禁采区和规定禁采期，并予以公告。

第四十条　禁止围湖造地。已经围垦的，应当按照国家规定的防洪标准有计划地退地还湖。

禁止围垦河道。确需围垦的，应当经过科学论证，经省、自治区、直辖市人民政府水行政主管部门或者国务院水行政主管部门同意后，报本级人民政府批准。

第四十一条　单位和个人有保护水工程的义务，不得侵占、毁坏堤防、护岸、防汛、水文监测、水文地质监测等工程设施。

第四十二条　县级以上地方人民政府应当采取措施，保障本行政区域内水工程，特别是水坝和堤防的安全，限期消除险情。水行政主管部门应当加强对水工程安全的监督管理。

第四十三条　国家对水工程实施保护。国家所有的水工程应当按照国务院的规定划定工程管理和保护范围。

国务院水行政主管部门或者流域管理机构管理的水工程，由主管部门或者流域管理机构商有关省、自治区、直辖市人民政府划定工程管理和保护范围。

前款规定以外的其他水工程，应当按照省、自治区、直辖市人民政府的规定，划定工程保护范围和保护职责。

在水工程保护范围内，禁止从事影响水工程运行和危害水工程安全的爆破、打井、采石、取土等活动。

第五章　水资源配置和节约使用

第四十四条　国务院发展计划主管部门和国务院水行政主管部门负责全国水资源的宏观调配。全国的和跨省、自治区、直辖市的水中长期供求规划，由国务院水行政主管部门会同有关部门制订，经国务院发展计划主管部门审查批准后执行。地方的水中长期供求规划，由县级以上地方人民政府水行政主管部门会同同级有关部门依据上一级水中长期供求规划和本地区的实际情况制订，经本级人民政府发展计划主管部门审查批准后执行。

水中长期供求规划应当依据水的供求现状、国民经济和社会发展规划、流域规划、区域规划，按照水资源供需协调、综合平衡、保护生态、厉行节约、合理开源的原则制定。

第四十五条　调蓄径流和分配水量，应当依据流域规划和水中长期供求规划，以流域为单元制定水量分配方案。

跨省、自治区、直辖市的水量分配方案和旱情紧急情况下的水量调度预案，由流域管理机构商有关省、自治区、直辖市人民政府制订，报国务院或者其授权的部门批准后执行。其他跨行政区域的水量分配方案和旱情紧急情况下的水量调度预案，由共同的上一级人民政府水行政主管部门商有关地方人民政府制订，报本级人民政府批准后执行。

水量分配方案和旱情紧急情况下的水量调度预案经批准后，有关地方人民政府必须执行。

在不同行政区域之间的边界河流上建设水资源开发、利用项目，应当符合该流域经批准的水量分配方案，由有关县级以上地方人民政府报共同的上一级人民政府水行政主管部门或者有关流域管理机构批准。

第四十六条　县级以上地方人民政府水行政主管部门或者流域管理机构应当根据批准的水量分配方案和年度预测来水量，制定年度水量分配方案和调度计划，实施水量统一调度；有关地方人民政府必须服从。

国家确定的重要江河、湖泊的年度水量分配方案，应当纳入国家的国民经济和社会发展年度计划。

第四十七条　国家对用水实行总量控制和定额管理相结合的制度。

省、自治区、直辖市人民政府有关行业主管部门应当制订本行政区域内行业用水定额，报同级水行政主管部门和质量监督检验行政主管部门审核同意后，由省、自治区、直辖市人民政府公布，并报国务院水行政主管部门和国务院质量监督检验行政主管部门备案。

县级以上地方人民政府发展计划主管部门会同同级水行政主管部门，根据用水定额、经济技术条件以及水量分配方案确定的可供本行政区域使用的水量，制定年度用水计划，对本行政区域内的年度用水实行总量控制。

第四十八条　直接从江河、湖泊或者地下取用水资源的单位和个人，应当按照国家取水许可制度和水资源有偿使用制度的规定，向水行政主管部门或者流域管理机构申请领取取水许可证，并缴纳水资源费，取得取水权。但是，家庭生活和零星散养、圈养畜禽饮用等少量取水的除外。

实施取水许可制度和征收管理水资源费的具体办法，由国务院规定。

第四十九条　用水应当计量，并按照批准的用水计划用水。

用水实行计量收费和超定额累进加价制度。

第五十条　各级人民政府应当推行节水灌溉方式和节水技术，对农业蓄水、输水工程采取必要的防渗漏措施，提高农业用水效率。

第五十一条 工业用水应当采用先进技术、工艺和设备，增加循环用水次数，提高水的重复利用率。

国家逐步淘汰落后的、耗水量高的工艺、设备和产品，具体名录由国务院经济综合主管部门会同国务院水行政主管部门和有关部门制定并公布。生产者、销售者或者生产经营中的使用者应当在规定的时间内停止生产、销售或者使用列入名录的工艺、设备和产品。

第五十二条 城市人民政府应当因地制宜采取有效措施，推广节水型生活用水器具，降低城市供水管网漏失率，提高生活用水效率；加强城市污水集中处理，鼓励使用再生水，提高污水再生利用率。

第五十三条 新建、扩建、改建建设项目，应当制订节水措施方案，配套建设节水设施。节水设施应当与主体工程同时设计、同时施工、同时投产。

供水企业和自建供水设施的单位应当加强供水设施的维护管理，减少水的漏失。

第五十四条 各级人民政府应当积极采取措施，改善城乡居民的饮用水条件。

第五十五条 使用水工程供应的水，应当按照国家规定向供水单位缴纳水费。供水价格应当按照补偿成本、合理收益、优质优价、公平负担的原则确定。具体办法由省级以上人民政府价格主管部门会同同级水行政主管部门或者其他供水行政主管部门依据职权制定。

第六章 水事纠纷处理与执法监督检查

第五十六条 不同行政区域之间发生水事纠纷的，应当协商处理；协商不成的，由上一级人民政府裁决，有关各方必须遵照执行。在水事纠纷解决前，未经各方达成协议或者共同的上一级人民政府批准，在行政区域交界线两侧一定范围内，任何一方不得修建排水、阻水、取水和截（蓄）水工程，不得单方面改变水的现状。

第五十七条 单位之间、个人之间、单位与个人之间发生的水事纠纷，应当协商解决；当事人不愿协商或者协商不成的，可以申请县级以上地方人民政府或者其授权的部门调解，也可以直接向人民法院提起民事诉讼。县级以上地方人民政府或者其授权的部门调解不成的，当事人可以向人民法院提起民事诉讼。

在水事纠纷解决前，当事人不得单方面改变现状。

第五十八条 县级以上人民政府或者其授权的部门在处理水事纠纷时，有权采取临时处置措施，有关各方或者当事人必须服从。

第五十九条 县级以上人民政府水行政主管部门和流域管理机构应当对违反本法的行为加强监督检查并依法进行查处。

水政监督检查人员应当忠于职守，秉公执法。

第六十条　县级以上人民政府水行政主管部门、流域管理机构及其水政监督检查人员履行本法规定的监督检查职责时，有权采取下列措施：

（一）要求被检查单位提供有关文件、证照、资料；

（二）要求被检查单位就执行本法的有关问题作出说明；

（三）进入被检查单位的生产场所进行调查；

（四）责令被检查单位停止违反本法的行为，履行法定义务。

第六十一条　有关单位或者个人对水政监督检查人员的监督检查工作应当给予配合，不得拒绝或者阻碍水政监督检查人员依法执行职务。

第六十二条　水政监督检查人员在履行监督检查职责时，应当向被检查单位或者个人出示执法证件。

第六十三条　县级以上人民政府或者上级水行政主管部门发现本级或者下级水行政主管部门在监督检查工作中有违法或者失职行为的，应当责令其限期改正。

第七章　法律责任

第六十四条　水行政主管部门或者其他有关部门以及水工程管理单位及其工作人员，利用职务上的便利收取他人财物、其他好处或者玩忽职守，对不符合法定条件的单位或者个人核发许可证、签署审查同意意见，不按照水量分配方案分配水量，不按照国家有关规定收取水资源费，不履行监督职责，或者发现违法行为不予查处，造成严重后果，构成犯罪的，对负有责任的主管人员和其他直接责任人员依照刑法的有关规定追究刑事责任；尚不够刑事处罚的，依法给予行政处分。

第六十五条　在河道管理范围内建设妨碍行洪的建筑物、构筑物，或者从事影响河势稳定、危害河岸堤防安全和其他妨碍河道行洪的活动的，由县级以上人民政府水行政主管部门或者流域管理机构依据职权，责令停止违法行为，限期拆除违法建筑物、构筑物，恢复原状；逾期不拆除、不恢复原状的，强行拆除，所需费用由违法单位或者个人负担，并处一万元以上十万元以下的罚款。

未经水行政主管部门或者流域管理机构同意，擅自修建水工程，或者建设桥梁、码头和其他拦河、跨河、临河建筑物、构筑物，铺设跨河管道、电缆，且防洪法未作规定的，由县级以上人民政府水行政主管部门或者流域管理机构依据职权，责令停止违法行为，限期补办有关手续；逾期不补办或者补办未被批准的，责令限期拆除违法建筑物、构筑物；逾期不拆除的，强行拆除，所需费用由违法单位或者个人负担，并处一万元以上十万元以下的罚款。

虽经水行政主管部门或者流域管理机构同意，但未按照要求修建前款所列工程设施的，由县级以上人民政府水行政主管部门或者流域管理机构依据职权，责令限期改正，按照情节轻重，处一万元以上十万元以下的罚款。

第六十六条 有下列行为之一，且防洪法未作规定的，由县级以上人民政府水行政主管部门或者流域管理机构依据职权，责令停止违法行为，限期清除障碍或者采取其他补救措施，处一万元以上五万元以下的罚款：

（一）在江河、湖泊、水库、运河、渠道内弃置、堆放阻碍行洪的物体和种植阻碍行洪的林木及高秆作物的；

（二）围湖造地或者未经批准围垦河道的。

第六十七条 在饮用水水源保护区内设置排污口的，由县级以上地方人民政府责令限期拆除、恢复原状；逾期不拆除、不恢复原状的，强行拆除、恢复原状，并处五万元以上十万元以下的罚款。

未经水行政主管部门或者流域管理机构审查同意，擅自在江河、湖泊新建、改建或者扩大排污口的，由县级以上人民政府水行政主管部门或者流域管理机构依据职权，责令停止违法行为，限期恢复原状，处五万元以上十万元以下的罚款。

第六十八条 生产、销售或者在生产经营中使用国家明令淘汰的落后的、耗水量高的工艺、设备和产品的，由县级以上地方人民政府经济综合主管部门责令停止生产、销售或者使用，处二万元以上十万元以下的罚款。

第六十九条 有下列行为之一的，由县级以上人民政府水行政主管部门或者流域管理机构依据职权，责令停止违法行为，限期采取补救措施，处二万元以上十万元以下的罚款；情节严重的，吊销其取水许可证：

（一）未经批准擅自取水的；

（二）未依照批准的取水许可规定条件取水的。

第七十条 拒不缴纳、拖延缴纳或者拖欠水资源费的，由县级以上人民政府水行政主管部门或者流域管理机构依据职权，责令限期缴纳；逾期不缴纳的，从滞纳之日起按日加收滞纳部分千分之二的滞纳金，并处应缴或者补缴水资源费一倍以上五倍以下的罚款。

第七十一条 建设项目的节水设施没有建成或者没有达到国家规定的要求，擅自投入使用的，由县级以上人民政府有关部门或者流域管理机构依据职权，责令停止使用，限期改正，处五万元以上十万元以下的罚款。

第七十二条 有下列行为之一，构成犯罪的，依照刑法的有关规定追究刑事责任；尚不够刑事处罚，且防洪法未作规定的，由县级以上地方人民政府水行政主管部门或者流域管理机构依据职权，责令停止违法行为，采取补救措施，处一万元以上五万元以下的罚款；违反治安管理处罚条例的，由公安机关依法给予治安管理处罚；给他人造成损失的，依法承担赔偿责任：

（一）侵占、毁坏水工程及堤防、护岸等有关设施，毁坏防汛、水文监测、水文地质监测设施的；

（二）在水工程保护范围内，从事影响水工程运行和危害水工程安全的爆破、打井、采石、取土等活动的。

第七十三条　侵占、盗窃或者抢夺防汛物资，防洪排涝、农田水利、水文监测和测量以及其他水工程设备和器材，贪污或者挪用国家救灾、抢险、防汛、移民安置和补偿及其他水利建设款物，构成犯罪的，依照刑法的有关规定追究刑事责任。

第七十四条　在水事纠纷发生及其处理过程中煽动闹事、结伙斗殴、抢夺或者损坏公私财物、非法限制他人人身自由，构成犯罪的，依照刑法的有关规定追究刑事责任；尚不够刑事处罚的，由公安机关依法给予治安管理处罚。

第七十五条　不同行政区域之间发生水事纠纷，有下列行为之一的，对负有责任的主管人员和其他直接责任人员依法给予行政处分：

（一）拒不执行水量分配方案和水量调度预案的；

（二）拒不服从水量统一调度的；

（三）拒不执行上一级人民政府的裁决的；

（四）在水事纠纷解决前，未经各方达成协议或者上一级人民政府批准，单方面违反本法规定改变水的现状的。

第七十六条　引水、截（蓄）水、排水，损害公共利益或者他人合法权益的，依法承担民事责任。

第七十七条　对违反本法第三十九条有关河道采砂许可制度规定的行政处罚，由国务院规定。

第八章　附则

第七十八条　中华人民共和国缔结或者参加的与国际或者国境边界河流、湖泊有关的国际条约、协定与中华人民共和国法律有不同规定的，适用国际条约、协定的规定。但是，中华人民共和国声明保留的条款除外。

第七十九条　本法所称水工程，是指在江河、湖泊和地下水源上开发、利用、控制、调配和保护水资源的各类工程。

第八十条　海水的开发、利用、保护和管理，依照有关法律的规定执行。

第八十一条　从事防洪活动，依照防洪法的规定执行。

水污染防治，依照水污染防治法的规定执行。

第八十二条　本法自2002年10月1日起施行。

中华人民共和国矿产资源法

第一章 总则

第一条 为了发展矿业，加强矿产资源的勘查、开发利用和保护工作，保障社会主义现代化建设的当前和长远的需要，根据中华人民共和国宪法，特制定本法。

第二条 在中华人民共和国领域及管辖海域勘查、开采矿产资源，必须遵守本法。

第三条 矿产资源属于国家所有，由国务院行使国家对矿产资源的所有权。地表或者地下的矿产资源的国家所有权，不因其所依附的土地的所有权或者使用权的不同而改变。

国家保障矿产资源的合理开发利用。禁止任何组织或者个人用任何手段侵占或者破坏矿产资源。各级人民政府必须加强矿产资源的保护工作。

勘查、开采矿产资源，必须依法分别申请、经批准取得探矿权、采矿权，并办理登记；但是，已经依法申请取得采矿权的矿山企业在划定的矿区范围内为本企业的生产而进行的勘查除外。

国家保护探矿权和采矿权不受侵犯，保障矿区和勘查作业区的生产秩序、工作秩序不受影响和破坏。

从事矿产资源勘查和开采的，必须符合规定的资质条件。

第四条 国家保障依法设立的矿山企业开采矿产资源的合法权益。

国有矿山企业是开采矿产资源的主体。国家保障国有矿业经济的巩固和发展。

第五条 国家实行探矿权、采矿权有偿取得的制度；但是，国家对探矿权、采矿权有偿取得的费用，可以根据不同情况规定予以减缴、免缴。具体办法和实施步骤由国务院规定。

开采矿产资源，必须按照国家有关规定缴纳资源税和资源补偿费。

第六条 除按下列规定可以转让外，探矿权、采矿权不得转让：

（一）探矿权人有权在划定的勘查作业区内进行规定的勘查作业，有权优先取得勘查作业区内矿产资源的采矿权。探矿权人在完成规定的最低勘查投入后，经依法批准，可以将探矿权转让他人。

（二）已取得采矿权的矿山企业，因企业合并、分立，与他人合资、合作经营，或者因企业资产出售以及有其他变更企业资产产权的情形而需要变更采矿权主体的，经依法批准可以将采矿权转让他人采矿。

前款规定的具体办法和实施步骤由国务院规定。

禁止将探矿权、采矿权倒卖牟利。

第七条　国家对矿产资源的勘查、开发实行统一规划、合理布局、综合勘查、合理开采和综合利用的方针。

第八条　国家鼓励矿产资源勘查、开发的科学技术研究，推广先进技术，提高矿产资源勘查、开发的科学技术水平。

第九条　在勘查、开发、保护矿产资源和进行科学技术研究等方面成绩显著的单位和个人，由各级人民政府给予奖励。

第十条　国家在民族自治地方开采矿产资源，应当照顾民族自治地方的利益，作出有利于民族自治地方经济建设的安排，照顾当地少数民族群众的生产和生活。

民族自治地方的自治机关根据法律规定和国家的统一规划，对可以由本地方开发的矿产资源，优先合理开发利用。

第十一条　国务院地质矿产主管部门主管全国矿产资源勘查、开采的监督管理工作。国务院有关主管部门协助国务院地质矿产主管部门进行矿产资源勘查、开采的监督管理工作。

省、自治区、直辖市人民政府地质矿产主管部门主管本行政区域内矿产资源勘查、开采的监督管理工作。省、自治区、直辖市人民政府有关主管部门协助同级地质矿产主管部门进行矿产资源勘查、开采的监督管理工作。

第二章　矿产资源勘查的登记和开采的审批

第十二条　国家对矿产资源勘查实行统一的区块登记管理制度。矿产资源勘查登记工作，由国务院地质矿产主管部门负责；特定矿种的矿产资源勘查登记工作，可以由国务院授权有关主管部门负责。矿产资源勘查区块登记管理办法由国务院制定。

第十三条　国务院矿产储量审批机构或者省、自治区、直辖市矿产储量审批机构负责审查批准供矿山建设设计使用的勘探报告，并在规定的期限内批复报送单位。勘探报告未经批准，不得作为矿山建设设计的依据。

第十四条　矿产资源勘查成果档案资料和各类矿产储量的统计资料，实行统一的管理制度，按照国务院规定汇交或者填报。

第十五条　设立矿山企业，必须符合国家规定的资质条件，并依照法律和国家有关规定，由审批机关对其矿区范围、矿山设计或者开采方案、生产技术条件、安全措施和环境保护措施等进行审查；审查合格的，方予批准。

第十六条　开采下列矿产资源的，由国务院地质矿产主管部门审批，并颁发采矿许可证：

（一）国家规划矿区和对国民经济具有重要价值的矿区内的矿产资源；

（二）前项规定区域以外可供开采的矿产储量规模在大型以上的矿产资源；

（三）国家规定实行保护性开采的特定矿种；

（四）领海及中国管辖的其他海域的矿产资源；

（五）国务院规定的其他矿产资源。

开采石油、天然气、放射性矿产等特定矿种的，可以由国务院授权的有关主管部门审批，并颁发采矿许可证。

开采第一款、第二款规定以外的矿产资源，其可供开采的矿产的储量规模为中型的，由省、自治区、直辖市人民政府地质矿产主管部门审批和颁发采矿许可证。

开采第一款、第二款和第三款规定以外的矿产资源的管理办法，由省、自治区、直辖市人民代表大会常务委员会依法制定。

依照第三款、第四款的规定审批和颁发采矿许可证的，由省、自治区、直辖市人民政府地质矿产主管部门汇总向国务院地质矿产主管部门备案。

矿产储量规模的大型、中型的划分标准，由国务院矿产储量审批机构规定。

第十七条 国家对国家规划矿区、对国民经济具有重要价值的矿区和国家规定实行保护性开采的特定矿种，实行有计划的开采；未经国务院有关主管部门批准，任何单位和个人不得开采。

第十八条 国家规划矿区的范围、对国民经济具有重要价值的矿区的范围、矿山企业矿区的范围依法划定后，由划定矿区范围的主管机关通知有关县级人民政府予以公告。

矿山企业变更矿区范围，必须报请原审批机关批准，并报请原颁发采矿许可证的机关重新核发采矿许可证。

第十九条 地方各级人民政府应当采取措施，维护本行政区域内的国有矿山企业和其他矿山企业矿区范围内的正常秩序。

禁止任何单位和个人进入他人依法设立的国有矿山企业和其他矿山企业矿区范围内采矿。

第二十条 非经国务院授权的有关主管部门同意，不得在下列地区开采矿产资源：

（一）港口、机场、国防工程设施圈定地区以内；

（二）重要工业区、大型水利工程设施、城镇市政工程设施附近一定距离以内；

（三）铁路、重要公路两侧一定距离以内；

（四）重要河流、堤坝两侧一定距离以内；

（五）国家划定的自然保护区、重要风景区，国家重点保护的不能移动的历史文物和名胜古迹所在地；

（六）国家规定不得开采矿产资源的其他地区。

第二十一条 关闭矿山，必须提出矿山闭坑报告及有关采掘工程、不安全隐患、土地复垦利用、环境保护的资料，并按照国家规定报请审查批准。

第二十二条　勘查、开采矿产资源时，发现具有重大科学文化价值的罕见地质现象以及文化古迹，应当加以保护并及时报告有关部门。

第三章　矿产资源的勘查

第二十三条　区域地质调查按照国家统一规划进行。区域地质调查的报告和图件按照国家规定验收，提供有关部门使用。

第二十四条　矿产资源普查在完成主要矿种普查任务的同时，应当对工作区内包括共生或者伴生矿产的成矿地质条件和矿床工业远景作出初步综合评价。

第二十五条　矿床勘探必须对矿区内具有工业价值的共生和伴生矿产进行综合评价，并计算其储量。未作综合评价的勘探报告不予批准。但是，国务院计划部门另有规定的矿床勘探项目除外。

第二十六条　普查、勘探易损坏的特种非金属矿产、流体矿产、易燃易爆易溶矿产和含有放射性元素的矿产，必须采用省级以上人民政府有关主管部门规定的普查、勘探方法，并有必要的技术装备和安全措施。

第二十七条　矿产资源勘查的原始地质编录和图件，岩矿心、测试样品和其他实物标本资料，各种勘查标志，应当按照有关规定保护和保存。

第二十八条　矿床勘探报告及其他有价值的勘查资料，按照国务院规定实行有偿使用。

第四章　矿产资源的开采

第二十九条　开采矿产资源，必须采取合理的开采顺序、开采方法和选矿工艺。矿山企业的开采回采率、采矿贫化率和选矿回收率应当达到设计要求。

第三十条　在开采主要矿产的同时，对具有工业价值的共生和伴生矿产应当统一规划，综合开采，综合利用，防止浪费；对暂时不能综合开采或者必须同时采出而暂时还不能综合利用的矿产以及含有有用组分的尾矿，应当采取有效的保护措施，防止损失破坏。

第三十一条　开采矿产资源，必须遵守国家劳动安全卫生规定，具备保障安全生产的必要条件。

第三十二条　开采矿产资源，必须遵守有关环境保护的法律规定，防止污染环境。

开采矿产资源，应当节约用地。耕地、草原、林地因采矿受到破坏的，矿山企业应当因地制宜地采取复垦利用、植树种草或者其他利用措施。

开采矿产资源给他人生产、生活造成损失的，应当负责赔偿，并采取必要的补救措施。

第三十三条　在建设铁路、工厂、水库、输油管道、输电线路和各种大型建筑物或者建筑群之前，建设单位必须向所在省、自治区、直辖市地质矿产主管部门了解拟建工程所在地区的矿产资源分布和开采情况。非经国务院授权的部门批准，不得压覆重要矿床。

第三十四条 国务院规定由指定的单位统一收购的矿产品，任何其他单位或者个人不得收购；开采者不得向非指定单位销售。

第五章 集体矿山企业和个体采矿

第三十五条 国家对集体矿山企业和个体采矿实行积极扶持、合理规划、正确引导、加强管理的方针，鼓励集体矿山企业开采国家指定范围内的矿产资源，允许个人采挖零星分散资源和只能用作普通建筑材料的砂、石、粘土以及为生活自用采挖少量矿产。

矿产储量规模适宜由矿山企业开采的矿产资源、国家规定实行保护性开采的特定矿种和国家规定禁止个人开采的其他矿产资源，个人不得开采。

国家指导、帮助集体矿山企业和个体采矿不断提高技术水平、资源利用率和经济效益。

地质矿产主管部门、地质工作单位和国有矿山企业应当按照积极支持、有偿互惠的原则向集体矿山企业和个体采矿提供地质资料和技术服务。

第三十六条 国务院和国务院有关主管部门批准开办的矿山企业矿区范围内已有的集体矿山企业，应当关闭或者到指定的其他地点开采，由矿山建设单位给予合理的补偿，并妥善安置群众生活；也可以按照该矿山企业的统筹安排，实行联合经营。

第三十七条 集体矿山企业和个体采矿应当提高技术水平，提高矿产资源回收率。禁止乱挖滥采，破坏矿产资源。

集体矿山企业必须测绘井上、井下工程对照图。

第三十八条 县级以上人民政府应当指导、帮助集体矿山企业和个体采矿进行技术改造，改善经营管理，加强安全生产。

第六章 法律责任

第三十九条 违反本法规定，未取得采矿许可证擅自采矿的，擅自进入国家规划矿区、对国民经济具有重要价值的矿区范围采矿的，擅自开采国家规定实行保护性开采的特定矿种的，责令停止开采、赔偿损失，没收采出的矿产品和违法所得，可以并处罚款；拒不停止开采，造成矿产资源破坏的，依照刑法第一百五十六条的规定对直接责任人员追究刑事责任。

单位和个人进入他人依法设立的国有矿山企业和其他矿山企业矿区范围内采矿的，依照前款规定处罚。

第四十条 超越批准的矿区范围采矿的，责令退回本矿区范围内开采、赔偿损失，没收越界开采的矿产品和违法所得，可以并处罚款；拒不退回本矿区范围内开采，造成矿产资源破坏的，吊销采矿许可证，依照刑法第一百五十六条的规定对直接责任人员追究刑事责任。

第四十一条　盗窃、抢夺矿山企业和勘查单位的矿产品和其他财物的，破坏采矿、勘查设施的，扰乱矿区和勘查作业区的生产秩序、工作秩序的，分别依照刑法有关规定追究刑事责任；情节显著轻微的，依照治安管理处罚条例有关规定予以处罚。

第四十二条　买卖、出租或者以其他形式转让矿产资源的，没收违法所得，处以罚款。

违反本法第六条的规定将探矿权、采矿权倒卖牟利的，吊销勘查许可证、采矿许可证，没收违法所得，处以罚款。

第四十三条　违反本法规定收购和销售国家统一收购的矿产品的，没收矿产品和违法所得，可以并处罚款；情节严重的，依照刑法第一百一十七条、第一百一十八条的规定，追究刑事责任。

第四十四条　违反本法规定，采取破坏性的开采方法开采矿产资源的，处以罚款，可以吊销采矿许可证；造成矿产资源严重破坏的，依照刑法第一百五十六条的规定对直接责任人员追究刑事责任。

第四十五条　本法第三十九条、第四十条、第四十二条规定的行政处罚，由县级以上人民政府负责地质矿产管理工作的部门按照国务院地质矿产主管部门规定的权限决定。第四十三条规定的行政处罚，由县级以上人民政府工商行政管理部门决定。

第四十四条规定的行政处罚，由省、自治区、直辖市人民政府地质矿产主管部门决定。给予吊销勘查许可证或者采矿许可证处罚的，须由原发证机关决定。

依照第三十九条、第四十条、第四十二条、第四十四条规定应当给予行政处罚而不给予行政处罚的，上级人民政府地质矿产主管部门有权责令改正或者直接给予行政处罚。

第四十六条　当事人对行政处罚决定不服的，可以依法申请复议，也可以依法直接向人民法院起诉。

当事人逾期不申请复议也不向人民法院起诉，又不履行处罚决定的，由作出处罚决定的机关申请人民法院强制执行。

第四十七条　负责矿产资源勘查、开采监督管理工作的国家工作人员和其他有关国家工作人员徇私舞弊、滥用职权或者玩忽职守，违反本法规定批准勘查、开采矿产资源和颁发勘查许可证、采矿许可证，或者对违法采矿行为不依法予以制止、处罚，构成犯罪的，依法追究刑事责任；不构成犯罪的，给予行政处分。违法颁发的勘查许可证、采矿许可证，上级人民政府地质矿产主管部门有权予以撤销。

第四十八条　以暴力、威胁方法阻碍从事矿产资源勘查、开采监督管理工作的国家工作人员依法执行职务的，依照刑法第一百五十七条的规定追究刑事责任；拒绝、阻碍从事矿产资源勘查、开采监督管理工作的国家工作人员依法执行职务未使用暴力、威胁方法的，由公安机关依照治安管理处罚条例的规定处罚。

第四十九条 矿山企业之间的矿区范围的争议，由当事人协商解决，协商不成的，由有关县级以上地方人民政府根据依法核定的矿区范围处理；跨省、自治区、直辖市的矿区范围的争议，由有关省、自治区、直辖市人民政府协商解决，协商不成的，由国务院处理。

第七章 附则

第五十条 外商投资勘查、开采矿产资源，法律、行政法规另有规定的，从其规定。

第五十一条 本法施行以前，未办理批准手续、未划定矿区范围、未取得采矿许可证开采矿产资源的，应当依照本法有关规定申请补办手续。

第五十二条 本法实施细则由国务院制定。

第五十三条 本法自1986年10月1日起施行。

附：刑法有关条款

第一百一十七条 违反金融、外汇、金银、工商管理法规，投机倒把，情节严重的，处三年以下有期徒刑或者拘役，可以并处、单处罚金或者没收财产。

第一百一十八条 以走私、投机倒把为常业的，走私、投机倒把数额巨大的或者走私、投机倒把集团的首要分子，处三年以上十年以下有期徒刑，可以并处没收财产。

第一百五十六条 故意毁坏公私财物，情节严重的，处三年以下有期徒刑、拘役或者罚金。

第一百五十七条 以暴力、威胁方法阻碍国家工作人员依法执行职务的，或者拒不执行人民法院已经发生法律效力的判决、裁定的，处三年以下有期徒刑、拘役、罚金或者剥夺政治权利。

第一百五十八条 禁止任何人利用任何手段扰乱社会秩序。扰乱社会秩序情节严重，致使工作、生产、营业和教学、科研无法进行，国家和社会遭受严重损失的，对首要分子处五年以下有期徒刑、拘役、管制或者剥夺政治权利。

中华人民共和国土地管理法

第一章　总则

第一条　为了加强土地管理，维护土地的社会主义公有制，保护、开发土地资源，合理利用土地，切实保护耕地，促进社会经济的可持续发展，根据宪法，制定本法。

第二条　中华人民共和国实行土地的社会主义公有制，即全民所有制和劳动群众集体所有制。

全民所有，即国家所有土地的所有权由国务院代表国家行使。

任何单位和个人不得侵占、买卖或者以其他形式非法转让土地。土地使用权可以依法转让。

国家为了公共利益的需要，可以依法对土地实行征收或者征用并给予补偿。

国家依法实行国有土地有偿使用制度。但是，国家在法律规定的范围内划拨国有土地使用权的除外。

第三条　十分珍惜、合理利用土地和切实保护耕地是我国的基本国策。各级人民政府应当采取措施，全面规划，严格管理，保护、开发土地资源，制止非法占用土地的行为。

第四条　国家实行土地用途管制制度。

国家编制土地利用总体规划，规定土地用途，将土地分为农用地、建设用地和未利用地。严格限制农用地转为建设用地，控制建设用地总量，对耕地实行特殊保护。

前款所称农用地是指直接用于农业生产的土地，包括耕地、林地、草地、农田水利用地、养殖水面等；建设用地是指建造建筑物、构筑物的土地，包括城乡住宅和公共设施用地、工矿用地、交通水利设施用地、旅游用地、军事设施用地等；未利用地是指农用地和建设用地以外的土地。

使用土地的单位和个人必须严格按照土地利用总体规划确定的用途使用土地。

第五条　国务院土地行政主管部门统一负责全国土地的管理和监督工作。

县级以上地方人民政府土地行政主管部门的设置及其职责，由省、自治区、直辖市人民政府根据国务院有关规定确定。

第六条　任何单位和个人都有遵守土地管理法律、法规的义务，并有权对违反土地管理法律、法规的行为提出检举和控告。

第七条 在保护和开发土地资源、合理利用土地以及进行有关的科学研究等方面成绩显著的单位和个人，由人民政府给予奖励。

第二章 土地的所有权和使用权

第八条 城市市区的土地属于国家所有。

农村和城市郊区的土地，除由法律规定属于国家所有的以外，属于农民集体所有；宅基地和自留地、自留山，属于农民集体所有。

第九条 国有土地和农民集体所有的土地，可以依法确定给单位或者个人使用。使用土地的单位和个人，有保护、管理和合理利用土地的义务。

第十条 农民集体所有的土地依法属于村农民集体所有的，由村集体经济组织或者村民委员会经营、管理；已经分别属于村内两个以上农村集体经济组织的农民集体所有的，由村内各该农村集体经济组织或者村民小组经营、管理；已经属于乡（镇）农民集体所有的，由乡（镇）农村集体经济组织经营、管理。

第十一条 农民集体所有的土地，由县级人民政府登记造册，核发证书，确认所有权。

农民集体所有的土地依法用于非农业建设的，由县级人民政府登记造册，核发证书，确认建设用地使用权。

单位和个人依法使用的国有土地，由县级以上人民政府登记造册，核发证书，确认使用权；其中，中央国家机关使用的国有土地的具体登记发证机关，由国务院确定。

确认林地、草原的所有权或者使用权，确认水面、滩涂的养殖使用权，分别依照《中华人民共和国森林法》、《中华人民共和国草原法》和《中华人民共和国渔业法》的有关规定办理。

第十二条 依法改变土地权属和用途的，应当办理土地变更登记手续。

第十三条 依法登记的土地的所有权和使用权受法律保护，任何单位和个人不得侵犯。

第十四条 农民集体所有的土地由本集体经济组织的成员承包经营，从事种植业、林业、畜牧业、渔业生产。土地承包经营期限为三十年。发包方和承包方应当订立承包合同，约定双方的权利和义务。承包经营土地的农民有保护和按照承包合同约定的用途合理利用土地的义务。农民的土地承包经营权受法律保护。

在土地承包经营期限内，对个别承包经营者之间承包的土地进行适当调整的，必须经村民会议三分之二以上成员或者三分之二以上村民代表的同意，并报乡（镇）人民政府和县级人民政府农业行政主管部门批准。

第十五条 国有土地可以由单位或者个人承包经营，从事种植业、林业、畜牧业、渔业生产。农民集体所有的土地，可以由本集体经济组织以外的单位或者个人承包经营，从事种植业、林业、畜牧业、渔业生产。发包方和承包方应当订立承包合同，约定双方的权利和义务。土地承包经营的期限由承包合同约定。承包经营土地的单位和个人，有保护和按照承包合同约定的用途合理利用土地的义务。

农民集体所有的土地由本集体经济组织以外的单位或者个人承包经营的，必须经村民会议三分之二以上成员或者三分之二以上村民代表的同意，并报乡（镇）人民政府批准。

第十六条　土地所有权和使用权争议，由当事人协商解决；协商不成的，由人民政府处理。

单位之间的争议，由县级以上人民政府处理；个人之间、个人与单位之间的争议，由乡级人民政府或者县级以上人民政府处理。

当事人对有关人民政府的处理决定不服的，可以自接到处理决定通知之日起三十日内，向人民法院起诉。

在土地所有权和使用权争议解决前，任何一方不得改变土地利用现状。

第三章　土地利用总体规划

第十七条　各级人民政府应当依据国民经济和社会发展规划、国土整治和资源环境保护的要求、土地供给能力以及各项建设对土地的需求，组织编制土地利用总体规划。

土地利用总体规划的规划期限由国务院规定。

第十八条　下级土地利用总体规划应当依据上一级土地利用总体规划编制。

地方各级人民政府编制的土地利用总体规划中的建设用地总量不得超过上一级土地利用总体规划确定的控制指标，耕地保有量不得低于上一级土地利用总体规划确定的控制指标。

省、自治区、直辖市人民政府编制的土地利用总体规划，应当确保本行政区域内耕地总量不减少。

第十九条　土地利用总体规划按照下列原则编制：

（一）严格保护基本农田，控制非农业建设占用农用地；

（二）提高土地利用率；

（三）统筹安排各类、各区域用地；

（四）保护和改善生态环境，保障土地的可持续利用；

（五）占用耕地与开发复垦耕地相平衡。

第二十条　县级土地利用总体规划应当划分土地利用区，明确土地用途。

乡（镇）土地利用总体规划应当划分土地利用区，根据土地使用条件，确定每一块土地的用途，并予以公告。

第二十一条　土地利用总体规划实行分级审批。

省、自治区、直辖市的土地利用总体规划，报国务院批准。

省、自治区人民政府所在地的市、人口在一百万以上的城市以及国务院指定的城市的土地利用总体规划，经省、自治区人民政府审查同意后，报国务院批准。

本条第二款、第三款规定以外的土地利用总体规划，逐级上报省、自治区、直辖市人民政府批准；其中，乡（镇）土地利用总体规划可以由省级人民政府授权的设区的市、自治州人民政府批准。

土地利用总体规划一经批准，必须严格执行。

第二十二条　城市建设用地规模应当符合国家规定的标准，充分利用现有建设用地，不占或者尽量少占农用地。

城市总体规划、村庄和集镇规划，应当与土地利用总体规划相衔接，城市总体规划、村庄和集镇规划中建设用地规模不得超过土地利用总体规划确定的城市和村庄、集镇建设用地规模。

在城市规划区内、村庄和集镇规划区内，城市和村庄、集镇建设用地应当符合城市规划、村庄和集镇规划。

第二十三条　江河、湖泊综合治理和开发利用规划，应当与土地利用总体规划相衔接。在江河、湖泊、水库的管理和保护范围以及蓄洪滞洪区内，土地利用应当符合江河、湖泊综合治理和开发利用规划，符合河道、湖泊行洪、蓄洪和输水的要求。

第二十四条　各级人民政府应当加强土地利用计划管理，实行建设用地总量控制。

土地利用年度计划，根据国民经济和社会发展计划、国家产业政策、土地利用总体规划以及建设用地和土地利用的实际状况编制。土地利用年度计划的编制审批程序与土地利用总体规划的编制审批程序相同，一经审批下达，必须严格执行。

第二十五条　省、自治区、直辖市人民政府应当将土地利用年度计划的执行情况列为国民经济和社会发展计划执行情况的内容，向同级人民代表大会报告。

第二十六条　经批准的土地利用总体规划的修改，须经原批准机关批准；未经批准，不得改变土地利用总体规划确定的土地用途。

经国务院批准的大型能源、交通、水利等基础设施建设用地，需要改变土地利用总体规划的，根据国务院的批准文件修改土地利用总体规划。

经省、自治区、直辖市人民政府批准的能源、交通、水利等基础设施建设用地，需要改变土地利用总体规划的，属于省级人民政府土地利用总体规划批准权限内的，根据省级人民政府的批准文件修改土地利用总体规划。

第二十七条　国家建立土地调查制度。

县级以上人民政府土地行政主管部门会同同级有关部门进行土地调查。土地所有者或者使用者应当配合调查，并提供有关资料。

第二十八条　县级以上人民政府土地行政主管部门会同同级有关部门根据土地调查成

果、规划土地用途和国家制定的统一标准，评定土地等级。

第二十九条　国家建立土地统计制度。

县级以上人民政府土地行政主管部门和同级统计部门共同制定统计调查方案，依法进行土地统计，定期发布土地统计资料。土地所有者或者使用者应当提供有关资料，不得虚报、瞒报、拒报、迟报。

土地行政主管部门和统计部门共同发布的土地面积统计资料是各级人民政府编制土地利用总体规划的依据。

第三十条　国家建立全国土地管理信息系统，对土地利用状况进行动态监测。

第四章　耕地保护

第三十一条　国家保护耕地，严格控制耕地转为非耕地。

国家实行占用耕地补偿制度。非农业建设经批准占用耕地的，按照“占多少，垦多少”的原则，由占用耕地的单位负责开垦与所占用耕地的数量和质量相当的耕地；没有条件开垦或者开垦的耕地不符合要求的，应当按照省、自治区、直辖市的规定缴纳耕地开垦费，专款用于开垦新的耕地。

省、自治区、直辖市人民政府应当制定开垦耕地计划，监督占用耕地的单位按照计划开垦耕地或者按照计划组织开垦耕地，并进行验收。

第三十二条　县级以上地方人民政府可以要求占用耕地的单位将所占用耕地耕作层的土壤用于新开垦耕地、劣质地或者其他耕地的土壤改良。

第三十三条　省、自治区、直辖市人民政府应当严格执行土地利用总体规划和土地利用年度计划，采取措施，确保本行政区域内耕地总量不减少；耕地总量减少的，由国务院责令在规定期限内组织开垦与所减少耕地的数量与质量相当的耕地，并由国务院土地行政主管部门会同农业行政主管部门验收。个别省、直辖市确因土地后备资源匮乏，新增建设用地后，新开垦耕地的数量不足以补偿所占用耕地的数量的，必须报经国务院批准减免本行政区域内开垦耕地的数量，进行易地开垦。

第三十四条　国家实行基本农田保护制度。下列耕地应当根据土地利用总体规划划入基本农田保护区，严格管理：

（一）经国务院有关主管部门或者县级以上地方人民政府批准确定的粮、棉、油生产基地内的耕地；

（二）有良好的水利与水土保持设施的耕地，正在实施改造计划以及可以改造的中、低产田；

（三）蔬菜生产基地；

（四）农业科研、教学试验田；

（五）国务院规定应当划入基本农田保护区的其他耕地。

各省、自治区、直辖市划定的基本农田应当占本行政区域内耕地的百分之八十以上。

基本农田保护区以乡（镇）为单位进行划区定界，由县级人民政府土地行政主管部门会同同级农业行政主管部门组织实施。

第三十五条　各级人民政府应当采取措施，维护排灌工程设施，改良土壤，提高地力，防止土地荒漠化、盐渍化、水土流失和污染土地。

第三十六条　非农业建设必须节约使用土地，可以利用荒地的，不得占用耕地；可以利用劣地的，不得占用好地。

禁止占用耕地建窑、建坟或者擅自在耕地上建房、挖砂、采石、采矿、取土等。

禁止占用基本农田发展林果业和挖塘养鱼。

第三十七条　禁止任何单位和个人闲置、荒芜耕地。已经办理审批手续的非农业建设占用耕地，一年内不用而又可以耕种并收获的，应当由原耕种该幅耕地的集体或者个人恢复耕种，也可以由用地单位组织耕种；一年以上未动工建设的，应当按照省、自治区、直辖市的规定缴纳闲置费；连续二年未使用的，经原批准机关批准，由县级以上人民政府无偿收回用地单位的土地使用权；该幅土地原为农民集体所有的，应当交由原农村集体经济组织恢复耕种。

在城市规划区范围内，以出让方式取得土地使用权进行房地产开发的闲置土地，依照《中华人民共和国城市房地产管理法》的有关规定办理。

承包经营耕地的单位或者个人连续二年弃耕抛荒的，原发包单位应当终止承包合同，收回发包的耕地。

第三十八条　国家鼓励单位和个人按照土地利用总体规划，在保护和改善生态环境、防止水土流失和土地荒漠化的前提下，开发未利用的土地；适宜开发为农用地的，应当优先开发成农用地。

国家依法保护开发者的合法权益。

第三十九条　开垦未利用的土地，必须经过科学论证和评估，在土地利用总体规划划定的可开垦的区域内，经依法批准后进行。禁止毁坏森林、草原开垦耕地，禁止围湖造田和侵占江河滩地。

根据土地利用总体规划，对破坏生态环境开垦、围垦的土地，有计划有步骤地退耕还林、还牧、还湖。

第四十条　开发未确定使用权的国有荒山、荒地、荒滩从事种植业、林业、畜牧业、渔业生产的，经县级以上人民政府依法批准，可以确定给开发单位或者个人长期使用。

第四十一条　国家鼓励土地整理。县、乡（镇）人民政府应当组织农村集体经济组织，按照土地利用总体规划，对田、水、路、林、村综合整治，提高耕地质量，增加有效耕地面积，改善农业生产条件和生态环境。

地方各级人民政府应当采取措施，改造中、低产田，整治闲散地和废弃地。

第四十二条　因挖损、塌陷、压占等造成土地破坏，用地单位和个人应当按照国家有关规定负责复垦；没有条件复垦或者复垦不符合要求的，应当缴纳土地复垦费，专项用于土地复垦。复垦的土地应当优先用于农业。

第五章　建设用地

第四十三条　任何单位和个人进行建设，需要使用土地的，必须依法申请使用国有土地；但是，兴办乡镇企业和村民建设住宅经依法批准使用本集体经济组织农民集体所有的土地的，或者乡（镇）村公共设施和公益事业建设经依法批准使用农民集体所有的土地的除外。

前款所称依法申请使用的国有土地包括国家所有的土地和国家征收的原属于农民集体所有的土地。

第四十四条　建设占用土地，涉及农用地转为建设用地的，应当办理农用地转用审批手续。

省、自治区、直辖市人民政府批准的道路、管线工程和大型基础设施建设项目、国务院批准的建设项目占用土地，涉及农用地转为建设用地的，由国务院批准。

在土地利用总体规划确定的城市和村庄、集镇建设用地规模范围内，为实施该规划而将农用地转为建设用地的，按土地利用年度计划分批次由原批准土地利用总体规划的机关批准。在已批准的农用地转用范围内，具体建设项目用地可以由市、县人民政府批准。

本条第二款、第三款规定以外的建设项目占用土地，涉及农用地转为建设用地的，由省、自治区、直辖市人民政府批准。

第四十五条　征收下列土地的，由国务院批准：

（一）基本农田；

（二）基本农田以外的耕地超过三十五公顷的；

（三）其他土地超过七十公顷的。

征收前款规定以外的土地的，由省、自治区、直辖市人民政府批准，并报国务院备案。

征收农用地的，应当依照本法第四十四条的规定先行办理农用地转用审批。其中，经国务院批准农用地转用的，同时办理征地审批手续，不再另行办理征地审批；经省、自治区、直辖市人民政府在征地批准权限内批准农用地转用的，同时办理征地审批手续，不再另行办理征地审批，超过征地批准权限的，应当依照本条第一款的规定另行办理征地审批。

第四十六条　国家征收土地的，依照法定程序批准后，由县级以上地方人民政府予以公告并组织实施。

被征收土地的所有权人、使用权人应当在公告规定期限内，持土地权属证书到当地人民政府土地行政主管部门办理征地补偿登记。

第四十七条　征收土地的，按照被征收土地的原用途给予补偿。

征收耕地的补偿费用包括土地补偿费、安置补助费以及地上附着物和青苗的补偿费。征收耕地的土地补偿费，为该耕地被征收前三年平均年产值的六至十倍。征收耕地的安置补助费，按照需要安置的农业人口数计算。需要安置的农业人口数，按照被征收的耕地数量除以征地前被征收单位平均每人占有耕地的数量计算。每一个需要安置的农业人口的安置补助费标准，为该耕地被征收前三年平均年产值的四至六倍。但是，每公顷被征收耕地的安置补助费，最高不得超过被征收前三年平均年产值的十五倍。

征收其他土地的土地补偿费和安置补助费标准，由省、自治区、直辖市参照征收耕地的土地补偿费和安置补助费的标准规定。

被征收土地上的附着物和青苗的补偿标准，由省、自治区、直辖市规定。

征收城市郊区的菜地，用地单位应当按照国家有关规定缴纳新菜地开发建设基金。

依照本条第二款的规定支付土地补偿费和安置补助费，尚不能使需要安置的农民保持原有生活水平的，经省、自治区、直辖市人民政府批准，可以增加安置补助费。但是，土地补偿费和安置补助费的总和不得超过土地被征收前三年平均年产值的三十倍。

国务院根据社会、经济发展水平，在特殊情况下，可以提高征收耕地的土地补偿费和安置补助费的标准。

第四十八条　征地补偿安置方案确定后，有关地方人民政府应当公告，并听取被征地的农村集体经济组织和农民的意见。

第四十九条　被征地的农村集体经济组织应当将征收土地的补偿费用的收支状况向本集体经济组织的成员公布，接受监督。

禁止侵占、挪用被征收土地单位的征地补偿费用和其他有关费用。

第五十条　地方各级人民政府应当支持被征地的农村集体经济组织和农民从事开发经营，兴办企业。

第五十一条　大中型水利、水电工程建设征收土地的补偿费标准和移民安置办法，由国务院另行规定。

第五十二条　建设项目可行性研究论证时，土地行政主管部门可以根据土地利用总体规划、土地利用年度计划和建设用地标准，对建设用地有关事项进行审查，并提出意见。

第五十三条　经批准的建设项目需要使用国有建设用地的，建设单位应当持法律、行政法规规定的有关文件，向有批准权的县级以上人民政府土地行政主管部门提出建设用地申请，经土地行政主管部门审查，报本级人民政府批准。

第五十四条　建设单位使用国有土地，应当以出让等有偿使用方式取得；但是，下列建设用地，经县级以上人民政府依法批准，可以以划拨方式取得：

（一）国家机关用地和军事用地；

（二）城市基础设施用地和公益事业用地；

（三）国家重点扶持的能源、交通、水利等基础设施用地；

（四）法律、行政法规规定的其他用地。

第五十五条　以出让等有偿使用方式取得国有土地使用权的建设单位，按照国务院规定的标准和办法，缴纳土地使用权出让金等土地有偿使用费和其他费用后，方可使用土地。

自本法施行之日起，新增建设用地的土地有偿使用费，百分之三十上缴中央财政，百分之七十留给有关地方人民政府，都专项用于耕地开发。

第五十六条　建设单位使用国有土地的，应当按照土地使用权出让等有偿使用合同的约定或者土地使用权划拨批准文件的规定使用土地；确需改变该幅土地建设用途的，应当经有关人民政府土地行政主管部门同意，报原批准用地的人民政府批准。其中，在城市规划区内改变土地用途的，在报批前，应当先经有关城市规划行政主管部门同意。

第五十七条　建设项目施工和地质勘查需要临时使用国有土地或者农民集体所有的土地的，由县级以上人民政府土地行政主管部门批准。其中，在城市规划区内的临时用地，在报批前，应当先经有关城市规划行政主管部门同意。土地使用者应当根据土地权属，与有关土地行政主管部门或者农村集体经济组织、村民委员会签订临时使用土地合同，并按照合同的约定支付临时使用土地补偿费。

临时使用土地的使用者应当按照临时使用土地合同约定的用途使用土地，并不得修建永久性建筑物。

临时使用土地期限一般不超过二年。

第五十八条　有下列情形之一的，由有关人民政府土地行政主管部门报经原批准用地的人民政府或者有批准权的人民政府批准，可以收回国有土地使用权：

（一）为公共利益需要使用土地的；

（二）为实施城市规划进行旧城区改建，需要调整使用土地的；

（三）土地出让等有偿使用合同约定的使用期限届满，土地使用者未申请续期或者申请续期未获批准的；

（四）因单位撤销、迁移等原因，停止使用原划拨的国有土地的；

（五）公路、铁路、机场、矿场等经核准报废的。

依照前款第（一）项、第（二）项的规定收回国有土地使用权的，对土地使用权人应当给予适当补偿。

第五十九条　乡镇企业、乡（镇）村公共设施、公益事业、农村村民住宅等乡（镇）村建设，应当按照村庄和集镇规划，合理布局，综合开发，配套建设；建设用地，应当符合乡（镇）土地利用总体规划和土地利用年度计划，并依照本法第四十四条、第六十条、第六十一条、第六十二条的规定办理审批手续。

第六十条　农村集体经济组织使用乡（镇）土地利用总体规划确定的建设用地兴办企业或者与其他单位、个人以土地使用权入股、联营等形式共同举办企业的，应当持有关批准文件，向县级以上地方人民政府土地行政主管部门提出申请，按照省、自治区、直辖市规定的批准权限，由县级以上地方人民政府批准；其中，涉及占用农用地的，依照本法第四十四条的规定办理审批手续。

按照前款规定兴办企业的建设用地，必须严格控制。省、自治区、直辖市可以按照乡镇企业的不同行业和经营规模，分别规定用地标准。

第六十一条　乡（镇）村公共设施、公益事业建设，需要使用土地的，经乡（镇）人民政府审核，向县级以上地方人民政府土地行政主管部门提出申请，按照省、自治区、直辖市规定的批准权限，由县级以上地方人民政府批准；其中，涉及占用农用地的，依照本法第四十四条的规定办理审批手续。

第六十二条　农村村民一户只能拥有一处宅基地，其宅基地的面积不得超过省、自治区、直辖市规定的标准。

农村村民建住宅，应当符合乡（镇）土地利用总体规划，并尽量使用原有的宅基地和村内空闲地。

农村村民住宅用地，经乡（镇）人民政府审核，由县级人民政府批准；其中，涉及占用农用地的，依照本法第四十四条的规定办理审批手续。

农村村民出卖、出租住房后，再申请宅基地的，不予批准。

第六十三条　农民集体所有的土地的使用权不得出让、转让或者出租用于非农业建设；但是，符合土地利用总体规划并依法取得建设用地的企业，因破产、兼并等情形致使土地使用权依法发生转移的除外。

第六十四条　在土地利用总体规划制定前已建的不符合土地利用总体规划确定的用途的建筑物、构筑物，不得重建、扩建。

第六十五条　有下列情形之一的，农村集体经济组织报经原批准用地的人民政府批准，可以收回土地使用权：

（一）为乡（镇）村公共设施和公益事业建设，需要使用土地的；

（二）不按照批准的用途使用土地的；

（三）因撤销、迁移等原因而停止使用土地的。

依照前款第（一）项规定收回农民集体所有的土地的，对土地使用权人应当给予适当补偿。

第六章 监督检查

第六十六条 县级以上人民政府土地行政主管部门对违反土地管理法律、法规的行为进行监督检查。

土地管理监督检查人员应当熟悉土地管理法律、法规，忠于职守、秉公执法。

第六十七条 县级以上人民政府土地行政主管部门履行监督检查职责时，有权采取下列措施：

（一）要求被检查的单位或者个人提供有关土地权利的文件和资料，进行查阅或者予以复制；

（二）要求被检查的单位或者个人就有关土地权利的问题作出说明；

（三）进入被检查单位或者个人非法占用的土地现场进行勘测；

（四）责令非法占用土地的单位或者个人停止违反土地管理法律、法规的行为。

第六十八条 土地管理监督检查人员履行职责，需要进入现场进行勘测、要求有关单位或者个人提供文件、资料和作出说明的，应当出示土地管理监督检查证件。

第六十九条 有关单位和个人对县级以上人民政府土地行政主管部门就土地违法行为进行的监督检查应当支持与配合，并提供工作方便，不得拒绝与阻碍土地管理监督检查人员依法执行职务。

第七十条 县级以上人民政府土地行政主管部门在监督检查工作中发现国家工作人员的违法行为，依法应当给予行政处分的，应当依法予以处理；自己无权处理的，应当向同级或者上级人民政府的行政监察机关提出行政处分建议书，有关行政监察机关应当依法予以处理。

第七十一条 县级以上人民政府土地行政主管部门在监督检查工作中发现土地违法行为构成犯罪的，应当将案件移送有关机关，依法追究刑事责任；尚不构成犯罪的，应当依法给予行政处罚。

第七十二条 依照本法规定应当给予行政处罚，而有关土地行政主管部门不给予行政处罚的，上级人民政府土地行政主管部门有权责令有关土地行政主管部门作出行政处罚决定或者直接给予行政处罚，并给予有关土地行政主管部门的负责人行政处分。

第七章 法律责任

第七十三条 买卖或者以其他形式非法转让土地的，由县级以上人民政府土地行政主管部门没收违法所得；对违反土地利用总体规划擅自将农用地改为建设用地的，限期拆除在非法转让的土地上新建的建筑物和其他设施，恢复土地原状，对符合土地利用总体规划的，没收在非法转让的土地上新建的建筑物和其他设施；可以并处罚款；对直接负责的主管人员和其他直接责任人员，依法给予行政处分；构成犯罪的，依法追究刑事责任。

第七十四条　违反本法规定，占用耕地建窑、建坟或者擅自在耕地上建房、挖砂、采石、采矿、取土等，破坏种植条件的，或者因开发土地造成土地荒漠化、盐渍化的，由县级以上人民政府土地行政主管部门责令限期改正或者治理，可以并处罚款；构成犯罪的，依法追究刑事责任。

第七十五条　违反本法规定，拒不履行土地复垦义务的，由县级以上人民政府土地行政主管部门责令限期改正；逾期不改正的，责令缴纳复垦费，专项用于土地复垦，可以处以罚款。

第七十六条　未经批准或者采取欺骗手段骗取批准，非法占用土地的，由县级以上人民政府土地行政主管部门责令退还非法占用的土地，对违反土地利用总体规划擅自将农用地改为建设用地的，限期拆除在非法占用的土地上新建的建筑物和其他设施，恢复土地原状，对符合土地利用总体规划的，没收在非法占用的土地上新建的建筑物和其他设施，可以并处罚款；对非法占用土地单位的直接负责的主管人员和其他直接责任人员，依法给予行政处分；构成犯罪的，依法追究刑事责任。

超过批准的数量占用土地，多占的土地以非法占用土地论处。

第七十七条　农村村民未经批准或者采取欺骗手段骗取批准，非法占用土地建住宅的，由县级以上人民政府土地行政主管部门责令退还非法占用的土地，限期拆除在非法占用的土地上新建的房屋。

超过省、自治区、直辖市规定的标准，多占的土地以非法占用土地论处。

第七十八条　无权批准征收、使用土地的单位或者个人非法批准占用土地的，超越批准权限非法批准占用土地的，不按照土地利用总体规划确定的用途批准用地的，或者违反法律规定的程序批准占用、征收土地的，其批准文件无效，对非法批准征收、使用土地的直接负责的主管人员和其他直接责任人员，依法给予行政处分；构成犯罪的，依法追究刑事责任。非法批准、使用的土地应当收回，有关当事人拒不归还的，以非法占用土地论处。

非法批准征收、使用土地，对当事人造成损失的，依法应当承担赔偿责任。

第七十九条　侵占、挪用被征收土地单位的征地补偿费用和其他有关费用，构成犯罪的，依法追究刑事责任；尚不构成犯罪的，依法给予行政处分。

第八十条　依法收回国有土地使用权当事人拒不交出土地的，临时使用土地期满拒不归还的，或者不按照批准的用途使用国有土地的，由县级以上人民政府土地行政主管部门责令交还土地，处以罚款。

第八十一条　擅自将农民集体所有的土地的使用权出让、转让或者出租用于非农业建设的，由县级以上人民政府土地行政主管部门责令限期改正，没收违法所得，并处罚款。

第八十二条　不依照本法规定办理土地变更登记的，由县级以上人民政府土地行政主管部门责令其限期办理。

第八十三条　依照本法规定，责令限期拆除在非法占用的土地上新建的建筑物和其他设施的，建设单位或者个人必须立即停止施工，自行拆除；对继续施工的，作出处罚决定的机关有权制止。建设单位或者个人对责令限期拆除的行政处罚决定不服的，可以在接到责令限期拆除决定之日起十五日内，向人民法院起诉；期满不起诉又不自行拆除的，由作出处罚决定的机关依法申请人民法院强制执行，费用由违法者承担。

第八十四条　土地行政主管部门的工作人员玩忽职守、滥用职权、徇私舞弊，构成犯罪的，依法追究刑事责任；尚不构成犯罪的，依法给予行政处分。

第八章　附则

第八十五条　中外合资经营企业、中外合作经营企业、外资企业使用土地的，适用本法；法律另有规定的，从其规定。

第八十六条　本法自1999年1月1日起施行。

中华人民共和国草原法

第一条 为了加强草原的保护、管理、建设和合理利用，保护和改善生态环境，发展现代化畜牧业，促进民族自治区地方经济的繁荣，适应社会主义建设和人民生活的需要，根据中华人民共和国宪法，制定本法。

第二条 本法适用于我国境内的一切草原，包括草山、草地。

第三条 国务院农牧业部门主管全国的草原管理工作，县级以上地方人民政府农牧业部门主管本行政区域内的草原管理工作。

第四条 草原属于国家所有，即全民所有，由法律规定属于集体所有的草原除外。

全民所有的草原，可以固定给集体长期使用。全民所有的草原、集体所有的草原和集体长期固定使用的全民所有的草原，可以由集体或者个人承包从事畜牧业生产。

全民所有制单位使用的草原，由县级以上地方人民政府登记造册，核发证书，确认使用权。集体所有的草原和集体长期固定使用的全民所有的草原，由县级人民政府登记造册，核发证书，确认所有权或者使用权。

草原的所有权和使用权受法律保护，任何单位和个人不得侵犯。

第五条 遇有自然灾害等特殊情况，需要临时调剂使用草原的，按照自愿、互利的原则，由双方协商解决；需要跨县临时调剂使用草原的，由有关县级人民政府组织协商解决。

第六条 草原所有权和使用权的争议，由当事人本着互谅互让、有利团结的精神协商解决；协商不成的，由人民政府处理。

全民所有制单位之间、集体所有制单位之间以及全民所有制单位与集体所有制单位之间的草原所有权和使用权的争议，由县级以上人民政府处理。

个人之间、个人与全民所有制单位或者集体所有制单位之间的草原使用权的争议，由乡级或者县级人民政府处理。

当事人对有关人民政府的处理决定不服的，可以在接到通知之日起一个月内，向人民法院起诉。

在草原权属争议解决以前，任何一方不得破坏草原和草原上的设施。

第七条 国家建设征用集体所有的草原，按照《国家建设征用土地条例》的规定办理。

国家建设使用集体长期固定使用的全民所有的草原，参照《国家建设征用土地条例》的规定，给予适当补偿，并妥善安置牧民的生产和生活。

国家建设在民族自治地方征用或者使用草原，应当照顾民族自治地方的利益，作出有利于民族自治地方经济建设的安排。

国家建设临时使用草原，按照《国家建设征用土地条例》的规定办法。使用期满，用地单位应当恢复草原植被。

第八条　地方各级人民政府负责组织本行政区域的草原资源普查，制定草原畜牧业发展规划并纳入国民经济发展计划，加强草原的保护、建设和合理利用，提高草原的载畜能力。

第九条　国家鼓励草原畜牧业科学研究，提高草原畜牧业的科学技术水平。

国家鼓励在农、林、牧区和城镇种草，促进畜牧业的发展，改善生活环境。

国家保护草原的生态环境，防治污染。

第十条　严格保护草原植被，禁止开垦和破坏。草原使用者进行少量开垦，必须经县级以上地方人民政府批准。已经开垦并造成草原沙化或者严重水土流失的，县级以上地方人民政府应当限期封闭，责令恢复植被，退耕还牧。

第十一条　在草原上割灌木、挖药材、挖野生植物、刮碱土、拉肥土等，必须经草原使用者同意，报乡级或者县级人民政府批准，在指定的范围内进行，并做到随挖随填，保留一部分植物和母株。

禁止在荒漠草原、半荒漠草原和沙化地区砍挖灌木、药材及其他固沙植物。

未经县级人民政府批准，不得采集草原上的珍稀野生植物。

第十二条　合理使用草原，防止过量放牧。因过量放牧造成草原沙化、退化、水土流失的，草原使用者应当调整放牧强度，补种牧草，恢复植被。对已经建成的人工草原应当加强管理，合理经营，科学利用，防止退化。

第十三条　地方各级人民政府应当采取措施，防治草原鼠虫害，保护捕食鼠虫的益鸟病症。

第十四条　地方各级人民政府应当采取措施，防治草原地区牧畜疫病和人畜共患疾病。

猎捕草原野生动物，应当严格遵守当地人民政府关于预防疫病流行的有关规定。

第十五条　机动车辆在草原上行驶，应当注意保护草原；有固定公路线的，不得离开固定的公路线行驶。

收购牧畜应当按指定的路线赶运和放牧，不得与牧民争用牧场和水源。

第十六条　加强草原防火工作，贯彻“预防为主，防消结合“的方针，建立防火责任制，制定草原防火制度和公约，规定草原防火期。在草原防火期间，应当采取安全措施，严格管理。发生草原火灾，应当迅速组织群众扑灭，查明火灾原因和损失情况，及时处理。

第十七条　在保护、管理和建设草原、发展草原畜牧业等方面成绩显著的单位或者个人，由各级人民政府给予精神的或者物质的奖励。

第十八条　草原所有权、使用权受到侵犯的，被侵权人可以请求县级以上地方人民政府农牧业部门处理。有关农牧业部门有权责令侵权人停止侵权行为，赔偿损失。被侵犯人也可以直接向人民法院起诉。

第十九条　违反本法规定开垦草原的，县级以上地方人民政府农牧业部门有权责令停止开垦，恢复植被；情节严重的，还可以处以罚款。

第二十条　违反本法规定在草原上砍挖固沙植物和其他野生植物或者采土，致使草原植被遭受破坏的，乡级人民政府或者县级人民政府农牧业部门有权制止，并责令恢复植被，赔偿损失；情节严重的，还可以处以罚款。

第二十一条　当事人对有关地方人民政府农牧业部门或者乡级人民政府作出的罚款或者赔偿损失的决定不服的，可以在接到通知之日起一个月内，向人民法院起诉；对有关罚款的决定，期满不起诉又不履行的，有关地方人民政府农牧业部门或者乡级人民政府可以申请人民法院强制执行。

第二十二条　国务院农牧业部门根据本法制定实施细则，报国务院批准后旅行。

自治区、省的人民政府代表大会常务委员会可以根据宪法和本法规定的原则，结合本地方的特点，制定实施细则，报全国人民代表大会常务委员会备案。

第二十三条　本法自 1985 年 10 月 1 日起施行。

中华人民共和国清洁生产促进法

第一章　总则

第一条　为加强对无公害农产品的管理，维护消费者权益，提高农产品质量，保护农业生态环境，促进农业可持续发展，制定本办法。

第二条　本办法所称无公害农产品，是指产地环境、生产过程和产品质量符合国家有关标准和规范的要求，经认证合格获得认证证书并允许使用无公害农产品标志的未经加工或者初加工的食用农产品。

第三条　无公害农产品管理工作，由政府推动，并实行产地认定和产品认证的工作模式。

第四条　在中华人民共和国境内从事无公害农产品生产、产地认定、产品认证和监督管理等活动，适用本办法。

第五条　全国无公害农产品的管理及质量监督工作，由农业部门、国家质量监督检验检疫部门和国家认证认可监督管理委员会按照“三定”方案赋予的职责和国务院的有关规定，分工负责，共同做好工作。

第六条　各级农业行政主管部门和质量监督检验检疫部门应当在政策、资金、技术等方面扶持无公害农产品的发展，组织无公害农产品新技术的研究、开发和推广。

第七条　国家鼓励生产单位和个人申请无公害农产品产地认定和产品认证。实施无公害农产品认证的产品范围由农业部、国家认证认可监督管理委员会共同确定、调整。

第八条　国家适时推行强制性无公害农产品认证制度。

第二章　产地条件与生产管理

第九条　无公害农产品产地应当符合下列条件：

（一）产地环境符合无公害农产品产地环境的标准要求；

（二）区域范围明确；

（三）具备一定的生产规模。

第十条　无公害农产品的生产管理应当符合下列条件：

（一）生产过程符合无公害农产品生产技术的标准要求；

（二）有相应的专业技术和管理人员；

（三）有完善的质量控制措施，并有完整的生产和销售记录档案。

第十一条 从事无公害农产品生产的单位或者个人，应当严格按规定使用农业投入品。禁止使用国家禁用、淘汰的农业投入品。

第十二条 无公害农产品产地应当树立标示牌，标明范围、产品品种、责任人。

第三章 产地认定

第十三条 省级农业行政主管部门根据本办法的规定负责组织实施本辖区内无公害农产品产地的认定工作。

第十四条 申请无公害农产品产地认定的单位或者个人（以下简称申请人），应当向县级农业行政主管部门提交书面申请，书面申请应当包括以下内容：

（一）申请人的姓名（名称）、地址、电话号码；

（二）产地的区域范围、生产规模；

（三）无公害农产品生产计划；

（四）产地环境说明；

（五）无公害农产品质量控制措施；

（六）有关专业技术和管理人员的资质证明材料；

（七）保证执行无公害农产品标准和规范的声明；

（八）其他有关材料。

第十五条 县级农业行政主管部门自收到申请之日起，在10个工作日内完成对申请材料的初审工作。申请材料初审不符合要求的，应当书面通知申请人。

第十六条 申请材料初审符合要求的，县级农业行政主管部门应当逐级将推荐意见和有关材料上报省级农业行政主管部门。

第十七条 省级农业行政主管部门自收到推荐意见和有关材料之日起，在10个工作日内完成对有关材料的审核工作，符合要求的，组织有关人员对产地环境、区域范围、生产规模、质量控制措施、生产计划等进行现场检查。

现场检查不符合要求的，应当书面通知申请人。

第十八条 现场检查符合要求的，应当通知申请人委托具有资质资格的检测机构，对产地环境进行检测。

承担产地环境检测任务的机构，根据检测结果出具产地环境检测报告。

第十九条 省级农业行政主管部门对材料审核、现场检查和产地环境检测结果符合要求的，应当自收到现场检查报告和产地环境检测报告之日起，30个工作日内颁发无公害农产品产地认定证书，并报农业部和国家认证认可监督管理委员会备案。不符合要求的，应当书面通知申请人。

第二十条　无公害农产品产地认定证书有效期为3年。期满需要继续使用的，应当在有效期满90日前按照本办法规定的无公害农产品产地认定程序，重新办理。

第四章　无公害农产品认证

第二十一条　无公害农产品的认证机构，由国家认证认可监督管理委员会审批，并获得国家认证认可监督管理委员会授权的认可机构的资格认可后，方可从事无公害农产品认证活动。

第二十二条　申请无公害产品认证的单位或者个人（以下简称申请人），应当向认证机构提交书面申请，书面申请应当包括以下内容：

（一）申请人的姓名（名称）、地址、电话号码；

（二）产品品种、产地的区域范围和生产规模；

（三）无公害农产品生产计划；

（四）产地环境说明；

（五）无公害农产品质量控制措施；

（六）有关专业技术和管理人员的资质证明材料；

（七）保证执行无公害农产品标准和规范的声明；

（八）无公害农产品产地认定证书；

（九）生产过程记录档案；

（十）认证机构要求提交的其他材料。

第二十三条　认证机构自收到无公害农产品认证申请之日起，应当在15个工作日内完成对申请材料的审核。材料审核不符合要求的，应当书面通知申请人。

第二十四条　符合要求的，认证机构可以根据需要派员对产地环境、区域范围、生产规模、质量控制措施、生产计划、标准和规范的执行情况等进行现场检查。现场检查不符合要求的，应当书面通知申请人。

第二十五条　材料审核符合要求的、或者材料审核和现场检查符合要求的（限于需要对现场进行检查时），认证机构应当通知申请人委托具有资质资格的检测机构对产品进行检测。承担产品检测任务的机构，根据检测结果出具产品检测报告。

第二十六条　认证机构对材料审核、现场检查（限于需要对现场进行检查时）和产品检测结果符合要求的，应当在自收到现场检查报告和产品检测报告之日起，30个工作日内颁发无公害农产品认证证书。不符合要求的，应当书面通知申请人。

第二十七条　认证机构应当自颁发无公害农产品认证证书后30个工作日内，将其颁发的认证证书副本同时报农业部和国家认证认可监督管理委员会备案，由农业部和国家认证认可监督管理委员会公告。

第二十八条　无公害农产品认证证书有效期为3年。期满需要继续使用的，应当在有效期满90日前按照本办法规定的无公害农产品认证程序，重新办理。在有效期内生产无公害农产品认证证书以外的产品品种的，应当向原无公害农产品认证机构办理认证证书的变更手续。

第二十九条　无公害农产品产地认定证书、产品认证证书格式由农业部、国家认证认可监督管理委员会规定。

第五章　标志管理

第三十条　农业部和国家认证认可监督管理委员会制定并发布《无公害农产品标志管理办法》。

第三十一条　无公害农产品标志应当在认证的品种、数量等范围内使用。

第三十二条　获得无公害农产品认证证书的单位或者个人，可以在证书规定的产品、包装、标签、广告、说明书上使用无公害农产品标志。

第六章　监督管理

第三十三条　农业部、国家质量监督检验检疫总局、国家认证认可监督管理委员会和国务院有关部门根据职责分工依法组织对无公害农产品的生产、销售和无公害农产品标志使用等活动进行监督管理。

（一）查阅或者要求生产者、销售者提供有关材料；

（二）对无公害农产品产地认定工作进行监督；

（三）对无公害农产品认证机构的认证工作进行监督；

（四）对无公害农产品的检测机构的检测工作进行检查；

（五）对使用无公害农产品标志的产品进行检查、检验和鉴定；

（六）必要时对无公害农产品经营场所进行检查。

第三十四条　认证机构对获得认证的产品进行跟踪检查，受理有关的投诉、申诉工作。

第三十五条　任何单位和个人不得伪造、冒用、转让、买卖无公害农产品产地认定证书、产品认证证书和标志。

第七章　罚则

第三十六条　获得无公害农产品产地认定证书的单位或者个人违反本办法，有下列情形之一的，由省级农业行政主管部门予以警告，并责令限期改正；逾期未改正的，撤销其无公害农产品产地认定证书：

（一）无公害农产品产地被污染或者产地环境达不到标准要求的；

（二）无公害农产品产地使用的农业投入品不符合无公害农产品相关标准要求的；

（三）擅自扩大无公害农产品产地范围的。

第三十七条　违反本办法第三十五条规定的，由县级以上农业行政主管部门和各地质量监督检验检疫部门根据各自的职责分工责令其停止，并可处以违法所得1倍以上3倍以下的罚款，但最高罚款不得超过3万元；没有违法所得的，可以处1万元以下的罚款。

第三十八条　获得无公害农产品认证并加贴标志的产品，经检查、检测、鉴定，不符合无公害农产品质量标准要求的，由县级以上农业行政主管部门或者各地质量监督检验检疫部门责令停止使用无公害农产品标志，由认证机构暂停或者撤销认证证书。

第三十九条　从事无公害农产品管理的工作人员滥用职权、徇私舞弊、玩忽职守的，由所在单位或者所在单位的上级行政主管部门给予行政处分；构成犯罪的，依法追究刑事责任。

第八章　附则

第四十条　从事无公害农产品的产地认定的部门和产品认证的机构不得收取费用。检测机构的检测、无公害农产品标志按国家规定收取费用。

第四十一条　本办法由农业部、国家质量监督检验检疫总局和国家认证认可监督管理委员会负责解释。

第四十二条　本办法自发布之日起施行。

中华人民共和国循环经济促进法

第一章 总则

第一条 为了促进循环经济发展，提高资源利用效率，保护和改善环境，实现可持续发展，制定本法。

第二条 本法所称循环经济，是指在生产、流通和消费等过程中进行的减量化、再利用、资源化活动的总称。

本法所称减量化,是指在生产、流通和消费等过程中减少资源消耗和废物产生。

本法所称再利用,是指将废物直接作为产品或者经修复、翻新、再制造后继续作为产品使用，或者将废物的全部或者部分作为其他产品的部件予以使用。

本法所称资源化，是指将废物直接作为原料进行利用或者对废物进行再生利用。

第三条 发展循环经济是国家经济社会发展的一项重大战略，应当遵循统筹规划、合理布局，因地制宜、注重实效，政府推动、市场引导，企业实施、公众参与的方针。

第四条 发展循环经济应当在技术可行、经济合理和有利于节约资源、保护环境的前提下，按照减量化优先的原则实施。

在废物再利用和资源化过程中，应当保障生产安全，保证产品质量符合国家规定的标准，并防止产生再次污染。

第五条 国务院循环经济发展综合管理部门负责组织协调、监督管理全国循环经济发展工作; 国务院环境保护等有关主管部门按照各自的职责负责有关循环经济的监督管理工作。

县级以上地方人民政府循环经济发展综合管理部门负责组织协调、监督管理本行政区域的循环经济发展工作; 县级以上地方人民政府环境保护等有关主管部门按照各自的职责负责有关循环经济的监督管理工作。

第六条 国家制定产业政策，应当符合发展循环经济的要求。

县级以上人民政府编制国民经济和社会发展规划及年度计划，县级以上人民政府有关部门编制环境保护、科学技术等规划，应当包括发展循环经济的内容。

第七条 国家鼓励和支持开展循环经济科学技术的研究、开发和推广，鼓励开展循环经济宣传、教育、科学知识普及和国际合作。

第八条 县级以上人民政府应当建立发展循环经济的目标责任制，采取规划、财政、投资、政府采购等措施，促进循环经济发展。

第九条　企业事业单位应当建立健全管理制度，采取措施，降低资源消耗，减少废物的产生量和排放量，提高废物的再利用和资源化水平。

第十条　公民应当增强节约资源和保护环境意识，合理消费，节约资源。

国家鼓励和引导公民使用节能、节水、节材和有利于保护环境的产品及再生产品，减少废物的产生量和排放量。

公民有权举报浪费资源、破坏环境的行为，有权了解政府发展循环经济的信息并提出意见和建议。

第十一条　国家鼓励和支持行业协会在循环经济发展中发挥技术指导和服务作用。县级以上人民政府可以委托有条件的行业协会等社会组织开展促进循环经济发展的公共服务。

国家鼓励和支持中介机构、学会和其他社会组织开展循环经济宣传、技术推广和咨询服务，促进循环经济发展。

第二章　基本管理制度

第十二条　国务院循环经济发展综合管理部门会同国务院环境保护等有关主管部门编制全国循环经济发展规划，报国务院批准后公布施行。设区的市级以上地方人民政府循环经济发展综合管理部门会同本级人民政府环境保护等有关主管部门编制本行政区域循环经济发展规划，报本级人民政府批准后公布施行。

循环经济发展规划应当包括规划目标、适用范围、主要内容、重点任务和保障措施等，并规定资源产出率、废物再利用和资源化率等指标。

第十三条　县级以上地方人民政府应当依据上级人民政府下达的本行政区域主要污染物排放、建设用地和用水总量控制指标，规划和调整本行政区域的产业结构，促进循环经济发展。

新建、改建、扩建建设项目，必须符合本行政区域主要污染物排放、建设用地和用水总量控制指标的要求。

第十四条　国务院循环经济发展综合管理部门会同国务院统计、环境保护等有关主管部门建立和完善循环经济评价指标体系。

上级人民政府根据前款规定的循环经济主要评价指标，对下级人民政府发展循环经济的状况定期进行考核，并将主要评价指标完成情况作为对地方人民政府及其负责人考核评价的内容。

第十五条　生产列入强制回收名录的产品或者包装物的企业，必须对废弃的产品或者包装物负责回收；对其中可以利用的，由各该生产企业负责利用；对因不具备技术经济条件而不适合利用的，由各该生产企业负责无害化处置。

对前款规定的废弃产品或者包装物，生产者委托销售者或者其他组织进行回收的，或者委托废物利用或者处置企业进行利用或者处置的，受托方应当依照有关法律、行政法规的规定和合同的约定负责回收或者利用、处置。

对列入强制回收名录的产品和包装物，消费者应当将废弃的产品或者包装物交给生产者或者其委托回收的销售者或者其他组织。

强制回收的产品和包装物的名录及管理办法，由国务院循环经济发展综合管理部门规定。

第十六条　国家对钢铁、有色金属、煤炭、电力、石油加工、化工、建材、建筑、造纸、印染等行业年综合能源消费量、用水量超过国家规定总量的重点企业，实行能耗、水耗的重点监督管理制度。

重点能源消费单位的节能监督管理，依照《中华人民共和国节约能源法》的规定执行。

重点用水单位的监督管理办法，由国务院循环经济发展综合管理部门会同国务院有关部门规定。

第十七条　国家建立健全循环经济统计制度，加强资源消耗、综合利用和废物产生的统计管理，并将主要统计指标定期向社会公布。

国务院标准化主管部门会同国务院循环经济发展综合管理和环境保护等有关主管部门建立健全循环经济标准体系，制定和完善节能、节水、节材和废物再利用、资源化等标准。

国家建立健全能源效率标识等产品资源消耗标识制度。

第三章　减量化

第十八条　国务院循环经济发展综合管理部门会同国务院环境保护等有关主管部门，定期发布鼓励、限制和淘汰的技术、工艺、设备、材料和产品名录。

禁止生产、进口、销售列入淘汰名录的设备、材料和产品，禁止使用列入淘汰名录的技术、工艺、设备和材料。

第十九条　从事工艺、设备、产品及包装物设计，应当按照减少资源消耗和废物产生的要求，优先选择采用易回收、易拆解、易降解、无毒无害或者低毒低害的材料和设计方案，并应当符合有关国家标准的强制性要求。

对在拆解和处置过程中可能造成环境污染的电器电子等产品，不得设计使用国家禁止使用的有毒有害物质。禁止在电器电子等产品中使用的有毒有害物质名录，由国务院循环经济发展综合管理部门会同国务院环境保护等有关主管部门制定。

设计产品包装物应当执行产品包装标准，防止过度包装造成资源浪费和环境污染。

第二十条　工业企业应当采用先进或者适用的节水技术、工艺和设备，制定并实施节水计划，加强节水管理，对生产用水进行全过程控制。

工业企业应当加强用水计量管理，配备和使用合格的用水计量器具，建立水耗统计和用水状况分析制度。

新建、改建、扩建建设项目，应当配套建设节水设施。节水设施应当与主体工程同时设计、同时施工、同时投产使用。

国家鼓励和支持沿海地区进行海水淡化和海水直接利用，节约淡水资源。

第二十一条　国家鼓励和支持企业使用高效节油产品。

电力、石油加工、化工、钢铁、有色金属和建材等企业，必须在国家规定的范围和期限内，以洁净煤、石油焦、天然气等清洁能源替代燃料油，停止使用不符合国家规定的燃油发电机组和燃油锅炉。

内燃机和机动车制造企业应当按照国家规定的内燃机和机动车燃油经济性标准，采用节油技术，减少石油产品消耗量。

第二十二条　开采矿产资源，应当统筹规划，制定合理的开发利用方案，采用合理的开采顺序、方法和选矿工艺。采矿许可证颁发机关应当对申请人提交的开发利用方案中的开采回采率、采矿贫化率、选矿回收率、矿山水循环利用率和土地复垦率等指标依法进行审查；审查不合格的，不予颁发采矿许可证。采矿许可证颁发机关应当依法加强对开采矿产资源的监督管理。

矿山企业在开采主要矿种的同时，应当对具有工业价值的共生和伴生矿实行综合开采、合理利用；对必须同时采出而暂时不能利用的矿产以及含有有用组分的尾矿，应当采取保护措施，防止资源损失和生态破坏。

第二十三条　建筑设计、建设、施工等单位应当按照国家有关规定和标准，对其设计、建设、施工的建筑物及构筑物采用节能、节水、节地、节材的技术工艺和小型、轻型、再生产品。有条件的地区，应当充分利用太阳能、地热能、风能等可再生能源。

国家鼓励利用无毒无害的固体废物生产建筑材料，鼓励使用散装水泥，推广使用预拌混凝土和预拌砂浆。

禁止损毁耕地烧砖。在国务院或者省、自治区、直辖市人民政府规定的期限和区域内，禁止生产、销售和使用粘土砖。

第二十四条　县级以上人民政府及其农业等主管部门应当推进土地集约利用，鼓励和支持农业生产者采用节水、节肥、节药的先进种植、养殖和灌溉技术，推动农业机械节能，优先发展生态农业。

在缺水地区，应当调整种植结构，优先发展节水型农业，推进雨水集蓄利用，建设和管护节水灌溉设施，提高用水效率，减少水的蒸发和漏失。

第二十五条　国家机关及使用财政性资金的其他组织应当厉行节约、杜绝浪费，带头使用节能、节水、节地、节材和有利于保护环境的产品、设备和设施，节约使用办公用品。国务院和县级以上地方人民政府管理机关事务工作的机构会同本级人民政府有关部门制定本级国家机关等机构的用能、用水定额指标，财政部门根据该定额指标制定支出标准。

城市人民政府和建筑物的所有者或者使用者，应当采取措施，加强建筑物维护管理，延长建筑物使用寿命。对符合城市规划和工程建设标准，在合理使用寿命内的建筑物，除为了公共利益的需要外，城市人民政府不得决定拆除。

第二十六条　餐饮、娱乐、宾馆等服务性企业，应当采用节能、节水、节材和有利于保护环境的产品，减少使用或者不使用浪费资源、污染环境的产品。

本法施行后新建的餐饮、娱乐、宾馆等服务性企业，应当采用节能、节水、节材和有利于保护环境的技术、设备和设施。

第二十七条　国家鼓励和支持使用再生水。在有条件使用再生水的地区，限制或者禁止将自来水作为城市道路清扫、城市绿化和景观用水使用。

第二十八条　国家在保障产品安全和卫生的前提下，限制一次性消费品的生产和销售。具体名录由国务院循环经济发展综合管理部门会同国务院财政、环境保护等有关主管部门制定。

对列入前款规定名录中的一次性消费品的生产和销售，由国务院财政、税务和对外贸易等主管部门制定限制性的税收和出口等措施。

第四章　再利用和资源化

第二十九条　县级以上人民政府应当统筹规划区域经济布局，合理调整产业结构，促进企业在资源综合利用等领域进行合作，实现资源的高效利用和循环使用。

各类产业园区应当组织区内企业进行资源综合利用，促进循环经济发展。

国家鼓励各类产业园区的企业进行废物交换利用、能量梯级利用、土地集约利用、水的分类利用和循环使用，共同使用基础设施和其他有关设施。

新建和改造各类产业园区应当依法进行环境影响评价，并采取生态保护和污染控制措施，确保本区域的环境质量达到规定的标准。

第三十条　企业应当按照国家规定，对生产过程中产生的粉煤灰、煤矸石、尾矿、废石、废料、废气等工业废物进行综合利用。

第三十一条　企业应当发展串联用水系统和循环用水系统，提高水的重复利用率。

企业应当采用先进技术、工艺和设备，对生产过程中产生的废水进行再生利用。

第三十二条　企业应当采用先进或者适用的回收技术、工艺和设备，对生产过程中产生的余热、余压等进行综合利用。

建设利用余热、余压、煤层气以及煤矸石、煤泥、垃圾等低热值燃料的并网发电项目，应当依照法律和国务院的规定取得行政许可或者报送备案。电网企业应当按照国家规定,与综合利用资源发电的企业签订并网协议,提供上网服务,并全额收购并网发电项目的上网电量。

第三十三条　建设单位应当对工程施工中产生的建筑废物进行综合利用；不具备综合利用条件的，应当委托具备条件的生产经营者进行综合利用或者无害化处置。

第三十四条　国家鼓励和支持农业生产者和相关企业采用先进或者适用技术,对农作物秸秆、畜禽粪便、农产品加工业副产品、废农用薄膜等进行综合利用，开发利用沼气等生物质能源。

第三十五条　县级以上人民政府及其林业主管部门应当积极发展生态林业,鼓励和支持林业生产者和相关企业采用木材节约和代用技术,开展林业废弃物和次小薪材、沙生灌木等综合利用，提高木材综合利用率。

第三十六条　国家支持生产经营者建立产业废物交换信息系统,促进企业交流产业废物信息。

企业对生产过程中产生的废物不具备综合利用条件的,应当提供给具备条件的生产经营者进行综合利用。

第三十七条　国家鼓励和推进废物回收体系建设。

地方人民政府应当按照城乡规划,合理布局废物回收网点和交易市场,支持废物回收企业和其他组织开展废物的收集、储存、运输及信息交流。

废物回收交易市场应当符合国家环境保护、安全和消防等规定。

第三十八条　对废电器电子产品、报废机动车船、废轮胎、废铅酸电池等特定产品进行拆解或者再利用，应当符合有关法律、行政法规的规定。

第三十九条　回收的电器电子产品，经过修复后销售的，必须符合再利用产品标准，并在显著位置标识为再利用产品。

回收的电器电子产品，需要拆解和再生利用的，应当交售给具备条件的拆解企业。

第四十条　国家支持企业开展机动车零部件、工程机械、机床等产品的再制造和轮胎翻新。

销售的再制造产品和翻新产品的质量必须符合国家规定的标准,并在显著位置标识为再制造产品或者翻新产品。

第四十一条　县级以上人民政府应当统筹规划建设城乡生活垃圾分类收集和资源化利用设施，建立和完善分类收集和资源化利用体系，提高生活垃圾资源化率。

县级以上人民政府应当支持企业建设污泥资源化利用和处置设施,提高污泥综合利用水平，防止产生再次污染。物设计，应当按照减少资源消耗和废物产生的要求，优先选择采用易回收、易拆解、易降解、无毒无害或者低毒低害的材料和设计方案，并应当符合有关国家标准的强制性要求。

对在拆解和处置过程中可能造成环境污染的电器电子等产品，不得设计使用国家禁止使用的有毒有害物质。禁止在电器电子等产品中使用的有毒有害物质名录，由国务院循环经济发展综合管理部门会同国务院环境保护等有关主管部门制定。

设计产品包装物应当执行产品包装标准，防止过度包装造成资源浪费和环境污染。

第五章　激励措施

第四十二条　国务院和省、自治区、直辖市人民政府设立发展循环经济的有关专项资金，支持循环经济的科技研究开发、循环经济技术和产品的示范与推广、重大循环经济项目的实施、发展循环经济的信息服务等。具体办法由国务院财政部门会同国务院循环经济发展综合管理等有关主管部门制定。

第四十三条　国务院和省、自治区、直辖市人民政府及其有关部门应当将循环经济重大科技攻关项目的自主创新研究、应用示范和产业化发展列入国家或者省级科技发展规划和高技术产业发展规划，并安排财政性资金予以支持。

利用财政性资金引进循环经济重大技术、装备的，应当制定消化、吸收和创新方案，报有关主管部门审批并由其监督实施；有关主管部门应当根据实际需要建立协调机制，对重大技术、装备的引进和消化、吸收、创新实行统筹协调，并给予资金支持。

第四十四条　国家对促进循环经济发展的产业活动给予税收优惠，并运用税收等措施鼓励进口先进的节能、节水、节材等技术、设备和产品，限制在生产过程中耗能高、污染重的产品的出口。具体办法由国务院财政、税务主管部门制定。

企业使用或者生产列入国家清洁生产、资源综合利用等鼓励名录的技术、工艺、设备或者产品的，按照国家有关规定享受税收优惠。

第四十五条　县级以上人民政府循环经济发展综合管理部门在制定和实施投资计划时，应当将节能、节水、节地、节材、资源综合利用等项目列为重点投资领域。

对符合国家产业政策的节能、节水、节地、节材、资源综合利用等项目，金融机构应当给予优先贷款等信贷支持，并积极提供配套金融服务。

对生产、进口、销售或者使用列入淘汰名录的技术、工艺、设备、材料或者产品的企业，金融机构不得提供任何形式的授信支持。

第四十六条　国家实行有利于资源节约和合理利用的价格政策，引导单位和个人节约和合理使用水、电、气等资源性产品。

国务院和省、自治区、直辖市人民政府的价格主管部门应当按照国家产业政策，对资源高消耗行业中的限制类项目，实行限制性的价格政策。

对利用余热、余压、煤层气以及煤矸石、煤泥、垃圾等低热值燃料的并网发电项目，价格主管部门按照有利于资源综合利用的原则确定其上网电价。

省、自治区、直辖市人民政府可以根据本行政区域经济社会发展状况，实行垃圾排放收费制度。收取的费用专项用于垃圾分类、收集、运输、贮存、利用和处置，不得挪作他用。

国家鼓励通过以旧换新、押金等方式回收废物。

第四十七条　国家实行有利于循环经济发展的政府采购政策。使用财政性资金进行采购的，应当优先采购节能、节水、节材和有利于保护环境的产品及再生产品。

第四十八条　县级以上人民政府及其有关部门应当对在循环经济管理、科学技术研究、产品开发、示范和推广工作中做出显著成绩的单位和个人给予表彰和奖励。

企业事业单位应当对在循环经济发展中做出突出贡献的集体和个人给予表彰和奖励。

第六章　法律责任

第四十九条　县级以上人民政府循环经济发展综合管理部门或者其他有关主管部门发现违反本法的行为或者接到对违法行为的举报后不予查处，或者有其他不依法履行监督管理职责行为的，由本级人民政府或者上一级人民政府有关主管部门责令改正，对直接负责的主管人员和其他直接责任人员依法给予处分。

第五十条　生产、销售列入淘汰名录的产品、设备的，依照《中华人民共和国产品质量法》的规定处罚。

使用列入淘汰名录的技术、工艺、设备、材料的，由县级以上地方人民政府循环经济发展综合管理部门责令停止使用，没收违法使用的设备、材料，并处五万元以上二十万元以下的罚款；情节严重的，由县级以上人民政府循环经济发展综合管理部门提出意见，报请本级人民政府按照国务院规定的权限责令停业或者关闭。

违反本法规定，进口列入淘汰名录的设备、材料或者产品的，由海关责令退运，可以处十万元以上一百万元以下的罚款。进口者不明的，由承运人承担退运责任，或者承担有关处置费用。

第五十一条　违反本法规定，对在拆解或者处置过程中可能造成环境污染的电器电子等产品，设计使用列入国家禁止使用名录的有毒有害物质的，由县级以上地方人民政府产品质量监督部门责令限期改正；逾期不改正的，处二万元以上二十万元以下的罚款；情节严重的，由县级以上地方人民政府产品质量监督部门向本级工商行政管理部门通报有关情况，由工商行政管理部门依法吊销营业执照。

第五十二条　违反本法规定，电力、石油加工、化工、钢铁、有色金属和建材等企业未在规定的范围或者期限内停止使用不符合国家规定的燃油发电机组或者燃油锅炉的，由县级以上地方人民政府循环经济发展综合管理部门责令限期改正；逾期不改正的，责令拆除该燃油发电机组或者燃油锅炉，并处五万元以上五十万元以下的罚款。

第五十三条 违反本法规定，矿山企业未达到经依法审查确定的开采回采率、采矿贫化率、选矿回收率、矿山水循环利用率和土地复垦率等指标的，由县级以上人民政府地质矿产主管部门责令限期改正，处五万元以上五十万元以下的罚款；逾期不改正的，由采矿许可证颁发机关依法吊销采矿许可证。

第五十四条 违反本法规定，在国务院或者省、自治区、直辖市人民政府规定禁止生产、销售、使用粘土砖的期限或者区域内生产、销售或者使用粘土砖的，由县级以上地方人民政府指定的部门责令限期改正；有违法所得的，没收违法所得；逾期继续生产、销售的，由地方人民政府工商行政管理部门依法吊销营业执照。

第五十五条 违反本法规定，电网企业拒不收购企业利用余热、余压、煤层气以及煤矸石、煤泥、垃圾等低热值燃料生产的电力的，由国家电力监管机构责令限期改正；造成企业损失的，依法承担赔偿责任。

第五十六条 违反本法规定，有下列行为之一的，由地方人民政府工商行政管理部门责令限期改正，可以处五千元以上五万元以下的罚款；逾期不改正的，依法吊销营业执照；造成损失的，依法承担赔偿责任：

（一）销售没有再利用产品标识的再利用电器电子产品的；

（二）销售没有再制造或者翻新产品标识的再制造或者翻新产品的。

第五十七条 违反本法规定，构成犯罪的，依法追究刑事责任。

第七章 附则

第五十八条 本法自 2009 年 1 月 1 日起施行。

中华人民共和国可再生能源法（修正案）

第一章　总则

第一条　为了促进可再生能源的开发利用，增加能源供应，改善能源结构，保障能源安全，保护环境，实现经济社会的可持续发展，制定本法。

第二条　本法所称可再生能源，是指风能、太阳能、水能、生物质能、地热能、海洋能等非化石能源。

水力发电对本法的适用，由国务院能源主管部门规定，报国务院批准。

通过低效率炉灶直接燃烧方式利用秸秆、薪柴、粪便等，不适用本法。

第三条　本法适用于中华人民共和国领域和管辖的其他海域。

第四条　国家将可再生能源的开发利用列为能源发展的优先领域，通过制定可再生能源开发利用总量目标和采取相应措施，推动可再生能源市场的建立和发展。

国家鼓励各种所有制经济主体参与可再生能源的开发利用，依法保护可再生能源开发利用者的合法权益。

第五条　国务院能源主管部门对全国可再生能源的开发利用实施统一管理。国务院有关部门在各自的职责范围内负责有关的可再生能源开发利用管理工作。

县级以上地方人民政府管理能源工作的部门负责本行政区域内可再生能源开发利用的管理工作。县级以上地方人民政府有关部门在各自的职责范围内负责有关的可再生能源开发利用管理工作。

第二章　资源调查与发展规划

第六条　国务院能源主管部门负责组织和协调全国可再生能源资源的调查，并会同国务院有关部门组织制定资源调查的技术规范。

国务院有关部门在各自的职责范围内负责相关可再生能源资源的调查，调查结果报国务院能源主管部门汇总。

可再生能源资源的调查结果应当公布；但是，国家规定需要保密的内容除外。

第七条　国务院能源主管部门根据全国能源需求与可再生能源资源实际状况，制定全国可再生能源开发利用中长期总量目标，报国务院批准后执行，并予公布。

国务院能源主管部门根据前款规定的总量目标和省、自治区、直辖市经济发展与可再生能源资源实际状况，会同省、自治区、直辖市人民政府确定各行政区域可再生能源开发利用中长期目标，并予公布。

第八条 国务院能源主管部门会同国务院有关部门，根据全国可再生能源开发利用中长期总量目标和可再生能源技术发展状况，编制全国可再生能源开发利用规划，报国务院批准后实施。

国务院有关部门应当制定有利于促进全国可再生能源开发利用中长期总量目标实现的相关规划。

省、自治区、直辖市人民政府管理能源工作的部门会同本级人民政府有关部门，依据全国可再生能源开发利用规划和本行政区域可再生能源开发利用中长期目标，编制本行政区域可再生能源开发利用规划，经本级人民政府批准后，报国务院能源主管部门和国家电力监管机构备案，并组织实施。

经批准的规划应当公布；但是，国家规定需要保密的内容除外。

经批准的规划需要修改的，须经原批准机关批准。

第九条 编制可再生能源开发利用规划，应当遵循因地制宜、统筹兼顾、合理布局、有序发展的原则，对风能、太阳能、水能、生物质能、地热能、海洋能等可再生能源的开发利用作出统筹安排。规划内容应当包括发展目标、主要任务、区域布局、重点项目、实施进度、配套电网建设、服务体系和保障措施等。

组织编制机关应当征求有关单位、专家和公众的意见，进行科学论证。

第三章 产业指导与技术支持

第十条 国务院能源主管部门根据全国可再生能源开发利用规划，制定、公布可再生能源产业发展指导目录。

第十一条 国务院标准化行政主管部门应当制定、公布国家可再生能源电力的并网技术标准和其他需要在全国范围内统一技术要求的有关可再生能源技术和产品的国家标准。

对前款规定的国家标准中未作规定的技术要求，国务院有关部门可以制定相关的行业标准，并报国务院标准化行政主管部门备案。

第十二条 国家将可再生能源开发利用的科学技术研究和产业化发展列为科技发展与高技术产业发展的优先领域，纳入国家科技发展规划和高技术产业发展规划，并安排资金支持可再生能源开发利用的科学技术研究、应用示范和产业化发展，促进可再生能源开发利用的技术进步，降低可再生能源产品的生产成本，提高产品质量。

国务院教育行政部门应当将可再生能源知识和技术纳入普通教育、职业教育课程。

第四章　推广与应用

第十三条　国家鼓励和支持可再生能源并网发电。

建设可再生能源并网发电项目，应当依照法律和国务院的规定取得行政许可或者报送备案。

建设应当取得行政许可的可再生能源并网发电项目，有多人申请同一项目许可的，应当依法通过招标确定被许可人。

第十四条　国家实行可再生能源发电全额保障性收购制度。

国务院能源主管部门会同国家电力监管机构和国务院财政部门，按照全国可再生能源开发利用规划，确定在规划期内应当达到的可再生能源发电量占全部发电量的比重，制定电网企业优先调度和全额收购可再生能源发电的具体办法，并由国务院能源主管部门会同国家电力监管机构在年度中督促落实。

电网企业应当与按照可再生能源开发利用规划建设，依法取得行政许可或者报送备案的可再生能源发电企业签订并网协议，全额收购其电网覆盖范围内符合并网技术标准的可再生能源并网发电项目的上网电量。发电企业有义务配合电网企业保障电网安全。

电网企业应当加强电网建设，扩大可再生能源电力配置范围，发展和应用智能电网、储能等技术，完善电网运行管理，提高吸纳可再生能源电力的能力，为可再生能源发电提供上网服务。

第十五条　国家扶持在电网未覆盖的地区建设可再生能源独立电力系统，为当地生产和生活提供电力服务。

第十六条　国家鼓励清洁、高效地开发利用生物质燃料，鼓励发展能源作物。

利用生物质资源生产的燃气和热力，符合城市燃气管网、热力管网的入网技术标准的，经营燃气管网、热力管网的企业应当接收其入网。

国家鼓励生产和利用生物液体燃料。石油销售企业应当按照国务院能源主管部门或者省级人民政府的规定，将符合国家标准的生物液体燃料纳入其燃料销售体系。

第十七条　国家鼓励单位和个人安装和使用太阳能热水系统、太阳能供热采暖和制冷系统、太阳能光伏发电系统等太阳能利用系统。

国务院建设行政主管部门会同国务院有关部门制定太阳能利用系统与建筑结合的技术经济政策和技术规范。

房地产开发企业应当根据前款规定的技术规范，在建筑物的设计和施工中，为太阳能利用提供必备条件。

对已建成的建筑物，住户可以在不影响其质量与安全的前提下安装符合技术规范和产品标准的太阳能利用系统；但是，当事人另有约定的除外。

第十八条　国家鼓励和支持农村地区的可再生能源开发利用。

县级以上地方人民政府管理能源工作的部门会同有关部门，根据当地经济社会发展、生态保护和卫生综合治理需要等实际情况，制定农村地区可再生能源发展规划，因地制宜地推广应用沼气等生物质资源转化、户用太阳能、小型风能、小型水能等技术。

县级以上人民政府应当对农村地区的可再生能源利用项目提供财政支持。

第五章　价格管理与费用补偿

第十九条　可再生能源发电项目的上网电价，由国务院价格主管部门根据不同类型可再生能源发电的特点和不同地区的情况，按照有利于促进可再生能源开发利用和经济合理的原则确定，并根据可再生能源开发利用技术的发展适时调整。上网电价应当公布。

依照本法第十三条第三款规定实行招标的可再生能源发电项目的上网电价，按照中标确定的价格执行；但是，不得高于依照前款规定确定的同类可再生能源发电项目的上网电价水平。

第二十条　电网企业依照本法第十九条规定确定的上网电价收购可再生能源电量所发生的费用，高于按照常规能源发电平均上网电价计算所发生费用之间的差额，由在全国范围对销售电量征收可再生能源电价附加补偿。

第二十一条　电网企业为收购可再生能源电量而支付的合理的接网费用以及其他合理的相关费用，可以计入电网企业输电成本，并从销售电价中回收。

第二十二条　国家投资或者补贴建设的公共可再生能源独立电力系统的销售电价，执行同一地区分类销售电价，其合理的运行和管理费用超出销售电价的部分，依照本法第二十条的规定补偿。

第二十三条　进入城市管网的可再生能源热力和燃气的价格，按照有利于促进可再生能源开发利用和经济合理的原则，根据价格管理权限确定。

第六章　经济激励与监督措施

第二十四条　国家财政设立可再生能源发展基金，资金来源包括国家财政年度安排的专项资金和依法征收的可再生能源电价附加收入等。

可再生能源发展基金用于补偿本法第二十条、第二十二条规定的差额费用，并用于支持以下事项：

（一）可再生能源开发利用的科学技术研究、标准制定和示范工程；

（二）农村、牧区的可再生能源利用项目；

（三）偏远地区和海岛可再生能源独立电力系统建设；

（四）可再生能源的资源勘查、评价和相关信息系统建设；

（五）促进可再生能源开发利用设备的本地化生产。

本法第二十一条规定的接网费用以及其他相关费用，电网企业不能通过销售电价回收的，可以申请可再生能源发展基金补助。

可再生能源发展基金征收使用管理的具体办法，由国务院财政部门会同国务院能源、价格主管部门制定。

第二十五条　对列入国家可再生能源产业发展指导目录、符合信贷条件的可再生能源开发利用项目，金融机构可以提供有财政贴息的优惠贷款。

第二十六条　国家对列入可再生能源产业发展指导目录的项目给予税收优惠。具体办法由国务院规定。

第二十七条　电力企业应当真实、完整地记载和保存可再生能源发电的有关资料，并接受电力监管机构的检查和监督。

电力监管机构进行检查时，应当依照规定的程序进行，并为被检查单位保守商业秘密和其他秘密。

第七章　法律责任

第二十八条　国务院能源主管部门和县级以上地方人民政府管理能源工作的部门和其他有关部门在可再生能源开发利用监督管理工作中，违反本法规定，有下列行为之一的，由本级人民政府或者上级人民政府有关部门责令改正，对负有责任的主管人员和其他直接责任人员依法给予行政处分；构成犯罪的，依法追究刑事责任：

（一）不依法作出行政许可决定的；

（二）发现违法行为不予查处的；

（三）有不依法履行监督管理职责的其他行为的。

第二十九条　违反本法第十四条规定，电网企业未按照规定完成收购可再生能源电量，造成可再生能源发电企业经济损失的，应当承担赔偿责任，并由国家电力监管机构责令限期改正；拒不改正的，处以可再生能源发电企业经济损失额一倍以下的罚款。

第三十条　违反本法第十六条第二款规定，经营燃气管网、热力管网的企业不准许符合入网技术标准的燃气、热力入网，造成燃气、热力生产企业经济损失的，应当承担赔偿责任，并由省级人民政府管理能源工作的部门责令限期改正；拒不改正的，处以燃气、热力生产企业经济损失额一倍以下的罚款。

第三十一条　违反本法第十六条第三款规定，石油销售企业未按照规定将符合国家标准的生物液体燃料纳入其燃料销售体系，造成生物液体燃料生产企业经济损失的，应当承担赔偿责任，并由国务院能源主管部门或者省级人民政府管理能源工作的部门责令限期改正；拒不改正的，处以生物液体燃料生产企业经济损失额一倍以下的罚款。

第八章　附则

第三十二条　本法中下列用语的含义：

（一）生物质能，是指利用自然界的植物、粪便以及城乡有机废物转化成的能源。

（二）可再生能源独立电力系统，是指不与电网连接的单独运行的可再生能源电力系统。

（三）能源作物，是指经专门种植，用以提供能源原料的草本和木本植物。

（四）生物液体燃料，是指利用生物质资源生产的甲醇、乙醇和生物柴油等液体燃料。

第三十三条　本法自 2006 年 1 月 1 日起施行。

中华人民共和国渔业法

第一章　总则

第一条　为了加强渔业资源的保护、增殖、开发和合理利用，发展人工养殖，保障渔业生产者的合法权益，促进渔业生产的发展，适应社会主义建设和人民生活的需要，特制定本法。

第二条　在中华人民共和国的内水、滩涂、领海、专属经济区以及中华人民共和国管辖的一切其他海域从事养殖和捕捞水生动物、水生植物等渔业生产活动，都必须遵守本法。

第三条　国家对渔业生产实行以养殖为主，养殖、捕捞、加工并举，因地制宜，各有侧重的方针。各级人民政府应当把渔业生产纳入国民经济发展计划，采取措施，加强水域的统一规划和综合利用。

第四条　国家鼓励渔业科学技术研究，推广先进技术，提高渔业科学技术水平。

第五条　在增殖和保护渔业资源、发展渔业生产、进行渔业科学技术研究等方面成绩显著的单位和个人，由各级人民政府给予精神的或者物质的奖励。

第六条　国务院渔业行政主管部门主管全国的渔业工作。县级以上地方人民政府渔业行政主管部门主管本行政区域内的渔业工作。县级以上人民政府渔业行政主管部门可以在重要渔业水域、渔港设渔政监督管理机构。县级以上人民政府渔业行政主管部门及其所属的渔政监督管理机构可以设渔政检查人员。渔政检查人员执行渔业行政主管部门及其所属的渔政监督管理机构交付的任务。

第七条　国家对渔业的监督管理，实行统一领导、分级管理。

海洋渔业，除国务院划定由国务院渔业行政主管部门及其所属的渔政监督管理机构监督管理的海域和特定渔业资源渔场外，由毗邻海域的省、自治区、直辖市人民政府渔业行政主管部门监督管理。

江河、湖泊等水域的渔业，按照行政区划由有关县级以上人民政府渔业行政主管部门监督管理；跨行政区域的，由有关县级以上地方人民政府协商制定管理办法，或者由上一级人民政府渔业行政主管部门及其所属的渔政监督管理机构监督管理。

第八条　外国人、外国渔业船舶进入中华人民共和国管辖水域，从事渔业生产或者渔业资源调查活动，必须经国务院有关主管部门批准，并遵守本法和中华人民共和国其他有关法律、法规的规定；同中华人民共和国订有条约、协定的，按照条约、协定办理。

国家渔政渔港监督管理机构对外行使渔政渔港监督管理权。

第九条　渔业行政主管部门和其所属的渔政监督管理机构及其工作人员不得参与和从事渔业生产经营活动。

第二章　养殖业

第十条　国家鼓励全民所有制单位、集体所有制单位和个人充分利用适于养殖的水域、滩涂，发展养殖业。

第十一条　国家对水域利用进行统一规划，确定可以用于养殖业的水域和滩涂。单位和个人使用国家规划确定用于养殖业的全民所有的水域、滩涂的，使用者应当向县级以上地方人民政府渔业行政主管部门提出申请，由本级人民政府核发养殖证，许可其使用该水域、滩涂从事养殖生产。核发养殖证的具体办法由国务院规定。集体所有的或者全民所有由农业集体经济组织使用的水域、滩涂，可以由个人或者集体承包，从事养殖生产。

第十二条　县级以上地方人民政府在核发养殖证时，应当优先安排当地的渔业生产者。

第十三条　当事人因使用国家规划确定用于养殖业的水域、滩涂从事养殖生产发生争议的，按照有关法律规定的程序处理。在争议解决以前，任何一方不得破坏养殖生产。

第十四条　国家建设征收集体所有的水域、滩涂，按照《中华人民共和国土地管理法》有关征地的规定办理。

第十五条　县级以上地方人民政府应当采取措施，加强对商品鱼生产基地和城市郊区重要养殖水域的保护。

第十六条　国家鼓励和支持水产优良品种的选育、培育和推广。水产新品种必须经全国水产原种和良种审定委员会审定，由国务院渔业行政主管部门公告后推广。水产苗种的进口、出口由国务院渔业行政主管部门或者省、自治区、直辖市人民政府渔业行政主管部门审批。水产苗种的生产由县级以上地方人民政府渔业行政主管部门审批。但是，渔业生产者自育、自用水产苗种的除外。

第十七条　水产苗种的进口、出口必须实施检疫，防止病害传入境内和传出境外，具体检疫工作按照有关动植物进出境检疫法律、行政法规的规定执行。引进转基因水产苗种必须进行安全性评价，具体管理工作按照国务院有关规定执行。

第十八条　县级以上人民政府渔业行政主管部门应当加强对养殖生产的技术指导和病害防治工作。第十九条　从事养殖生产不得使用含有毒有害物质的饵料、饲料。

第二十条　从事养殖生产应当保护水域生态环境，科学确定养殖密度，合理投饵、施肥、使用药物，不得造成水域的环境污染。

第三章 捕捞业

第二十一条 国家在财政、信贷和税收等方面采取措施，鼓励、扶持远洋捕捞业的发展，并根据渔业资源的可捕捞量，安排内水和近海捕捞力量。

第二十二条 国家根据捕捞量低于渔业资源增长量的原则，确定渔业资源的总可捕捞量，实行捕捞限额制度。国务院渔业行政主管部门负责组织渔业资源的调查和评估，为实行捕捞限额制度提供科学依据。中华人民共和国内海、领海、专属经济区和其他管辖海域的捕捞限额总量由国务院渔业行政主管部门确定，报国务院批准后逐级分解下达；国家确定的重要江河、湖泊的捕捞限额总量由有关省、自治区、直辖市人民政府确定或者协商确定，逐级分解下达。捕捞限额总量的分配应当体现公平、公正的原则，分配办法和分配结果必须向社会公开，并接受监督。国务院渔业行政主管部门和省、自治区、直辖市人民政府渔业行政主管部门应当加强对捕捞限额制度实施情况的监督检查，对超过上级下达的捕捞限额指标的，应当在其次年捕捞限额指标中予以核减。

第二十三条 国家对捕捞业实行捕捞许可证制度。海洋大型拖网、围网作业以及到中华人民共和国与有关国家缔结的协定确定的共同管理的渔区或者公海从事捕捞作业的捕捞许可证，由国务院渔业行政主管部门批准发放。其他作业的捕捞许可证，由县级以上地方人民政府渔业行政主管部门批准发放；但是，批准发放海洋作业的捕捞许可证不得超过国家下达的船网工具控制指标，具体办法由省、自治区、直辖市人民政府规定。捕捞许可证不得买卖、出租和以其他形式转让，不得涂改、伪造、变造。

到他国管辖海域从事捕捞作业的，应当经国务院渔业行政主管部门批准，并遵守中华人民共和国缔结的或者参加的有关条约、协定和有关国家的法律。

第二十四条 具备下列条件的，方可发给捕捞许可证：

（一）有渔业船舶检验证书；

（二）有渔业船舶登记证书；

（三）符合国务院渔业行政主管部门规定的其他条件。县级以上地方人民政府渔业行政主管部门批准发放的捕捞许可证，应当与上级人民政府渔业行政主管部门下达的捕捞限额指标相适应。

第二十五条 从事捕捞作业的单位和个人，必须按照捕捞许可证关于作业类型、场所、时限、渔具数量和捕捞限额的规定进行作业，并遵守国家有关保护渔业资源的规定，大中型渔船应当填写渔捞日志。

第二十六条 制造、更新改造、购置、进口的从事捕捞作业的船舶必须经渔业船舶检验部门检验合格后，方可下水作业。具体管理办法由国务院规定。

第二十七条　渔港建设应当遵守国家的统一规划，实行谁投资谁受益的原则。县级以上地方人民政府应当对位于本行政区域内的渔港加强监督管理，维护渔港的正常秩序。

第四章　渔业资源的增殖和保护

第二十八条　县级以上人民政府渔业行政主管部门应当对其管理的渔业水域统一规划，采取措施，增殖渔业资源。县级以上人民政府渔业行政主管部门可以向受益的单位和个人征收渔业资源增殖保护费，专门用于增殖和保护渔业资源。渔业资源增殖保护费的征收办法由国务院渔业行政主管部门会同财政部门制定，报国务院批准后施行。

第二十九条　国家保护水产种质资源及其生存环境，并在具有较高经济价值和遗传育种价值的水产种质资源的主要生长繁育区域建立水产种质资源保护区。未经国务院渔业行政主管部门批准，任何单位或者个人不得在水产种质资源保护区内从事捕捞活动。

第三十条　禁止使用炸鱼、毒鱼、电鱼等破坏渔业资源的方法进行捕捞。禁止制造、销售、使用禁用的渔具。禁止在禁渔区、禁渔期进行捕捞。禁止使用小于最小网目尺寸的网具进行捕捞。捕捞的渔获物中幼鱼不得超过规定的比例。在禁渔区或者禁渔期内禁止销售非法捕捞的渔获物。

重点保护的渔业资源品种及其可捕捞标准，禁渔区和禁渔期，禁止使用或者限制使用的渔具和捕捞方法，最小网目尺寸以及其他保护渔业资源的措施，由国务院渔业行政主管部门或者省、自治区、直辖市人民政府渔业行政主管部门规定。

第三十一条　禁止捕捞有重要经济价值的水生动物苗种。因养殖或者其他特殊需要，捕捞有重要经济价值的苗种或者禁捕的怀卵亲体的，必须经国务院渔业行政主管部门或者省、自治区、直辖市人民政府渔业行政主管部门批准，在指定的区域和时间内，按照限额捕捞。在水生动物苗种重点产区引水用水时，应当采取措施，保护苗种。

第三十二条　在鱼、虾、蟹洄游通道建闸、筑坝，对渔业资源有严重影响的，建设单位应当建造过鱼设施或者采取其他补救措施。

第三十三条　用于渔业并兼有调蓄、灌溉等功能的水体，有关主管部门应当确定渔业生产所需的最低水位线。

第三十四条　禁止围湖造田。沿海滩涂未经县级以上人民政府批准，不得围垦；重要的苗种基地和养殖场所不得围垦。

第三十五条　进行水下爆破、勘探、施工作业，对渔业资源有严重影响的，作业单位应当事先同有关县级以上人民政府渔业行政主管部门协商，采取措施，防止或者减少对渔业资源的损害；造成渔业资源损失的，由有关县级以上人民政府责令赔偿。

第三十六条　各级人民政府应当采取措施，保护和改善渔业水域的生态环境，防治污染。

渔业水域生态环境的监督管理和渔业污染事故的调查处理，依照《中华人民共和国海洋环境保护法》和《中华人民共和国水污染防治法》的有关规定执行。

第三十七条　国家对白鳍豚等珍贵、濒危水生野生动物实行重点保护，防止其灭绝。禁止捕杀、伤害国家重点保护的水生野生动物。因科学研究、驯养繁殖、展览或者其他特殊情况，需要捕捞国家重点保护的水生野生动物的，依照《中华人民共和国野生动物保护法》的规定执行。

第五章　法律责任

第三十八条　使用炸鱼、毒鱼、电鱼等破坏渔业资源方法进行捕捞的，违反关于禁渔区、禁渔期的规定进行捕捞的，或者使用禁用的渔具、捕捞方法和小于最小网目尺寸的网具进行捕捞或者渔获物中幼鱼超过规定比例的，没收渔获物和违法所得，处五万元以下的罚款；情节严重的，没收渔具，吊销捕捞许可证；情节特别严重的，可以没收渔船；构成犯罪的，依法追究刑事责任。在禁渔区或者禁渔期内销售非法捕捞的渔获物的，县级以上地方人民政府渔业行政主管部门应当及时进行调查处理。

制造、销售禁用的渔具的，没收非法制造、销售的渔具和违法所得，并处一万元以下的罚款。

第三十九条　偷捕、抢夺他人养殖的水产品的，或者破坏他人养殖水体、养殖设施的，责令改正，可以处二万元以下的罚款；造成他人损失的，依法承担赔偿责任；构成犯罪的，依法追究刑事责任。

第四十条　使用全民所有的水域、滩涂从事养殖生产，无正当理由使水域、滩涂荒芜满一年的，由发放养殖证的机关责令限期开发利用；逾期未开发利用的，吊销养殖证，可以并处一万元以下的罚款。

未依法取得养殖证擅自在全民所有的水域从事养殖生产的，责令改正，补办养殖证或者限期拆除养殖设施。未依法取得养殖证或者超越养殖证许可范围在全民所有的水域从事养殖生产，妨碍航运、行洪的，责令限期拆除养殖设施，可以并处一万元以下的罚款。

第四十一条　未依法取得捕捞许可证擅自进行捕捞的，没收渔获物和违法所得，并处十万元以下的罚款；情节严重的，并可以没收渔具和渔船。

第四十二条　违反捕捞许可证关于作业类型、场所、时限和渔具数量的规定进行捕捞的，没收渔获物和违法所得，可以并处五万元以下的罚款；情节严重的，并可以没收渔具，吊销捕捞许可证。

第四十三条　涂改、买卖、出租或者以其他形式转让捕捞许可证的，没收违法所得，吊销捕捞许可证，可以并处一万元以下的罚款；伪造、变造、买卖捕捞许可证，构成犯罪的，依法追究刑事责任。

第四十四条 非法生产、进口、出口水产苗种的，没收苗种和违法所得，并处五万元以下的罚款。经营未经审定的水产苗种的，责令立即停止经营，没收违法所得，可以并处五万元以下的罚款。

第四十五条 未经批准在水产种质资源保护区内从事捕捞活动的，责令立即停止捕捞，没收渔获物和渔具，可以并处一万元以下的罚款。

第四十六条 外国人、外国渔船违反本法规定，擅自进入中华人民共和国管辖水域从事渔业生产和渔业资源调查活动的，责令其离开或者将其驱逐，可以没收渔获物、渔具，并处五十万元以下的罚款；情节严重的，可以没收渔船；构成犯罪的，依法追究刑事责任。

第四十七条 造成渔业水域生态环境破坏或者渔业污染事故的，依照《中华人民共和国海洋环境保护法》和《中华人民共和国水污染防治法》的规定追究法律责任。

第四十八条 本法规定的行政处罚，由县级以上人民政府渔业行政主管部门或者其所属的渔政监督管理机构决定。但是，本法已对处罚机关作出规定的除外。在海上执法时，对违反禁渔区、禁渔期的规定或者使用禁用的渔具、捕捞方法进行捕捞，以及未取得捕捞许可证进行捕捞的，事实清楚、证据充分，但是当场不能按照法定程序作出和执行行政处罚决定的，可以先暂时扣押捕捞许可证、渔具或者渔船，回港后依法作出和执行行政处罚决定。

第四十九条 渔业行政主管部门和其所属的渔政监督管理机构及其工作人员违反本法规定核发许可证、分配捕捞限额或者从事渔业生产经营活动的，或者有其他玩忽职守不履行法定义务、滥用职权、徇私舞弊的行为的，依法给予行政处分；构成犯罪的，依法追究刑事责任。

第六章 附则

第五十条 本法自1986年7月1日起施行。

中华人民共和国水土保持法

第一章　总则

第一条　为预防和治理水土流失，保护和合理利用水土资源，减轻水、旱、风沙灾害，改善生态环境，发展生产，制定本法。

第二条　本法所称水土保持，是指对自然因素和人为活动造成水土流失所采取的预防和治理措施。

第三条　一切单位和个人都有保护水土资源、防治水土流失的义务，并有权对破坏水土资源、造成水土流失的单位和个人进行检举。

第四条　国家对水土保持工作实行预防为主，全面规划，综合防治，因地制宜，加强管理，注重效益的方针。

第五条　国务院和地方人民政府应当将水土保持工作列为重要职责，采取措施做好水土流失防治工作。

第六条　国务院水行政主管部门主管全国的水土保持工作。县级以上地方人民政府水行政主管部门，主管本辖区的水土保持工作。

第七条　国务院和县级以上地方人民政府的水行政主管部门，应当在调查评价水土资源的基础上，会同有关部门编制水土保持规划。水土保持规划须经同级人民政府批准。县级以上地方人民政府批准的水土保持规划，须报上一级人民政府水行政主管部门备案。水土保持规划的修改，须经原批准机关批准。

县级以上人民政府应当将水土保持规划确定的任务，纳入国民经济和社会发展计划，安排专项资金，并组织实施。

县级以上人民政府应当依据水土流失的具体情况，划定水土流失重点防治区，进行重点防治。

第八条　从事可能引起水土流失的生产建设活动的单位和个人，必须采取措施保护水土资源，并负责治理因生产建设活动造成的水土流失。

第九条　各级人民政府应当加强水土保持的宣传教育工作，普及水土保持科学知识。

第十条　国家鼓励开展水土保持科学技术研究，提高水土保持科学技术水平，推广水土保持的先进技术，有计划地培养水土保持的科学技术人才。

第十一条 在防治水土流失工作中成绩显著的单位和个人，由人民政府给予奖励。

第二章 预防

第十二条 各级人民政府应当组织全民植树造林，鼓励种草，扩大森林覆盖面积，增加植被。

第十三条 各级地方人民政府应当根据当地情况，组织农业集体经济组织和国营农、林、牧场，种植薪炭林和饲草、绿肥植物，有计划地进行封山育林育草、轮封轮牧，防风固沙，保护植被。禁止毁林开荒、烧山开荒和在陡坡地、干旱地区铲草皮、挖树兜。

第十四条 禁止在二十五度以上陡坡地开垦种植农作物。

省、自治区、直辖市人民政府可以根据本辖区的实际情况，规定小于二十五度的禁止开垦坡度。

禁止开垦的陡坡地的具体范围由当地县级人民政府划定并公告。

本法施行前已在禁止开垦的陡坡地上开垦种植农作物的，应当在建设基本农田的基础上，根据实际情况，逐步退耕，植树种草，恢复植被，或者修建梯田。

第十五条 开垦禁止开垦坡度以下、五度以上的荒坡地，必须经县级人民政府水行政主管部门批准；开垦国有荒坡地，经县级人民政府水行政主管部门批准后，方可向县级以上人民政府申请办理土地开垦手续。

第十六条 采伐林木必须因地制宜地采用合理采伐方式，严格控制皆伐，对采伐区和集材道采取防止水土流失的措施，并在采伐后及时完成更新造林任务。对水源涵养林、水土保持林、防风固沙林等防护林只准进行抚育和更新性质的采伐。

在林区采伐林木的，采伐方案中必须有按照前款规定制定的采伐区水土保持措施。采伐方案经林业行政主管部门批准后，采伐区水土保持措施由水行政主管部门和林业行政主管部门监督实施。

第十七条 在五度以上坡地上整地造林，抚育幼林，垦复油茶、油桐等经济林木，必须采取水土保持措施，防止水土流失。

第十八条 修建铁路、公路和水工程，应当尽量减少破坏植被；废弃的砂、石、土必须运至规定的专门存放地堆放，不得向江河、湖泊、水库和专门存放地以外的沟渠倾倒；在铁路、公路两侧地界以内的山坡地，必须修建护坡或者采取其他土地整治措施；工程竣工后，取土场、开挖面和废弃的砂、石、土存放地的裸露土地，必须植树种草，防止水土流失。

开办矿山企业、电力企业和其他大中型工业企业，排弃的剥离表土、矸石、尾矿、废渣等必须堆放在规定的专门存放地，不得向江河、湖泊、水库和专门存放地以外的沟渠倾倒；因采矿和建设使植被受到破坏的，必须采取措施恢复表土层和植被，防止水土流失。

第十九条　在山区、丘陵区、风沙区修建铁路、公路、水工程，开办矿山企业、电力企业和其他大中型工业企业，在建设项目环境影响报告书中，必须有水行政主管部门同意的水土保持方案。水土保持方案应当按照本法第十八条的规定制定。

在山区、丘陵区、风沙区依照矿产资源法的规定开办乡镇集体矿山企业和个体申请采矿，必须持有县级以上地方人民政府水行政主管部门同意的水土保持方案，方可申请办理采矿批准手续。

建设项目中的水土保持设施，必须与主体工程同时设计、同时施工、同时投产使用。建设工程竣工验收时，应当同时验收水土保持设施，并有水行政主管部门参加。

第二十条　各级地方人民政府应当采取措施，加强对采矿、取土、挖砂、采石等生产活动的管理，防止水土流失。

在崩塌滑坡危险区和泥石流易发区禁止取土、挖砂、采石。崩塌滑坡危险区和泥石流易发区的范围，由县级以上地方人民政府划定并公告。

第三章　治理

第二十一条　县级以上人民政府应当根据水土保持规划，组织有关行政主管部门和单位有计划地对水土流失进行治理。

第二十二条　在水力侵蚀地区，应当以天然沟壑及其两侧山坡地形成的小流域为单元，实行全面规划，综合治理，建立水土流失综合防治体系。

在风力侵蚀地区，应当采取开发水源、引水拉沙、植树种草、设置人工沙障和网格林带等措施，建立防风固沙防护体系，控制风沙危害。

第二十三条　国家鼓励水土流失地区的农业集体经济组织和农民对水土流失进行治理，并在资金、能源、粮食、税收等方面实行扶持政策，具体办法由国务院规定。

第二十四条　各级地方人民政府应当组织农业集体经济组织和农民，有计划地对禁止开垦坡度以下、五度以上的耕地进行治理，根据不同情况，采取整治排水系统、修建梯田、蓄水保土耕作等水土保持措施。

第二十五条　水土流失地区的集体所有的土地承包给个人使用的，应当将治理水土流失的责任列入承包合同。

第二十六条　荒山、荒沟、荒丘、荒滩可以由农业集体经济组织、农民个人或者联户承包水土流失的治理。

对荒山、荒沟、荒丘、荒滩水土流失的治理实行承包的，应当按照谁承包治理谁受益的原则，签订水土保持承包治理合同。

承包治理所种植的林木及其果实，归承包者所有，因承包治理而新增加的土地，由承包者使用。

国家保护承包治理合同当事人的合法权益。在承包治理合同有效期内，承包人死亡时，继承人可以依照承包治理合同的约定继续承包。

第二十七条 企业事业单位在建设和生产过程中必须采取水土保持措施，对造成的水土流失负责治理。本单位无力治理的，由水行政主管部门治理，治理费用由造成水土流失的企业事业单位负担。

建设过程中发生的水土流失防治费用，从基本建设投资中列支；生产过程中发生的水土流失防治费用，从生产费用中列支。

第二十八条 在水土流失地区建设的水土保持设施和种植的林草，由县级以上人民政府组织有关部门检查验收。

对水土保持设施、试验场地、种植的林草和其他治理成果，应当加强管理和保护。

第四章 监督

第二十九条 国务院水行政主管部门建立水土保持监测网络，对全国水土流失动态进行监测预报，并予以公告。

第三十条 县级以上地方人民政府水行政主管部门的水土保持监督人员，有权对本辖区的水土流失及其防治情况进行现场检查。被检查单位和个人必须如实报告情况，提供必要的工作条件。

第三十一条 地区之间发生的水土流失防治的纠纷，应当协商解决；协商不成的，由上一级人民政府处理。

第五章 法律责任

第三十二条 违反本法第十四条规定，在禁止开垦的陡坡地开垦种植农作物的，由县级人民政府水行政主管部门责令停止开垦、采取补救措施，可以处以罚款。

第三十三条 企业事业单位、农业集体经济组织未经县级人民政府水行政主管部门批准，擅自开垦禁止开垦坡度以下、五度以上的荒坡地的，由县级人民政府水行政主管部门责令停止开垦、采取补救措施，可以处以罚款。

第三十四条 在县级以上地方人民政府划定的崩塌滑坡危险区、泥石流易发区范围内取土、挖砂或者采石的，由县级以上地方人民政府水行政主管部门责令停止上述违法行为、采取补救措施，处以罚款。

第三十五条 在林区采伐林木，不采取水土保持措施，造成严重水土流失的，由水行政主管部门报请县级以上人民政府决定责令限期改正、采取补救措施，处以罚款。

第三十六条　企业事业单位在建设和生产过程中造成水土流失，不进行治理的，可以根据所造成的危害后果处以罚款，或者责令停业治理；对有关责任人员由其所在单位或者上级主管机关给予行政处分。

罚款由县级人民政府水行政主管部门报请县级人民政府决定。责令停业治理由市、县人民政府决定；中央或者省级人民政府直接管辖的企业事业单位的停业治理，须报请国务院或者省级人民政府批准。

个体采矿造成水土流失，不进行治理的，按照前两款的规定处罚。

第三十七条　以暴力、威胁方法阻碍水土保持监督人员依法执行职务的，依法追究刑事责任；拒绝、阻碍水土保持监督人员执行职务未使用暴力、威胁方法的，由公安机关依照治安管理处罚条例的规定处罚。

第三十八条　当事人对行政处罚决定不服的，可以在接到处罚通知之日起十五日内向作出处罚决定的机关的上一级机关申请复议；当事人也可以在接到处罚通知之日起十五日内直接向人民法院起诉。

复议机关应当在接到复议申请之日起六十日内作出复议决定。当事人对复议决定不服的，可以在接到复议决定之日起十五日内向人民法院起诉。复议机关逾期不作出复议决定的，当事人可以在复议期满之日起十五日内向人民法院起诉。

当事人逾期不申请复议也不向人民法院起诉、又不履行处罚决定的，作出处罚决定的机关可以申请人民法院强制执行。

第三十九条　造成水土流失危害的，有责任排除危害，并对直接受到损害的单位和个人赔偿损失。

赔偿责任和赔偿金额的纠纷，可以根据当事人的请求，由水行政主管部门处理；当事人对处理决定不服的，可以向人民法院起诉。当事人也可以直接向人民法院起诉。由于不可抗拒的自然灾害，并经及时采取合理措施，仍然不能避免造成水土流失危害的，免予承担责任。

第四十条　水土保持监督人员玩忽职守、滥用职权给公共财产、国家和人民利益造成损失的，由其所在单位或者上级主管机关给予行政处分；构成犯罪的，依法追究刑事责任。

第六章　附则

第四十一条　国务院根据本法制定实施条例。

省、自治区、直辖市人民代表大会常务委员会，可以根据本法和本地区的实际情况制定实施办法。

第四十二条　本法自公布之日起施行。1982年6月30日国务院发布的《水土保持工作条例》同时废止。

中华人民共和国野生动物保护法

第一章　总则

第一条　为保护、拯救珍贵、濒危野生动物，保护、发展和合理利用野生动物资源，维护生态平衡，制定本法。

第二条　在中华人民共和国境内从事野生动物的保护、驯养繁殖、开发利用活动，必须遵守本法。

本法规定保护的野生动物，是指珍贵、濒危的陆生、水生野生动物和有益的或者有重要经济、科学研究价值的陆生野生动物。

本法各条款所提野生动物，均系指前款规定的受保护的野生动物。

珍贵、濒危的水生野生动物以外的其他水生野生动物的保护，适用渔业法的规定。

第三条　野生动物资源属于国家所有。

国家保护依法开发利用野生动物资源的单位和个人的合法权益。

第四条　国家对野生动物实行加强资源保护、积极驯养繁殖、合理开发利用的方针，鼓励开展野生动物科学研究。

在野生动物资源保护、科学研究和驯养繁殖方面成绩显著的单位和个人，由政府给予奖励。

第五条　中华人民共和国公民有保护野生动物资源的义务，对侵占或者破坏野生动物资源的行为有权检举和控告。

第六条　各级政府应当加强对野生动物资源的管理，制定保护、发展和合理利用野生动物资源的规划和措施。

第七条　国务院林业、渔业行政主管部门分别主管全国陆生、水生野生动物管理工作。

省、自治区、直辖市政府林业行政主管部门主管本行政区域内陆生野生动物管理工作。自治州、县和市政府陆生野生动物管理工作的行政主管部门，由省、自治区、直辖市政府确定。

县级以上地方政府渔业行政主管部门主管本行政区域内水生野生动物管理工作。

第二章　野生动物保护

第八条　国家保护野生动物及其生存环境，禁止任何单位和个人非法猎捕或者破坏。

第九条　国家对珍贵、濒危的野生动物实行重点保护。国家重点保护的野生动物分为一级保护野生动物和二级保护野生动物。国家重点保护的野生动物名录及其调整，由国务院野生动物行政主管部门制定，报国务院批准公布。

地方重点保护野生动物，是指国家重点保护野生动物以外，由省、自治区、直辖市重点保护的野生动物。地方重点保护的野生动物名录，由省、自治区、直辖市政府制定并公布，报国务院备案。

国家保护的有益的或者有重要经济、科学研究价值的陆生野生动物名录及其调整，由国务院野生动物行政主管部门制定并公布。

第十条　国务院野生动物行政主管部门和省、自治区、直辖市政府，应当在国家和地方重点保护野生动物的主要生息繁衍的地区和水域，划定自然保护区，加强对国家和地方重点保护野生动物及其生存环境的保护管理。

自然保护区的划定和管理，按照国务院有关规定办理。

第十一条　各级野生动物行政主管部门应当监视、监测环境对野生动物的影响。由于环境影响对野生动物造成危害时，野生动物行政主管部门应当会同有关部门进行调查处理。

第十二条　建设项目对国家或者地方重点保护野生动物的生存环境产生不利影响的，建设单位应当提交环境影响报告书；环境保护部门在审批时，应当征求同级野生动物行政主管部门的意见。

第十三条　国家和地方重点保护野生动物受到自然灾害威胁时，当地政府应当及时采取拯救措施。

第十四条　因保护国家和地方重点保护野生动物，造成农作物或者其他损失的，由当地政府给予补偿。补偿办法由省、自治区、直辖市政府制定。

第三章　野生动物管理

第十五条　野生动物行政主管部门应当定期组织对野生动物资源的调查，建立野生动物资源档案。

第十六条　禁止猎捕、杀害国家重点保护野生动物。因科学研究、驯养繁殖、展览或者其他特殊情况，需要捕捉、捕捞国家一级保护野生动物的，必须向国务院野生动物行政主管部门申请特许猎捕证；猎捕国家二级保护野生动物的，必须向省、自治区、直辖市政府野生动物行政主管部门申请特许猎捕证。

第十七条　国家鼓励驯养繁殖野生动物。

驯养繁殖国家重点保护野生动物的，应当持有许可证。许可证的管理办法由国务院野生动物行政主管部门制定。

第十八条　猎捕非国家重点保护野生动物的，必须取得狩猎证，并且服从猎捕量限额管理。

持枪猎捕的，必须取得县、市公安机关核发的持枪证。

第十九条　猎捕者应当按照特许猎捕证、狩猎证规定的种类、数量、地点和期限进行猎捕。

第二十条　在自然保护区、禁猎区和禁猎期内，禁止猎捕和其他妨碍野生动物生息繁衍的活动。

禁猎区和禁猎期以及禁止使用的猎捕工具和方法，由县级以上政府或者其野生动物行政主管部门规定。

第二十一条　禁止使用军用武器、毒药、炸药进行猎捕。

猎枪及弹具的生产、销售和使用管理办法，由国务院林业行政主管部门会同公安部门制定，报国务院批准施行。

第二十二条　禁止出售、收购国家重点保护野生动物或者其产品。因科学研究、驯养繁殖、展览等特殊情况，需要出售、收购、利用国家一级保护野生动物或者其产品的，必须经国务院野生动物行政主管部门或者其授权的单位批准；需要出售、收购、利用国家二级保护野生动物或者其产品的，必须经省、自治区、直辖市政府野生动物行政主管部门或者其授权的单位批准。

驯养繁殖国家重点保护野生动物的单位和个人可以凭驯养繁殖许可证向政府指定的收购单位，按照规定出售国家重点保护野生动物或者其产品。

工商行政管理部门对进入市场的野生动物或者其产品，应当进行监督管理。

第二十三条　运输、携带国家重点保护野生动物或者其产品出县境的，必须经省、自治区、直辖市政府野生动物行政主管部门或者其授权的单位批准。

第二十四条　出口国家重点保护野生动物或者其产品的，进出口中国参加的国际公约所限制进出口的野生动物或者其产品的，必须经国务院野生动物行政主管部门或者国务院批准，并取得国家濒危物种进出口管理机构核发的允许进出口证明书。海关凭允许进出口证明书查验放行。

涉及科学技术保密的野生动物物种的出口，按照国务院有关规定办理。

第二十五条　禁止伪造、倒卖、转让特许猎捕证、狩猎证、驯养繁殖许可证和允许进出口证明书。

第二十六条　外国人在中国境内对国家重点保护野生动物进行野外考察或者在野外拍摄电影、录像，必须经国务院野生动物行政主管部门或者其授权的单位批准。

建立对外国人开放的猎捕场所，应当报国务院野生动物行政主管部门备案。

第二十七条　经营利用野生动物或者其产品的，应当缴纳野生动物资源保护管理费。收费标准和办法由国务院野生动物行政主管部门会同财政、物价部门制定，报国务院批准后施行。

第二十八条　因猎捕野生动物造成农作物或者其他损失的，由猎捕者负责赔偿。

第二十九条　有关地方政府应当采取措施，预防、控制野生动物所造成的危害，保障人畜安全和农业、林业生产。

第三十条　地方重点保护野生动物和其他非国家重点保护野生动物的管理办法，由省、自治区、直辖市人民代表大会常务委员会制定。

第四章　法律责任

第三十一条　非法捕杀国家重点保护野生动物的，依照关于惩治捕杀国家重点保护的珍贵、濒危野生动物犯罪的补充规定追究刑事责任。

第三十二条　违反本法规定，在禁猎区、禁猎期或者使用禁用的工具、方法猎捕野生动物的，由野生动物行政主管部门没收猎获物、猎捕工具和违法所得，处以罚款；情节严重、构成犯罪的，依照刑法第一百三十条的规定追究刑事责任。

第三十三条　违反本法规定，未取得狩猎证或者未按狩猎证规定猎捕野生动物的，由野生动物行政主管部门没收猎获物和违法所得，处以罚款，并可以没收猎捕工具，吊销狩猎证。

违反本法规定，未取得持枪证持枪猎捕野生动物的，由公安机关比照治安管理处罚条例的规定处罚。

第三十四条　违反本法规定，在自然保护区、禁猎区破坏国家或者地方重点保护野生动物主要生息繁衍场所的，由野生动物行政主管部门责令停止破坏行为，限期恢复原状，处以罚款。

第三十五条　违反本法规定，出售、收购、运输、携带国家或者地方重点保护野生动物或者其产品的，由工商行政管理部门没收实物和违法所得，可以并处罚款。

违反本法规定，出售、收购国家重点保护野生动物或者其产品，情节严重、构成投机倒把罪、走私罪的，依照刑法有关规定追究刑事责任。

没收的实物，由野生动物行政主管部门或者其授权的单位按照规定处理。

第三十六条　非法进出口野生动物或者其产品的，由海关依照海关法处罚；情节严重、构成犯罪的，依照刑法关于走私罪的规定追究刑事责任。

第三十七条　伪造、倒卖、转让特许猎捕证、狩猎证、驯养繁殖许可证或者允许进出口证明书的，由野生动物行政主管部门或者工商行政管理部门吊销证件，没收违法所得，可以并处罚款。

伪造、倒卖特许猎捕证或者允许进出口证明书，情节严重、构成犯罪的，比照刑法第一百六十七条的规定追究刑事责任。

第三十八条　野生动物行政主管部门的工作人员玩忽职守、滥用职权、徇私舞弊的，由其所在单位或者上级主管机关给予行政处分；情节严重、构成犯罪的，依法追究刑事责任。

第三十九条　当事人对行政处罚决定不服的，可以在接到处罚通知之日起十五日内，向作出处罚决定机关的上一级机关申请复议；对上一级机关的复议决定不服的，可以在接到复议决定通知之日起十五日内，向法院起诉。当事人也可以在接到处罚通知之日起十五日内，直接向法院起诉。当事人逾期不申请复议或者不向法院起诉又不履行处罚决定的，由作出处罚决定的机关申请法院强制执行。

对海关处罚或者治安管理处罚不服的，依照海关法或者治安管理处罚条例的规定办理。

第五章　附则

第四十条　中华人民共和国缔结或者参加的与保护野生动物有关的国际条约与本法有不同规定的，适用国际条约的规定，但中华人民共和国声明保留的条款除外。

第四十一条　国务院野生动物行政主管部门根据本法制定实施条例，报国务院批准施行。

省、自治区、直辖市人民代表大会常务委员会可以根据本法制定实施办法。

第四十二条　本法自 1989 年 3 月 1 日起施行。

中华人民共和国防沙治沙法

第一章　总则

第一条　为预防土地沙化，治理沙化土地，维护生态安全，促进经济和社会的可持续发展，制定本法。

第二条　在中华人民共和国境内，从事土地沙化的预防、沙化土地的治理和开发利用活动，必须遵守本法。土地沙化是指因气候变化和人类活动所导致的天然沙漠扩张和沙质土壤上植被破坏、沙土裸露的过程。本法所称土地沙化，是指主要因人类不合理活动所导致的天然沙漠扩张和沙质土壤上植被及覆盖物被破坏，形成流沙及沙土裸露的过程。本法所称沙化土地，包括已经沙化的土地和具有明显沙化趋势的土地。具体范围，由国务院批准的全国防沙治沙规划确定。

第三条　防沙治沙工作应当遵循以下原则：

（一）统一规划，因地制宜，分步实施，坚持区域防治与重点防治相结合；

（二）预防为主，防治结合，综合治理；

（三）保护和恢复植被与合理利用自然资源相结合；

（四）遵循生态规律，依靠科技进步；

（五）改善生态环境与帮助农牧民脱贫致富相结合；

（六）国家支持与地方自力更生相结合，政府组织与社会各界参与相结合，鼓励单位、个人承包防治；

（七）保障防沙治沙者的合法权益。

第四条　国务院和沙化土地所在地区的县级以上地方人民政府，应当将防沙治沙纳入国民经济和社会发展计划，保障和支持防沙治沙工作的开展。沙化土地所在地区的地方各级人民政府，应当采取有效措施，预防土地沙化，治理沙化土地，保护和改善本行政区域的生态质量。国家在沙化土地所在地区，建立政府行政领导防沙治沙任期目标责任考核奖惩制度。沙化土地所在地区的县级以上地方人民政府，应当向同级人民代表大会及其常务委员会报告防沙治沙工作情况。

第五条　在国务院领导下，国务院林业行政主管部门负责组织、协调、指导全国防沙治沙工作。国务院林业、农业、水利、土地、环境保护等行政主管部门和气象主管机构，按照有关法律规定的职责和国务院确定的职责分工，各负其责，密切配合，共同做好防沙治沙工作。县级以上地方人民政府组织、领导所属有关部门，按照职责分工，各负其责，密切配合，共同做好本行政区域的防沙治沙工作。

第六条　使用土地的单位和个人，有防止该土地沙化的义务。使用已经沙化的土地的单位和个人，有治理该沙化土地的义务。

第七条　国家支持防沙治沙的科学研究和技术推广工作，发挥科研部门、机构在防沙治沙工作中的作用，培养防沙治沙专门技术人员，提高防沙治沙的科学技术水平。国家支持开展防沙治沙的国际合作。

第八条　在防沙治沙工作中作出显著成绩的单位和个人，由人民政府给予表彰和奖励；对保护和改善生态质量作出突出贡献的，应当给予重奖。

第九条　沙化土地所在地区的各级人民政府应当组织有关部门开展防沙治沙知识的宣传教育，增强公民的防沙治沙意识，提高公民防沙治沙的能力。

第二章　防沙治沙规划

第十条　防沙治沙实行统一规划。从事防沙治沙活动，以及在沙化土地范围内从事开发利用活动，必须遵循防沙治沙规划。防沙治沙规划应当对遏制土地沙化扩展趋势，逐步减少沙化土地的时限、步骤、措施等作出明确规定，并将具体实施方案纳入国民经济和社会发展五年计划和年度计划。

第十一条　国务院林业行政主管部门会同国务院农业、水利、土地、环境保护等有关部门编制全国防沙治沙规划，报国务院批准后实施。省、自治区、直辖市人民政府依据全国防沙治沙规划，编制本行政区域的防沙治沙规划，报国务院或者国务院指定的有关部门批准后实施。沙化土地所在地区的市、县人民政府，应当依据上一级人民政府的防沙治沙规划，组织编制本行政区域的防沙治沙规划，报上一级人民政府批准后实施。防沙治沙规划的修改，须经原批准机关批准；未经批准，任何单位和个人不得改变防沙治沙规划。

第十二条　编制防沙治沙规划，应当根据沙化土地所处的地理位置、土地类型、植被状况、气候和水资源状况、土地沙化程度等自然条件及其所发挥的生态、经济功能，对沙化土地实行分类保护、综合治理和合理利用。在规划期内不具备治理条件的以及因保护生态的需要不宜开发利用的连片沙化土地，应当规划为沙化土地封禁保护区，实行封禁保护。沙化土地封禁保护区的范围，由全国防沙治沙规划以及省、自治区、直辖市防沙治沙规划确定。

第十三条　防沙治沙规划应当与土地利用总体规划相衔接；防沙治沙规划中确定的沙化土地用途，应当符合本级人民政府的土地利用总体规划。

第三章　土地沙化的预防

第十四条　国务院林业行政主管部门组织其他有关行政主管部门对全国土地沙化情况进行监测、统计和分析，并定期公布监测结果。县级以上地方人民政府林业或者其他有关行政主管部门，应当按照土地沙化监测技术规程，对沙化土地进行监测，并将监测结果向本级人民政府及上一级林业或者其他有关行政主管部门报告。

第十五条　县级以上地方人民政府林业或者其他有关行政主管部门，在土地沙化监测过程中，发现土地发生沙化或者沙化程度加重的，应当及时报告本级人民政府。收到报告的人民政府应当责成有关行政主管部门制止导致土地沙化的行为，并采取有效措施进行治理。各级气象主管机构应当组织对气象干旱和沙尘暴天气进行监测、预报，发现气象干旱或者沙尘暴天气征兆时，应当及时报告当地人民政府。收到报告的人民政府应当采取预防措施，必要时公布灾情预报，并组织林业、农（牧）业等有关部门采取应急措施，避免或者减轻风沙危害。

第十六条　沙化土地所在地区的县级以上地方人民政府应当按照防沙治沙规划，划出一定比例的土地，因地制宜地营造防风固沙林网、林带，种植多年生灌木和草本植物。由林业行政主管部门负责确定植树造林的成活率、保存率的标准和具体任务，并逐片组织实施，明确责任，确保完成。除了抚育更新性质的采伐外，不得批准对防风固沙林网、林带进行采伐。在对防风固沙林网、林带进行抚育更新性质的采伐之前，必须在其附近预先形成接替林网和林带。对林木更新困难地区已有的防风固沙林网、林带，不得批准采伐。

第十七条　禁止在沙化土地上砍挖灌木、药材及其他固沙植物。沙化土地所在地区的县级人民政府，应当制定植被管护制度，严格保护植被，并根据需要在乡（镇）、村建立植被管护组织，确定管护人员。在沙化土地范围内，各类土地承包合同应当包括植被保护责任的内容。

第十八条　草原地区的地方各级人民政府，应当加强草原的管理和建设，由农（牧）业行政主管部门负责指导、组织农牧民建设人工草场，控制载畜量，调整牲畜结构，改良牲畜品种，推行牲畜圈养和草场轮牧，消灭草原鼠害、虫害，保护草原植被，防止草原退化和沙化。草原实行以产草量确定载畜量的制度。由农（牧）业行政主管部门负责制定载畜量的标准和有关规定，并逐级组织实施，明确责任，确保完成。

第十九条　沙化土地所在地区的县级以上地方人民政府水行政主管部门，应当加强流域和区域水资源的统一调配和管理，在编制流域和区域水资源开发利用规划和供水计划时，必须考虑整个流域和区域植被保护的用水需求，防止因地下水和上游水资源的过度开发利用，导致植被破坏和土地沙化。该规划和计划经批准后，必须严格实施。沙化土地所在地区的地方各级人民政府应当节约用水，发展节水型农牧业和其他产业。

第二十条　沙化土地所在地区的县级以上地方人民政府，不得批准在沙漠边缘地带和林地、草原开垦耕地；已经开垦并对生态产生不良影响的，应当有计划地组织退耕还林还草。

第二十一条　在沙化土地范围内从事开发建设活动的，必须事先就该项目可能对当地及相关地区生态产生的影响进行环境影响评价，依法提交环境影响报告；环境影响报告应当包括有关防沙治沙的内容。

第二十二条　在沙化土地封禁保护区范围内，禁止一切破坏植被的活动。禁止在沙化土地封禁保护区范围内安置移民。对沙化土地封禁保护区范围内的农牧民，县级以上地方人民政府应当有计划地组织迁出，并妥善安置。沙化土地封禁保护区范围内尚未迁出的农牧民的生产生活，由沙化土地封禁保护区主管部门妥善安排。未经国务院或者国务院指定的部门同意，不得在沙化土地封禁保护区范围内进行修建铁路、公路等建设活动。

第四章　沙化土地的治理

第二十三条　沙化土地所在地区的地方各级人民政府，应当按照防沙治沙规划，组织有关部门、单位和个人，因地制宜地采取人工造林种草、飞机播种造林种草、封沙育林育草和合理调配生态用水等措施，恢复和增加植被，治理已经沙化的土地。

第二十四条　国家鼓励单位和个人在自愿的前提下，捐资或者以其他形式开展公益性的治沙活动。县级以上地方人民政府林业或者其他有关行政主管部门，应当为公益性治沙活动提供治理地点和无偿技术指导。从事公益性治沙的单位和个人，应当按照县级以上地方人民政府林业或者其他有关行政主管部门的技术要求进行治理，并可以将所种植的林、草委托他人管护或者交由当地人民政府有关行政主管部门管护。

第二十五条　使用已经沙化的国有土地的使用权人和农民集体所有土地的承包经营权人，必须采取治理措施，改善土地质量；确实无能力完成治理任务的，可以委托他人治理或者与他人合作治理。委托或者合作治理的，应当签订协议，明确各方的权利和义务。沙化土地所在地区的地方各级人民政府及其有关行政主管部门、技术推广单位，应当为土地使用权人和承包经营权人的治沙活动提供技术指导。采取退耕还林还草、植树种草或者封育措施治沙的土地使用权人和承包经营权人，按照国家有关规定，享受人民政府提供的政策优惠。

第二十六条　不具有土地所有权或者使用权的单位和个人从事营利性治沙活动的，应当先与土地所有权人或者使用权人签订协议，依法取得土地使用权。在治理活动开始之前，从事营利性治沙活动的单位和个人应当向治理项目所在地的县级以上地方人民政府林业行政主管部门或者县级以上地方人民政府指定的其他行政主管部门提出治理申请，并附具下列文件：

（一）被治理土地权属的合法证明文件和治理协议；

（二）符合防沙治沙规划的治理方案；

（三）治理所需的资金证明。

第二十七条　本法第二十六条第二款第二项所称治理方案，应当包括以下内容：

（一）治理范围界限；

（二）分阶段治理目标和治理期限；

（三）主要治理措施；

（四）经当地水行政主管部门同意的用水来源和用水量指标；

（五）治理后的土地用途和植被管护措施；

（六）其他需要载明的事项。

第二十八条　从事营利性治沙活动的单位和个人，必须按照治理方案进行治理。国家保护沙化土地治理者的合法权益。在治理者取得合法土地权属的治理范围内，未经治理者同意，其他任何单位和个人不得从事治理或者开发利用活动。

第二十九条　治理者完成治理任务后，应当向县级以上地方人民政府受理治理申请的行政主管部门提出验收申请。经验收合格的，受理治理申请的行政主管部门应当发给治理合格证明文件；经验收不合格的，治理者应当继续治理。

第三十条　已经沙化的土地范围内的铁路、公路、河流和水渠两侧，城镇、村庄、厂矿和水库周围，实行单位治理责任制，由县级以上地方人民政府下达治理责任书，由责任单位负责组织造林种草或者采取其他治理措施。

第三十一条　沙化土地所在地区的地方各级人民政府，可以组织当地农村集体经济组织及其成员在自愿的前提下，对已经沙化的土地进行集中治理。农村集体经济组织及其成员投入的资金和劳力，可以折算为治理项目的股份、资本金，也可以采取其他形式给予补偿。

第五章　保障措施

第三十二条　国务院和沙化土地所在地区的地方各级人民政府应当在本级财政预算中按照防沙治沙规划通过项目预算安排资金，用于本级人民政府确定的防沙治沙工程。在安排扶贫、农业、水利、道路、矿产、能源、农业综合开发等项目时，应当根据具体情况，设立若干防沙治沙子项目。

第三十三条　国务院和省、自治区、直辖市人民政府应当制定优惠政策，鼓励和支持单位和个人防沙治沙。县级以上地方人民政府应当按照国家有关规定，根据防沙治沙的面积和难易程度，给予从事防沙治沙活动的单位和个人资金补助、财政贴息以及税费减免等政策优惠。单位和个人投资进行防沙治沙的，在投资阶段免征各种税收；取得一定收益后，可以免征或者减征有关税收。

第三十四条　使用已经沙化的国有土地从事治沙活动的，经县级以上人民政府依法批准，可以享有不超过七十年的土地使用权。具体年限和管理办法，由国务院规定。使用已经沙化的集体所有土地从事治沙活动的，治理者应当与土地所有人签订土地承包合同。具体承包期限和当事人的其他权利、义务由承包合同双方依法在土地承包合同中约定。县级人民政府依法根据土地承包合同向治理者颁发土地使用权证书，保护集体所有沙化土地治理者的土地使用权。

第三十五条　因保护生态的特殊要求，将治理后的土地批准划为自然保护区或者沙化土地封禁保护区的，批准机关应当给予治理者合理的经济补偿。

第三十六条　国家根据防沙治沙的需要，组织设立防沙治沙重点科研项目和示范、推广项目，并对防沙治沙、沙区能源、沙生经济作物、节水灌溉、防止草原退化、沙地旱作农业等方面的科学研究与技术推广给予资金补助、税费减免等政策优惠。

第三十七条　任何单位和个人不得截留、挪用防沙治沙资金。县级以上人民政府审计机关，应当依法对防沙治沙资金使用情况实施审计监督。

第六章　法律责任

第三十八条　违反本法第二十二条第一款规定，在沙化土地封禁保护区范围内从事破坏植被活动的，由县级以上地方人民政府林业、农（牧）业行政主管部门按照各自的职责，责令停止违法行为；有违法所得的，没收其违法所得；构成犯罪的，依法追究刑事责任。

第三十九条　违反本法第二十五条第一款规定，国有土地使用权人和农民集体所有土地承包经营权人未采取防沙治沙措施，造成土地严重沙化的，由县级以上地方人民政府农（牧）业、林业行政主管部门按照各自的职责，责令限期治理；造成国有土地严重沙化的，县级以上人民政府可以收回国有土地使用权。

第四十条　违反本法规定，进行营利性治沙活动，造成土地沙化加重的，由县级以上地方人民政府负责受理营利性治沙申请的行政主管部门责令停止违法行为，可以并处每公顷五千元以上五万元以下的罚款。

第四十一条　违反本法第二十八条第一款规定，不按照治理方案进行治理的，或者违反本法第二十九条规定，经验收不合格又不按要求继续治理的，由县级以上地方人民政府负责受理营利性治沙申请的行政主管部门责令停止违法行为，限期改正，可以并处相当于治理费用一倍以上三倍以下的罚款。

第四十二条　违反本法第二十八条第二款规定，未经治理者同意，擅自在他人的治理范围内从事治理或者开发利用活动的，由县级以上地方人民政府负责受理营利性治沙申请的行政主管部门责令停止违法行为；给治理者造成损失的，应当赔偿损失。

第四十三条　违反本法规定，有下列情形之一的，对直接负责的主管人员和其他直接责任人员，由所在单位、监察机关或者上级行政主管部门依法给予行政处分：

（一）违反本法第十五条第一款规定，发现土地发生沙化或者沙化程度加重不及时报告的，或者收到报告后不责成有关行政主管部门采取措施的；

（二）违反本法第十六条第二款、第三款规定，批准采伐防风固沙林网、林带的；

（三）违反本法第二十条规定，批准在沙漠边缘地带和林地、草原开垦耕地的；

（四）违反本法第二十二条第二款规定，在沙化土地封禁保护区范围内安置移民的；

（五）违反本法第二十二条第三款规定，未经批准在沙化土地封禁保护区范围内进行修建铁路、公路等建设活动的。

第四十四条　违反本法第三十七条第一款规定，截留、挪用防沙治沙资金的，对直接负责的主管人员和其他直接责任人员，由监察机关或者上级行政主管部门依法给予行政处分；构成犯罪的，依法追究刑事责任。

第四十五条　防沙治沙监督管理人员滥用职权、玩忽职守、徇私舞弊，构成犯罪的，依法追究刑事责任。

第七章　附则

第四十六条　本法第五条第二款中所称的有关法律，是指《中华人民共和国森林法》、《中华人民共和国草原法》、《中华人民共和国水土保持法》、《中华人民共和国土地管理法》、《中华人民共和国环境保护法》和《中华人民共和国气象法》。

第四十七条　本法自2002年1月1日起施行。